Alexander Kroll
—
TV-Serienästhetik der Grenzüberschreitung

FILM – MEDIUM – DISKURS

herausgegeben von

Oliver Jahraus – Stefan Neuhaus

Band 96

Alexander Kroll

TV-Serienästhetik der Grenzüberschreitung

Intensität und Reflexivität in *24* und anderen
US-Qualitätsdramaserien der Post-9/11-Dekade

Königshausen & Neumann

Der Autor: Alexander Kroll studierte Theater-, Film- und Medienwissenschaft und Germanistik in Frankfurt am Main und London. Er arbeitete als wissenschaftlicher Mitarbeiter an der Universität Konstanz sowie in der Medienproduktion (Print, Online, Film/TV). Mit der vorliegenden Arbeit wurde er an der TU Darmstadt promoviert.

Bibliografische Information der Deutschen Nationalbibliothek

Die Deutsche Nationalbibliothek verzeichnet diese Publikation in der Deutschen Nationalbibliografie; detaillierte bibliografische Daten sind im Internet über http://dnb.d-nb.de abrufbar.

D 17 (zugl.: Darmstadt, Technische Universität, Dissertation)

© Verlag Königshausen & Neumann GmbH, Würzburg 2019
Gedruckt auf säurefreiem, alterungsbeständigem Papier
Umschlag: skh-softics / coverart
Umschlagabbildung: Piotr Zajda: Do not cross, # 40714144 © Dreamstime.com;
AntonioBanderAS: Old TV vector image; #1098301 © vectorstock.com
Alle Rechte vorbehalten
Dieses Werk, einschließlich aller seiner Teile, ist urheberrechtlich geschützt.
Jede Verwertung außerhalb der engen Grenzen des Urheberrechtsgesetzes ist ohne Zustimmung des Verlages unzulässig und strafbar. Das gilt insbesondere für Vervielfältigungen, Übersetzungen, Mikroverfilmungen und die Einspeicherung und Verarbeitung in elektronischen Systemen.
Printed in Germany
ISBN 978-3-8260-6644-3
www.koenigshausen-neumann.de
www.libri.de
www.buchhandel.de
www.buchkatalog.de

‚Tell me!' *(Jack Bauer, 24)*

Inhalt

Einleitung 11

    Fernsehserienform 12
    Gewaltvermittlung 19
    9/11-Diskurs 25

**I. Ästhetik der Grenzüberschreitung
in US-Qualitätsdramaserien der Post-9/11-Dekade** 28

1. Einordnung der US-Qualitätsdramaserien der Post-9/11-Dekade .. 29
    1.1 Der 11. September 2001 als ‚symbolischer Schock'
    und die Rolle der Fernsehserie 29
    1.2 Geschichte der Fernseh(serien)ästhetik
    als Grenzüberschreitung 38
    1.3 Korpus zur Ästhetik der Grenzüberschreitung
    in US-Qualitätsdramaserien der Post-9/11-Dekade 51
    1.4 *24*, LOST, THE SOPRANOS als Schlüsselserien
    der Ästhetik der Grenzüberschreitung 64

**2. Formen der Grenzüberschreitung
in US-Qualitätsdramaserien der Post-9/11-Dekade** 77
    2.1 Spektakel 78
    2.2 Fakt und Fiktion 93
        Analyse 1 – LOST:
        ‚That's home on the other side of that glass' – Orientierung
        und Problematisierung der Realität im Fernsehmedium 104
    2.3 Serialität 106
    2.4 Selbstreflexivität 124
        Analyse 2 – *24*: ‚Backstage' –
        Einblick in die Funktionsweise der Fernsehserie 137
        Analyse 3 – THE WIRE: Herausstellung und
        Problematisierung der Fernsehübertragung 139
        Analyse 4 – LOST: ‚It killed them all' –
        Kontaktversuch kippt in Gewalt um 144
        Analyse 5 – THE SOPRANOS:
        Gewalt gegen das ‚Home Entertainment System' 146
        Analyse 6 – *24*: Aktualisierung der filmischen Urszene
        des einfahrenden Zuges 148
        Analyse 7 – *24*: ‚Of course I'm watching' – TV-News-
        Blickachse zwischen Serienzuschauer und Terroristenfigur 150

II. Diegese der Grenzüberschreitung in *24* 159

1. Intensität und Irritation grundlegender Erzählparameter 160
   1.1 Zeit der Grenzüberschreitung 161
   1.2 Raum der Grenzüberschreitung 170
   1.3 Figuren der Grenzüberschreitung 186

2. Serialität der Gewalt: Ausnahmezustand in Serie 205
   Symbolische Figurationen im 9/11-Diskurs 206
   2.1 Signalform fernsehserieller Gewalt 209
   2.2 Extrem-Narration: Schlagfrequenz der ‚Serial'-Segmente 213
      2.2.1 Spektakuläre Segmente 214
         Spektakuläre Expositionen 215
         Analyse 8: ‚At the edge of the safe zone' –
         Selbstreflexives Grenzbewusstsein 216
         Spektakuläre Zwischensegmente 217
      2.2.2 Plot-funktionale Segmente 221
   2.3 Reflexion serieller Gewalt: Tragik und Selbstreflexivität 227
      2.3.1 Tragic choices 228
         Analyse 9: ‚Do it. You have to' –
         Spektakuläre Dringlichkeit der ‚tragic choice' 229
      2.3.2 Serialität des Leids 232
      2.3.3 Serielle Leidensgeschichte des Protagonisten 234
      2.3.4 Selbstreflexivität serieller Gewalt 240

3. Schlüsselform der Folter 244
   3.1 Form und Funktionalität der Folter 245
      3.1.1 Folter-‚flow' – Spektakuläre Signalkette der Folter 246
         Analyse 10 – ‚Take a short break and then start again' –
         Folter-‚flow' zwischen Segmenten, Episoden und
         Fakt und Fiktion 250
      3.1.2 Plot-funktionale Abfolge und Abwägung der Folter 252
         Analyse 11 – Abwägung der Folter zwischen plot-
         funktionaler Befürwortung und verzögernder Folterkritik 253
      3.1.3 Folter als fernsehserieller Extremdialog 256
         ‚I didn't talk' – Folterresistenz als Sprachverweigerung 257
         ‚Now we're gonna talk' - Periphrasen des Extremdialogs 258
         ‚Aktivierende Folterfragen': Was passiert als nächstes? 260
         ‚Tell me!' – Folter als Forderung nach der
         Fortsetzung der Erzählung 266
         Folter als Spektakularisierung interpersonaler Serienmuster ... 267

3.2 Selbstreflexivität der Folter –
Fernsehserielle Reflexionen der Grenzüberschreitung 271
    ‚Medical interrogation': Reflexive Grenznähe zwischen
    medialen und körperlichen Prozessen 272
    Analyse 12 – LOST: Sinnesfolter als Reflexion
    der fernsehseriellen Konstitution 274
    Tragik fernsehserieller Folter 275
    Reflexion der Folter als fernsehserielles Extrem:
    Initiation, Serialität und Problematisierung 276
    3.2.1 Selbstreflexive Initiation der Folter 277
    Analyse 13: Einzug der Folter aus dem Außerhalb 277
    Analyse 14: Legitimation der Folter im Außerhalb 279
    Analyse 15: Erster Einsatz politischer Folter 282
    Analyse 16: Videokonferenz als fernsehserielle
    Verhandlung der Folter 284
    Analyse 17: Erster Einsatz polizeilicher Folter 289
    3.2.2 Selbstreflexive Serialität der Folter 292
    Selbstreflexive Raumordnung der Folter 292
    Analyse 18: Folterexposition als fernsehästhetischer
    Übergang 293
    TV-Regie und TV-Studio: Herausstellung fernsehserieller
    Kommunikationsbedingungen 294
    Analyse 19: Symbolische und mediale Übergangsreflexivität
    in Vorraum- und Folterszene 295
    Analyse 20: Einrichtung, Ausstellung und Anwendung
    des hypermedialen Systems 301
    3.2.3 Selbstreflexive Problematisierung der Folter 306
    Analyse 21: ‚Did you torture, Mr. Haddad?' –
    Die Fernsehserie hält Gericht über sich selbst 306
    ‚Form des Problems' – Problem der Form:
    Problematisierung der Folter als fernsehserielle
    Formreflexion 310
    Analyse 22: ‚Off-book interrogation as we speak' –
    Dialog vs. Extremdialog 312
    Analyse 23: ‚Look at this!' –
    Gewaltblickpraxis vs. Theoriegespräch 324
    Analyse 24: ‚I can't tell you what to do' –
    Abschlussdiskussion der Folter 331

Zusammenfassung 334
Danksagung 350
Quellenverzeichnis 351

Einleitung

Dieses Buch untersucht die Fernsehserie *24* (FOX, 2001–2010, Joel Surnow/Robert Cochran) und weitere US-Qualitätsdramaserien der Post-9/11-Dekade im Hinblick auf eine seriell intensive und reflexive Ästhetik der Grenzüberschreitung, die im Diskurs des 11. September 2001 und des Kriegs gegen den Terror durch drastische Themen und Formen hervorsticht, dabei normgeprägte Strukturen des Fernsehmediums und der Fernsehseriengattung überschreitet und diese Grenzüberschreitung reflexiv akzentuiert. Im Fokus der Analyse steht die formale Intensität und Reflexivität in der Schlüsselserie *24*, besonders in Bezug auf eine gattungsgemäß einschneidende und kontroverse Serialität der Krise, Gewalt und insbesondere der Folter. Im Rahmen des interdisziplinären Forschungsprojekts „Wahrheit und Gewalt. Der Diskurs der Folter", das von der VolkswagenStiftung als eines der „Schlüsselthemen der Geisteswissenschaften" gefördert wurde[1], lautet eine Kernfrage dieses Buches: Wie wird das Folterextrem in Serie formiert und wie wird es reflektiert?

Die Arbeit folgt einem zweiteiligen, vertiefenden Aufbau mit einem Hauptteil zur Einordnung intensiver und reflexiver US-Qualitätsdramaserien der Post-9/11-Dekade und einem Hauptteil zur Gewaltästhetik der Serie *24*. Der erste Hauptteil erstreckt sich über ein Korpus von vierzehn Serien, darunter die sieben Network-Serien *24*, ALIAS, FLASHFORWARD, FRINGE, LOST, PRISON BREAK und THE EVENT sowie die sieben Kabelserien BATTLESTAR GALACTICA, BREAKING BAD, DEADWOOD, DEXTER, SIX FEET UNDER, THE SOPRANOS und THE WIRE. Über die Situierung des Korpus in Bezug zum 11. September und im historischen Kontext des Fernsehmediums wie auch der Fernsehseriengattung rückt der Fokus auf die intensiven und reflexiven Merkmale der Dramaserien unter besonderer Berücksichtigung der Serien *24*, LOST und THE SOPRANOS. Anknüpfend an die grundlegende Einordnung erfolgt eine ausführliche Orientierung der Form: Über Theoriegrundlagen und Beispielanalysen erkundet die Arbeit die formalen Extremtendenzen des Spektakels, der Auslotung des Spannungsfelds zwischen Fakt und Fiktion sowie der hervorstechenden Ausprägungen der Serialität und Selbstreflexivität. Die Ergebnisse des ersten Hauptteils ermöglichen im zweiten Hauptteil eine vertiefte Analyse der zentralen Fernsehserie *24* hinsichtlich einer Gewaltästhetik, deren Akzente sich vielfach auf andere Dramaserien im Korpus beziehen lassen. Wesentlich sind drei Untersuchungspunkte, die nacheinander in jeweils einem Hauptkapitel bearbeitet werden. Der erste Punkt ist die Intensität und Irritation der grundlegenden Erzählparameter von Zeit, Raum und

---

[1] Webseite „Wahrheit und Gewalt. Der Diskurs der Folter", online: http://bit.ly/2O 0xU93; Stand: 06.06.2019.

Figur. Der zweite Untersuchungspunkt ist die Serialität der Gewalt. Der dritte Punkt ist die Folter im Gefüge der Fernsehserie.

In einem ambitionierten Forschungsvorhaben, das eine spezifisch fernsehserienästhetische Analyse anstrebt und Methoden der Film-, Medien- und Literaturwissenschaft integriert, erfolgt die Findung und Untersuchung der entscheidenden Gegenstandsmerkmale über ein Grundgerüst von rund 300 Kurzanalysen mit Timecode sowie über gezielte Vertiefungen anhand von 24 detaillierten Sequenzanalysen. Bei der gleichermaßen umfangreichen wie akribischen DVD-Sichtung und Auswertung der Bildspur und englischsprachigen Tonspur liegt der Schwerpunkt auf der Serie *24* und ein besonderes Augenmerk auf LOST und THE SOPRANOS. Die Untersuchung von *24* umfasst alle acht Staffeln der regulären Serie, die mit einem Umfang von 192 Episoden à ca. 42 Minuten eine Gesamtdauer von etwa 135 Stunden beträgt. Hinzu kommt die Auswertung von zahlreichen Paratexten wie Produktionsberichten und Internetclips. Die Arbeit zielt sowohl auf eine übergreifende Annäherung an die ästhetisch und diskursiv hochrelevanten und intertextuell korrelativen Dramaserien der Post-9/11-Dekade, als auch auf einen ungekannt detaillierten Einblick in das Format einer enorm umfangreichen Fortsetzungsserie, die in diesem Korpus die Schlüsselrolle einnimmt.

Die Studie erstrebt Ergebnisse auf drei wichtigen Forschungsfeldern. Erstens ist das die Fernsehserienform, zweitens die Gewaltvermittlung und drittens der 9/11-Diskurs. Nachfolgend soll die Vorgehensweise in allen drei Bereichen erläutert werden.

Fernsehserienform

Das Buch orientiert die kulturell tiefgreifende Generation von Post-9/11-Qualitätsdramaserien im Hinblick auf eine markant intensive und reflexive Form und ergründet darauf aufbauend die Gewaltästhetik in der Schlüsselserie *24*. Gerade angesichts des ästhetischen Grenzgangs, den die thematisch und formal drastischen Serien im Hinblick auf das Fernsehmedium und die Fernsehseriengattung unternehmen, kann die Arbeit wichtige stilistische Merkmale fernsehserieller Form feststellen und einen Beitrag leisten zur noch jungen fernseh(serien)ästhetischen Analyse.

Die Forschung zum ästhetischen Spektrum des Fernsehens befindet sich noch in ihren Anfängen. Lange Zeit wurde die Fernsehforschung dominiert von kultur-, kommunikationswissenschaftlichen und soziologischen Studien, die das Fernsehen mehrheitlich nicht im Formatbezug, sondern als Ganzes, meist in Abgrenzung von einer Hochkultur und ideologisch beurteilten, wobei der verstärkte Fokus auf die Wirkung des Fernsehens, besonders gegenüber Gewaltdarstellungen, tendenziell negativ ausgerichtet war. Im Zuge einer markt- und medienkritischen Forschungslinie, an deren Anfang etwa Theodor Adornos frühe Auseinandersetzung mit dem US-Fernsehen steht[2], vernachlässigten auch literatur- und filmwissenschaftliche Untersuchungen den ästhetischen Stellenwert von Fernsehsendungen. Zwar stieg mit der zunehmenden Qualität der Stoffe im Laufe der 1970er-Jahre auch die Anzahl fernsehästhetischer Studien, doch überwogen vielfach, etwa im Kontext postmoderner Theorie, vereinfachende Tendenzen.

Der Weg zu einer Analyse fernsehspezifischer Form, Medialität und Ästhetik erwächst über einige grundlegende Studien. Der formale und mediale Stellenwert des Fernsehens wird von Marshall McLuhan hervorgehoben[3]. Richtungweisend wird die Fernsehform von Raymond Williams im Hinblick auf eine dynamisch-signalhafte Prägung als ‚flow' perspektiviert[4] und später von John Ellis in der Segmentstruktur narratologisch spezifiziert[5]. Grundlagen zu einer semiotischen Orientierung des Fernsehens ermitteln Forscher wie Stuart Hall[6] und John Fiske[7]. Erkenntnisse zur neueren komplexen Formreflexivität des Fernsehens liefert in besonderem Maße John Caldwells fernsehästhetische Studie zur „Televisuality"[8]. Eine grundlegende wissenschaftliche Herausstellung von Qualitätsfernsehserien erfolgt durch Publikationen von Jane Feuer[9] und Robert J. Thompson[10].

Mit der Häufung ästhetisch ambitionierter Qualitätsfernsehserien um die Jahrtausendwende ist das Forschungsinteresse an der Gattung der Fernsehserie stark gestiegen. Tendenziell wurde die vielschichtige Ästhetik episodenübergreifender Fortsetzungsserien (‚serials') anhand von Ein-

---

[2] Theodor W. Adorno: Prolog zum Fernsehen, in: Ders.: Eingriffe. Neun kritische Modelle, Frankfurt 1963, S. 69–80.
[3] Marshall McLuhan: Understanding Media. The Extensions of Man, New York 1964.
[4] Raymond Williams: Television. Technology and Cultural Form, London 1974/ New York 2003.
[5] John Ellis: Visible Fictions. Cinema, Television, Video, London/New York 1982/ 1992, S. 111–171.
[6] Stuart Hall: Kodieren/Dekodieren, in: Ralf Adelmann, Jan O. Hesse, Judith Keilbach, Markus Stauff, Matthias Thiele (Hgg.): Grundlagentexte zur Fernsehwissenschaft. Theorie, Geschichte, Analyse, Konstanz 2001, S. 105–124.
[7] John Fiske: Television Culture, London 1987.
[8] John Thornton Caldwell: Televisuality. Style, Crisis, and Authority in American Television, New Jersey 1995.
[9] Jane Feuer, Paul Kerr, Tise Vahimagi (Hgg.): MTM. Quality Television, London 1984.
[10] Robert J. Thompson: Television's Second Golden Age. From Hill Street Blues to ER, New York 1996.

zelaspekten in Sammelbandaufsätzen behandelt[11]. Konzentriert im Leitbegriff des Quality TV[12] kreiste der Forschungsfokus verstärkt um Innovationen in Kabelserien. Vermehrt zur Anwendung kamen zunächst interdisziplinäre Herangehensweisen wie im Hinblick auf den literaturwissenschaftlich hervorgehobenen Stellenwert der erstarkten Autorenrolle[13], die filmwissenschaftlich elaborierte Nähe zum Kino[14] oder die kulturwissenschaftliche Positionierung innerhalb des Phänomens des Seriellen[15]. Allmählich entwickelt sich in den letzten Jahren dank spezifisch ausgerichteter Forschungsprojekte und Monografien eine fundiertere Auseinandersetzung auf den Feldern der Fernsehserienästhetik[16], Fernsehserienmedialität[17] und Fernsehserienkultur[18].

---

[11] Zu den impulsgebenden Publikationen gehören: Mark Jancovich, James Lyons (Hgg.): Quality Popular Television. Cult TV, the Industry and Fans, London 2003; Michael Hammond, Lucy Mazdon (Hgg.): The Contemporary Television Series, Edinburgh 2005; Sascha Seiler (Hg.): Was Bisher Geschah. Serielles Erzählen im zeitgenössischen amerikanischen Fernsehen, Köln 2008; Arno Meteling, Isabell Otto, Gabrielle Schabacher (Hgg.): Previously On... Zur Ästhetik der Zeitlichkeit neuerer TV-Serien, München 2010.

[12] Zugehörige Veröffentlichungen: Jancovich/Lyons: Quality Popular Television; Janet McCabe, Kim Akass (Hgg.): Quality TV. Contemporary American Television and Beyond, London/New York 2007; Jonas Nesselhauf, Markus Schleich (Hgg.): Quality-Television. Die narrative Spielwiese des 21. Jahrhunderts?!, Münster 2014; Dies. (Hgg.): Das andere Fernsehen?! Eine Bestandsaufnahme des Quality Television, Bielefeld 2016.

[13] Hierzu zählen: Christoph Dreher (Hg.): Autorenserien. Die Neuerfindung des Fernsehens, Stuttgart 2010; Ders. (Hg.): Autorenserien II. Quality TV in den USA und Europa, Paderborn 2014.

[14] Ein Debattenüberblick findet sich bei: Brett Mills: What does it mean to call Television Cinematic?, in: Jason Jacobs, Steven Peacock (Hgg.): Television Aesthetics and Style, New York 2013, S. 57–66.

[15] Eine Einordnung erfolgte in folgenden Arbeiten: Robert Blanchet, Kristina Köhler, Tereza Smid, Julia Zutavern (Hgg.): Serielle Formen. Von den frühen Film-Serials zu aktuellen Quality-TV- und Online-Serien, Marburg 2011; Frank Kelleter (Hg.): Populäre Serialität. Narration, Evolution, Distinktion. Zum seriellen Erzählen seit dem 19. Jahrhundert, Bielefeld 2012; Rob Allen: Serialization in Popular Culture, New York 2014.

[16] Kernbeiträge sind: Steven Peacock, Jason Jacobs: Television Aesthetics and Style, New York 2013; Kathrin Rothemund: Komplexe Welten. Narrative Strategien in US-amerikanischen Fernsehserien, Berlin 2013; Jason Mittell: Complex TV. The Poetics of Contemporary Television Storytelling, New York 2015; Daniela Wentz: Bilderfolgen. Diagrammatologie der Fernsehserie, Paderborn 2017; Trisha Dunleavy: Complex Serial Drama and Multiplatform Television, New York 2018.

[17] Wichtig hier: Andreas Hirsch-Weber, Stefan Scherer (Hgg.): Technikreflexionen in Fernsehserien, Karlsruhe 2015; Benjamin Beil, Lorenz Engell, Dominik Maeder, Jens Schröter, Herbert Schwaab, Daniela Wentz: Die Fernsehserie als Agent des Wandels, Münster 2017; Aymar Jean Christian: Open TV. Innovation beyond Hollywood and the Rise of Web Television, New York 2018; Catherine Johnson: Online TV, New York/Abingdon 2019.

Dieses Buch legt bei der Untersuchung von Qualitätsfernsehserien den Fokus auf den hervorstechenden aber bislang wenig erforschten Bereich einer dramatischen Extremgestaltung. Dabei soll der ästhetische und gesellschaftliche Stellenwert von Qualitätsfernsehserien der 2000er-Jahre, zusätzlich zu medien- und markthistorischen Rahmenbedingungen, nachdrücklich verortet werden im dramatischen Bezugskern der Gewalt, vor dem Hintergrund des 11. September 2001 und des Krieges gegen den Terror. Die Erörterung einer TV-Serienästhetik der Grenzüberschreitung knüpft an die aktuelle Forschungslinie zum weitreichenden ästhetischen Spektrum in Qualitätsfernsehserien an und perspektiviert und erweitert sie im Hinblick auf eine intensive und reflexive Gestaltung in Bezug zu gesellschaftlich grenzüberschreitenden Themen. Vor dem Hintergrund einer grundsätzlichen Verbindung von Qualitätsserien und Grenzüberschreitungstendenzen, die von Robert J. Thompson markiert wurde[19] und in einigen neueren Forschungsarbeiten inhaltlich explizit[20] oder formal implizit angenähert wurde[21], zielt diese Untersuchung programmatisch auf eine formbewusste Akzentuierung der vielschichtigen dramaseriellen Extremästhetik der Post-9/11-Dekade vor dem Hintergrund traditioneller TV- und TV-Serienmuster. So sollen wichtige Formakzente nicht, wie mehrfach in Quality-TV-Aufsätzen geschehen, isoliert in ihrem innovativen oder intermedialen Status betrachtet werden. Vielmehr legt die Arbeit großen Wert darauf, fortdauernd ein Bewusstsein einzubeziehen über historisch geprägte Formcharakteristiken des Fernsehmediums und der

---

[18] Zentrale Publikationen: Susanne Eichner, Lothar Mikos, Rainer Winter (Hgg.): Transnationale Serienkultur. Theorie, Ästhetik, Narration und Rezeption neuer Fernsehserien, Wiesbaden 2013; Christoph Ernst, Heike Paul (Hgg.): Amerikanische Fernsehserien der Gegenwart. Perspektiven der American Studies und der Media Studies, Bielefeld 2015; Daniela Schlütz: Quality-TV als Unterhaltungsphänomen. Entwicklung, Charakteristika, Nutzung und Rezeption von Fernsehserien wie The Sopranos, The Wire oder Breaking Bad, Wiesbaden 2016.

[19] Thompson nennt als Merkmale von Qualitätsfernsehserien formale Erweiterungen wie auch die Tendenz zur Kontroverse – vgl. Robert J. Thompson: Television's Second Golden Age. From Hill Street Blues to ER, New York 1996, S. 13–16.

[20] Entsprechende Beiträge sind: Birgit Däwes, Alexandra Ganser, Nicole Poppenhagen (Hgg.): Transgressive Television. Politics and Crime in 21-Century American TV Series, Heidelberg 2015; Ivo Ritzer: Fernsehen wider die Tabus. Sex, Gewalt, Zensur und die neuen US-Serien, Berlin 2011.

[21] Hierzu zählen: Benjamin Beil, Lorenz Engell, Jens Schröter, Herbert Schwaab, Daniela Wentz: Die Fernsehserie als Reflexion und Projektion des medialen Wandels, in: Andreas Hepp, Friedrich Krotz (Hgg.): Mediatisierte Welten. Beschreibungsansätze und Forschungsfelder, Wiesbaden 2012, S. 197–223; Andreas Sudmann: Serielle Überbietung. Zur televisuellen Ästhetik und Philosophie exponierter Steigerungen, Stuttgart 2017; Lorenz Engell, Dominik Maeder, Jens Schröter, Daniela Wentz (Hgg.): Bis auf Weiteres. Pinnwand und Serie. Augenblick 68, Marburg 2017.

Fernsehseriengattung. Über ein systematisches Gerüst aus verstreuten theoretischen Schlüsseltexten soll es darum gehen, gerade eine Ästhetik der Grenzüberschreitung als eine spezifische Auseinandersetzung mit fernsehseriellen und fernsehmedialen Rahmenstrukturen im Sinne einer fernsehästhetischen Gestaltbarkeit zu erkunden. Als Schwerpunkt einer Grenzüberschreitungsästhetik wird das originäre Network-Format anvisiert, das im Gefüge etablierter Normen eine besonders druckvolle Dramaturgie ausbildet, speziell im Zusammenhang mit den spannungsreichen Hauptzweigen des Kriminal- und Mystery-Genres, die an Action-Thriller-Strukturen gekoppelt werden. Als Kernbeispiel für eine Mystery-Network-Show soll LOST dienen. Als Schlüsselgegenstand im Crime-Network-Format fungiert *24* über den gesamten Umfang des Buches.

Grundlegend für die Analyse der intensiven und reflexiven TV-Serienästhetik der Grenzüberschreitung sind die Formkategorien des Spektakels, des Spannungsfelds von Fakt und Fiktion, der Serialität und Selbstreflexivität *(I.2)*. Die vier Kategorien sollen hier vorab skizziert werden mit Hilfe theoretischer Grundlagen, die den fernsehspezifischen Kontext deutlich machen. Die bestimmende Drastik in *24* und anderen Dramaserien[22] lässt sich im ersten Schritt über die Form des Spektakels situieren *(I.2.1)*. Bei aller formalen Komplexität, die bei der Erforschung von Qualitätsfernsehserien eine Rolle spielt, ist es gerade im Fall der impulsgerichteten TV-Dramagattung, und besonders im Network-Rahmen, wichtig, die Veranlagung des Fernsehens und der Fernsehserie zu eindeutigen typologischen Strukturen hervorzuheben. Gerade die ästhetische Ausprägung der Dramaserien kann auf die Formelhaftigkeit des Fernsehens zurückgeführt werden, wie sie Horace Newcomb anführte[23]. Um die Phänomene der spektakulären Intensität und Konfrontation in *24* und anderen Dramaserien zu erfassen, nützen die semiotischen Ansätze zur typisierten und dualen Fernsehgestaltung von John Fiske und John Hartley[24] sowie von Sarah Kozloff[25].

Die zweite wichtige Formkategorie ist die besondere Brisanz der Dramaserien im faktualen Kontext *(I.2.2)*. Das vieldiskutierte Phänomen muss nachdrücklich in Relation zu fernsehspezifischen Konstitutionen verortet werden. Gezielt müssen dramaserielle Bezugnahmen auf die Dar-

---

[22] Zum Phänomen der Drastik vgl. Davide Giuriato, Eckhard Schumacher (Hgg.): Drastik. Ästhetik, Genealogien, Gegenwartskultur, Paderborn 2016; Benjamin Moldenhauer: Ästhetik des Drastischen. Welterfahrung und Gewalt im Horrorfilm, Berlin 2016.
[23] Horace Newcomb: TV. The Most Popular Art, New York 1974, S. 244.
[24] John Fiske, John Hartley: Reading Television, New York 1978/2003, S. 142.
[25] Sarah Kozloff: Narrative Theory and Television, in: Robert C. Allen (Hg.): Channels of Discourse, Reassambled. Television and Contemporary Criticism, London 1992, S. 67–100.

stellungsirritation des 11. September sowie die große Kontroverse um die grenzüberschreitenden Folterdarstellungen im charakteristischen Fernsehspannungsfeld von Fakt und Fiktion bewertet werden, das geprägt ist durch ein Nebeneinander der Formate, wie es Knut Hickethier feststellt[26], und eine ‚Live-TV'-Wesensart, die Jane Feuer benennt[27]. Es ist diese spezifische Fakt-Fiktion-Spannung, die in den drastischen Fernsehserien einen Spielraum zwischen Realismus und Dramatisierung eröffnet, den vor allem *24* in hervorstechender Weise ausreizt.

Als dritte formale Kategorie soll die Kernstruktur der Serialität im Hinblick auf eine intensive und reflexive Gestaltung erörtert werden *(I.2.3)*. Um sich der komplexen Serialität in *24* und anderen episodenübergreifenden Qualitätsdramaserien anzunähern, soll in diesem Buch eine Systematik erarbeitet werden, die neben dem in der Forschung prominenten Bewusstsein über intermediale Korrelationen mit Roman oder Film, maßgeblich darauf abzielt, spezifisch fernsehartige und fernsehserielle Bestandteile hervorzuheben. Gerade um die Drastik der Dramaserien zu erfassen, soll jenes Element in den Fokus rücken, welches das Fernsehen narrativ als Grundbestandteil ausrichtet und das den spezifischen Signalcharakter und Druckduktus des Fernsehens charakterisiert, das aber in wissenschaftlichen Interpretationen neuer Fernsehserien kaum zur Sprache kommt: Das Segment. Die Segmentstruktur, die von Raymond Williams im ‚flow'-Konzept angenähert wurde[28], von John Ellis als narratives Prinzip erläutert wurde[29] und von Robin Nelson auf die Attraktionsästhetik neuer Fernsehserien bezogen wurde[30], lässt sich bei drastischen Dramaserien, besonders im intensiven Erzählrhythmus des Network-Formats, in einer außergewöhnlichen Zuspitzung feststellen.

Die dramaserielle Segmentintensität und ihr Bezug zur Gewalt sollen über ausgewählte Forschungsansätze fernsehnarratologisch erschlossen werden. Wichtig dabei ist die Situierung der druckvollen Gestaltung in der Fernsehserienproduktion. Grundlagen für die Erfassung eines Schlagrhythmus bieten die autorenpraktische Einordnung der Fernseherzählungen in ‚beats'[31] wie auch der formatüberschreitende Bezug auf Andrew

---

[26] Knut Hickethier: Die Fernsehserie und das Serielle des Fernsehens, Lüneburg 1991, S. 31.
[27] Jane Feuer: The Concept of Live Television. Ontology as Ideology, in: E. Ann Kaplan: Regarding Television. Critical Approaches. An Anthology, Los Angeles 1983.
[28] Williams: Television, S. 77–120.
[29] Ellis: Visible Fictions, S. 119.
[30] Robin Nelson: TV Drama. Flexi-Narrative Form and a New Affective Order, in: Eckart Voigts Virchow (Hg.): Mediated Drama, Dramatized Media. Papers given on the occasion of the Eighth Annual Conference of the German Society for Contemporary Theatre and Drama in English, Trier 2000, S. 111–118.
[31] Vgl. Michael Z. Newman: From Beats to Arcs. Towards a Poetics of Television Narrative, in: The Velvet Light Trap 58, 2006, S. 17.

Goodwins Musikvideo-Stilmittel des ‚visual hook'[32]. Von zentraler Bedeutung für eine erzähltheoretische Annäherung an die Gewaltserialität in *24* und anderen Dramaserien ist die Durchführung einer Weiterentwicklung des neuen TV-Serienerzählmodells ‚Scene function model' der Forschungsgruppe um Michael J. Porter[33]. Wichtige Ansatzpunkte bietet außerdem die serienproduktionspraktische Übersicht von Gunter Eschke und Rudolf Bohne[34]. Bei der Erforschung intensiv fortsetzungsgerichteter Spannung soll gezielt der Bezug zu zwei korrelierenden fernsehseriellen Grundformen hergestellt werden: Fernsehton[35] und Dialog[36].

Ein entscheidender Schwerpunkt dieses Buches ist die Untersuchung der Selbstreflexivität als vierter Formkategorie *(I.2.4)*. Entgegen einer bloßen Repräsentation, wie sie dem Fernsehen lange Zeit zugeschrieben wurde, hat der Bezug der Dramaserien auf sich selbst in der ästhetischen Hochphase und angesichts der Extremgestaltung im Spiegel der Darstellungsirritation des 11. September eine enorme Relevanz erreicht, die größere Beachtung einfordert. Selbstreflexivität soll in ihrer semiotischen, medialen und ästhetischen Qualität ausführlich untersucht werden. Bei der Orientierung des Phänomens wird großer Wert darauf gelegt, eine fernsehspezifische Reflexivität hervorzuheben, wie sie bei John Caldwell im Konzept der ‚Televisuality'[37] oder bei Michele Hilmes im Funktionsprinzip der „direct address"[38] akzentuiert wird. Daran anknüpfend soll ein medienreflexiver Rahmen gespannt werden mit Konzepten der Intermedialität[39] und Hypermedialität[40]. Als zielführender Weg der Analyse dient

---

[32] Andrew Goodwin: Dancing in the Distraction Factory. Music Television and Popular Culture, London 1993, S. 93.

[33] Michael J. Porter, Deborah L. Larson, Allison Harthcock, Kelly Berg Nellis: Re(de)fining Narrative Events. Examining Television Narrative Structure, in: Journal of Popular Film and Television 1, 2002, S. 23–30; Porters Gruppe bezieht sich auf: Seymour Chatman: Story and Discourse. Narrative Structure in Fiction and Film, Ithaca 1978.

[34] Gunter Eschke, Rudolf Bohne: Bleiben Sie dran! Dramaturgie von TV-Serien, Konstanz 2010.

[35] Rick Altman: Fernsehton, in: Ralf Adelmann, Jan O. Hesse, Judith Keilbach, Markus Stauff, Matthias Thiele (Hgg.): Grundlagentexte zur Fernsehwissenschaft. Theorie, Geschichte, Analyse, Konstanz 2001, S. 388–412.

[36] Ellis: Visible Fictions, S. 157; Jeremy G. Butler: Television Style, New York 2010, S. 54f.

[37] Caldwell: Televisuality, S. 25; Vgl. Ders.: Production Culture. Industrial Reflexivity and Critical Practice in Film and Television, Durham/London 2008; Ders.: Zehn Thesen zur Produktionsforschung, in: montage AV 22/01/2013, S. 33–47, online: http://bit.ly/2P5j1CR; Stand: 06.06.2019.

[38] Michele Hilmes: The Television Apparatus: Direct Address, in: Journal of Film and Video 4, 1985, S. 27–36.

[39] Jürgen E. Müller: Intermedialität. Formen moderner kultureller Kommunikation, Münster 1996.

eine medienästhetische Perspektive, die sich bei Burkhardt Lindner findet[41] und die weiterführt auf das Feld philosophischer Ästhetiken[42]: Die dort hervorgehobene Herausstellung des künstlerischen Produktionsprozesses im Kunstwerk hat einen besonderen Stellenwert in der Extremgestaltung der Dramaserien, die ausschreitende Spannungstechniken nutzen, Materialität und Körperlichkeit exponieren und grenzüberschreitende Praktiken wie die Folter in beträchtlichem Maße reflektieren.

Die Annäherung an die dramaseriellen Grundpfeiler der Selbstreflexivität und der zuvor beschriebenen Segmentserialität verfolgt dieses Buch über das kontinuierliche Changieren zwischen Sequenzanalysen und Kurzanalysen. Ziel ist es, die audiovisuell intermediale, episodenübergreifende Extremstruktur von 24 und weiteren richtungsweisenden Dramaserien der Post-9/11-Dekade über einen ausführlichen wissenschaftlichen Schrifttext nachzuvollziehen. Während die zahlreichen Kurzanalysen bevorzugt die signalhaften Fernsehsegmente erfassen und zusammengenommen einen Überblick über die Seriendramaturgie bieten, ermöglichen die akribischen Sequenzanalysen, im Umfang von mindestens einem Absatz bis zu mehreren Seiten, vor allem präzise Detaileinblicke in die Komplexität fiktionaler und medialer Fernsehreflexionen. Über den Verbund der beiden Analyseformen kann gerade die Kernprägung fernsehserieller Gewalt gezielt angenähert werden. Ins Zentrum rückt dabei sowohl in druckvollen Dialogsegmenten wie auch in Reflexionen der Grenzüberschreitung das Extrem der Folter.

Gewaltvermittlung

Drastische Gewaltdarstellungen in der TV-Serie *24* und anderen Dramaserien spielen eine zentrale Rolle im gesellschaftlichen Diskurs nach dem 11. September 2001. Im Sinne der Ausrichtung des Forschungsprojekts „Wahrheit und Gewalt. Der Diskurs der Folter", „dass sich Gesellschaften in wesentlicher Hinsicht durch ihr Verhältnis zur Gewalt definieren und

---

[40] Jay David Bolter, Richard Grusin: Remediation. Understanding New Media, Cambridge Massachusetts 1999.

[41] Burkhardt Lindner: Das Verschwinden des Kurblers. Reflexionen zu einer kritischen Medienästhetik, in: Simone Dietz, Timo Skrandies (Hgg.): Mediale Markierungen. Studien zur Anatomie medienkultureller Praktiken, Bielefeld 2007, S. 195–214.

[42] Georg Wilhelm Friedrich Hegel: Ästhetik. Band I, Frankfurt 1965; Friedrich Schlegel: Charakteristiken und Kritiken I 1796–1801, in: Jean-Jacques Anstett, Hans Eichner (Hgg.): Kritische Friedrich-Schlegel Ausgabe Zweiter Band, München u. a. 1967.

selbst beschreiben"[43] sollen die grenzüberschreitenden Gewaltdarstellungen in ihrem symbolischen und kulturellen Stellenwert ergründet werden durch die gezielte Auseinandersetzung mit den fernsehseriellen Ausprägungen der Gewaltästhetik. Gerade das komplexe Spannungsfeld der Serien zwischen Fakt und Fiktion, das im Fall der Folter brisante Bezüge zwischen der Free-TV-Serie *24* und den Verhörmethoden des US-Militärs aufwies, macht es dringend notwendig, fernsehserielle Strukturen der Gewaltvermittlung zu untersuchen. Bislang wurde die Frage nach der extremen Fernsehseriengewalt nach 9/11, speziell der Folter in *24*, bevorzugt in Kontexten der Rechtswissenschaft[44], Politik[45] oder Philosophie[46] diskutiert. Während diese Kernzusammenhänge in die Arbeit einfließen, akzentuiert der Text, dass sich die Gewaltdarstellungen der Fernsehserien nur dann hinreichend erfassen lassen, wenn das Feld fernsehserieller Darstellungsweisen stärker in den Fokus rückt.

Das Buch nähert sich einer TV-Serialität der Gewalt über die Schwerpunkte der Intensität und Reflexivität. Aufbauend auf den formalen Kernfaktoren, die im ersten Abschnitt der Einleitung vorgestellt wurden, zielt die Arbeit am Beispiel von *24* auf eine in der Forschung ungekannt akribische und umfangreiche Untersuchung der Gewaltdarstellung im spezifisch fernsehseriellen Formenspektrum. Hinausgehend über den Inhalts- und Wirkungsansatz früher soziologischer Fernsehstudien und den bevorzugt postmodern orientierten Blick auf eine Gewalt im Kinospielfilm, die beide zu vereinfachenden und abwertenden Einschätzungen neigten, legt die Arbeit den Fokus auf die ästhetische Codierung der Gewalt in der Fernsehserie. Anknüpfend an die Tendenz neuerer Gewaltstudien, die den Wert symbolischer und formreflexiver Untersuchungspunkte hervorheben[47], untersucht das Buch über formale, narratologische und

---

[43] Thomas Weitin, Thomas Gutmann, Detlef Kremer, Peter Oestmann: Wahrheit und Gewalt. Der Diskurs der Folter. Antrag für ein Forschungsprojekt im Rahmen der Schlüsselthemen der Geisteswissenschaften, Konstanz 2007, S. 4; Vgl. Thomas Weitin (Hg.): Wahrheit und Gewalt. Der Diskurs der Folter in Europa und den USA, Bielefeld 2010.

[44] Zugehörige Texte sind: Matt D. Semel: 24 and the Efficacy of Torture, in: Journal of Criminal Justice and Popular Culture 15.3, 2008, S. 312–328, online: http://bit.ly/2qzcMcl; Stand: 06.06.2019; Bev Clucas: 24 and Torture, in: Bev Clucas, Gerry Johnstone, Tony Ward (Hgg.): Torture. Moral Absolutes and Ambiguities, Baden-Baden 2009, S. 176–202.

[45] Als Debattenbeitrag fungiert: Judith Arnold: Auf die Folter gespannt. Facts und Fiction der US-Serie 24, in: Medienheft 31, 2007, S. 1–11, online: http://bit.ly/2SLZg22; Stand: 06.06.2019.

[46] Ein grundlegender Sammelband ist: Jennifer Hart Weed, Richard Davis, Ronald Weed (Hgg.): 24 and Philosophy. The World According to Jack, Malden 2008.

[47] Markante Studien sind: Angela Keppler: Mediale Gegenwart. Eine Theorie des Fernsehens am Beispiel der Darstellung von Gewalt, Frankfurt 2006; Daniel Tyradellis, Burkhardt Wolf: Hinter den Kulissen der Gewalt. Vom Bild zu Codes und

medienästhetische Akzente die Extreme von Gewalt, Terror und Folter gezielt im Kontext der Fernsehseriengattung und des Fernsehmediums.

In einer Vielzahl von Sequenz- und Kurzanalysen erforscht die Arbeit grenzüberschreitende Gewaltinszenierungen über die Relation zu fernsehseriellen Grundformen. Dabei ergibt sich eine spannungsreiche Fragestellung. Zum einen soll untersucht werden, in welcher Weise drastische Gewalt in *24* und anderen Dramaserien der Post-9/11-Dekade mit traditionellen Fernseh(serien)mustern wie der häuslichen Vertrautheit bricht[48]. Zum anderen stellt sich die Frage, ob drastische Gewalt formal in ein schlüssiges, produktives Verhältnis tritt zu fernsehseriellen Kernmustern wie der Fortsetzung, der Konfliktstruktur und des Dialogs, gerade in einer fortsetzungsgerichteten Action-Thriller-Ästhetik, wie sie *24* perfektioniert. Auf der Suche nach Antworten oder gar formlogischen Anordnungen fernsehserieller Gewalt eröffnet sich das Untersuchungsfeld gradueller Wechselwirkungen und Übergangsstufen zwischen gattungsgemäß kommunikativen und grenzüberschreitend gewaltsamen Vorgängen, besonders im Fall der Folter, als Grenzgang zwischen Kommunikation und Gewalt.

Die Fernsehserie *24*, deren Gewaltdarstellung den höchsten Stellenwert im Diskurs der Dramaserien nach dem 11. September einnimmt, verdichtet eine fernsehserielle Gewaltdramaturgie über die signalstarken Varianten des Medienrahmens im Network-Fernsehen und des Gattungsrahmens im Kriminal-Genre mit Action-Thriller-Formen. Im zweiten Hauptteil des Buches erfolgt die detaillierte Gewaltanalyse von *24* anhand von grundlegenden Kategorien, die sich auch auf andere Dramaserien des Korpus beziehen lassen, insbesondere auf die erzählrhythmisch hervorstechenden Network-Serien. Bei der Erforschung der drastischen Diegese soll einleitend bestimmt werden, wie die Erzählparameter gestaltet sind *(II.1)*. Darauf aufbauend wird ausführlich das Phänomen einer serialisierten Gewalt untersucht *(II.2)*. Dabei zielt dieses Buch auf eine narratologische Einordnung der Gewaltserialität und unternimmt dafür eine action-

---

Materialitäten, in: Dies. (Hgg.): Die Szene der Gewalt, Frankfurt 2007, S. 13–30; Marcus Stiglegger: Terrorkino. Angst/Lust und Körperhorror, Berlin 2010; Angela Keppler, Frederike Popp, Martin Seel (Hgg.): Gesetz und Gewalt im Kino. Normative Orders 14, Frankfurt 2015; Lars Koch, Tobias Nanz, Johannes Pause (Hgg.): Imaginationen der Störung. Behemoth. A Journal on Civilisation 9, 2016; Robert Appelbaum: The Aesthetics of Violence. Art, Fiction, Drama and Film, London 2017; Stuart Bender, Lorrie Palm (Hgg.): The Digital Aesthetic of Violence. Journal of Popular Film and Television 1, 2017.

[48] Zur häuslichen und familiären Vertrautheit vgl. u. a. John Hartley: Uses of Television, London/New York 1999; Lynn Spigel: Fernsehen im Kreis der Familie. Der populäre Empfang eines neuen Mediums, in: Ralf Adelmann, Jan O. Hesse, Judith Keilbach, Markus Stauff, Matthias Thiele (Hgg.): Grundlagentexte zur Fernsehwissenschaft. Theorie, Geschichte, Analyse, Konstanz 2001, S. 214–252.

segmentorientierte Weiterentwicklung des TV-Serienerzählmodells ‚Scene function model'[49]. Die Erforschung der Frage, wie fernsehserielle Extremfortsetzung funktioniert, impliziert zwangsläufig Einblicke in den Zusammenhang zwischen Reizreihung und Bingewatching, das später mit Streaming-Diensten stark zunimmt. Gleichzeitig bietet die Analyse serieller Gewaltinszenierung in Dramaserien der Post-9/11-Dekade fruchtbare Ansatzpunkte für eine zukünftige Untersuchung späterer Seriengenerationen. Auch in den 2010er-Jahren zeigt sich der dramaserielle Schlüsselstatus der Gewalt deutlich. Gerade auch die großen Serienhits der Ära wie GAME OF THRONES (HBO, 2011–2019, David Benioff/D. B. Weiss) oder TRUE DETECTIVE (HBO, 2014–, Nic Pizzolatto) inszenieren Gewalt in extremer Weise oder serialisieren gar das Horror-Genre wie THE WALKING DEAD (AMC, 2010–, Frank Darabont), AMERICAN HORROR STORY (FX, 2011–, Ryan Murphy/Brad Falchuk) oder THE STRAIN (FX, 2014–2017, Guillermo del Toro/Chuck Hogan)[50].

Hinausgehend über die Funktionsweise serieller Gewalt liegt ein wichtiger Schwerpunkt der Untersuchung auf der Frage, inwiefern das Phänomen fortwährender Gewalt fernsehseriell reflektiert wird. Zu beachten ist zum einen die Möglichkeit einer Aktualisierung des Phänomens des Tragischen: Ausgehend von etablierten Konzepten der Tragik[51] soll untersucht werden, auf welche Weise Schmerz und Leid in Serie erscheinen und wie tragische Entscheidungen (‚tragic choices'[52]) fernsehserienästhetisch konfiguriert werden. Zum anderen soll die maßgebliche Kategorie der Selbstreflexivität in ihrem hochrelevanten Bezug zur seriellen Gewalt erforscht werden. Wesentlich dabei sind Faktoren formaler und medialer Grenzauslotung sowie Ausgestaltungen eines fernsehseriellen Grenzüberschreitungsbewusstseins, bei dem das Zeigen von Extremen verzögert und akzentuiert wird.

---

[49] Vgl. Porter et al.: Re(de)fining Narrative Events, S. 23–30.
[50] Zur hervortretenden Horror-Ästhetik vgl. Stacey Abbott: Undead Apocalypse. Vampires and Zombies in the 21st Century, Edinburgh 2016; Linda Belau, Kimberly Jackson (Hgg.): Horror Television in the Age of Consumption: Binging on Fear, New York/London 2018; Dahlia Schweitzer: Going Viral. Zombies, Viruses, and the End of the World, New Brunswick 2018.
[51] Hierzu zählen: Aristoteles: Poetik, Stuttgart 2001; Dietrich Mack: Ansichten zum Tragischen und zur Tragödie, München 1970; Jürgen Wertheimer (Hg.): Ästhetik der Gewalt. Ihre Darstellung in Literatur und Kunst, Frankfurt 1986; Felix Budelmann: Körper und Geist in tragischen Schmerz-Szenen, in: Bernd Seidensticker und Martin Vöhler (Hgg.): Gewalt und Ästhetik. Zur Gewalt und ihrer Darstellung in der griechischen Klassik, Berlin 2006, S. 123–148.
[52] Vgl. Niklas Luhmann: Gibt es in unserer Gesellschaft noch unverzichtbare Normen?, Heidelberg 1993; William Rasch (Hg.): Tragic Choices. Luhmann on Law and States of Exception, Stuttgart 2008.

Der Fokus der Seriengewaltanalyse liegt auf dem Extrem der Folter, das den Diskurs im Jahrzehnt nach dem 11. September maßgeblich geprägt hat *(II.3)*[53]. In drastischen Folterdarstellungen verdichten die Free-TV-Serien *24* und LOST sowie andere Dramaserien der Post-9/11-Dekade eine Ästhetik der Grenzüberschreitung, indem sie moderate Rahmen des Fernsehens und der Fernsehserie überschreiten und dabei so weit in den faktischen Bereich drängen, dass sie die verschärften Verhörtechniken der US-Geheimdienste während des Kriegs gegen den Terror („enhanced interrogation techniques') bespiegeln, problematisieren und sogar beeinflussen, wodurch sie eine aufsehenerregende Kontroverse auslösen und einen zentralen ‚Diskurs der Folter' begründen. Im Rahmen des Forschungsprojekts „Wahrheit und Gewalt. Der Diskurs der Folter" fokussiert diese Arbeit das gesellschaftlich einschneidende Phänomen der Folter als „eindrücklichste[.] Signatur der Gewalt des Menschen über Menschen"[54] im Hinblick auf deren ästhetische Dimension im Zuge massenmedialer Vermittlung.

Im Mittelpunkt der Folterproblematik steht eine Frage: Warum wird in *24* – und anderen Dramaserien der Post-9/11-Dekade – so viel gefoltert? Die Ergründung dieser Leitfrage soll hinausgehen über eine inhaltlich ausgerichtete Kritik, wie sie in Aufsätzen zu finden ist, die primär juristisch[55], politisch[56] und philosophisch[57] orientiert sind. Auch das angrenzende Phänomen der Folter im Kino, das mit der Marke „Torture Porn" versehen wurde[58], soll als Spielart des Horrorfilms nicht im Vor-

---

[53] Zur Relevanz der Folter im 9/11-Diskurs vgl. Karsten Altenhain, Reinhold Görling, Johannes Kruse (Hgg.): Die Wiederkehr der Folter? Interdisziplinäre Studien über eine extreme Form der Gewalt, ihre mediale Darstellung und ihre Ächtung, Göttingen 2013; Rebecca Gordon: Mainstreaming Torture. Ethical Approaches in the Post-9/11 United States, Oxford 2014; Jared del Rosso: Talking About Torture. How Political Discourse Shapes the Debate, New York 2015; Alex Adams: Political Torture in Popular Culture. The Role of Representations in the Post-9/11 Torture Debate, London 2016.

[54] Weitin et al.: Wahrheit und Gewalt, S. 8.

[55] Hierzu zählen: Semel: 24 and the Efficacy of Torture; Clucas: 24 and Torture.

[56] Relevant sind: Arnold: Facts und Fiction der US-Serie 24; Isabel Pinedo: Tortured Logic. Entertainment and the Spectacle of Deliberately Inflicted Pain in 24 and Battlestar Galactica, in: Jump Cut – A Review of Contemporary Media 52, 2010, online: http://bit.ly/2RBdpOf; Stand: 06.06.2019; Donatella Di Cesare: 24. The Gentleman Torturer, in: Dies.: Torture, Cambridge 2018, S. 41 f.

[57] Als Beitrag fungiert: Dónal P. O'Mathúna: The Ethics of Torture in 24. Shockingly Banal, in: Jennifer Hart Weed, Richard Davis, Ronald Weed (Hgg.): 24 and Philosophy. The World According to Jack, Malden 2008, S. 91–104.

[58] David Edelstein: Now playing at your local Multiplex. Torture Porn. Why has America gone nuts for Blood, Guts, and Sadism?, in: New York Magazine, 28.01.2006, online: http://nym.ag/2Q1Snrt; Stand: 06.06.2019; Vgl. Aaron Michael Kerner: Torture Porn in the Wake of 9/11. Horror, Exploitation and the Cinema of Sensation, New Brunswick 2015.

dergrund stehen. Vielmehr ist es das Anliegen der Arbeit, die spezifisch fernsehserielle Popularität tabuisierter Folter hervorzuheben und am Kulminationspunkt der Action-Thriller-Serie *24* im ästhetischen Gefüge der Fernsehseriengattung im Fernsehmedium zu situieren. Mit der These, dass Folter im Formkonzept von *24* eine zentrale Rolle spielt, folgt der Text den Grundfragen, wie Tortur in Serie funktioniert und wie sie reflektiert wird. Die Ergebnisse ergeben ein Analysesystem, das auch orientiert werden kann im Hinblick auf die verstreuten Folterdarstellungen in späteren populären Fernsehserien wie den *24*-nahen Action-Shows HOMELAND (Showtime, 2011–2019, Howard Gordon/Alex Gansa) und THE AMERICANS (FX, 2013–2018, Joe Weisberg), dem Fantasy-Drama GAME OF THRONES (HBO, 2011–2019, David Benioff/D. B. Weiss), der Dramedy ORANGE IS THE NEW BLACK (Netflix, 2013–2019, Jenji Kohan), der Kriminalserie OZARK (Netflix, 2017–, Bill Dubuque/Mark Williams) oder der Superheldenserie THE UMBRELLA ACADEMY (Netflix, 2019–, Steve Blackman/Jeremy Slater). Für ein genuines Verständnis der komplexen Problematik der Fernsehserienfolter sollen die oben vorgestellten Leitprinzipien einer fernsehserienästhetischen Gewaltanalyse zum Tragen kommen. Außerdem sollen sie enggeführt werden mit zentralen interdisziplinären Erkenntnissen wie Arno Metelings ‚Folterszenen'[59], Thomas Weitins ‚ökonomischem Diskurs der Folter'[60] und Niklas Luhmanns ‚Form des Problems'[61].

Als zielführender Untersuchungspunkt, der das letzte Viertel des Buches einnimmt, dient das Phänomen der Reflexivität der Folter als Kern einer Ästhetik der Grenzüberschreitung in *24*. Mit dem Blick auf die komplexen Reflexionsprozesse extremer Folterdarstellungen knüpft die Arbeit an die Forschungsfrage der Darstellbarkeit der Folter an im Sinne einer Erzählbarkeit[62] und speziell Sichtbarkeit[63]. Über hochdetaillierte und

---

[59] Arno Meteling: Folterszenen. Zum ästhetischen Regime der Gewalt in Marathon Man, A Clockwork Orange und Hostel, in: Thomas Weitin (Hg.): Wahrheit und Gewalt. Der Diskurs der Folter in Europa und den USA, Bielefeld 2010, S. 187–206.

[60] Thomas Weitin: Folter. Mit Gewalt auf Wahrheitssuche, in: Science.orf.at, 02.10. 2009, online: http://bit.ly/2MW3aRG; Stand: 06.06.2019.

[61] Niklas Luhmann: Gibt es in unserer Gesellschaft noch unverzichtbare Normen?, Heidelberg 1993, S. 2.

[62] Zur Erzählbarkeit der Folter vgl. Carolin Emcke: Weil es sagbar ist. Über Zeugenschaft und Gerechtigkeit. Essays, Frankfurt 2013; Tanja Pröbstl: Zerstörte Sprache, gebrochenes Schweigen. Über die (Un-)Möglichkeit von Folter zu erzählen, Bielefeld 2015; Carola Hilbrand: Saubere Folter. Auf den Spuren unsichtbarer Gewalt, Bielefeld 2015.

[63] Zur Sichtbarkeit der Folter vgl. Julia Bee, Reinhold Görling, Johannes Kruse, Elke Mühlleitner (Hgg.): Folterbilder und -narrationen. Verhältnisse zwischen Fiktion und Wirklichkeit, Göttingen 2013; Reinhold Görling: Szenen der Gewalt. Folter und Film von Rossellini bis Bigelow, Bielefeld 2014.

umfangreiche Analysen wird untersucht, wie die Darstellung des fernsehserienhistorischen Extrems als Grenzüberschreitung akzentuiert wird über die symbolischen und medienreflexiven Schritte der Initiation, Serialität und Problematisierung.

9/11-Diskurs

24 und andere US-Qualitätsdramaserien spielen eine Schlüsselrolle bei der ästhetischen und gesellschaftlichen Verarbeitung des 11. September und des Kriegs gegen den Terror. Im Zuge der Konstellation, dass die Terroranschläge auf das World Trade Center in New York am 11. September 2001 sowie die Kriege in Afghanistan und Irak nebst anknüpfender Konflikte in nachdrücklicher Weise die symbolische und mediale Ebene des Fernsehmediums involvieren, ist es von zentraler Bedeutung, herauszustellen, dass die ästhetisch weitreichenden Dramaserien innerhalb der Kerngattung des Fernsehens nicht nur eine thematische Auseinandersetzung mit der Gewalt ermöglichen, sondern zum formalen und medialen Reflexionsort der historisch einschneidenden Extreme werden. Um also einen Kernbestandteil des 9/11-Diskurses wissenschaftlich zu erfassen, ist die umfangreiche fernsehserienästhetische Untersuchung der Terrorismus-Serie *24* und anderer konstitutiver Dramaserien notwendig.

Im Verlauf der Analysen zur Fernsehserienform und Gewaltvermittlung, die oben angeführt wurden, verfolgt dieser Text das Vorhaben, *24* und andere Dramaserien innerhalb des Diskurses des 11. September zu verorten. Mit dem Ziel, einen spezifisch fernsehserienästhetischen Beitrag zu leisten zur Forschung der massenmedialen Gewaltvermittlung am 11. September und danach[64] sowie zu deren kulturellen Verarbeitung[65] in vi-

---

[64] Hierzu zählen: Christian Schicha, Carsten Brosda (Hgg.): Medien und Terrorismus, Münster 2002; Michael Beuthner, Joachim Buttler, Sandra Fröhlich, Irene Neverla, Stephan A. Weichert (Hgg.): Bilder des Terrors – Terror der Bilder? Krisenberichterstattung am und nach dem 11. September, Köln 2003; Stephan Alexander Weichert: Die Krise als Medienereignis. Über den 11. September im deutschen Fernsehen, Köln 2006; Susanne Kirchhoff: Krieg mit Metaphern. Mediendiskurse über 9/11 und den War on Terror, Bielefeld 2010; Monika Schwarz-Friesel, Jan-Henning Kromminga (Hgg.): Metaphern der Gewalt. Konzeptualisierungen von Terrorismus in den Medien vor und nach 9/11, Tübingen 2013.

[65] Zentrale Beiträge sind: Matthias N. Lorenz: Narrative des Entsetzens. Künstlerische, mediale und intellektuelle Deutungen des 11. September 2001, Würzburg 2004; Katharina Niemayer: Die Mediasphären des Terrorismus. Eine mediologische Betrachtung des 11. September, Berlin 2006; Ingo Irsigler, Christoph Jürgensen (Hgg.): Nine Eleven. Ästhetische Verarbeitungen des 11. September 2001, Heidelberg 2008; Sandra Poppe, Thorsten Schüller, Sascha Seiler (Hgg.): 9/11 als kulturelle Zäsur. Repräsentationen des 11. September 2001 in kulturellen Diskursen, Literatur und visuellen Medien, Bielefeld 2009; Michael Butter, Birte Christ,

suellen Medien⁶⁶, Literatur⁶⁷ und medienübergreifend⁶⁸, lenkt die Arbeit den Blick auf die Frage, inwiefern das Ausnahmeereignis und dessen Bezüge in der Extremästhetik der Dramaserien akzentuiert werden. Der Fokus liegt auf *24*: Mit Figuren und Schauplätzen, die im Zentrum der US-Politik, der Terrorbekämpfung und des Terrorismus angesiedelt sind, entfaltet die Polit- und Agententhriller-Serie das fernsehserielle Narrativ einer Welt, die kontinuierlich durch Terror erschüttert wird.

Gemäß der symbolischen und medialen Prägung des 11. September und seines Diskurses können entsprechende dramaserielle Verarbeitungsakzente identifiziert werden über die Registrierung symbolischer und medialer Konfigurationen der Irritation und Konfrontation. Die Erforschung der symbolischen Ebene konzentriert sich auf fernsehserienästhe-

---

Patrick Keller (Hgg.): 9/11. Kein Tag, der die Welt veränderte, Paderborn 2011; Ursula Hennigfeld, Stephan Packard (Hgg.): Abschied von 9/11? Distanznahmen zur Katastrophe, Berlin 2013; Till Karmann, Simon Wendt, Tobias Endler, Martin Thunert (Hgg.): Zeitenwende 9/11? Eine transatlantische Bilanz, Opladen 2016.

[66] Basispublikationen sind: Wheeler Winston Dixon (Hg.): Film and Television after 9/11, Carbondale 2004; Tom Pollard: Hollywood 9/11. Superheroes, Supervillains and Super Disasters, Boulder 2011; Anne Becker: 9/11 als Bildereignis. Zur visuellen Bewältigung des Anschlags, Bielefeld 2013; Guy Westwell: Parallel Lines. Post 9/11 American Cinema, New York 2014; Terence McSweeney: The War on Terror and American Film. 9/11 Frames per Second, Edinburgh 2014; Ders. (Hg.): American Cinema in the Shadow of 9/11, Edinburgh 2016; Jochen Schuff, Martin Seel (Hgg.): Erzählungen und Gegenerzählungen. Terror und Krieg im Kino des 21. Jahrhunderts. Normative Orders 16, Frankfurt 2016; Tullio Richter-Hansen: Friktionen des Terrors. Ästhetik und Politik des US-Kinos nach 9/11, Marburg 2017.

[67] Hier zentral: Martin Randall: 9/11 and the Literature of Terror, Edinburgh 2011; Richard Gray: After The Fall. American Literature since 9/11, Malden 2011; Birgit Däwes: Ground Zero Fiction. History, Memory and Representation in the American 9/11 Novel, Heidelberg 2011; Ursula Hennigfeld: Poetiken des Terrors. Narrative des 11. September 2001 im interkulturellen Vergleich, Heidelberg 2014; Tim Gauthier: 9/11 Fiction, Empathy, and Otherness, Lanham 2015; Daniel O'Gorman: Fictions of the War on Terror. Difference and the Transnational 9/11 Novel, London/New York 2015; Susana Araújo: Transatlantic Fictions of 9/11 and the War on Terror. Images of Insecurity, Narratives of Captivity, London/New York 2015; Christina Fossaluzza, Anne Kraume (Hgg.): Ausnahmezustände in der Gegenwartsliteratur. Nach 9/11, Würzburg 2017; Jesko Bender: 9/11 Erzählen. Terror als Diskurs- und Textphänomen, Bielefeld 2017.

[68] Kernbeiträge sind: Jeff Birkenstein, Anna Froula, Karen Randell (Hgg.): Reframing 9/11. Film, Popular Culture and the War on Terror, New York 2010; Joseph P. Fisher, Brian Flota (Hg.): The Politics of Post-9/11 Music. Sound, Trauma, and the Music Industry in the Time of Terror, Farnham 2011; Veronique Bragard, Christophe Dony, Warren Rosenberg (Hgg.): Portraying 9/11. Essays on Representations in Comics, Literature, Film and Theatre, Jefferson 2011; Stephanie Hoth: Medium und Ereignis. 9/11 im amerikanischen Film, Fernsehen und Roman, Heidelberg 2011; Paul Petrovic (Hg.): Representing 9/11. Trauma, Ideology and Nationalism in Literature, Film and Television, Lanham 2015.

tische Texturen einer Desorientierung der symbolisch geprägten Lebenswelt der USA sowie auf Figurationen dualer und diffuser Konflikte mit dem terroristischen Feind im Sinne symbolischer Gewalt und Kriegsführung. Als theoretischer Bezugspunkt für die Analyse dient der Begriff des „symbolischen Schock[s]", den Jean Baudrillard für den 11. September verwendete[69].

Die korrelative Einschreibung medialer Irritation und Konfrontation in die Fernsehserie lässt sich entsprechend an form- und medienreflexiven Konstellationen untersuchen. Zentral sind hier die zu Beginn der Einleitung hervorgehobenen Strukturen der spektakulären Serialität, Fakt-Fiktion-Spannung und Selbstreflexivität. Im Hinblick auf eine Serialität des Terrors soll das Phänomen einer US-symbolischen Erschütterung im Zusammenhang mit schockästhetischen Erzählweisen untersucht werden. Das fernsehkonstitutive Spannungsfeld von Fakt und Fiktion, das bei der ‚Live'-Übertragung am 11. September irritiert wurde, soll anhand von Formen und Reflexionen wie dem Echtzeit-Modus in *24* orientiert werden. Schließlich sucht die Arbeit im einschneidenden Bezug von Gewalt und Selbstreflexivität gezielt nach Postfigurationen der gewaltsam irritierten Fernsehübertragung sowie nach Akzenten symbolischer und medialer Kriegsführung mit okularen und medialen Konfrontationen.

Die Untersuchung der 9/11-Prägung in Dramaserien der 2000er-Jahre bietet letztlich auch Ansatzpunkte für das Verständnis späterer Vermittlungsirritationen in der US-Gesellschaft. Das gilt im fiktionalen Rahmen für Polit-Shows[70] wie HOMELAND (Showtime, 2011–2019, Howard Gordon/Alex Gansa), HOUSE OF CARDS (Netflix, 2013–2018, Beau Willimon) oder DESIGNATED SURVIVOR (ABC/Netflix, 2016–2018/ 2018–, David Guggenheim) sowie im faktualen Rahmen für Konstellationen wie die postfaktische Präsentation des US-Präsidenten Donald Trump.

---

[69] Jean Baudrillard: Der Geist des Terrorismus, Wien 2002, S. 14.
[70] Zur Politik in neuen Fernsehserien vgl. Anja Besand (Hg.): Von Game of Thrones bis House of Cards. Politische Perspektiven in Fernsehserien, Wiesbaden 2018; Niko Switek (Hg.): Politik in Fernsehserien. Analysen und Fallstudien zu House of Cards, Borgen & Co, Bielefeld 2018; Speziell HOMELAND hat als wichtiger Vertreter der nächsten Generation von Post-9/11-Serien ein verstärktes Forschungsinteresse hervorgerufen: Lars Koch: Terror 3.0. Homeland und die Entgrenzung des Verdachts, in: Pop. Kultur und Kritik 2, 2013, S. 17–21; Niels Werber: Premediation des Terrors, in: Pop. Kultur und Kritik 1, 2016, S. 26–30.

I. Ästhetik der Grenzüberschreitung in US-Qualitätsdramaserien der Post-9/11-Dekade

Der erste Hauptteil des Buches zielt auf eine Einordnung zentraler Tendenzen in US-Qualitätsdramaserien der Post-9/11-Dekade im Sinne einer intensiven und reflexiven Ästhetik der Grenzüberschreitung, die im Diskurs des 11. September 2001 und des Kriegs gegen den Terror durch drastische Themen und Formen hervorsticht, dabei normgeprägte Strukturen des Fernsehmediums und der Fernsehseriengattung überschreitet und diese Grenzüberschreitung reflexiv akzentuiert.

Das erste Kapitel will die Dramaserien in Bezug zum Ausnahmeereignis des 11. September sowie zur normüberschreitenden Fernseh(serien)geschichte verorten. Darauf aufbauend soll ein Korpus der Dramaserien definiert werden mit der Konzentration auf die Serien 24, LOST und THE SOPRANOS. Das zweite Kapitel strebt an, die wesentlichen formalen Extremtendenzen der Dramaserien im Sinne einer intensiven und reflexiven Ästhetik zu erfassen. Im Fokus stehen die Formen des Spektakels, der Spannung zwischen Fakt und Fiktion, der Serialität und der Selbstreflexivität.

Die Ergebnisse des ersten Hauptteils dienen anschließend als Grundlage für den zweiten Hauptteil, die Analyse der Gewaltästhetik in der Schlüsselserie 24.

1. Einordnung der US-Qualitätsdramaserien der Post-9/11-Dekade

Das erste Kapitel unternimmt eine grundlegende Einordnung dramatischer US-Qualitätsfernsehserien der Post-9/11-Dekade. Dabei will das Kapitel eine TV-Serienästhetik der Grenzüberschreitung in Bezug zum 11. September orientieren, fernsehgeschichtlich verorten und in einem Korpus von vierzehn Serien einordnen mit dem Fokus auf drei Shows.

Einleitend soll die Spezifik der Fernsehübertragung des Terrorattentats des 11. September anhand von Forschungsergebnissen zusammenfassend erörtert werden und im Hinblick auf ihre Bedeutung für die Fernsehästhetik perspektiviert werden. Zweitens soll der Gegenstand der drastischen Dramaserien über theoretische Grundlagen auf dem historischen Höhepunkt einer medialen und diskursiven Grenzüberschreitung des normgeprägten Fernsehmediums verortet werden. Mit der Basis beider Phänomene kann im dritten Teilkapitel ein Dramaserienkorpus im Hinblick auf eine intensive und reflexive TV-Serienästhetik der Grenzüberschreitung gebildet werden. Als zentrale Vertreter dieser Gruppe werden schließlich im vierten Teilkapitel die drei Serien 24, LOST und THE SOPRANOS in ihren Grundtendenzen vorgestellt.

1.1 Der 11. September 2001 als ‚symbolischer Schock' und die Rolle der Fernsehserie

Die Fernsehübertragung der Terroranschläge auf das World Trade Center in New York am 11. September 2001 markiert eine historisch einzigartige Relevanz massenmedialer (Gewalt-)Darstellung, die in ihrem extremen Ausnahmecharakter einen wichtigen Bezugspunkt darstellt für die TV-Serienästhetik der Grenzüberschreitung. Um hier einleitend die Schlüsselrolle zu pointieren, die 24 und andere Dramaserien bei der Verarbeitung des 11. September und der folgenden Konflikte einnehmen, soll die formale Konstitution der 9/11-Attentatsdarstellung anhand von Forschungsergebnissen rekapituliert und perspektivisch erörtert werden.

Die Relevanz und Provokation des hervorstechenden Darstellungsmoments, den Jean Baudrillard pointiert als „symbolischen Schock" bezeichnet[1], sowie seine Ausweitung zu einem „Krieg der Symbole"[2] funktioniert wesentlich vor dem Hintergrund der (visuellen) Codierung der Medienkultur, die maßgeblich durch das Fernsehen befördert wurde und vom Fernsehwissenschaftler Raymond Williams im Begriff der „drama-

---

[1] Jean Baudrillard: Der Geist des Terrorismus, Wien 2002, S. 14.
[2] Christian Schicha, Carsten Brosda: Medien, Terrorismus und der 11. September 2001. Eine Einleitung, in: Dies. (Hgg.): Medien und Terrorismus, Münster 2002, S. 9.

tized society"³ zusammengefasst wird. Speziell die Formung der US-amerikanischen Lebenswelt durch massenmythologische Symbole zeigt sich in tendenziell fiktionalen Konstruktionen der USA, deren Rahmung als ‚American Dream', ‚American Way of Life', ‚Land of Possibilities', ‚New World' oder am deutlichsten als ‚American Story' explizit wird. Es ergibt sich, wie Christian Schichas kommunikationswissenschaftlicher Sammelband vorführt, eine Wechselbeziehung zwischen einer zunehmenden Dramatisierung der Berichterstattung und einer „symbolischen Politik"⁴, die mit publikumswirksamen Kommunikationsmustern operiert. In diesem Spannungsfeld von Fakt und Fiktion wirkt die Gewalt des 11. September maximal, indem sie als reales Ereignis die massenmediale Regelsemiotik der amerikanischen Symbolkultur antizipiert und damit das vertraute Verhältnis in seiner Fragilität offenlegt⁵.

Der Angriff auf Amerika und die westliche Welt antizipiert, wie mehrere Studien zeigen, eine akribische Codierung. Bernhard Debatin sieht darin „die Kollision zweier basaler Symbole der westlich-technokratischen Gesellschaft"⁶, des Verkehrssystems, repräsentiert durch das Flugzeug, und der Wirtschaft, repräsentiert durch die Wolkenkratzer. Joachim Buttler zeigt wie die Twin Towers auf die mittelalterliche Symbolik des Stadttors als Zeichen der Macht und des grenzenlosen Fortschrittswillens rekurrieren, so dass ihr Einsturz einem apokalyptischen Bildersturm gleichkommt⁷. Des Weiteren impliziert die Richtung des Einschlags des zweiten Flugzeugs in den Südturm von links nach rechts eine Heimkehr der Bedrohung⁸, während sich das Datum auf New Yorks Notruf-Telefonnummer bezieht⁹.

In der Antizipation massenmedialer Regelsemiotik rekurriert der 11. September maßgeblich auf die Form des TV-Spektakels. Als maximal ori-

---

3   Raymond Williams: Drama in a Dramatized Society, in: Ders.: Writing in Society, London/New York 1983, S. 11–21.
4   Christian Schicha: Terrorismus und symbolische Politik. Zur Relevanz politischer und theatralischer Inszenierungen nach dem 11. September 2001, in: Christian Schicha, Carsten Brosda (Hgg.): Medien und Terrorismus, Münster 2002, S. 97.
5   Vgl. Stephan Alexander Weichert: Die Krise als Medienereignis. Über den 11. September im deutschen Fernsehen, Köln 2006, S. 23.
6   Bernhard Debatin: Semiotik des Terrors. Luftschiffbruch mit Zuschauern, in: Christian Schicha, Carsten Brosda (Hgg.): Medien und Terrorismus, Münster 2002, S. 29.
7   Vgl. Joachim Buttler: Ästhetik des Terrors. Die Bilder des 11. September 2001, in: Michael Beuthner, Joachim Buttler, Sandra Fröhlich, Irene Neverla, Stephan A. Weichert (Hgg.): Bilder des Terrors – Terror der Bilder. Krisenberichterstattung am und nach dem 11. September, Köln 2003, S. 33.
8   Vgl. Debatin: Semiotik des Terrors, S. 31.
9   Vgl. Franz Josef Röll: Krieg der Zeichen. Zur Symbolik des Attentats am 11. September, in: Christian Schicha, Carsten Brosda (Hgg.): Medien und Terrorismus, Münster 2002, S. 114.

entierte, grenzüberschreitende Fernsehgattung bildet das TV-Spektakel einen Höhepunkt des technologischen und ökonomischen Wettbewerbs um die Aufmerksamkeit des Zuschauers und überschreitet derart das verbreitete Konzept der fernsehspezifischen Beiläufigkeit. Historisch lässt sich das TV-Spektakel, wie Susan Murray zeigt[10], zwischen der Grundtendenz der Mediengesellschaft sowie der Berichterstattung großer News-Events verorten und auf die Unterhaltungsspecials der ‚spectaculars' zurückführen, die zu Beginn der 1950er-Jahre von NBC-Programmchef Pat Weaver eingeführt wurden und zuallererst auf die ‚brand'-Markierung eines Qualitätsfernsehens setzten, und damit weniger auf Werbeeinnahmen als auf Publikums- und Kritikerfolge, worin sich eine grundlegende Beziehung von Spektakel und Ästhetik abzeichnet, die neue Dramaserien prägt. In der Serialität des Fernsehspektakels erwirken Dramaserien formspezifische Korrelationen mit dem 11. September *(I.2.1 & 2.3)*.

Die starke Wirksamkeit des Spektakels resultiert vorwiegend aus dramaturgischen Funktionsmustern. Murray bezeichnet den 11. September als definitives Beispiel für ein Medienspektakel[11] und belegt dies mit dramatisch konstitutiven Faktoren: Die Merkmale sind Unmittelbarkeit, Bildfokus, massiver Output, Sensation, Wiederholung, Krise, Dringlichkeit und Zuschauerbindung. Dabei ist bemerkenswert, wie prägend diese Charakteristika für die Dramaturgie intensiver US-Serien nach 9/11 sind. Infolge der komplexen Spannung zwischen Fakt und Fiktion überschreitet die Kommunikationswissenschaft in der Analyse des 11. September ihr Forschungsfeld in Richtung von Theatralitätskonzepten. Während Christian Schicha die ‚Nachrichtenfaktoren' Relevanz, Überraschung, Konflikthaftigkeit und Visualisierung aufzählt[12], benennt Bernhard Debatin im Hinblick auf Aufmerksamkeitsregeln die ‚Nachrichtenwerte' Sensationalismus, Gewalt, Negativismus, Überraschung, Dynamik, Identifikation sowie räumliche und kulturelle Nähe[13]. In der Gegenüberstellung beider Definitionsmengen des Spektakels wird deutlich, dass Gewalt schlüsselhaft ins Funktionskonzept maximalen Ausdrucks eingeordnet ist. Die spezifische dramaturgische Formung terroristischer Gewalt lässt sich mit Robin Gerrits feststellen, der den Grad der Gewalt an die Verwendung von Symbolen und eine spektakuläre Performance koppelt[14]. Im Hinblick auf die Ausnahmedarstellung des 11. September artikuliert Jean Baudrillard die Codierung von Gewalt explizit als „symbolische Gewalt" und

---

[10] Vgl. Susan Murray: Television as Spectacle, in: Douglas Gomery, Luke Hockley: Television Industries, London 2006, S. 106 f.
[11] Ebd., S. 107.
[12] Vgl. Schicha: Terrorismus und symbolische Politik, S. 106.
[13] Vgl. Debatin: Semiotik des Terrors, S. 25.
[14] Vgl. Robin P. J. M. Gerrits: Terrorists' Perspectives. Memoirs, in: David L. Paletz, Alex P. Schmid (Hgg.): Terrorism and the Media, Newbury Park 1992, S. 46 f.

damit als „Mikromodell eines Kerns realer Gewalt mit maximalem Hallraum – also die reinste Form des Spektakulären"[15]. Die Darstellung der Gewalt multipliziert sich über die Gewalt der Darstellung:

> „Gewalt an sich kann vollkommen banal und harmlos sein. Nur symbolische Gewalt vermag Singularität zu erzeugen. Und so findet man in diesem singulären Ereignis, in diesem Katastrophenfilm aus Manhattan in höchstem Maße die beiden Phänomene der Massenfaszination des 20. Jahrhunderts vereint: die weiße Magie des Kinos und die schwarze Magie des Terrorismus. Das weiße Licht des Bildes und das schwarze Licht des Terrorismus"[16].

Die dichte Beziehung zwischen Medien und Gewalt findet im affektiven Fernsehmedium besonderen Ausdruck und wurde vor allem in Wirkungsstudien der soziologischen Forschung problematisiert, ohne immer das zentrale Kriterium der Codierung zu berücksichtigen. Infolge einer tendenziell unkonzentrierten Rezeptionshaltung verfolgen Fernsehsender im kontinuierlichen Kampf um die Aufmerksamkeit des Zuschauers mit erhöhter Dynamik und Signalfrequenz, wie Rick Altman in seiner Studie zum Fernsehton herausstellt, eine „Ästhetik und Ideologie des Spektakulären"[17], die den Unterhaltungswert von Gewalt instrumentalisert. Bereits das marktstrategisch effiziente „Aufflackern der Aufmerksamkeit"[18] durch die wesensgemäß schlüsselhafte Werbung erfolgt über formale Züge von Gewalt, so dass schließlich Gewaltdarstellungen, von Terror und Krieg, ein Extrem intermedialer Performativität erreichen.

In der einschneidenden Fernsehübertragung des 11. September verbindet sich die symbolische Erschütterung mit einer medialen Disruption. In beachtlicher Relation inszenieren Dramaserien der Post-9/11-Dekade ihre Gewaltdarstellungen vielfach über die Verzahnung symbolischer und medialer Irritation. Spezifische Postfigurationen des 11. September erfolgen über die Verknüpfung medialer Störungen mit Gewaltsymboliken von Hochhäusern (24, FLASHFORWARD, FRINGE, DEXTER) oder Flugzeugen (24, LOST, BATTLESTAR GALACTICA, FRINGE, BREAKING BAD). Der Bezug der Serien auf den 11. September integriert zirkulär auch dessen Bezug auf das Kino als bildsymbolische Referenzfläche. Die archaischen

---

[15] Baudrillard: Der Geist des Terrorismus, S. 32.
[16] Ebd., S. 31.
[17] Rick Altman: Fernsehton, in: Ralf Adelmann, Jan O. Hesse, Judith Keilbach, Markus Stauff, Matthias Thiele (Hgg.): Grundlagentexte zur Fernsehwissenschaft. Theorie, Geschichte, Analyse, Konstanz 2001, S. 400.
[18] John Ellis: Fernsehen als kulturelle Form, in: Ralf Adelmann, Jan O. Hesse, Judith Keilbach, Markus Stauff, Matthias Thiele (Hgg.): Grundlagentexte zur Fernsehwissenschaft. Theorie, Geschichte, Analyse, Konstanz 2001, S. 51.

'Vor-Bilder' des 11. September[19] gemäß der Formel 'Wie im Kino'[20] werden unter Einrechnung ihrer faktualen Irritation fernsehseriell weiterverarbeitet. Gegenüber den fiktional isolierten, verstärkt artifiziellen Weltuntergangsszenarien von Katastrophenfilmen wie THE TERMINATOR (1984, James Cameron), INDEPENDENCE DAY (1996, Roland Emmerich), ARMAGEDDON (1998, Michael Bay), DEEP IMPACT (1998, Mimi Leder) oder GODZILLA (1998, Roland Emmerich) entfalten Dramaserien eine Ausnahmeserialität, die intensiv und reflexiv im Spannungsfeld von Fakt und Fiktion operiert.

Der Schock des 11. September gründet massiv auf dem Spannungsfeld, das zwischen der formalen Konstruktion eines Gewaltszenarios und der Tatsache realer Gewalt entsteht[21]. Die Konstruiertheit massenmedialer Regelsemiotik transzendiert der 11. September, indem er sie maximal bloßlegt[22]: Gerade die fernsehspezifische Grundfunktion der 'Live'-Übertragung, die ihren Höhepunkt durch gezieltes Timing der Terroristen vor den Augen eines globalen Massenpublikums erreicht, demaskiert im Massenmord die stilistische Konstruktion des Spektakelcharakters, exponiert die Formkonventionen des News-Formats und erschüttert die zeitlichen Programmstrukturen des fernsehspezifischen Kontinuums des „flow"[23] sowie letztlich das Sicherheitsgefühl der häuslichen Fernsehrezeption. Post-9/11-Serien, vor allem *24* und seine Live-Dramaturgie, figurieren und reflektieren diese Irritationen.

Das öffentliche TV-Medium, das sowohl faktuale als auch fiktionale Formate vermittelt, und seit seinen Anfängen dem Vorwurf des Pseudorealismus ausgesetzt ist[24], erfährt ausgerechnet im Zuge einer präzisen Stilistik den Einbruch des Realen. Die spektakuläre Irritation der Ebenen von Realität und Fiktion wird in mehreren Studien, im Rückbezug auf postmoderne Theorien, mit der Dimension des Sublimen und Erhabenen

---

[19] Vgl. Thomas Waitz: Die Frage der Bilder. 9/11 als filmisch Abwesendes, in: Sandra Poppe, Thorsten Schüller, Sascha Seiler (Hgg.): 9/11 als kulturelle Zäsur. Repräsentationen des 11. September 2001 in kulturellen Diskursen, Literatur und visuellen Medien, Bielefeld 2009, S. 226.

[20] Vgl. Georg Seeßlen, Markus Metz: Krieg der Bilder. Bilder des Kriegs. Abhandlung über die Katastrophe und die mediale Wirklichkeit, Berlin 2002, S. 26; Helmut Lethen: Bildarchiv und Traumaphilie. Schrecksekunden der Kulturwissenschaften nach dem 11.09.2001, in: Klaus R. Scherpe, Thomas Weitin (Hg.): Eskalationen. Die Gewalt von Kultur, Recht und Politik, Tübingen/Basel 2003, S. 5 f.

[21] Vgl. Lethen: Bildarchiv und Traumaphilie, S. 8–10.

[22] Vgl. Weichert: Die Krise als Medienereignis, S. 23.

[23] Raymond Williams: Television. Technology and Cultural Form, London 1974/ New York 2003, S. 86–97.

[24] Vgl. Theodor W. Adorno: Prolog zum Fernsehen, in: Ders.: Eingriffe. Neun kritische Modelle, Frankfurt 1963, S. 69–80; Werner Faulstich: Ästhetik des Fernsehens. Eine Fallstudie zum Dokumentarspiel Die Nacht als die Marsmenschen Amerika angriffen 1976 von Joseph Sargent, Tübingen 1982.

in Verbindung gebracht. So schreibt Joachim Buttler: „Plötzlich war es, als hätte es die kantische Distanz [...] nie gegeben, als hätten Bilder und Ereignisse nie völlig unterschiedlichen Kategorien angehört: [...] eine verstörte Welt"[25]. Allerdings erreicht der 11. September seinen mediensemiotischen Ausnahmestatus gerade, indem er die postmoderne Tendenz zur massenmedialen Simulation als Gegenform integriert und mit extremem Ernst in einem quasi archaischen Reinigungsgestus überschreitet: „[D]ie terroristischen Akte [sind] zugleich der Zerrspiegel seiner eigenen Gewalt [= der des Systems] und das Modell einer ihm untersagten symbolischen Gewalt [...], einer Gewalt, die es nicht ausüben kann: jener seines eigenen Todes"[26]. Die Überschreitung der konventionellen Darstellung durch die absolut negative Ausnahmeform impliziert auch die drastische Problematik einer Darstellbarkeit nach dem 11. September.

Die Besonderheit des 11. September als Medienereignis liegt darin, dass die pointierte Wesensform des Medienereignisses zum Ereignis für die Medien selbst wird[27]: „They [= media events] cancel all other programs, bring television's clock to a stop"[28]. Für das Fernsehmedium ereignet sich eine „Grenzerfahrung"[29]: „Noch niemals zuvor hatte ein Ereignis in der auf Echtzeit getrimmten Nachrichtenmaschinerie eine derart nachhaltige Unterbrechung des routinemäßigen Programmflusses – des flow of broadcasting – verursacht"[30]. Die Aussetzung konventioneller Funktionsmuster im ‚flow' des Massenmediums Fernsehen evoziert die Dimension einer mediensemiotischen Zäsur, die das vieldiskutierte Narrativ einer Weltveränderung mit der Zeitorientierung Davor und Danach nach sich zieht. Korrelativ erfolgt eine Irritation der Wahrnehmung: In der Analyse des 11. September verweist Stephan Weichert auf Paul Virilio, der die Wahrnehmung eines Unfalls als Unfall der Wahrnehmung herausstellt, in dem das reflexive Bewusstsein nicht funktioniert[31]. Buttler konstatiert ein „Zerrbild der Informations- und Mediengesellschaft"[32].

Die Problematik der Reaktion durch die Besonderheit der Darstellung sieht Baudrillard in einer symbolischen Ohnmacht konzentriert: „[I]n den Bruchstücken des zerbrochenen Spiegels [der Macht] suchen wir verzweifelt unser Bild"[33]. Tatsächlich zeigt sich die Erschütterung ei-

---

[25] Buttler: Ästhetik des Terrors, S. 40.
[26] Baudrillard: Der Geist des Terrorismus, S. 60 f.
[27] Vgl. Weichert: Die Krise als Medienereignis.
[28] Daniel Dayan, Elihu Katz: Media Events. The Live Broadcasting of History, Cambridge Massachusetts 1992, S. 89.
[29] Weichert: Die Krise als Medienereignis, S. 23.
[30] Ebd.
[31] Vgl. ebd., S. 91; Paul Virilio: The Museum of Accidents, in: International Journal of Baudrillard Studies 2, 2006, online: http:// bit.ly/2QXY3nA; Stand: 12.12.2018.
[32] Buttler: Ästhetik des Terrors, S. 40.
[33] Baudrillard: Der Geist des Terrorismus, S. 63.

ner Darstellungsordnung, als das US-Fernsehen noch Tage nach dem 11. September keine Werbung ausstrahlt und politische Karikaturen in Zeitungen aufgrund ihrer Ausdrucksweise nicht gedruckt werden – die grundlegende Geste ist zunächst das Schweigen und Trauern[34]. Diametral bedeutet der 11. September eine explizite symbolische Kampfansage an das dominante Zeichensystem. Es geht darum

> „das System nie in Form von Kräftebeziehungen [zu] attackieren. [...] Statt dessen aber den Kampf in die symbolische Sphäre zu verlegen, in der die Regel der Herausforderung, des Rückstoßes, der Überbietung gilt. [...] Das System durch eine Gabe herausfordern, die es nicht erwidern kann, es sei denn durch seinen eigenen Tod und Zusammenbruch. [...] Denn weder das System noch die Macht entgehen der symbolischen Verpflichtung"[35].

Die besondere Darstellungssituation nach dem 11. September besteht in der Spannung zwischen einer Erschütterung konventioneller Formstrukturen und der Verpflichtung zur Antwort. Die Affinität des Fernsehens zur Narration, die, abgesehen von der experimentellen Frühphase, seit den 1950er-Jahren die prominente Form des Fernsehens darstellt, führt allerdings noch im Verlauf der Übertragung der Terrorattentate zum Versuch, wieder zu konventionellen Inszenierungsmustern zurückzukehren[36]. In der nachfolgenden Verarbeitung der Krise durch die Berichterstattung erfolgt, wie die Forschung festgestellt hat, trotz der Unbegreiflichkeit des Schocks und der Bilderlosigkeit des neuen Feindes eine Grundtendenz zum Extrem dramatischer Dualität[37]: Mit Metaphern wie ‚Kreuzzug' und ‚Achse des Bösen' positionieren sich die Medien innerhalb eines semantischen Spannungsfelds von Patriotismus, Mythos und Religion, das geradezu die Dimension einer symbolischen Schlacht zwischen Gut und Böse einnimmt, die in der Tradition des Puritanismus steht[38]. Es entwickelt sich sowohl im massenmedialen wie politischen Kontext eine Tendenz zur fiktionalen Weltordnung, die das erschütterte Spannungsfeld von Fakt und Fiktion des ‚symbolischen Schocks' fortführt. Trotz der Nei-

---

[34] Vgl. Schicha: Terrorismus und symbolische Politik, S. 103.
[35] Baudrillard: Der Geist des Terrorismus, S. 21 f.
[36] Stephan Weichert argumentiert, dass die ‚Live'-Katastrophe über die Programmstufen des Medienereignisses nach Dayan und Katz orientiert wird. Die Stufen sind im Einzelnen: Affektivität, ‚liveness', Ästhetisierung, Dramatisierung, Ritualisierung und Historisierung, vgl. Weichert, S. 241–269, Dayan/Katz: Media Events, S. 78–118.
[37] Vgl. Hans J. Kleinsteuber: Terrorismus und Feindbilder. Zur visuellen Konstruktion von Feinden am Beispiel Osama Bin Laden und Saddam Hussein, in: Michael Beuthner, Joachim Buttler, Sandra Fröhlich, Irene Neverla, Stephan A. Weichert (Hgg.): Bilder des Terrors – Terror der Bilder? Krisenberichterstattung am und nach dem 11. September, Köln 2003, S. 219.
[38] Vgl. ebd., S. 214.

gung zur konventionellen Funktionsweise als Gemeinschaftsmedium der Trauerarbeit und Restitution befördert das Fernsehen in seiner Berichterstattung und Verarbeitung des Kriegs gegen den Terror grenzverwischende Gattungen wie ‚Militainment' oder ‚Embedded Journalism', die letztlich Baudrillards Feststellung einer symbolischen Unzulänglichkeit entsprechen.

Die Möglichkeit eines symbolischen Äquivalents verschiebt sich auf das Feld der Ästhetik. Die Relevanz der Verarbeitung liegt sowohl im weltweiten Referenzpunkt einer „Urszene"[39] wie in der symbolischen Wirkungskraft des 11. September, den Niemayer in ihrer mediologischen Untersuchung als „nicht vollendetes Geschehen" bezeichnet, das „noch im Werden" ist[40]. Mehrere Publikationen bewerten die Auswirkung des 11. September als kulturelle und ästhetische Zäsur[41]. Im Sinne einer symbolischen Löschung werden in den Filmen SPIDER-MAN (2002, Sam Raimi) und MEN IN BLACK II (2002, Barry Sonnenfeld) nachträglich Szenen entfernt, die das World Trade Center zeigen[42]. Insgesamt lässt sich in Film und Literatur zunächst nur eine zögerliche, allegorische Annäherung an den 11. September feststellen. Im Kino rückt allerdings auch die Reflexivität der eigenen Darstellungsweise in den Fokus, nachdem Dispositiv und Bildarchiv real erschüttert wurden, wobei „die symbolische [...] Vorwegnahme der Zerstörungen von 9/11 [...] zugleich eine Hypothek [bildet] – und zwar für jeden Versuch, sich künstlerisch im Medium Film mit den Anschlägen zu beschäftigen"[43]. Der Film UNITED 93 (2006, Paul Greengrass) etwa nähert sich dem Ereignis mit doku-dramatischen Stilmitteln. Trotzdem integriert das Format des Hollywood-Films, das zeitlich eingeschränkt und kulturräumlich separiert ist, weniger eine formale Äquivalenz mit der öffentlich schockierenden Gewaltdrastik, als vielmehr eine narrative Thematisierung. Thomas Waitz zeigt, dass auch ästhetisch hervorstechende Kinoproduktionen wie 25TH HOUR (2002, Spike Lee) oder REIGN OVER ME (2007, Mike Binder) letztlich den Formgrenzen einer „Transkription" folgen, die das Spektakel ins Gewöhnliche des per-

---

[39] Baudrillard: Der Geist des Terrorismus, S. 72.
[40] Katharina Niemayer: Die Mediasphären des Terrorismus. Eine mediologische Betrachtung des 11. September, Berlin 2006, S. 11.
[41] Hierzu zählen: Sandra Poppe, Thorsten Schüller, Sascha Seiler (Hgg.): 9/11 als kulturelle Zäsur. Repräsentationen des 11. September 2001 in kulturellen Diskursen, Literatur und visuellen Medien, Bielefeld 2009; Ingo Irsigler, Christoph Jürgensen (Hgg.): Nine Eleven. Ästhetische Verarbeitungen des 11. September 2001, Heidelberg 2008; Matthias N. Lorenz: Narrative des Entsetzens. Künstlerische, mediale und intellektuelle Deutungen des 11. September 2001, Würzburg 2004.
[42] Vgl. Andreas Sudmann: 9/11 im fiktionalen Film, 11 '09" 01 und September, in: Matthias N. Lorenz: Narrative des Entsetzens. Künstlerische, mediale und intellektuelle Deutungen des 11. September 2001, Würzburg 2004, S. 117–136.
[43] Waitz: Die Frage der Bilder, S. 227.

sönlichen Schicksals überführt[44]. Eher formelhaft erscheint selbst die direkt betitelte Annäherung an den 11. September im Film WORLD TRADE CENTER (2006, Oliver Stone). In die Perspektive eines symbolischen Bewusstwerdens lassen sich verstärkt jene Kinofilme einordnen, die keinen direkten Bezug auf den 11. September nehmen: NO COUNTRY FOR OLD MEN (2007, Ethan & Joel Coen) oder THERE WILL BE BLOOD (2007, Paul Thomas Anderson) rekonfigurieren ihre Medialität über desaturiert realistische Gewaltdarstellungen der USA. Trotzdem dominiert weiterhin das Formenspektrum des konventionellen Kinos. Selbst das Genre des Katastrophenfilms erfährt eine markante Rückkehr in Filmen wie KNOWING (2009, Alex Proyas) oder *2012* (2009, Roland Emmerich). In den 2010er-Jahren erfährt die Kino-Verarbeitung des 11. September einige konsequentere Akzente innerhalb von Filmen wie ZERO DARK THIRTY (2012, Kathryn Bigelow), THE WALK (2015, Robert Zemeckis) oder VICE (2018, Adam McKay).

Die ästhetische Schlüsselrolle bei der Verarbeitung des ‚symbolischen Schocks' nimmt das Medium ein, das ihn übertragen hat. Als zentraler Reflexionsort bzw. Agent[45] des 11. September fungiert im Besonderen die Gattung der Fernsehserie, die Lorenz Engell als „operatives Gedächtnis" benennt[46]. Die wesentlichen dramaseriellen Formkategorien, die im zweiten Kapitel dieses Hauptteils vorgestellt werden, korrelieren mit dem Extremereignis des 11. September. Wesensgemäß entfaltet sich die 9/11-Verarbeitung über den Zusammenhang von Spektakel *(I.2.1)*, Serialität *(I.2.3)* und Selbstreflexivität *(I.2.4)* im Spannungsfeld von Fakt und Fiktion *(I.2.2)*.

Der hohe Stellenwert der fernsehseriellen Fiktionen im 9/11-Diskurs konstituiert sich maßgeblich über die besondere Situierung des Fernsehens zwischen Fakt und Fiktion. Im Kontext der TV-Darstellung markiert die Vermittlung der extremen Gewalt am 11. September eine historische Klimax, die sowohl die konventionellen Grenzen des öffentlichen Mediums aufzeigt wie sie auch die ontologische Spannung des Fernsehens zwischen Fakt und Fiktion herauskehrt. Anders als das Kino, das die Fik-

---

[44] Vgl. ebd., S. 225.
[45] Vgl. Alfred Gell: Art and Agency. An Anthropological Theory, Oxford 1998; Die Relevanz einer Agentenfunktion der Fernsehserie zeigt sich prominent in der Untersuchung der Fernsehserie als ‚Reflexion und Projektion des medialen Wandels' – Benjamin Beil, Lorenz Engell, Jens Schröter, Herbert Schwaab, Daniela Wentz: Die Fernsehserie als Reflexion und Projektion des medialen Wandels, in: Andreas Hepp, Friedrich Krotz (Hgg.): Mediatisierte Welten. Beschreibungsansätze und Forschungsfelder, Wiesbaden 2012, S. 197–223.
[46] Lorenz Engell: Erinnern/Vergessen. Serien als operatives Gedächtnis des Fernsehens, in: Robert Blanchet, Kristina Köhler, Tereza Smid, Julia Zutavern (Hgg.): Serielle Formen. Von den frühen Film Serials zu aktuellen Quality-TV- und Online-Serien, Marburg 2011, S. 116.

tionalität seiner Stoffe räumlich rahmt, ist das Fernsehen sowohl ein Unterhaltungs- als auch ein Informationsmedium, das in seinem proteischen ‚flow' gleichermaßen faktuale wie auch fiktionale Formate zeigt und damit in der Tradition sequenzieller Formen wie Vaudeville und Variétéshows, und später dem Radio, die Kommunikationsakte vermischt[47]. Über seine indexikalische Realitätsaffinität zielt das Fernsehen auf eine „Diskursivierung der Welt"[48]. Bei der Übertragung des 11. September ist die komplexe Konstruktion der Fernsehdarstellung in den Vordergrund gerückt und hat vorgeführt, wie sehr die Wahrnehmung durch die Strukturen des Fernsehens vorgeprägt ist[49].

Mehr als das Kino oder die Literatur bevorzugt die spektakuläre Diskursivität des Fernsehens eine direktere Verarbeitung des ‚symbolischen Schocks'. Konsequent tendieren Fernsehfiktionen in Bezug zum 11. September und den nachfolgenden Konflikten zu einer symbolischen Konfrontation und übernehmen Dualitätsmuster der Berichterstattung. In patriotischer Ausrichtung assimiliert die Fiktion den ethnozentrischen Nachrichtenwert[50]. Es resultiert paradoxerweise aus der Verpflichtung des öffentlichen Mediums zum Konsens des Rechtssystems, dass sich dem Fernsehen im Ausnahmezustand des Krieges gegen den Terror die Möglichkeit zur Grenzüberschreitung der Darstellung eröffnet. Die Tendenz zu einer umfassenden ästhetischen Auseinandersetzung wird maßgeblich befördert über die Entwicklungslinie des Fernsehens zur Überschreitung seiner medialen und diskursiven Grenzen, wie das nächste Kapitel zeigen wird. Die Neigung zu Extremdarstellungen ergibt in Dramaserien angesichts der diskursiven Fakt-Fiktion-Spannung eine außerordentliche Brisanz. Gleichzeitig bietet gerade dieses Spannungsfeld ein strukturelles Potential der Reflexivität, das die Möglichkeit der symbolischen Erneuerung mit sich bringt. Im Spiegel drastischer Gewaltdarstellungen stellt sich letztlich die Frage nach der massenmedialen Erörterung von Fiktion und Realität.

1.2 Geschichte der Fernseh(serien)ästhetik als Grenzüberschreitung

Über die Akzentuierung wichtiger Entwicklungsschritte und theoretischer Grundlagen soll in diesem Teilkapitel die Ästhetik der Grenzüber-

---

[47] Vgl. Stanley Cavell: Die Tatsache des Fernsehens, in: Ralf Adelmann, Jan O. Hesse, Judith Keilbach, Markus Stauff, Matthias Thiele (Hgg.): Grundlagentexte zur Fernsehwissenschaft. Theorie, Geschichte, Analyse, Konstanz 2001, S. 155.
[48] Altman: Fernsehton, S. 408.
[49] Vgl. Weichert: Die Krise als Medienereignis, S. 23.
[50] Zur ethnozentrischen Identifikation vgl. Winfried Schulz: Die Konstruktion von Realität in den Nachrichtenmedien, Freiburg/München 1976, S. 34.

schreitung in US-Qualitätsdramaserien der Post-9/11-Dekade als Höhepunkt einer historischen Grenzüberschreitung der medialen und diskursiven Regelrahmen des institutionellen Fernsehmediums und der Fernsehserie selbst eingeordnet werden. Zuerst wird die technische Entwicklung des Fernsehmediums als Überschreitung medialer Grenzen vorgestellt, die eine drastische Dramaserienästhetik ermöglicht[51]. Neben der Verbesserung der Produktionstechnik ergibt sich im Fernsehmedium mit den historischen Übergangsstufen vom Schwarz-Weiß- zum Farbfernsehen, vom Analog- zum Digitalfernsehen d. h. vom Halbbild von Röhrenmonitoren zum Vollbild von Flachbildgeräten sowie vom Klein- zum Großbildschirm eine Aufwertung des Darstellungsraums. Diese Entwicklung zur Bild- und Tonqualität beschreibt damit die Grenzüberschreitung einer stereotypen Eindeutigkeit und unkonzentrierten Rezeption hin zu mehr Detailfülle und Aufmerksamkeit. Das mediale Ausnahmepotential, das sich im ökonomischen Wettbewerb herausbildet, macht das Fernsehen seit den 1980er-Jahren zunehmend zum Cutting-Edge-Medium. Während Fernsehgeräte in den Anfangstagen des Mediums mit Einkanalton sendeten und Bilder über 30 gescannte Zeilen übertrugen, verfügen Plasma- und LCD-Bildschirme um die Jahrtausendwende über 5.1.- bis 7.1.-Sound sowie eine High Definition-Bildauflösung von 1920x1080 Pixeln und erweitern so das Dispositiv sowie die Bildintensität und Signaldichte des Mediums bei einem Breitbild-Seitenverhältnis von 16:9 in einer Annäherung an das Kino, die sich im Produktnamen ‚Home Cinema' konzentriert. Dementsprechend gestaltet sich die industrielle Entwicklung von einer bloßen ‚Live'-Übertragung der Formate zur Speicherbarkeit durch Video- und Digital-Technologie im ‚post-broadcast television'[52].

Die kommerzielle Herausstellung einzelner Fernsehsendungen aus der seriellen Programmgestaltung des TV-‚flow' als ästhetisch wertvolle Werke steigert sich mit der Einführung des digitalen Speichermediums DVD, das sich 1995 aus den konkurrierenden Formaten SD (Super Density Disc) und MMCD (Multimedia CD) herausbildet, und mit einer Speicherkapazität von bis zu 17 GB die Bild- und Tonqualität der VHS-Kassette deutlich überschreitet. In einer Fortführung des Zapping-Prinzips ermöglicht die DVD die Gestaltbarkeit der herausgestellten Sendung durch die Variation von Bildformaten, Sprachkanälen oder Untertiteln sowie den Zugriff auf bestimmte Teile des Programms und Bonusmaterial. Die Weiterentwicklung des DVD-Formats in High-Definition bie-

---

[51] Zum Verhältnis von Fernsehserie und Medienwandel vgl. Beil et al.: Die Fernsehserie als Reflexion und Projektion des medialen Wandels, S. 197–223.
[52] Vgl. Graeme Turner, Jinna Tay (Hgg.): Television Studies After TV. Understanding Television in the Post-Broadcast Era, London/New York 2009; John Hartley: Reading Television after 25 Years. A New Foreword by John Hartley, in: John Fiske, John Hartley: Reading Television, New York 1978/2003, S. xiv.

tet die Blu-ray-Disc mit einer Speicherkapazität von bis zu 50 GB, die sich 2003 im Formatstreit gegen HD DVD (High Density Digital Versatile Disc) und VMD (Versatile Multilayer Disc) durchsetzt. Zudem ermöglichen digitale Videorekorder wie TiVo dem Fernsehzuschauer selbst, in der Tradition der Videokassette, die Herausstellung gewünschter Programme aus dem TV-‚flow'. In Verbindung mit der Computer- und Internet-Technologie der Broadband-Datenübertragung durch Download oder Stream sowie diversen Codierungs- und Komprimierungsprogrammen wie dem Divx-Codec und Video-on-Demand-Services wie Netflix oder Hulu erreichen die digital distribuierten Programme eine transmediale Mobilität, die die Grenzen des Fernsehmediums überschreitet[53].

Die Erweiterung der Medialität des Fernsehens befördert die verstärkte Herausbildung einer fordernden Fernsehästhetik. Das ‚Home Entertainment System' perfektioniert das Zuhause als „Ort privatisierter Konsumption"[54] und begünstigt die ästhetische Rezeptionshaltung der Distinktion. Gleichzeitig überschreitet das häusliche Medium, das, nach John Hartley, auf die massenhafte Wohnraumversorgung im Amerika der 1940er- und 1950er-Jahren zurückgeht, seine „ideology of domesticity"[55] zu einem, dem Kino nahen, ästhetischen Freiraum bis zur Darstellung des Extrems. Mit der Aufwertung des Fernsehdispositivs ist das ästhetische Extrem nicht mehr im kulturellen Vorführraum separiert, sondern im Privatraum verfügbar. Die Hochauflösung der Darstellung verbindet den flüchtigen Blick des spektakulären Fernsehens im schnellen Wechsel der Signale, den John Ellis im Begriff „glance" erfasste, mit dem aufmerksamen Blick des Kinos, den Ellis als „gaze" unterschied[56]. Die Grenzüberschreitung des Darstellungsraums in der Verbindung des Televisuellen und Kinematografischen hin zum radikalen Ausdruck rekurriert im ‚Haushaltsgerät' auf die inhärente Spannung des Fernsehens zwischen Innen und Außen, die bereits im Begriff des Fernsehens determiniert ist.

Die spannungsreiche Verbindung des TV-Mediums zur Gewaltdarstellung, die im 11. September und den folgenden Dramaserien einen Höhepunkt erreicht, lässt sich bis zur militärischen und propagandistischen Funktion der Fernsehtechnologie im Zweiten Weltkrieg zurückverfolgen,

---

[53] Vgl. Turner/Tay: Television Studies After TV; Graham Roberts: Television and DVD, in: Douglas Gomery, Luke Hockley: Television Industries, London 2006, S. 31–35.
[54] John Hartley: Die Behausung des Fernsehens. Ein Film, ein Kühlschrank und Sozialdemokratie, in: Ralf Adelmann, Jan O. Hesse, Judith Keilbach, Markus Stauff, Matthias Thiele (Hgg.): Grundlagentexte zur Fernsehwissenschaft. Theorie, Geschichte, Analyse, Konstanz 2001, S. 264.
[55] John Hartley: Uses of Television, London/New York 1999, S. 99.
[56] John Ellis: Visible Fictions. Cinema, Television, Video, London/New York 1982/1992, S. 160–171.

die Friedrich Kittler als „Heeresgerät" markiert[57]. Lynn Spigel führt aus, dass das Fernsehen gerade aus der Vorstellung von einer ‚Technologie außer Kontrolle' in der Nachkriegszeit umgedreht und neu formuliert wurde[58] zum „Symbol des Familienlebens"[59]. So besteht eine existenzielle Spannung des ‚Live'-Mediums zwischen Vertrautheit – dem Glauben an ein Fernsehen als „Agentur des letzten Vertrauens", das in Krisensituationen eine therapeutische Funktion einnimmt[60] – und Bedrohung, die Stanley Cavell über eine „Angst vor dem Fernsehen" und vor der „Unbewohnbarkeit der Welt" kennzeichnet[61], die in der fernsehästhetischen Grenzöffnung nach dem 11. September und der Darstellung der extremen Gewaltphänomene von Terror und Folter eine maximale Dimension erreicht.

Die fernsehhistorische Tendenz zur Grenzüberschreitung konventioneller Regelrahmen betrifft mit der Medialität gleichermaßen konsequent die diskursive Ebene. In den nächsten Abschnitten soll diese diskursive Grenzüberschreitung verdeutlicht werden, besonders mit Bezug auf John Caldwells fernsehästhetisch wegweisende Studie zur „Televisuality"[62]. Die ursprüngliche Einordnung des öffentlichen Fernsehmediums zwischen Bildungs- und Unterhaltungsauftrag lockert sich im zunehmend kommerziell geprägten US-Sendersystem seit den 1980er-Jahren zum unterhaltenden Darstellungspotential. Die ursprünglich hierarchische Relation zum Zuschauer, die sich aus der häuslich-konservativen Situierung des Fernsehens herleitet und von Francesco Casetti und Roger Odin „Paläo-Fernsehen" genannt wird, entwickelt sich zu einer offeneren, direkten Kommunikationssituation, die Casetti und Odin als „Neo-Fernsehen" bezeichnen[63]. Die alltagsnahe, reflexive Ausrichtung einer direkten Adressierung des Zuschauers führt das häusliche Dispositiv zu einem kommunikativen Freiraum. Es ergibt sich eine Öffnung der Programmstruktur

---

[57] Friedrich Kittler: Rock Musik. Ein Mißbrauch von Heeresgerät, in: Theo Elm, Hans H. Hiebel (Hgg.): Medien und Maschinen. Literatur im technischen Zeitalter, Freiburg 1991, S. 245–257.

[58] Vgl. Lynn Spigel: Fernsehen im Kreis der Familie. Der populäre Empfang eines neuen Mediums, in: Ralf Adelmann, Jan O. Hesse, Judith Keilbach, Markus Stauff, Matthias Thiele (Hgg.): Grundlagentexte zur Fernsehwissenschaft. Theorie, Geschichte, Analyse, Konstanz 2001, S. 231.

[59] Ebd., S. 220.

[60] Norbert Schneider: Brot/Steine gegen den Absturz. Das Fernsehen – ein Mythenproduzent?, in: epd/Kirche und Rundfunk 38/39, 1991, S. 10.

[61] Cavell: Die Tatsache des Fernsehens, S. 161 f.

[62] John Thornton Caldwell: Televisuality. Style, Crisis, and Authority in American Television, New Jersey 1995.

[63] Francesco Casetti, Roger Odin: Vom Paläo- zum Neo-Fernsehen. Ein semiopragmatischer Ansatz, in: Ralf Adelmann, Jan O. Hesse, Judith Keilbach, Markus Stauff, Matthias Thiele (Hgg.): Grundlagentexte zur Fernsehwissenschaft. Theorie, Geschichte, Analyse, Konstanz 2001, S. 311–334.

und Genrespezifik. Die Verschiebung des Fernsehens vom Inhalt zur Form begünstigt die Entwicklung einer fernsehspezifischen Ästhetik, die John Caldwell als „Televisuality" kennzeichnet[64]. In bemerkenswerter Korrelation zur medialen Brisanz der Gewaltdarstellung im Haushaltsmedium erfolgt die diskursive Grenzüberschreitung des Fernsehens zur Kunst in einem Spannungsverhältnis zum konservativen Traditionsrahmen: „Art was either sexually lecherous or aberrant, and it took place somewhere else, somewhere outside the safety or normalcy of home"[65]. Caldwell führt aus, dass das Fernsehen in den 1950er-Jahren nur hochkulturell akzeptierte Kunstprodukte wie klassische Musik importierte und moderne Kunstrichtungen als „unwanted house guest" ausschloss[66]. Über die Zwischenstufen der ästhetischen Konstruktion veränderter Bewusstseinsformen („altered states"[67]) wie Traum, Vision oder Rausch in den 1960er-Jahren[68] und einer thematischen Öffnung in den 70ern erfährt das Fernsehen, laut Caldwell, Anfang der 80er-Jahre, auf dem Höhepunkt eines ökonomischen Umbruchs, eine grundlegende ästhetische Ausrichtung.

Mit der Fragmentierung des US-Fernsehmarkts vom geschlossenen Drei-Network-System (CBS, NBC, ABC) zu einer offenen Wettbewerbssituation mit Kabel- und Satellit-Konkurrenz löst sich der kommerzielle und institutionelle Rahmen des Fernsehens, so dass konventionelle Marktstrategien und stereotype Kreativitätsformeln zugunsten von Risikobereitschaft und Distinktion herausgefordert werden[69]. Ausgehend von dieser Grenzverschiebung zeigt John Caldwell unter dem Begriff der „Televisuality" wie sich über die Clip-Ästhetik der Fernsehsender CNN und MTV ein exzessiver, intermedialer Stil herausbildet, der sich mit der Drastik eines symbolischen Umbruchs aus avantgardistischen Formen konstituiert und zu einem ästhetischen Diskurs über Fernsehcodes und ihre Gemachtheit führt[70], der übergreifend die Verschiebung des Fernsehmediums vom Übertragungs- zum Gestaltungsmittel markiert[71]. Caldwell führt sechs Prinzipien der „Televisuality" an: Erstens „Televisuality" als Performanz, zweitens als strukturelle Inversion, d. h. als Vorrang der Form vor dem Inhalt, drittens als industrielle Gemachtheit des Produkts, viertens als Phänomen der selbstreferentiellen Programmgestaltung, fünf-

---

[64] Caldwell: Televisuality.
[65] Ebd., S. 34.
[66] Ebd., S. 38.
[67] Ebd., S. 52.
[68] Ebd., S. 52 ff.
[69] Vgl. ebd., S. 3–31; Roberta Pearson: The Writer/Producer in American Television, in: Michael Hammond, Lucy Mazdon (Hgg.): The Contemporary Television Series, Edinburgh 2005, S. 13.
[70] Vgl. Caldwell: Televisuality.
[71] Vgl. ebd., S. 4.

tens als Funktion der eingeweihten Zuschauer und sechstens als Resultat der ökonomischen Krise[72]. Die Dichte und Komplexität des Fernsehbildes, die Caldwell auf die hinzugekommenen Produktionstechniken von Videoausspiegelung, Motion Control, elektronischem und nichtlinearem Schnitt, neuem Filmmaterial und dem Filmabtaster Rank-Cintel zurückführt[73], erreicht zwanzig Jahre später mit den oben beschriebenen Innovationen der Digitalisierung einen neuen Höhepunkt.

Die weitreichende Materialität des neuen Fernsehens unterteilt Caldwell in vier Modi, die als Organisationsimpulse der televisuellen Syntax gelten können: Erstens das Malerische, zweitens das Plastische, drittens das Transparente und viertens das Intermediale[74]. Die formbewusste Tendenz, die Caldwell aufzeigt, soll hier in der grundlegenden (fernseh-) ästhetischen Kategorie der Selbstreflexivität zusammengefasst werden, die ich ausführlich an Musikvideos um die Jahrtausendwende untersucht habe[75]. Ein grundlegendes Ergebnis hierbei ist, dass das Fernsehen gegenüber dem filmrealistischen, produktionsverbergenden Illusionscharakter der Kinoapparatur[76] die traditionellen Beschränkungen des technisch-apparativen Mediums überschreitet und über seine digitale Technizität kontinuierlich seinen Produktionsprozess exponiert. Caldwell schreibt entsprechend:

> „[R]ather than the concept of the cinematic ‚fiction effect', a psychoanalytic notion premised on the viewer's need to deny the apparatus, televisuality flaunts the digital apparatus. There is no attempt to deny the video picturing process in the new television. Rather, the objectification of the televisual apparatus is dramatically evident in its appetite for the pictorial artifact, surfaces and images. The new television does not depend upon the reality effect or the fiction effect, but upon the picture effect"[77].

Über die neueren Tendenzen zur Aufwertung des Fernsehmediums, die Caldwells Text so noch nicht erfasst, erhöht sich die Kapazität und Qualität der Daten und damit der Raum für ihre Kombinierbarkeit. Mit dem hohen Darstellungswert steigert das Fernsehen seine Formbetontheit und bewegt, gerade auch in der fiktionalen Gattung der Fernsehserie, eine

---

[72] Vgl. ebd., S. 5ff.
[73] Vgl. ebd., S. 77ff.
[74] Vgl. ebd., S. 139ff.
[75] Vgl. Alexander Kroll: Form und Selbstreflexivität in neueren künstlerischen Musikvideos. Unveröffentlichte Magisterarbeit, Frankfurt 2008.
[76] Vgl. Burkhardt Lindner: Das Verschwinden des Kurblers. Reflexionen zu einer kritischen Medienästhetik, in: Simone Dietz, Timo Skrandies (Hgg.): Mediale Markierungen. Studien zur Anatomie medienkultureller Praktiken, Bielefeld 2007, S. 211; Ebd., S. 206: „Das Filmen kann sich nicht filmen; aus dem Gefilmten bleibt etwas ausgeschlossen: der Apparat".
[77] Caldwell: Televisuality, S. 152.

verbale Ausrichtung verstärkt zu einer visuellen, intermedialen Gestaltung. Ein traditionell eher statisch orientiertes Montagekonzept wird zunehmend dynamisiert und die verbreitete Halbnahprägung tendiert verstärkt zu kinonahen Ausgestaltungen der Pole der Totalen und der Naheinstellung. Parallel zur sich weiter ausbildenden Rezeptionshaltung steigert sich die Doppelcodierung und symbolische Tiefe der Darstellung. Das ästhetische Potential der ‚Televisuality', das sich aus einer „institutional and presentational crisis"[78] herausbildete, korreliert mit den fernsehästhetischen Innovationen der 2000er-Jahre, die sich ebenfalls aus Phasen des Umbruchs speisten – zentral sind hier die Digitalisierung wie auch die Darstellungskrise nach dem „symbolischen Schock" des 11. September[79].

Die Grenzüberschreitung zur Darstellungsaufwertung korreliert mit der ökonomischen Öffnung vom Massenfernsehen zum Qualitätsfernsehen. Zwar organisiert sich Kunst im Fernsehen aufgrund ihrer institutionellen Abhängigkeit vom Markt selbst bei größter Originalität im Hinblick auf eine Kommodifizierung, doch rücken die Sender in den 1980er-Jahren angesichts der Öffnung des Marktes zur Wettbewerbssituation zunehmend ab vom demografischen Konzept des „least objectionable programming"[80] zum Zielgruppenkonzept des „desirable audience segment"[81]. Anstelle massenkompatibler Normalität fungieren im Formbewusstsein des neuen Qualitätsfernsehens, das erstmalig Jane Feuer hervorhebt[82], einzelne Sendungen als Stilmarker, die durch Kunstwert oder Spektakel aus dem ‚flow' herausragen[83], sich mit spezieller, provokativer Darstellung an ein anspruchsvolles Publikum richten und ästhetisch urteilende „taste markets"[84] ausbilden, die bis zur Entwicklung kreativer Sender wie FOX oder HBO führen. Die marktstrategische Herausstellung bestimmter Sendungen gründet auf einer neuen semiotischen Komplexität, die sich, wie Jane Feuer zeigt, aus dem Prinzip der Doppelcodierung ergibt, indem Programme gleichermaßen „typical and atypical"[85] sind und sowohl die Mehrheit wie die Kennerschaft bedienen. Auf dieser neuen Darstellungsebene der Interpretationsvielfalt verschiebt sich der Standardcharakter fiktionaler Sendungen tendenziell zum Werkcharakter, dessen Exklusivität gleichzeitig die Herausstellung des Autors im Fernsehen

---

[78] Ebd., S. ix.
[79] Baudrillard: Der Geist des Terrorismus, S. 14.
[80] Pearson: The Writer/Producer in American Television, S. 13.
[81] Ebd., S. 15.
[82] Vgl. Jane Feuer: The MTM Style, in: Jane Feuer, Paul Kerr, Tise Vahimagi (Hgg.): MTM. Quality Television, London 1984, S. 32–60.
[83] Vgl. Caldwell: Televisuality, S. 14 ff.
[84] Catherine Johnson: Quality/Cult Television. The X-Files and Television History, in: Michael Hammond, Lucy Mazdon (Hgg.): The Contemporary Television Series, Edinburgh 2005, S. 60.
[85] Feuer: The MTM Style, S. 56.

befördert. Mit dem gesteigerten Wettbewerb um Zielgruppen gewinnen Fernsehautoren bzw. ‚writer-producers' oder ‚hyphenates'[86] größere kreative Freiheiten von den Studios und Sendern sowie eine enge Beziehung zu einem kultivierten, fordernden Fan-Publikum und nehmen eine wichtige Statusrolle ein, deren paratextuelle Hervorhebung die tendenzielle Anonymität des Fernsehens beendet[87]. Caldwell stellt heraus, wie sich im Fernsehen eine kollektive Produktionsästhetik herausbildet:

> „While high theory was speculating on television as a distracting verbal-aural phenomenon, something very different was happening within the producing industry. There, in producer story sessions, in conversations between Dps and gaffers on sets, and among editors in postproduction suites, an awareness was growing of television as a style-driven phenomenon heavily dependent upon the visual"[88].

> „The industry is far from naive about its visual stylistics and image-making technology. Indeed, it is highly self-conscious about its visual codes and expends great effort codifying and elaborating the meanings of those codes"[89].

John Patterson und Gareth McLean betonen entsprechend die ästhetische Qualität des Fernsehskripts gegenüber dem Schreibprozess im Kino. Die Arbeit, die unter der „supreme guiding force"[90] des Show-Creators auf der Besprechung grundlegender Story- und Figurenstrukturen im Writers' Room basiert und durch ein oder zwei Autoren abgefasst wird, habe sogar eine einheitlichere Komposition als das Kinodrehbuch, das einer unzusammenhängenden Mehrfachbearbeitung unterliege. Die Tendenz zur ästhetischen Autonomie und Formenvielfalt im Fernsehen rekurriert auf die Entwicklung der Auteur-Rolle der Nouvelle Vague im Massenmedium Film[91] und verweist in ihrer künstlerischen Grenzüberschreitung des Regelrahmens auf die historische Entwicklung des Kinos zur Kunst.

Die mediale und diskursive Grenzüberschreitung fernsehspezifischer Regelrahmen zur Fernsehästhetik kulminiert in der charakteristisch offe-

---

[86] Vgl. Pearson: The Writer/Producer in American Television, S. 22.
[87] Vgl. Caldwell: Televisuality, S. 14 ff.
[88] Ebd., S. 83.
[89] Ebd., S. 137; Später fügt Caldwell die produktionsästhetischen Akzente ins Konzept einer ‚Industrial Reflexivity', vgl. John Thornton Caldwell: Production Culture. Industrial Reflexivity and Critical Practice in Film and Television, Durham/London 2008; Ders.: Zehn Thesen zur Produktionsforschung, in: montage AV 22/01/2013, S. 33–47, online: http://bit.ly/ 2P5j1CR; Stand: 06.06.2019.
[90] John Patterson, Gareth McLean: Move Over Hollywood, in: The Guardian, 20.05.2006, online: http://bit.ly/2HZudwn; Stand: 06.06.2019.
[91] Zum Auteur-Konzept der Nouvelle Vague vgl. Francois Truffaut: Une certaine tendance du cinema français, in: Cahiers du Cinéma 31, 1954, S. 15–28.

nen Gattung der Fernsehserie. Als Schlüsselform des Fernsehens entspricht die Fernsehserie im Prinzip der Mehrteiligkeit der seriellen, segmentierten Programmstruktur und ökonomischen Verwertungsbasis des Fernsehens. Als Kerngattung des Qualitätsfernsehens fungiert die Qualitätsserie, die ‚Quality Television Series', als differenzierende Leitmarke für den Fernsehsender[92]. Die Signifikanz und Offenheit der Fernsehserie bietet Raum für die selbstreflexive Erkundung des Mediums gerade in Zeiten hohen Medienwettbewerbs[93] und verantwortet die ästhetischen Hochphasen des US-Fernsehens. Lucy Mazdon betont die Schlüsselrolle der Dramaserie für das Fernsehen: „Drama consistently played a vital role in [...] pushing the boundaries of television as a medium"[94]. Die explizit im Zitat enthaltene, aber von Mazdon nicht weiter ausgeführte Tendenz zur Grenzüberschreitung betrifft die Form der Fernsehserie selbst. Die Geschichte der US-amerikanischen Quality Television Series, die u. a. bei Mazdon[95] und Caldwell[96] ansatzweise erörtert wurde, soll hier als Geschichte einer ästhetischen Grenzüberschreitung perspektiviert werden, in der die Seriengattung eine thematische und formale Öffnung vollzieht von einer häuslichen Vertrautheit hin zu einer extremen Intensität.

Hervorgehend aus einer Tradition (trivial-)literarischer Formen des Fortsetzungsromans, der Kolportageliteratur und des Comic Strips sowie der direkten medialen Vorläufer der Kino- und Radioserie[97] richtet sich die Soap Opera als frühstes TV-Seriengenre innerhalb eines häuslichen Konventionsrahmens an ein Hausfrauenpublikum und figuriert die häusliche Semiotik künftiger Fernsehserien. Demgegenüber erfolgt zwischen den späten 1940er- und den frühen 1960er-Jahren eine erste künstlerische Orientierung des neuen Fernsehmediums, die als ‚Golden Age of American Television' klassifiziert wird, pionierhaft über die serielle Leitmarke des Live Anthology Drama[98], das allerdings in der Vorführung von Literaturklassikern und Theaterstücken seinen literarischen Vorbildern verhaftet bleibt. Zwischen Erneuerung und Konvention steht beispielsweise

---

[92] Zur televisuellen Markenhervorhebung vgl. Caldwell: Televisuality, S. 14f., 108; Zur Positionierung der Qualitätsfernsehserie vgl. Johnson: Quality/Cult Television, S. 57–71.
[93] Vgl. Beil et al.: Die Fernsehserie als Reflexion und Projektion des medialen Wandels, S. 197–223.
[94] Lucy Mazdon: Introduction. Histories, in: Michael Hammond, Lucy Mazdon (Hgg.): The Contemporary Television Series, Edinburgh 2005, S. 7.
[95] Vgl. Ebd., S. 3–10.
[96] Vgl. Caldwell: Televisuality, S. 32–72.
[97] Ein umfassender Überblick zur Geschichte des Seriellen findet sich bei: Jennifer Hayward: Consuming Pleasures. Active Audiences and Serial Fictions from Dickens to Soap Opera, Lexington 1997.
[98] Vgl. Frank Sturcken: Live Television. The Golden Age of 1946–1958 in New York, Jefferson North Carolina 1990.

auch die erste große, vollständig in Farbe ausgestrahlte, US-Fernsehserie BONANZA (NBC, 1959–1973, David Dortort), die sich als Westernserie einer Serialisierung von Gewalt zuwendet, diese aber im Familiengenre zähmt sowie in einem gleichbleibenden Setting abgeschlossener Episoden („stand alone episodes')[99].

Gegenüber einem aufkommenden Mainstream schematischer TV-Serien, entwickelt sich Anfang der 1970er-Jahre unter der Schirmherrschaft der unabhängigen Produktionsfirma MTM Enterprises eine Generation von Qualitätsserien, die sich an ein junges, gebildetes Publikum richtet und den Qualitätsstandard des Fernsehens entscheidend prägt[100]. Serien wie THE MARY TYLER MOORE SHOW (CBS, 1970–1977, James L. Brooks/Allan Burns), M*A*S*H* (CBS, 1972–1983, Richard Hooker) oder ALL IN THE FAMILY (CBS, 1971–1979, Norman Lear) begründen, wie Robert J. Thompson feststellt, ‚Television's Second Golden Age'[101] und öffnen mit ihrem auktorialen Profil die thematischen Grenzen der Serie im häuslichen Medium. Über ein historisches Modell der Entwicklung emotionaler Strategien beschreibt Knut Hickethier wie DALLAS (CBS, 1978–1991, David Jacobs) die fernsehseriell charakteristische Harmoniestrategie der Anfangsjahre, die auf dem Prinzip von Harmonie, Störung und Wiederherstellung aufbaute, mit einer Intrigenthematik überschreitet[102]. Die Öffnung der Serienform führt im Zuge der oben beschriebenen ‚Televisuality' zu formreflexiven Formaten an deren Spitze die Kriminalserie HILL STREET BLUES (NBC, 1981–1987, Steven Bochco) steht, indem sie Kategorien von Genre, Plot, Kamerastil und Cast markant überschreitet und in Kritik und Wissenschaft als definitive Qualitätsserie klassifiziert wird[103].

Die formreflexive Grenzüberschreitung in den Serien der 1980er-Jahre konzentriert sich, wie in einer Vorausnahme der Serien nach dem 11. September, in der Genreprägung der Actionserie. Es fällt allerdings auf, dass die dortige Grenzöffnung der Gewaltdarstellung im Gegensatz zur Drastik der Post-9/11-Serien mit Sex-Appeal und Humor aufgelockert wird. Im Spiegel der unweit zurückliegenden Realität des Vietnamkriegs inszenieren Fernsehserien wie MAGNUM PI (CBS, 1980–1988, Do-

---

[99] Vgl. Antonio C. La Pastina: Bonanza. U.S. Western, in: Horace Newcomb (Hg.): Encyclopedia of Television. Volume 1 A–C, New York 2004, S. 286.
[100] Vgl. Jane Feuer, Paul Kerr, Tise Vahimagi (Hgg.): MTM. Quality Television, London 1984.
[101] Vgl. Robert J. Thompson: Television's Second Golden Age. From Hill Street Blues to ER, New York 1996.
[102] Vgl. Knut Hickethier: Die Fernsehserie und das Serielle des Fernsehens, Lüneburg 1991, S. 34.
[103] Vgl. Thompson: Television's Second Golden Age, S. 59–74; Jane Feuer: Quality Drama in the US. The New Golden Age?, in: Michele Hilmes (Hg.): The Television History Book, London 2003, S. 98–102.

nald P. Bellisario/Glen A. Larson), THE FALL GUY (ABC, 1981–1986, Glen A. Larson), T.J. HOOKER (ABC/CBS, 1982–1986, Rick Husky), KNIGHT RIDER (NBC, 1982–1986, Glen A. Larson), THE A-TEAM (NBC, 1983–1987, Frank Lupo/Stephen J. Cannell) oder MIAMI VICE (NBC, 1984–1989, Anthony Yerkovich) einen Ausnahmezustand mit Augenzwinkern. In MACGYVER (ABC, 1985–1992, Lee David Zlotoff) wird Gewalt mit Feuerwaffen in fast naiver Manier abgelehnt, indem der Protagonist nach einem traumatischen Kindheitserlebnis Pseudo-Hilfsmittel wie Taschenmesser oder Klebeband für maximale Aktionen einsetzt.

Die verstärkte Erprobung serieller Gewaltdarstellung korreliert mit der Grenzüberschreitung konventioneller TV-Parameter zu komplexeren Strukturen. Mit der Verschiebung der Serie vom traditionellen Konzept abgeschlossener Episoden (,series') zu einem televisuellen Kontinuum der Fortsetzungsserie (,serial'), in dem sich Handlungsbögen (,story arcs') überlappen, erreicht die Fernsehserie einen narrativen Freiraum, den Angela Ndalianis anhand eines Modells von Omar Calabrese als neo-barock definiert und der die hier vertretene These der Grenzüberschreitung im Sinne eines „lack of respect for the limits of the frame"[104] bestätigt. Qualitätsdramaserien vollziehen für das dramatisch-fiktionale Format die ästhetische Konsequenz aus der offenen Grundkonstitution des TV-,flow' und der narrativen Grundform der Soap Opera.

Die Zunahme formaler und medialer Darstellungsmöglichkeiten korreliert im Kampf um die Aufmerksamkeit des Zuschauers mit dem steigenden Drang, mehr und extremer zu zeigen[105]. Einen Höhepunkt der Darstellungsöffnung in der Fernsehserie erreichen seit Mitte der 1990er-Jahre die Eigenproduktionen des Bezahlsenders HBO[106]. Im Rahmen einer narrativen Komplexität ergibt sich in HBO-Produktionen eine thematische Grenzöffnung in Wort und Bild durch den Wegfall einer Zensur, da die Serien als Abonnement-Angebot nicht der Kontrolle durch die Federal Communications Commission (FCC) unterliegen[107] und so die Richtlinien des öffentlichen Mediums überschreiten können. Mit den Extremen von Gewalt und Sex als Eckpunkte der TV-Kontroverse, die Robert J. Thompson als Kriterium des Quality-TV benennt[108], öffnen Kabelserien

---

[104] Angela Ndalianis: Television and the Neo-Baroque, in: Michael Hammond, Lucy Mazdon (Hgg.): The Contemporary Television Series, Edinburgh 2005, S. 86.
[105] Vgl. Andreas Sudmann: Serielle Überbietung. Zur televisuellen Ästhetik und Philosophie exponierter Steigerungen, Stuttgart 2017.
[106] Für einen Überblick zum Kabelsender HBO vgl. Dean J. DeFino: The HBO Effect, New York 2014.
[107] Vgl. Annekatrin Bock: Fernsehserienrezeption. Produktion, Vermarktung und Rezeption US-amerikanischer Prime-Time-Serien, Wiesbaden 2013, S. 24.
[108] Vgl. Thompson: Television's Second Golden Age, S. 15.

die Fernsehdarstellung sowohl auf der verbalen Ebene der ‚explicit language' wie auf der visuellen Ebene der extremen Körperdarstellung und erreichen erstmals einen potentiell maximalen, ästhetischen Darstellungsraum im Fernsehen.

Die ästhetische Grenzüberschreitung komplexer und extremer Gestaltung, die beim Kabelsender HBO zur Marke wird, gibt auch im Network-Rahmen, die Entwicklungsrichtung für progressive Formate vor. Die Seriengeneration der 1990er-Jahre entwickelt vor allem im risikofreudigen Mystery-Genre mit Shows wie TWIN PEAKS (ABC, 1990–1991, David Lynch/Mark Frost), THE X-FILES (FOX, 1993–2002, Chris Carter) oder BUFFY THE VAMPIRE SLAYER (The WB/UPN, 1997–2003, Joss Whedon) entgegen einem Flüchtigkeitsduktus im Fernsehen, komplexe und weitgehend kompromisslose Serienmythologien, die sich an ein Fanpublikum mit großer Aufmerksamkeit richten und kleinste Elemente gemäß einer ganzheitlichen Komposition konstruieren[109]. Anstelle einer direkten Botschaft mit dominanter Ideologie, die Colin MacCabe mit Bertolt Brecht im konventionellen Fernsehen feststellt[110], entfalten Qualitätsfernsehserien, wie im Forschungsdiskurs aufgeführt wurde, komplexe, ambige, intertextuelle und intermediale Formen[111] und erproben darin das Potential des offenen, werdenden Kunstwerks[112]. In der Entwicklung des Fernsehens von einer Oralitäts- zu einer Schriftkultur[113] markieren Fortsetzungsserien um die Jahrtausendwende einen beispiellosen ästhetischen

---

[109] Vgl. Johnson: Quality/Cult Television, S. 57–71.
[110] Vgl. John Corner: Critical Ideas in Television Studies, New York 1999, S. 52.
[111] Grundlegende Forschungsbeiträge finden sich bei: Mark Jancovich, James Lyons (Hgg.): Quality Popular Television. Cult TV, the Industry and Fans, London 2003; Michael Hammond, Lucy Mazdon (Hgg.): The Contemporary Television Series, Edinburgh 2005; Janet McCabe, Kim Akass (Hgg.): Quality TV. Contemporary American Television and Beyond, London/New York 2007; Sascha Seiler (Hg.): Was Bisher Geschah. Serielles Erzählen im zeitgenössischen amerikanischen Fernsehen, Köln 2008; Arno Meteling, Isabell Otto, Gabriele Schabacher (Hgg.): Previously On… Zur Ästhetik der Zeitlichkeit neuerer TV-Serien, München 2010.
[112] Angela Ndalianis stellt den Bezug her zwischen neuen Fernsehserien und Gilles Deleuzes Theorie des ‚infinite work in process', vgl. Ndalianis: Television and the Neo Baroque, S. 85f; Ndalianis bezieht sich auf: Gilles Deleuze: The Fold. Leibniz and the Baroque, Minneapolis 1993, S. 34; Als weiteres poststrukturalistisches Modell lässt sich Roland Barthes' ‚writerly text' heranziehen, vgl. Roland Barthes: S/Z, New York 1974, S. 5; Zudem gibt es den Bezug zur romantischen Theorie der Universalpoesie bei Friedrich Schlegel, vgl. Friedrich Schlegel: Charakteristiken und Kritiken I 1796–1801, in: Jean-Jacques Anstett, Hans Eichner (Hgg.): Kritische Friedrich-Schlegel-Ausgabe. Zweiter Band, München u. a. 1967, S. 182f.
[113] Die Semiotiker John Fiske und John Hartley verorten das Fernsehen über dessen „bardic function" in einer Oralitätskultur, vgl. John Fiske, John Hartley: Reading Television, New York 1978/2003, S. 85.

Darstellungsraum, der als ‚Television's Third Golden Age' registriert wird[114].

Auf dem Höhepunkt der beschriebenen Darstellungsöffnung befindet sich die Generation der Post-9/11-Dramaserien, die in dieser Arbeit untersucht wird. Durch die fernsehserielle Überschreitung des Broadcast-TV hin zu Speichermedien wie DVD und Blu-ray-Disc wird eine umfassende und akribische Analyse möglich. Dank der Heraushebung aus dem ‚flow' wird die Analyseproblematik eines „text forever on the run"[115] aufgelöst und die Tatsache exponiert, dass eine Fernsehsendung und speziell eine Qualitätsfernsehserie, bei aller Wechselwirkung zum Programm auch als Einheit für sich bewertet werden muss. Michael Hammond betont, dass das Konzept des ‚flow' vom Umstand ablenkt, dass das Programm bis in die Segmente hinein organisiert ist und die Zuschauer die Gegenstände trotz ihrer Fragmentierung tendenziell vollständig wahrnehmen[116]. Christine Geraghty sieht den Forschungsmangel in der fernsehästhetischen Analyse entsprechend darin begründet, dass sich die Fernsehforschung lange Zeit auf den ‚flow' konzentrierte, um darin einen gesamtkulturellen Wert oder eine Zuschauererfahrung zu orientieren, anstatt ein ästhetisches Urteil zu einem spezifischen Werk zu fällen[117]. Im Vergleich zur Mehrzahl früherer TV-Serien, die nach ihrer Ausstrahlung nicht öffentlich verfügbar blieben – das gilt besonders für die ersten Serien, die ‚live' ausgestrahlt und nicht aufgezeichnet wurden – ermöglicht die digitale Speicherung neue Forschungsmöglichkeiten[118]. Der Komplexitätsgrad neuer Qualitätsfernsehserien antizipiert sowohl eine tendenziell abgelenkte Rezeptionshaltung im TV-‚flow' als auch eine konzentrierte, potentiell mehrfache (Datenspeicher-)Sichtung mit Ausblick auf eine Gesamtdeutung (‚closure'). In der neuen Analysesituation rücken Form, Medialität und Selbstreflexivität des einzelnen Fernsehformats in den Fokus, wie sie Caldwell zuvor im Fall der ‚Televisuality' einfordert:

> „All programming forms are complicated and mediated by style and technology even though ‚scientific' approaches, and many cul-

---

[114] Vgl. u.a. Gabriele Schabacher: Serienzeit. Zu Ökonomie und Ästhetik der Zeitlichkeit neuerer amerikanischer TV-Serien, in: Arno Meteling, Isabell Otto, Gabriele Schabacher (Hgg.): Previously On... Zur Ästhetik der Zeitlichkeit neuerer TV-Serien, München 2010, S. 20.
[115] Caldwell: Televisuality, S. 189.
[116] Vgl. Michael Hammond: Introduction. The Series/Serial Form, in: Michael Hammond, Lucy Mazdon (Hgg.): The Contemporary Television Series, Edinburgh 2005, S. 81 f; Vgl. Corner: Critical Ideas in Television Studies, S. 9.
[117] Vgl. Christine Geraghty: Aesthetics and Quality in Popular Television Drama, in: International Journal of Cultural Studies 1, 2003, S. 28.
[118] Vgl. Irmela Schneider: Medien der Serienforschung, in: Arno Meteling, Isabell Otto, Gabriele Schabacher (Hgg.): Previously On... Zur Ästhetik der Zeitlichkeit neuerer TV-Serien, München 2010, S. 41–60.

tural studies approaches, tend to avoid or downplay this fact. My call here, then, is not simply ‚back to the text', but back to the ‚televisual apparatus'"[119].

Die in diesem Kapitel angeführte mediale und intermediale Ausprägung der neuen Fernsehserien erfordert eine Untersuchung, die die Remediation[120] berücksichtigt und auf Methoden der Fernseh-, Medien-, Film- und Literaturwissenschaft rekurriert, um bestenfalls Impulse für die fernsehserienästhetische Analyse zu geben.

1.3 Korpus zur Ästhetik der Grenzüberschreitung in US-Qualitätsdramaserien der Post-9/11-Dekade

Im Zuge der medial-diskursiven Ausweitungshistorie des Fernsehmediums und der Fernsehseriengattung *(I.1.2)* sowie im Bezug auf die extreme Gewalt des 11. September 2001 und des viralen Kriegs *(I.1.1)* entfaltet eine Generation dramatischer US-Qualitätsfernsehserien eine Ästhetik der Grenzüberschreitung. Die Dramaserien, die auf einer ungekannten Stufe der Produktion und Distribution eine herausragende kulturelle und diskursive Relevanz in der Post-9/11-Dekade einnehmen, sollen in diesem Teilkapitel in wesentlichen Tendenzen über eine spezifisch fernsehserienästhetische Ausrichtung von Theorie und Analyse an einem Korpus erörtert werden. Formbewusst soll die TV-Serienästhetik der Grenzüberschreitung akzentuiert werden als Auseinandersetzung mit historisch geprägten Rahmenstrukturen des Fernsehmediums und der Fernsehseriengattung. Als Kernpunkte werden dabei die Faktoren der Intensität und Reflexivität kenntlich, die dann im zweiten Kapitel ausgearbeitet werden.

Die Dramaserien zeigen im 9/11-Diskurs dank des fortsetzungsseriellen Kontinuitätsprinzips und der im Vergleich zum Kino kürzeren Produktionszeiten eine zeitnahe Reaktion auf die symbolische US-Politik und ihre Konstruktion in der Berichterstattung. Die Sendungen fungieren damit, wie Knut Hickethier für die Seriengattung in Bezug auf Siegfried Kracauers filmhistorische These feststellte, als massenmediale Erzählmaschinen des kollektiven Unbewussten[121], die über eine dichte Rückkopplung mit den Zuschauern wechselseitig Einfluss auf den Diskurs nehmen, wie die Debatte um Folterdarstellungen maßgeblich zeigt. Im Brennspiegel zeitbedingter Gewalt entfalten Post-9/11-Dramaserien über das Fernsehmedium eine Darstellungsdrastik, die mit der spektakulären Fernseh-

---

[119] Caldwell: Televisuality, S. 25.
[120] Vgl. Jay David Bolter, Richard Grusin: Remediation. Understanding New Media, Cambridge Massachusetts 1999.
[121] Vgl. Hickethier: Die Fernsehserie und das Serielle des Fernsehens, S. 35 f.

übertragung des 11. September korreliert und zudem deren massenmediale Vor- und Nachbilder strukturell orientiert.

Über die markante Ausreizung ästhetischen Ausdrucks durch Gewalt im 9/11-Diskurs durchbrechen die dramaturgisch intensiven bis extremen Qualitätsfernsehserien auf einer historischen Höchststufe der Darstellungssensibilität und Aufmerksamkeit endgültig die „Linie des Ereignislosen"[122], die Stanley Cavell Anfang der 1980er-Jahre noch dem Fernsehen zuschreibt, hin zu einem seriellen Ausnahmezustand als neue fiktionale Klimax des formreflexiven Fernsehens. Mit der Serialität des Extrems realisieren die Fernsehserien jenes ästhetische Potential gesellschaftlicher Grenzauslotung, das Horace Newcomb dem Fernsehmedium idealtypisch im Schwellenkonzept des „liminal realm"[123] zuschreibt, das den Fokus setzt auf „our most prevalent concerns, our deepest dilemmas"[124] – „[I]t is the realm in which we allow our monsters to come out and play"[125].

Als Korpus einer TV-Serienästhetik der Grenzüberschreitung sollen vierzehn der kommerziell und kritikbezogen berühmtesten US-Qualitätsdramaserien der Post-9/11-Dekade in alphabetischer Aufzählung bestimmt werden, die sich im Kern durch eine Intensität und Reflexivität im Angesicht von Krise und Gewalt auszeichnen.

> *24* (FOX, 2001–2010, Joel Surnow/Robert Cochran)
> ALIAS (ABC, 2001–2006, J.J. Abrams)
> BATTLESTAR GALACTICA (FX, 2004–2009, Ronald D. Moore)
> BREAKING BAD (AMC, 2008–2013, Vince Gilligan)
> DEADWOOD (HBO, 2004–2006, David Milch)
> DEXTER (Showtime, 2006–2013, James Manos Jr.)
> FLASHFORWARD (ABC, 2009–2010, Brannon Braga/David S. Goyer)
> FRINGE (FOX, 2008–2013, J.J. Abrams/Alex Kurtzman/Roberto Orci)
> LOST (ABC, 2004–2010, J.J. Abrams/Damon Lindelof/Jeffrey Lieber)
> PRISON BREAK (FOX, 2005–2009, Paul Scheuring)
> SIX FEET UNDER (HBO, 2001–2005, Alan Ball)
> THE EVENT (NBC, 2010–2011, Nick Wauters)
> THE SOPRANOS (HBO, 1999–2007, David Chase)
> THE WIRE (HBO, 2002–2008, David Simon)

Im Hinblick auf eine nähere formale Orientierung der Dramaserien und deren Bezug zur Gewaltdarstellung, können die Shows gemäß Senderahmen und Genre eingeordnet werden. Sieben Serien wurden im Network-

---

[122] Cavell: Die Tatsache des Fernsehens, S. 151.
[123] Horace Newcomb, Paul M. Hirsch: Television as a Cultural Forum, in: Quarterly Review of Film Studies 8, 1983, S. 564; Newcomb bezieht sich auf: Victor Turner: Process, System, and Symbol. A New Anthropological Synthesis, in: Daedalus 106, 1977, S. 68.
[124] Ebd.
[125] Ebd.

Fernsehen ausgestrahlt (24, ALIAS, FLASHFORWARD, FRINGE, LOST, PRISON BREAK, THE EVENT) und sieben im Kabelfernsehen (BATTLESTAR GALACTICA, BREAKING BAD, DEADWOOD, DEXTER, SIX FEET UNDER, THE SOPRANOS, THE WIRE). In Bezug auf das Genre entsprechen sieben Fernsehserien dem Kriminalgenre (24, ALIAS, BREAKING BAD, DEXTER, PRISON BREAK, THE SOPRANOS, THE WIRE) und fünf Serien dem Mystery- und Sci-Fi-Genre (BATTLESTAR GALACTICA, FLASHFORWARD, FRINGE, LOST, THE EVENT). Beide Seriengruppen sind an die Spielarten des Action-Thrillers gekoppelt. Weiterhin enthält das Korpus die Dramedy-Show SIX FEET UNDER und die Western-Serie DEADWOOD.

Es ist bemerkenswert, dass im Grunde alle wichtigen Fernsehserien der Post-9/11-Dekade Dramaserien sind, die Ausnahmeereignisse bzw. Ausnahmezustände über intensive und reflexive Formen darstellen. Die Vermittlung einer drastischen, vielfach terroristischen Gewalt erfolgt über eine spektakulär-serielle Struktur *(I.2.1, I.2.3)* und exponierte Medialität *(I.2.4)* im Spannungsfeld von Fakt und Fiktion *(I.2.2)*. Dieses Formenspektrum integriert deutliche Bezugnahmen auf die faktualen Fernsehübertragungen extremer Gewalt. Als Schlüsselserien des Korpus werden im nächsten Teilkapitel die Serien 24, LOST und THE SOPRANOS gesondert vorgestellt.

Eine wesentliche Bezugnahme der Dramaserien auf das Extremereignis des 11. September erfolgt über symbolisch-mediale Figurationen des plötzlichen Terroranschlags. In den Sci-Fi-Serien BATTLESTAR GALACTICA, FRINGE und THE EVENT erfolgt gleich in der Pilotfolge eine pointierte Korrelation zwischen dem symbolischen Angriff eines Flugobjekts und der Irritation der medialen Übertragung. In der Mystery-Serie FLASHFORWARD bildet der Ausnahmefall eines ‚symbolischen Schocks' eine spektakuläre Erzählprämisse: Die Nicht-Form eines weltweiten Blackouts, die als „single greatest disaster in human history"[126] ein proleptisches Darstellungsprinzip initiiert, führt explizit zur symbolischen Erörterung. In *Black Swan*, der vierten Episode der ersten Staffel[127] gibt die Terroristin Alda, dem FBI-Agenten Mark und darüber dem Zuschauer eine pointiert archetypische Einführung, während in der Rückblende rauchende Hochhäuser die bildsymbolische Referenzfläche zum 11. September bilden:

> „You're ignoring the most profound question of all: Why? Do you know what a black swan is? It's a metaphor used to describe a high-impact event. Something so rare, it's beyond the normal realm of human expectation. It comes from the 17th century when scientists assumed that all swans were white. They were wrong".

---

[126] FLASHFORWARD, Episode 01x04, TC: 0:42:10–0:42:14; Die Formulierung wird vom Physiker Dr. Simon Campos benutzt.
[127] Ebd., TC: 0:33:29–0:33:56.

Neben den im Korpus gelisteten Sendungen beeinflusst 9/11 die Mehrzahl US-amerikanischer Fernsehprogramme. Sascha Seiler markiert den 11. September explizit als „Zäsur in amerikanischen Fernsehserien"[128]. Markant ist eine Tendenz zum drastischen Duktus, die auch schematischere Unterhaltungsformate wie CSI: CRIME SCENE INVESTIGATION (CBS, 2000–2015, Anthony E. Zuiker), HOUSE, *M.D.* (FOX, 2004–2012, David Shore) oder DESPERATE HOUSEWIVES (ABC, 2004–2012, Marc Cherry) ausrichtet. Die hervorstechende Verpflichtung zur ernsten Haltung überschreitet die Formate bis ins Familiendrama. In der Pilotfolge der Serie BROTHERS & SISTERS (ABC, 2006–2011, Jon Robin Baitz) ist es ausgerechnet Calista Flockhart, die einstige Darstellerin der Comedy-Serie ALLY MCBEAL (FOX, 1997–2002, David E. Kelley), die in der selbstreflexiven Rolle einer politischen Fernsehmoderatorin ausdrücklich eine komische Rezeption im Namen des Landes abwertet:

> „I'm sick of the cracks about my political beliefs. I am conservative. Tough on crime. Big on defense. America first. Old-fashioned and in your face! [...] And if you think this is funny, great, I'm glad to be of comic service, but you just keep on laughing and watch the rest of the country pass you by"[129].

Im Fokus der Post-9/11-Dramaserien stehen die Erschütterung einer strukturellen Ordnung und die Bemühung um Restitution. In BROTHERS & SISTERS erleidet der Vater der Großfamilie einen tödlichen Autounfall und stirbt noch am Ende der Pilotfolge, die den antithetischen Titel *Patriarchy* trägt. Noch schneller ereignet sich der Tod des Patriarchen in der Serie SIX FEET UNDER: Schon in der Eröffnungssequenz stirbt der Vater der fünfköpfigen Fisher-Familie, nach nur vier Minuten, und ausgerechnet auf dem Heimweg zu Thanksgiving, einem der wichtigsten Familienfeste der USA[130]. Das symbolische Konzept der Familie, durch das die Fernsehserie als zentrale Form des häuslichen Mediums konstituiert wird[131], fungiert angesichts des Einbruchs des Todes als Ort einer existenziellen Problematisierung. Die historische Tendenz neuer Fernsehserien zu einer Grenzüberschreitung häuslicher Stabilität, die mehrheitlich über die speziellen Genres der Kriminal- oder Mystery-Serie erfolgt, erreicht gar die Mainstreamform der Familienserie, die selbstbezüglich den Regelrahmen der Soap Opera überschreitet und die Medienspezifik des Fernse-

---

[128] Sascha Seiler: Battlestar 9/11. Der 11. September 2001 als Zäsur in amerikanischen Fernsehserien, in: Sandra Poppe, Thorsten Schüller, Sascha Seiler (Hgg.): 9/11 als kulturelle Zäsur. Repräsentationen des 11. September 2001 in kulturellen Diskursen, Literatur und visuellen Medien, Bielefeld 2009, S. 242 f.
[129] BROTHERS & SISTERS, Episode 01x01, TC: 0:14:03–0:14:21.
[130] SIX FEET UNDER, Episode 01x01, TC: 0:00:27–0:02:30.
[131] Vgl. Spigel: Fernsehen im Kreis der Familie, S. 220.

hens im Spannungsfeld von innerem Privatraum und Außenwelt herauskehrt.

Die Prägung der Grenzüberschreitung fernsehserieller Normen entfaltet sich, wie dieses Kapitel zeigen will, über die Instrumentalisierung und Irritation zentraler Dispositionen und (Kommunikations-)Parameter des Fernsehmediums und der Fernsehseriengattung. Die privaten, zwischenmenschlichen Kontakte, die Lothar Mikos Mitte der 1980er-Jahre, noch zu Beginn der entscheidenden Formüberschreitungen, als Kernbereich der Fernsehserie feststellt und dabei gesellschaftliche Konflikte ausschließt[132], öffnen sich in der Seriengeneration nach dem 11. September massiv den Ebenen des Politischen und Existenziellen bis zum Status von Parabeln einer erschütterten Gesellschaft. Obwohl die familiären Strukturen weiterhin zentral bleiben, wird die parasoziale Bindung an den Erzählerstandpunkt der Figuren, wie sie Mikos konstatiert, problematisch. Knut Hickethiers Konzept serieller Verhaltensmodelle nach denen der Zuschauer die Handlungen der Figuren als angemessen oder unangemessen bewerten kann[133], wird diffizil, wenn Antihelden die Grenzen einer Einordnung überschreiten[134]. Ein gewohntes Identifikationszentrum wird im wesenhaften Bezug zu einer familiären Vertrautheit herausgefordert durch kriminelle Familienväter wie den Mafiaboss Tony Soprano in THE SOPRANOS, den Drogendealer Walter White in BREAKING BAD oder den Serienkiller Dexter in der gleichnamigen Show. Eine besonders problematische Figureneinordnung ergibt sich in der Grenzüberschreiterfigur Jack Bauer, die in diesem Buch einen Schwerpunkt der Untersuchung darstellt *(speziell in II.1.3 & 2.3.3)*.

Die allgemeine Formtendenz neuer Qualitätsfernsehserien zu einer narrativen Grenzüberschreitung, wie sie Angela Ndalianis ausführt[135], erreicht in US-Fortsetzungsserien nach 9/11 eine besondere dramaturgische Zuspitzung. Das Formprinzip, das Ndalianis bemerkenswerterweise im

---

[132] Vgl. Lothar Mikos: Fernsehserien. Ihre Geschichte, Erzählweise und Themen, in: medien und erziehung 1, 1987, S. 14; Zur parasozialen Kommunikation im Fernsehen vgl. Donald Horton, Richard Wohl: Massenkommunikation und parasoziale Interaktion. Beobachtungen zur Intimität über Distanz, in: Ralf Adelmann, Jan O. Hesse, Judith Keilbach, Markus Stauff, Matthias Thiele (Hgg.): Grundlagentexte zur Fernsehwissenschaft. Theorie, Geschichte, Analyse, Konstanz 2001, S. 74–104.

[133] Hickethier: Die Fernsehserie und das Serielle des Fernsehens, S. 50.

[134] Zum Qualitätsserienphänomen des Antihelden vgl. Noel Holston: Antiheroes like Jack Bauer are TV's New Heroes, 06.05.2009, online: http://bit.ly/2pu2vhb; Stand: 01.07.2017; Kathi Gormász: Walter White & Co. Die neuen Heldenfiguren in amerikanischen Fernsehserien, Konstanz/München 2015; Margarete Bruun Vaage: The Antihero in American Television, New York/Abingdon 2016; Nora Hannah Kessler: Der Antiheld als Held. Komplizenschaft als Möglichkeit der TV-Rezeption, in: Jonas Nesselhauf, Markus Schleich (Hgg.): Das andere Fernsehen?! Eine Bestandsaufnahme des Quality Television, Bielefeld 2016, S. 91–103.

[135] Vgl. Ndalianis: Television and the Neo-Baroque, S. 98.

Begriff des Extremen pointiert („story boundaries to the extreme"[136]), erreicht in einer Seriengeneration, die sich durch die kontinuierliche Darstellung extremer Konflikte auszeichnet, eine diskursiv umfassende Konsequenz. Anstelle eines singulären Konflikts, der in der Episode gelöst wird, entfaltet sich vielfach eine extreme Vagheitsstruktur der seriellen Verzögerung und Multiplikation des Konflikts *(I.2.3 & II.2)*. Die qualitätsserielle Überschreitung narrativer Orientierungsmarker wie Genre, Plot und Cast[137] steht in drastischer Wechselwirkung mit einer Intensität und Irritation der Grundparameter von Zeit *(II.1.1)* und Raum *(II.1.2)*. Gegenüber der berühmten Zeitnot-Existenz im Korpus-Leitbeispiel *24*, dessen Ticking-Time-Bomb[138]-Echtzeit[139]-Inszenierung in dieser Arbeit fernsehästhetisch im Konzept der Gewaltserialität spezifiziert werden soll, tendiert der gesamte Serienkorpus zu einer drastischen Zeit-Raum-Gestaltung. PRISON BREAK radikalisiert die zeitliche Anspannung über die „Heterotopie" des Gefängnisses[140]. BREAKING BAD konzentriert seine Zeit-Raum-Härte in der eiligen Drogenproduktion in isolierten Laboren. DEXTER präpariert innerhalb kleiner Zeitfenster vertraute, häusliche Räume zu expliziten ‚Kill Rooms'. Die drastischen Serienweltkonzeptionen erzielen ihre Intensität über den Kontrast zur Tradition der Fernsehserie. Anstelle der „Vertrautheit eines seriellen „Orientierungsrahmen[s] in dem er [= der Zuschauer] sich mit einiger Sicherheit bewegen kann"[141] tendieren die Dramaserien zu einem komplexen und extremen Kommunikationsnetz allseitiger Verdächtigung, das die Bereiche der Politik und des Rechts einbezieht. Im Gegensatz zu konventionellen Strategien einer

---

[136] Ebd.
[137] Vgl. Thompson: Television's Second Golden Age, S. 13–16.
[138] Zur Begriffsgeschichte des Ticking-Time-Bomb-Szenarios, speziell in Relation zur Folter vgl. Heike Schmitz: Rettungsfolter zwischen Fiktion und Wirklichkeit. Die Diskussion über ihre Zulässigkeit unter Rückgriff auf Ticking-Bomb-Szenarien, in: Karsten Altenhain, Reinhold Görling, Johannes Kruse (Hgg.): Die Wiederkehr der Folter? Interdisziplinäre Studien über eine extreme Form der Gewalt, ihre mediale Darstellung und ihre Ächtung, Göttingen 2013, S. 269–285.
[139] Zum Echtzeit-Prinzip in *24* vgl. u. a. Gabriele Schabacher: Time Running. 24 und das Regime der Echtzeit, in: Tobias Haupts, Isabell Otto (Hgg.): Bilder in Echtzeit. Medialität und Ästhetik des digitalen Bewegtbildes. Augenblick 51, Marburg 2012, S. 37–49; Jacqueline Furby: Interesting Times. The Demands 24's Real-Time Format Makes on its Audience, in: Steven Peacock (Hg.): Reading 24. TV Against the Clock, London/New York 2007, S. 59–70; Lars Koch: It Will Get Even Worse. Zur Ökologie der Angst in der US-amerikanischen Fernsehserie 24, in: Sascha Seiler (Hg.): Was Bisher Geschah. Serielles Erzählen im zeitgenössischen amerikanischen Fernsehen, Köln 2008, S. 98–115.
[140] Michel Foucault: Andere Räume, in: Karlheinz Barck (Hg.): Aisthesis. Wahrnehmung heute oder Perspektiven einer anderen Ästhetik, Leipzig 1993, S. 34–46.
[141] Hickethier: Die Fernsehserie und das Serielle des Fernsehens, S. 50.

fernsehseriellen Vertrauenspflege generieren neue Dramaserien eine kontinuierliche Erschütterung des Vertrauens.

Die Problematisierung der Bezugssysteme verkompliziert das Handlungskonzept der Figuren *(II.1.3)*, öffnet thematische Grenzbereiche und kulminiert in der Darstellung drastischer Gewalt *(II.2)*. Der Akzent des gewaltsamen Grenzgangs reicht peritextuell bis in die Titel von Serien wie BREAKING BAD oder PRISON BREAK. Bei der Sci-Fi-Serie FRINGE, die von einem FBI-Einsatzteam der ‚Grenzwissenschaft' (Fringe science) handelt, kommt in der deutschen Fassung verstärkend der Untertitel „Grenzfälle des FBI" hinzu. Die Drastik der Post-9/11-Dramaserien speist sich aus Überschreitungen normgeprägter Strukturen auf inhaltlicher und formaler Ebene. Grenzüberschreitende Gewaltarten wie die Folter entfalten sich über grenzüberschreitende Erzählweisen. Die Sendungen generieren Gewaltserialitäten, die sich absetzen von konventionellen Wiederherstellungsprinzipien einer fiktionalen (Rechts-)Ordnung in der Kriminalserie[142]. Serielle Grenzüberschreitungen akzentuieren sich besonders vor dem Traditionshintergrund der familiären Vertrautheit – speziell Dramaserien mit großem Familienensemble wie THE SOPRANOS, SIX FEET UNDER, BREAKING BAD und DEXTER vermitteln ihre Härte gezielt im Kontrast zu Soap-Opera-Rahmenstrukturen. In einer Dramatisierung des televisuellen Formprimats überfließt die konventionell dialogzentrierte, figurenpsychologische und resolutionsorientierte Serienkommunikation in eine hochaufgelöst physische und dauerhaft anspannende Action. In dieser permanenten Alarmsituation erfolgt über 9/11-Bezüge weniger eine moralische Einordnung der kommunizierten Gewalt als vielmehr die Herauskehrung der Kommunikationsgewalt selbst.

Die Gewaltästhetik der Post-9/11-Dramaserien, die einen historischen Höhepunkt der TV-(Serien-)Grenzüberschreitung darstellt, integriert die Dimension einer symbolischen Kriegsführung[143]. Über die dramatische Setzung des Kampfes operieren Korpusserien mit Dualmustern, die die Politik und Berichterstattung nach 9/11 in deren symbolischer Konstruiertheit figurieren und reflektieren. Vor dem Hintergrund einer symbolischen Beantwortungspflicht des ‚symbolischen Schocks' des 11. September[144] *(I.1.1)*, erscheinen dramaserielle Kampfvermittlungen auch

---

[142] Vgl. Toby Miller: The Action Series, in: Glen Creeber (Hg.): The Television Genre Book, London 2001, S. 18; Hickethier: Die Fernsehserie und das Serielle des Fernsehens, S. 34.

[143] Zur symbolischen Attacke des 11. September vgl. Baudrillard: Der Geist des Terrorismus, S. 21f; Zur Gewaltmetaphorik im 9/11-Diskurs vgl. Susanne Kirchhoff: Krieg mit Metaphern. Mediendiskurse über 9/11 und den War on Terror, Bielefeld 2010; Schwarz-Friesel, Jan-Henning Kromminga (Hgg.): Metaphern der Gewalt. Konzeptualisierungen von Terrorismus in den Medien vor und nach 9/11, Tübingen 2013.

[144] Vgl. Baudrillard: Der Geist des Terrorismus, S. 21f, 63.

als Reaktionspraktiken des Fernsehmediums auf das übertragene Terrorattentat. Die Serialisierung des Kernprinzips der Konfrontation im 9/11-Diskurs erfolgt passgenau über die fernsehsemiotische Dualstruktur als „system of binary oppositions"[145] und speziell über die Prägung des Agententhrillers. Einen konstitutiven Stellenwert hat der Konflikt zwischen US-Staatsdienern und Terroristen in der Crime-Variante des Agententhrillers mit den Serien *24* und ALIAS sowie der Mystery-Variante des Agententhrillers mit den Serien FLASHFORWARD, FRINGE und THE EVENT. Angrenzende Konfrontationen finden sich in den benachbarten Genres der Kriminalserie (THE SOPRANOS, BREAKING BAD), Actionserie (PRISON BREAK) und Westernserie (DEADWOOD). Allegorische Varianten der dualen Konstellation lassen sich im Mystery- und Sci-Fi-Genre feststellen: LOST stellt die Gestrandeten der Gruppe der ‚Others' gegenüber. BATTLESTAR GALACTICA zeigt den Kampf zwischen Menschen und Zylonen-Robotern. Strukturen der Gewalt werden zum Kern einer dramatischen Instrumentalisierung und selbstreflexiven Verarbeitung. DEXTER fungiert in einer formbewussten Kreuzung der Genres von Kriminal- und Arztserie als subversiver Kommentar zur Skopophilie forensischer Formate wie *CSI*. Im intertextuellen Diskurs reflektieren sich die tonangebenden Serien gegenseitig.

Bei der Gewaltdarstellung bildet die Extremform der Folter im Repertoire des Fernsehens ein Novum, das als Zeichen einer Zäsur des 11. September gelten kann *(II.3)*. Während es im US-Fernsehprogramm der Primetime im Jahr 1999 durchschnittlich vier Folterszenen gab, sind es 2003 bereits 228[146]. Fast alle Dramaserien des Korpus enthalten Darstellungen der Folter, vielfach in konstitutiver Setzung. Die Einkehr der Folter in die Fernsehserie ergibt sich aus der gestiegenen Häufigkeit der Verhörtechnik in der US-Politik und Kriegsführung nach dem 11. September und deren massenmedialer Zirkulation sowie aus der korrelativen Popularität von Foltermotiven in Kinofilmen, die sich unter dem Diskursbegriff „Torture Porn"[147] aus einer Tradition des Horror- und Splatterfilms speisen sowie aus dem Kriminalgenre mit dem Pionierfilm DIRTY HARRY (1971, Don Siegel) und der Gattung des Westerns mit Werken wie IL BUONO, IL BRUTTO, IL CATTIVO (1966, Sergio Leone). In medialer Grenznähe rekurriert die Fernsehserie auf die korrelativ serielle Produkti-

---

[145] Jonathan Bignell, Jeremy Orlebar: The Television Handbook, New York/Abingdon 2005, S. 101; Vgl. Fiske/Hartley: Reading Television, S. 142.

[146] Vgl. Video „How Hollywood Gets It Wrong on Torture and Interrogation. P2", 29.08.2007, online: http://bit.ly/2PWEA58; Stand: 06.06.2019, TC: 0:00:00–0:00:14.

[147] David Edelstein: Now playing at your local Multiplex. Torture Porn. Why has America gone nuts for Blood, Guts, and Sadism?, in: New York Magazine, 28.01.2006, online: http://nym.ag/2Q1Snrt; Stand: 06.06.2019.

onsweise von Folterfilmen wie die der achtteiligen SAW-Reihe (2004–2017, James Wan u. a.) und dreiteiligen HOSTEL-Reihe (2005–2011, Eli Roth, Scott Spiegel). Die diskursive Brisanz der Folterdarstellungen im Fernsehen, die besonders mit der Free-TV-Serie 24 eine weltweite Debatte ausgelöst hat, verstärkt sich dadurch, dass die Extremdarstellung in der Fernsehserie nicht raumästhetisch isoliert ist wie im Kinofilm, sondern in ihrer spezifischen Medialität im direkten Kontext zu faktualen Formaten steht und sich entgegengesetzt zu einer konventionellen Erwartungshaltung an die Serienform positioniert, nach welcher die Protagonisten eine Vorbildfunktion für Normen und Werte einnehmen. Wie drastisch die Folter in die vertrauten Kernelemente der Fernsehserie vordringt, pointiert die Exposition der Agentenserie ALIAS[148]: Im maximalen Gegenentwurf zu einer gemäßigten Figureneinführung entzieht gleich die allererste Szene der Protagonistin elementar die Luft zum Atmen. Im Zuge einer Überblendung aus dem minimalistischen, schroffen Schwarz des Intros zeigt eine viszerale Nahaufnahme, wie die CIA-Agentin Sydney Bristow mit signalhaft roten Haaren gewaltsam unter Wasser getunkt wird.

Auf dem Gipfel einer fernsehseriellen Verschärfung der Kommunikation hin zur Gewalt fungiert die Folter vielfach, wie später ausführlich am Beispiel von 24 untersucht wird *(II.3)*, als intensive und reflexive Schlüsselform. Die Tortur operiert als serielle Extremdeixis, die die kommunikativen Mittel der Fernsehserie irritiert und maximiert, indem sie immer wieder und immer mehr zeigt und in der intermedialen Korrelation von Fernsehen und Kino eine Sucht, zu sehen, befördert[149]. In ihrer formalen Konzentration fungiert die Folter als Extrempunkt einer Unterhaltungsdrastik zwischen Genuss und Ekel, die Jeff Pinkner, Produzent der Serie LOST als „most immediate visceral entertainment" definiert[150]. Gleichzeitig entfalten die Folterdarstellungen eine Wechselwirkung zwischen einer extremen Körperlichkeit und einer Herausstellung der technischen Materialität des Mediums, wodurch letztlich eine grundlegende Reflexion der Beziehung von Medium und Realität möglich wird.

Die Vermittlungshärte der Post-9/11-Dramaserien provoziert und reflektiert das Spannungsfeld von Fakt und Fiktion *(I.2.2)*. Hierbei entstehen Bezüge zur Ebenenverwischung der Fernsehübertragung des 11. September. Innerhalb der seriellen Leitform des Fernsehmediums, das spezifisch zwischen faktualem und fiktionalem Programm situiert ist, fordern die Dramaserien eine konventionelle „Präformation des Sehens" heraus, die Knut Hickethier als Voraussetzung des Programmfernsehens

---

[148] ALIAS, Episode 01x01, TC: 0:00:26–0:01:25.
[149] Zum Suchtphänomen in 24 vgl. Daniel Haas: Neue 24-Staffel. Das Gehetz der Serie, in: Spiegel Online, 14.01.2009, http://bit.ly/2Dlhvrl; Stand: 06.06.2019.
[150] Video „How Hollywood Gets It Wrong on Torture and Interrogation. P1", 29.08. 2007, online: http://bit.ly/2OETMDQ; Stand: 06.06.2019, TC: 0:06:40–0:06:44.

kennzeichnet: „Wäre diese in Programmbereiche, Gattungen, Darstellungsmodi differenzierte Wahrnehmung nicht gegeben, würden die Zuschauer als unterschiedslos die Genres vermischen, müßten sie über das so entstehende Weltbild mit seiner Sensations- und Verbrechensstruktur verzweifeln"[151]. Die Möglichkeit zur Regeldurchbrechung der sensiblen Fernsehdarstellung, die Hickethier mit dem Beispiel der Kriminalserie explizit in Bezug zur Gewaltdarstellung stellt, basiert in Post-9/11-Dramaserien auf Zuspitzungen einer ‚Live'-Dramaturgie, die die konstitutiven Faktoren der Aktualität und Dauer instrumentalisiert, angefangen beim berühmten Echtzeitkonzept der gegenwartsnahen Terrorismusserie *24* bis hin zur historischen Westernserie DEADWOOD.

Entgegengesetzt zum Prinzip abgeschlossener Konfliktlösungen, wie sie in episodischen Serien und Spielfilmen üblich ist, arrangieren die episodenübergreifenden Dramaserien ihre zahlreichen Konflikte in komplexen Präsentations- und Reflexionsmodellen. Im Zuge der qualitätsseriellen Perfektionierung der „doppelte[n] Formstruktur" von Episode und Gesamtzusammenhang[152] erwachsen aus narrativen Freiräumen gezielte Bezüge, Wiederholungen, Steigerungen, Variationen und Reflexionen der Gewalt. Im Zeichen US-mythologischer Stoffe konzentrieren sich Dramaserien nach dem 11. September auf die Themenfelder der Krise, des (Kriegs-)Konflikts und der Restitution, die sie über Figurationen zerrütteter Gemeinschaften vermitteln, d.h. über die Form der Gruppe (LOST, THE WIRE, DEADWOOD) und die Fernsehkernstruktur der Familie (THE SOPRANOS, SIX FEET UNDER, BREAKING BAD). Die Westernserie DEADWOOD mobilisiert in der Verquickung von Gruppen- und Familiendynamiken den Gründungsmythos des ‚frontier spirit' und fungiert als Experimentiermodell des gesetzlosen Raums.

In ihrer formal konzentrierten Drastik exponieren Dramaserien der Post-9/11-Dekade ihr Darstellungsverfahren. Gegenüber einem illusionistischen Schutzraum konventioneller TV- und Spielfilmformate akzentuieren die Dramaserien ihre Vermittlungshärte über ein besonderes Ausmaß der Selbstreflexivität *(I.2.4)*. In spektakulären Herauskehrungen und substanziellen Reflexionen der Fernsehseriendarstellung, die in Gewaltrelation televisuelle[153] und qualitätsserielle[154] Selbstbezugstendenzen steigern, verdichtet sich das Fernsehen als forderndes Dispositiv im Zuge einer ‚home penetration' durch Kunst und Katastrophe[155]. Über ihre materielle

---

[151] Hickethier: Die Fernsehserie und das Serielle des Fernsehens, S. 41.
[152] Ebd., S. 10.
[153] Vgl. Caldwell: Televisuality, S. 83, 137.
[154] Vgl. Thompson: Television's Second Golden Age, S. 15.
[155] Die statistische Bezeichnung ‚TV home penetration', die die Fernsehausstattung der Haushalte bezeichnet, soll an dieser Stelle die ästhetische Durchdringung pointieren.

Qualität, die vielfach die formalen Einschränkungen des Kinos übertrifft, unternehmen die Dramaserien prägnante Schritte der 9/11-Verarbeitung auf den Ebenen der spektakulären Serialität[156], symbolischen Auseinandersetzung[157] – und medialen Disruption: In Entsprechung zur These, die Stephan Weichert zum 11. September formuliert, „dass sich die Darstellungs- und Funktionslogik des Fernsehens am ehesten dann beobachten lässt, wenn die routinemäßigen Programmabläufe außer Kraft gesetzt werden und das Medium an seine Kapazitätsgrenzen stößt"[158], orientieren und reflektieren Dramaserien nach dem 11. September in der Inszenierung von Ausnahmefällen und Ausnahmezuständen die Konstitution televisueller und medialer Darstellung.

In der reflexiven Gewaltverhandlung fungiert die Darstellung des Todes als Kulminationspunkt. Im Zuge des qualitätsseriellen Schwindens einer traditionellen Überlebensgarantie verdichten Todesvermittlungen der Post-9/11-Dramaserien die Ästhetik der Grenzüberschreitung zwischen Intensität und Reflexivität. Die dramaturgisch und materiell einschneidende Fernsehserialität des Todes impliziert in direkter Nähe zum faktualen Fernsehprogramm eine zentrale Verarbeitungsebene des 9/11-Attentats, das als reales Ereignis die symbolische und massenmediale Kommunikation erschütterte[159]. Die Praxis der kontinuierlichen Auseinandersetzung mit dem Tod erreicht die Dimension einer rituellen Trauerarbeit, wie besonders das Vanitas-Konzept von SIX FEET UNDER zeigt, wo jede Episode einen Todesfall verhandelt.

---

[156] Spektakuläre Reihungen setzen Korrelationsakzente zur 9/11-Fernsehübertragung, die Jean Baudrillard als „höchsten Grad des Spektakulären" bezeichnet – Baudrillard: Der Geist des Terrorismus, S. 32.

[157] Das Spektrum umfasst Figurationen des ‚symbolischen Schocks' des 11. September und der anknüpfenden Konflikte. Anknüpfend besteht das Potential einer symbolischen Erneuerung abseits der symbolischen Vorbelastung des Kinos. Jean Baudrillard perspektiviert die Möglichkeit eines neuen visuellen Ausdrucks mit Roland Barthes' ‚Punctum'-Technik analoger Fotografie und evoziert besonders bei der Hervorhebung des Werdens das Potential des Seriellen: „Das ‚ins Auge springende Detail' des Gegenstands, das ‚Punktum' wiederfinden, aber auch den unmittelbar überholten und deswegen immer nostalgischen Augenblick der Aufnahme. [...] Der visuelle Fluss kennt nur den Wechsel, nicht das Werden, und das Bild hat nicht einmal mehr Zeit zu werden. Damit das Objekt auftaucht, muss es in Schwebe gehalten werden, in Sinnschwebe, in Aussetzung des tumultartigen Betriebs der Welt", Baudrillard: Der Geist des Terrorismus, S. 48 f.

[158] Weichert: Die Krise als Medienereignis, S. 26.

[159] Die Schlüsselrolle der dramaseriellen Todesdarstellungen bei der Verarbeitung des 11. September lässt sich mit Jean Baudrillard pointieren. Durch die wiederkehrende Vermittlung des Todes, den Baudrillard als „symbolische Ausschreitung" bezeichnet, umkreisen Qualitätsdramaserien ein Potential, den 11. September als symbolischen Tod des Terrorismus stellvertretend für das erschütterte Machtsystem zu beantworten – vgl. Jean Baudrillard: Der symbolische Tausch und der Tod, München 1982, S. 12; Vgl. Baudrillard: Der Geist des Terrorismus, S. 21 f.

Die Prägung des schockästhetischen Serientods soll anhand von zwei Beispielen deutlich werden. In DEADWOOD stirbt der Revolverheld Wild Bill Hickok, der auf einer historischen Figur basiert, nach einer ausgeschmückten Charakterisierung bereits in der vierten Serienfolge[160]. Diese spezifische Schockstrategie erreicht eine besondere Intensität durch die Plötzlichkeit und realistische Zufälligkeit des Todes: Der scheinbar unbesiegbare Wild Bill Hickok wird von hinten durch den harmlos wirkenden Trinker Jack McCall erschossen und dieses einschneidende Ereignis erfolgt in lediglich zehn Sekunden über die drei formal exponierten Schritte der unfokussierten Türöffnung mit Linksschwenk zu Hickoks nahem Aufblicken, dem POV-Shot auf Hickocks Haarmähne mit Annäherungsschritten sowie die kurze Untersicht auf den Schützen.

Eine ähnlich schockierende Fernsehserientötung, die ebenfalls hinterrücks, durch einen unterlegenen Gegner und in einer vertrauten Umgebung stattfindet, ereignet sich zum Ende der Serie THE WIRE in Episode 05x08[161]. In einer frontalen Nahaufnahme vor dem verschmierten Glas eines Lebensmittelladens wird die übermächtig wirkende Hauptfigur Omar Little beim Zigarettenkauf nach nur zwanzig Sekunden vom kleinen Jungen Kenard erschossen. Omars Tod erwirkt selbst nach Maßstäben der grenzüberschreitenden THE WIRE-Diegese, die dem Titel gemäß alle fatalen Optionen verflicht, ein heftiges Aufrütteln des Zuschauers.

In der radikalen Konzentration auf existenzielle Kernformen operieren Qualitätsdramaserien der Post-9/11-Dekade vielfach auf der Ebene des Tragischen. Aspekte der Tragik, die an einigen Dramaserien bevorzugt im philosophischen Kontext festgestellt wurden, etwa an 24[162], THE WIRE[163] oder BREAKING BAD[164], sollen hier im Sinne ihrer spezifisch fernsehserienästhetischen Vermittlungsweisen akzentuiert werden. Im archai-

---

[160] DEADWOOD, Episode 01x04, TC: 0:51:07–0:51:39.

[161] THE WIRE, Episode 05x08, TC: 0:17:00–0:17:43.

[162] Vgl. Stephen Snyder: Truth and Illusion in 24. Jack Bauer, Dionysus in the World of Apollo, in: Jennifer Hart Weed, Richard Davis, Ronald Weed (Hgg.): 24 and Philosophy. The World According to Jack, Malden 2008, S. 43–54; Stephen de Wijze: Between Hero and Villain. Jack Bauer and the Problem of Dirty Hands, in: Jennifer Hart Weed, Richard Davis, Ronald Weed (Hgg.): 24 and Philosophy. The World According to Jack, Malden 2008, S. 17–30.

[163] Vgl. Avram Gurland-Blaker: The Wire as American Tragedy, in: David Bzdak, Joanna Crosby, Seth Vannatta (Hgg.): The Wire and Philosophy. This America, Man, Chicago 2013, S. 193–204; John Thomas Brittingham: The Birth of Tragedy from the Spirit of Baltimore, in: David Bzdak, Joanna Crosby, Seth Vannatta (Hgg.): The Wire and Philosophy. This America, Man, Chicago 2013, S. 205–216.

[164] Vgl. Ray Bossert: Macbeth on Ice, in: David R. Koepsell, Robert Arp (Hgg.): Breaking Bad and Philosophy. Badder Living Through Chemistry, Chicago 2012, S. 65–78.

schen Action-Genre[165] orientieren offene Dramaserien eine televisuelle Formreflexion mythischer Strukturen und ‚affektiver Tropen' von Zuhause und Fremde[166] über die Steigerung dramatischer Parameter der Krise, des Konflikts und des Geheimnisses, so dass aus dem universalen *Lebensmodell* der Fernsehseriengattung, abseits von postmodernem Pastiche oder illusionistischer Figurenpsychologie, existenzielle *Überlebensmodelle* entstehen. Die Schwere der elementaren Entscheidungen (‚tragic choices'[167]) von Protagonisten wie Jack Bauer (*24*), Jack Shephard (LOST) oder Tony Soprano (THE SOPRANOS) entfaltet sich im Kontrast zu den Inszenierungen von charismatischen Actionhelden der 1980er-Jahre. Die Vermittlung des kontinuierlichen Ausnahmezustands über verkomplizierte Bezugssysteme wie die Zeitisolation des Ticking-Time-Bomb-Szenarios in *24* oder die Raumisolation der Insel in LOST exponiert das tragische Wesen der Figuren korrelativ zur Bloßlegung der Fernsehserie an sich. In der Experimentstruktur der Serie sieht Stanley Cavell den Verhandlungsort von Leid als Ausdruck von Menschlichkeit: „Das Thema lautet: Wie werden Held oder Heldin dies überstehen, den Abgrund der sich plötzlich auftut"[168]. Ein solcher Abgrund, der in traditionellen Fernsehserien meist episodisch überwunden wurde, erfährt in episodenübergreifenden Drama-‚Serials' des Korpus eine drastisch andauernde Dimension, in der Leid und menschliche Ohnmacht bei aller innovativen Formausreizung Bezüge zur aristotelischen Tradition des Tragischen bilden.

Prägend ist die kontinuierliche Grenznähe zum möglichen tragischen Tod der Protagonisten. Auf die Frage, ob die Serienfigur Jack Bauer letztlich den Tod finden würde, konstatiert *24*-Regisseur und Produzent Jon Cassar: „[Because] he is a Shakespearean tragic hero, that [...] almost there's no other way out for a guy like that"[169]. Diese Möglichkeit des Protagonistentodes wird im *24*-Finale deutlich ausgespielt. Einen tatsächlichen erschütternden Tod im Serienfinale erleiden die tragischen Figuren Jack Shephard in LOST und Walter White in BREAKING BAD in fast identischen ikonografischen Kompositionen: Sowohl die letzte BREAKING BAD-

---

[165] Vgl. Peter Sloterdijk: Sendboten der Gewalt. Der Mensch als Werfer und Schütze – zur Metaphysik des Action-Kinos, in: Die Zeit, 30.04.1993, online: http://bit.ly/2DpQKlM; Stand: 06.06.2019.

[166] Zu ‚affective tropes' siehe Corner: Critical Ideas in Television Studies, S. 50.

[167] Vgl. Niklas Luhmann: Gibt es in unserer Gesellschaft noch unverzichtbare Normen?, Heidelberg 1993 – Luhmann bezieht sich auf: Guido Calabresi/Philip Bobbitt: Tragic Choices, New York 1978; William Rasch (Hg.): Tragic Choices. Luhmann on Law and States of Exception, Stuttgart 2008.

[168] Cavell: Die Tatsache des Fernsehens, S. 142

[169] Video „Jack Bauer will never die in 24 says producer", 26.01.2009, online: http://bit.ly/2PZJezB; Stand: 06.06.2019, TC: 0:00:09–0:00:17; Zur philosophischen Einordnung von Jack Bauer als tragische Figur vgl. Snyder: Truth and Illusion in 24; Wijze: Between Hero and Villain.

Einstellung als auch die fünftletzte LOST-Einstellung zeigen den Sterbenden in einer vogelperspektivischen Zoom-out-Bewegung mit einer Wunde an der rechten Bauchseite. Auch THE SOPRANOS suggeriert in seiner berüchtigt ambivalenten Schwarzblende den Tod des Protagonisten. SIX FEET UNDER zeigt in der viertletzten Episode den Tod der Hauptfigur Nate Fisher, wie er bereits zum Ende der ersten Staffel in Aussicht gestellt wurde. Gleichzeitig veranschaulicht die Serie in den finalen sechseinhalb Minuten mit dem Erzählmittel der Prolepse den Tod aller Hauptfiguren, während auch LOST, in einer Parallelmontage zum sterbenden Protagonisten, alle leidgeprüften Aktanten in einem quasireligiösen Jenseitsszenario zusammenführt. In ihrer tragischen Orientierung setzen Qualitätsdramaserien der Post-9/11-Dekade deutliche Akzente einer Refokussierung von Medium und Mensch im Sinne einer massenmedialen ‚conditio humana'.

1.4 *24*, LOST, THE SOPRANOS als Schlüsselserien der Ästhetik der Grenzüberschreitung

Eine zentrale Rolle im Korpus der dramatischen US-Qualitätsfernsehserien der Post-9/11-Dekade und deren Ästhetik der Grenzüberschreitung spielen die Serien *24* (FOX, 2001–2010, Joel Surnow/Robert Cochran), LOST (ABC, 2004–2010, J.J. Abrams/Damon Lindelof/Jeffrey Lieber) und THE SOPRANOS (HBO, 1999–2007, David Chase). Gemäß ihrer hervorstechenden ästhetischen wie popkulturellen Relevanz sollen die drei Shows exemplarisch und mit Berücksichtigung fruchtbarer Forschungsansätze[170] in ihren Grundtendenzen vorgestellt und im Hinblick auf die

---

[170] Ein Großteil der Forschung erfolgte allerdings über Einzelaspekte in Sammelbänden mit verschiedenen fachlichen, oft populärwissenschaftlichen Schwerpunkten. Zu *24* vgl. Dan Burstein: Secrets of 24. The Unauthorized Guide to the Political and Moral Issues Behind TV's Most Riveting Drama, New York 2007; Steven Peacock (Hg.): Reading 24. TV Against the Clock, London/New York 2007; Weed et al.: 24 and Philosophy; Erst 2014 erscheint eine tiefergehende Monografie zu *24*: John McCullough: 24, Detroit 2014; Zu LOST vgl. Nikki Stafford: Finding Lost. The Unofficial Guide, Toronto 2006; Sharon M. Kaye (Hg.): Lost and Philosophy. The Island has its Reasons, Malden 2008; Zu THE SOPRANOS vgl. Glen O. Gabbard: The Psychology of The Sopranos. Love, Death, Desire and Betrayal in America's Favorite Gangster Family, New York 2002; Richard Greene, Peter Vernezze (Hgg.): The Sopranos and Philosophy. I Kill Therefore I Am, Chicago 2004; Maurice Yacowar: The Sopranos on the Couch. The Ultimate Guide, New York/London 2007; David Lavery, Douglas L. Howard, Paul Levinson (Hgg.): The Essential Sopranos Reader, Lexington 2011; Es gibt nur wenige Monografien: Dana Polan: The Sopranos, Durham 2009; Gary R. Edgerton: The Sopranos, Detroit 2013; Erst 2016 erschien ein deutscher Sammelband zu Einzelaspekten der Ästhetik: Claudia Bath, Marlene Sophie Deines, Uwe Durst, Vincent Fröhlich, Sabrina

spezifische Analyse einer Fernsehserienästhetik der Grenzüberschreitung in Gewaltrelation perspektiviert werden.

Die Vorrangstellung der drei Serien umfasst die Ebenen der Finanzen, Quoten und Auszeichnungen. Die Produktionskosten einzelner Episoden liegen bei circa 2 Millionen US-Dollar und erreichen kinoähnliche Dimensionen. Die Pilotfolge von LOST ist mit 10–14 Millionen Dollar die teuerste TV-Episode, die bis zu dem Zeitpunkt produziert wurde[171]. Die entsprechend weitreichende Rezeption macht die Serien zu popkulturellen Massenmythen: Eine Staffel 24 hatte in den USA durchschnittlich 11, 4 Millionen Zuschauer, die erfolgreichste fünfte Staffel 13, 8 Millionen[172]. LOST hatte im Durchschnitt 14, 6 Millionen US-Zuschauer, die Pilotfolge allein 18, 6 Millionen[173]. THE SOPRANOS ist mit durchschnittlich 8, 1 Millionen Zuschauern die bis dahin erfolgreichste Kabelserie[174]. Herausragend ist schließlich die Einordnung der Serien in einen fernsehästhetischen Kanon über Auszeichnungen und Kritikerlob. Zwischen 1999 und 2010 beherrschen die drei Serien beim weltweit wichtigsten Fernsehpreis Emmy die zentrale Kategorie *Outstanding Drama Series*[175]: Nach vier beachtlichen Nominierungen gewinnt 24 den Preis für die fünfte Staffel im Jahr 2006. LOST erhält von 2008 bis 2010 jeweils eine Nominierung und bekommt die Auszeichnung bereits für die erste Staffel im Jahr 2005. THE SOPRANOS sammelt zwischen 1999 und 2007 gleich sieben Nominierungen und gewinnt zweimal, 2004 und 2007. Parallel zum Erfolg bei Preisverleihungen erreichen die Serien bestmögliche Ergebnisse bei der kulturellen Prämierung durch die Kritik: 24 wird vom renommierten *Time Magazine* schon im Erscheinungsjahr 2001 zu den ‚Best Television Events of the Decade' gezählt[176]. THE SOPRANOS erreicht einen beispiellosen Superlativ-Status als ‚greatest television drama ever made'[177].

Maag, Tom Reiss, Kristin Rheinwald (Hgg.): Wie die Sopranos gemacht sind. Zur Poetik einer Fernsehserie, Wiesbaden 2016.

[171] Webseite „Pilot (Lost)", in: Wikipedia. The Free Encyclopedia, 6. Mai 2019, 11:20 UTC, online: http://bit.ly/2Wu8VzQ; Stand: 06.06.2019.

[172] Webseite „24 (TV Series)", in: Wikipedia. The Free Encyclopedia, 31. Mai 2019, 08:09 UTC, online: http://bit.ly/2WyqL4B; Stand: 06.06.2019.

[173] Webseite „Lost (TV Series)", in: Wikipedia. The Free Encyclopedia, 6. Juni 2019, 03:01 UTC, online: http://bit.ly/2MQX8aD; Stand: 06.06.2019.

[174] Webseite „The Sopranos", in: Wikipedia. The Free Encyclopedia, 2. Juni 2019, 02:16 UTC, online: http://bit.ly/2F1a6Mh; Stand: 06.06.2019.

[175] Webseite „Primetime Emmy Award for Outstanding Drama Series", in: Wikipedia. The Free Encyclopedia, 26. April 2019, 01:24 UTC, online: http://bit.ly/2ZfknfE; Stand: 06.06.2019.

[176] Vgl. Peacock: Reading 24.

[177] Vgl. Robin Nelson: Quality Television. The Sopranos is the best Television Drama ever… in my humble opinion…, in: Critical Studies in Television. Scholarly Studies in Small Screen Fictions 1, 2006, S. 58–71; Patterson: Move Over Hollywood.

24, LOST und THE SOPRANOS entfalten ihre Extremästhetik in markanter Relation zum Ausnahmeereignis des 11. September. Der Status von *24* als ultimative Post-9/11-Serie[178] gründet auf dem zeitlich nächsten Ausstrahlungsbeginn am 6. November 2001. LOST beginnt drei Jahre später am 22. September 2004. Mehr als bemerkenswert ist, dass beide Serien nur um einen Tag versetzt enden – LOST am 23.05.2010 und *24* am 24.05.2010 – und darin nicht nur ihre Nähe anzeigen, sondern auch einen relativen Endpunkt der Verarbeitung des 11. September markieren. THE SOPRANOS, gestartet am 10. Januar 1999, verteilt sich auf einen mehrjährigen Zeitraum vor und nach dem 11. September, wobei die Serie ab dem 15. September 2002 mit dem Beginn der vierten Staffel direkten Bezug auf das Extremereignis nimmt.

Obwohl die Pilotfolge zu *24* einige Monate vor 9/11 abgedreht war, korreliert die Polit- und Agententhriller-Serie umfassend mit dem Ausnahmemoment der Fernsehübertragung. Der Bezug auf den 11. September erfolgt sowohl thematisch über den Plot der Terrorbekämpfung, der markant mit einer Flugzeugentführung beginnt, wie auch formal über eine Intensität der (Gewalt-)Darstellung, die sich über eine televisuelle Formausreizung und Instrumentalisierung fernsehspezifischer ‚liveness' ausrichtet. Die Erzählweise, die über die Basisfaktoren der Echtzeit bzw. Zeitnot[179] und des Split-Screen[180] gezielt Ticking-Time-Bomb-Szenarien aneinanderreiht, erwirkt eine Rezeptionssituation der ständigen Anspannung und Erschütterung[181]. Die Permanenz des Notstands in *24* lässt sich als beispiellose Serialisierung des „symbolischen Schock[s]"[182] und der nachfolgenden Kriegssituation perspektivieren.

Die Mystery-Adventure-Serie LOST, die ebenfalls zur Echtzeit-Intensität tendiert, postfiguriert die ‚Urszene' des 11. September in einem Flugzeugabsturz auf einer Insel. Der Absturz erfolgt, über eine deutliche Ähnlichkeitsbeziehung zum 11. September, am zweiundzwanzigsten Neunten und entwickelt im fiktionalen Isolationsmodell der Robinsonade

---

[178] Vgl. Anne Caldwell, Samuel A. Chambers: 24 after 9/11. The American State of Exception, in: Steven Peacock (Hg.): Reading 24. TV Against the Clock, London/New York 2007, S. 97–108; Cinnamon Stillwell: 24. Television for a Post-9/11 World, in: San Francisco Chronicle, 31.01.2007, online: http://bit.ly/2QTgSs4; Stand: 06.06.2019; Koch: Zur Ökologie der Angst in der US-amerikanischen Fernsehserie 24, S. 99–101.

[179] Vgl. u. a. Schabacher: 24 und das Regime der Echtzeit; Furby: The Demands 24's Real-Time Format Makes on its Audience; Koch: Zur Ökologie der Angst in der US-amerikanischen Fernsehserie 24.

[180] Vgl. Deborah Jermyn: Reasons to Split up. Interactivity, Realism and the Multiple-Image Screens in 24, in: Steven Peacock (Hg.): Reading 24. TV Against the Clock, London/New York 2007, S. 50.

[181] Vgl. Koch: Zur Ökologie der Angst in der US-amerikanischen Fernsehserie 24.

[182] Baudrillard: Der Geist des Terrorismus, S. 14.

mit einer Gruppe Überlebender gleichermaßen ein serielles Modell des Ausnahmezustands sowie ein gesellschaftsparabolisches Konzept der Restitution. Die HBO-Mafia-Familienserie THE SOPRANOS entwirft bereits in den drei Staffeln vor dem 11. September ein grenzüberschreitendes Gesellschaftsmodell, das eine 9/11-Verarbeitung prädestiniert. Ab der vierten Staffel markiert THE SOPRANOS die Zäsur für die seriell gewöhnten Augen, indem sie die charakteristische Aufnahme des World Trade Center aus der Titelsequenz entfernt und so durch einen Bruch im typisch amerikanischen Stadtpanorama von New Jersey das „Verschwinden als Symbol"[183] veranschaulicht. Weiterhin erreicht die Serie in ihren letzten Staffeln in Bezug zum 11. September und dem Krieg gegen den Terrorismus eine zunehmend existenzielle Thematik der Sinnkrise, die sie über einen düsteren, körnigen, selbstreflexiven Look amplifiziert. Zum Ende einer Therapiestunde, in der Tony Soprano mit Tränen in den Augen seine Probleme aufzählt, fungiert die Problematik um den 11. September als Höhepunkt: „This 9/11 shit, [...] the shit that's going on everywhere"[184] nimmt entscheidenden Anteil an den Depressionen des Mafiabosses und verschärft damit die symbolische Ebene der Serie als Reflexionsmodell der US-Gesellschaft.

24, LOST und THE SOPRANOS forcieren eine TV-Serienästhetik der Grenzüberschreitung, die Parameter einer fernsehkonventionellen Formatierung und illusionistischen Fiktionalgestaltung überdehnt und innerhalb des elementaren Spannungsfelds der segmentierten Fernsehdarstellung gemäß den Kategorien von Zeit und Raum bzw. Alltagszeit und familiärem Zuhause ein Desorientierungs- und Bedrohungspotential herauskehrt, das mit der Erschütterung der Darstellung und Rezeption am 11. September korreliert, und sich entsprechend zum Ausnahmezustand steigert. Im Zuge einer televisuell-seriellen Verschärfung des Action-Thriller-Formats entfaltet *24* als schockgeprägte Terrorismusnarration ein erschüttertes Zeit-Raum-Figur-Bezugssystem über Zeitnot, Bedrohungsräume und drastische Figurenkonfrontationen. Die Fragmentierung des Darstellungsraums korreliert mit der gewaltsamen Implosion der Ebenen des Politischen und Privaten. Gleich die erste Staffel verbindet einen Plot um ein Attentat auf den US-Präsidenten mit der Entführung der Familie des Protagonisten Jack Bauer. Die drastische Desorientierung des narrativen Bezugssystems in *24* wird zu Beginn des zweiten Hauptteils ausführlich untersucht *(II.1)*.

Die Erschütterung der Orientierung im Bruch mit einer Zeichenordnung zeigt sich auch in LOST. Als grenzüberschreitendes Mystery-Action-Adventure-Format mit einer Cast-Größe von vierzehn Hauptfi-

---

[183] Ebd., S. 43.
[184] THE SOPRANOS, Episode 04x10, TC: 0:13:20–0:13:24.

guren, die im Familienbezug analeptisch als gescheiterte Kinder inszeniert werden, trägt die Serie den Verlust einer vertrauten Einheit explizit im Titel: Durch eine radikal reduzierte Titelsequenz mit vier weißen Buchstaben vor schwarzem Hintergrund wird Verlorenheit zur televisuellen Signatur[185] und öffnet eine elementare Leerstelle in Bezug zur Zuschauerrealität. In labyrinthischer Erzählstruktur erweitert die Serie den exotischen Handlungsort räumlich durch fantastische Elemente, die bereits Gezeigtes neu konstituieren, und zeitlich über die Stilmittel der Rückblende, Vorausblende und Zeitreise[186]. Das komplexe Zeichensystem umkreist den Kern der Gewalt. Die leitmotivische Zahlenformel ‚4 8 15 16 23 42' serialisiert ein Weltuntergangsmodell, das sich in der zweiten Staffel in einer Forschungsstation konzentriert, die eine kontinuierliche Code-Eingabe erforderlich macht, um die Welt zu retten. Das Modell bespiegelt die Situation des Fernsehzuschauers, der mit seiner Fernbedienung die Serienwelt am Abgrund immer wieder fortsetzt.

Die Kombinierbarkeit der Zeichen im Gewaltbezug erfolgt über eine intertextuelle Weite. Basierend auf der Zusammenführung der Konzepte des Spielfilms CAST AWAY (2000, Robert Zemeckis) und der Reality-TV-Show SURVIVOR (CBS, 2000–, Charlie Parsons) durch den Sender ABC erweitert die Serie den Handlungskern des archaischen Überlebenskampfs über den Verweis auf die Fernsehserie GILLIGAN'S ISLAND (CBS, 1964–1967, Sherwood Schwartz) sowie auf die literarischen Vorbilder *Robinson Crusoe* von Daniel Defoe und *Lord of The Flies* von William Golding. Über die intertextuelle Grenzöffnung zu den Kinderbüchern *Alice's Adventures in Wonderland* von Lewis Carroll und *The Wonderful Wizard of Oz* von L. Frank Baum potenziert die Show ihr grundlegendes Szenario des Heimatverlusts und des Wunsches der Heimkehr. Über die intertextuelle Orientierungssuche erprobt LOST eine Überschreitungsästhetik konventionell gesicherter Mediensemiotik im Angesicht der Komplexität der Post-9/11-Ära.

Die Ausreizung eines televisuellen Ausdrucks gegenüber einer traditionellen Zeichenordnung prägt auch die Kabelserie THE SOPRANOS. Nachdem die Mafiaserie vom öffentlichen Network ABC abgelehnt wurde, entwickelt sich die Serie zum Vorreiter einer markanten Serienästhetik der Grenzüberschreitung des Kabelsenders HBO in Bezug auf die unzensierte Darstellung von Gewalt, Sex und Sprache. Mit seiner Intensität erhält die Show vom US-Kritiker Lee Siegel die Marke des „verstörendsten

---

[185] Zum ökonomisch-ästhetischen Begriff des „marquee/signature television" siehe Caldwell: Televisuality, S. 14 f.

[186] Zur Zeitlichkeit in LOST vgl. Gabriele Schabacher: When Am I. Zeitlichkeit in der US-Serie Lost Teil 1 u. Teil 2, in: Arno Meteling, Isabell Otto, Gabriele Schabacher (Hgg.): Previously On… Zur Ästhetik der Zeitlichkeit neuerer TV-Serien, München 2010, S. 207–229, 259–276.

Schauspiel[s], das je im Fernsehen gezeigt wurde"[187]. Über das Kino-Vorbild der Mafiafamilie gestaltet die Serie eine für das Fernsehen einzigartige Zusammenführung der entgegengesetzten Genres der Familien- und Kriminalserie, so dass die spannungsreiche Trennung von innerer Sicherheit[188] und äußerer Bedrohung[189] dekonstruiert wird. Die Schwere einer Grenzüberschreitung dieses fernseh(serien)konstitutiven Spannungsverhältnisses lässt sich anhand der grundlegenden Orientierung von Knut Hickethier antizipieren:

> „Krimi- und Familiengenre [...] sind [als Grundpfeiler der Fernsehgeschichte] aufeinander bezogen: Schildert das Krimigenre die Gefährdungen des Menschen im Außen der Gesellschaft und begegnet ihnen vorrangig mit polizeilichen Mitteln, so thematisiert das Familiengenre das Innen und versucht, die Gefährdungen des Einzelnen durch Rückbindung in die Familie auszuschalten und eine harmonische Welt herzustellen"[190].

Die maximale Implosion der Familie zur Verbrecherbande ereignet sich auch pointiert in *24*. Ausgerechnet die Anti-Terror-Koryphäe Jack Bauer erfährt in der sechsten Staffel, dass sein Vater und sein Bruder Terroristen sind. In THE SOPRANOS wird der zentrale Orientierungspunkt der Identifikation, im Gegensatz zu einem konventionell parasozialen Serienmodell[191], drastisch herausgefordert, weil die Protagonisten der Serie größtenteils Schwerverbrecher sind und die Hauptfigur Tony Soprano gleichzeitig als Familienvater und Mafiaboss agiert[192]. Gegenüber der Kino-Narration, die sich auf bestimmte Charakterzüge und dramatische Orientierungspunkte stärker festlegen muss, generiert THE SOPRANOS einen televisuell-seriellen Freiraum, der über Rückblenden und (pseudo-)therapeutische Kommunikation des Vergangenen und Zukünftigen eine komplexe Figurenzeichnung zwischen Gut und Böse ermöglicht[193]. Die gezielte Irritation formaler Konventionen bis zur Auflösung einer Moralstruktur markiert über den grundlegenden TV-Parameter der Familie die Zerrüttung des US-amerikanischen Zuhauses. Über das aristotelische

---

[187] Lee Siegel: Das Abstoßende kann sehr anziehend sein. Über Gewalt, Amerika und Die Sopranos, in: Merkur 6, 2005, S. 486.
[188] Vgl. Schneider: Das Fernsehen – ein Mythenproduzent?, S. 10.
[189] Vgl. Cavell: Die Tatsache des Fernsehens, S. 161 f.
[190] Hickethier: Die Fernsehserie und das Serielle des Fernsehens, S. 39.
[191] Vgl. Mikos: Fernsehserien, S. 14; Horton/Wohl: Massenkommunikation und parasoziale Interaktion, S. 74–104.
[192] Vgl. Annekatrin Bock: Family Values. The Sopranos und die neue Ära der Krimi- und Familienserie, in: Sascha Seiler (Hg.): Was Bisher Geschah. Serielles Erzählen im zeitgenössischen amerikanischen Fernsehen, Köln 2008, S. 162.
[193] Vgl. Martha P. Nochimson: Tony's Options. The Sopranos and the Televisuality of the Gangster Genre, in: Senses of Cinema 29, 2003, online: http://bit.ly/2NueyJU; Stand: 06.06.2019.

„schwere Leid innerhalb von Naheverhältnissen"[194] öffnet sich die Drastik des Tragischen.

Die TV-Serienästhetik der Grenzüberschreitung betrifft besonders in 24, LOST und THE SOPRANOS die Auslotung und Reflexivität des Spannungsfelds von Fakt und Fiktion im Gewaltbezug, gerade auch in Relation zur Irritation des 11. September. Die Mafiaserie THE SOPRANOS oszilliert gezielt zwischen realistischen und fantastischen Elementen. Zum einen nähert sich die Show mit detaillierten Abbildungen im nüchternen Setting der Stadt New Jersey einer authentischen Vermittlung in der Tradition des literarischen Realismus und Naturalismus[195]. Zum anderen entfaltet die Sendung eine fantastische Darstellung, die besonders in den Träumen der Hauptfigur Tony Soprano eine surrealistische Stilisierung annimmt. Die Intensität eines Spiels der Ebenen zwischen Fakt und Fiktion in Bezug zur Gewalt kulminiert infolge einer serienübergreifenden Traumreihung in der zweiten Episode der letzten Staffel. Nach dem extremen Cliffhanger einer schweren Schussverletzung des Protagonisten durch seinen Onkel beginnt die Folge direkt nach dem Vorspann mit einer Koma-Traumsequenz, die Tony als Geschäftsmann in einem Hotel zeigt[196]. Die Scheinwelt erfährt merkliche Irritationen über selbstreflexive Akzente, die einen grellen Überschuss markieren. Erst erscheinen innerhalb eines spiegelnden Fernsehmonitors lodernde Waldbrände mit der Signatur eines faktualen Nachrichtenberichts. Daraufhin legt das bildflutende Taschenlampenlicht eines Arztes den Blick frei auf die diegetische Realität des Protagonisten auf dem Krankenhausbett. Doch die Serie bleibt nur vier Minuten auf der irritierten Haupterzählebene, die im Ausnahmeraum des Krankenhauses grell ausgeleuchtet ist[197]. Die Show wechselt zurück in die Traumsequenz und zeigt sie äquivalent für ebenfalls vier Minuten bis sie durch einen Sturz unterbrochen wird[198]. Der Wechsel der Diskursebenen durchzieht die gesamte Episode und reflektiert das fernsehspezifische Spannungsfeld der Sendeformen. In symmetrischer Konstellation zum Anfang mündet die Episode in eine telefonische Kontaktaufnahme durch den Träumer. Der Kontaktversuch wird abgebrochen, doch durch die anknüpfende Schwarzblende in den Nachspann reicht die Serie medienreflexiv in die Realität des Zuschauers[199].

---

[194] Aristoteles: Poetik, Stuttgart 2001, S. 43.
[195] Vgl. Jason Jacobs: Violence and Therapy in The Sopranos, in: Michael Hammond, Lucy Mazdon (Hgg.): The Contemporary Television Series, Edinburgh 2005, S. 144.
[196] THE SOPRANOS, Episode 06x02, TC: 0:00:00–0:10:52.
[197] Ebd., TC: 0:10:52–0:14:50.
[198] Ebd., TC: 0:14:50–0:18:45.
[199] Ebd., TC: 0:48:53–0:51:47.

Das Spannungsfeld von Fakt und Fiktion im Gewaltbezug erreicht eine besondere Brisanz durch transmediale Strategien. LOST maximiert die unsichere Rezeptionssituation des dauernden Rätselns, indem es sie über virale Marktkampagnen im Rahmen der sogenannten ‚Lost Experience' auf faktual orientierte Medien und Formen ausweitet, denen Sascha Seiler den Status eines Paratextes zuschreibt[200]. Als besonders effizientes Verfahren einer Fakt-Fiktion-Irritation erweist sich der Einsatz pseudoauthentischer Mockumentaries in (Internet-)Videos, die medial an die TV-Seriengattung angrenzen. Der DVD-Bonusfilm *The Oceanic Six. A Conspiracy of Lies*[201] erhöht den Realitätseffekt des mysteriösen Seriengeschehens sowohl durch unzuverlässige Figurenrede als auch durch den Bezug auf die massenmediale Nachrichtenkonstruktion. Die fünfteilige Webserie *Mysteries of the Universe. The Dharma Initiative*[202] authentifiziert die fantastische Handlung der Serie durch einen fernsehhistorischen Rückbezug auf das Genre des Mystery-Magazins der 1970er-Jahre, indem es dessen videografisch verwaschene Bildprägung übernimmt und die Sendung mit einem alten Original-Logo des verantwortlichen Fernsehsenders ABC einleitet. Darüber hinaus umfasst die Strategie der transmedialen Faktizitätspotenzierung auch Zeitungen, Webseiten und Videospiele. Über die brisante Grenznähe zwischen Fakt und Fiktion, die Seiler am Beispiel von Zeitungsannoncen zum fiktiven Buch *Bad Twin* ausführt, lässt sich ein deutlicher Bezug zum Irritationsmoment des 11. September herstellen: „Durch das unkommentierte Eindringen des fiktiven Lost-Universums in unsere reale Welt anhand eines realen Mediums – weit verbreitete, überregionale Zeitungen – verschwimmt für einen Moment die Grenze zwischen Realität und Fiktion"[203].

Die Wechselwirkung der Darstellungsebenen in Bezug zum 11. September erreicht einen Höhepunkt in *24*. Neben transmedialen Verfahren erreicht die Action-Thriller-Serie diegetisch eine hervorstechende Intensität durch die radikale Stilisierung der ‚liveness'-Konstruktion des Fernsehens[204]. In einem historischen Rückbezug auf die ersten seriellen Fernsehdramen, die ‚live' übertragen wurden, bewegt sich die Serie zwischen einer doku-dramatischen Formtreue, die bis zur Serialisierung von Kos-

---

[200] Vgl. Sasha Seiler: Previously on Lost. Die Erfindung des Paratextes in der Fernsehserie Lost, in: Ders. (Hg.): Was bisher geschah. Serielles Erzählen im zeitgenössischen amerikanischen Fernsehen, Köln 2008, S. 40–53.
[201] Video „Der Schwur der Oceanic Sechs. Ein Netz aus Lügen", in: Lost. Die Komplette Vierte Staffel DVD, Disc 6.
[202] Video „Geheimnisse des Universums", in: Lost. Die Komplette Fünfte Staffel DVD, Disc 5.
[203] Seiler: Die Erfindung des Paratextes in der Fernsehserie Lost, S. 45.
[204] Für Basisakzente der ‚Live'-Stilistik in 24 vgl. Peacock: Reading 24; Zentral sind die Beiträge in Part 1, S. 13–72, speziell: Furby: The Demands 24's Real-Time Format Makes on its Audience.

tüm und Maske reicht, und einer dramaturgischen Zuspitzung der ‚Live-TV'-Prägung in Ticking-Time-Bomb-Szenarien. Die Fakt-Fiktion-Reibung reicht bis ins Spannungsfeld zwischen Natur und Medium und prägt sämtliche Phänomene der Serie, wie diese Arbeit akribisch erforscht.

Die offene Formenvielfalt der drei Serien zwischen Fakt und Fiktion betrifft maßgeblich die Darstellung von Gewalt. Die duale Konfliktstruktur in *24* (Agenten vs. Terroristen) und LOST (Gestrandete vs. ‚The Others') korrespondiert deutlich mit dramatischen Konfrontationsmustern faktualer Kriegs- und Terrorberichte, die ihrerseits auf ein US-mythologisches Dualitätskonzept guter Gewalt gegenüber einem Anderen rekurrieren[205]. Darüber hinaus zeigt sich die Grenzüberschreitung einer polaren Ordnung zu einem Strukturprinzip allseitiger Offenheit, das in Bezug zur faktualen Bilderlosigkeit des terroristischen Feindes[206], totale Konspiration bedeutet, die in der wechselseitig kontinuierlichen Interpretationspflicht von Informationen (*24*), Rätseln (LOST) und Abmachungen (THE SOPRANOS) zur Reversibilität von Feind- und Freundbildern führt, den Überlebenstrieb zur Handlungsmaxime der Protagonisten macht und eine Gewaltkommunikation wie die der Folter in den Mittelpunkt rückt. Mit maximaler Spannung gestaltet die Mafiaserie THE SOPRANOS das Prinzip einer unberechenbaren Gewalt vornehmlich über familiäre Konspirationen. Daneben dient das diskursiv prominente Feindbild des Terrorismus als Teil einer progressiven Auseinandersetzung mit den Inszenierungsweisen von Gewalt. Ironisch gebrochen erscheint der Perspektivwechsel vom altbekannten Gangster zum gefährlichen Terroristen über den Werdegang der Figur des FBI-Agenten Dwight Harris, der zu Beginn der abschließenden sechsten Staffel von seinem staffelübergreifenden Auftrag, Tony zu beschatten, abgezogen wird und sich nunmehr der Terrorbekämpfung widmet.

Eine existenzielle Schärfe der faktual reflexiven Gewaltproblematik nach 9/11 ergibt sich in THE SOPRANOS zum Ende der letzten Staffel. Reflexionspunkt sind Depressionen von Anthony Jr., dem Sohn des Mafia-Patriarchen Tony Soprano. Im Gegensatz zu einer spektakulären Terror-Inszenierung ist Anthonys Selbstmordversuch im naturalistischen Duktus visuell und akustisch reduziert und kippt sogar ins Komische. Vorbereitet wird der Einschnitt mit fernsehreflexivem Bewusstsein im Angesicht von Terror-Übertragungen[207]: In der drittletzten Folge der Serie erfolgt zwischen Anthony und Schwester Meadow ein grenzüberschreitender Dialog, der die gattungsspezifisch kommunizierten Phänomene der familiären und partnerschaftlichen Beziehung gezielt aufbricht durch die aktuelle

---

[205] Zur Post-9/11-Dualität vgl. Kleinsteuber: Terrorismus und Feindbilder, S. 219.
[206] Vgl. ebd., S. 214.
[207] THE SOPRANOS, Episode 06x19, TC: 0:15:50–0:23:12.

Problematik des Terrorismus. Im formal etablierten Schuss-Gegenschuss-Verfahren folgt direkt auf Meadows persönlich angelegten Trostversuch, dass auch ihre Trennung viele Tränen gekostet habe, Anthony's global umfassende Frage „You realize we're gonna bomb Iran?". Kurz darauf entsteht eine medienreflexive Akzentuierung der faktualen Gewaltproblematik, als Anthony seinen Laptop mit der Webseite des arabischen Fernsehsenders Al Jazeera öffnet und diese ein Foto des amtierenden US-Präsidenten George W. Bush enthält. Angesichts des Terrorkonflikts reflektiert das US-Fernsehen über den intermedialen Grenzgang zum Internetcomputer seine globale Grenzverschiebung zu einem Gegenüber.

Eine ungekannte Brisanz der Fernsehgewalt zwischen Fakt und Fiktion zeigt sich am Extrem der Folter. Die besonders in 24 und LOST serialisierte Überschreitung rechtsstaatlicher Strukturen über die Verquickung realitätsnaher und stilisierender Mittel bildet einen wichtigen Bestandteil im Diskurs der Folter. Schwerpunkt der Kontroverse ist die Reichweite der Fernsehserien bis in die Kriegspraxis[208]. Verantwortliche des US-Militärs und Vertreter der Menschenrechtsorganisation Human Rights First appellieren im November 2006 an die Produzenten der Sendungen 24 und LOST, die Härte der Folterszenen abzuschwächen, da sie Auswirkungen auf die US-amerikanischen Truppen und den Ruf Amerikas haben[209]. 24, das über faktuale Effekte eine brisante Selbstjustiz im Credo „Whatever it Takes" konzentriert, erfährt eine kritische Einordnung durch David Danzig, den Manager von Human Rights First:

> „When I first talked to a colonel at West Point about this, he said, „Oh, my god! ‚24' is one of the biggest problems I have in teaching my classes. Everybody wants to be like Jack Bauer. They all think

---

[208] Kernbeiträge der Fernsehfolterdebatte: Jane Mayer: Whatever it Takes. The Politics of the Man behind 24, in: The New Yorker, 19.02.2007, online: http://bit.ly/1wdSZMZ; Stand: 06.06.2019; Judith Arnold: Auf die Folter gespannt. Facts und Fiction der US-Serie 24, in: Medienheft 31, 2007, S. 1–11, online: http://bit.ly/2SLZg22; Stand: 06.06.2019; Matt D. Semel: 24 and the Efficacy of Torture, in: Journal of Criminal Justice and Popular Culture 15.3, 2008, S. 312–328, online: http://bit.ly/2qzcMcl; Stand: 06.06.2019; Bev Clucas: 24 and Torture, in: Bev Clucas, Gerry Johnstone, Tony Ward (Hgg.): Torture. Moral Absolutes and Ambiguities, Baden-Baden 2009, S. 176–202; Isabel Pinedo: Tortured Logic. Entertainment and the Spectacle of Deliberately Inflicted Pain in 24 and Battlestar Galactica, in: Jump Cut – A Review of Contemporary Media 52, 2010, online: http://bit.ly/2RBdpOf; Stand: 06.06.2019.

[209] Vgl. Martin Miller: 24 and Lost get Symposium on Torture, in: The Seattle Times, 14. Februar 2007, online: http://bit.ly/2CEx6QB; Stand: 06.06.2019.

that it may be possible or there are times when you should have to cross the line"[210].

Die Situierung der Fernsehseriendarstellung zwischen Fakt und Fiktion, die im Zitat an den explizit artikulierten Akt einer Grenzüberschreitung gekoppelt wird, fordert die Rezeption heraus, so dass eine ästhetische Orientierung besondere Relevanz bekommt. Hauptdarsteller Kiefer Sutherland betont den Stellenwert der dramaturgischen Konstruktion:

> „'I always have to remind people of this. We're making a television programme. We're utilising certain devices for drama. And it's good drama. And I love this drama! As an actor I have had an absolute blast doing it. You sit in a room and put a gun to a guy's knee and say, ‚Tell me!'. Oh, you feel so amazing after that! But I know it's not real. The other actor certainly knows it's not real. And up until a year ago, everybody else knew it wasn't real'"[211].

Auch LOST konzentriert eine Ästhetik der Grenzüberschreitung im Element der Folter. Ausgehend von der Bilderlosigkeit des terroristischen Feindes konstruiert die Serie einen absoluten Dualismus gegenüber der markant ausgegrenzten Gruppe der ‚Anderen', den sie dann kontinuierlich dekonstruiert. Angesichts eines Stunde Null-Szenarios nimmt die Folter gleichermaßen die Funktion eines kriegerischen, utilitaristischen und restituierenden Mittels gegenüber den ‚Anderen' und innerhalb der Gruppe ein. Die popkulturell markante Setzung der Tortur als ehemaliges Berufsfeld des irakischen Protagonisten Sayid Jarrah entwickelt sich zum Reflexionsmodell von Extremhandlung und Reue.

Ein Höchstmaß ihres ästhetischen Potentials erreichen 24, LOST und THE SOPRANOS in der Reflexivität ihrer Darstellung. Eingespeist sind hier Reflexionen der Darstellungsirritation des 11. September, auch im Sinne einer (Re-)Definition des televisuellen Dispositivs. 24 entfaltet eine reflexive Vermittlung über eine intermediale Signalkette von Informationen im Daten- und Personenverkehr. Die klimaktische Folter figuriert dabei den Menschen gewissermaßen als letztes Medium und exponiert so eine Materialität, die schmerzhaft in den Alltag des Zuschauers verweist. Entgegen den Vorwürfen einer achtlosen Verwischung der Diskursebenen beginnt die ästhetische Orientierung der grenzüberschreitenden Kommunikation in 24 bereits in der fünften Folge, gleich im ersten Verhör durch Jack Bauer über eine betonte fiktionale Spiegelrahmung[212]. Dementsprechend akzentuiert LOST die Konstruiertheit des feindlichen Anderen im

---

[210] Webseite „Is Torture On Hit Fox TV show 24 encouraging US soldiers to abuse detainees?", in: Democracy Now. The War and Peace Report, 22.02.2007, online: http://bit.ly/2OILmeE; Stand: 06.06.2019.

[211] Decca Aitkenhead: One Hour with Kiefer Sutherland, in: The Guardian, 02.02.2009, online: http://bit.ly/2I5hiay; Stand: 06.06.2019.

[212] 24, Episode 01x05, TC: 0:17:19–0:17:38.

ästhetischen Spiel, indem die vermeintliche Wildheit der ‚Others' im Finale der zweiten Staffel als Maskerade entlarvt wird[213]. Im Gesamtzusammenhang reflektiert LOST seine eigene Konstruktion, fordert den Zuschauer zum ständigen Perspektivwechsel heraus und reflektiert darin auch den fernsehspezifischen Orientierungsverlust durch den 11. September. Der Wegfall eines vertrauten Halts und die Bewegung zu einer kontinuierlichen Variation und Umkehrung überschreitet illusionistische Tendenzen und eröffnet das Wesen fiktionaler und serieller Darstellung – die Verlorenheit im Serientitel wird zur ästhetischen Rezeptionssituation. Die Annäherung an einen fiktionalen Realitätsschein zeigt sich auch in THE SOPRANOS, das auf traditionellen Formen ästhetischer Reflexivität aufbaut und das Beobachten einer Szenerie in doku-dramatischer Ausrichtung in den Fokus bringt. Dem schnellen TV-Signal setzt das Format mehrfach langsames Werden und Verschwinden gegenüber, das sich in den Schlussszenen der Episoden konzentriert, die in den schwarzen Nachspann überblenden. Die akzentuierte Ästhetik integriert Ansätze einer medialen Reorientierung nach dem 11. September[214].

In reflexiver Ausrichtung umkreisen 24, LOST und THE SOPRANOS in besonderem Maße den Extrempunkt des Todes. Dabei etablieren die drei Dramaserien ein Spannungsfeld zwischen einer serialisierten Action-Ästhetik und einer selbstreflexiven und tragischen Akzentuierung konventionell unüblicher Protagonistentode. 24 zeigt in acht Staffeln, die nur acht Tage umfassen, zum einen die radikale Todesfrequenz von 268[215] und akzentuiert zum anderen die Drastik des Todes, etwa durch die televisuellen Andachtakzente der ‚silent clock'[216]. Die erste einschneidende Vermittlung eines tragischen Todes, die den drastischen Serienverlauf maßgeblich beeinflusst, ist der Tod von Teri Bauer, der Ehefrau des Protagonisten, der die Totalnegation eines Happy Ends geradezu als Serienprogramm für die künftigen Staffeln manifestiert[217]. Entsprechend endet die Serie LOST, die den Tod vieler zentraler Aktanten zeigt, mit dem werkstrukturell hervorstechenden Ableben des Protagonisten Jack Shephard und versammelt in einer abschließenden Ausnahmesetzung tatsächlich alle Hauptfiguren der Serie in einem Jenseitsszenario. Eine besondere tragische Härte erreicht der Tod in THE SOPRANOS mit der Ermordung be-

---

[213] LOST, Episode 02x24, TC: 0:21:11–0:22:01.
[214] Beachtlich sind Parallelen der kontemplativen Ästhetik zu Roland Barthes' fotografischer ‚Punctum'-Technik, die Jean Baudrillard als neuen visuellen Ausdruck im Sinne einer symbolischen Erneuerung nach dem 11. September anvisierte – Baudrillard: Der Geist des Terrorismus, S. 48f.
[215] Webseite „On-screen kills by Jack Bauer", in: http://bit.ly/2NCCefm; Stand: 06.06.2019.
[216] Zum Einsatz der ‚silent clock' in 24 vgl. Webseite „Silent clock", online: http://bit.ly/2ViIYir; Stand: 06.06.2019.
[217] 24, Episode 01x24, TC: 0:41:21–0:41:39.

freundeter und verwandter Hauptfiguren durch den Protagonisten Tony Soprano, womit gemäß der aristotelischen Dramadefinition das „schwere Leid innerhalb von Naheverhältnissen"[218] erfahrbar wird. THE SOPRANOS nähert sich dem Tod besonders in den letzten Staffeln mit einer existenziellen Schwere über die oben geschilderten Szenarien des Selbstmordversuchs, der Nahtoderfahrung und der Sinnkrise. Als medienreflexiver Höhepunkt bleibt der Tod bis zum allerletzten Moment der Serie eine Leerstelle zwischen Tonys Blick und einem schwarzen Bildschirm. Die dramaserielle Grenzüberschreitung der Form reicht bis zu ihrer Negation.

---

[218] Aristoteles: Poetik, S. 43.

2. Formen der Grenzüberschreitung in US-Qualitätsdramaserien der Post-9/11-Dekade

Das zweite Kapitel will wichtige formale Tendenzen einer Ästhetik der Grenzüberschreitung in *24* und anderen US-Qualitätsdramaserien der Post-9/11-Dekade theoretisch und analytisch annähern. Das Kernphänomen dramaserieller Drastik, das sich in *24* und im Rahmen einer Action-Prägung und Network-Situierung besonders verdichtet, soll über die Schwerpunkte der Intensität und Reflexivität erschlossen werden. Im Fokus stehen vier Formkategorien: Das Spektakel *(I.2.1)*, das Spannungsfeld zwischen Fakt und Fiktion *(I.2.2)*, die Serialität *(I.2.3)* und die Selbstreflexivität *(I.2.4)*. Die Einordnung fernsehseriell grenzüberschreitender Formausprägungen erfolgt über den zielführenden Einsatz verstreuter Theoriegrundlagen, über die perspektivische Erweiterung neuer Forschungsergebnisse, über die praxisorientierte Auswertung von Produktionsberichten sowie in entscheidendem Maße über pointierte Formanalysen. Die formale Untersuchung konzentriert sich auf die Action-Thriller-Serie *24* und soll als Grundlage für die ausführliche Analyse der Gewaltästhetik der Serie in Hauptteil II dienen. Der mit *24* verfolgte Fokus auf die intensive Erzählrhythmik der Network-Actionserien soll über Formanalysen zur Mystery-Serie LOST deutlicher zum Ausdruck kommen. Im Bereich der Kabelserien rücken die Kriminalserien THE SOPRANOS und THE WIRE in den Vordergrund der Untersuchung.

Bei der Erörterung einer TV-Serienästhetik der Grenzüberschreitung soll deutlich werden, inwiefern *24* und andere Dramaserien des Korpus *(I.1.3)* im Kernbezug drastischer Gewalt das formale Spannungsfeld des Fernsehmediums und das ästhetische Spektrum der Fernsehseriengattung dramaturgisch überspitzen und formreflexiv offenlegen und sich darüber auch im 9/11-Diskurs positionieren. Bei aller Anerkennung der ästhetischen Eigenwerte der Korpusserien, ist eine systematische Annäherung an formale Tendenzen im Fall der ökonomisch, medial und popkulturell durch Muster geprägten Fernsehseriengattung nicht nur folgerichtig, sondern in besonderem Maße zielführend, sowohl im Hinblick auf die Analyse einer einzelnen Fernsehserie wie *24* als auch für das Verständnis der kulturellen Bedeutung der Fernsehserien.

Gerade vor der Herausforderung einer angemessenen Repräsentation extremer, terrorzentrierter Inhalte überschreiten Dramaserien, besonders im Network-Rahmen mit actionreicher Kriminal- und Mystery-Genre-Prägung, eine traditionell moderate TV-Darstellung und erreichen einen Grenzbereich zwischen der Intensivierung schematischer Fernsehstrukturen und dem Überschuss und Reflexionspotential der Form. So entsteht eine fiktional-dramaturgische Weiterentwicklung der formreflexiven Ausrichtung der ‚Televisuality'[1]. Über vier Teilkapitel soll gezeigt werden, wie die ausgewählten Fernsehserien die Grenznähe spezifischer Formkategorien dramaturgisch instrumentalisieren und reflektieren: Mit grenzüberschreitend intensiven und reflexiven Ausprägungen des Spektakels, der Serialität, Selbstreflexivität und des Spannungsfelds von Fakt und Fiktion verarbeiten Dramaserien der Post-9/11-Dekade die Funktionsweise des Fernsehdispositivs und integrieren vielfach die Reflexion des „symbolischen Schocks" des 11. September[2].

Mit der Leitlinie einer Ausreizung narrativer und medialer Strukturen des televisuellen Darstellungspotentials soll im ersten Teilkapitel gezeigt werden, inwiefern die dramaserielle Tendenz zum Spektakel als Steigerung einer typologischen Grundkonstitution des Fernsehens begriffen werden kann. Im zweiten Teilkapitel erörtert die Arbeit wie das televisuelle Spannungsfeld der Kommunikationsakte von Fakt und Fiktion dramatisiert und fernsehästhetisch verhandelt wird. Entsprechend zielt das dritte Teilkapitel auf die Erkundung der dramaturgischen und reflexiven Zuspitzung des Seriellen. Im vierten Teilkapitel wird schließlich die zentrale Formkategorie der Selbstreflexivität als Bezug der Zeichen auf sich selbst ausführlich untersucht. Insgesamt treten durch die Ausreizung der Fernsehform sämtliche Segmente deutlich hervor, die in der Zerstreuungstendenz eines traditionellen Fernsehens des ‚flüchtigen Blicks'[3] mehrheitlich beiläufig waren. Mit ungekannt drastischen Darstellungen neigen US-Qualitätsdramaserien im 9/11-Diskurs zur Auslotung fernsehspezifischer Darstellbarkeit im Hinblick auf eine dramaturgische Intensität und ästhetische Reflexivität.

2.1 Spektakel

Die Extremästhetik dramatischer US-Qualitätsfernsehserien nach 9/11 konzentriert sich in der formalen Drastik des Spektakels. Besonders die Network-Fortsetzungsserien 24, LOST, FLASHFORWARD, THE EVENT, FRINGE, PRISON BREAK und ALIAS, die im Action-Thriller-Genre terrorbezogene Themen verhandeln, steigern eine televisuelle Form auf dem Höhepunkt einer technischen, diskursiven und ästhetischen Grenzüberschreitung *(I.1.2)* zu einer spektakulären Extremgestaltung. In der Intensität und Reflexivität der Vermittlung entfalten sich Bezüge zur Übertragung des „symbolischen Schock[s]" des 11. September[4]. In diesem Teilkapitel soll die Tendenz zur spektakulären Drastik orientiert werden an-

---

[1] Caldwell: Televisuality.
[2] Baudrillard: Der Geist des Terrorismus, S. 14.
[3] Vgl. Ellis: Visible Fictions, S. 160–171.
[4] Baudrillard: Der Geist des Terrorismus, S. 14.

hand theoretischer Grundlagen, praktischer Produktionsberichte und exemplarischer Analysen.

Maßgeblich für das Verständnis der fernsehseriellen Drastik ist die Kenntnis darüber, dass die Dramaserien, speziell im Network-Rahmen, bei aller ästhetischen Komplexität auf einer signalhaften und typologischen Konstitution des Fernsehens basieren. Diese charakteristische Prägung, die bei der Erforschung neuerer Qualitätsfernsehserien vernachlässigt wurde, soll hier über historisch verstreute Theorieakzente elaboriert werden. Technisch lässt sich die signalhafte Struktur daran festmachen, dass die Fernsehdarstellung sowohl beim Zeilensprungverfahren konventioneller Röhrengeräte wie auch bei der Pixeldarstellung neuer Flachbildschirme aus Teilsignalen besteht und damit einen wesensgemäßen Unterschied zum vollständigen Einzelbild des Kino-Kaders darstellt. Die Spezifik des Teilsignals zeigt sich programmatisch in televisuellen Titelsequenzen. Materiell erfahrbar wird die Konstitution des LOST-Logos, indem sich die vier weißen Titelbuchstaben vor schwarzem Hintergrund bei einer Kippbewegung von links nach rechts in den Vordergrund schieben und dabei erst in den Fokus rücken und sich dann der Pixelstruktur annähern bis sie aus dem Bild verschwinden. Eine noch deutlichere Pointierung der Teilsignalform bietet der 24-Vorspann, dessen Uhrzeit-Signatur sich aus grell orange blinkenden Pixeln generiert. Prominent im Serienverlauf ausgespielt wird die Pixelgestaltung über den intermedialen Bezug zum digitalen Computermedium. Besonders im Genre des Techno-Thrillers (24, ALIAS) entfalten sich spektakuläre Steigerungen des Teilsignals in Bezug zur Gewalt. In 24-Episode 08x06[5] erscheinen gewaltsame Ausschreitungen in einer markant verpixelten Amateur-Video-Ästhetik auf einem Notebook und reflektieren so den eigenen Strukturkern sowie die globale Zirkulation digital codierter Gewaltbilder.

Die signalhafte Technik korreliert mit einer signalhaften Narration. Die Drastik der Dramaserien entsteht in entscheidendem Maße durch die dramaturgische Intensivierung der fernsehspezifischen Erzähleinheit des Segments. Wie sehr die narrative Signaldichte und Härte der Serien, besonders im Network-Rahmen, in der Spezifik der Segmentstruktur begründet ist, lässt sich zurückführen auf die Definition, die John Ellis in Bezug auf Raymond Williams' ‚flow'-Konzept aufstellt und das Segment dabei explizit vom Kino abgrenzt: „Instead of the single, coherent text that is characteristic of entertainment cinema, broadcast TV offers relatively discrete segments: small, sequential unities of images and sounds whose maximum duration seems to be about five minutes"[6]. Ellis nennt dieses Strukturprinzip „segmentalisation"[7]. Die konsequente Steigerung

---

[5] 24, Episode 08x06, TC: 0:18:44–0:19:06.
[6] Ellis: Visible Fictions, S. 112.
[7] Ebd., S. 119.

der Segmentstruktur zu einer extremen Vermittlung von Gewalt und Terror lässt sich antizipieren in der gewaltsemantischen Bezeichnung des Segments als „beat", den Michael Z. Newman als „television's most basic storytelling unit" markiert und mit einer Dauer von meist weniger als zwei Minuten als fernsehserielle Variante der filmischen Szene spezifiziert[8].

Die signalhafte Strukturierung der Fernsehnarration korreliert mit einer typologischen Erzählweise. Die Gestaltung typisierter und extremer Parameter in neuen Dramaserien basiert auf der grundsätzlichen Tendenz des Fernsehens zu einer narrativen Reduktion, die Sarah Kozloff feststellt: „[D]espite its technological sophistication, it [= the television medium] frequently seeks to imitate the most traditional and simplest of storytelling situations"[9]. Entsprechend pointiert Glen Creeber die typologische Narration des Fernsehens bei einem Forschungsüberblick im Begriff des „stereotyping"[10]. In den konfliktzentrierten Serien dieser Arbeit ergibt sich eine deutliche Konfrontation zwischen typisierten Protagonisten und Antagonisten im korrelativ dualen „system of binary oppositions"[11]. Dabei entstehen 9/11-Figurationen der Konfrontation mit dem Terrorismus. Bei der Kriminalgattung gibt es im Subgenre des Agententhrillers den expliziten Dauerkonflikt zwischen Agenten und Terroristen (24, ALIAS) und in der Cop-Serie die entsprechende Gegenüberstellung von Polizisten und Verbrechern (THE WIRE). Im Rahmen der Mystery- und Sci-Fi-Gattung herrschen Konflikte zwischen Menschen und Anderen (LOST) bzw. Agenten und Außerirdischen (FRINGE, THE EVENT, BATTLESTAR GALACTICA). Die drastischen Konfrontationsmuster entfalten sich über eine entsprechend dichte Grundkonstitution der mise-en-scène, Einstellungsgröße und Schuss-Gegenschuss-Dialogstruktur zu einer schlagenden Gewaltdramaturgie.

Gerade die typologische Prägung der Dramaserien ergibt einen besonderen ästhetischen Stellenwert. In bemerkenswerter Weise ist es die fernsehspezifische Formelhaftigkeit, die Horace Newcomb als Basis seines pionierhaften Plädoyers für die Untersuchung einer Fernsehästhetik hervorhebt – in Bezug auf John Cawelti kennzeichnet er das Prinzip der Formel als „model for the construction of artistic works which synthesi-

---

[8] Michael Z. Newman: From Beats to Arcs. Towards a Poetics of Television Narrative, in: The Velvet Light Trap 58, 2006, S. 17.
[9] Sarah Kozloff: Narrative Theory and Television, in: Robert C. Allen (Hg.): Channels of Discourse, Reassambled. Television and Contemporary Criticism, London 1992, S. 81.
[10] Glen Creeber: Decoding Television. Issues of Ideology and Discourse, in: Ders. (Hg.): Tele-Visions. An Introduction to Studying Television, London 2006, S. 47.
[11] Bignell/Orlebar: The Television Handbook, S. 101.

zes several important cultural functions'"[12]. Gemäß dieser strukturellen Leitlinie verorten die Semiotiker John Fiske und John Hartley das Fernsehen in der oralen Tradition der „bardic function"[13] und betonen die Orientierung der Fernsehdarstellung an Codes und Konventionen. Dank der Fernsehstrukturen des Formelhaften erreichen Dramaserien eine Schlüsselrolle im Diskurs des 11. September, indem sie faktual relevante Elemente fiktional pointieren und refigurieren. Die Flugzeugkatastrophe bildet einen wichtigen 9/11-Initiations- und Referenzpunkt in LOST, 24, FRINGE, THE EVENT und BATTLESTAR GALACTICA. Die Zerstörung des World Trade Centers wird als Leerstelle pointiert, etwa im Vorspann von THE SOPRANOS ab der vierten Staffel, oder im finalen Cliffhanger der ersten FRINGE-Staffel, die die Twin Towers mittels einer Zoom-out-Totalen in einem Paralleluniversum imaginiert[14]. Über den gesamten Serienverlauf entfaltet 24 eine Formelästhetik, die im faktualen Bezug zu News-Events den 9/11-Diskurs durch absolute Setzungen konzentriert: Mächtige US-Instanzen wie Präsidenten und Geheimdienste agieren gegen allgewaltige Terroristen vor der Kulisse von Großereignissen wie der kalifornischen Vorwahl in Season One bis zum UNO-Gipfel in Season Eight.

Die formelhaft-spektakulären Fernseherzählungen konstituieren sich über den Primat der Form. Korrelierend mit der typologischen Ausrichtung der Narration erreicht die Ästhetik der Televisualität, die Caldwell vorwiegend für non-fiktionale Formen festgestellt hat[15], eine hervorstechende Extremgestaltung in der Gattung des Fernsehseriendramas. In der hoch aufgelösten Fernsehserienästhetik wird der televisuelle „picture effect"[16] im Action-Genre und besonders im Network-Rahmen zur dramatischen, gewaltbezogenen Erzählform. Die serielle Setzung intensiver, superlativischer und absoluter Signale fungiert im TV-Gefüge als dramatische Zuspitzung der formbetonten Phänomene der Televisualität, der Stimulationsstruktur des TV-‚flow' sowie des „new affective order" fernsehdramatischer Gattungen[17]. Popkulturell knüpft die Relevanz der Stilistik, die Chamberlain und Ruston an 24[18] und Jonathan Bignell in der Poli-

---

[12] Horace Newcomb: TV. The Most Popular Art, New York 1974, S. 244.
[13] Fiske/Hartley: Reading Television, S. 85.
[14] FRINGE, Episode 01x20, TC: 0:45:18–0:46:30.
[15] Vgl. Caldwell: Televisuality.
[16] Ebd., S. 152.
[17] Robin Nelson: TV Drama. Flexi-Narrative Form and a New Affective Order, in: Eckart Voigts-Virchow (Hg.): Mediated Drama, Dramatized Media. Papers given on the occasion of the Eighth Annual Conference of the German Society for Contemporary Theatre and Drama in English, Trier 2000, S. 111–118.
[18] Explizit positionieren Daniel Chamberlain und Scott Ruston 24 speziell im Hinblick auf Countdown und Nebenhandlungen, gemäß einer Steigerung von Caldwells Televisuality-Konzept, als „hyperactive narrative style a step beyond Cald-

zeiserie feststellt[19], an die Tradition der Clip-Ästhetik von Musikvideos und News-Sendungen sowie der Gattungen des Comics, der Kolportage und der Soap Opera. Der Primat der Form erhält in einer televisuellen Serialität der Gewalt eine besondere Qualität. Rhythmische Strukturen wie die der Musikvideotechnik „visual hook"[20] lassen sich als ‚violence hooks' perspektivieren, wie später am Beispiel von 24 gezeigt wird. Die Intensität des Signifikanten, die fernsehökonomisch das Ziel effektiver Unterhaltungsform vor einer Botschaft verfolgt, befördert den Anteil extremer Darstellungen in Dramaserien und ist zugleich ein Grund dafür, dass diese Darstellungen in der Öffentlichkeit kontrovers diskutiert werden.

Der Einsatz televisueller Gewaltstrukturen konzentriert sich mehrfach in den episodenweise wiederkehrenden Titelsequenzen. Formstark suggerieren Gewaltmetonymien das Konfliktprogramm der Serien. THE WIRE platziert in seinen Vorspann-Montagen gewaltkonnotierende Frequenzbilder wie die Audiovisualisierung von Abhöranlagen und jene blitzförmige Blutspur, die die Serie als allererste Einstellung der Pilotfolge markant aktiviert. In einer systematischen Grenzüberschreitung der fernsehseriellen Vertrautheitstradition konstituiert das DEXTER-Intro den Serienkiller als Serienprotagonisten, indem es dem Alltag einer Morgenroutine das Gewaltextrem einschreibt. Über grell stilisierte High-Definition-Closeups vom Rasurschnitt über Ketchup hin zum Pressen von dunkelrotem Blutorangensaft generiert der DEXTER-Vorspann eine Ambivalenz, die das fernsehspezifische Spannungsfeld zwischen Vertrautheit[21] und Gefahr[22] dramatisch ausreizt. In entsprechender Funktionsweise etabliert die Westernserie DEADWOOD die Seriengewalt im Vorspann über das televisuelle Prinzip des Überfließens: Es erfolgt eine programmatische Einschreibung der Gewalt ins Serienformat, indem die suggestiven Fließbewegungen von eingefülltem Alkohol, herabfließendem Tierblut und auflodemdem Feuer markant bespiegelt werden in den auseinanderdriftenden weißen Großbuchstaben der Seriencredits.

Die Dramatisierung des televisuellen Formexzesses ergibt sich aus der technisch innovativen Ausreizung von Produktionsstrukturen, die als

---

well's notion of visual stylistic excess", Chamberlain/Ruston: 24 and Twenty-First Century Quality Television, S. 20.

[19] „[C]ontemporary US police/investigation series have been one of the locations where television style has in fact become a key component of their textual form and their appeal to audiences", Jonathan Bignell: Seeing And Knowing. Reflexivity and Quality, in: Janet McCabe, Kim Akass (Hgg.): Quality TV. Contemporary American Television and Beyond, London/New York 2007, S. 159.

[20] Die Strategie des ‚visual hook' leitet Goodwin von der Kehrreimstruktur des Popsongs ab, vgl. Andrew Goodwin: Dancing in the Distraction Factory. Music Television and Popular Culture, London 1993, S. 93.

[21] Schneider: Das Fernsehen – ein Mythenproduzent?, S. 10.

[22] Cavell: Die Tatsache des Fernsehens, S. 161 f.

Fortsetzung der technischen Hochphase des Fernsehens in den 1980er-Jahren[23] gelten kann. Die Überschreitung fernsehspezifischer Produktionsgrenzen zu einer dramatischen Intensität lässt sich nachfolgend am Beispiel von *24* anhand zahlreicher Produktionsberichte herausstellen, die als Bonusmaterial auf den DVDs der Serie verfügbar sind. Mit der Zielsetzung einer optimalen Dynamik und Performativität bei den Dreharbeiten integriert die Anordnung des TV-Sets eine allseitige Beleuchtung. Hierfür verwendet *24* leistungsstarke und fernbedienbare 6K-HMI-Lichter, die auch Dreharbeiten bei Nacht ermöglichen. Explizit betont der Chefkameramann Rodney Charters die Abwendung von einer traditionellen Kinematografie, indem er sich kunsthistorisch vom Erbe des holländischen Barock-Malers Jan Vermeer distanziert: Gegenüber der Einschränkung, jede Einstellung neu und subtil beleuchten zu müssen, ohne sich jenseits der Achsen bewegen zu können, legt *24* in der Beleuchtung die Grundlage für eine Totalität der Action-Aufnahme[24].

Aufbauend auf dem Freiraum der Beleuchtung praktiziert *24* eine ausnehmend flexible Kameraarbeit. Über ein Zwei-Kamera-System wird jede Szene in zwei Einstellungsgrößen, der Totalen und der Nahaufnahme erfasst. Die neue Qualität der Nahaufnahme ermöglicht auf diesem Wege eine neue Intensität des Zusammenspiels von Kamera und Schauspiel[25]. Möglich wird eine televisuelle Action-Ästhetik über die maximale Annäherung an das performative Objekt bis zum genre-definierenden Spezialeffekt der Explosion: Im Gegensatz zur Konvention artifizieller CGI-Computertechnik erfolgt über die spezielle Crash-Kamera Eyemo eine größtmögliche Grenzüberschreitung zum Ort einer realen Gewalt[26]. Durch die reale Ausrichtung erhalten die terrorbezogenen Aufnahmen einen starken formalen Bezug zum Spektakel des 11. September. Der exzessive Grenzgang der Aufnahme zur realen Gefahr antizipiert den televisuellen Kernbereich der Postproduktion. Die drastische *24*-Montage positioniert sich in ihren Split-Screens und laut schneidenden Werbepausen-

---

[23] Zur Produktionstechnik der 1980er vgl. Caldwell: Televisuality, S. 73–102.

[24] Rodney Charters: „We provide an environment where you can pan all the way over here and all the way back again. [...] And that's a great freedom for both the cast and the director that they have the ability to block very interesting movement within a scene", Video „Unbesungene Helden", in: 24. Season Five DVD, Disc 7, TC: 0:03:24–0:03:59.

[25] Charters bewertet die Arbeitsweise des A-Kameramanns Guy Skinner als energetische Kollaboration: „Guy's interaction with Kiefer is one of the key reasons we have the degree of intensity and performance levels that we have, 'cos then he acts somewhat as another player in the scene [...]. It's such an intimate little dance that they do with Guy's ability to tag the moments that are performance-given", Ebd., TC: 0:26:44–0:27:08.

[26] Die Eyemo-Kamera und ein 35mm-Aufnahmeband von etwa einer Minute befinden sich in einer bruchfesten Metallbox, vgl. ebd., TC: 0:27:40–0:28:43.

Countdowns kontinuierlich im TV-‚flow' zwischen Fakt und Fiktion. Bemerkenswert pointiert 24-Cutter Scott Powell die Historie des Fernsehschnitts als Grenzüberschreitung von einer unscheinbaren Beiläufigkeit[27] zur extremen Herausstellung der Form: „When I was growing up in the editing business the goal was always to be smooth and seamless, [...] never make a jarring cut, while we make a point of knocking the audience off their chair with our jarry edits"[28]. Eine spektakuläre Verstärkung der Darstellungen erreicht zusätzlich Sean Callerys Serienmusik, die hybride Sound Design-Elemente mit orchestral klingenden Anteilen verbindet[29] und eine synästhetische Clip-Ästhetik im Stil des Musikvideos ermöglicht. Einen ähnlichen Soundmix erreicht Michael Giacchino in ALIAS, LOST und FRINGE.

Über die Grenzöffnung konventioneller Fernsehproduktionsstrukturen tendieren Dramaserien zu einem absoluten Zeigekonzept, das man als ‚Absolutdeixis' kennzeichnen kann. Auf dem Höhepunkt der Produktivität des Fernsehdispositivs ergibt sich die Grenzüberschreitung der historischen Verbalfixierung des Fernsehens zu einer maximalen Sichtbarmachung in Relation zum filmgeprägten Konzept der Schaulust, das sich in der hyperrealen Forensik neuer Kriminalserien wie *CSI* konzentriert[30]. Der Vorrang des Zeigens gegenüber einer Nacherzählung, der als klassische Filmregel gilt, wird von Gunter Eschke und Rudolf Bohne in ihrer Produktionsanleitung auf die Fernsehserie bezogen, die jetzt über die notwendigen Mittel verfügt: „In jedem Fall ist darauf zu achten, dass das Wesentliche der Szene gezeigt und nicht lediglich beschrieben wird"[31]. Analog liest sich die erzählzeitenübergreifende Verpflichtung zum Visuellen, die LOST-Schöpfer Damon Lindelof in Bezug auf die Erzähltechnik der Zeitreise feststellt:

> „But the real reason that we wanted to do time travel was, we're not fans of expositional downloads where basically characters talk about the history of the island. We wanted to show it to people. We don't want someone to say ‚There used to be a huge statute [!] here of an Egyptian god,' we want to see it. And you don't want to find Jughead and [have someone] basically say, ‚This must have been brought here by guys during World War II'. You want to see that. You don't want Widmore to say, ‚I used to be an Other'. You

---

[27] Zur Beiläufigkeit des Fernsehens vgl. Ellis: Visible Fictions, S. 160–171.
[28] Video „24 Webcast Diaries. The Editor's Cut", in: 24. Season Six DVD, Disc 7, TC: 0:02:28–0:02:43.
[29] Vgl. Video „Musik von Sean Callery", in: 24. Season Five DVD, Disc 7.
[30] Vgl. Bignell: Seeing And Knowing, S. 166.
[31] Gunter Eschke, Rudolf Bohne: Bleiben Sie dran! Dramaturgie von TV-Serien, Konstanz 2010, S. 165.

want to see him as a 16-year-old kid saying, ‚My name is Charles Widmore'"[32].

Explizit vollzieht Lindelof mit der stellvertretenden Zeigefunktion des Schlusssatzes eine fiktionale Figurenschöpfung: Die Figur entsteht, indem sie ihre Identität mit Vor- und Nachnamen in einer eindeutigen Syntax im Präsens und ausdrücklich nicht im Präteritum konstituiert: ‚My name is Charles Widmore'. Entsprechend erfolgt die deiktische Initiation in *24* über die Voice-Over-Vorrede des Protagonisten Jack Bauer mit einer doppelten Fixierung im Präsens:

> „Right now terrorists are plotting to assassinate a presidential candidate, my teenage daughter is missing, and the people I work with may be involved in both. I'm federal agent Jack Bauer, and today is the longest day of my life".

Das allseitige Zeigekonzept, das aus dieser Einleitung erwächst, kommentiert der Schauspieler Kiefer Sutherland mit einem selbstreflexiven Kommentar: „If you haven't said it or seen it, it doesn't happen, it doesn't exist"[33]. Die Verpflichtung zum absoluten Zeigen in *24* korreliert direkt mit dem Echtzeitkonzept und der Darstellung von Handlungen, die sonst nicht gezeigt werden, besonders auch im Fall der Gewalt. Das Übermaß der Folter in *24* wird entsprechend dadurch befördert, dass plotkonstitutive Informationen nicht nach Zeitsprüngen bereits vorliegen, sondern allererst gewonnen werden müssen, auf spektakuläre Weise.

Die Ausrichtung einer maximal performativen Sichtbarmachung korreliert mit der Tendenz zur Darstellung des Extremen. Auf einem Höhepunkt der medialen Grenzüberschreitung des Fernsehdispositivs ergibt sich eine kinematografische Steigerung televisueller Signalästhetik, die mit einer besonderen Drastik der Kommunikation einhergeht. Das Phänomen des Spektakels, das Geoff King noch im Jahr 2000 dem Kino zurechnet und im Motiv der ‚frontier' ausdrücklich vom häuslichen TV-Medium abgrenzt[34], etabliert sich in Dramaserien des nun technisch ebenbürtigen Fernsehmediums. Besonders in den Gattungsformen des Kriminal- und Mystery-Genres mit Action-Thriller-Duktus entfaltet sich eine Spannung zwischen dem Spektakulären und Häuslichen, die das fernsehspezifische Bezugsfeld innerer Sicherheit[35] und äußerer Bedrohung[36] intermedial stei-

---

[32] Maureen Ryan: The long Lost Interview with Lindelof and Cuse Part 2. The Squeakquel, 24.10.2010, online: http://trib.in/2znXRXK; Stand: 06.06.2019.
[33] Coeli Carr: The Enemies on 24. Terrorists and Inconsistency, in: The New York Times, 27.10.2002, online: http://nyti.ms/2O08l7Y; Stand: 06.06.2019.
[34] Geoff King: Spectacular Narratives. Hollywood in the Age of the Blockbuster, London/New York 2009, S. 5, 109.
[35] Vgl. Schneider: Das Fernsehen – ein Mythenproduzent?, S. 10.
[36] Vgl. Cavell: Die Tatsache des Fernsehens, S. 161 f.

gert, wobei die 9/11-Irritation als wichtiger Bezugspunkt fungiert. Spielarten der Spannung zwischen dem Spektakulären und Häuslichen erfolgen in den Dramaserien bevorzugt über Konfrontationen der Familie mit Gewalt und Tod. Eine Dramatisierung des alltagsnahen Soap-Opera-Formats bündelt sich in SIX FEET UNDER, das eine Familie im Bestattungsinstitut serialisiert. Einen serienübergreifenden Stellenwert hat die Setzung der kriminell unterminierten Familie. Zentrale Beispiele bilden die Verbrecher-Väter in 24, DEXTER und BREAKING BAD sowie die familienübergreifenden Kriminalitätsstrukturen der Mafia in THE SOPRANOS und des Ghettos in THE WIRE.

Die dramaserielle Anspannung überschreitet eine Spielfilmdramaturgie zeitsparender Verknappung und Umgehung hin zu einer expliziten und dauernden Signalintensität der Katastrophe. Die fernsehmedial und gattungsgemäß einschneidende Serialisierung der Ausnahme als Fernsehalltag erfolgt über symbolisch dichte Akzente, die eine 9/11-Verarbeitung befördern. Ihre stärkste Zuspitzung erfährt die Ausnahmeserialität im Science-Fiction-Genre über das Szenario des Weltuntergangs (BATTLESTAR GALACTICA, FRINGE, FLASHFORWARD, THE EVENT). Die korrelative Dynamik des Überlebenskampfs prägt sowohl die fantastischen als auch die realistischen Serien. Markant entfaltet sich der Überlebenskampf als Grenzüberschreitung familiärer und sozialer TV-Serienstrukturen. Das Soap-Drama SIX FEET UNDER macht den gattungsgemäß exzeptionellen Todesfall in jeder Episode zum Familienalltag. DEXTER plausibilisiert seine Serienkillerhandlung über die Ausrufung des Überlebenskampfs im Vater-Sohn-Dialog: „This is about survival, Dex, nothing else!"[37]. Die spektakulären Inszenierungen des Überlebenskampfs verdichten sich im Grenzbereich zur Wildnis. Mit maximaler Signalintensität überführt die zweiteilige, 9/11-reminiszierende LOST-Exposition des brennenden Flugzeugwracks die moderne Passagiergruppe in ein lebensgefährliches Inselabenteuer. Die Western-Serie DEADWOOD konfrontiert die angereisten Glückssucher im wilden Stadtexperiment mit dauernder Gesetzlosigkeit. Den Überlebenskampf in wilder Natur verdichtet BREAKING BAD in der Wüstenfolge *4 Days Out* (Episode 02x09) und THE SOPRANOS in der Winterwaldfolge *Pine Barrens* (Episode 03x11). Die stärkste Ausprägung des Überlebenskampfs im Non-Stop-Terror von 24 wird im zweiten Teil des Buches detailliert untersucht.

Mit der Dramatisierung des televisuellen Stils erfolgt auch die deutliche Abwendung von einer postmodernen Ironie, die das US-Fernsehen besonders in den 1980er-Jahren geprägt hat. Stattdessen wird die formexzessive, typologische Konstitution des Fernsehens zugunsten einer ernsten, gewalttätigen Prägung gesteigert. 24 und LOST formieren dramatische

---

[37] DEXTER, Episode 01x08, TC: 0:14:25–0:14:27.

Serienkonzepte, die tendenziell auf ein ‚comic relief' verzichten. Die Protagonisten Jack Bauer in *24* und Jack Shephard in LOST teilen den Western-Namen Jack und eine soldatische Physiognomie und beide konstituieren einen überernsten Habitus. Im Fall von Jack Shephard zeigt sich die markante Ernsthaftigkeit exemplarisch in LOST-Episode 06x03[38]: Das Lächeln, das in beiden Serien erstaunlich selten zu sehen ist, erfolgt auch hier nicht als auflockernde Körperregung, sondern verstärkt im Gegenteil die Anspannung. Oxymoronisch reagiert Tempelmeister Dogen mit einem Lächeln ausgerechnet auf Jacks schmerzliche Frage nach der Infektion des Freundes Sayid. Mit kämpferischer Körperhaltung und markanter Kopfwunde bewegt sich der heldenhaft figurierte Held in den Bildvordergrund und stellt empört die parataktisch pointierte, metafiktionale Frage „Did I say something funny?". Die Mittlerfigur Lennon markiert in ihrer Antwort die konsequent ernste Figurentypologie des Protagonisten: „I doubt it. You don't have a sense of humour". Der Held dreht sich wortlos um und akzeptiert die Feststellung. Ein korrelativer Metakommentar zum Ernst der Fernsehserie findet sich auch in BREAKING BAD[39]: „I told you, this is serious shit" betont in Episode 02x03 der Drogendealer Jesse Pinkman gegenüber seinem Freund Badger. Der Ernst der Aussage entfaltet sich über die sich überschlagende Stimme Jesses, nachdem dieser in einer wackligen Point-of-View-Aufnahme, im Stil der Klassiker-Copserie HILL STREET BLUES, einige Polizisten vor seinem Haus sieht. Die Szene pointiert die Grenzbewegung der Serie zwischen Recht und Unrecht, denn im Keller befindet sich ein Labor, in dem Crystal Meth hergestellt wird, das zentrale Material der Show.

Die ernste, typologische Gewaltstruktur der Dramaserien verdichtet sich in der Drastik des Signals. Konsequent ergibt sich eine signalstarke Formgewalt aus der intermedial schematischen und absoluten Konzentration der spezifisch fernsehartigen Darstellung, die Ellen Seiter mit Christian Metz auf die Simultannutzung der fünf Informationskanäle von Bild, Schrift, Stimme, Musik und Soundeffekten zurückführt[40]. Alle Korpusserien exponieren ihre Signalstärke bereits im Titel: Die Stufen sind erstens ein allgemeiner Signalcharakter (*24*, THE EVENT, FLASHFORWARD, THE SOPRANOS, DEXTER), zweitens ein impliziter Gewaltbezug (FRINGE, LOST, THE WIRE, ALIAS), drittens ein expliziter Gewaltbezug (BATTLESTAR GALACTICA, BREAKING BAD, PRISON BREAK) und viertens ein Todesbezug (SIX FEET UNDER, DEADWOOD). Die Signalintensität richtet die Serien aus. *24* macht eine signalorientierte Form zur Produktionsma-

---

[38] LOST, Episode 06x03, TC: 0:17:38–0:17:51.
[39] BREAKING BAD, Episode 02x03, TC: 0:08:25–0:09:15.
[40] Ellen Seiter: Semiotics, Structuralism and Television, in: Robert C. Allen (Hg.): Channels of Discourse, Reassambled. Television and Contemporary Criticism, London 1992, S. 45.

xime. Explizit fungiert die Farbe Rot laut Joel Surnow als „colour of agitation", die der Produktionsdesigner Joseph Hodges für eine dynamische Signalwirkung nutzt[41]. BATTLESTAR GALACTICA integriert eine signalhafte Dualstruktur in die Erscheinung der antagonistischen Zylonen, deren Rüstung und Raumschiffe schwarz sind während sich im starken Kontrast grellrote Lichter in der Augenpartie von einer Seite zur anderen bewegen und so ihre konzentrierte Aggressivität selbstreflexiv im Okularen bespiegeln. FRINGE nutzt weiße Vignetten als Lesezeichen zwischen den Akten. LOST übersättigt und dynamisiert das Grün der Insel. DEXTER setzt als serielles Signal grellrotes Blut, BREAKING BAD leuchtend blaue Drogenkristalle und PRISON BREAK graue Gitterstäbe. DEADWOOD serialisiert Revolver, THE WIRE Gefahrenstraßen und SIX FEET UNDER Särge.

Zusätzlich kann die Formgewalt im Kino-Bezug verortet werden: In neuen hochaufgelösten Dramaserien steigert sich die Intensität und Dualstruktur der signalhaften Vermittlung im schnellen televisuellen Schnitt über die Relation zur Kinematografie. Im Zuge der strukturellen Verschiebung von maximaler Zerstreuung zu höchster Beanspruchung nutzen Dramaserien besonders bei Gewaltszenen die „Chockwirkung" des Films, die laut Walter Benjamin nur „durch gesteigerte Geistesgegenwart aufgefangen" werden kann[42]. Es entsteht ein Rückbezug effektzentrierter Serien auf die moderne Attraktionsästhetik des frühen vor-narrativen Kinos, das Tom Gunning als „cinema of attractions" betitelt hat[43]. Das Phänomen eines ‚television of attractions', das Jason Mittel in Bezug auf überraschende Erzähltechniken am Beispiel von LOST in Betracht zieht[44], soll hier erweitert werden im Hinblick auf Schockstrategien in Relation zur Gewalt und zur Darstellungsirritation des 11. September.

Die Funktionsweise einer schockartigen Vermittlung lässt sich zurückführen auf das Montage-Konzept des Avantgardisten Sergei Eisenstein. Dieser definiert eine Attraktion als „aggressive moment [...] that subjects the audience to emotional or psychological influence, verified by experience and mathematically calculated to produce specific emotional

---

[41] Video „Audiokommentar für Folge 02x20 von Kiefer Sutherland und Joel Surnow", in: 24. Season Two DVD, Disc 5, TC: 0:07:58–0:08:30.
[42] Walter Benjamin: Das Kunstwerk im Zeitalter seiner technischen Reproduzierbarkeit, in: Ders.: Gesammelte Schriften Band I 2, Frankfurt 1974, S. 503.
[43] Tom Gunning: The Cinema of Attractions. Early Film, Its Spectator and the Avant-Garde, in: Wide Angle 3–4, 1986, S. 63–70.
[44] Jason Mittel: The Value of Lost, Part Two, in: Flow 2.10, 2005, online: http://bit.ly/2znjXJW; Stand: 06.06.2019. Mittel zieht die Parallele zum frühen Attraktionskino auch in seinem Aufsatz zur operationalen Ästhetik des ‚narrative special effect', Jason Mittell: Narrative Complexity in Contemporary American Television, in: The Velvet Light Trap 58, 2006, S. 29–40.

shocks in the spectator in their proper order within the whole"⁴⁵. Explizit antizipiert wird die besondere Kompatibilität der Seriengattung mit einer Attraktionsästhetik in Eisensteins Formulierung einer „series of blows to consciousness and emotions of the audience"⁴⁶. Die formstarke Organisation der Montage, die über eine Unscheinbarkeit filmklassischer Konstruktion hinaus das moderne Ausdruckspotential der Gewalt nutzt, um das „Ausmerzen der einfachen Gegenüberstellungen und das Überschreiten von Grenzen"⁴⁷ zu erreichen, gründet auf einer kontinuierlich spannungsreichen Konstruktion: „What then characterises montage, and consequently, its embryo, the shot? Collision. Conflict between the two neighbouring fragments. Conflict. Collision"⁴⁸.

Die spannungsreiche Schockstruktur der Dramaserien entsteht sowohl über Kollisionen benachbarter Einstellungen als auch über die Konfliktstruktur der Einstellungen selbst. Fortdauernde Spannung im Fernsehbild generiert 24 durch formexzessive, transitorische Verknüpfungsverfahren wie die Signaturtechnik des Split-Screen und den blitzschnellen Kameraschwenk. Ein eindringliches Beispiel für gewaltsame Schockästhetik zwischen Vertrautheit und Gefahr bietet THE WIRE im finalen Cliffhanger von Episode 04x03⁴⁹. Hier eskaliert eine scheinbar alltägliche, vertraute Unterrichtssituation zu einer Messerattacke der Schülerin Laetitia auf ihre Mitschülerin Chiquan. Die ruhige Schuss-Gegenschuss-Montage zwischen dem fragenden Mathematiklehrer und verschiedenen Schülern kippt, in Entsprechung zum oben ausgeführten Gebot der Ernsthaftigkeit, ausgerechnet in dem Moment, als Chiquan mit einem Witz antwortet. Die Schockstruktur der Messerattacke erfolgt über die Geräuschkulisse lauten Schülergeschreis und die sekundenschnelle Frequenz naher und halbnaher Konfrontationseinstellungen. Die Spannung kulminiert in den Einstellungen der am Boden liegenden Chiquan, wobei die Intensität der Blutlache gesteigert wird durch das grellrote Schulhemd und den Kontrast zur weißen Hose.

Über die absolute, formdrastische Ausrichtung auf dem Höhepunkt medialer Auflösungsleistung vollziehen Dramaserien eine wesenhafte Verschiebung von der fernsehtraditionell beiläufigen Aufnahme zu einem affektiven Extremausdruck in Grenznähe zum Überschuss einer Repräsentation und damit von der traditionell moderaten Rezeption des ‚flüch-

---

⁴⁵ Sergei Eisenstein: The Montage of Attractions, in: Richard Taylor (Hg.): The Eisenstein Reader, London 1998, S. 30.
⁴⁶ Ebd.
⁴⁷ Jean-Luc Nancy: Bild und Gewalt, in: Daniel Tyradellis, Burkhardt Wolf (Hgg.): Die Szene der Gewalt, Frankfurt 2007, S. 36.
⁴⁸ Sergei Eisenstein: Beyond the Shot, in: Richard Taylor (Hg.): The Eisenstein Reader, London 1998, S. 87.
⁴⁹ THE WIRE, Episode 04x03, TC: 0:55:36–0:56:54.

tigen Blicks'⁵⁰ zu einer ganzkörperlichen Anspannung. Im radikalen Unterhaltungskonzept des „visceral entertainment"⁵¹, das LOST-Produzent Jeff Pinkner an der Folter festmacht, lässt sich eine Serialisierung des extremen Reizes feststellen. Als „viszeral (von lat. viscera: Eingeweide)" definieren Tanja Weber und Christian Junklewitz in Bezug auf die serielle Schlüsselform des Cliffhangers jene „Gestaltungsmittel, die durch den Einsatz von visuellen und akustischen Stimuli eine intensive sinnliche Wirkung bis hin zu somatischen Reaktionen beim Rezipienten hervorrufen"⁵². Körperliche Extreme finden sich mehrfach in Kriminalserien wie *24*, DEXTER oder THE SOPRANOS wie auch in Science-Fiction-Serien wie BATTLESTAR GALACTICA und FRINGE. Befördert wird die drastische Körpervermittlung über Großaufnahmen typologischer Setzungen, die das Fernsehmerkmal der ‚intimacy' kinonah überreizen⁵³. Das Affektbild des Gesichts, das Gilles Deleuze neben Wahrnehmungsbild und Aktionsbild als dritte Spielart des „Bewegungs-Bilds" sieht⁵⁴, fungiert in seriellen Extrem-Konfrontationen wie der Folter als Grundlage für einen absoluten Ausdruck⁵⁵.

Die dramaserielle Tendenz zum Spektakel kulminiert im Körperlichen über extreme Formen von Gewalt. Die Zuspitzung des Spektakulären im Körperlichen lässt sich nach Ludwig Pfeiffers Anthropologie der Medien als hocheffiziente „Medienkonfiguration"⁵⁶ erkennen, wonach „jene Angebote den Bedarf am besten befriedigen, welche den Körper und seine Sinne möglichst vollständig einbeziehen"⁵⁷. Gleichzeitig tendieren

---

[50] Vgl. Ellis: Visible Fictions, S. 160–171.
[51] Video „How Hollywood Gets It Wrong on Torture and Interrogation. P1", TC: 0:06:42–0:06:44.
[52] Weber/Junklewitz: Funktion und Gestaltungsmittel des Cliffhangers in aktuellen Fernsehserien, S. 114.
[53] Ellis charakterisiert das Fernsehen als „medium that worked best with close-up because it could provide a real-size image of the human face which would fill the screens of the time", John Ellis: Defining the Medium. TV Form and Aesthetics, in: Glen Creeber (Hg.): Tele-Visions. An Introduction to Studying Television, London 2006, S. 13.
[54] Vgl. Gilles Deleuze: Das Bewegungs-Bild. Kino 1, Frankfurt 1989, S. 123.
[55] In Bezug auf Bela Balász stellt Deleuze fest: „[D]ie Großaufnahme [entreißt] ihr Objekt keineswegs einer Gesamtheit, zu der es gehörte, deren Teil es wäre, sondern – und das ist etwas ganz anderes – *sie abstrahiert von allen raumzeitlichen Koordinaten*, das heißt sie verleiht ihm den Status einer *Entität*. Die Großaufnahme ist keine Vergrößerung, auch wenn sie eine Größenveränderung impliziert; sie ist eine absolute Veränderung, Mutation einer Bewegung, die aufhört, Ortsveränderung zu sein, um Ausdruck zu werden", Ebd., S. 134.
[56] Ludwig K. Pfeiffer: Das Mediale und das Imaginäre. Dimensionen kulturanthropologischer Medientheorie, Frankfurt 1999, S. 11.
[57] Niels Werber: Das ewige Bedürfnis nach ästhetischer Faszination, 17.04.2000, online: http://bit.ly/2QTxdN7; Stand: 06.06.2019.

körperliche Spektakel, besonders in Bezug zur Gewaltdarstellung, zu moralischen Grenzüberschreitungen. Pfeiffer artikuliert diesen Wesenszug an der überschüssigen Konstruktion einer „Körperaktivierung, bei der dann manchen Hören und Sehen vergehen mag"[58] und der Grenzüberschreitung von Normen, wonach „[d]as Spektakuläre, wie es auch in Shakespeareschen Figuren durchschlägt, die Grenzen einer auf vernünftige Interaktion und Moralgefühle getrimmten Gesellschaft [sprengt]"[59]. Möglich wird im spektakulären Formpotential der Dramaserien eine Sichtbarmachung und Diskursivierung extremer Krisen, Konflikte und vor allem die eines semiotisch hochprovokativen und tabuisierten Terrors und Anti-Terrors. Die oben genannten Gegensatz-Konstellationen von Gut und Böse werden überschritten zu unberechenbaren Grenzüberschreiterfiguren.

Die körperlich spektakuläre Intensivierung fernsehserieller Vermittlung betrifft konsequent den Wesenskern des Dialogs. Gemäß dem Nachdruck auf das optische Zeigen erfahren die traditionell akustischen TV-Serien-Grundpfeiler des Tons im Fernsehmedium[60] und des Dialogs in der Fernsehseriengattung[61] eine körperlich amplifizierte Spektakularisierung. Zentral ist hierbei die Grenzüberschreitung einer verbalen Kommunikation hin zu einer gewaltsamen Konfrontation, die befördert wird über das Muster der Schuss-Gegenschuss-Montage. Ein pointiertes Beispiel findet sich in der Westernserie DEADWOOD in Episode 02x01[62]. Eine körperliche Normüberschreitung im Seriendialog ergibt sich, als der verbrecherische Saloon- bzw. Bordell-Besitzer Al Swearengen, bei einem Schuss-Gegenschuss-Gespräch mit Sheriff Seth Bullock, in einen Nachttopf uriniert. Die körperliche Grenzüberschreitung des Gesprächs kippt zum Pol der Gewalt, als Swearengen den Sheriff beleidigt, dieser demonstrativ seinen Gesetzhüter-Stern ablegt, und es zu einer blutigen Schlägerei kommt, bei dem die Gegner set-überschreitend vom Balkon stürzen und sich im Schlamm vor den Augen der Stadtbewohner bekämpfen, welche ihrerseits den Konflikt zu einer Schießerei ausweiten. Wie sehr eine solche Verquickung von Sprache und Gewalt als Serienprogramm gelten kann, zeigt sich im abschließenden Satz von Al Swearengen, der, beim Anblick einer neuangekommenen Familie mit Kind, in letzter Sekunde auf den Mord am Sheriff verzichtet und die Gewalt stattdessen zurück in die Sprache verlagert. Die unzensierte Exclamatio „Welcome to fuckin' Deadwood!" begrüßt den Zuschauer selbstreflexiv zur zweiten Staffel der Serie.

---

[58] Pfeiffer: Das Mediale und das Imaginäre, S. 270.
[59] Ebd., S. 273.
[60] Vgl. Altman: Fernsehton, S. 400 f.
[61] Vgl. Ellis: Visible Fictions, S. 157.
[62] DEADWOOD, Episode 02x01, TC: 0:19:15–23:31.

Die Verschärfung des Seriendialogs bildet ein Kernmuster der drastischen Dramaserien. Selbst eine vergleichsweise beruhigte Sequenz wie das Mutter-Sohn-Gespräch in der drittletzten BREAKING BAD-Episode 05x14 verfügt über eine gesteigerte Intensität: Als Übergangssegment der finalen Familienzerrüttung von der mütterlichen Einweihung des Sohnes in die Drogenkarriere des Vaters hin zur Gewalt des häuslichen Messerkampfs zwischen Mutter und Vater, verläuft der kurze Wortwechsel zwischen Mutter und Sohn bei einer Autofahrt parallel zu einem dauernden Anschnallalarm[63]. Die physisch spektakuläre Steigerung des Seriendialogs konzentriert sich, besonders über das Kriminal- und Mystery-Genre, in Ermittlungsdialogen, Verhören und deren Variationen. Ein besonders drastisches Dialogmuster durchzieht DEXTER: Die Selbstjustiz-Morde des Protagonisten werden durch ein letztes, einseitiges Gespräch mit dem regungslosen Opfer vorbereitet, das tendenziell Anklage und Richterspruch vereint. Die Knüpfung extremer Gewalt an den fernsehseriellen Wesenskern des Dialogs befördert in entscheidendem Maße die außerordentliche Serialisierung der Folter. Ausführlich wird die Folter am Beispiel von *24* in Hauptteil II des Buches als extreme Variante des Seriendialogs verortet *(II.3.1.3)*.

Im affektiven Grenzgang des Spektakels rekurrieren die Dramaserien auch auf die Tragödie als traditionelle Kernform des dramatischen Affekts *(II.2.3)*. Die serielle Tragödienstruktur nach dem Motto „Das Ende ist gewiss. Die Hauptfigur verliert"[64] findet sich prominent in BREAKING BAD. Gleich in der Pilotfolge verhängt die Serie das Todesurteil über den Protagonisten Walter White, der sich nach der Diagnose einer unheilbaren Krebskrankheit vom Chemielehrer zum Crystal Meth-Hersteller wandelt und im Zuge einer werkstrukturellen Konstellation in der allerletzten Einstellung verstirbt, wenn auch nicht durch die Krankheit, sondern durch eine Schussverletzung. Die Tragödienform kristallisiert sich auch zunehmend im Verlauf von LOST heraus: Der Protagonist Jack Shephard, der im ersten Teil der Serie verbissen für eine Heimkehr kämpft, erkennt zum Ende der dritten Staffel den zentralen Schauplatz der Insel als Schicksalsort[65] und treibt im zweiten Teil der Serie seiner tragischen Aufopferung im Finale entgegen. Zahlreiche Dramaserien integrieren eine tragische Erwartungshaltung in den narrativen Freiraum der dramatischen Ausrichtung „Das Ende ist ungewiss. Die Hauptfigur gewinnt. Aber der

---

[63] BREAKING BAD, Episode 05x14, TC: 0:32:02–0:32:38.
[64] Eschke/Bohne: Dramaturgie von TV-Serien, S. 95.
[65] Mit Jacks Worten „We were not supposed to leave. [...] We have to go back, Kate. We have to go back" wechselt das letzte Segment der dritten Staffel spektakulär seinen Status von der erwarteten Rückblende zu einer Vorausblende – LOST, Episode 03x23, TC: 0:36:09–0:40:37.

Sieg kostet sie einen Preis"⁶⁶, die kontinuierlich über Haupt- und Nebenfiguren ausgespielt wird. Die aus dem popkulturellen Kontext hervorstechende Tendenz einer nachdrücklich „ernsten [...] Handlung"⁶⁷ tendiert in tragischen Konstellationen zur aristotelisch kathartischen „Nachahmung [...], die Jammer und Schaudern hervorruft und hierdurch eine Reinigung von derartigen Erregungszuständen bewirkt"⁶⁸.

Gerade über die typologische Konstitution der TV-Narration wird eine Konzentration auf archetypische Kernbereiche möglich. Durch eindeutige Dualkonstruktionen ergibt sich die Tendenz zur Veranschaulichung einer ‚conditio humana'. Die profunde Konstellation der Menschheitsprüfung prägt sowohl BATTLESTAR GALACTICA, das die menschlichen Protagonisten im Gegenüber zur Robotersippe der Zylonen positioniert, wie auch LOST, das sein Serienpersonal zu Beginn des Staffelfinales 05x17 rück- und fortwirkend zum Wetteinsatz zweier schwarz und weiß typisierter Gottfiguren macht. Mit dem Bewusstsein um den typologischen Funktionskern des Spektakels akzentuieren die Event-Serien das Spektakuläre auch in seiner Negation. Die Kabelserie THE SOPRANOS entwickelt über Bildberuhigungen und Abspann-Schwarzblenden eine Ästhetik der Desaturierung. Auch Network-Serien erproben die Minderung und Umkehrung bestehender Muster. Über die Reduktion der konstitutiven Paratexte des Vorspanns oder des Serientitels selbst bespiegeln Shows wie *24*, LOST oder ALIAS das Spektakel auch explizit im Gegenteil.

2.2 Fakt und Fiktion

In *24* und anderen US-Qualitätsdramaserien der Post-9/11-Dekade zeigt sich die Tendenz einer Instrumentalisierung und Reflexion des fernsehspezifischen Spannungsfelds von Fakt und Fiktion in Bezug zu einer gewaltsamen US-Realität. Eine Akzentuierung gegenwärtiger Gewalt lässt sich in allen Dramaserien des Korpus feststellen. Eine moderate Grundstufe bilden die Verschärfungen persönlicher Dramen (SIX FEET UNDER). Das US-historisch prägende Gewaltnarrativ des Wilden Westens präsentiert die Western-Serie DEADWOOD. Neuere Konfliktstrukturen figuriert das Crime-Genre (BREAKING BAD, DEXTER, PRISON BREAK, THE SOPRANOS, THE WIRE). Als wichtige Bezugspunkte der exponierten bis dramatisierten Realitätsnähe dienen der 11. September mit der Fakt-Fiktion-Erschütterung seiner Übertragung sowie die folgende Berichterstattung zum Krieg gegen den Terrorismus *(I.1.1)*. Entsprechend entfaltet sich die hochaktuelle Terrorproblematik im Zeichen einer Grenznähe von Realis-

---

⁶⁶ Eschke/Bohne: Dramaturgie von TV-Serien, S. 95.
⁶⁷ Ebd.
⁶⁸ Aristoteles: Poetik, S. 19.

mus und Dramatisierung maßgeblich über das Agenten-Genre (*24*, ALIAS) und daran anknüpfende Mystery- und Sci-Fi-Allegorien (BATTLESTAR GALACTICA, FLASHFORWARD, FRINGE, LOST, THE EVENT).

Spiegelbildlich zu einer Fiktionalisierung faktualer TV-Programme nach dem 11. September, die Andrew Hoskins und Ben O'Loughlin als „crisis of news discourse"[69] artikulieren und die Fred Halliday pointiert auf die metaphorischen Konstruktionen im News-Programm des *24*-Senders FOX bezieht[70], lässt sich nach 9/11 eine ‚Faktualisierung' fiktionaler TV-Programme feststellen. Gerade das Beispiel des FOX NEWS-Formats impliziert eine ‚Faktualisierung' in der TV-Serie *24*: Die Einbindung einer fiktionalen FOX NEWS-Variante in die Fernsehserie erzielt eine starke Korrelation mit dem Non-Stop-Programm der Fernsehnachrichten. In Bezug zur Erschütterung des Informationsdienstes der TV-News, die Hoskins und O'Loughlin anhand einer „modulation of terror" gezielt am Terror-Phänomen festmachen[71], ergeben sich besonders in US-Dramaserien der Network-Sender über Programmnähe und intensive Plot-Strukturen markante Dramatisierungen des faktualen Informationsprimats. Fiktionale Figurationen des Informationsdrangs bietet die Geheimnisstruktur des Mystery-Genres in Serien wie LOST, FRINGE, THE EVENT und FLASHFORWARD wie auch die Ermittlungsstruktur im Polizei-Genre, die in *24* mit der Extremform der Folter ihren Höhepunkt erreicht.

Die dramaserielle Engführung von Fakt und Fiktion rekurriert auf die konstitutive Verquickung faktualer und fiktionaler Repräsentation im Fernsehen. Grundlegend für die Realitätsnähe der Dramaserien ist die indexikalische Qualität der Fernsehzeichen, die Ellen Seiter in Bezug auf die semiotische Theorie von Charles Sanders Peirce in der materiellen Referenz zwischen Signifikant und Signifikat festmacht, die sich aus der physischen Präsenz des Referenten während der Produktion ergibt[72]. In ihrer indexikalischen Ähnlichkeit erlangen fiktionale Formate zu den benachbarten faktualen Formaten im TV-‚flow' eine strukturelle Kohärenz, die Knut Hickethier als „Realitätsschein" bezeichnet[73]. In diesem fernsehspe-

---

[69] Andrew Hoskins, Ben O' Loughlin: Television and Terror. Conflicting Times and the Crisis of News Discourse, New York 2007, S. 13.
[70] „Osama bin Laden was termed a ‚dirtbag', a ‚monster', running a ‚web of hate'. His followers were ‚terror goons', and the Taliban ‚diabolical' and ‚henchmen'", Fred Halliday: Shocked and Awed. How the War on Terror and Jihad have changed the English Language, London/New York 2011, S. 247.
[71] Hoskins/O' Loughlin: Television and Terror, S. 14.
[72] Vgl. Seiter: Semiotics, Structuralism and Television, S. 36.
[73] „[Die] Mischung von fiktionalen und dokumentarischen Formen [...] führt dazu, daß der Schein von Realitätsnähe und Realitätswiedergabe auch auf fiktionale Sendungen abfärbt", Hickethier: Die Fernsehserie und das Serielle des Fernsehens, S. 31.

zifischen Spannungsfeld von Fakt und Fiktion nehmen episodenübergreifende TV-‚Serials' dank ihrer dramaturgischen Offenheit und Dauer[74] eine gattungsästhetische Schlüsselrolle fiktionaler Realitätsverarbeitung ein. Aufbauend auf dem realen Überschuss von TV-Formaten[75], der im Einbruch des Realen am 11. September einen Höhepunkt erreichte, organisieren US-Dramaserien der Post-9/11-Dekade ihre Ästhetik der Grenzüberschreitung über die Verzahnung und Reflexivität fiktionaler und faktualer Inszenierungsweisen.

24 perfektioniert eine dramaturgische Instrumentalisierung faktualer und dokumentarischer Formen. Gemäß der Überschreitung fernsehtraditioneller Produktionsgrenzen basiert die Actionserie auf der Prämisse realistischer Beleuchtung. Im Gegensatz zur traditionellen Kinematografie muss das Licht nach Aussage des Chefkameramanns Rodney Charters nicht für jede Einstellung neu gesetzt werden, so dass in einer dokudramatischen Konstruktion ein natürlicher Eindruck entsteht, der den Zuschauer im dramatischen Geschehen positioniert: „You're in an environment, you feel it and if you were there, you just took a pair of binoculars and looked further into the scene and looked at the way somebody was lit, that's the way they're lit"[76]. Die im Zitat vollzogene Natur-Annäherung des optischen Instruments vom Fernsehapparat zum Fernglas verhält sich analog zum Einsatz von ‚found lighting': „We go into an environment, we embellish it in such a way that it really feels like it could have been lit by the industrial engineers that designed it", erläutert Charters[77]. Mit dem Realitätseindruck des Raums korreliert das Casting weitgehend unbekannter Schauspieler.

In der dramatischen Instrumentalisierung eines observierenden, investigativen Blickwinkels, wie er den Dokumentarfilm-Formen des Direct Cinema und Cinéma Vérité eigen ist, etabliert besonders *24* einen Bezug zu der fiktionalen Prägung des Dokumentarfilms als „creative treatment of actuality"[78]. Im Verbund mit dokumentarischen Signaturen der Zeit-

---

[74] Vivi Zigler, NBC-Vizepräsidentin für Primetime-Serien, bemerkt: „Serialized drama is more analogous to the way life works. Your life doesn't stop and everything is neatly resolved at the end of a day", David Zurawik: Fall Lineup full of Drama. Technological Advancements spur Proliferation of Intricate Plots, in: The Baltimore Sun, 20.08.2006, online: http://bit.ly/2zo8ERL; Stand: 12.12.2018.

[75] „A contradiction deeply embedded in television's function and appeal, television's probing of the boundaries between the ‚produced' and the ‚real' is built into television formats that include the potential for their own disruption. [...] In such cases, the format/genre includes the attempt to create ‚liveness' that is disruptive and immediate", Graeme Turner: Genre, Format and Live Television, in: Glen Creeber (Hg.): The Television Genre Book, London 2001, S. 7.

[76] Video „Unbesungene Helden", TC: 0:20:38–0:20:47.

[77] Ebd., TC: 0:20:59–0:21:16.

[78] John Grierson: The Documentary Producer, in: Cinema Quarterly 1, 1933, S. 8.

und Raum-Titel, die auch Kriminalserien wie ALIAS oder sogar Mystery-Formate wie FRINGE authentifizieren[79], überschreitet *24* die Grenzen einer filmklassischen Außenperspektive, die sich einführender Establishing Shots und Einstellungen in der Vogelperspektive bedient, hin zu einer Dynamik, die innenperspektivische Konstellationen begünstigt[80]. *24*-Regisseur Jon Cassar betont: „Most of our angles are always at eye level. As people would see things, not as birds would see things"[81]. In Bezug zum faktualen Fernsehprogramm im 9/11-Diskurs kann die dokumentarische Zuschauernähe in *24* als Dramatisierung des faktualen ‚Embedded'-Prinzips der Kriegsberichterstattung gewertet werden.

Als Kernelement einer dramaseriellen Instrumentalisierung faktualer Strukturen in Bezug zur Gewalt fungiert die Inszenierung des fernsehkonstitutiven ‚Live'-Charakters. Wesenhaft bestimmt die ‚Live'-Prägung das TV-Programm, wie Jane Feuer feststellt, über die Technik hinaus, als formale Konstruktion und selbstreflexive Anspielung[82]. Bereits in seiner Pilotfolge pointiert die Kabelserie THE WIRE, die die Drogenkriminalität der synekdochischen Stadt Baltimore im fernsehrealistischen 4:3-Format abbildet, das Leitprogramm einer realitätsaffinen ‚Live-TV'-Ästhetik[83]: „That's not tape. It's live, brother", erklärt FBI-Agent Terrance Fitzhugh dem Detective James McNulty angesichts der Überwachungsaufnahmen einer Drogenbande. Die ‚Live'-Markierung der Übertragung verstärkt die Authentizität der Serie: „This is going on right now?", wundert sich McNulty. „As we speak", fügt Fitzhugh hinzu. Der einschneidende ‚Live'-Moment bezieht sich darüber hinaus auf die Übertragung des 11. September: Eine prägnante 9/11-Zäsur wird evident, als der FBI-Agent ausführt, dass sich der Fokus der Ermittlungen verschoben habe, weg vom Drogenkrieg, hin zum Krieg gegen den Terror. Man habe für die Drogenprobleme kein Personal – „not since those towers fell".

Die ‚Live'-Intensität prägt die Dramaserien über eine verstärkte Kohärenz von Erzählzeit und erzählter Zeit. Dieses Phänomen, das im Echt-

---

[79] In Bezug auf *24* markieren Elisabeth und Hanne Birk die Titel als extradiegetische „authentification strategies", Elisabeth Birk, Hanne Birk: Today is going to be the Longest Day of my Life. A Narratological Analysis of 24, in: Gaby Allrath, Marion Gymnich (Hgg.): Narrative Strategies in Television Series, Basingstoke/New York 2005, S. 56.

[80] Zu Stilmitteln der Innenperspektive in *24* vgl. u. a. ebd., S. 54–56.

[81] Video „09:00. Erweiterte Kampfszene zwischen Gary und Kim", in: 24. Season Two DVD, Disc 7, TC: 0:00:45–0:00:51.

[82] „Television's self-referential discourse plays upon the connotative richness of the term „live," confounding its simple or technical denotations with a wealth of allusiveness", Jane Feuer: The Concept of Live Television. Ontology as Ideology, in: E. Ann Kaplan: Regarding Television. Critical Approaches. An Anthology, Los Angeles 1983, S. 14.

[83] THE WIRE, Episode 01x01, TC: 0:43:50–0:45:19.

zeitkonzept von *24* eine maximale Steigerung und Beachtung erfahren hat[84], soll hier dramaserienübergreifend elaboriert werden im Hinblick auf die dramatische Verzahnung der fernsehspezifischen ‚Live'-Wesensart mit der Vermittlung von Gewalt. Die Kabelserien des Korpus orientieren ihre Episoden vorwiegend am Tagesverlauf und erstellen damit einen realistischen Rahmen, den sie vielfach für dramatisch zugespitzte Handlungsverläufe nutzen. Im Rahmen der „Workplace-Struktur"[85] entfalten sich spannungsgeladene Erzählstränge der Kriminalität (THE SOPRANOS, BREAKING BAD) und Ermittlung (THE WIRE, DEXTER) über lebensnahe Ankerpunkte des Familien- und Arbeitsalltags. Besonders die Setzung des Episodenstarts als Tagesbeginn befördert eine realistische Basis: Tony Soprano holt in vielen Episoden die Tageszeitung vom Hof bevor dramatische Ereignisse losbrechen, Dexter Morgan präpariert bereits im Intro – und das in jeder Episode – ein Frühstück, das die gewaltsamen Serienhandlungen andeutet, angefangen bei den morgendlichen Tatortbegehungen. Auch die angrenzenden Kabelserien operieren mit einer alltagszeitlichen Ausrichtung der intensiven Dramaturgie: SIX FEET UNDER präsentiert den Arbeitsalltag einer Familie, die kontraststark als Bestattungsunternehmen rabiate Todesfälle verhandelt. DEADWOOD serialisiert den Alltag einer gesetzlosen Stadt: Die beiden Startepisoden der zweiten Staffel befördern über den Zeitraum eines Tages, vom Morgen bis zur Nacht, spannungsreiche Fortsetzungsakzente der Konfrontation und Konspiration.

Ein näherer Einblick in die Komposition des dramatisierten Tagesabgleichs im Gewaltbezug soll hier an den Kabelserien THE WIRE und BREAKING BAD vorgenommen werden. Es ist bemerkenswert, dass beide Serien über eine Episode verfügen, die minuziös in Entsprechung zum Tagesbeginn startet, als ein digitaler Wecker 6 Uhr anzeigt. BREAKING BAD initiiert durch das Closeup eines Weckers mit dunkelblau leuchtenden Ziffern die außergewöhnliche, werkstrukturell zentrierte ‚bottle episode' *Fly*[86], die im konzentrierten Raum des Crystal Meth-Labors bei Zeitnot ein eindringliches Kammerspiel der Hauptfiguren Walter White und Jesse Pinkman präsentiert. Während der erste Arbeitstag iterativ zusammengefasst wird, umspannt der Hauptteil einen intensiven Tag der Auseinandersetzung der Protagonisten mit einer Fliege und dadurch vor allem mit sich selbst. Gemäß der Tagesrahmung schließt die Episode mit einer kurzen Nachtsequenz, die zeigt wie Walter White beim Schlafen ge-

---

[84] Vgl. u. a. Schabacher: 24 und das Regime der Echtzeit; Furby: The Demands 24's Real-Time Format Makes on its Audience; Koch: Zur Ökologie der Angst in der US-amerikanischen Fernsehserie 24.
[85] Eschke/Bohne: Dramaturgie von TV-Serien, S. 141.
[86] BREAKING BAD, Episode 03x10, TC: 0:01:06–0:01:29.

stört wird vom titelgebenden Insekt der Fliege[87]. In einem frappierend ähnlichen Tag-Episode-Abgleich beginnt die THE WIRE-Episode *Bad Dreams* mit dem Wechsel der digitalen Uhr eines Radioweckers von 05:59 zu 06:00[88]. Über das heimelige Kontrast-Setting eines nackten schlafenden Paars hinweg manifestiert sich die dramatische Zeit über Fokussierung, Zoom-in und Schnitt und initiiert eine Razzia sowie den Arbeitstag der seriellen Polizeieinheit. Analog zur Radiodurchsage „Wake up, Baltimore. It's 6 a.m.", die die rot leuchtende Uhrzeit akustisch und verbal amplifiziert, stürmt ein Polizeikommando die Eingangstür in Richtung des Zuschauers. Auf diesem Wege gerät die ‚Live'-Struktur zur drastischen Dramakomponente, die eine fernsehgemäß vertraute Häuslichkeit gewaltsam aufbricht. Spiegelbildlich zur spannungsreichen Inszenierung des Tagesbeginns steht am Ende der THE WIRE-Episode 05x07 ein beruhigender Tagesausklang im Stil einer Gutenachtgeschichte im Bilderbuch[89], wobei auch hier die Gewaltkulisse als Bruchstelle fungiert. Zum Abschluss eines geladenen Plots sitzt die Polizistin Kima Greggs mit dem kleinen Elijah, der nicht einschlafen kann, am Fenster eines Hochhauses und wünscht den Stadtbewohnern – den Drogendealern und Prostituierten – eine gute Nacht, während die Kamera langsam herauszoomt in eine totale Einstellung, die in den schwarz unterlegten Abspann mündet.

Die dramatische Anspannung des ‚Live'-TV-Prinzips erreicht in Network-Serien eine besondere Intensität. Den Extremfall einer seriendramaturgischen Zuspitzung der ‚Live'-Prägung des Fernsehens erzielt *24*. Über die televisuellen Formen des Countdowns und Split-Screens dramatisiert *24* die Funktionsweise des Nachrichtenfernsehens im Hinblick auf eine Gewaltdramaturgie. In Bezug zur ‚Live'- und Nonstop-Präsentation immer neuer Gewaltinformationen nach dramatischen Kriterien in den TV-News, die Jay David Bolter und Richard Grusin als „‚up-to-the-minute' coverage of wars, crimes, and natural disasters" pointieren[90], generiert *24* die dramatische Präsentation immer neuer gewaltbezogener Erzählereignisse nach ‚Live'- und Non Stop-Kriterien. Auch LOST rekurriert auf die Intensität des ‚Live'-Phänomens. Die Mystery- und Survival-Serie entfaltet das genrespezifische Spannungsfeld von Fantastik und Wirklichkeit, indem sie eine Geheimnisstruktur an den Realitätseffekt des ‚Live'-Fernsehens koppelt, wie ihn im faktualen Bezugsrahmen auch die überlebensfokussierte Reality-Show SURVIVOR nutzt. Entsprechend bestätigt Show-Creator J.J. Abrams: „You feel that electricity. It's almost li-

---

[87] Ebd., TC: 0:45:34–0:46:24.
[88] THE WIRE, Episode 02x11, TC: 0:00:00–0:00:32.
[89] Ebd., Episode 05x07, TC: 0:55:13–0:57:27.
[90] Bolter/Grusin: Remediation, S. 189.

ke live TV. We don't quite know what might happen"[91]. Das ‚live'-orientierte Prinzip einer sekündlichen Lebensgefahr integriert im späteren Serienverlauf auch eine Verarbeitung, die der faktualen Berichterstattung entspricht: Im Finale der vierten Staffel nutzt LOST bei der Rettung einiger Gestrandeter von der Insel das faktuale Inszenierungsmuster der ‚Live'-Pressekonferenz und bespiegelt darin den Wunsch der Zuschauer, Fragen an ein Serienpersonal zu stellen, das über vier Jahre einen kulturell relevanten Stellenwert eingenommen hat. Die ‚live'-orientierte Gewaltdramaturgie der Zeit prägt auch Mystery-Serien wie FLASHFORWARD, wo die Erforschung eines 137-sekündigen Blackouts im Fokus steht, sowie Kriminalserien wie PRISON BREAK, wo das Todesurteil des Protagonisten Lincoln Burrows und der dringliche Plan eines Gefängnisausbruchs die Serienhandlung ausrichten.

Im Darstellungsrahmen des ‚Live'-Fernsehens, der nach Jane Feuer das Reale antizipiert und sich explizit als lebendig ausweist[92], wirken dramatische Setzungen von Gewalt und Tod maximal. Die hocheffiziente und fordernde Darstellung der Dramaserien, die besonders bei extremer Gewalt problematisch wird, speist sich grundlegend aus der Verquickung von Realitätseffekten auf indexikalischer, dokumentarischer und ‚live'-orientierter Zeichenbasis mit einer nachdrücklichen dramatischen Stilisierung. Gerade die direkte Adressierung der Fernsehübertragung, die John Ellis festmacht an einer ‚Live'-Rhetorik, dem „talk of ‚now' and ‚today', ‚here' and ‚we'" sowie der Zeitform des Präsens[93], und davon einzig die Gattung des Dramas ausnimmt, durchdringt die drastischen Vermittlungsweisen in *24* und anderen Dramaserien. Die *24*-Einleitungsformel der Seriengewalt, die in Kapitel *I.2.1* als ‚Absolutdeixis' aufgeführt wurde, basiert auf einer Rahmung durch die ‚Live'-Begriffe „now" und „today", die zudem gesteigert sind zu den Formulierungen „right now" und „today is the longest day of my life":

> „Right now terrorists are plotting to assassinate a presidential candidate, my teenage daughter is missing, and the people I work with may be involved in both. I'm federal agent Jack Bauer, and today is the longest day of my life".

Entgegen einer realistischen Entschleunigung modelliert *24* das Echtzeit-Prinzip, über adäquate Szenenwechsel und Werbepausen, gemäß dramati-

---

[91] Mayer Nissim: Abrams. Writing Lost is like Dickens, 07.05.2009, online: http://bit.ly/2I7wjJb; Stand: 06.06.2019.
[92] „From an opposition between live and recorded broadcasts, we expand to an equation of „the live" with „the real." Live television is not recorded; live television is alive; television is living, real, not dead", Feuer: The Concept of Live Television, S. 14.
[93] John Ellis: Seeing Things. Television in the Age of Uncertainty, London 2000, S. 33.

schen Gestaltungsakzenten. Autor und Produzent Joel Surnow bestätigt, dass etwa auf Szenen verzichtet werde, in denen gegessen wird, da sie die Dramaturgie der Szenen behindern[94]. Die Anforderung der dramatischen Ausgestaltung des Echtzeitkonzepts betont Surnow mit der bewusst widersprüchlichen Formulierung in der er den Begriff „real time" als Stilmittel gegenüber der Realität des „real life" setzt: „We're doubly sort of crippled by the fact that we have to have things happen in real time [...]. In real life things don't happen in real time"[95]. In der Akzentuierung des Erzählprinzips zeigt sich dessen hochgradige Konstruiertheit. Produzent Howard Gordon geht so weit, die 24-Stunden-Rahmung als Konzept der Fantastik zu begreifen: „It is an inherently unreal premise that a story would begin and end in 24 hours, and the events that occur in those 24 hours, you know, the premise is absurd"[96]. Der Erzähltrick des Realitätseffekts befördert, dass die Ausnahmeserialität als Alltag erscheint.

Mit Techniken des Realitätseffekts werden Plot-Elemente plausibilisiert, die stark konstruiert sind und bis ans Fantastische heranreichen. Es gelten weniger Knut Hickethiers Kriterien zum fernsehseriellen „Realitätsschein" im Hinblick auf die „Kausalität von Handlungen, die Wahrscheinlichkeit von Abläufen sowie die handlungsinternen wie serienexternen Motivierungen von Geschehensabläufen"[97]. Gleichermaßen problematisch wird Ien Angs Konzept des „emotional realism"[98], dem zufolge Handlungen der TV-Serie gemäß ‚emotionalen Verhaltensweisen' als realistisch oder unrealistisch gewertet werden können. Vielmehr müssen real scheinende extreme Handlungen oft auf stark dramatisierende Gestaltungsmuster zurückgeführt werden.

In *24* konzentriert sich die Spannung zwischen dem real scheinenden ‚Live'-Konzept und der dramaturgischen Verpflichtung zur spannungsreichen, spektakulären Anordnung. Es gilt das Gebot, die vorgegebene Erzählzeit durch eine optimale Funktionalität und Kombinatorik der Plot-Elemente zu füllen, was jedoch dazu führt, dass eine reale Wahrscheinlichkeit überschritten wird. Ein markantes Beispiel für die Reibung zwischen ‚Live'-Struktur und Plot-Primat ist das sechste Staffelfinale, das die letzten Stunden übriger Erzählzeit dafür nutzt, eigentlich abgeschlossene

---

[94] Video „Audiokommentar für Folge 02x20 von Kiefer Sutherland und Joel Surnow", TC: 0:25:16–0:26:00.
[95] Video „Biologische Bedrohung. Jenseits der Serie", in: 24. Season Three DVD, Disc 7, TC: 0:19:24–0:19:34.
[96] Video „How Hollywood Gets It Wrong on Torture and Interrogation. P1", TC: 0:08:07–0:08:18.
[97] Knut Hickethier: Die Fernsehserie und das Serielle des Programms, in: Günter Giesenfeld (Hg.): Endlose Geschichten. Serialität in den Medien, Hildesheim 1994, S. 59.
[98] Ien Ang: Watching Dallas. Soap Opera and the Melodramatic Imagination, London 1985, S. 45.

und nicht zusammenhängende Storylines gemäß wirkungsvollen Überraschungskriterien miteinander zu verknüpfen. So folgt auf den bereits gelösten Hauptkonflikt eine Kombination aus übrigen, staffelübergreifenden Konflikten als retardierendes Moment. Die selbst schon überkonstruierten Storylines des Verbrechervaters Phillip Bauer aus der sechsten Staffel und eines chinesischen Bösewichts aus der vorherigen fünften Staffel potenzieren sich zur Maximalbedrohung eines Angriffs auf die Terrorabwehrzentrale der CTU (Counter Terrorist Unit). Die Verquickung dramatisierender und authentifizierender Form lässt sich auch an der vierten Staffel pointieren: Staffelübergreifend knüpft die extreme Konstellation der terroristischen Schläferfamilie Araz an den Realitätsschein des alltäglichen US-Familienlebens an. Entsprechend enthüllt die vorletzte Folge der vierten Staffel, dass Agent Tony Almeida und Verbrecherin Mandy nicht tot sind über die effektive Verzahnung dokumentarischer Nähe mit einer unzuverlässigen Erzählhaltung. Im Eindruck realer Orientierung funktionieren serielle Täuschungsstrategien maximal.

Gezielt dient die hyperreale Grenznähe der Gestaltung extremer Szenarien. Beginnend mit der Serienkonzeption wird die Dramatik, gerade in *24*, oftmals so weit wie nötig in einem realistischen Rahmen gehalten und im Zuge einer ‚heightened reality' so weit wie möglich ans Fantastische angegrenzt. Die *24*-Produktionsassistentin Anne Cofell sagt zum Bedrohungskern der dritten Staffel: „It was very challenging to find a virus with a 90 % kill rate. [...] They don't tend to exhibit symptoms as quickly as ours does. [...] In the end we gave up and invented our own"[99]. In Bezug auf die Annäherung faktualer und fiktionaler Inszenierungsweisen in der News-Vermittlung des Terrors hat das Element der Katastrophe einen zentralen Stellenwert. *24* serialisiert in jeder Staffel eine oder mehrere Varianten der Katastrophe, wie etwa die Atombombenbedrohung in der zweiten Staffel oder die Virusgefahr in der dritten, und dramatisiert damit wirkungsvoll die Berichterstattung des Fernsehens. Als fiktionale Amplifikationen des faktualen Programms dienen auch die Figuren des Agenten (*24*, ALIAS, FRINGE, FAST FORWARD, THE EVENT) oder des Politikers (*24*, THE WIRE).

Über die Funktionalität postmodern präfabrizierter Zeichen ergibt sich die Entwicklung pseudorealistischer Marken. So konstruiert *24* in der siebten Staffel den fiktiven afrikanischen Staat Sangala und in der achten Staffel den nahöstlich anmutenden Staat Kamistan jeweils über die Klangähnlichkeit des Namens sowie kartografische Einschübe. Programmatisch entwirft die Agentenserie mit der akronymischen Marke CTU eine fiktive Anti-Terror-Einheit, die semiotisch an die popkulturell etablierten Geheimdienste CIA und FBI anknüpft, aber in der Differenz eine

---

[99] Video „Biologische Bedrohung. Jenseits der Serie", TC: 0:00:56–0:01:15.

Grenzüberschreitung der Methoden erlaubt. Erst spät im Serienverlauf, in der ersten Episode der siebten Staffel, artikuliert die Serie explizit den Unterschied mit den Worten des FBI-Chefs Larry Moss: „We're FBI, not CTU, we honor the law"[100]. Doch in einer gezielten Fortführung der Spannung wird auch diese Unterscheidung zur kontinuierlichen Herausforderung.

Die grenznahe Ästhetik zwischen Fakt und Fiktion integriert eine fortdauernde Reflexivität. Bezeichnend ist die Akzentuierung der Realitätsnähe in Relation zur eigenen Konstitution. Im aufgewerteten Dispositiv überschreiten Dramaserien die traditionelle Situierung des Fernsehens als „Fenster zur Welt", das in Bezug zum filmhistorischen Illusionismus meint, „dass man das gerahmte Viereck, durch das man hindurchsieht, aus dem Blick verliert"[101]. Stattdessen dominiert eine formreflexive Ausrichtung, die anknüpft an die filmhistorisch progressive Konstellation des Kinofilms als „partielle Illusion"[102], deren Rahmen „sowohl auf den Inhalt der (undurchsichtigen) Bildfläche, dessen konstruktiven Charakter, wie auf sich selbst verweist"[103]. Gerade die Grenzüberschreitung einer moderaten zu einer fordernden Fernsehdarstellung im Gewaltbezug verstärkt eine Reflexivität zwischen Fakt und Fiktion. Gerade über den Fokus der Fernsehgewalt nach dem 11. September betont Angela Keppler eine prozessuale „Exploration der Unterscheidung von Realem und Nicht-Realem"[104] im komplexen Nebeneinander fiktionaler und faktualer Formen im TV-‚flow':

> „Gerade das also, wovon das Fernsehen nach Meinung seiner traditionellen Kritiker nicht handelt, was es verwischt und verdrängt, erweist sich als zentrale Obsession des Mediums: die Differenz von Dokumentation und Fiktion, von Realität und Irrealität. Es spielt sie aus und spielt sie durch, es spielt mit ihr, aber stets mit dem Effekt, sie wieder entstehen zu lassen"[105].

Die Tatsache, dass TV-Serien über Funktionsmuster des Nachrichtenfernsehens gezielt „Realitätsindikatoren"[106] dramatisch instrumentalisieren, und darin die fernsehspezifische Komplexität durchspielen, lässt sich bei Keppler im „Austausch verwandter Elemente"[107] einordnen. Denn

---

[100] *24*, Episode 07x01, TC: 0:33:31–0:33:34.
[101] Thomas Elsaesser, Malte Hagener (Hgg.): Filmtheorie zur Einführung, Hamburg 2007, S. 25.
[102] Rudolf Arnheim: Film als Kunst, Frankfurt 2002, S. 38 f.
[103] Elsaesser/Hagener: Filmtheorie zur Einführung, S. 25.
[104] Angela Keppler: Mediale Gegenwart. Eine Theorie des Fernsehens am Beispiel der Darstellung von Gewalt, Frankfurt 2006, S. 316.
[105] Ebd.
[106] Ebd., S. 161.
[107] Ebd., S. 315.

„[a]uch die Indikatoren, die in einer oft komplexen Weise auf den realen oder fiktiven Status von Worten und Bildern verweisen, gewinnen ihren Wert aus dieser fortwährenden Abgrenzung und Übernahme der stilistischen Mittel voneinander"[108].

Die fordernde Realitätsreflexion integriert fiktionale Reartikulationen pointierter Elemente des faktualen Fernsehdiskurses. In Relation zur Offenlegung fernsehspezifischer Funktionsmuster am 11. September akzentuieren Dramaserien ihren Realitätsbezug, indem sie Strukturprinzipien faktualer Repräsentation reartikulieren, deren Konstruiertheit Ellen Seiter in der semiotischen Tradition von Fiske und Hartley auf „conventions of representation" zurückführt, die sogar indexikalische Bilder betreffen[109]. Über typologische Setzungen korrelieren die Dramaserien, besonders im Gewaltbezug, mit ähnlich signalhaft konstruierten Bildern, Motiven und Narrativen des faktualen TV-Diskurses und erweitern dank dieser Authentifizierung den fiktionalen Einblick in Grenzbereiche, die die Berichterstattung nicht zeigt oder stark einschränkt. Der Bereich der Drogenkriminalität wird zur ausführlichen ästhetischen Komposition in den Kabelserien THE WIRE und BREAKING BAD. Die Network-Serie PRISON BREAK reimaginiert den verschlossenen Raum des Gefängnisses. Im spezifischen 9/11-Diskurs personifiziert LOST die Folterthematik in der Figur des irakischen Soldaten Sayid Jarrah. Während 24 in seiner ersten Staffel noch den Balkan-Konflikt Ende der 1990er-Jahre konzentriert, reartikuliert die Serie in den folgenden Staffeln die stereotype Konstruktion der Berichterstattung zum islamistischen Terror dramatisch und reflexiv. Selbst bei stilistisch verdichteten, exotischen Figurensetzungen wie den mexikanischen Gangsterbossen Hector und Ramon Salazar in Season Three wird die Inszenierung des Feindes in den Fernsehnachrichten zur deutlichen Relation: Zum Verkaufspreis einer biologischen Terrorwaffe registriert Hector in Episode 03x08 im typologischen Parallelismus „Al Qaeda pays ten times as much, North Koreans too"[110]. Die fotografische Kadrierung der Realität pointiert in nuce gleich in der Pilotfolge der Fotograf Martin Belkin[111]: Auf die Frage der getarnten Terroristin Mandy gibt der Fotograf an, Lady Diana getroffen zu haben, ohne allerdings eine Aufnahme machen zu können.

Über die Verarbeitung der Realität, deren Vermittlung das Fernsehen entscheidend geprägt hat, potenzieren die Fernsehserien ihre dramatische und formreflexive Funktionsweise. Hierbei positionieren sie sich gegenüber der Formreflexivität faktualer Formate, die gerade über hypermedia-

---

[108] Ebd.
[109] Seiter: Semiotics, Structuralism and Television, S. 37; Seiter führt das Beispiel von Vor-Ort-Reportern an.
[110] 24, Episode 03x08, TC: 0:07:54–0:08:06.
[111] Ebd., Episode 01x01, TC: 0:26:47–0:26:52.

le Konstruktionen einen Realitätsbezug erwirken[112]. Gerade die exponierte Präsentation faktualer Marker, wie etwa dokumentarischer Zeit- und Ortsangaben, generiert kontinuierlich formale Akzente und Überschüsse, die die Rezeptionssituation des Fernsehens herausstellen. In der Tradition der formreflexiven Realitätsnähe der Polizeiserie, die Lez Cooke im historischen Überblick von Z-CARS (1962–1978, Troy Kennedy/Martin Allan Prior) bis HILL STREET BLUES ausführt[113], erreicht 24 eine besondere Qualität der formbetonten Realitätsreflexion. Der Einsatz der Simultanitätstechnik des Split-Screen, der gleichermaßen den Realitätsbezug und Informationsdrang des Nachrichtenfernsehens ausrichtet[114], erzeugt zum einen ein formales Äquivalent zum Echtzeitkonzept und betont zum anderen dessen Konstruiertheit und letztlich das Dispositiv des Fernsehens. Grundlegend gilt: Die Realitätserschließung im Fernsehen erfolgt über die Funktionsmechanismen des Fernsehens. Die besondere Relevanz dieser Konstellation, gerade in Bezug zur Irritation des 11. September, wird schlüsselhaft veranschaulicht in den Schlussminuten der zweiten LOST-Episode der dritten Staffel, wie nun deutlich werden soll.

*Analyse 1 – LOST: ‚That's home on the other side of that glass' –
Orientierung und Problematisierung der Realität im Fernsehmedium*

Gemäß der TV-Dualsemiotik des „system of binary oppositions"[115] erlangt in Episode 03x02 der gefangene Protagonist Jack Shephard, der nicht mehr an ein Außerhalb der Insel glaubt und darin den Zuschauer der komplexen Mystery-Serie bespiegelt, einen fernsehspezifisch akzentuierten Zugang zur US-Realität nach dem 11. September[116]. Im isolierten Höhlenraum orientiert ausgerechnet die zentrale Feindfigur Benjamin Linus die Diegese über eine akribische Realitätsrelation. In Linus' numerisch präziser Einleitung „Your flight crashed on September 22nd, 2004. Today is November 29th" lässt sich eine semiotische Annäherung an die ‚Urszene' des 11. September erkennen. Die Aussage spannt einen Bogen vom Serienbeginn zum Heute mit einem deiktischen Bezug von der 9/11-Irritation der Darstellung zum modellierten ‚Live'-Moment der jetzigen Fernsehrezeption. Im Verweis auf eine Periode von 69 Tagen, die in der einundfünfzigsten Episode eine realistische Entsprechung darstellt, erfolgt die explizite Markierung des Realitätsbezugs über die räumliche Du-

---

[112] Vgl. Bolter/Grusin: Remediation, S. 189.
[113] Lez Cooke: The Police Series, in: Glen Creeber (Hg.): The Television Genre Book, London 2001, S. 19 ff.
[114] Vgl. Jermyn: Interactivity, Realism and the Multiple-Image Screens in 24, S. 50.
[115] Bignell/Orlebar: The Television Handbook, S. 101.
[116] LOST, Episode 03x02, TC: 0:39:07–0:40:55.

alkonstruktion zum Außerhalb: „Yes, we do have contact with the outside world, Jack".

Gezielt positioniert sich LOST über eine Reihe US-amerikanischer Symbolfiguren im faktualen Diskurs. Mit den zeitgenössischen Namen George W. Bush und Christopher Reeve sowie der Baseball-Mannschaft Boston Red Sox, die Benjamin Linus als Bezugspunkte nutzt, erfolgt die Realitätsbehauptung anhand der hyperreal überformten Bereiche von Politik, Popkultur und Sport. Über die Knüpfung der massenmythologischen Symbolfiguren an eine fernsehspezifisch typologische und gegensatzbestimmte Event-Struktur von Sieg und Tod, vermittelt die Serie die Erschütterung und Restitution der symbolischen Lebenswelt nach dem 11. September. Als Postfiguratonen des „symbolischen Schock[s]" von 9/11[117] fungieren die Wiederwahl des kontroversen US-Präsidenten George W. Bush im politischen Machtzentrum und der Tod des Schauspielers von ‚Superman', der im popkulturellen Bereich als fiktionale Wunschvariante einer Machtfigur fungiert. Entgegengesetzt wird ein Zeichen der Restitution: Als Höhepunkt eines zuvor etablierten Leitmotivs fungiert der ‚world series'-Sieg des chronisch unterlegenen Baseball-Teams Boston Red Sox als Rückversicherung des US-Narrativs vom ‚pursuit of happiness' über das mythologische Gemeinschaftsmotiv des Baseballsports.

Obwohl der Fernsehzuschauer die verbal pointierten Schlüsselereignisse bereits auf Fakten zurückführen kann, dient der Zweifel des zuvor isolierten Protagonisten als Ausgangslage zur selbstreflexiven Realitätserschließung über die intradiegetische Vorführung des faktualen TV-Programms. Demonstrativ lässt Benjamin Linus in der Totalen ein Fernsehgerät in den düsteren Raum schieben, das daraufhin das eigentliche Dispositiv bespiegelt, indem es über die fiktionale Aufnahme eines zweiten Rahmens die faktuale Aufnahme des populären Baseball-Events präsentiert. Die anschließende Überblendung der ikonischen ‚world series'-Sportaufnahmen mit der Nahaufnahme des zuschauenden Protagonisten ergibt eine schlüsselhafte Zusammenführung der Blicke des fiktionalen und tatsächlichen Zuschauers an der Spiegelachse der Monitorfläche. „That's home, Jack. Right there, on the other side of that glass" – Über die Grenzen einer fiktionalen Illusion hinaus manifestiert Linus' deiktische Formulierung die materielle Trenn- und Verbindungslinie des vermittelnden Fernsehmediums. Das Narrativ der Heimkehr erreicht die wesensgemäße Konsequenz einer Restitution der Darstellung, die im isolierten Höhlenraum die Qualität des platonischen Höhlengleichnisses erhält[118]. Gleichzeitig bleibt die Realitätserschließung eine Herausforderung, denn markanterweise ist es eine Feindfigur, die den Zuschauern

---

[117] Baudrillard: Der Geist des Terrorismus, S. 14.
[118] Platon: Der Staat (Politeia), Stuttgart 1958/1982/2000, S. 327 ff.

über eine Fernsehvorführung die Heimkehr verspricht. Im Spannungsfeld von Orientierung und Täuschung entfaltet LOST wie auch andere US-Qualitätsdramaserien nach dem 11. September eine kontinuierliche Problematisierung der Realitätsdarstellung. „I tell you when the time comes", sagt Linus. Fester Bezugspunkt ist demnach allein die Dauer und Prozessualität der Serie. Nach der Vorführung wird Jacks irritierter Blick vom Schriftzug der Serie überblendet, der mit der Signatur LOST die kontinuierlich problematische Rezeptionssituation der Serie markiert.

2.3 Serialität

In *24* und anderen US-Qualitätsdramaserien der Post-9/11-Dekade lässt sich die Tendenz feststellen, dass die gattungs- und programmspezifische Struktur der Serialität eine dramaturgische, reflexive und werkästhetische Zuspitzung im Gewaltbezug erfährt. Gegenüber der Tradition einer format- und episodenfixierten Fernsehserienstruktur amplifizieren die drastischen Dramaserien das folgenübergreifende, mehrsträngige Quality-TV-Erzählprinzip der Fortsetzungsserie (,serial') zu dramatisch intensiven und reflexiven Ausgestaltungen. In der folgenübergreifenden Form der Grenzüberschreitung, die Knut Hickethier als „doppelte Formstruktur"[119] und Robin Nelson, mit Bezug auf die attraktionsästhetische Ausrichtung, als „flexi-narrative" artikuliert[120], entwickeln die Dramaserien im Gewaltbezug der Post-9/11-Dekade komplexe Präsentations- und Reflexionsmodelle mit hohem kulturellen Stellenwert. Das serielle Darstellungspotential einer „unlimited semiosis"[121] begünstigt eine diskursive Annäherung an die Darstellbarkeit nach dem „symbolischen Schock" des 11. September[122]. Die ,serials' bilden vielfältige Post-9/11-Gesellschaftspanoramen in Gestalt zeitgenössischer Kriminalformate (THE WIRE, THE SOPRANOS, BREAKING BAD, ALIAS, PRISON BREAK, DEXTER), archaischer Mystery- und Sci-Fi-Shows (LOST, BATTLESTAR GALACTICA, FRINGE, FLASHFORWARD, THE EVENT), emotionaler Soap-Dramen (SIX FEET UNDER) und historischer Western (DEADWOOD). Die Action-Thriller-Serie *24* entwirft das detaillierteste Serienmodell des Kriegs gegen den Terrorismus.

Im episoden- bis formatüberschreitenden Spektrum tendieren die Dramaserien zu einer fordernden und unberechenbaren Extremserialität. Produktionsästhetisch konstituieren sich die druckvollen und wechselhaften Erzählelemente aus prozessual impulsgerichteten Kollektivarbeiten im

---

[119] Hickethier: Die Fernsehserie und das Serielle des Fernsehens, S. 10.
[120] Nelson: TV Drama, S. 111–118.
[121] Charles S. Pearce, nach Seiter: Semiotics, Structuralism and Television, S. 35.
[122] Baudrillard: Der Geist des Terrorismus, S. 14.

Sinne einer Intensivierung televisueller[123] und qualitätsserieller[124] Flexibilität. Diese effektzentrierte Variabilitätspraxis soll am Beispiel der Serien *24* und LOST pointiert werden. In der erschütternden Terrornarration von *24* erfolgt die prozessual impulsorientierte Gemeinschaftsproduktion über ein markant korrelatives Zusammenspiel auf den Stufen des Drehbuchs, des Castings und der Dreharbeiten. Als grundlegendes Herstellungsverfahren fungiert der offene Schreibprozess, bei dem die drastischen Plot-Akzente erst im kontinuierlichen Verlauf der Staffel von einem Autoren-Team im Writers' Room entwickelt werden, wie *24*-Produzent Howard Gordon über einen Vergleich mit der Soap-Produktion ausführt[125]. Diese Variabilität der Handlungsentwicklung wird im Casting-Prozess gezielt antizipiert. Im Fokus steht die Besetzung von Schauspielern, die rundum einsetzbar sind – bis hin zu einer Reversibilität von Figuren *(II.1.3)*:

> „It's a moving target, it's fluent, and we never know how far something's going to go, so we're trying just to hire the best actor that's going to be able to do the broadest range of things while still serving what's on the page [...] the moment we cast it"[126].

Die Dynamik der Produktion betrifft entscheidend die Dreharbeiten. Zum Einsatz kommt in *24* ein Zwei-Kamera-System. Zusätzlich zum Fernsehstandard einer festen Bildsetzung, die die Grundlage für ein Schuss-Gegenschuss-Verfahren bildet, ermöglicht eine flexible Handkamera-Technik, wie sich in den DVD-Produktionsberichten zeigt, über die Hilfsmittel der Beleuchtung, des Kamerawagens und der separat geregelten Schärfeziehvorrichtung, besonders bei Actionszenen, eine Bildkomposition in der Kamera, mit der die Serie die Form des ‚Live'-Fernsehens dramatisch nutzt: „I never hold the frame steady on one person. I'm always searching for a frame"[127], bestätigt Jay Herron, der für die ‚B'-Kamera zuständig ist. Die Signalsuche justiert die Serienproduktion.

Die prozessuale Serienherstellung hat in der Überlebensmythologie von LOST besondere Berühmtheit erlangt. Gerade der lautstark wiederholte Fan-Vorwurf, die Serienmacher würden ihre bedeutungsschwangere Legende erst im Serienverlauf weiterspinnen (‚making it up as they go along'), entspricht zu großen Teilen dem tatsächlichen Produktionsprozess, der bei aller werkstrukturellen Serien- und Staffelrahmung, auf kontinuierlich kollektiv entwickelte Impulse setzt. Beim Schreibprozess be-

---

[123] Zur televisuellen Produktionsästhetik vgl. Caldwell: Televisuality, S. 83, 137.
[124] Zur qualitätsseriellen Produktionsästhetik vgl. Pearson: The Writer/Producer in American Television; Patterson/McLean: Move Over Hollywood.
[125] Vgl. Video „Inside the Writers' Room", in: 24. Season Six DVD, Disc 7, TC: 0:00:37–0:00:50.
[126] Casting Director Debi Manwiller, Video „Nebenrollen", in: 24. Season Five DVD, Disc 7, TC: 0:03:21–0:03:37.
[127] Video „Unbesungene Helden", TC: 0:02:37–0:02:42.

stimmt das Autorenteam jeweils Anfang und Ende einer Staffel, ‚bricht' die Story in Episoden und verteilt sie auf die Autoren, deren Drehbücher abschließend von den leitenden Autoren Damon Lindelof und Carlton Cuse angeglichen werden[128]. Aufbauend auf der Skript-Produktion speist sich LOST auf allen Fertigungsstufen aus einem kollektiven Improvisationsprozess mit auktorial-formreflexiven Qualitäten, wie Damon Lindelof betont: „The ‚making it up' part is just our acceptance that this is a collaborative process, that the show is about writers and actors and directors and all these voices. There's a jazz-like quality to Lost"[129]. Im Wechsel der Akzente setzt LOST die Grenzüberschreitung eines konventionellen Formats als Produktionsmaxime: „We are constantly pushing to never make the audience feel like they know what an episode of Lost is", so Lindelof[130]. Als Paradebeispiel einer progressiven LOST-Folge fungiert Episode 06x09 (*Ab Aeterno*), die Nestor Carbonell, der Hauptdarsteller der Folge, ausdrücklich als Regelbruch markiert: „They really broke format and convention with this episode and it's sort of a contained story within the story of Lost"[131]. Die prominent platzierten Statements der Serienbeteiligten setzen die Grenzüberschreitung als marktstrategische Signatur.

Die impulsorientierte Prozessualität der Dramaserien befördert eine komplexe dramatische Intensität. Das Phänomen der Komplexität, das Qualitätsfernsehserien kennzeichnet, steigert sich in den Dramaserien des 9/11-Diskurses über eine außerordentliche Konfliktdichte zu einer dramatisch drastischen Reizung. In 24 kann etwa das Ausmaß der seriell aufeinanderfolgenden Extremszenarien nur mit größter Aufmerksamkeit bewältigt und eingeordnet werden. Ein markantes Beispiel bildet der übergreifende Konspirationsplot der herausragend intensiven Staffeln Fünf und Sechs, deren vielgestaltige Gewalthandlung der Zuschauer nur angemessen nachvollziehen kann, wenn er sowohl die aktuelle Komplexität erfasst, als auch die der vier vorangegangenen Staffeln. LOST erzielt eine andauernde Herausforderungsästhetik über die Kopplung des Überlebenskampfs an die nichtlinearen Erzähltechniken der Rückblende (Season One bis Season Three), Prolepse (Season Four) und Zeitreise (Season Five). Den Gipfel intensiver Komplexität erreicht die Serie in der abschließenden sechsten Staffel. Mit der Erzählprämisse eines ‚flash sideways' stellt die Show den grenzüberschreitenden Anspruch, dass die qualitative

---

[128] Vgl. Webseite „Transcript. Darlton and Bender Talk Lost Season 6 at Curzon Cinema 7/03/2009", online: http://archive.is/llmNF; Stand: 06.06.2019.

[129] Mark Cotta Vaz: The Lost Chronicles. The Official Companion Book, London/New York 2005, S. 83.

[130] Ryan: The long Lost Interview with Lindelof and Cuse Part 2.

[131] Mike Ryan: Lost's Nestor Carbonell on Last Week's Big Episode and That Richard Alpert YouTube Song, 30.03.2010, online: http://bit.ly/2I7FCZs; Stand: 06.06.2019.

Einordnung der Diegese einer halben Network-TV-Staffel erst zum Serienfinale möglich wird, und selbst dann nur im Ansatz einer mythologischen Parallelwelt-Konstruktion.

Die dramatisch zugespitzte Komplexität betrifft auch die Bildgestaltung. *24* befördert in der hypermedialen Simultanitätsform des Split-Screen eine bildraumüberschreitende Drohkulisse der Gewalt. Über formreflexive Thriller-Techniken des Kameraschwenks sowie der Sicht durch Jalousien oder an unfokussierten Objekten vorbei steigert *24* das Prinzip einer exzessiven Dynamik und Durchlässigkeit, in der potentiell jedes Signal eine narrativ schlüsselhafte Bedrohung markieren könnte. Eine besonders vielgestaltige Gefahrenkonstellation, die den Raum zum faktualen Programm öffnet, findet sich in Episode 03x23. Über zwei Split-Screen-Konstruktionen, die an die Werbung angrenzen, dirigiert der verhaftete Bösewicht Stephen Saunders die Erstellung eines virtuellen Phantombilds. Über die okular selbstreflexiven Regieanweisungen „Lighten The Eyes"[132] und „The eyebrows, change the eyebrows"[133] präfiguriert die Serie in Teilbildern die Feindfigur Arthur Rabens, die erst im Staffelfinale, nach der Erschießung von Saunders, für den Zuschauer visuell identifiziert wird inmitten einer hypermedialen Anordnung von sechs blau gerahmten Fahndungsfotos[134]. Die dramatische Serienausrichtung nutzt sowohl das Attraktions- als auch das Reflexionspotential der Fernsehbilder.

Die vielseitig stimulierende Seriendramaturgie integriert intertextuelle und transmediale Strategien. Phänomene, die in Qualitätsfernsehserien als formale und mediale Überschreitungstendenzen festgestellt wurden[135], sollen hier in ihrer dramaturgischen Intensivierung im Gewaltbezug herausgestellt werden. Situiert im Fernsehmedium, das Programme verschiedener Entstehungszeiten verknüpft[136], nutzen die Dramaserien mehrfach Verweise auf TV-Shows oder Werke anderer Medien zur spannungsreichen und reflexiven Potenzierung. Die intertextuelle Verflechtung der Korpusserien mit Werken aus Film und Literatur ergibt sich in besonderem Maße durch die popkulturelle Prägung der beiden Hauptzweige des Kriminal- und Mystery- bzw. Sci-Fi-Genres. Kriminalserien wie *24* und ALIAS sowie Mystery-Serien wie FRINGE, FLASHFORWARD und THE

---

[132] *24*, Episode 03x23, TC: 0:26:48–0:26:54.
[133] Ebd., TC: 0:31:40–0:31:46.
[134] Ebd., Episode 03x24, TC: 0:08:14–0:08:27.
[135] Vgl. Beil et al.: Die Fernsehserie als Reflexion und Projektion des medialen Wandels, S. 197–223; Roberta Pearson: Lost in Transition. From Post-Network to Post-Television, in: Janet McCabe, Kim Akass (Hgg.): Quality TV. Contemporary American Television and Beyond, London/New York 2007, S. 239–257; Seiler: Die Erfindung des Paratextes in der Fernsehserie Lost, S. 40–53.
[136] Vgl. Jim Collins: Postmodernism and Television, in: Robert C. Allen (Hg.): Channels of Discourse, Reassambled. Television and Contemporary Criticism, London 1992, S. 331.

EVENT speisen sich aus dem Bezugssystem des Agententhrillers, der in Kolportage und Popkultur eine wichtige Rolle einnimmt. Die Kriminal-Kabelserie THE SOPRANOS positioniert sich im medienübergreifenden Spektrum der Mafiaerzählung. Mystery- und Sci-Fi-Serien wie LOST oder BATTLESTAR GALACTICA rekurrieren auf die Tradition der fantastischen Literatur, des Comics und verschiedener filmischer Subgenres. Einen besonderen Stellenwert hat die Reartikulation fernseh- und filmgemäßer Genre- und Programm-Muster mit adäquater Raumgestaltung. 24 amplifiziert den Rettungsplot der zweiten Staffel über das Schreibtisch-Set der Schlüsselfigur Präsident Palmer, das Joseph Hodges nach Vorbild der Rettungsgruppenserie THUNDERBIRDS (ATV, 1965–1966, Gerry Anderson/Sylvia Anderson) erstellte[137]. Entsprechend steigert die fünfte 24-Staffel ihre film-noir-reminiszierende Konspiration über die Gestaltung des Zufluchtsorts von Präsident Logan im Stil der 1950er-Jahre[138].

Die dramaturgische Nutzung transmedialer Strategien lässt sich am Beispiel von 24 verdeutlichen. Comic-Reihen wie *24: Nightfall* reichen hinaus über den Erzählbeginn der Fernsehserie und stärken die Hintergrundgeschichte mit grafisch und textuell pointierten Details. Der TV-Film 24: REDEMPTION (FOX, 2008, Jon Cassar) ermöglicht demgegenüber eine Neuformierung des seriell abgenutzten Narrationskonzepts: Nach dem extremen Finale der sechsten Staffel, das die Erzählung an einem Nullpunkt zurücklässt, bietet das Format des Fernsehfilms durch eine spielfilmtypische 90-minütige Erzählstruktur und einen Ortswechsel der kalifornischen Show nach Afrika eine systematisch relevante Erneuerung der Hauptfigur und Fernsehserie. Markant ist auch die Einbindung internetbasierter Videoformate ins Spannungskonzept. Die dauerhafte Intensität der Serie überschreitet Staffelgrenzen und wendet selbst die narrativen Leerstellen zwischen den Staffeln zu dramatischen Reizpunkten. Dies geschieht schlüsselhaft durch promotionsorientierte Clip-Reihen. Die fürs Handy konzipierten Mobisoden *24: Conspiracy*[139] präfigurieren die Kidnapping-Storyline der vierten Staffel. Die für den Computer produzierten Webisoden *24: Day 6 Debrief* postfigurieren die sechste Staffel und die tragische Gefangenschaft der Hauptfigur, die der sechsten Staffel vorausging[140]. Die umfassende Partizipation des Rezipienten am Erzähluniversum von 24 reicht bis zur virtuellen Handlungsübernahme im Videospiel *24: The Game*.

Die episodenübergreifend impulsorientierte Spannungsform der Dramaserien bevorzugt, im Verbund mit Extremdarstellungen, eine Er-

---

[137] Vgl. Video „Audiokommentar für Folge 02x04 von Carlos Bernard, Sarah Wynter und Michelle Forbes", in: 24. Season Two DVD, Disc 1, TC: 0:33:28–0:34:15.
[138] Vgl. Video „Logan's Rückzug", in: 24. Season Five DVD, Disc 7.
[139] Video „24. Verschwörung", in: 24. Season Four DVD, Disc 7.
[140] Video „24 Mobisodes. Day Six Debrief", in: 24. Season Six DVD, Disc 7.

zählstruktur der maximalen Suggestion, die sich im fernsehseriellen Dialog konzentriert. Das hervortretende Prinzip der Andeutungen, das auch aus gattungsökonomischen Einschränkungen erwächst, lässt sich theoretisch zurückführen auf Knut Hickethiers Narrationskonzept einer „doppelte[n] Formstruktur" zwischen Episode und Gesamtzusammenhang[141]:

> „Die Narration erzeugt einen Erwartungsdruck auf eine Lösung, ein Ende der Geschichte hin, in der sich alle Erzählfäden aufgehoben finden, das aber gerade bei langlaufenden Serien immer wieder hinausgeschoben bzw. nur in Teilen angeboten und zugleich mit neuen, weiterführenden Ausgangssituationen für neue Geschichten kombiniert wird"[142].

Das narrative Strukturprinzip der Fortsetzungsserie, das Hickethier in seiner konzeptionellen Handhabe darstellt, erhält in gewaltbezogenen Dramaserien nach dem 11. September eine neue dramatische und selbstreflexive Qualität. Über die lediglich vage Bestimmung serieller Elemente zeigt sich in US-Dramaserien, besonders in Network-Shows des Crime- und Mystery-Genres, die staffelumfassende Form einer kontinuierlichen Konfliktsetzung und die fortdauernde Verzögerung einer narrativen Resolution. Die Variation maximal suggestiver Elemente bis zur totalen Reversibilität ermöglicht eine dramaturgisch hocheffiziente Erzähltechnik fortdauernder Interessensgenerierung und Desorientierung, die sich in einer fernsehseriellen Drohkulisse der Gewalt bündelt. Die dramaserielle Suggestion maximaler Gewalt konzentriert sich im Ausblick auf das Szenario der Invasion, das sich im Kriminal-Genre am Terrorismus orientiert (*24*, ALIAS) und in der Sci-Fi- und Mystery-Gattung verstärkt zum Weltuntergang allegorisiert wird (FRINGE, THE EVENT). Das weitreichende Imaginationspotential der seriellen Suggestionstechnik lässt sich mit einem programmatischen Statement in *24* unterstreichen. Über ein Split-Screen-Telefonat, das den geografischen und imaginären Raum öffnet, trifft Bösewicht Philip Bauer in Episode 06x09 gegenüber seiner Schwiegertochter die Aussage „You're involved in something that's much bigger than you can possibly imagine"[143].

Ausgespielt wird die Intensität und Reflexivität fortsetzungsserieller Suggestion über das dauernde Fordern und Verwehren neuer Informationen. In dieser radikalisierten Kommunikation, die über Genre-Prägungen der Ermittlungs- und Geheimnisstruktur befördert wird und existenziell bis zu Gewaltformen wie der Folter reicht *(II.2–3)*, verschärft sich die Schlüsselrolle des Dialogs in der Fernsehserie. Jeremy G. Butler pointiert

---

[141] Hickethier: Die Fernsehserie und das Serielle des Fernsehens, S. 10.
[142] Ebd., S. 58.
[143] *24*, Episode 06x09, TC: 0:31:41–0:31:45.

die konstitutive Funktion des Dialogs in der fernsehseriellen Fortsetzungs- und Verzögerungstechnik:

> „Dialogue continually acts as the catalyst for new enigmas in the never-ending narrative chain [...]. Small questions are answered while larger ones are held in abeyance. [...] [I]ncomplete pieces of closure [...] always construct the foundations of new enigmas"[144].

Die Terror-Thriller-Dramaturgie in *24* entfaltet sich grundlegend über eine narrative Verzögerungstechnik. Eine besondere Relevanz erhält die verzögernde Erzählweise in der Wechselwirkung mit einer graduellen Annäherung an eine Darstellbarkeit nach dem 11. September. Gezielt wird in Episode 07x02 die ‚9/11-Urszene' des Flugzeugattentats suggestiv angenähert[145]: In einer exponiert hypermedialen Dopplung wird die Beinahe-Kollision zweier Flugzeuge eindringlich in Aussicht gestellt. Vor dem schließenden Countdown des ersten Akts wird ein Zusammenprall der Maschinen spannungsorientiert verzögert, als ein Mitarbeiter der Flugkontrolle nach der Ursache des extremen Handelns fragt und von Attentäter Tony im schwarz umrandeten Halbprofil die suggestive Antwort „You'll find out soon enough" erhält. Eine ähnliche Konstellation zeigt sich in Episode 08x05[146]. Hier wird die Paranoia um einen Annäherungsversuch an den Nahen Osten in der soap-strukturellen Konfiguration des Ehebruchs gespiegelt. Im durchlässigen, schwach belichteten Transitraum des Hotels überschreitet das Gespräch zwischen der misstrauischen Tochter Kayla Hassan und der verschleiernden Mutter Dalia die Handlungsebene zu einem selbstreflexiven Kommentar: In der ungewohnten Rechts-nach-links-Achse der Blicke, die durch Schminke stark betont sind, erreicht Kaylas Vorwurf „Imply things, but you never actually tell me what you mean" in besonderem Maße die Konnotation einer dramaseriellen Andeutungsstrategie. Mit der frontal positionierten Replik „It's better that way, Kayla, believe me" bestätigt Dalia als Sprachrohr der Serie gegenüber Kayla als Spiegelfigur der Zuschauer matriarchalisch ihre Regeln.

Ein hervorstechendes Ausmaß der dramatischen Verzögerungstechnik erreicht LOST, das im Zuschauerdiskurs den Vorwurf des ‚making it up as they go along' erntet. In einem metafiktionalen Kommentar potenziert die Serie in Episode 06x07 die erschütterte Rezeptionshaltung des langjährigen Zuschauers ausgerechnet über die als allwissend antizipierte Figur Richard Alpert und das Schicksalsmotiv[147]:

---

[144] Jeremy G. Butler: Television Style, New York 2010, S. 54 f.
[145] *24*, Episode 07x02, TC: 0:07:38–0:10:09.
[146] Ebd., Episode 08x05, TC: 0:17:54–0:18:07.
[147] LOST, Episode 06x07, TC: 0:24:44–0:25:08.

> „I devoted my life, longer than you can possibly imagine, in service of a man who told me that everything was happening for a reason, that he had a plan, a plan that I was a part of, and when the time was right that he'd share it with me and now that man's gone so... why do I want to die? Because I just found out my entire life had no purpose!".

Die Aussage ähnelt in erstaunlicher Weise den Internetforeneinträgen enttäuschter LOST-Fans. Die Antwort der Serie erfolgt, auch hier matriarchalisch, über einen Kommentar der mythologischen Mutterfigur, die in Episode 06x15 den Produktionsprozess der Serie erstens in seiner Verzögerungsnarration artikuliert und zweitens im Spannungsfeld diskursiver Zugeständnisse und einer ästhetischen Ambivalenz: „Every question I answer simply leads to another question"[148].

Eine episodenübergreifende Serialisierung semantisch unbestimmter und semiotisch überformter Signale entfaltet sich, besonders in Network-Serien, als dramaturgische Verschärfung der umfangreichen und signalzentrierten Programmstruktur des TV-‚flow'. Die Reizkontinuität des Fernsehprogramms, gemäß derer TV-Sendungen kontinuierlich Reizsignale bieten müssen, um den Zuschauer zu fesseln[149], und die in US-Network-Serien grundsätzlich eine werbepausenorientierte Dramaturgie befördert, gerät in technisch avancierten Dramaserien des 9/11-Diskurses zur dramatischen Dauerintensität. Die narrationsüberschreitende Reizreihung im Gewaltbezug erfolgt grundlegend über das formzentrierte Strukturprinzip der Dynamik im televisuellen Schnittrhythmus: „It's all about pace" konstatiert *24*-Regisseur Jon Cassar mit dem Fokus auf eine Actionszene[150]. Demgemäß entfaltet sich die Drastik der Dramaserien über das konstitutive Serialitätskonzept der Wiederholung, in dem typologische Gewaltelemente über Zirkulation und Variation intensiv verdichtet werden. Die clipästhetische Wiederholungsrhythmik des „visual hook", die Andrew Goodwin am Musikvideo feststellt[151], erfährt eine dramatische Intensivierung zu Kehrreimen der Gewalt, die man als ‚violence hooks' fassen kann. Gezielt gebrochen wird damit die fernsehtraditionelle Grunderwartung der Wiederholung als „Versprechen [...] des Herstellens einer Kontinuität gleicher Geschichten mit denselben Figuren und in denselben Handlungsräumen"[152].

---

[148] Ebd., Episode 06x15, TC: 0:02:37–0:02:40.
[149] Robin Nelson nennt in seiner Diskussion der ‚flexi-narrative'-Form die Fernsehmacherregel, dass eine Fernsehsendung den Zuschauer nach spätestens 40 Sekunden packen muss, um ihn vom Umschalten abzuhalten; Nelson: TV Drama, S. 113.
[150] Video „09:00. Erweiterte Kampfszene zwischen Gary und Kim", TC: 0:01:21–0:01:23; Cassar bezieht sich auf eine Kampfszene zwischen Kim Bauer und dem gewalttätigen Familienvater Gary Matheson.
[151] Goodwin: Music Television and Popular Culture, S. 93.
[152] Hickethier: Die Fernsehserie und das Serielle des Fernsehens, S. 30.

Eine spektakuläre Serialität ergibt sich aus der dramaturgischen Zuspitzung der reizorientierten Segmentstruktur bzw. „segmentalisation"[153] des Fernsehens. Das konstitutive, in der Quaitätsserienforschung aber kaum berücksichtigte Fernsehelement des Segments, wird in Dramaserien und insbesondere in Network-Serien wie *24*, zum dramatisch intensiven Baustein. In seiner wichtigen Strukturanalyse der ‚prime time series' bzw. ‚PTS', zu der man die hier thematisierten Serien zählen kann, betont Michael Z. Newman die grundsätzliche dramatische Effizienz einzelner TV-Segmente: „No moment is without a dramatic function, no scene is redundant with other scenes or digressive from the narrative's forward progress"[154]. Während Newman gemäßigtere Dramaserien wie JUDGING AMY (CBS, 1999–2005, Amy Brenneman/Bill Delia/John Tinker) oder GILMORE GIRLS (The WB/The CW, 2000–2007, Amy Sherman-Palladino) untersucht, wird seine Feststellung sowie die produktionsgemäße Einteilung der Serien in ‚beats'[155] besonders fruchtbar für die effekt- und gewaltzentrierte Ausrichtung dramatischer Fernsehserien. Als zielführende Grundlage für das Verständnis der dramaseriellen Drastik kann in besonderem Maße das ‚Scene function model' der Forschergruppe um Michael J. Porter verwendet werden[156]. Über eine segmentbezogene Orientierung des Szenenmodells, das auf Seymour Chatmans Erzählereignis-Schema aufbaut, soll im zweiten Hauptteil dieses Buches die Gewaltserialität in *24* analysiert werden über eine Auswertung der Seriennarration gemäß plotorientierter ‚Kern'-Segmente (‚kernels') und diskursiver ‚Satellit'-Segmente (‚satellites').

Bestimmend wird eine spektakuläre Kombinierbarkeit intensiver Signale. Das offene Produktionskonzept integriert formale Gewalt. *24*-Autor Many Coto pointiert: „It's a period process whereby you [...] look at something, then you rip it apart and start over again and ultimately what you're left with is the best possible"[157]. Entsprechend formuliert Co-Autor Evan Katz: „You have to really attack your own material. I think that's the culture of the show"[158]. Drastische Dramaserien nutzen für eine spektakuläre Formgewalt den Signalcharakter des Segments. Als überge-

---

[153] Ellis: Visible Fictions, S. 119; Vgl. ebd., S. 112.
[154] Newman: From Beats to Arcs, S. 18.
[155] Newman orientiert sich an einer Vier-Akt-Episodenstruktur und zählt durchschnittlich fünfundzwanzig ‚beats' pro Episode und etwa sechs ‚beats' pro Akt, Ebd., S. 18.
[156] Vgl. Michael J. Porter, Deborah L. Larson, Allison Harthcock, Kelly Berg Nellis: Re(de)fining Narrative Events. Examining Television Narrative Structure, in: Journal of Popular Film and Television 1, 2002, S. 23–30; Porters Gruppe bezieht sich auf: Seymour Chatman: Story and Discourse. Narrative Structure in Fiction and Film, Ithaca 1978.
[157] Video „Inside the Writers' Room", TC: 0:01:53–0:02:00.
[158] Ebd., TC: 0:04:38–0:04:43.

ordnete Stimulationselemente dienen der Cliffhanger zum Episodenende und der ‚Actbreak' vor den Werbepausen[159], von denen *24* vier verwendet und LOST sechs[160].

Um die ungekannt intensive Abfolge spektakulärer Segmente und ihren Bezug zur Gewalt in *24* und anderen US-Dramaserien, besonders im Network-Rahmen, zu erfassen soll programmatisch der Begriff der ‚Höhepunktfrequenz' bestimmt werden. Das Phänomen kann über drei theoretische Akzente eingeordnet werden. Erstens lässt sich die Häufung klimaktischer Seriensegmente über Knut Hickethiers Konzept der ‚Höhepunktszenen' annähern:

> „Zur Erzeugung von Faszination gehören die serienspezifischen Strategien der Ballung von Emotionshöhepunkten, die gerade in amerikanischen Serien aufgrund einer besonderen, auf die Möglichkeit der Werbeeinblendung hin konzipierten Dramaturgie zustandekommt. Die Folgendauer von 30, 50 oder 60 Minuten verführt zudem zu einer Komprimierung der Handlung auf Höhepunkte hin [...]"[161].

Zweitens muss die formale Spezifik des Fernsehsegments hervorgehoben werden. John Ellis attestiert dem TV-Segment im „process of climaxing" eine Spannungskurve in sich selbst: „Being self-contained, the segment tends to exhaust its material, providing its own climax which is the culmination of the material of the segment"[162]. Die klimaktische Zuspitzung des Fernsehsegments in Abgrenzung von der filmischen Szene vertieft drittens Jeremy G. Butler, indem er die Segmentreihung abgrenzt von der dreiaktigen Spannungskurve im Kinofilm: „[T]he segmentation of the series narrative interrupts the rising curve of increasingly intensified action that we see in classical cinema and replaces it with portions of narrative equipped with their own miniature climax – in a sense, a series of several upward curves"[163]. Die ‚Höhepunktfrequenz' der Dramaserien im drastischen Gewaltbezug nach 9/11 entfaltet sich über eine formale Konstitution, in der ein dramaturgischer Höhepunkt keinen singulären Ausnahmemoment darstellt, sondern innerhalb einer Signalkette von Höhepunkten serialisiert wird. Anstelle einer „Linie des Ereignislosen", wie sie Stanley

---

[159] Vgl. Eschke/Bohne: Dramaturgie von TV-Serien, S. 133.
[160] Explizit betont LOST-Autor Carlton Cuse die dramaturgische Orientierung an Werbepausen: „[O]ur goal is when we're breaking stories, how are we going to really make each one of these commercial breaks really exciting", Lorne Manly: The Men who made ABC's Lost Last, in: The New York Times, 13.05.2010, online: http://nyti.ms/2xLi0VY; Stand: 06.06.2019.
[161] Hickethier: Die Fernsehserie und das Serielle des Fernsehens, S. 32.
[162] Ellis: Visible Fictions, S. 149.
[163] Jeremy G. Butler: Television. Critical Methods and Applications, Belmont 1994/ Mahwah 2002, S. 26.

Cavell zu Beginn der 1980er-Jahre im Fernsehen feststellt[164], entwickeln dramatische Fortsetzungsserien der Post-9/11-Dekade hochgradig ereignisreiche Spannungskontinuitäten der Gewalt.

Eine maximale Dichte stimulierender Signale im seriellen Spektakel erfolgt mit Nachdruck im Network-Rahmen und über die spannungsorientierten Genres der Crime- (24, ALIAS, PRISON BREAK) und Mystery-Ebene (LOST, FRINGE, FLASHFORWARD, THE EVENT), die meist an Action- und Thriller-Elemente gekoppelt sind und auf die formbetont affektiven Kolportage-Seriengattungen der Soap Opera und des Comics rekurrieren. Eine ermittlungsfokussierte „Workplace-Struktur"[165] begünstigt in fast allen Korpusserien die frequentielle Systematisierung spannungsreicher und gewaltsamer Vorgänge. Kabelserien entfalten ihre ‚Höhepunktfrequenz' verstärkt im Kontrast zu Gattungstraditionen: THE SOPRANOS, BREAKING BAD, DEXTER, THE WIRE und SIX FEET UNDER serialisieren Extremfälle der Gewalt im spannungsreichem Gegenüber zur Alltagsebene der Familie. Die Reihung extremer Ereignisse pointiert in BREAKING BAD der Familienvater Walter White sowohl zur Serienmitte in Episode 03x05 („I have made a series of very bad decisions"[166]) als auch zum Serienende in Episode 05x04 („And that happened again and again and again"[167]). DEXTER proklamiert die Dauerdrastik gleich zum Serienbeginn als Leitprogramm, ebenfalls mit der dreifachen Nennung des seriellen Schlüsselworts ‚again': „Tonight's the night. And it's going to happen again and again – has to happen". In Ausnahmereihungen ergeben sich, besonders bei terroristischen Themen, serielle Auseinandersetzungen mit der Ausnahmeübertragung des 11. September. So schaltet FLASHFORWARD mit dem Ausnahmefall eines kollektiven Blackouts ein gleichermaßen traumatologisches wie spannungsreiches Verfahren in Serie: Was ist beim kollektiven Blackout passiert und, da es sich dabei um einen Blick in die Zukunft handelt, was wird passieren?

Ein Höchstmaß serieller Anspannung geht einher mit der Minimierung von Entspannungsstrategien wie sie durch retardierende Momente oder ‚comic relief' in Fernsehserien üblich sind. Der drastische Spannungsprimat erfordert eine Handlungsausrichtung, die absolut auf Entspannung verzichtet. Ein einziger Ruhemoment führt in 24 laut Regisseur

---

[164] Cavell: Die Tatsache des Fernsehens, S. 151.
[165] Eschke/Bohne: Dramaturgie von TV-Serien, S. 141.
[166] BREAKING BAD, Episode 03x05, TC: 0:25:48–0:25:51; In dem Gespräch mit Drogenhändler Gustavo Fring zeigt sich explizit die Spannung zwischen Dauerdrastik und Familie: White nennt die Familie als Grund, aus dem Drogenhandel auszusteigen, Fring dagegen als Grund, weiterzumachen.
[167] Ebd., Episode 05x04, TC: 0:24:05–0:24:10; Whites Aussage beim Familienessen betrifft auf der primären Ebene den Kampf gegen den Krebs im Angesicht der Familie, auf der sekundären Ebene das Hadern mit der Kriminalität und auf der tertiären Ebene das Gattungskonzept der drastischen Serialität.

Jon Cassar dazu, dass eine Sequenz der vierten Staffel, in der sich der rastlose Protagonist Jack Bauer im Laden muslimischer Besitzer verschanzt, aus der Endfassung entfernt wird:

> „We didn't want the audience to ever relax [...]. We wanted them to live the tension that our characters were living inside the store [...]. So even the fact that he [Jack] sits down here and just even takes that one moment was one moment too much for us. We just wanted to keep the audience under pressure just like they were in the store"[168].

Die Zielsetzung maximaler Anspannung, die Cassar in der Diskussion anderer, aus dem Rohschnitt entfernter Szenen mit den Prämissen „getting to the point" und „as tight as possible" unterstreicht[169], bedeutet eine Konzentration der Diegese, in der Leerstellen konsequent getilgt werden[170]. In der extremen Verdichtung der Darstellung auf Reizsignale erfolgt eine Optimierung des aufmerksamkeitszentrierten Fortsetzungsgebots des Fernsehens, das Neil Postman im „Now... This!"-Prinzip erfasst hat[171], sowie der entsprechenden Fortsetzungsstruktur der Fernsehserie, die Eschke und Bohne im Erzählprinzip der „aktivierenden Fragen" zusammenfassen: „Jeder Wendepunkt in der Handlung sollte beim Zuschauer die Frage aufwerfen: Was passiert als nächstes? [...] Wenn sich der Zuschauer aktiviert fühlt, ist er emotional beteiligt und ergo neugierig. Er bleibt dran!"[172]. Als bemerkenswert buchstäbliche Erfüllung dieser Serienregel liest sich Jon Cassars Statement: „On our show it always has to be interesting. [...] You turn it on and an hour later you go ‚What just happened?' and ‚I can't wait for next week'"[173]. Im Kontext von DVD- und VoD-Sichtungen multipliziert sich ein solch ‚süchtiges' Rezeptionsverhalten zum Phänomen des Bingewatching.

Die drastische Interessensgenerierung erfolgt maßgeblich über die dramaturgisch scharfe Ausgestaltung serieller Spannungs- (‚suspense') und Enthüllungstechniken (‚reveal'). Die Erzählstrategien des Cliffhan-

---

[168] Video „Entfallene und erweiterte Szenen. 1900–2000. Jack versorgt Alams Wunde", in: 24. Season Four DVD, Disc 7, TC: 0:01:31–0:01:59.
[169] Video „Nicht verwendete Szenen. 14:00–15:00. Razzia im Kokain-Haus (erweitert)", in: 24. Season Three DVD, Disc 7, TC: 0:00:17–0:00:36.
[170] 24-Produzent Michael Loceff beklagt die „pregnant pauses" in einer entfallenen Szene, in der die Protagonistin Michelle den Ausbruch der tödlichen Infektion bei Gael mitansieht: „On an other show it might have been the first choice. On ours it wasn't", Video „Nicht verwendete Szenen. 04:00–05:00. Verseuchungsgrad des Virus", in: 24. Season Three DVD, Disc 7, TC: 0:00:31–0:01:57.
[171] Neil Postman: Amusing Ourselves to Death. Public Discourse in the Age of Show Business, New York 1985, S. 99.
[172] Eschke/Bohne: Dramaturgie von TV-Serien, S. 156.
[173] Video „Fox Movie Channel präsentiert. Making a Scene", in: 24. Season Four DVD, Disc 7, TC: 0:06:54–0:07:10.

ger und Twist, die zum Spektrum von Qualitätsfernsehserien gehören, und von Jason Mittel in Bezug auf LOST als „storytelling spectacles"[174] bzw. „narrative special effect[s]"[175] bezeichnet werden, erzielen im Gewaltbezug der Dramaserien nach 9/11 eine besonders intensive Dramaturgie. Die Qualität der extremen Erzähltechniken „als intendierte Unterbrechung der Narration, die im weitesten Sinne Interesse am Fortgang der Handlung weckt"[176] steigert sich in der Konflikt- und Gewaltreihung zu einer seriellen Grenzüberschreitung narrativer Entität. Fiktionale Unterbrechungen, die bis zum Phänomen des ‚Mindfuck' reichen, erfolgen in beachtlichem Maße über Gewaltfigurationen. Das Ausmaß einer gewaltsamen narrativen Erschütterung betrifft nicht nur abschließende Cliffhanger-Impulse, wie etwa die allerletzte Aufnahme in THE SOPRANOS, die als Todesmoment des Protagonisten diskutiert wurde, sondern kann gleich zu Beginn einer Episode oder gar Staffel ansetzen und dergestalt als Motto fungieren. Die Serie LOST, die ihre dritte, schlüsselhafte Staffel im proleptischen Cliffhanger mit der tragischen Rückkehrpflicht auf die Insel beschließt, eröffnet diese Staffel, indem sie schockierend den konstitutiven Flugzeugabsturz der Protagonisten aus der Perspektive der mysteriösen Antagonisten der ‚Anderen' präsentiert. THE WIRE inszeniert in der fast dreiminütigen Cold-open-Sequenz zu Episode 04x12[177], gleich nach dem HBO-Senderlogo und noch vor dem Vorspann, eine spannungsreiche Verfolgungsjagd und Schießerei zwischen den Gangstern Chris Partlow, Snoop und Michael Lee. Dieser Konflikt wird in ‚Mindfuck'-Manier als fingierte Gewalt innerhalb einer Übung entlarvt, mit Farbe statt Blut.

Die Serialität der Grenzüberschreitung erreicht ihren Höhepunkt in Darstellungen des Extremen. Dramaserien maximieren und irritieren in der Darstellung von Gewalt und Folter die formstarken, typologischen und fragmenthaften Funktionsmuster des TV-‚flow'. Dabei erwirken sie Bezüge zur Irritation und Steigerung fernsehspezifischer Funktionsweisen am 11. September. In der affektiven Formgewalt eines „visceral entertainment"[178] steigern die drastischen Dramaserien die Programmgesetze televisueller Interessensgenerierung und fernsehserieller Steigerungspflicht ins Extreme, wie am Beispiel der Gewaltdramaturgie von *24* ausführlich gezeigt werden soll *(II.2–3)*.

Maximal ausgespielt wird im seriellen Überlebenskampf die existenzielle Spannung zwischen Leben und Tod. Das Prinzip der Existenzspan-

---

[174] Mittel: The Value of Lost, Part Two.
[175] Ebd.: Narrative Complexity in Contemporary American Television, S. 35.
[176] Weber/Junklewitz: Funktion und Gestaltungsmittel des Cliffhangers in aktuellen Fernsehserien, S. 112.
[177] THE WIRE, Episode 04x12, TC: 0:00:00–0:02:58.
[178] Video „How Hollywood Gets It Wrong on Torture and Interrogation. P1", TC: 0:06:42–0:06:44.

nung definiert Jörg Türschmann als ultimative „Extremsituation mit binärem Lösungsschema"[179]. In ihrer episodenübergreifenden Gewaltdramaturgie steigern intensive ‚serials' das „Lösungsschema [...] zwischen augenblicklicher fataler Erlösung und ungewisser offener Zukunft"[180]. Die existenzielle Zuspitzung des serienformal maßgeblichen Cliffhangers begründet Schlüsselszenen in mehreren Dramaserien. Sowohl Tony Soprano in Episode 06x01 von THE SOPRANOS[181] als auch Nate Fisher in Episode 05x08 von SIX FEET UNDER[182] schweben vor der letzten Blende in den Abspann in Lebensgefahr – die Gesichter beider Hauptfiguren sind frontal und nah zu sehen und konnotieren ikonografisch eine mögliche Aufbahrung des Leichnams, wie sie im Fall von Nate Fisher tatsächlich eintritt. Auch THE WIRE endet in der zehnten Episode seiner ersten Staffel mit einem todesnahen Cliffhanger[183]. Polizistin Kima Greggs wird bei einer Undercover-Aktion angeschossen und die Crew wartet unter großer Anspannung, bei lauter Sirene und Blinklicht, auf einen Krankenwagen. Die ästhetische Konstellation spannungsorientierter Extremdarstellung, die letztlich kathartische Impulse setzt[184], ermöglicht in Dramaserien eine existenzielle Verarbeitung der 9/11-Problematik durch die Verflechtung der Fernseh(serien)strukturen der Fortsetzung, Wiederholung und Resolutionsverzögerung mit den Themen des Terrors und der Sehnsucht nach Rekonstitution.

In der Spannung zwischen signalhaftem Druck und episodenübergreifender Bezugsvielfalt zeigt sich in Dramaserien der Post-9/11-Dekade die Tendenz zu einer existenziellen Werkstruktur, in der die Serie im Gewaltbezug eine fiktional akzentuierte, verstärkt tragische Komposition aufweist. Die Annäherung an eine ästhetische Werkstruktur steigert das Qualitätsserienprinzip der kontinuierlichen ‚story arc' und speist sich aus Faktoren wie, erstens, der aufgewerteten Autorschaft und Ästhetik, zweitens, der einheitlicheren DVD- und Blu-ray-Distribution[185], drittens, der

---

[179] „Es gibt nur zwei voraussichtliche Auswege aus dieser Situation: Tod oder Leben", Jörg Türschmann: Spannung und serielles Erzählen. Vom Feuilletonroman zur Fernsehserie, in: Kathrin Ackermann, Judith Moser-Kroiss (Hgg.): Gespannte Erwartungen. Beiträge zur Geschichte der literarischen Spannung, Wien/Berlin 2007, S. 201.

[180] Ebd., S. 202.

[181] THE SOPRANOS, Episode 06x01, TC: 0:48:26–0:48:34.

[182] SIX FEET UNDER, Episode 05x08, TC: 0:52:12–0:52:18.

[183] THE WIRE, Episode 01x10, TC: 0:51:35–0:54:18.

[184] Vgl. Weber/Junklewitz: Funktion und Gestaltungsmittel des Cliffhangers in aktuellen Fernsehserien, S. 129 f; Die Autoren beziehen sich auf: Werner Früh: Unterhaltung durch das Fernsehen. Eine molare Theorie, Konstanz 2002, S. 137, 225 ff.

[185] Vgl. Gaby Allrath, Marion Gymnich, Carola Surkamp: Introduction. Towards a Narratology of TV Series, in: Gaby Allrath, Marion Gymnich (Hgg.): Narrative Strategies in Television Series, Basingstoke/New York 2005, S. 1–43.

dreiteiligen Staffeleinteilung gemäß dem Fernsehjahr[186], und viertens, der Erwartungshaltung des avancierten Serienfanpublikums. Charakteristisch für das fernsehserielle Werk ist die Spannung der „doppelte[n] Formstruktur"[187], die den Produktionsfokus auf die Episodenhandlung legen muss[188], gleichzeitig aber einen Gesamtzusammenhang suggeriert und darin eine Werkschließung verspricht[189]. Zwischen der Prozessualität der vagen Vorausdeutung, die eher signalhaft gestaltet ist, und dem Plan der übergreifenden Konzeption, die sich an traditionellen ästhetischen Formen orientiert, entwickeln Dramaserien nach dem 11. September umfassende Werkstrukturen. Im Spannungsfeld zwischen vielen Signalen und einem Konzept fungiert als wesensgemäßer Schlüssel die besondere Schwere der Gewalt. THE WIRE etwa konstruiert ein komplexes serielles Bezugsnetz der US-Stadt Baltimore über Gewaltsysteme der Straßen (Season One & Three), des Hafens (Season Two), der Schule (Season Four) und der Presse (Season Five).

Eine werkserielle Zusammenführung signalhaft vager Vorausdeutung und umfassender Komposition perfektioniert die Network-Mystery-Serie LOST. Im Werkbezug auf ästhetische Traditionen der Robinsonade und des Abenteuer- und Seefahrerromans erhöht die Sendung die ästhetische Relevanz einer suggestiven Gestaltungsweise, indem sie ihre verzögernde Geheimnisstruktur über eine Ausnahmevereinbarung mit dem Fernsehsender ABC zur Serienmythologie abrundet. Um dem Vorwurf potentiell unendlicher Verzögerungstechnik gezielt entgegenzutreten, vereinbaren die Autoren der Serie 2007 nach der kontroversen dritten Staffel einen Schlusstermin nach drei weiteren Staffeln. Ausgehend von diesem Wendepunkt der Serienkonzeption entsteht eine umfassende fiktionale Komposition, die sich in Bezug zur Gewalt ausrichtet: Über den diegetisch disruptiven Cliffhanger der Rückkehr in die serielle Gewaltspirale der Insel („We have to go back"[190]), der zum Ende der Finalfolge die Qualität der Erzähleinschübe, entgegen der Erwartungshaltung einer Rückblende, überraschend als Prolepse herausstellt, artikuliert die Serie ihre Mitte, indem sie die ‚flashback'-Erzählform der ersten drei Staffeln spiegelbildlich zu den nachfolgenden Erzählkonzepten ‚flash forward' (Season Four),

---

[186] Vgl. Newman: From Beats to Arcs, S. 24.
[187] Hickethier: Die Fernsehserie und das Serielle des Fernsehens, S. 10.
[188] Fernsehkritiker Ryan McGee benennt die Serienproduktionsprobleme langfristiger Planbarkeit und Nachbearbeitung – Ryan McGee: Should Continuity be King in Serialized Television?, online: http://aol.it/2xvUZa8; Stand: 20.05.2015.
[189] Ryan McGee pointiert die Werkspannung der Serienproduktion über die Kategorie der Kontinuität: „In telling such stories, continuity becomes a crucial aspect of the show's ever-increasing power, with the accumulated weight of the show's stories adding up to something far greater than an individual episode, and producing what is (hopefully) a unified body of work" – Ebd.
[190] Jack Shephard zu Kate Austen – LOST, Episode 03x23, TC: 0:36:09–0:40:37.

,time travel' (Season Five) und ‚flash sideways' (Season Six) positioniert. Die einhergehende Markierung eines Endes erfolgt bereits in der ersten Episode der vierten Staffel, die vorausblickend den Titel *The Beginning of the End* trägt bis die Serie schließlich mit der Episode *The End* konsequent ihren Verlauf beendet.

Die fiktionale Akzentuierung der Diegese konstituiert sich aus dem Beginn. Charakteristisch ist dabei die Verknüpfung eines fiktionalen Schöpfungsszenarios mit einem einschneidenden Gewaltereignis. Auf dem fernsehästhetischen Höhepunkt der Aufwertung vom ‚flüchtigen Blick' zum Erkenntnismittel eröffnet die Serie LOST ihre Existenz selbstreflexiv mit der Einblendung des Titels und dem direkt folgenden Augenaufschlag des Protagonisten. Diese okulare Initiation der Serienwelt, die in den folgenden Episoden die Hintergrundgeschichte wechselnder Protagonisten einleitet, erfolgt über die präzise fiktionale Etablierung eines biblischen Schöpfungsszenarios, das direkt an das zentrale, 9/11-reminiszierende Gewaltereignis des Flugzeugabsturzes anknüpft[191]: Die Landschaft, die sich bereits in der initiierenden Nahaufnahme des Auges spiegelt, entsteht mit dem technisch-apparativen Gegenschuss des Fernsehmediums als Blick des Protagonisten und Zuschauers in den von Bäumen umkreisten Himmel. Anschließend sichtbar wird in einer Zoom-out-Bewegung der tragische Serienprotagonist Jack Shephard mit Wunden im Gesicht. Im nächsten, diesmal seitlichen Blick, erscheint der Hund Vincent und damit, gemäß dem Urtext der biblischen Genesis, auch die Tierwelt. Vor der Kulisse der etablierten Landschaft und dem Urelement des Meeres entfaltet sich anschließend die spektakuläre Präsentation der Flugzeugkatastrophe. Erst nach sieben Minuten erscheinen die ersten Credits und beginnen, die Serie textuell einzuschreiben.

Die Verknüpfung eines diegetischen Serien-Schöpfungsmythos mit einem archaischen Bezug zur Gewalt zeigt sich auch in der Sci-Fi-Serie BATTLESTAR GALACTICA[192]. Nach der existenziellen Überprüfung „Are you alive?" im allerersten Satz der Serie, kündigt die grellrot gekleidete Zylonenfrau Number Six dem menschlichen Botschafter in einem Raumschiff den Angriff auf die Menschheit und die Machtübernahme der Zylonen an: „It has begun". Nach einem Judaskuss, den Number Six dem Botschafter gibt, und einer Raumschiffexplosion im tiefschwarzen Weltall, markiert dieser Satz den Anfang des Kriegs zwischen Menschen und Zylonen und damit den Beginn der Serie, deren Logo im direkten Anschluss erscheint.

Eine televisuell exponierte Variante der reflexiven Werkstruktur im Gewaltbezug unternimmt *24* über die Initiation der Serie und ihres Ter-

---

[191] Ebd., Episode 01x01, TC: 0:00:00–0:07:12.
[192] BATTLESTAR GALACTICA, Part 1, TC: 0:00:00–0:04:50.

ror-Plots im Computermedium[193]. Obwohl die Serie einer schematischeren Staffelgestaltung als LOST folgt, orientiert sich 24 im Echtzeitkonzept verstärkt an einer fiktional mimetischen Konstruktion der Diegese: Vier von acht Staffeln (Season Two, Four, Five, Six) beginnen am Morgen und entsprechen darin einer traditionell fiktionalen Exposition. Auch in den übrigen Staffeln setzt sich die strukturelle Reflexivität des Serienverlaufs fort: Nachdem die erste Staffel um Mitternacht begann und die zweite Staffel morgens um acht Uhr, folgt in der dritten Staffel der erzähllogische Termin der Mittagszeit um ein Uhr. Im Grundgerüst der Werkstruktur ergeben sich staffelübergreifende Konstellationen in Relation zur Gewalt. Mit der fiktionalen ‚Wiedergeburt' des Protagonisten und dem Tod des Kernpersonals entwirft 24 in seiner fünften und mittig situierten Staffel eine Werkspiegelung der Gesamtserie: Gegenüber dem verfehlten Attentat an David Palmer in der ersten Staffel für das der Agent Jack Bauer beschuldigt wurde, gelingt das Attentat in der fünften Staffel, wobei abermals Bauer beschuldigt wird. In einer pointierten Setzung arbeitet der Agent zu Beginn der fünften Staffel als Ölfeldarbeiter in der Mojave-Wüste, die in Episode 01x02 über die televisuell im Split-Screen exponierte Episodeneröffnung der Fallschirmlandung der Terroristin Mandy als Bedrohungsraum etabliert wurde[194].

Die Tendenz zur werkstrukturellen Komposition im Gewaltbezug erfolgt nachdrücklich über tragische Konstellationen. Einen wichtigen Status in mehreren Dramaserien hat der existenzielle Ausblick auf ein Ende. Sci-Fi-Shows wie BATTLESTAR GALACTICA, FLASHFORWARD, FRINGE und THE EVENT integrieren die Vorausdeutung auf ein Ende über Weltuntergangsszenarien. Die Actionserie PRISON BREAK justiert den Plot im Hinblick auf die drohende Hinrichtung des Protagonisten Lincoln Burrows. Antithetisch serialisiert die realistische Serie SIX FEET UNDER den Todesfall als Episodeneröffnung und mündet abschließend im Ableben aller Figuren.

Vor dem Hintergrund der formspezifischen Problematik einer fernsehseriellen Werkschließung[195] zeigt sich, dass die Dramaserien zu einer ästhetischen Zirkelstruktur neigen und ihrem fiktionalen Schöpfungsmythos ein tragisches Abschlussszenario gegenüberstellen. LOST konzipiert sein tödliches Finale über die exakte Rückwärtsabfolge der mimetischen Bildfolge der Exposition[196]. Die zum Ende der dritten Staffel artikulierte

---

[193] 24, Episode 01x01, TC: 0:01:32–0:01:48.
[194] Ebd., Episode 01x02, TC: 0:02:09–0:02:54.
[195] „Only on red-letter occasions will a series reach an Aristotelian end" – Kozloff: Narrative Theory and Television, S. 91; Kozloff führt das Serienbeispiel M*A*S*H* an, das mit dem realen Ende des Koreakrieges und der Heimkehr der Serienfiguren endet.
[196] LOST, Episode 06x17-18, TC: 01:36:30–01:39:45.

Serienmitte fungiert als Spiegelachse, so dass sich die fiktionale Geburt des Helden in der ersten Serienminute und der Tod des Helden in der letzten Serienminute gegenüberstehen. Mit dem schließenden Auge des schwer verletzten Kämpfers beschließt die Serie selbstreflexiv ihr ‚hero's journey' sowie die Existenz aller Protagonisten, die sich im Erzählkonzept des ‚flash sideways' zu einer Abschiedszeremonie versammeln.

Parallel entwirft auch *24* eine fiktionale Zirkelstruktur. Die Serie, deren konstitutiver Countdown um 00:00 Uhr begann, endet markant um 00:00:00. Indem die Anzeige sechsstellig auf Null zurückläuft, überschreitet sie ein Zeitprinzip hin zu einer technisch-ästhetischen Schließung. Die Auflösung der medialen Vermittlung korreliert mit dem in letzter Minute verhinderten Ende der tragischen Figur Jack Bauer, die einen lange andauernden Blick aus dem zweiten Darstellungsrahmen eines Internet-Feeds unternimmt[197]. Die Verkopplung des tragischen Figurenschicksals mit dessen fernsehspezifischer Seinsbedingung und gespiegelter Rezeptionssituation erfolgt auch in THE SOPRANOS über eine hervorstechende Konstellation. Die Serie begründet in ihrer Pilotfolge mit dem Blick des leidenden Protagonisten auf eine Skulptur einen kunsthistorisch akzentuierten Anfang und erreicht zum Schluss im abrupten Cut-To-Black der Halbtotalen des abermals schauenden Protagonisten eine Werkschließung im dezidiert offenen Strukturprinzip des TV-‚flow'. Einzig über eine technisch-ästhetische Akzentuierung der fernsehspezifisch offenen Konstitution, die eine Werkschließung nur ansatzweise ermöglicht, ergibt sich eine „Geschichte [...] in der sich alle Erzählfäden aufgehoben finden"[198]. THE SOPRANOS gelingt im viel diskutierten Serienfinale eine Werkschließung gerade dadurch, dass das fernsehserielle Prinzip potentiell unendlicher Fortsetzung über eine Zirkelstruktur mit offenem Ende herausgestellt wird. Kurz vor der abrupten Schwarzblende in den allerletzten Abspann, der ein tragisches Ende in Aussicht stellt, verweist die Serie gleichzeitig auf das erste Staffelfinale über den TV-Topos des Familienessens und Anthony Juniors Toast-Zitat seines Vaters („Focus on the good times. [...] Isn't that what you said one time?") und integriert in diese Zirkelstruktur intermedial den Faktor des Unendlichen über den synästhetischen Zusammenklang mit der Textzeile des Popsongs *Don't Stop Believin'* der Band Journey: „Oh, the movie never ends. It goes on and on and on and on"[199].

---

[197] *24*, Episode 08x24, TC: 0:42:51–0:43:06.
[198] Hickethier: Die Fernsehserie und das Serielle des Programms, S. 58.
[199] THE SOPRANOS, Episode 06x21, TC: 0:55:10–0:55:17.

2.4 Selbstreflexivität

In der formalen Dichte einer spektakulär *(I.2.1)* seriellen *(I.2.3)* Darstellung drastischer Inhalte im Spannungsfeld von Fakt und Fiktion *(I.2.2)* zeigt sich in *24* und anderen US-Qualitätsdramaserien der Post-9/11-Dekade eine nachdrückliche Tendenz zur Selbstreflexivität. Auf einem Höhepunkt medialer und diskursiver Grenzüberschreitung *(I.1.2)* überschreiten die Dramaserien vielfach die Repräsentationsfunktion und exponieren ihre fiktionale und mediale Konstitution. Der grenzüberschreitende Bezug der Zeichen auf sich selbst, den John Caldwell im ‚Televisuality'-Konzept fernsehästhetisch ausarbeitet[200] und den Robert J. Thompson als Merkmal von Qualitätsfernsehserien feststellt[201], erreicht in US-Dramaserien nach dem 11. September, in besonderer Relation zur Gewalt, eine hervorstechende dramaturgische und fernsehästhetische Relevanz, die den Duktus einer scheinbar natürlichen TV-Codierung nach Fiske und Hartley[202] überschreitet und die Fernsehdarstellung stattdessen kontinuierlich und extrem in ihrer Gemachtheit herausstellt. Die gewachsene Bedeutung der selbstreflexiven Tendenz in der Gattung der Fernsehserie zeigt sich in der Forschung prominent an der Untersuchung von Lorenz Engell und Jens Schröter, die der Fernsehserie die Funktion einer „Reflexion und Projektion des medialen Wandels" zuschreiben[203]. Auch im journalistischen Rahmen wird die Relevanz der Selbstreflexivität in neuen Dramaserien akzentuiert: *24* wird an der diskursiv exponierten Stelle der *New York Times* gleich nach Sendestart als erste TV-Show gewertet, die Marshall McLuhans Ausspruch „The medium is the message" gerecht wird[204].

In US-Dramaserien nach dem 11. September lässt sich eine fernsehhistorisch herausragende Verquickung von reflexiver Form und dramaturgischer Funktionalität feststellen. Die Präsenz dieser Konstellation soll hier kurz über die Beobachtungen von Jason Mittel und Deborah Jermyn

---

[200] Vgl. Caldwell: Televisuality.
[201] Vgl. Thompson: Television's Second Golden Age, S. 15.
[202] Vgl. Fiske/Hartley, S. 4.
[203] Vgl. Beil et al.: Die Fernsehserie als Reflexion und Projektion des medialen Wandels, S. 197–223; Die Untersuchung folgt einem historischen Überblickscharakter mit den Genre-Stufen der Pop-Series der 1960er- und 1970er-Jahre, der Sitcom der 1980er- und 1990er-Jahre sowie des Mystery- und des Science-Fiction-Genres der 1990er- und 2000er-Jahre. Der Bezug auf neuere Serien erfolgt allerdings verkürzt: Das unter dem Titel „Überschreitung" gefasste Schlusskapitel zu einigen hier thematisierten Fernsehserien beschränkt sich auf transmediale Tendenzen.
[204] Vgl. Wendy Lesser: The Thrills, and the Chill, of 24, in: The New York Times, 31.03.2002, online: http://nyti.ms/2znW2tV; Stand: 06.06.2019. Lessers Artikel bezieht sich auf: Marshall McLuhan: Understanding Media. The Extensions of Man, New York 1964.

belegt werden. Im umfassenden Blick auf neuere Qualitätsfernsehserien verwendet Jason Mittel den Begriff der „operational reflexivity", „[which] invites us to care about the storyworld while simultaneously appreciating its construction"[205]. Im direkten Bezug auf *24* pointiert Deborah Jermyn: „24 [...] foregrounds itself as a reflexive televisual text which invites the audience, on the one hand, to align themselves with the hero and join in the frenetic, labyrinthine plot, but also, on the other, to question and probe the nature and truth claims of the technologies it utilises"[206].

Im Zuge der Ergebnisse meiner Forschung zur „Form und Selbstreflexivität in neueren künstlerischen Musikvideos"[207] soll Selbstreflexivität nachfolgend als fernsehästhetische Schlüsselkategorie begriffen werden. In Abgrenzung vom lange Zeit bevorzugten Fokus der Fernsehforschung auf selbstreferentielle Zitation, Ironie und Pastiche soll Selbstreflexivität als Herausstellung medialer und fiktionaler Funktionsmechanismen elaboriert werden im Kontext einer weitreichenden ästhetischen Tradition. Ein früher fernsehtheoretischer Text von Teresa de Lauretis teilt diese Perspektivierung:

> „Self-reflexivity almost always involves the deliberate inclusion or exposure, in a show, of its construction devices, i.e., of the social codes, genre conventions, and technical means through which a set of messages is organized and sent toward the audience. Unlike irony, which is a reversal in outcome and thus primarily used to affect content [...], and unlike parody, which results mainly in the subversion of genre conventions [...], self-reflexivity confronts explicitly the material aspects of the medium through which the „message" is conveyed[208].

Die grenzüberschreitende Konstitution ästhetischer Selbstreflexivität lässt sich historisch mit Niklas Luhmann auf die antike Rede der Epideixis zurückführen, die sich als Genuss an sich selbst in Abgrenzung zur Gerichtsrede und politischen Rede entwickelte[209]. Semiotisch konstatiert Luhmann ein ‚Paradoxon'[210], das sich, wie Winfried Nöth feststellt[211],

---

[205] Mittel: Narrative Complexity in Contemporary American Television, S. 35; Vgl. Ders.: Complex TV. The Poetics of Contemporary Television Storytelling, New York 2015.
[206] Jermyn: Interactivity, Realism and the Multiple-Image Screens in 24, S. 50f.
[207] Vgl. Kroll: Form und Selbstreflexivität in neueren künstlerischen Musikvideos.
[208] Teresa de Lauretis: A Semiotic Approach to Television as Ideological Apparatus, in: Horace Newcomb (Hg.): Television. The Critical View, New York/Oxford 1979, S. 107f.
[209] Vgl. Niklas Luhmann: Soziale Systeme. Grundriß einer allgemeinen Theorie, Frankfurt 1984, S. 191ff.
[210] Vgl. ebd., S. 604f.: „Reine Selbstreferenz im Sinne eines „nur und ausschließlich auf sich selbst Beziehens" ist unmöglich. Faktisch kommt Selbstreferenz nur als

über Charles Sanders Peirces triadisches Zeichenmodell aus Zeichenträger, Interpretanten und Objekt auflösen lässt, da das Objekt auch ein Zeichen sein kann. Zielführend wird Peirces Konzept vom „genuinen Ikon" zwischen Referenzlosigkeit und Selbstreferentialität: „Sie (= die Zeichenrelation zwischen Zeichen und Objekt) ist referenzlos insofern, als es sich um ein bloßes Sosein des Zeichens handelt; sie ist selbstreferentiell insofern, als das Zeichen die Eigenschaft zu repräsentieren in sich selbst beinhaltet"[212]. Die selbstreflexive Qualität neuer Dramaserien wird befördert durch die technisch nunmehr ausgebildete, hochwertige Medialität des Fernsehens. Den ästhetischen Wert des Materials unterstreicht Nöth: „Aesthetic signs are signs that direct our attention to their own material substance or form"[213]. Explizit betonen die Serienforscher Andreas Sudmann und Alexander Starre im Wettbewerbskonzept des „serial outbidding" die Vermittlung der medialen Materialität als Teil der Rezeptionshaltung in den Serien 24 und THE SOPRANOS: „In a sense, the viewers of these series can savor the quality of their TV sets as much as the quality of the program"[214].

Die Herausstellung des Materials durchdringt die spannungsreiche Gestaltung der Dramaserien. Im Modus kontinuierlicher Fortsetzung erfolgt eine Materialauswertung mit Videos, Fotos, Karten oder Texten über die Basisstrukturen der Ermittlung im Kriminal-Genre (24, ALIAS, THE WIRE, DEXTER) und der Geheimnislösung im Mystery-Genre (LOST) sowie der Kombination beider Genre-Bereiche (FRINGE, FLASHFORWARD, THE EVENT). Während Kabelserien mitunter auch die Beschaffenheit des Filmkaders integrieren, wie etwa in den kinematografischen Abblenden von THE SOPRANOS oder SIX FEET UNDER, tritt besonders im Network-Rahmen die televisuelle Exzessivität der Form in den Vordergrund. Im Zuge der Geheimnislösung der Mystery-Serie LOST ergibt die intensiv grüne Farbgebung der Insel eine markante Signatur, die

---

ein Verweismoment unter anderen vor". Luhmann nennt sie „mitlaufende Selbstreferenz".

[211] Vgl. Winfried Nöth: Selbstreferenz in systemtheoretischer und semiotischer Sicht, in: Empirische Text- und Kulturforschung 2, 2002, S. 1–7, online: http://bit.ly/2N 6Qp8P; Stand: 06.06.2019; Nöth bezieht sich auf: Charles Hartshorne, Paul Weiss, Arthur Walter Burks (Hgg.): The Collected Papers of Charles Sanders Peirce, Cambridge Massachusetts 1931–58.

[212] Ebd.

[213] Winfried Nöth: Self-Reference In The Media, 31.07.2004, S. 4, online: http://bit.ly /2xIF M4P; Stand: 06.06.2019.

[214] Vgl. Andreas Sudmann, Alexander Starre: The Quest for Quality. Innovation and Metamediality in American Serial Drama. Abstract zur Tagung Contemporary Serial Culture. Quality TV Series in a New Media Environment an der HFF Potsdam 14.–16.01.2010, online: http://bit.ly/2OLCbKw; Stand: 14.01.2010; Vgl. Sudmann: Serielle Überbietung.

beim Zapping hervorsticht und in ihrer Saturation auf die Mediatisierung des Naturraums und den Prozess der Postproduktion verweist. Die Kriminalserie *24*, die mit schnellen Schnitten und exponierten Bildkonstellationen wesentliche Formen der ‚Televisuality' integriert[215], konstituiert sein Serienlogo und damit seine fiktionale Genese markant aus einzelnen Pixeln im Zeichen des neuen digitalen Fernsehens und projiziert seinen materiellen Fokus in der Pilotfolge auf die initiierende Handlung, das Öffnen eines Laptops und die Übertragung einer Datei, die einen Terrorplot aktiviert[216]. Konsequent endet die Serie im Zuge einer zirkulären Werkstruktur mit der Verpixelung des Protagonisten und der Abschaltung einer Satellitenübertragung, die mit der Regieanweisung „Shut it down" das Dispositiv des Fernsehens betrifft[217].

Auf beachtliche Weise integrieren Dramaserien formreflexive Strategien in ihren Spannungsverlauf. Diese Konstellation basiert entscheidend auf dem fernsehspezifischen Funktionsprinzip einer direkten Adressierung des Zuschauers („direct address"), deren Stellenwert Michele Hilmes herausgestellt hat[218] und deren fernsehästhetische Schlüsselrolle Andrew Goodwin im Hinblick auf das Musikvideo herausgearbeitet hat[219]. Gegenüber einer fiktionalen Geschlossenheit gilt hier der Bezug auf die alltagsnahe Ausrichtung des häuslichen TV-Dispositivs, deren ‚Live'-Konstruktion Sarah Kozloff im Verweis auf die Oralitätstheorie von Hartley und Fiske definiert als „simulation of traditional oral storytelling in which the audience hears the tale at the moment that the storyteller speaks it"[220]. Die seriendramatische Nutzung des mündlich geprägten Kommunikationsprinzips korreliert mit der Anknüpfung an die reflexive „double logic"-Funktionsweise Neuer Medien, die gleichermaßen einen Realitätseffekt wie auch die Herausstellung der Vermittlungsmittel ermöglicht[221].

Mehrere intensiv ausgerichtete Dramaserien aktivieren ihr selbstreflexives Programm über einen direkt adressierten Vorspann. DEXTER verschärft die kontroverse Serienrezeption eines Serienkillers durch eine aufreibende Blick-Konfrontation: Nach der spanungsreich montierten Morgenroutine, bricht der kontroverse Protagonist in zentrierter Großaufnahme und dualer Licht-Schatten-Anordnung eine illusionistische Wahrnehmung und blickt frontal in die Richtung der aufnehmenden Kamera.

---

[215] Vgl. Peacock: Reading 24.
[216] *24*, Episode 01x01, TC: 0:01:32–0:01:48.
[217] Ebd., Episode 08x24, TC: 0:42:57–0:43:06.
[218] Vgl. Michele Hilmes: The Television Apparatus: Direct Address, in: Journal of Film and Video 4, 1985, S. 27–36.
[219] Vgl. Goodwin: Music Television and Popular Culture, London 1993, S. 17.
[220] Kozloff: Narrative Theory and Television, S. 89.
[221] Vgl. Bolter/Grusin: Remediation, S. 3 ff.

Im Echtzeitkonzept von *24* erreicht die direkte Adressierung eine besonders intensive Qualität. Der zuschauernahe, faktual geprägte Vorgang der Fernsehmoderation wird dramaturgisch zugespitzt: Durch die direkten Ansprachen des Protagonisten zu Beginn der meisten Episoden der ersten Staffel etabliert die Serie eine identifikatorische Nähe zur Grenzüberschreiterfigur. Die direkte Adressierung, die auf das True-Crime-Format und die Tradition des Fernsehansagers rekurriert, manifestiert sich später seriell in der Voice-Over-Einleitung der Episoden („Previously on...") und Staffeln („Events occur in real time"). Die reflexive Hinwendung zum Zuschauer fungiert auch im fortgeschrittenen Verlauf von *24* als interaktive Strategie der Seriensteuerung: Über die primäre Erzählfunktion hinaus dient James Hellers Vorstellung von Michelle Dessler gegenüber dem Geheimdienstpersonal in Episode 04x13 als explizit deiktische Ansprache an die Zuschauer, die die beiden vorangegangenen Staffeln und deren Protagonistin nicht kennen: „For those of you who don't know: This is Michelle Dessler"[222]. Die direkte Adressierung plausibilisiert die umfangreichen selbstreflexiven Strategien der Fiktion.

Die televisuelle Formreflexivität erfährt in den episodenübergreifenden Drama-‚Serials' einen maximalen Entfaltungsraum, der sich im Dialog konzentriert. Im ‚Serial'-Format, das mit der offenen Struktur des TV-‚flow' korreliert, lässt sich eine fiktionale Weiterentwicklung des prozessualen Formprimats des Televisuellen feststellen, das John Ellis mit Bezug auf John Caldwell pointiert: „Television uses images as the raw material for a process of work, transmuting, combining, changing and layering them in a way that can only be described as graphic"[223]. In der signalhaften Abfolge der TV-Segmente korreliert das visuelle Formpotential mit einer narrativen Diskursivität, die Ellis an anderer Stelle ausführt:

> „The normal movement between segments is one of vague simultaneity (meanwhile... meanwhile... a bit later...). Where an event with narrative consequences does take place, several segments are required to work through those consequences and to recapitulate the event itself"[224].

Die diskursive Gestaltung entfaltet sich in entscheidendem Maße über den fernsehseriell konstitutiven Dialog. Ellis pointiert die Schlüsselrolle des Dialogs für den Seriendiskurs am Paradebeispiel der Soap Opera: „It is massively composed of talk, conversation, speculation, confrontation, chat"[225]. Gemäß der Intensität und Irritation der Kommunikation in Post-9/11-Dramaserien zeigt sich, in der bevorzugt „erweiterten Ensemb-

---

[222] *24*, Episode 04x13, TC: 0:05:43–0:06:03.
[223] Ellis: Seeing Things, S. 92.
[224] Ellis: Visible Fictions, S. 150 f.
[225] Ebd., S. 157.

lestruktur"[226] die Tendenz zur nachdrücklichen bis extremen kommunikativen Dichte und Diskursivität. Dramaserielle Extremkommunikation als Grenzüberschreitung fernsehserientraditioneller, soap-artiger Dialogmuster zeigt sich prominent in Formaten wie THE SOPRANOS und SIX FEET UNDER, die familiäre Gesprächsstrukturen reflexiv irritieren. Die exponierte Prozessualität der Dialoge entfaltet sich sowohl in der Geheimnisstruktur des Mystery-Genres als auch in der Ermittlungsstruktur des Kriminal-Genres über Nachforschungen, Spekulationen, Konspirationen, Verhöre und den Extremfall der Folter.

Der dramaserielle Kommunikationsakt wird kontinuierlich akzentuiert. Dies geschieht in *24* vornehmlich über einen Agentenjargon, der sich aus dem Kommunikationsmodell der ‚Workplace'-Serie speist[227]. „Copy that", „Talk me through" oder „I'll look into it" sind ständig wiederkehrende Artikulationsmuster serieller Operationen. Gemäß der fernsehseriellen Verpflichtung zur Fortsetzung, die Neil Postman im „Now... This!"-Prinzip erfasst[228], wird in *24* neben dem gegenwärtigen Kommunikationsakt auch der zukünftige adressiert: „Keep me in the loop", „Get back to me". Die kommunikative Reflexivität bündelt sich im Prozess des ‚chatter'. Das Phänomen definiert in *24* die Gesamtheit geheimdienstlicher Kommunikation und dient darüber hinaus als Akzentuierung der diskursiven Prägung der Fernsehserie. Visuell potenziert die Serie ihre prozessuale Funktionsweise in Übergängen des Split-Screen und in der Auswertung virtueller Datenbanken oder Listen.

Die prozessuale Materialverarbeitung der Dramaserien korreliert mit einer Systematik von Codes. Das gilt sowohl für das Mystery-Genre, wie kurz am Beispiel von LOST erläutert werden soll, wie auch für das Kriminal-Genre, wie gleich danach an *24* gezeigt wird. Im Zuge der maximal suggestiven Serialität unbestimmter Elemente *(I.2.3)* entwickelt die Mystery-Serie LOST eine komplexe Codierung und verhandelt sie kontinuierlich. Neben der zentralen Zahlenformation ‚4 8 15 16 23 42', die in Episode 06x04 im Hinblick auf das Finale über die Verknüpfung mit den Protagonisten klassisch aufgelöst wird[229], reicht die codierte Textur von archaischen Höhlenzeichen über Tattoos an den Körpern der Serienfiguren bis zu symbolischen Figuren wie einem Eisbär, einem Pferd sowie dem prominent über den Serienverlauf platzierten polymorphen Rauchmonster. Das spektakuläre Potential unbestimmter, formstarker Elemente erreicht im technisch-kryptischen Code der Kriminalserie *24* eine besondere tele-

---

[226] Eschke/Bohne: Dramaturgie von TV-Serien, S. 149 f; In der ‚erweiterten Ensemblestuktur' können Fernsehserien wie 24 und LOST dank fortlaufender Handlungen und Cast-Größe ihre Konflikte über interpersonale Beziehungen generieren.
[227] Vgl. ebd., S. 141.
[228] Postman: Public Discourse in the Age of Show Business, S. 99.
[229] LOST, Episode 06x04, TC: 0:36:26–0:38:47.

visuelle Qualität. Im Agentenverfahren der Schlüsselkarten-Decodierung veranschaulicht Episode 01x07 über vier Segmente die serielle Prozessualität von Codezeilen im hypermedialen Monitorbild[230]. Ähnlich der mysteriösen Serialität von LOST befördert der Fokus auf das einzelne, technisch codierte Signal eine spannungsreiche Dramaturgie der Verzögerung. Vor die seriell antreibende Leerstelle des Signifikats, die in Episode 02x08 von Kate Warner im Closeup mit der typologischen Phrase „I don't know what you're getting at" formuliert wird, setzt die Serie einen maximal spektakulären Formeffekt mit dem Code ‚CSG14877', der inmitten digitaler Zeichenreihen grellrot visualisiert wird und eine körperlich deiktische Verstärkung erfährt über die Ermittlerfigur Paul Koplin und deren Worte („That's an encoded coordinate") und Fingerzeig[231]. Die serielle Praxis formbetont verzögernder Ermittlungs- und Vermittlungsverfahren befördert die Häufigkeit spektakulärer Gewaltszenarien.

Das Ausmaß reflexiver Formabstimmung betrifft die Gesamtstruktur der Dramaserien. Gerade im Gewaltbezug zeigt sich eine umfassende Reflexivität der Serienform. THE WIRE unternimmt eine gezielte fernsehserielle Vermessung des Drogen-Brennpunkts Baltimore und setzt dabei exponiert seine fünf Staffeln in Bezug zueinander. Das Kompositionsbewusstsein der Dramaserien zeigt sich außerdem in staffelübergreifenden ‚story arc'-Figurationen eines tödlichen Niedergangs von Hauptfiguren, wie etwa im Fall von Christopher Moltisanti in THE SOPRANOS oder Nate Fisher in SIX FEET UNDER.

Strukturelle Spannung zwischen Konflikten entwickelt LOST über serielle Verfahren der Wiederholung, Variation und des Hergangs, die sich in den nichtlinearen Erzähltechniken entfalten. Hinausgehend über eine narrative Fortentwicklung entfaltet sich eine materielle Anspannung über formbewusste Bezugnahmen konfliktreicher Episoden. Indem der Handlungsstrang der Ehekrise über zwei ‚flashback'-Episoden aus der Perspektive der Gestrandeten Sun (01x06) und Jin (01x17) fokussiert wird, verstärkt die Serie das Bewusstsein für ihr eigenes Erzählgerüst. Gesteigert wird die selbstreflexive Ausrichtung in der zweiten Hälfte der Fernsehserie: Die ‚flash forward'-Vorausblenden zeigen eine Zukunft der Figuren, nachdem sie die Insel verlassen haben und wenden somit das bislang serienzentrale, konfliktreiche Geschehen der ‚island story' zu einer Dramaturgie des Hergangs. Über die folgenden Verflechtungstechiken der Zeitreise in der fünften Staffel und des ‚flash sideways' in der sechsten Staffel exponiert die Serie zunehmend den Status einer Steuerungszentrale.

Bei der reflexiven Bezugnahme zwischen Episoden und Staffeln in *24* nimmt das Gewaltphänomen eine Schlüsselrolle ein. Das Bewusstsein

---

[230] *24*, Episode 01x07, TC: 0:04:54–0:05:24, 0:19:23–0:20:11, 0:20:22–0:21:05, 0:24:07–0:24:52.
[231] Ebd., Episode 02x08, TC: 0:25:32–0:25:58.

über die Bezüge der gewaltbezogenen Serienstaffeln lässt sich markant in Episode 03x01 feststellen[232]: Direkt im Intro antizipiert die Serie, die in ihrer zweiten Staffel die Atombombe zum Bedrohungsszenario machte, mit einer mobilen Terrorgruppe eine erneute Bombenlegung. Doch die Erwartungshaltung wird nur teilweise erfüllt, da die Explosion vergleichsweise unauffällig ausfällt und wesentlich dazu dient, auf eine in Zellophan gewickelte und dergestalt schablonenhafte Leiche zu verweisen, deren fiktionaler Index-Charakter zusätzlich über die Illumination durch ein nahe liegendes Feuer der Explosion geformt wird. Dieser Ablauf fungiert als gezielte deiktische Übergabe der zweiten Staffel und deren Atombombenszenario an die dritte Staffel und deren Virusbedrohung. Der seriell reflexive Mechanismus wird nachdrücklich manifestiert.

In der televisuellen Prozessualität liegt die Tendenz zu einer intermedialen Selbstreflexivität[233]. Hinausgehend über die Technik selbstreferentieller Zitation ergibt sich eine medientechnisch und medienhistorisch reflexive Fernsehästhetik:

> „Ein mediales Produkt wird dann inter-medial, wenn es das multimediale Nebeneinander medialer Zitate und Elemente in ein konzeptionelles Miteinander überführt, dessen (ästhetische) Brechungen und Verwerfungen neue Dimensionen des Erlebens und Erfahrens eröffnen"[234].

Die grenzüberschreitende Tendenz neuerer Fernsehsendungen zu intermedialen Praktiken wurde von Caldwell im Konzept der „Televisuality" herausgearbeitet[235], von Adelmann und Stauff über „Re-Visualisierungen" bildästhetisch spezifiziert[236] und von Bolter und Grusin in das Funktionsgefüge der Neuen Medien als „remediation" eingeordnet[237]. Die drastischen Dramaserien der Post-9/11-Dekade integrieren intermedial reflexive Strategien in dramatisch intensive Funktionskonzepte. Eingeflochten werden intermediale Praktiken sowohl in die Ermittlungsstruktur des Crime-Genres wie auch in die Geheimnisstruktur des Mystery-Genres. Ein besonders ausgeprägtes Spektrum intermedialer Techniken entfaltet die Serie 24 im Zuge einer televisuell-seriellen Potenzierung medienzentrierter Kommunikationsmuster des Techno-Thriller-Genres. Kongruent zur oben ausgeführten Herausstellung des Kommunikationsakts wird bei

---

[232] Ebd., Episode 03x01, TC: 0:00:48–0:02:32.
[233] Vgl. Kroll: Form und Selbstreflexivität in neueren künstlerischen Musikvideos, S. 66.
[234] Müller: Intermedialität, S. 83.
[235] Vgl. Caldwell: Televisuality.
[236] Vgl. Ralf Adelmann, Markus Stauff: Ästhetiken der Re-Visualisierung. Zur Selbststilisierung des Fernsehens, in: Oliver Fahle, Lorenz Engell (Hgg.): Philosophie des Fernsehens, München 2006, S. 59, 69.
[237] Vgl. Bolter/Grusin: Remediation, S. 47 ff.

übermäßiger Mediennutzung die intermediale Vermittlung und Speicherung der Kommunikation akzentuiert. Mit dem Fokus auf *24* sollen nachfolgend die wichtigsten intermedial reflexiven Techniken untersucht werden. Behandelt werden nacheinander die Punkte der Texteinbindung, Telefonie, Bild- und Ton-Speicherung sowie vor allem das Phänomen der Bespiegelung des Monitors. Diese Analysen dienen als Grundlage für die Untersuchung der medienreflexiven Akzentuierung von Gewalt *(II.2.3)* und Folter *(II.3.2)*.

Als wichtiger intermedialer Prozess fungiert die *Integration von Text und Schrift*. Mit symbolischem Gewicht setzen Dokumente und Botschaften gezielte narrative Akzente und entfalten gleichermaßen eine Reflexivität, die auf die mediale Konstitution an der Grenze zu Nachrichten und Literatur verweist. Die Verzahnung reflexiver und narrativer Textimpulse verdichtet sich in den Ermittlungs- und Enträtselungsverfahren des Kriminal- (*24*, ALIAS, THE WIRE) und Sci-Fi-Genres (FRINGE, FLASHFORWARD, THE EVENT, BATTLESTAR GALACTICA). Programmatisch operieren remediatisierte Texte in elektronischen Datenbanken plot-funktional und als televisuelle Texturen. Im Zuge der maximal suggestiven Verzögerungserzählung befördert auch der Ausblick auf Dokumente und Botschaften eine kontinuierliche intermediale Auseinandersetzung. Dieser intermedial akzentuierte Erwartungshorizont konzentriert sich in der informationsfixierten Konfliktdramaturgie von *24* über die Pro- und Antagonisten: Aufseiten der Antagonisten hängt die Serienfortsetzung oft ab vom Verhandlungspunkt eines präsidialen Immunitätsschreibens. Aufseiten der Protagonisten stockt die Handlung häufig durch das Warten auf eine Benachrichtigung zum Ausgang einer Mission – in Episode 02x21 verzögert eine Mitteilung, die dem Vizepräsidenten bei einer Ministerkonferenz als „urgent message" übergeben wird, den Fortgang der Amtsenthebung des US-Präsidenten und eines Kriegsbeginns durch den Verweis auf einen bald anstehenden Geheimdienstbericht darüber, ob eine entscheidende Tonaufnahme echt war oder gefälscht[238].

Als intermediale Amplifikation und Reflexion des fernsehseriell konstitutiven Dialogs fungiert die dominante *Kommunikationsform der Telefonie*. Ständige Anrufe verzögern in *24* die Fernsehdiegese durch explizite Vermittlungsrahmungen und exponieren sie dergestalt in ihrer fernsehspezifisch fragmentierten Form. Die Pause vor der Vermittlung eines Telefongesprächs erfolgt bevorzugt bei der Kommunikation mit oberen Instanzen, allen voran mit dem US-Präsidenten: Meldet sich ein Protagonist, meist Jack Bauer, telefonisch, heißt es formelhaft, er sei „on the

---

[238] *24*, Episode 02x21, TC: 0:26:12–0:27:00.

line"[239], oft mit der zusätzlichen Angabe der verfügbaren Leitungsnummer, der performativen Bedienung des Apparats und der Zusage „Put him through". Ruft der US-Präsident an, wird der Anruf entsprechend über eine Vorankündigung eingeleitet, die auf den Vermittlungsakt der Kommunikation aufmerksam macht: „Please hold for the president"[240]. Eine zusätzliche telefonische Artikulation fernsehserieller Kommunikation ergibt sich über die diegetisch integrierte Regieanweisung zur apparativen Steuerung „Put him on speaker", die das Figurengespräch explizit dem Kollektiv der Zuschauerschaft zugänglich macht[241]. Die intermediale Selbstreflexivität der Telefonats betrifft auch die Bereiche der Video- und Mobiltelefonie. Reflexive Videoschaltungen werden akzentuiert über Variationen der Bedienungsanleitung „Set up a video feed"[242]. Durch Handygespräche, die vorwiegend im Split-Screen vermittelt werden, verstärkt die Serie über geografische Raumgrenzen hinweg die formreflexive Konzentration des Seriendialogs. Besonders deutlich erscheint die materielle Verdichtung bei der Split-Screen-Verschaltung nahe situierter Gesprächspartner. In Episode 01x15 telefonieren die Arbeitskollegen Almeida und Chappelle miteinander, während sie sich im selben Gebäude, direkt übereinander befinden[243]. In dieser Konstellation treten die Mittel der Verbindung, die Telefone und die Teilbilder, stark in den Vordergrund. Die telefonische Formdichte kulminiert in Videoanrufen nahe situierter Gesprächspartner, die in ihrer visuellen Präsentation und Rahmung den einhergehenden Split-Screen-Formüberschuss maximieren. Beispielhaft hierfür ist die Webcam-Nutzung der Agentin Chloe O'Brian, die über Mini-Bildschirme mit Kollegen kommuniziert, die ihr direkt gegenüber sitzen. In Episode 04x03 ist das Sarah Gavin[244] und in Episode 04x15 Edgar Stiles[245].

Die Herausstellung der medialen Konstitution erfolgt zu einem großen Teil über die *Akzentuierung der Bild- und Ton-Speicherung*. Diese Akzentuierung erfolgt mitunter antithetisch über eine Negation: Im Zuge der „double logic", die Bolter und Grusin für die gleichermaßen medienfixierte und mediennegierende Prozessualität Neuer Medien feststellen[246],

---

[239] Wiederholungen und Variationen der Setzung finden sich in den *24*-Episoden 02x14, 02x21, 03x04, 03x23, 04x03, 04x18, 04x22, 05x03–04, 05x06, 05x21, 06x02–04, 06x18, 07x09, 08x01–02, 08x08, 08x17.

[240] Die Setzung findet sich in den *24*-Episoden 02x01, 03x18, 03x21, 03x24, 04x01–02, 05x09, 06x03–04, 06x18.

[241] Die Setzung findet sich in den *24*-Episoden 02x19, 04x05, 05x09, 05x11, 05x23, 06x22, 07x08, 07x12.

[242] Die Formel findet sich in den *24*-Episoden 03x24, 06x17, 08x16.

[243] *24*, Episode 01x15, TC: 0:02:56–0:03:26.

[244] Ebd., Episode 04x03, TC: 0:06:18–0:06:37.

[245] Ebd., Episode 04x15, TC: 0:23:04–0:23:21.

[246] Vgl. Bolter/Grusin: Remediation, S. 3 ff.

entwickelt *24* eine dramatische Ironie, die gerade in der wiederkehrenden Negation „off record" gegenteilig den televisuellen Aufnahmeprozess impliziert. Als reflexives Leitmotto der ‚off-record'-Strategie fungiert in Episode 01x15 eine Anweisung des Senators David Palmer, die gerade in der Negation einer Aufnahme die mediale Kommunikation herausstellt: „I want all your cameras and recording equipment shut down. This is going to be a private conversation"[247]. Bei aller ‚off-record'-Koketterie entfaltet *24* eine dauernde ‚on-record'-Materialität über zahlreiche Bild- und Ton-Aufnahmen. Die Integration akustischer und visueller Speicherdaten ermöglicht eine reflexiv akzentuierte Ergänzung, Wiederholung und Variation der Diegese über das Echtzeitkonzept hinaus. Das videographische Speicherbewusstsein zeigt sich beispielhaft in Episode 02x09: Mit der Markierung „This happened 25 minutes ago" klärt gleich die Exposition der Folge den Fluchthergang des Journalisten Ron Wieland durch die Sichtung einer schwarz-weißen Videoaufzeichnung auf einem Laptop[248]. Das akustische Speicherbewusstsein erreicht eine besondere Qualität bei der Verschaltung mit der konstitutiven Gesprächsform des Verhörs. In Episode 01x14 tritt die akustische Speicherung in den Vordergrund, indem an einem narrativen Nullpunkt, an dem die Storyline des ersten Staffelakts bereits aufgelöst ist, ein Verhör beginnt, bei dem die Hauptfigur Jack Bauer seinem Chef Ryan Chappelle bereits bekannte Serienereignisse nacherzählt, nachdem im materiellen Closeup ein silbernes Mikrofon positioniert und ein schwarzes Tonbandgerät aktiviert wird[249]. Die materielle Konzentration des Gesprächs verstärkt sich gleich mit dem ersten Satz: Als medial exponierter Sprechakt verweist Jacks Aussage „At approximately 12.15 I got a phone call from agent Nina Meyers" im Split-Screen zirkulär auf einen telefonisch übertragenen Sprechakt.

Die intermediale Reflexivität des Fernsehmediums konzentriert sich in der *Bespiegelung des Monitors*. Im Zuge digitaler und transmedialer Erweiterungen rückt das Konzept der „hypermediacy" in den Vordergrund, das Bolter und Grusin als „heterogenous space" definieren „in which representation is conceived of not as a window on to the world, but rather as „windowed" itself – with windows that open to other representations or other media"[250]. Die Kriminalserie THE WIRE initiiert ihr ‚Live'-Konzept in der Pilotfolge durch eine exponierte hypermediale Anordnung[251]: Kurz vor dem Leitmotto „That's not tape. It's live, brother" wird das serienhistorisch vertraute Setting der Küchenmahlzeit über eine körnige, rotstichige Prägung in einem robusten schwarzen Überwachungs-

---

[247] *24*, Episode 01x15, TC: 0:08:15–0:08:22.
[248] Ebd., Episode 02x09, TC: 0:02:57–0:03:17.
[249] Ebd., Episode 01x14, TC: 0:14:32–0:15:40.
[250] Bolter/Grusin: Remediation, S. 34.
[251] THE WIRE, Episode 01x01, TC: 0:43:50–0:45:19.

monitor gerahmt. Die hypermediale Ausgestaltung mündet in einen Linksschwenk, der zuerst einen Laptop zeigt, der in Computerfenstern das Gesprochene als Schallwellen visualisiert, und zweitens einen PC, der die Überwachungsszene fortsetzt neben Desktop-Icons über einem FBI-Symbol, das die Szene auch als polizeiliche Grenzüberschreitung signiert. Im Gegenüber schaut der zentrierte und illuminierte Protagonist James McNulty ungläubig ins primäre Fernsehbild zurück, bückt sich sogar hervor und bespiegelt mit der Frage „It's live?" die Situation des Zuschauers über eine „direct address"[252]. *24* dynamisiert das Prinzip einer hypermedialen ‚Live'-Reflexivität zu einer televisuellen Sichtbarmachung globalen Ausmaßes über die Screen- und Projektionspraktiken des ‚live feed' und ‚satellite coverage'.

Eine hypermediale Potenzierung der Fernsehserie konzentriert sich in der intermedialen Kapazität des Computermediums. In einer exponierten Setzung zu Beginn der dritten Staffel[253] präsentiert *24* den mittlerweile seriell etablierten Protagonisten Jack Bauer über eine medienreflexive Anwendung des Thriller-Musters der Sicherheitsprüfung. Beginnend mit der Naheinstellung der aufliegenden Hand vollzieht die Serie die televisuelle Genese des ‚Star Image'[254] aus dem Körper des Schauspielers Kiefer Sutherland. Über Pixel konstituiert sich die digitale Fotografie des Protagonisten auf einem Computerbildschirm mit nebenstehender Personaldatei. Ausgehend von diesem Standbild, das die digitale Vermittlung der Fernsehserie sowie den Ursprung im Einzelbild des 35mm-Filmkaders impliziert, entsteht schließlich mit der Kameratechnik des Schwenks die bewegte Fernsehfigur.

Der Computerbildschirm ermöglicht in der ermittlungsfokussierten ‚Workplace'-Struktur des Crime- und Mystery-Genres eine wiederkehrende hypermediale Verdopplung des TV-Dispositivs und Reflexion seiner digitalen Erscheinungsweisen. Beim LOST-Szenario eines drohenden Weltuntergangs dient der Rechner, besonders in der zweiten Staffel, als Mechanismus einer seriellen Selbstbestätigung. Bei den Terrorermittlungen in *24* fungiert der Computer als zentrales Arbeitsgerät: Die intermediale Materialität seriell vermittelter TV-Informationen zeigt sich gleichermaßen in computertechnischen Nutzungsweisen wie dem lauten Tippen auf Tastaturen, das die spektakuläre ‚flow'-Struktur durchzieht und die Fernbedienung bespiegelt, sowie dem Einlegen und Herausnehmen von Speichermedien oder dem invasiven Entfernen einer Festplatte aus dem Computer, wie in der expositorischen Split-Screen-Dopplung in Episode 02x11, wobei das Fernsehmedium in seiner inneren Beschaffenheit reflek-

---

[252] Vgl. Hilmes: Direct Address, S. 27–36.
[253] *24*, Episode 03x01, TC: 0:02:38–0:02:53.
[254] Zum ‚Star Image'-Begriff vgl. Richard Dyer, Paul McDonald: Stars, London 1979.

tiert wird²⁵⁵. Nachdrücklich ausgespielt wird die televisuell korrelierende Speicher- und Darstellungsfunktion des Computers in remediatisierten Internet-Videos. Das „Amateur Video" einer Explosion ergibt in Episode 06x01 über die Positionierung auf einem Flachbildfernseher und innerhalb der fiktionalen Variante der Nachrichtensendung FOX NEWS eine doppelte Schachtelung und suggeriert darin die Tendenz zu einer hypermedialen ‚mise-en-abyme'²⁵⁶.

Als Klimax intermedialer Selbstreflexivität fungiert die konkrete Bespiegelung des Fernsehdispositivs. Die Fernsehreflexion ermöglicht eine umfassende Positionierung der Fernsehserien im massenmedialen System, gerade auch im Hinblick auf die Ausnahmeübertragung des 11. September. *24* instrumentalisiert im Zuge seiner ‚Live'-Dramaturgie und auf der Genre-Grundlage des Agenten- und Techno-Thrillers die alltagsnahe Situierung des Fernsehmonitors sowie die Konstruiertheit der TV-News²⁵⁷ zu einer dramaturgischen Verquickung und reflexiven Verwebung televisueller Elemente. Über die intradiegetische Integration faktual markierter Nachrichtenbeiträge, die durch ein gesondertes Drehteam bzw. Second Unit produziert werden²⁵⁸, verknüpft die Serie ihre Figuren, Segmente und Storylines im Sinne einer dramatischen und selbstreflexiven Inkorporation ihrer programmbedingten Situierung zwischen Fakt und Fiktion. Charakteristisch beginnt eine Vielzahl der Episoden mit fiktionalen Nachrichtenbeiträgen, die auch im Episodenverlauf fortgesetzt werden. Die Verquickung der Diskursebenen erfolgt bevorzugt über einen dokudramatischen Schwenk von einer Monitorübertragung zu einer fiktionalen Figur als stellvertretendem Zuschauer.

Mit der Rahmung der Fernsehseriendarstellung über Geräteanordnungen, Produktionsstätten und Bühnensituationen ermöglicht das intermediale, multidiskursive Spannungsfeld des Fernsehens eine massenmediale Reflexivität, die einen Bezug herstellt zu Luhmanns Systemtheorie von Fremdreferenz und Selbstreferenz²⁵⁹ bzw. von „Beobachten" und dem „Beobachten von Beobachtern"²⁶⁰. Mit der Genre-Prämisse des Agenten- und Techno-Thrillers ermöglicht *24* eine kontinuierliche Reflexion des Konstruktionspotentials massenmedialer Vermittlung. Exemplarisch etabliert die Serie in ihrer ersten Staffel, die zum Teil noch vor dem 11. September produziert wurde, das System der Presse im Spannungsfeld von Schein und Sein. Zum einen wird im Staffelverlauf das Manipulati-

---

[255] *24*, Episode 02x11, TC: 0:02:50–0:03:12.
[256] Ebd., Episode 06x01, TC: 0:13:49–0:13:59.
[257] Vgl. Sharon Lynn Sperry: Television News as Narrative, in: Richard Adler, Douglass Cater: Television as a Cultural Force, New York 1976.
[258] Vgl. Video „Blut auf den Schienen", in: 24. Season Four DVD, Disc 7.
[259] Vgl. Niklas Luhmann: Die Realität der Massenmedien, Opladen 1996, S. 16.
[260] Ebd.

onspotential der Medien am Beispiel journalistischer Nachforschungen um den Präsidentensohn Keith Palmer umfangreich diskutiert und erhält in Episode 01x18 bei einem Vater-Sohn-Gespräch vor wehender US-Fahne eine familien- und nationalsymbolische Relevanz[261]. Zum anderen verschiebt sich zum Staffelende das vorangegangene Misstrauen gegenüber den Medien in einer bemerkenswert optimistischen Perspektivierung zugunsten der Zuversicht in eine Wahrheitsfindung, die den Präsidenten der Serie für die nächsten beiden Staffeln nicht nur diegetisch im Amt bestätigt, sondern auch selbstreflexiv als serielle Instanz legitimiert.

Im Zuge der intermedialen Reichweite zeigt sich in US-Dramaserien des 9/11-Diskurses die Tendenz zu einer ästhetischen Herausstellung der televisuellen Funktionsweise zwischen Fakt und Fiktion im massenmedialen und politischen System. Um diese Tendenz vorzustellen, soll am Beispiel der Serien 24 und THE WIRE das reflexive Erzählmodell des Fernsehduells detailliert analysiert werden im Hinblick auf die Herausstellung der fernsehseriellen Vermittlung in einer politischen Debatte.

Analyse 2 – 24:
‚Backstage' – Einblick in die Funktionsweise der Fernsehserie

In der Tradition fiktionaler Genese artikuliert die zwanzigsekündige Exposition der 24-Episode 03x05 prototypisch ein Programm des Einblicks in die komplexe Funktionsweise einer Fernsehserie im konstitutiven Bezug zur massenmedialen Vermittlung politischer Praxis[262]. Mit dem Fernsehduell zwischen US-Präsident Palmer und dem Herausforderer John Keeler wählt die Serie ein performatives Forum, das in seiner Setzung zu Episodenbeginn, zum Episodenende und in Split-Screen-Übergängen, eine akribische fiktionale Rahmung der technisch-apparativen Fernsehvermittlung entwickelt. Anstelle einer filmklassisch illusionistischen Sicht auf das Gezeigte, potenziert die formreflexive Serie das televisuelle Kommunikationskonzept der ‚direct address'[263] zu einem Blick hinter die Kulissen. Die Tonspur der direkten Ansprache durch den Fernsehmoderator, die das gesamte US-Publikum umfasst („Good evening to those of you on the East coast and good afternoon to those of you in the West"), erfolgt parallel zur filmtechnischen Situierung eines Bühnenraums. Ausgehend vom antithetischen Schwarzbild akzentuiert 24 präzise die fiktionale Entstehung der Fernsehserie über den Abgleich von Postproduktion, Aufnahmetechnik und Bühnensituation. Dabei korrelieren die Postproduktionstechniken des Fade-ins und der Credit-Einblendung des Haupt-

---

[261] 24, Episode 01x18, TC: 0:14:15–0:15:28.
[262] Ebd., Episode 03x05, TC: 0:01:54–0:02:14.
[263] Vgl. Hilmes: Direct Address, S. 27–36.

darstellers Kiefer Sutherland mit der Aufnahmetechnik einer Kamerafahrt mit 90°-Drehung, die über zwei statische Wächterfiguren vor einem roten Vorhang anhält, der die fiktionale Bühnensituation des Theaters abruft, um schließlich die Kommunikation der Fernsehsendung in ihrer Umkehrung herauszustellen: Zwischen zwei leeren Redepulten, die den Auftritt der Serienfiguren antizipieren, ist der ansonsten zentrierte Moderator nur von hinten zu sehen, während das Studiopublikum frontal als Spiegel des Serienpublikums erscheint.

Die reflexive Annäherung an das eigentliche Zentrum der Fernsehdarstellung erfolgt über einen umfassenden strukturellen Vorbau. Mit dem ersten Schnitt der Episode positioniert die Serie den Moderator zwar von vorne, jedoch weit entfernt und von der linken Seite. Entscheidend hingegen wird die im Bildaufbau vorgeschaltete dreifache Rahmung des fernsehspezifischen Kommunikationsakts über die Stufen des Senders, Empfängers und Ausgabemediums. Erstens wird der Moderator auf der markant gestuften Holzbühne vor rotem Vorhang als Sprecher performativ situiert. Zweitens entsteht über den stellvertretenden Empfängerkreis des Debattenpublikums ein Rezeptionsrahmen. Drittens entfaltet sich über eine vierfache Monitor-Installation die technisch-apparative Ausgabespezifik des Fernsehdispositivs. Im Zuge einer beachtlichen selbstreflexiven Konsequenz wird die Moderation gemäß ihrem Wesen als Vermittlungsakt innerhalb ihrer technisch-apparativen Vermittlungsstruktur herausgestellt. In der Kamerafahrt entlang der vier Monitore, die den Moderator in wechselnden Größen, Perspektiven und Farbfiltern zeigt, artikuliert die Serie den Übertragungs- und Modellierungsvorgang des Fernsehens sowie die Konstruiertheit der eben initiierten Montagetechnik der Fernsehserie, besonders im Hinblick auf die Split-Screen-Signatur der Serie.

Vervollständigt wird die selbstreflexive Prägung der Eröffnungssequenz über die Herausstellung des Produktionsprozesses. Parallel zur Benennung der fiktionalen Hauptfiguren David Palmer und John Keeler führt die Sequenz die hypermedial vervielfachte Darstellung in der Kamerabewegung auf den Referenzpunkt des Moderators zurück und exponiert über die schablonenhaft schwarzen Figuren des Tontechnikers mit Kopfhörer und des Kameramanns mit Kamera und Display den Produktionsprozess der technisch-apparativen Fernsehserie. Als vermittelter Vermittler wird der Moderator demonstrativ zwischen Ausgabemedium und menschlich betriebenen Aufnahmemedien verankert. In eben diesem Reflexionsmoment kehrt die Szene mit einem zweiten Schnitt zurück zur Ausgangsposition hinter dem Vorhang und vollzieht mit einem Schwenk zur linken Seite des Vorhangs, spiegelbildlich zur eben erfolgten Akzentuierung des mediatisierten Zuschauerblicks, den kompletten Radius des fiktionalen Vorführraums.

Mit der hervorstechenden Präsentation des formbewussten Vermittlungsrahmens, die auf den enthüllenden Charakter der Polit-Doku PRIMARY (1960, Robert Drew) während John F. Kennedys Wahlkampf rekurriert, stilisiert *24* seine fiktionale Genese als ‚behind the scenes'-Sequenz: Parallel zum Schlüsselwort „backstage", das der Moderator im Off verlauten lässt, erfolgt der erste Dialog der Serienepisode hinter dem roten Vorhang der soeben exponierten Bühne. Bei der späteren Fortsetzung der Wahlkampfdebatte setzt sich auch die Strategie fernsehreflexiver Herausstellung fort. Konsequent knüpft sie dabei an die formbewusste Leittechnik des Split-Screen.

Analyse 3 – THE WIRE:
Herausstellung und Problematisierung der Fernsehübertragung

Das Reflexionsmodell der politischen Fernsehdebatte findet sich auch in THE WIRE. Während *24* das TV-Duell als Exposition einsetzt, zeigt THE WIRE eine betont ‚live' geführte Debatte zwischen drei Bürgermeisterkandidaten im Schlussakt von Episode 04x02. Auch hier bespiegelt das fernsehspezifische Streitgespräch in einer akzentuierten Anordnung mit Bühne, Vorhang, Publikum, Moderator, Kameras, Kameraleuten und Monitoren die fiktionale und technisch-apparative Bedingtheit der Fernsehserienübertragung. Eine besondere Zuspitzung des Reflexionsmodells ereignet sich in der Kamerafahrt von Bürgermeister Clarence Royce zum Herausforderer Tommy Carcetti, die beide hinter Redepulten stehen[264]. In der Bewegung nach links bespiegelt die Kamera vor dem blauen Vorhang ihren eigenen Aufnahmeprozess: Die Serienkamera filmt eine schwarze Kamera, die den Bildbereich vertikal ausfüllt. Der Bürgermeister, der zuvor ungefiltert zu sehen war, erscheint nun in einem abgesetzten bläulichen Display. Der Aufnahmeprozess wird durch hervorstehende Verbindungskabel und zwei rot leichtende Kameralämpchen markiert. Als zentraler Teil der Produktionsanordnung erscheint am Mittelpunkt der Kamerabewegung der Kameramann, dessen Silhouette als selbstreflexiver Indikator dient.

Die modellhafte Relevanz der selbstreflexiven Kamerafahrt reicht bis in den Paratext der Fernsehserie: In der Verdichtung auf zwei Sekunden und der Umkehrung der Bewegung belegt die Aufnahme eine Schlüsselposition in der Vorspann-Montage der vierten THE WIRE-Staffel und pointiert damit, kurz vor Beginn der Serienfolgen, ein selbstbezügliches Programm. In der hier besprochenen Episode erfolgt die bewusste Kommunikation mit dem Rezipienten, speziell beim Thema der Gewalt, kon-

---

[264] THE WIRE, Episode 04x02, TC: 0:55:32–0:55:38.

sequent über die Herausstellung der Fernsehausgabe vor den Augen stellvertretender Zuschauer[265]: Mehrere Figuren und Gruppen des Serienpersonals, die gemeinsam ein Gesamtbild der Gesellschaft symbolisieren, sehen die Debatte auf Fernsehbildschirmen, die den Auftritt der zuvor aufgenommenen Figuren in der spezifischen ‚Live'-Inszenierung berichtender Fernsehsender präsentieren.

Als disruptive Pointe der selbstreflexiven Konstellation dient schließlich die Problematisierung der Zuschauerschaft im Bezug zur Gewaltdarstellung[266]. Ausgerechnet in dem Moment, in dem die Debatte das Thema der Jugendfürsorge erreicht, beendet der jugendliche Dealer Namond Brice das Fernsehprogramm und wechselt zu einem Ego-Shooter-Videospiel. Der hypermedial ausgestellte Wechsel von der politischen Fernsehdebatte zum grell blinkenden Gewaltspiel knüpft an einen Gegenschuss auf den benommen blickenden Spieler und steht prominent am werkstrukturellen Übergang in den Serienabspann. Die Konstellation dient erstens als skeptischer Kommentar zur Entwicklung der gewaltbetonten Diegese und zweitens als Reflexionspunkt extremer Präsentationsformen im Wettbewerb der Medien.

~

Die fiktionale Integration medienreflexiver Funktionsweisen erreicht in *24* und anderen US-Dramaserien der Post-9/11-Dekade einen besonderen fernsehästhetischen Stellenwert, indem die serielle Diskursivität und mediale Vermitteltheit im Spannungsfeld von Fakt und Fiktion bis ins Extrem problematisiert wird. In Entsprechung zu einem zunehmend drastischen Serienverlauf tendiert in *24* die dramaturgische und medienreflexive Spannung massenmedialer Wirkungsfelder zu grenzüberschreitenden Figurationen. Besonders im Hinblick auf die Darstellungsirritation des 11. September, in der etablierte Fernsehstrukturen explizit wurden *(I.1.1)*, ergibt sich die Tendenz zur fortgesetzten Reflexivität massenmedialer Extremvermittlung im Spannungsfeld von Fakt und Fiktion. Ein zentrales Phänomen ist die Überführung der spektakulären Überformung faktualer Berichterstattung nach 9/11 in eine dramatische Diegese. In Episode 07x17 perspektiviert *24* über die konsonantisch schlagende Formulierung „If this story breaks, it will create a panic, people will be hurt" den Status seines Plots als ‚Live'-Spektakel der Gewalt[267]. Die charakteristische Verquickung der massenmedialen Übertragung der Narration mit einem Gewaltpotential findet sich auch in der anaphorischen Replik, die der Journalist Ken Dellao gegenüber der Präsidentinnentochter Olivia Taylor

---

[265] Ebd., TC: 0:53:10–0:54:00.
[266] Ebd., TC: 0:56:42–0:57:12.
[267] Ebd., Episode 07x17, TC: 0:21:07–0:22:30.

trifft: „Maybe, you're right. Maybe I need to kill this story". In diesem parallelistisch verstärkten Eventualitätsmodus kombiniert die Serie ihre spannungsorientierte Verzögerungstechnik mit einem Verweis auf das gewaltsame Funktionsgefüge der Massenmedien.

Die Herausforderung massenmedialer und televisueller Vermittlung nach dem Gewalteinbruch des 11. September zeigt sich in exponierten Zäsur-Setzungen der Dramaserien. Im televisuellen, fernsehseriellen, medientechnischen und medienhistorischen Bewusstsein entfalten *24* und andere Dramaserien eine zentrale Reflexionsrolle im Hinblick auf die Extrembeanspruchung des Fernsehens zwischen Fakt und Fiktion. In der Begrifflichkeit von Alfred Gell übernehmen Dramaserien eine zentrale ästhetische Agentenfunktion in Bezug zu 9/11[268]. Die Relevanz selbstreflexiver Figurationen des „symbolischen Schock[s]"[269] bedeutet dabei nicht nur eine nachträgliche Verarbeitung, sondern eine vermittlungsbewusste Vorbereitung, wie sie Richard Grusin im Begriff der „premediation" erfasst:

> „9/11 can be seen to have marked an end to [...] the U.S. cultural desire for immediacy fuelled by the dot.com hysteria of the 1990s and to have replaced it with a desire for a world in which the immediacy of the catastrophe, the immediacy of disaster, could not happen again – because it would always already have been premediated, to see the future not as it emerges immediately into the present but before it ever happens"[270].

Als pointierte Figuration des ‚symbolischen Schocks' fungiert in *24* die Figurenrede des zentralen und ambivalenten Bösewichts Christopher Henderson in Episode 05x22[271]. Die Episode wurde von David Fury mitgeschrieben, der aufgrund seiner Mitwirkung an LOST und FRINGE als Auteur dramatischer US-Qualitätsfernsehserien nach 9/11 gelten kann. Im desaturiert schwarzgrauen Setting des Verhörraums wird Henderson im nahen Halbprofil durch einen blauen Lichtbalken markiert. Entsprechend rau präsentiert der Verhörte mit schlagendem Rhythmus, konsonantischem Zusammenklang und deiktischer Nationalgeste eine gewalttätige US-Realität und entgrenzt sie von der faktualen Medienmarke des zentralen US-Presseorgans der *New York Times*, die einen konstitutiven Bezug zum 11. September einnimmt: „What I did was in the interest of the destiny of this country and I'm not talking about the version you read on the Op-ed pages of the New York Times". Nach dem Gegenschuss zum Opponenten Jack Bauer und der Drehung ins Profil skandiert

---

[268] Zur ästhetischen Agentenfunktion vgl. Gell: Art and Agency.
[269] Baudrillard: Der Geist des Terrorismus, S. 14.
[270] Richard Grusin: Premediation, in: Criticism 1, 2004, S. 21.
[271] *24*, Episode 05x22, TC: 0:18:05–0:18:23.

Henderson im alliterativen Dreiklang das Fazit eines realen Überlebenskampfs: „I'm talking about the politics of survival. The way the world really works".

Die Fakt-Fiktion-Engführung in intermedialer Relation zur Schlüsselmarke der New Yorker Traditionszeitung angesichts grenzüberschreitender Handlungen erfolgt auch in einer markanten Setzung der Serie THE SOPRANOS in Episode 04x01[272]. Die allererste Aufnahme der Serie nach dem 11. September vereint in präziser geometrischer Gleichverteilung die televisuelle Remediation der nicht fokussierten Titelseite der *New York Times* in der unteren Bildhälfte mit dem fokussierten Leserporträt der Serienfigur Carmella Soprano in der oberen Hälfte, während die Audiospur der Figurenrede einen faktisch verbürgten Zeitungsartikel zu einer Dehnbarkeit des Rechtsbegriffs vermittelt, der als Kernthema der Serie begriffen werden kann[273]. Mit dieser selbstreflexiven Situierung begründet THE SOPRANOS frühestmöglich einen faktisch nahen Diskurs zum 11. September. Zusätzlich pointiert die Serie noch in derselben Folge einen symbolischen Bezug zwischen 9/11 und einem Verfall der Familie, der charakteristisch für die Show und verwandte Dramaserien ist. Mafioso Bobby Baccalieri bemerkt in synekdochischer TV-Typologie: „Mom really went downhill after the World Trade Center"[274].

Im Fokus der dramaseriellen Vermittlungsproblematik steht die Inszenierung von massenmedialen Bewältigungspraktiken einer einbrechenden Gewalt. Dies betrifft besonders die medienreflexive Reichweite von *24*. Gegenüber dem tendenziell positiven Medienbild der ersten *24*-Staffel markiert die zweite Staffel schon mit ihrer zweiten Episode einen Moment des Bruchs, der den ‚symbolischen Schock' des 11. September postfiguriert[275]. Diese Irritation erfolgt, als die US-national und seriell zentrale Figur des Präsidenten im exponierten Closeup-Profil erschüttert nach unten schaut und den Kopf senkt, nachdem Journalist Ron Wieland, der die Bedrohungssituation einer Atombombe öffentlich machen wollte, auf Befehl des Präsidenten von Sicherheitsleuten abgeführt wird. Gerade das akzentuierte Vorenthalten einer massenmedialen Vermittlung des Ausnahmezustands verstärkt in dramatischer Ironie und Verzögerung die Präsentation eines Ausnahmezustands. Die reflexive Erzählbarmachung des Ausnahmezustands erfolgt in Episode 02x08 über eine zweifach antithetische Grenzstellung, die eine massenmediale Berichterstattung und demokratische Praxis mit dem Phänomen der Gewalt konfrontiert: „Unless

---

[272] THE SOPRANOS, Episode 04x01, TC: 0:01:35–0:01:59.
[273] Bei dem verlesenen Zeitungsartikel handelt es sich um: Alessandra Stanley: Official Favors. Oil that makes Italy go round, in: The New York Times, 20.04.2001, online: http://nyti.ms/2O5YpK7; Stand: 06.06.2019.
[274] THE SOPRANOS, Episode 04x01, TC: 0:40:36–0:40:40.
[275] *24*, Episode 02x02, TC: 0:38:45–0:38:57.

they kill me, I'm gonna have the story of the year: I've been kidnapped by the leader of the free world", lässt der verhaftete Journalist verlauten[276]. Die Klimax der selbstreflexiven Registrierung einer neuen Vermittlungshärte ergibt sich in der Split-Screen-Exposition der anknüpfenden Episode 02x09 mit der Verdopplung des Fernsehdispositivs über die intradiegetische ‚Live'-Berichterstattung des geflüchteten Journalisten[277] bis diese in der Anschlussfolge über eine spiegelbildlich expositorische Setzung zirkulär durch eine Presseerklärung des Präsidenten geschlossen wird[278].

Die medienreflexive Verarbeitung grenzüberschreitender Gewalt wird auch in der fünften Staffel von 24 als Serienprogramm etabliert. Gleich die erste Folge exponiert zunächst das massenmediale Manipulationspotential über eine Versuchsanordnung, die US-Präsident Charles Logan und Stabschef Walt Cummings bei einer Fernsehübertragung als Co-Regisseure unternehmen, um Logan größer als den russischen Präsidenten erscheinen zu lassen[279]. Mit Logans Leitsatz „Don't underestimate the power of the image" und der hypermedialen Monitorrahmung einer beliebigen TV-News-Aufnahme im Zoom-out präsentiert die Fernsehserie eine televisuelle Formreflexivität, die über einen formulierten Vergleich mit der ikonischen Fotografie der Konferenz von Yalta (medien-)historisch positioniert wird. Die akzentuierte Antizipation massenmedialer Funktionsweise führt mit dem Schock plötzlicher Gewalt durch die Ermordung des US-Präsidenten David Palmer zu einer Vermittlungsproblematik, deren Lösung seriell verzögert wird und in Episode 05x07 explizit als Pseudo-Narration perspektiviert wird, als der Präsidentenberater Mike Novick den paradoxen Vorschlag macht, „to construct a credible narrative"[280]. Vermittlungskomplikationen durchziehen den gesamten Staffelverlauf und münden im Staffelfinale der hypermedialen Ausnahmedarstellung eines US-Präsidenten, der als Schwerverbrecher gefoltert wird. Die Konstellation postfiguriert die symbolische und mediale Irritation des 11. September.

Die medienreflexiven Spannungen in Post-9/11-Dramaserien erstrecken sich über das Feld der Massenmedien hinaus zu einer umfassenden Dramaturgie der Kommunikation und Vermittlung. Besonders die dem Thriller-Genre entsprechenden Dramaserien operieren verstärkt mit der Bedingtheit und Problematik des Kommunikationsakts. Mit dem kontinuierlichen Ausblick auf eine Resolution befördert sowohl die Ermittlungsstruktur, wie in 24, THE SOPRANOS oder THE WIRE, als auch die Geheimnisstruktur, wie in LOST, FLASHFORWARD oder THE EVENT, ei-

---

[276] Ebd., Episode 02x08, TC: 0:11:45–0:11:53.
[277] Ebd., Episode 02x09, TC: 0:01:47–0:02:13.
[278] Ebd., Episode 02x10, TC: 0:01:36–0:02:35.
[279] Ebd., Episode 05x01, TC: 0:04:36–0:05:08.
[280] Ebd., Episode 05x07, TC: 0:15:20–0:15:37.

nen existenziellen Wettstreit um Information, der besonders in der Steigerung zu Gewaltszenen eine konstitutive Spannung zwischen Medialität und Natur aufzeigt. LOST beispielsweise exponiert gerade im Grenzbereich zum ursprünglichen Inselraum die Konspirationspraktiken der Aktanten diskursiv und medial. Über Untertitel konnotieren die spannungsreichen Dialoge des südkoreanischen Paars Sun und Jin eine internationale Kommunikationskrise nach dem 11. September.

Analyse 4 – LOST: ‚It killed them all' – Kontaktversuch kippt in Gewalt um

Stellvertretend für die dramaserielle Kommunikations- und Vermittlungsproblematik soll gezeigt werden, wie die Serie LOST gleich zu Beginn ein entsprechendes Leitprogramm etabliert[281]. Im letzten Segment der zweiteiligen Pilotfolge erfolgt der kollektive Kontaktversuch der gestrandeten Protagonisten zur Außenwelt mit einem Funkgerät über fünf klimaktisch ansteigende Irritationsstufen bis zu einer Suggestion maximaler Gewalt. Auf der ersten Irritationsstufe, die die repräsentierte Natur betrifft, werden die sechs Gestrandeten im Ausnahmeraum eines hohen Gipfels durch starken Wind beeinträchtigt, der die Haare zerzaust. Auf der zweiten Irritationsstufe, die die Protagonisten betrifft, ergeben sich Probleme der Rezeption, Übersetzung und Kommunikation: Sowohl Kate Austen als auch Boone Carlyle verwenden mit „Shut up!" eine aggressive Aufforderung zur Nicht-Äußerung. Auf der dritten Irritationsstufe der Fernsehtechnik zeigt sich die Störung über schnell geschnittene Drehungen der Kamera um die Figuren. Auf der vierten Irritationsstufe des intermedialen Einsatzes des Funkgeräts lässt sich eine dreifache kommunikative Verzerrung feststellen, bei der die Botschaft in den Hintergrund tritt und die mediale Materialität in den Vordergrund, erstens durch kontinuierliches Rauschen und Pfeifen bis zur schmerzhaften Rückkopplung, zweitens durch den drohenden Batterieausfall und drittens durch die Blockierung des Sendesignals durch einen früheren Hilferuf, der ebenfalls nicht nach außen dringt, sondern in maximaler Zuspitzung seit sechzehn Jahren und fünf Monaten als geschlossene Schleife in sich kreist. Auf der fünften und finalen Stufe der Kommunikations- und Vermittlungsirritation erfolgt eine klimaktische Steigerung zur Gewalt, indem Shannon Rutherfords Übersetzung des rauschenden Hilferufs im retrospektiven Parallelismus eine maximale Drohkulisse eröffnet: „It killed them, it killed them all". Über die hier geschilderte fünfgliedrige Ausgestaltung der kommunikativen Irritation besiegelt LOST in der Pilotfolge sein elaborier-

---

[281] LOST, Episode 01x02, TC: 0:33:55–0:38:02.

tes Konzept als Mystery-Serie. Charlie Paces abschließende Frage „Guys, where are we?" initiiert das fortdauernde Rätselraten der Zuschauer.

~

Über das prädestinierte Genre des Agenten- und Techno-Thrillers entfaltet *24* eine drastische Dramaturgie der Vermittlung. Mit den Maximen der Erreichbarkeit und Nachverfolgbarkeit etabliert *24* eine konfliktreiche Interdependenz zwischen Figuren und Medien. Es entsteht ein Spannungsfeld zwischen der Erfassung der Figuren im intermedialen System und den Tendenzen der Grenzüberschreitung. Die Existenz und Situierung des geflohenen Agenten Jack Bauer wird in Episode 01x04 über die remediative Registrierung im Polizeifunk bestätigt: „Looks like our boy surfaced, his name popped up on a police frequency", erkennt Geheimdienstchef George Mason nach einem Handyanruf, dessen Relevanz durch einen formbetonten Schwenk zum Ende unterstrichen wird[282]. Jacks Kündigung wird demgemäß in Episode 06x05, nach der dienstüberschreitenden Ermordung des Kollegen Curtis Manning, über seinen „off-channel"-Status festgestellt[283]. Die Agentin Michelle Dessler soll in Episode 02x23 über die Nachverfolgung ihres Computer-Zugangscodes lokalisiert werden[284].

Im Zuge einer dramaturgischen Spurensuche und reflexiven Selbstvergewisserung vollzieht *24* eine fortdauernde Auswertung figurenbezogener Informationen. Die fortsetzungsserielle Ermittlungsstruktur, die ihren Kulminationspunkt in der Folter erreicht *(II.3)*, umkreist eine Medialität der Datenträger. Der Stellenwert von Dateien ist besonders in den Finalfolgen hoch. Gezielt verweist eine computertechnische Signatur in der staffelausrichtenden ‚Zypern-Aufnahme' in Episode 02x21 auf den Programmierer Alex Hewitt[285], bevor in der Anschlussfolge die erschütterte Machtstellung von Präsident Palmer dadurch markiert wird, dass seine ‚Keycodes' für die Regierungsgebäude nach der (vorläufigen) Abwahl demonstrativ an einem gesonderten Gerät im Closeup überprüft und eingezogen werden[286]. Die reflexive Relevanz der technischen Codes über die Figur hinaus zeigt sich im Finale der dritten Staffel. Obwohl Staffelbösewicht Stephen Saunders bereits gefasst ist, enthält die codierte Oberfläche eines „sophisticated decryption overlay" in Episode 03x23 die In-

---

[282] *24*, Episode 01x04, TC: 0:38:17–0:38:20.
[283] Ebd., Episode 06x05, TC: 0:06:22–0:06:33.
[284] Ebd., Episode 02x23, TC: 0:24:00–0:24:15.
[285] Ebd., Episode 02x21, TC: 0:29:55–0:30:39.
[286] Ebd., Episode 02x22, TC: 0:02:41–0:04:09.

formation über den Ort der Virusbehälter und ermöglicht so eine maximal suggestive Fortwirkung der Figurenhandlung[287].

Die medientechnisch geformten *24*-Figuren operieren im Rahmen einer medial geprägten Kommunikations- und Handlungsebene. Die Problematik zwischenmenschlicher Verständigung verschiebt sich in Episode 04x03 auf die Ebene des Computers, als der Agent Curtis Manning seine Kollegin Chloe bittet, eine Firewall um die Station seiner Ex-Freundin Marianne zu errichten[288]. Die Spannung der spektakulären Serie zwischen Technik und Körperlichkeit und deren Bezug zur Gewalt inszeniert *24* etwa über Setzungen der Unerreichbarkeit. In Episode 01x07 erzeugt der verfehlte Empfang einer Nachricht dramatische Spannung[289]: Teri Bauer gerät in eine gewalttätige Konfrontation mit der Pseudo-Freundfigur Kevin Carroll, nachdem eine telefonische Mitteilung des feindlichen Auftraggebers im Funkloch zum paratextuellen Signal „You have one new message" komprimiert wird und nur teilweise abhörbar ist. Die formale Verdichtung der Figuren plausibilisiert gewalttätige Aktionen, betont gleichzeitig aber auch in beidseitig extremer Herausstellung den Bezug von Körperlichkeit und Medialität. Als Motto gefasst wird das problematische Spannungsfeld der Neuen Medien in Episode 01x09: Der Agent Tony Almeida kommentiert die angebliche Ahnungslosigkeit der Konspiratorin Jamey Farrell über die Auswirkung ihrer Gewalttaten mit dem abfälligen Verweis auf eine virtuelle Loslösung („You're just tappin' on your keyboard, right?")[290], die sich in den Kontext der Simulationstheorie von Jean Baudrillard einordnen lässt[291].

Analyse 5 – THE SOPRANOS:
Gewalt gegen das ‚Home Entertainment System'

Die Problematik rücksichtsloser Mediennutzung in Bezug zur Gewalt zeigt THE SOPRANOS in Episode 03x11[292]. Im Mittelpunkt steht ein Streit über den Platz einer Fernbedienung im Wohnzimmer. Obwohl im Plot die Eintreibung von Schulden maßgeblich ist, rückt sofort das Dispositiv des Fernsehens in den Vordergrund. Gleich beim Betreten der Wohnung des Schuldners Valery ereignet sich ein exponierter sechssekündiger Blick des Mafioso Paulie Gualtieri, der zur deiktischen Aufforderung wird („Look at this shit!"), um im konsequenten Schnitt in einer selbstreflexi-

---

[287] Ebd., Episode 03x23, TC: 0:02:00–0:02:15.
[288] Ebd., Episode 04x03, TC: 0:32:22–0:32:32.
[289] Ebd., Episode 01x07, TC: 0:10:22–0:12:40.
[290] Ebd., Episode 01x09, TC: 0:14:06–0:14:10.
[291] Vgl. Jean Baudrillard: Agonie des Realen, Berlin 1978.
[292] THE SOPRANOS, Episode 03x11, TC: 0:08:01–0:10:34.

ven Spiegelung der multimedialen Fernsehanlage des ‚Home Entertainment System' zu münden, deren Teile in ebenfalls sechs Sekunden ausgestellt und von Paulie pointiert aufgezählt werden („TV, Stereo, DVD").

In bemerkenswerter Weise ergeben sich die gewalttätige Konfrontation und der drastische Handlungsverlauf, die zu den berühmtesten der THE SOPRANOS-Geschichte zählen, nicht aus einem genre-gemäßen Ereignis, wie etwa der Verweigerung der Zahlung, sondern aus der narrativ eher unmotivierten Zerstörung der Fernbedienung, die allerdings in selbstreflexiver Hinsicht hervorsticht. Nach Paulies hervorgehobener Entnahme der zentriert positionierten und übergroßen Display-Fernbedienung aus dem ‚Entertainment-System' und der doppelten Benennung als „universal remote", führt Valerys doppelter Wunsch der medialen Wiederherstellung („Put remote on docking station" und auf Nachfrage „Universal remote. Put it down on docking station") dazu, dass Paulie die Fernbedienung fallen lässt. Das Zerspringen der Fernbedienung in ihre technischen Bestandteile bewirkt den Ausbruch der physischen Gewalt in der fernsehtraditionell vertrauten Atmosphäre des Wohnzimmers und irritiert damit auch das Zuschalten des Fernsehzuschauers in eine Serie, die sich durch Gewaltdarstellungen für das ‚Home Entertainment System' auszeichnet.

~

Die dramaserielle Auslotung und Problematisierung medialer Vermittlung konzentriert sich in der selbstreflexiven Akzentuierung des Sehens. Gegenüber der einstigen Darstellungstendenz des Fernsehmediums zur Bedienung des flüchtigen und unbeachteten Blicks[293] akzentuieren Dramaserien der Post-9/11-Dekade eine fordernde und extreme Sichtbarkeit, die das Wesen fiktionaler Darstellung im technisch-apparativen Fernsehmedium herausstellt. Im Bewusstsein über ihre fernsehästhetische Relevanz und Herausforderung neigen die Dramaserien dazu, sich gegenüber der historisch prägenden visuellen Ästhetik des Kinos zu positionieren. Im Hinblick auf die spektakuläre Ausrichtung lässt sich eine Korrelation mit den attraktionsästhetischen Anfängen des Films feststellen[294]. *24* bringt den Bezug zum frühen Kino deutlich zum Ausdruck, wie das folgende Beispiel zeigen soll.

---

[293] Vgl. Ellis: Visible Fictions, S. 160–171.
[294] Zur Attraktionsästhetik des frühen Kinos vgl. Gunning: The Cinema of Attractions; Die Bezugnahme einer neuen Dramaserie auf das frühe Kino hat Jason Mittel anhand von LOST angeführt, vgl. Mittel: The Value of Lost, Part Two.

Analyse 6 – 24:
Aktualisierung der filmischen Urszene des einfahrenden Zuges

Konsequent reartikuliert *24* in der Eröffnungsszene der vierten Staffel die filmische Urszene des einfahrenden Zuges, der im Pionierfilm L'ARRIVÉE D'UN TRAIN EN GARE DE LA CIOTAT (1896, Louis & Auguste Lumière) den Eindruck erweckte, in den Zuschauerraum hineinzufahren[295]. Die Exposition der Actionserie nutzt den wirkungsmächtigen Bezugsrahmen filmisch konstitutiver Bewegung und raumüberschreitender Bildstruktur zu einer fiktionalen Genese, in der ein langer Zug über Schienen fährt, die wie im filmischen Vorbild von oben rechts nach unten links eine Diagonale bilden. Die schnelle Zugfahrt suggeriert in der Dunkelheit mit dem frontal signalhaften Rotlicht und den intermedial gefügten Geräuschen der Hupe und des Schienenratterns eine rauschhafte Bewegung in den Zuschauerraum. Die schnell vorbeiziehenden und verwischten Zugfenster figurieren selbstreflexiv die Struktur von Einzelbildern eines Filmkaders.

Die Sequenz setzt die filmhistorische Positionierung der Serie zugunsten grenzüberschreitender Formen fort. In der Innenansicht des fahrenden Zuges aktualisiert *24* die expressiven Film-noir-Muster misstrauisch blickender Geschäftsmänner mit gezückten Waffen mittels der formreflexiven Techniken der Handkamera und des Split-Screen. Die Klimax einer exzessiven Steigerung des visuellen Spektakels, bei der die Special Effects-Konventionen des Action-Blockbusters potenziert werden, erreicht das Eröffnungssegment bei der abrupten Bremsung des Zuges über die schnelle Schnittfolge zweier Nahaufnahmen und einer Totalen sprühender Funken sowie letztlich bei der Explosion des Zuges. Die Explosion erfolgt gemäß der ‚Höhepunktfrequenz' der Serie[296] bereits nach einer Minute und dreiunddreißig Sekunden. Spektakulär überreizt die Sequenz sowohl horizontal als auch frontal im raumgreifenden Feuer umherfliegender Kanister eine bloße Repräsentation zugunsten exzessiver Bewegung und Signalstärke.

~

Die Reflexivität des Sehens durchdringt die Spannungskonzepte der drastischen Dramaserien nach 9/11 hin zu einer Sehschule im Angesicht von Gewalt. Die genretypische Operationalität des Blicks, wie sie Jonathan Bignell etwa im Hinblick auf die Polizeiserie *CSI* feststellt[297], entfaltet in

---

[295] *24*, Episode 04x01, TC: 0:00:00–0:01:39.
[296] Für Begriffsgrundlagen vgl. Ellis: Visible Fictions, S. 149; Butler: Television, S. 26; Hickethier: Die Fernsehserie und das Serielle des Fernsehens, S. 32.
[297] „The looks of the camera, characters and the audience are made surprisingly active, and the role of the look as an action or performance becomes significant in itself.

den episodenübergreifenden Ermittlungs- und Enträtselungsstrukturen der drastischen Qualitätsdramaserien eine fortdauernd scharfe Reflexivität. Im Zuge dramaturgischer Dringlichkeit exponieren die Serien ihre Sichtbarkeit als konstitutive Bedingung fernsehserieller Vermittlung. Besonders die drastische Ermittlungsserialität der technologisch ausgerichteten Thriller-Serie *24* erzielt eine medienreflexive Qualität. Im maximalen Spannungsverhältnis zu einer Darstellungsnegation betont der Geiseltausch in Episode 03x22 die Relevanz visueller Übertragung durch Jack Bauers serienrhythmisch wiederholten Lagebericht am Tablet mit der hypermedialen Überwachung auf vier Fenstern („Don't have a visual on Saunders, I repeat, we do not have a visual on Saunders")[298]. Erst in Korrelation zur Sichtbarwerdung des Feindes erteilt Jack den Befehl zum Truppeneinsatz („We've got a visual on Saunders, move now!"), der im offenen Aktionsraum unter dem Viadukt der 6th Bridge den plotentscheidenden und spektakulären Showdown einleitet und darin den finalen Schusswechsel auf dem Boden und in der Luft erwirkt sowie die Festnahme des zentralen Antagonisten der Staffel[299]. Das gattungs- und medienspezifisch essentielle Erfordernis des Sehens im Bezugsfeld intermedialer Vermittlungsproblematik zeigt sich auch in Episode 01x16, als ein Wächter in dem Moment erschossen wird, in dem er sein direktes Blickfeld vernachlässigt, um eine Funkverbindung herzustellen[300].

Die antithetische Konfrontation des Zuschauers mit dem Extrem des Nicht-Sehens kulminiert in der Demonstration ohnmächtiger Blindheit. Direkt vor dem schwarz bestimmten Schlusscountdown präsentiert *24*-Episode 04x01 eine Abschlussaufnahme, die im Zuge einer exzessiven Irritation durch Lichtblendungen veranschaulicht, wie dem US-symbolisch wirkungsmächtigen Verteidigungsminister James Heller und seiner Tochter Audrey von Terroristen die Augen verbunden werden[301]. In der spannungsreichen Konfliktzentrierung der Mystery-Serie LOST wird die Begegnung mit dem Fremden entsprechend über Konstellationen des Sehens artikuliert. Dabei spiegelt die Show in ihrer episodenübergreifenden Geheimnisstruktur den Resolutionswunsch des Zuschauers über optische Figurationen fiktionaler Erkenntnis. In einer markanten Positionierung auf dem abgestürzten Flugzeug fungiert der Buchstabe O im Logo der Oceanic Airlines als leitmotivisches Augensymbol, das eine visuelle Re-

---

[...] Mise-en-scène and the foregrounding of visual style are not only markers of quality in terms of production value, but also perform seeing and knowing as meaning making activities carried out for and in television", Bignell: Seeing And Knowing, S. 166.

[298] *24*, Episode 03x22, TC: 0:30:52–0:35:06.
[299] Ebd., TC: 0:35:06–0:38:50.
[300] Ebd., Episode 01x16, TC: 0:26:46–0:27:14.
[301] Ebd., Episode 04x01, TC: 0:40:20–0:40:36.

flexivität der Serie in Bezug auf den Flugzeugabsturz des 11. September herstellt. Gerade in der ersten LOST-Staffel etabliert das Sehen ein Serienprogramm der Bewältigung gewaltsamer Vergangenheit: Pointiert beginnen die ‚flashback'-Episoden mit dem nahen Augenaufschlag der jeweils zentralen Serienfigur und initiieren damit in Bespiegelung des Zuschauerauges einen fiktionalen Blick zurück.

Die spannungsreiche Reflexivität der Sichtbarkeit steigert sich in der Irritation des Rezeptionsakts über die televisuelle Artikulation des Gesehenwerdens im Gewaltbezug. Einen zentralen Stellenwert hat hierbei die hypermediale Vervielfältigung des Bildschirms, die auf die Wahrnehmungsform der Überwachung verweist, die Stanley Cavell im Begriff des ‚monitoring' zur „Tatsache des Fernsehens" zählt[302] und die in 24 laut Gabriele Schabacher „den Rezeptionshorizont der Serie im Kontext von 9/11 aufruft"[303]. Als prominente Konstellation erweist sich die formreflexive Instrumentalisierung der Überwachungsfunktion zwischen Fakt und Fiktion im Gewaltbezug. In der 24-Episode 08x07 imitiert der Flachbildfernseher in einem Hotelzimmer den serienzentralen Split-Screen und erreicht eine Verquickung zwischen der News-Übertragung von Volksunruhen und der überwachten Bedrohung vor dem Hotelzimmer[304].

Der Überwachungsmodus kombiniert das dramaturgische und formreflexive Potential zwischen Fakt und Fiktion. Spannungsreiche Erzählereignisse werden mit Techniken des Thriller-Genres zu Schockmomenten und exponieren dabei den Akt der Fernsehsichtung. Exemplarisch lässt sich ein Schockmoment des hypermedialen Gesehenwerdens in der sechsten Episode der vierten 24-Staffel feststellen.

Analyse 7 – 24: ‚Of course I'm watching' –
TV-News-Blickachse zwischen Serienzuschauer und Terroristenfigur

Im Zuge einer werkstrukturellen Zwischenpositionierung artikuliert 24 in Episode 04x06[305] mit der Befreiung von James und Audrey Heller die vorläufige Resolution der ersten zentralen Storyline und des ersten Staffelviertels über eine Situierung des fiktionalen Ereignisses in einer Nachrichtensendung mit drei selbstreflexiven Parametern: Erstens wird das Ereignis über einen unten eingeblendeten Countdown in seiner televisuellen Formreflexivität gekennzeichnet. Zweitens wird das Ereignis intradiegetisch und hypermedial refiguriert im faktual markierten, ebenfalls televisuell-formreflexiven Nachbarprogramm der FOX NEWS mit einem Nach-

---

[302] Vgl. Cavell: Die Tatsache des Fernsehens, S. 161 f.
[303] Schabacher: 24 und das Regime der Echtzeit, S. 43.
[304] *24*, Episode 08x07, TC: 0:28:10–0:28:34.
[305] Ebd., Episode 04x06, TC: 0:16:00–0:16:16.

richtensprecher, dem Sendungslogo, der Sondermarke „Fox News Alert" mit der komprimierenden Schlagzeile „Secretary of Defense Heller Rescued" sowie einem blau gerahmten und rot unterlegten Fenster mit dem pointierten US-symbolischen Bild des Verteidigungsministers – daran knüpfen zum Off-Kommentar die irritierte Aufnahme einer seitlich auf den Boden fallenden Kamera sowie die Einstellungen des gefesselten Verteidigungsministers und vermummter Terroristen. Drittens wird das Ereignis innerhalb eines Fernsehbildschirms mit einem breiten weißen Rahmen in seiner technisch-apparativen Medialität hervorgehoben.

Diese dreigliedrige Vorführung des televisuellen Spannungsfelds, die mit einer Dauer von fünfzehn Sekunden auffällig exponiert ist, erreicht ihre entscheidende Irritation in dem Moment, in dem sich das Blickfeld der Kamera bei einem Schwenk nach oben vergrößert, den Terroristen Navi als Fernsehzuschauer sichtbar macht, und so das Gezeigte als Gesehenes innerhalb eines feindlichen Rezeptionsrahmens artikuliert. Mit der parallelistisch konstruierten Affirmation „Yes, I'm watching. Of course I'm watching" reaktiviert sich das serielle Feindpersonal für die anstehende Storyline. Über den Rahmen einer Nachrichtensendung entsteht eine schockierende Blickachse zwischen dem Serienzuschauer und der antagonistischen Terroristenfigur.

~

Die schockierende Akzentuierung antagonistischer Figuren als Zuschauer befördert eine medial-symbolische Frontenbildung innerhalb der Funktionsmechanismen des Fernsehmediums. In Episode 07x22 findet sich die kollektive Steigerung der im Vorbeispiel ausgeführten „Watching"-Kampfansage: Inmitten des Überwachungsraums eines Fahrzeugs mit einem Laptop, der den öffentlichen U-Bahnraum auf sechs schwarz-weißen Fenstern zeigt, formuliert der übergelaufene Agent Tony Almeida gegenüber dem instrumentalisierten Bürger Jibraan Al-Zarian im schwarz gerahmten Closeup und schlagenden Parallelismus das absolute Statement „We'll be watching, we're always watching"[306], nachdem der Zuschauer bereits eine Befreiung des Erpressten erhoffte.

Eine parallele Irritation der Zuschauererwartung präsentiert die Serie LOST in Episode 03x02 über ein Konfrontationsmodell der Überwachung[307]: Ausgerechnet in dem Moment, in dem der gefangene Protagonist Sawyer im dunklen Closeup Fluchtpläne schmiedet und mit dem Signalwort „mistake" einen Fehler der Feinde in Aussicht stellt, wechselt die Aufnahme plötzlich zu einer vogelperspektivischen, schwarz-weißen To-

---

[306] Ebd., Episode 07x22, TC: 0:12:09–0:12:14.
[307] LOST, Episode 03x02, TC: 0:35:45–0:36:07.

talen des Gefangenen inmitten eines gelbgrünen Monitors und irritiert so den Akt der Fernsehsichtung. In einer langsamen Zoom-out-Bewegung werden insgesamt sechs Bildschirme mit Schwarz-weiß-Aufnahmen sichtbar, die über Anzahl und Schnittwechsel das Funktionsprinzip simultan sendender Fernsehkanäle im TV-‚flow' komprimieren und über die fehlende Kolorierung fernsehhistorisch zurückverweisen. Den Endpunkt des selbstreflexiven Schockeffekts bildet mit der Figur Benjamin Linus auch hier ein stellvertretender Zuschauer, der in der Serie als zentraler Antagonist auftritt.

Die leitstrukturelle Gewalt des Sehens und Gesehenwerdens erreicht eine Auffächerung in der Crime-Kabelserie THE WIRE. Neben den akustischen Überwachungstechniken der Polizei wird das Sehen selbst im Konflikt zwischen den kriminellen Lagern als umfassende Bedrohung akzentuiert. Kurz bevor die namensgebende Schlüsselfolge THE WIRE die telefonische Abhörtechnik der Polizei vorführt, etabliert sie die Gewalt des Sehens als Serienprogramm[308]. Geblendet vom hellen Sonnenlicht betont der jugendliche Drogendealer Wallace im roten Hemd und mit starken Handgesten selbstreflexiv wie die Gewalt seiner Barksdale-Crew gegen den verfeindeten Gangster Brandon Wright zirkulär zurückwirkt in der Hyperbel eines allsehenden Auges: „Thing about it was his eye. His eye was blown out. And the other one was open. And yo, Dee, it fucks me up. It's like he's looking out, like he sees everything, you know?".

Selbstreflexive Akzente extremer Wahrnehmung entfalten sich konsequent über die Verschärfung televisueller Formreflexivität im Grenzbereich des TV-‚flow' zwischen Fakt und Fiktion. Besonders die spektakulären Network-Thriller-Serien entwickeln fordernde Reflexionen, die sich scharf an der Grenze zum faktualen Programm bewegen. *24* unternimmt eine dramaturgische Radikalisierung des televisuellen Formenspektrums[309] hin zu einer reflexiven Terrorserialität, die eine illusionäre Unscheinbarkeit gewaltsam überschreitet und die fiktionale Gestaltung und mediale Konstitution offenlegt. Der Wechsel von der fiktionalen Narration zur Werbung erfolgt oft derart schroff, dass der Zuschauer aus der fiktionalen Rezeptionshaltung abrupt ins faktuale Fernsehprogramm gerissen wird und die fernsehspezifische Grenznähe zwischen Fakt und Fiktion dras-

---

[308] THE WIRE, Episode 01x06, TC: 0:14:36–0:14:47.
[309] Für grundlegende Anmerkungen zur fernsehästhetischen Relevanz der Televisualität in *24* mit hoher Schnittfrequenz, videografischen Elementen und Split-Screen-Konstruktion vgl. Peacock: Reading 24; Im Sammelband pointiert Deborah Jermyn den reflexiven Stellenwert des Split-Screen im Spannungsfeld von Dramaturgie und Medialität: „24 [...] invites the viewer to embrace the act of editing for themselves, mobilising them to actively engage with the screen and its drama by demanding they move between planes of action simultaneously", Jermyn: Interactivity, Realism and the Multiple-Image Screens in 24, S. 51.

tisch nachvollzieht. Die reflexive Verankerung der Show im TV-Programm zeigt sich bereits im fiktionalen Initiationsakt des ‚Previously on'-Prinzips, dessen Rückblenden nicht nur die serielle Korrespondenz der Episoden herstellen, sondern im schnellen Schwenk über eine Lichteraufnahme einen formbetonten Zwischenbereich schaffen, der auf der Mikroebene die Verflechtung der Szenen im Schnitt exponiert und auf der Makroebene die Situierung der Sendung in der Nachbarschaft zur umliegenden Sendervielfalt erfasst, derer man ansonsten in der fernsehspezifischen Nutzungstechnik des Zapping ansichtig wird. Dementsprechend können auch die narrativen Zeitsprünge in LOST als Programmwechsel im TV-‚flow' gesehen werden.

Das Bewusstwerden über die Fernsehvermittlung steigert sich in der Schockästhetik *(I.2.3)*. Suspense-Techniken des Cliffhanger, Twist und ‚Mindfuck' befördern in Relation zur Gewalt den konstitutiven Bezug zwischen extremer spektakulärer Spannung und prozessualer Reflexivität, der für die Analyse der Gewaltserialität im zweiten Hauptteil dieses Buches grundlegend sein wird. Eine maßgebliche literaturtheoretische Erörterung der Beziehung zwischen den Phänomenen der Spannung und Reflexivität konstatiert Jörg Türschmann in seinem Aufsatz zum seriellen Erzählen, wonach „[d]as Spannungsmoment [...] zur Aktivierung des Rezipienten [führt], der das Thema allererst zusammenfügen muss [...]. Spannung wandelt sich zum Interesse an der literarischen Komposition"[310]. Diese textuelle Einordnung korreliert weitgehend mit jener Spezifizierung, die Jason Mittel in seiner Definition des „narrative special effect" in Bezug auf die Ästhetik neuer Fernsehserien trifft: „These moments push the operational aesthetic to the foreground, calling attention to the constructed nature of the narration and asking us to marvel at how the writers pulled it off"[311].

Der besondere Stellenwert der selbstreflexiven Spannung in Post-9/11-Dramaserien ergibt sich über die gewaltbezogene Potenzierung fernsehserieller Erzähleffekte zu medial irritierenden Momenten. In der televisuellen, intermedialen Serialisierung einer „intendierte[n] Unterbrechung der Narration"[312] und filmischen „Chockwirkung", die nur „durch gesteigerte Geistesgegenwart aufgefangen" werden kann[313], ergibt sich eine schockästhetische Irritation der Darstellung, die im Fan-Jargon als ‚mind-blowing' artikuliert wird und ein Bewusstsein schafft für die komplexe fragmentierte Konstitution der fiktionalen Sendung im TV-‚flow'.

---

[310] Türschmann: Spannung und serielles Erzählen, S. 217.
[311] Mittel: Narrative Complexity in Contemporary American Television, S. 35.
[312] Weber/Junklewitz: Funktion und Gestaltungsmittel des Cliffhangers in aktuellen Fernsehserien, S. 112.
[313] Benjamin: Das Kunstwerk im Zeitalter seiner technischen Reproduzierbarkeit, S. 503.

In der drastischen Formakzentuierung nähern sich die Dramaserien der ästhetischen Tradition der Moderne bzw. einer „post-postmodernist phase"[314] und erfüllen dabei die essentielle ästhetische Seinsbedingung wie sie Burkhardt Lindner gemäß den philosophischen Ästhetiken feststellt[315]. Gegenüber filmrealistischer Produktionsverschleierung, die Lindner mit Bezug auf Walter Benjamin bemängelt[316], ermöglicht die dramatische Potenzierung eines televisuellen, intermedialen und fiktionalen Formbewusstseins bis zum erschütternden Schockmoment, „dass die Bedingung der Möglichkeit von Wahrnehmung im Kunstwerk selbst thematisch wird: dass darin geradezu das Privileg des Kunstwerks besteht"[317]. In bemerkenswerter Konstellation nähern sich dramaserielle Schockformen im Bezug zur Darstellungsirritation des 11. September dem „Defekt des medial Dargestellten", den Lindner als Möglichkeit der Bewusstwerdung über das technisch-apparative Medium ansieht, indem er „ein „unmittelbares" Hervortreten des Apparativen provoziert und in der Wahrnehmung ansichtig" macht[318]. Die formexzessive Spiegelung des Produktionsprozesses in der Wahrnehmung, die Lindner in avantgardistischen Werken realisiert sieht, bildet den Kern einer medienreflexiven Verhandlung fernsehserieller Fiktion nach 9/11.

Die dramaserielle Herausstellung der Darstellungsstrukturen gründet auf einer umfassenden Situierung des ästhetischen Scheins. Sowohl in der Ermittlungsstruktur des Kriminalgenres als auch in der Geheimnisstruktur des Mystery-Genres findet sich eine fiktional epistemologische Funktionsweise, die an den Zusammenhang von Täuschung und Technik knüpft, den die Forschungsgruppe um Lorenz Engell und Jens Schröter, in Bezug auf Günther Anders' „Phantomhaftigkeit" und „Zerstreutheit" der Fernsehfigur, als konstitutives Spannungsfeld der Fernsehserie benennt[319]. Um dramaserielle Ausprägungen des ästhetischen Scheins zu

---

[314] Robin Nelson: Modernism and Postmodernism in Television Drama, in: Glen Creeber (Hg.): Tele-Visions. An Introduction to Studying Television, London 2006, S. 92. Nelson erkennt u. a. in 24, THE SOPRANOS und SIX FEET UNDER markante „modernist overtones", S. 91.

[315] Lindner: Reflexionen zu einer kritischen Medienästhetik, S. 197.

[316] Ebd., S. 206.

[317] Ebd., S. 197. Lindner verweist vor allem auf Georg Wilhelm Friedrich Hegel und seine Metapher des Auges. Passend dazu lässt sich Hegels Formulierung anführen, „daß sie [die Kunst] jede Gestalt an allen Punkten der sichtbaren Oberfläche zum Auge verwandle", Georg Wilhelm Friedrich Hegel: Ästhetik. Band I, Frankfurt 1965, S. 203.

[318] Ebd., S. 208.

[319] Den Zusammenhang von Täuschung und Technik etablieren die Forscher am Beispiel der Pop-Series der 1960er- und 1970er-Jahre; Vgl. Günther Anders: Die Antiquiertheit des Menschen, München 1957, S. 137 f., zitiert nach: Beil et al.: Die Fernsehserie als Reflexion und Projektion des medialen Wandels, S. 202.

veranschaulichen soll hier *24* als Beispiel für das Kriminalgenre dienen und LOST als Beispiel für das Mystery-Genre.

Bis in den expliziten wörtlichen Bezug korrelieren polizeiliche Handlungsweisen in *24* mit Praktiken ästhetischer Gestaltung. Grundlegend konnotieren Täuschungstechniken wie „setup", „cover", „cover-up" oder „frame" fiktionale Konfigurationen des Scheins und der Rahmung. Ein Beispiel, das gleich zwei der Schlüsselbegriffe vereint, findet sich in Episode 07x16[320]. In einer Telefonschaltung, die mit der schnellen Reihung von vier Split-Screen-Varianten den televisuellen Charakter der Serie exponiert, eröffnet FBI-Agent Larry Moss gegenüber der US-Präsidentin Allison Taylor: „[...] Jack Bauer did not kill Ryan Burnett nor Senator Blaine Mayer. He was framed for their murders". Auf Nachfrage erläutert Moss in betonter Prozeduralität: „Our operational theory is that he was set up by Starkwood". Parallel bespiegeln die Spionage-Trickverfahren „ploy" und „ruse" die Erzähltricks der Serie. Die performative und filmische Dimension der Fernsehserie reflektiert *24* über die Situierung des Crime-Parameters des Tatorts im Begriff „scene" sowie über die ‚Spiel-im-Spiel'-Varianten „play", „staging" und „orchestrate [the attack]". Als fiktionale Akzentuierungen visueller Vorführung fungieren Spiegel, die im Fall der Abbildung des Protagonisten Jack Bauer dessen Zentralität und Zerrissenheit apparativ engführen.

Gegenüber der realistischen Verpflichtung von *24* verfügt die Mystery-Serie LOST in ihrer ästhetischen Organisation über ein Gestaltungspotential der Fantastik. Im exotischen Handlungsraum ermöglicht die irreleitende Maskerade der ‚Others' eine Artikulation des Feindbilds als ästhetisches Spiel. Über die interne Fokalisierung der Figur Hugo ‚Hurley' Reyes suggeriert die Serie ihre Diegese als psychopathische Imagination und setzt Realitätsebenen in Bezug zueinander. Die umfassende ästhetische Einordnung erfolgt schließlich in Episode 06x04[321]. Hier wird die zentrale Zahlenfolge ‚4 8 15 16 23 42' von Sawyer in einer Höhle als Code entschlüsselt, der die Protagonisten der Serie repräsentiert. Der Figurencode erscheint in Verquickung mit Rückblenden als platonisches Höhlengleichnis[322].

In der umfassenden ästhetischen Situierung bilden Schockstrategien einen Höhepunkt. Die fiktionale Artikulation schockartiger Umkehrung vollzieht der Antagonist Benjamin Linus gegenüber dem Protagonisten Jack Shephard in LOST-Episode 03x02 mit dem Satz „I want for you to change your perspective", der als Motto der neuen Staffel gleichermaßen an den Zuschauer gerichtet wird[323]. Ausgeführt wird ein solcher epistemo-

---

[320] *24*, Episode 07x16, TC: 0:11:21–0:11:35.
[321] LOST, Episode 06x04, TC: 0:36:26–0:38:47.
[322] Vgl. Platon: Der Staat (Politeia), S. 327 ff.
[323] LOST, Episode 03x02, TC: 0:37:18–0:37:27.

logischer Schock konsequent im Staffelfinale der Doppelfolge 03x22/23, das im Titel *Through The Looking Glass* die Spiegelmetapher des fiktional fantastischen Sehens aus Lewis Carolls gleichnamigem Kinderbuch-Klassiker in die Fernsehserie überträgt und die seriell etablierte Erzählperspektive der Rückblenden überraschend zu Vorausblenden umkehrt.

Das schockartige Bewusstwerden über den ästhetischen Schein ist auch ein wesentlicher Bestandteil der radikalen Twist-Struktur von *24*. Der spannungsreiche Handlungsverlauf des gesamten ersten Drittels der dritten Staffel wird in Episode 03x08 neu perspektiviert[324]. Dies geschieht, als die Hauptfigur Tony Almeida dem Zuschauer über zwei ranghohe Instanzen der US-staatlichen und werkstrukturellen Hierarchie – die polizeiliche Autoritätsfigur Ryan Chappelle und die politische Autoritätsfigur David Palmer – eine ‚Secret Operation' enthüllt, die die Diegese nachträglich neu ausrichtet. Über einen absoluten Bezug auf das bisherige Geschehen und dessen Zusammenfassung artikuliert die Serie eine maximale Entschleierung und macht die Polizeiagenten der Sendung zu serienstrukturellen Agenten: „Sir, everything that's happened today from the infected body at Health Services to Ramon Salazar's prison break has been part of an elaborate sting operation [...] planned and executed by Jack Bauer, agent Gael Ortega and myself". Die Neuperspektivierung der Diegese erfolgt demonstrativ über eine hypermediale Video-Projektion der Hauptfigur Jack Bauer und über ein Telefongespräch im televisuellen Split-Screen.

Noch weitreichender gestaltet sich die Herausstellung des ästhetischen Scheins in der extremen Schlussfolge der ersten *24*-Staffel[325]. Dort wird die Agentin Nina Meyers nach dreiundzwanzig Episoden plötzlich als Maulwurf entlarvt. Die totale Umkehrung der seriell etablierten Hauptfigur vollzieht sich markant über die hypermediale Rahmung der Ermordung der Kollegin Jamey Farrell durch Nina im „Media Viewer" eines Laptops und eine dreiteilige Reflexion der Blickachse, als Jack Bauer die Frage nach der Wahrnehmbarkeit der schockartig enthüllten Grenzüberschreitung stellt („Can you see it?") und sein Vorgesetzter George Mason stellvertretend die Überwältigung des Zuschauers artikuliert („This is unbelievable") bis die verwandelte Figur Nina, im Sinne eines visuellen Konfrontationsmodells, direkt vor der Werbepause, in die Überwachungskamera zurückschaut.

Eine Klimax ästhetischer Situierung erwirken Post-9/11-Dramaserien in der Gewaltdarstellung. Besonders in der hypermedialen Vermittlungstechnik der Serie *24* wird die ‚Absolutdeixis' *(I.2.1)* extremer Inhalte kontinuierlich in ihrer fiktionalen und medialen Konstitution artikuliert. In dringlicher Relation zur faktualen Darstellungsirritation des 11. Septem-

---

[324] *24*, Episode 03x08, TC: 0:01:40–0:04:45.
[325] Ebd., Episode 01x24, TC: 0:33:02–0:34:08.

ber tendieren US-Dramaserien dazu, die Herausforderung einer Fernsehvermittlung extremer Gewalt zu reflektieren und die Wahrnehmung des Gezeigten als Grenzüberschreitung zu akzentuieren. Programmatisch proklamiert Chloe O'Brian als illegitime Helferfigur in *24*-Episode 04x03 die Rezeption einer heftigen Prügelei über Satellitenaufnahmen, die nach einem schnellen Zoom-in in einem hypermedialen Computerfenster zu zwei Dritteln das Fernsehbild füllen, mit der expliziten Ansage „I'm watching this"[326].

Die Extremgewalt der Folter wird gemäß ihrer fernsehhistorisch ungekannten Präsenz in besonderem Maße hypermedial akzentuiert und abgewogen, wie Kapitel *II.3.2* ausführlich am Beispiel von *24* zeigen wird. Im fernsehseriellen Gefüge steigert sich die selbstreflexive Konstitution von „Folterszenen", die Arno Meteling in Bezug auf Jacques Rancières ‚ästhetisches Regime' als Stellen markiert, „die den Erzählfluss des Films stören und schließlich transzendieren"[327], zu einem televisuell-seriellen Grenzgang der Darstellung. Während die „Folterszene" im Hollywoodfilm „eine erhabene Plötzlichkeit [ist], die sich der Diegese eines Films dermaßen widersetzt, dass der Zuschauer gewaltsam erschüttert und nachhaltig überwältigt wird, dass der Film nicht mehr als geschlossene Struktur im Sinne eines Hollywood-Erzählfilms wahrgenommen wird"[328], maximieren Dramaserien wie *24*, LOST oder ALIAS in der televisuell-seriellen Folterdarstellung ihre selbstreflexive Konstitution innerhalb der wesensgemäß offenen Strukturen des TV-‚flow'.

Im anti-illusionären Potential von Gewalt konzentrieren sich Techniken der selbstreflexiven Schockästhetik. Eine werkstrukturelle Engführung von Fiktionalität und Gewalt erreicht LOST in der finalen Serienstaffel. Dies geschieht, indem die parallel verlaufende Erzähltechnik ‚flash sideways', die mit positiven Schicksalsvarianten jeweils die Hälfte einer ansonsten drastischen Staffelepisode bestimmt hat, über Spiegel- wie auch über Wundenfigurationen als ästhetische Scheinwelt und Eventualität aufgebrochen wird. In der Erkenntnis über die Illusion in Episode 06x11 (*Happily Ever After*) entlarvt die Serie, bei gleichzeitiger Erfüllung, die filmtypische Verpflichtung zum Happy End. Demgemäß enthüllt LOST in

---

[326] Ebd., Episode 04x03, TC: 0:24:34–0:24:37.
[327] Arno Meteling: Folterszenen. Zum ästhetischen Regime der Gewalt in Marathon Man, A Clockwork Orange und Hostel, in: Thomas Weitin (Hg.): Wahrheit und Gewalt. Der Diskurs der Folter in Europa und den USA, Bielefeld 2010, S. 202; Gegenüber einem ausschließlich ‚repräsentativen Regime' konstatiert Meteling mit Jacques Rancières Begriff eines ‚ästhetischen Regimes' eine „Performanz des Schreckens als Gegenüberstellung sowohl von repräsentativen als auch ästhetisch selbstbezüglichen Momenten", Ebd., S. 191; Meteling bezieht sich auf: Jacques Rancière: Die Aufteilung des Sinnlichen. Die Politik der Kunst und ihre Paradoxien, Berlin 2006.
[328] Ebd., S. 203.

der Eröffnungssequenz der Anschlussfolge ihre mediale Konstruiertheit, indem die überglückliche Alternativ-Existenz des Unglücksvogels Hurley durch eine einleitende Schwarzblende sowie eine remediatisierte Diashow mit Voiceover und klischeehaft melancholischem Soundtrack in ihrer Künstlichkeit ausgestellt wird[329].

Die Schlüsselrolle der Gewalt in der fernsehseriellen Selbstvergewisserung bestimmt die Ausrichtung von *24* entscheidend. Als exemplarische Klimax der selbstreflexiven Fernsehdebatte in Episode 03x05, die oben detailliert analysiert wurde *(Analyse 2)*, bewirkt der Gewalteinsatz eine Disruption der Darstellung[330]: Konsequent bezieht *24* die performative und apparative Situierung des Fernsehmoderators auf die zentrale Serienfigur des US-Präsidenten, indem die Serie Palmers Auftritt – parallel zur Moderation „Ladies and Gentlemen, President David Palmer" und dem Klang des Publikumsapplauses – über das Hervortreten hinter dem roten Vorhang einleitet, um ihn dann in der unteren Split-Screen-Hälfte über eine Schuss-Gegenschuss-Konstruktion mit dem Publikum und eine Bühnentotale mit Monitorübertragung im Dispositiv des Fernsehens zu verorten.

Ausgerechnet in dieser doppelt exponierten Darstellungsordnung erzeugt die Fernsehserie eine maximale Irritation der Wahrnehmung. Genau in dem Schwebemoment der sich überlagernden Vermittlung, als sich die primär aufnehmende Kamera über das Closeup des Präsidenten auf der Monitorwand in Richtung der Bühne zum entfernten Sprecher bewegt, erfolgt ein fast unmerklicher Schnitt zu einer TV-Übertragung ebendieser Debatte, die über die Signaturen „Live" und „Presidential Debate" faktual gerahmt wird. Mit dem sofortigen schockartigen Einschlag einer Glasflasche auf dem Bildschirm und dem Schwenk zu den randalierenden Insassen eines Gefängnisses erschüttert die Serie das fernsehspezifische Spannungsfeld zwischen Fakt und Fiktion sowie zwischen Vertrautheit und Bedrohung. Die schroffe Irritation des Gewalteinbruchs erweist sich als Klimax des detaillierten Einblicks in die Funktionsweise des Fernsehens.

---

[329] LOST, Episode 06x11, TC: 0:00:00–0:02:00.
[330] *24*, Episode 03x05, TC: 0:02:52–0:03:42.

II. Diegese der Grenzüberschreitung in *24*

Mit den Ergebnissen zu den wesentlichen formalen Merkmalen in *24* und anderen Dramaserien der Post-9/11-Dekade, die im ersten Hauptteil des Buches erzielt wurden, soll nun im zweiten Hauptteil ausführlich untersucht werden, wie die im 9/11-Diskurs zentrale Free-TV-Serie *24* eine intensive und reflexive Diegese entfaltet, die normgeprägte Strukturen des Fernsehmediums und der Fernsehseriengattung überschreitet. Über eine akribische Analyse soll die 128stündige Action-Network-Serie um den US-Geheimdienstagenten Jack Bauer im Kampf gegen den Terror als Kernbeispiel einer Gewaltästhetik untersucht werden, die mit drastischen und reflexiven Formen das Präsentationsmodell eines ‚Ausnahmezustands in Serie' ausbildet.

Beginnend mit der Analyse zur Intensität und Irritation grundlegender Parameter (Zeit, Raum, Figur) im ersten Kapitel, soll im zweiten Kapitel die Serialität der Gewalt untersucht werden. Einen besonderen Fokus legt die Arbeit im dritten Kapitel auf die Ausnahmegewalt der Folter, die eine Schlüsselrolle in der Extremgestaltung der Serie einnimmt.

Um die Relevanz der *24*-Analyse für den Dramaserienkorpus der Post-9/11-Dekade zu verdeutlichen, soll in den Kapiteleinleitungen und in vereinzelten Verweisen pointiert auf andere Serien Bezug genommen werden.

1. Intensität und Irritation grundlegender Erzählparameter

US-Qualitätsdramaserien der Post-9/11-Dekade tendieren zu einer Intensität und Irritation grundlegender Erzählparameter in Wechselwirkung mit extremen, gewaltsamen Vorgängen. Im Zuge ihrer spektakulären *(I.2.1)*, seriellen *(I.2.3)* und selbstreflexiven *(I.2.3)* Prägung zwischen Fakt und Fiktion *(I.2.2)* überschreiten die Serien eine moderate und illusionistische Erzählwelt, wie sie im klassischen Hollywood-Kino und in traditionellen Fernsehformaten vorherrscht. Während Serien im Sci-Fi-Genre wie LOST oder FRINGE sogar experimentelle Irritationen der Erzählwelt herstellen, gilt für den Großteil der Korpusserien, dass die Erzählparameter in der dauerhaft angespannten Serialität eines Ausnahmezustands nachdrücklich als Konflikt- und Gestaltungsparameter hervorstechen und mit den Konventionen einer fernsehseriellen Vertrautheit brechen. Das prägende 9/11-Narrativ einer Welt, die durch den Terrorismus erschüttert wurde und ständig bedroht wird, soll nachfolgend am Kernbeispiel des Action-Thriller-‚Serials' *24* aufgezeigt werden. Hier werden die etablierten Orientierungspunkte von Zeit, Raum und Figur dramatisch verschärft und irritiert im Sinne einer fernsehseriellen ‚Höhepunktfrequenz'[1], in der ein dramaturgischer Höhepunkt keinen singulären Ausnahmemoment darstellt, sondern innerhalb einer Signalkette von Höhepunkten serialisiert wird. Gleichzeitig reflektieren die Überschreitungen der Parameter die vielgestaltige Konstruktion der TV-Diegese.

In Relation zur Irritation des Fernsehprogramms am 11. September 2001 unternimmt *24* eine kontinuierliche Erschütterung serieller Vertrauensbildung, indem es die zu Grunde liegende und oft verdeckte Spannungskonstitution des TV-Programms dramaturgisch instrumentalisiert. *24* organisiert fernsehserielle Verunsicherung, indem es die spannungsreichen und reflexiven Thriller-Strategien der Steigerung, Durchlässigkeit und Reversibilität ausweitet innerhalb der typologischen und fragmentierten Konstitution des TV-‚flow'[2] mit der Tendenz zur „inconclusive form"[3], den Merkmalen der „uncertainty and openness" und der Rezeptionsanforderung des „working through"[4]. Vor dem Hintergrund einer grundsätzlich problematischen Erzählwelt im Fernsehen, die Sarah Kozloff im Begriff der „permeable diegesis", d. h. einer durchlässigen Diegese

---

[1] Der Begriff basiert auf theoretischen Grundlagen von John Ellis, Jeremy G. Butler und Knut Hickethier; Vgl. Ellis: Visible Fictions, S. 149; Butler: Television, S. 26; Hickethier: Die Fernsehserie und das Serielle des Fernsehens, S. 32.

[2] Williams: Television, S. 91 – „What is being offered is not, in older terms, a programme of discrete units with particular insertions, but a planned flow".

[3] Ellis: Seeing Things, S. 99.

[4] Ebd., S. 82.

feststellt[5], entwickelt *24* eine fernsehserielle Drohkulisse, in der die Bedrohung potentiell jeder sein kann *(II.1.3)*, überall *(II.1.2)* und jederzeit *(II.1.1)*.

1.1 Zeit der Grenzüberschreitung

Die für das Fernsehen und die Fernsehserie konstitutive Kategorie der Zeitlichkeit[6] erreicht in US-Qualitätsdramaserien der Post-9/11-Dekade eine dramatische und reflexive Schlüsselrolle mit der Tendenz zum Extrem. Dies gilt für die beiden zentralen Gattungsbereiche der Kriminal- und Mystery-Serie. Sowohl Mystery-Serien wie LOST, FLASHFORWARD oder FRINGE die mit nichtlinearen Erzähltechniken der Rückblende, Vorausblende und Zeitreise operieren[7], als auch Kriminalserien wie THE SOPRANOS, THE WIRE oder BREAKING BAD, die ihren Gegenwartsbezug über ein Vergangenheits- und Zukunftsbewusstsein entfalten[8], tendieren zu einer Zeit der Grenzüberschreitung, d. h. zu einer Intensität und Irritation des traditionell moderaten Zeitfaktors in Wechselwirkung mit extremen, gewaltsamen Vorgängen. In der dramaseriellen Kommunikations- und Handlungsproblematik wird die moderne „Zeit-Bild"-Kategorie von Gilles Deleuze aktualisiert[9]. Als Höhepunkt dieser Ausrichtung fungiert die zeitlich gebundene Kommunikation der Gewalt. Der Stellenwert des Zeitfaktors in der Dramaserie *24* bildet im Zuge dieser Tendenzen einen beachtlichen Extremfall. Während das Konzept der Echtzeit in der Forschung ansatzweise erörtert wurde[10], soll es hier in besonderem Maße darum gehen, die Dramaturgie der Zeit hinsichtlich der formalen und medialen Spezifika des Fernsehens und der Fernsehserie zu erfassen und im

---

[5] Kozloff: Narrative Theory and Television, S. 93; Kozloff bezieht sich auf: Jane Feuer: Narrative Form in American Network Television, in: Colin MacCabe (Hg.): High Theory/Low Culture. Analysing Popular Television and Film, New York 1986, S. 104.

[6] Vgl. Meteling et al.: Zur Ästhetik der Zeitlichkeit neuerer TV-Serien; Lorna Jowett, David Simmons, Kevin Lee Robinson (Hgg.): Time on TV. Narrative Time, Time Travel and Time Travellers in Popular TV Culture, London 2016.

[7] Zu LOST vgl. Schabacher: Zeitlichkeit in der US-Serie Lost Teil 1 u. Teil 2.

[8] THE SOPRANOS spannt ein Bezugsfeld von Moderne und Nostalgie, vgl. THE SOPRANOS, Episode 01x11, TC: 0:30:29–0:30:35 – Tony Soprano: „You see, out there it's the 1990's but in this house it's 1954". Tonys Verbot an die Tochter, mit ihm über Sexualität zu sprechen, symbolisiert am familiären Frühstückstisch die Spannung der extremen Kabel-Dramaserie mit den traditionellen Konventionen der Fernsehserie.

[9] Vgl. Gilles Deleuze: Das Zeit-Bild. Kino 2, Frankfurt 1991.

[10] Vgl. u. a. Schabacher: 24 und das Regime der Echtzeit; Furby: The Demands 24's Real-Time Format Makes on its Audience; Koch: Zur Ökologie der Angst in der US-amerikanischen Fernsehserie 24.

Zuge einer Intensität und Irritation des Zeitfaktors das Phänomen der Gewalt zu fokussieren.

In einer historisch hervorstechenden Konstellation definiert sich die Fernsehserie *24* über den zeitlichen Verlauf. Im namensgebenden Zeitspektrum von vierundzwanzig Stunden zieht die Serie einen bedeutsamen Bezug zum faktualen Fernsehprogramm, speziell zum Non-Stop-Nachrichtenfernsehen, und ermöglicht eine Verhandlung des Spannungsfelds zwischen Fakt und Fiktion, das am 11. September irritiert wurde. Durch das fernsehseriell hervorstechende Erzählkonzept der Echtzeit, das die Erzählzeit und die erzählte Zeit über die Integration der Werbepausen abgleicht, rekurriert die Diegese von *24* entscheidend auf die ‚Live'-Konstitution des Fernsehens und erreicht über die Dauer der Fortsetzungsserie eine umfassende fernsehmediale Akzentuierung der Zeit. Die dramaturgische Zuspitzung des ansonsten meist unscheinbaren Zeitfaktors erfolgt konsequent über die Verquickung mit den ausschweifenden Tendenzen televisueller und fernsehserieller Formen. Beginnend mit dem Serientitel, der sich im Vorspann aus digitalen Bits konstituiert, prägt der Zeitfaktor die Serie sowohl zum Episodenbeginn über televisuelle Signaturen als auch im Episodenverlauf über kontinuierliche Countdown-Einblendungen, die mit der Uhrzeitanzeige des Fernsehgeräts korrelieren.

Die Serie entfaltet eine formbetonte Zeitdramaturgie, in der sie das Vergehen der Zeit als televisuelles und serielles Spektakel inszeniert und an narrative Extremstellen knüpft. Eine hervorstechende Variante der spannungsreichen Visualisierung zeitlicher Übergänge ist die Inszenierung des Tagesbeginns vor der dramatischen Härte des Todes. Dies soll an zwei Beispielen deutlich werden. Episode 02x23 entfaltet eine archaische Dualität, indem sie den Tagesbeginn mit der vorausgehenden Nacht und dem nachfolgendem Tod des Programmierers Alex Hewitt kontrastiert. Die formreflexive Exposition des Sonnenaufgangs[11], die die diffuse Übergangszeit des Morgengrauens zwischen 6 und 7 Uhr im ‚serial'-spezifischen Grenzbereich zur vorherigen Folge positioniert, erwächst aus dem Kontrast zur Nacht: Die optisch negative Dunkelheit, die über mehrere Folgen serialisiert wurde und noch zu Episodenbeginn bei einer Verfolgungsjagd im finsteren Passageraum verdichtet worden war, wird radikal abgelöst vom positiven Gegenteil des blendenden Morgenlichts. Bevor die Handlung zur Episodenmitte mit dem Figurentod wieder in eine dunkle Semiotik mündet, erstrahlt der Beginn des neuen Tages in einer fiktional-televisuellen Formausreizung: In gelbbraunen Farbtönen präsentiert die Serie den offenen Skyline-Raum auf einem Hochhausdach über eine Kameradrehung von fast 360° und liefert mit der eingeblendeten

---

[11] Episode 02x23, TC: 0:02:59–0:05:09. Anmerkung: Falls nicht anders angegeben, beziehen sich alle Timecode-Angaben von hier an auf die Fernsehserie *24*.

Uhrzeit eine televisuelle Orientierung der Zeit. Korrelativ wird Hewitts Tod nur eine Viertelstunde später durch den televisuellen Zeitakzent des Countdowns markiert[12]. Die elementare Gegenüberstellung des Tagesbeginns mit dem Tod findet sich auch in Episode 03x18[13]. Vor der Hinrichtung des Protagonisten Ryan Chappelle steht ebenfalls eine absolute, hochauflösende Ausstellung des Morgengrauens, die sich in Grenznähe zum offenen Luftraum entfaltet. Als der Agent Jack Bauer und sein todgeweihter Vorgesetzter im Hubschrauber von einem Hochhausdach zur aufgehenden Sonne fliegen, entsteht ein existenzieller Kontrast zwischen der total aufgenommenen Aufbruchssemiotik der Tageszeit, die durch Lichtspiegelungen und heroische Orchestrierung befördert wird, und Chappeles anstehender Erschießung, bei der zum Episodenende der Einsatz einer ‚silent clock‘ das Ende der etablierten Serienfigur besiegelt[14].

Die televisuell-serielle Steuerung des Zeitrahmens konzentriert sich im fernsehseriell konstitutiven Dialog und bewegt sich im formalen Überschuss zwischen dramaturgischer Intensität und der selbstreflexiven Herausstellung der zeitlichen Konstruktion. Die Figurenrede erreicht eine durchgehende Kopplung der Serienform an den Zeitfaktor. Initiiert wird die Zeitkommunikation konsequent in der Pilotfolge. Dort führt die Frage des Fotografen Martin Belkin nach der Landezeit in Los Angeles zur Auskunft „Just over an hour" und artikuliert darin das episodenübergreifende Zeitgefüge der Serie[15]. Vorschau und Rückblick auf den weitreichenden Zeitverlauf befördern die seriendramatische Spannung unaufgelöster Handlungsstränge. Im Bezugspunkt des Tages, der die Staffeln auch namentlich ausrichtet (Day One, Day Two etc.) und eine semantische Reichweite zwischen zeitlicher Fixierung und Unbestimmtheit eröffnet, ergibt sich eine kontinuierliche Kopplung von Zeitangabe und dramatischem Duktus. Der Leitsatz „Let's just get through this day", den die zentrale Figureninstanz Präsident Palmer in Episode 02x05 im Dialog mit Jack Bauer ausspricht, fungiert als maximal suggestive Antizipation des dramatischen Geschehens[16]. Auch im Modus des Rückblicks verdichtet sich der typologische Tagesbezug zum Serienmotto und signalisiert oft ein retardierendes Moment. Palmers Rekapitulation „It's been a really long day" in Episode 01x21 erweckt den Anschein, dass der Staffelkonflikt des drohenden Attentats auf den Präsidentschaftskandidaten gelöst worden wäre[17], doch der Konflikt kehrt zurück und bildet den Showdown der Staffel. In bemerkenswerter Parallelität fungiert die Motto-Variation

---

[12] Ebd., TC: 0:07:34–0:09:29.
[13] Episode 03x18, TC: 0:24:52–0:26:23.
[14] Ebd., TC: 0:36:41–0:40:44.
[15] Episode 01x01, TC: 0:15:00–0:15:10.
[16] Episode 02x05, TC: 0:29:45–0:29:47.
[17] Episode 01x21, TC: 0:12:44–0:12:46.

„I know it's been a really long day for you, too", die Jack Bauers Ehefrau Teri in Episode 01x22 zur Agentin Nina Meyers sagt, als spannungsreiche Vorausnahme ihrer schockartigen Ermordung durch Nina[18].

Der Zeitfaktor erreicht einen zentralen Stellenwert in der Dramaturgie der Serie und prägt die Extremgestaltung zwischen Intensität und Irritation. Die entscheidende Rolle der Zeit bei der Härte und Problematik der Diegese resultiert aus der grenznahen Spannung zwischen einer bloßen Zeitwiedergabe und deren dramatisierter Zuspitzung. Das dramaturgische Potential des Echtzeitkonzepts, das hier herausgestellt werden soll, lässt sich mit Jacqueline Furby im Begriff der ‚Verzerrung' antizipieren, die sie am Beispiel von *24* in den drei Punkten der Handlungsverkürzung, Zeitschichtung und effektzentrierten Zeiterweiterung erfasst[19]. Demgemäß wird die Strukturierung der Echtzeit in *24* von Gabriele Schabacher im Konzept der Taktung „als alles andere als ‚echt'", sondern in Bezug auf Friedrich Kittler als „aufwendig hergestellte, technische Konstruktion" bewertet[20]. Anknüpfend an Jeremy Butlers Prinzip der „intersegment malleability"[21], der zufolge die Zeit zwischen fernsehseriellen Segmenten dramaturgisch formbar sei, soll hier betont werden, dass dies auch für die Zeitdramaturgie *innerhalb* der Segmente gilt. In Bezug auf Sandy Baldwins Bewertung der Echtzeit als Prozessierungszeit sämtlicher Informationen[22] überschreitet die Serie in ihrer extremen ‚Höhepunktfrequenz' eine naturalistische Chronologie und Linearität hin zur Dramatisierung einer ‚Live'-Struktur, in der die Zeit auf Höhepunkte hin verdichtet wird. Es entsteht eine paradoxe Konstellation, in der Szenen gerade aufgrund der Verpflichtung zur Echtzeit, eine durchgängige Dramatisierung erforderlich machen. Das Ausmaß der effektzentrierten Konstruktion des Echtzeitkonzepts pointiert *24* in Episode 02x18. Bei der Vernehmung von Kim Bauer komprimiert der Polizeibeamte den bisherigen Verlauf der Storyline im betont optischen Kommentar „Looks like you've had quite a day". Anschließend unternimmt der Polizist eine parataktische Nacherzählung, in der die Häufung der Erzählereignisse in Kims abenteuerlicher Storyline herausgestellt wird[23]:

---

[18] Episode 01x22, TC: 0:25:53–0:25:57.
[19] Vgl. Furby: The Demands 24's Real-Time Format Makes on its Audience.
[20] Schabacher: 24 und das Regime der Echtzeit, S. 47; Schabacher bezieht sich auf: Friedrich Kittler: Real Time Analysis, Time Axis Manipulation, in: Georg Christoph Tholen, Michael O. Scholl (Hgg.): Zeit-Zeichen. Aufschübe und Interferenzen zwischen Endzeit und Echtzeit, Weinheim 1990, S. 363–377.
[21] Butler: Television Style, S. 52.
[22] Vgl. Sandy Baldwin: This is the Longest Day of my Life, Politics and Culture 3, 2003, online: http://bit.ly/2I5VNGP; Stand: 06.06.2019.
[23] Episode 02x18, TC: 0:25:19–0:26:38.

„You took Megan Matheson from her parents' home. [...] Got into a fight with her father. Then you took Megan again. This time from the hospital. You stole Gary Matheson's car and fled the city. [...] [T]hen you were stopped by CHP officer Raymond Brown who discovered the dead body of Carla Matheson in the trunk. [...] [T]here's still the matter of you and your boyfriend's attempted escape from custody".

Die dramatische Intensität des Tageszeitraums einer Serienstaffel speist sich zusätzlich aus Vor- und Zwischengeschichten. Dabei wird die zeitlich beschränkte Diegese über maximale Suggestionen dramatisch aufgeladen. Mit der Funktion einer Vorgeschichte pointiert in der ersten Staffel die Marke ‚Operation Nightfall' einen zurückliegenden Balkan-Einsatz des Protagonisten Jack Bauer und spannt damit einen zeitlichen Bezugshorizont, der den Handlungsverlauf der Staffel als Racheaktion ausrichtet. Die serielle Suggestionskraft der Vergangenheit hält an: Selbst in der übernächsten Staffel ermöglicht die geheimnisvolle Vorgeschichte des Balkan-Einsatzes noch einen narrativen Twist, der den tot geglaubten Bösewicht Stephen Saunders als rachsüchtigen Teamkollegen reaktiviert[24].

Im Hinblick auf den Fall einer Zwischengeschichte beginnt die dritte Staffel in-medias-res mit einem Verhör, das über einen dreijährigen Erzählabstand auf ein Bedrohungsszenario verweist, das zwischen der zweiten und dritten Staffel liegt[25]. Über den Rückblick auf die Zwischengeschichte erscheint die Feindfigur Ramon Salazar, die bis zu diesem Zeitpunkt noch nicht zu sehen war, in einer terroristischen Ausnahmeprägung maximal bedrohlich. Mit dem absoluten Bedingungssatz „If he doesn't talk, we haven't accomplished anything", den Jack Bauer auf Salazar bezieht, steigert sich der momentane Informationsdrang über die Andeutung vergangener Handlungen. Der neue Antagonist wird explizit über den Zeitfaktor definiert: In existenzieller Dualität wird der Verlust eines Jahres, den der Protagonist erlitten hat, auf den Antagonisten zurückgeführt: „I didn't lose a year of my life to arrest some drug dealer", sagt Jack. Zusätzlich wird der neue Feind aus der Vergangenheit suggestiv gesteigert über seine schlangenhafte Klangfarbe und über die globale Verortung in der faktischen Ausnahmebedrohung des Terrorismus: „Salazar does business with terrorist cells around the world". Vervollständigt wird das suggestive Absolut einer extremen Vergangenheit durch die wechselseitige Aussprache des Feindes über den Protagonisten. Durch Salazars Andeutungen einer Zwischengeschichte wird die Hauptfigur, die seit zwei Staffeln bekannt ist, zum erneuten Mysterium und möglichen Problemfall. Diese zeitliche Re-Dramatisierung der Hauptfigur geschieht, indem Salazar die Handlungen des Agenten lediglich in einer allgemeinen Weise

---

[24] Episode 03x17, TC: 0:08:18–0:10:52.
[25] Episode 03x01, TC: 0:04:53–0:05:56.

artikuliert („The things you did to get me here") und sie dann über das Indefinitpronomen „anyone" als Ausnahmebelastung perspektiviert („I wouldn't wish on anyone"). Die Integration extremer Aktionen aus der diegetischen Zwischenzeit führt schließlich in die Zukunft der Serie. Durch die Verzahnung des Temporaladverbs „never" mit der Zeitform des Futur wird dem Protagonisten eine unumkehrbare Veränderung attestiert: „Let's face it, you'll never be the same".

Über pointierte Rückblicke im Figurendialog erzielt die echtzeitfixierte Dramaserie die Zuspitzung einer weitreichenden Dauer auf einen dramaturgischen Höhepunkt. Dies lässt sich markant in der Feindbildzeichnung zu Beginn der vierten Staffel feststellen. Befördert wird die bedrohliche Imagination einer maximalen Zeitspanne in Episode 04x02 durch die Frage des Terroristen Navi Araz im fernsehsymbolischen Familienhaushalt[26]: „How long have we lived in this country preparing for this day?" fragt Araz und verkürzt die Erkundigung nach der Zeit schreiend zum Gewaltsignal „How long?", das über den Rückblick nun die nahende Aggression maximiert. Über die Vorstufe des Antwortversuchs des Sohnes („Four years") steigert der Terrorist die Zeitdimension („Almost five") und bezieht sie negativ auf die Singularität des Geschehens („That's how much time can be erased by a simple mistake"), um den weiten Zeitrahmen schließlich über eine Handlungsanforderung im expliziten Präsens zu perspektivieren: „Call her, now!". Das Temporaladverb der Gegenwart, das im Serienverlauf den Stellenwert einer Leitformel annimmt, fungiert über seine Hintanstellung im Imperativ als Klimax einer dialogischen ‚Live'-Dramaturgie.

Die dramatische Potenzierung des momentanen Signals durch eine zukunftsorientierte Perspektivierung vollzieht sich im Grundkonzept des Zeitdrucks bzw. der Zeitnot. Das Phänomen, das in Forschungsaufsätzen angenähert wurde[27], soll hier spezifisch in seiner televisuell-seriellen und serialdialogischen Dramaturgie und Selbstreflexivität vertiefend untersucht werden sowie in den Tendenzen zu einer maximal suggestiven Funktionsweise und einer Dynamik der Gewalt: Indem die Thriller-Serie in ihrer ‚Live'-Dramaturgie die exponierte Zeit-Information terminlich an ein Bedrohungsszenario koppelt, vollzieht sie den definitiven Schritt in der Verquickung der formdrastischen Fernsehserienphänomene der Realitätsaffinität *(I.2.2)* und fortsetzungsorientierten Reizsignalverpflichtung *(I.2.1 & 2.3)*. Diese Konstellation erreicht im Hinblick auf die fixe ‚Serial'-Dauer von 24 Stunden in Echtzeit einen selbstreflexiven Stellenwert *(I.2.4)*. Auf der Basis der televisuell-seriellen Steuerung des Zeitverlaufs ergibt sich eine dramaturgische und reflexive Koordination der Zeitnot.

---

[26] Episode 04x02, TC: 0:31:57–0:32:33.
[27] Vgl. u. a. Koch: Zur Ökologie der Angst in der US-amerikanischen Fernsehserie 24; Schabacher: 24 und das Regime der Echtzeit, S. 37–49.

Dabei erfolgt die Steigerung des zeitdramatischen Potentials über die Kopplung der Uhrzeit an eine hervorstechende Dringlichkeit im ‚Live'-Präsens. Dauernd suggerieren zugespitzte Zeitangaben das Eintreten extremer feindlicher Aktionen und legitimieren dadurch die Ausführung extremer Aktionen auf der Seite der Protagonisten.

Ein Grundstein in der Etablierung der Zeitnotdramaturgie findet sich in der vierten Episode der Serie[28]. Angesichts der Bedrohung, dass dem Präsidentensohn ein Mord angehängt werden könnte, entwickelt sich in drei Schritten ein serieller Zeidruck, der die symbolisch maßgebliche Figur des US-Präsidenten in zeitlicher und rechtlicher Bedrängnis zeigt. Im ersten Schritt formuliert Präsident David Palmer gegenüber einem offiziellen Mitarbeiter den synekdochisch repetitiven Zeitanspruch „Fine, just gimme a minute! [...] A minute!", um ein konspiratives Telefongespräch führen zu können. Dabei korrelieren die serielle Flüchtigkeit und rechtliche Grauzone mit Palmers Transit-Position nach dem Eintritt ins Zimmer. Im zweiten Schritt richtet sich der Präsident telefonisch an seinen Hintermann Carl Webb, um ihn nach der Herkunft der Gerüchte suchen zu lassen, die seinen Sohn als Mörder bezeichnen. Dabei instrumentalisiert der Präsident den Zeitfaktor im Hinblick auf eine maximale Dringlichkeit: Die Forderung „Carl, now I need you to find out the source of this story" beginnt, direkt nach der Namensnennung, mit dem ‚Live-TV'-Signalwort „now" und macht über das Modalverb „need" schlagartig eine künftige Handlung zur Verpflichtung. Im dritten Schritt spitzt sich der Zeitdruck formal zu. Die zeitliche Flüchtigkeit wird televisuell verdichtet in einem Split-Screen, der auf der linken Seite Carl in einer Fahrbewegung zeigt und auf der rechten Seite Palmer, der sich wegdreht. In dieser fliehenden Konstellation verstärkt Palmer die Dringlichkeit der künftigen Handlung. Sein Zusatz „not first thing in the morning, now" lehnt ein traditionelles, aufschiebendes Zeitverständnis als Redewendung ab und erhöht den Zeitdruck durch die Wiederholung des ‚Live'-Signals sowie die körperbetonte Nahaufnahme des Stirnrunzelns und Blinzelns. Die somit zu Beginn der Episode etablierte Zeitnot richtet die Spannung explizit bis zum Episodenende aus. Ausgehend vom derzeitigen Moment suggeriert die Dramaserie eine zukünftige Aktions- und Informationspflicht: „It's five after three. I want to hear something by four", fordert Palmer. In der Zeitnotdramaturgie von *24* steigert sich die Verpflichtung fernsehserieller Fortsetzung zu einem Informationsprimat, das in seiner Extremform die Folter ausrichtet.

Das serielle Grundmuster der Bewältigung einer anstehenden Bedrohung erzeugt eine Zeitordnung, in der die Feinde die Zeit kontrollieren und die Protagonisten reagieren müssen. Intern kommunizieren die Fein-

---

[28] Episode 01x04, TC: 0:04:44–0:05:17.

de ihre Zeitordnung über den Schlüsselbegriff „schedule", der parallel zum televisuellen Seriencountdown letztlich das gesamte TV-Programm als zeitliche Bedrohung akzentuiert. Entsprechend betrifft das Gebot des Zeitdrucks zunächst auch die Feindseite selbst: „I assume you know, we're working against the clock", bekräftigt der Bösewicht André Drazen gegenüber seinem Handlanger in Episode 01x12 und inkorporiert darin kollektiv das Motto der Zeitnot[29]. Viel entscheidender jedoch ist die Macht, die die Feinde mit ihrer Zeitkontrolle über die Protagonisten ausüben. Gezielt basiert das Bedrohungsszenario der fünften Staffel auf der feindlichen Kopplung der Zeitdeterminante an das Ausgeliefertsein von Jack Bauer[30]: „He won't have a chance. We launch in less than an hour", proklamiert der Terroristenführer Nathanson im schattierten Closeup telefonisch gegenüber seinem Helfer. Wie im oberen Beispiel des ruhelosen Präsidenten fungiert der Verweis auf den Zeitpunkt in einer Stunde als suggestive Ausrichtung der einstündigen Einzelepisode. Staffelübergreifend lässt sich ein maximal suggestives Zusammenspiel feststellen zwischen den Zeitangaben der Protagonisten und den Zeitangaben der Antagonisten. Die resultierende Impulsdichte der zu erwartenden Ereignisse ergibt im Verbund mit der Reihung der tatsächlich sichtbaren Ereignisse eine erhebliche ‚Höhepunktfrequenz' der Fernsehserie.

Die signalhafte Serialisierung der Zeitnot nutzt in den konstitutiven Dialogverläufen prominent die Signatur ‚running out of time'. Der umfassende Motto-Charakter der Formulierung zeigt sich besonders darin, dass der formelhafte Satz im Zuge der Fernsehtypologie von unterschiedlichen Figuren ausgesprochen wird[31]. Angeführt von der dichten Bindung des Zeitmottos an den Protagonisten Jack Bauer und seine Verhör- und Foltertechnik, konstituiert die Wortgruppe ‚running out of time' primär die Seite der Protagonisten in ihrer Auseinandersetzung mit den Feinden. Beispielhaft ist die Ansage „We're running out of time", die der Berater Mike Novick aufgrund der atomaren Bedrohung als extrem Orientie-

---

[29] Episode 01x12, TC: 0:13:18–0:13:21.
[30] Episode 05x02, TC: 0:09:02–0:09:19.
[31] Die Formelfunktion der ‚running out of time'-Setzung zeigt sich überdies darin, dass die Formulierung den gesamten Korpus der Post-9/11-Dramaserien prägt. DEXTER entfaltet seine Ermittlungs- und Geheimhaltungsdramaturgie neben allgemeinen Dringlichkeitssignalen wie „Tick-tock" (Episode 01x06) oder „The clock's ticking" (Episode 01x08) nachdrücklich über Formelvariationen wie „I'm running out of time" (Episode 04x10) oder „Tick tick tick. That's the sound of your life running out" (Episoden 05x07–08). BREAKING BAD markiert in der Formel „We are running out of time" der ‚bottle episode' *Fly* (Episode 03x10) die Spannung, die sich zur Seriemitte durch die extremen Erzählereignisse angestaut hat. FLASHFORWARD verknüpft in Episode 01x04 den drohenden Tod des FBI-Agenten Demetri Noh mit der Formulierung „Here I thought, you were the one running out of time".

rungspunkt nennt für den soeben angetretenen US-Präsidenten Charles Logan[32]. Am Beispiel des schwachen Staatsoberhaupts zeigt sich auch, dass der Leitsatz ‚running out of time' in seinem Dringlichkeitsgestus als Indikator fungiert für die Grenzüberschreitung der Protagonisten in einen extremen und tendenziell kriminellen Bereich. Selbst die US-symbolisch zentrale Instanz des Präsidenten kippt im Angesicht der Zeitnot. Präsident Logan wird in der fünften Staffel als Bösewicht entlarvt. Sogar der prototypisch ideale US-Präsident David Palmer überschreitet mit dem Zeitnot-Motto die Grenze zu einer gesetzwidrigen Zone[33]: „You're running out of time", warnt Palmer den Handlanger Bruce Foxton und seinen Bruder Wayne, der beim Einbruch in Sherry Palmers Haus auf der zwielichtigen Zwischenposition einer Kellertreppe steht. „It's a historic moment", kommentiert Foxton den präsidialen Einbruch – die Fernsehserie wertet die Zeitnot und ihre Tendenz zu grenzüberschreitenden Aktionen nicht lediglich als zeitliche, sondern ausdrücklich als historische Zäsur.

Im Bewusstsein über die Diskursivierung der Zeitnot durch die Protagonisten und im Angesicht ihrer Grenznähe instrumentalisieren Feindfiguren das Leitmotto ‚running out of time'. Die im Geheimdienstquartier verhörte Terroristin Dina Araz nutzt in Episode 04x10 den Jargon der Agenten im eigenen Interesse, wenn sie fordert „You're running out of time. Save my son"[34]. In einer gewalttätigen Zuspitzung des Mottos verstärkt Christopher Henderson, der die Fronten vom Geheimdienstchef zum Bösewicht gewechselt hat, die existenzielle Dimension der zeitlichen Dringlichkeit, indem er in Episode 05x18 mit dem Satz „She's running out of time" die Zeitnot auf das Leben der Figur Audrey bezieht[35], deren drohendes Dahinscheiden zeitlich-prozessual veranschaulicht wird durch signifikante Horror-Closeup-Aufnahmen mit einem maximalen Kontrast zwischen dem tropfenden Blut von Audreys Hand und ihrem weißen eleganten Mantel. Eine regelrechte Parodie des Leitmottos durch die Feindseite ergibt sich im Serienfinale: „Tick-tock, Mr. Bauer, you're running out of time"[36], erklärt die entlarvte Terroristin Dana Walsh und bezieht den Satz der Zeitnot ausdrücklich auf den Protagonisten, der ihn geradezu personifiziert.

Die Schlüsselfunktion des Zeitnot-Mottos in der extremen Seriendramaturgie basiert auf dessen präziser Installation in der Serienarchitektur. Über drei grundlegende Schritte soll gezeigt werden, wie das Zeitnot-Motto etabliert wird und letztlich gewaltsam gesteigert wird zur Formel

---

[32] Episode 04x19, TC: 0:05:05–0:05:15.
[33] Episode 03x23, TC: 0:25:01–0:25:29.
[34] Episode 04x10, TC: 0:03:16–0:03:20.
[35] Episode 05x18, TC: 0:37:30–0:38:05.
[36] Episode 08x16, TC: 0:17:37–0:17:45.

eines seriellen Foltereinsatzes. Markant erfolgt die erste Nennung des Mottos in Episode 01x09 durch den Protagonisten Jack Bauer, der die zeitliche Bedrängnis im Gespräch mit dem Agenten Frank Simes im Satz „You guys are running out of time" komprimiert[37]. Mit der zweiten Nennung vollzieht die Serie in Episode 02x04 eine selbstreflexive Initiation des Mottos, indem der Zeitnotappell des Protagonisten über eine Überwachungskamera und ein Fernsehgerät verstärkt wird[38]: Erst ereignet sich eine mehrfache Konfrontation im Schuss-Gegenschuss-Verfahren und im Split-Screen zwischen dem hypermedial gerahmten sowie im verwaschenen Vollbild präsentierten Protagonisten und dem verschanzten Verbrecher Joe Wald. Dann erwirkt die Serie eine absolute, interaktive Zuordnung der Zeitnot, indem sie Jacks Schrei „You are running out of time" im Closeup-Profil von links nach rechts präsentiert und im Gegenschuss die Kollektiv-Variante „We are all running out of time" im Off vermittelt, die auch den Fernsehzuschauer einschließt. Die reflexive Vermittlung der Zeitnot-Dramaturgie an das Publikum kulminiert kurz vor Episodenende, als die Motto-Variation „Joe, I'm outta time" in direktem Anschluss an eine hypermediale Positionierung des Protagonisten erfolgt, die im bildfüllend verdoppelten Bildschirm einen Blick in die Kamera integriert und damit den Modus einer ‚direct address' gegenüber dem Zuschauer annimmt[39]. Bei seiner dritten Nennung durch Jack Bauer wird das Zeitnot-Motto in Episode 02x12 mit der Vernehmung des Terroristen Syed Ali konsequent in die Gewalt- und Folterdramaturgie der Fernsehserie eingelagert[40]. Der Satz „You're running out of time" erlangt in seiner typologischen Drastik zwischen den gewaltsemantischen Phrasen „Where is the bomb?" und „I will tell these men to kill your last son" die Qualität einer extremen Drohgeste und gerät fortan zum seriellen Leitmotto der Folter. In der seriellen ‚Höhepunktfrequenz' der Verquickung von Zeitnot und Gewaltdarstellung, die ab der zweiten Staffel über Ticking-Time-Bomb-Szenarien entfaltet wird, zeigt sich der Parameter der Zeit als Kernfaktor einer fernsehseriellen Extremgestaltung. Dies wird im zweiten Kapitel weiter ausgeführt.

1.2 Raum der Grenzüberschreitung

Der fernsehserielle Parameter des Raums, der von Sarah Kozloff in seiner typologischen Set-Struktur als „gewöhnlich" eingestuft wird[41], erreicht in

---

[37] Episode 01x09, TC: 0:03:52–0:03:54.
[38] Episode 02x04, TC: 0:26:25–0:28:37.
[39] Vgl. Hilmes: Direct Address, S. 27–36.
[40] Episode 02x12, TC: 0:35:37–0:35:47.
[41] Vgl. Kozloff: Narrative Theory and Television, S. 75.

Dramaserien des 9/11-Diskurses in Wechselwirkung mit gewaltsamen Vorgängen die nachdrückliche Prägung des Außergewöhnlichen bis ins Extreme. Dabei zeigt sich die markante Umkehrung eines neutralen und vertrauten Serienraums zu einem Raum der Grenzüberschreitung im Hinblick auf die zentralen Orte der Stadt (DEADWOOD, THE WIRE), des Arbeitsplatzes (SIX FEET UNDER, BREAKING BAD, THE SOPRANOS) und der Wohnung (PRISON BREAK, LOST). Die Schlüsselrolle der Serie *24* ergibt sich über die Korrespondenz einer televisuellen und fernsehseriellen Raumausreizung mit der viralen Überschreitung einer Raumordnung durch das Phänomen des Terrorismus. Parallel zur dramatischen Zuspitzung zeitlicher Flüchtigkeit im ‚Live'-Modus nutzt *24* die Konstitution des typologischen und transitorischen TV-‚flow' zur Generierung eines Raums der Grenzüberschreitung im Spannungsfeld zwischen dualer Intensität und komplexer Irritation. Verstanden wird die fernsehserielle Räumlichkeit, in Entsprechung zu Laura Frahms Konzept des Filmraums, als ein Ineinandergreifen von topografisch repräsentierendem und topologisch medienreflexivem Raum[42].

Grundsätzlich entfaltet sich die extreme Konflikt-Dramaturgie der Action-Thriller-Serie *24* kontinuierlich über eine typologische und duale Topografie. Zum Einsatz kommt dabei das Verfahren der Schuss-Gegenschuss-Montage sowie die Antithetik fernsehserieller Sets. Eine grundlegende Dualität entfaltet sich zwischen den Raumgestaltungen der Protagonisten und Antagonisten. Während der Standort des Counter Terrorist Unit (CTU) als Schaltzentrale der Protagonisten in seiner Architektur und virtuellen Erweiterung ein übermäßig strukturiertes System bildet, zeichnen sich terroristische Feindräume, die hier einen serienhistorisch hervorstechenden Stellenwert einnehmen, tendenziell durch die Negation architektonischer Strukturen aus, die den medialen Raum offenlegen. Dunkelheit und Unschärfen kennzeichnen das Terroristengebäude, das zwischen Episode 04x02 und 04x06 einen wichtigen Handlungsort des ersten Viertels der vierten Staffel bildet. Unter umgekehrten Vorzeichen erfolgt die Negation eines vertrauten Raums über eine absolute Helligkeit: In maximaler Konfrontation eines Protagonisten mit strukturnegierendem Feindraum wird Jack Bauer in Episode 01x21 vor einem Gewehrlauf zur Silhouette transformiert durch das grelle Licht eines Gefängnisses[43], das explizit als nicht existent definiert wird („It's basically a prison that doesn't exist"[44]).

Die Tendenz zur feindlichen Negation von Protagonistenräumen antizipiert die kontinuierlichen Irritationen eines dualen Raumgefüges. Der

---

[42] Vgl. Laura Frahm: Jenseits des Raums. Zur filmischen Topologie des Urbanen, Bielefeld 2010, S. 171–173.
[43] Episode 01x21, TC: 0:19:06–0:20:10.
[44] Jack Bauer in Episode 01x20; TC: 0:26:27–0:26:31.

Höhepunkt der Irritationen ist die Invasion vertrauter Räume durch den Feind. In ihrer thrillergeprägten Schock-Dramaturgie nähert sich *24* einer raumästhetischen Erfassung des 11. September als Angriff der USA auf eigenem Boden, der die Grenzen einer eindeutigen Gefahrengeometrie überschritten und „uns auf radikale Weise aus westlichen Vorstellungen eines „geschützten Universums" gerissen" hat[45]. Pointiert heißt es bei Baudrillard: „Der Terrorismus ist überall, wie die Viren. [...] Es gibt keine Demarkationslinie mehr, die es gestatten würde, ihn genau auszumachen, er befindet sich selbst im Herzen jener Kultur, die ihn bekämpft"[46]. „[Das Böse] ist damit auch im Inneren, im Herzen der Macht, der Weltmacht, die mehr oder weniger durch die USA verkörpert wird"[47]. Indem *24* die terroristische Gefahr inmitten des wohlbekannten US-symbolischen Raums platziert, bündelt die Serie die konstitutive Spannung des Fernsehens zwischen häuslicher Vertrautheit („Agentur des letzten Vertrauens"[48]) und übertragener Bedrohung („Angst vor dem Fernsehen"[49]). In der televisuell-seriellen Verschärfung einer thriller-erprobten Raumdramaturgie, die zwischen Geschlossenheit und Offenheit sowie zwischen Sicht- und Unsichtbarkeit wechselt, erwirkt die Sendung, stellvertretend für den fernsehspezifischen Publikumsort des Zuhauses, eine markante Umkehrung des Sicherheitsbereichs zum unsicheren Raum.

Das Motiv des Schutzraums als Falle durchzieht die Serie. Die Variante des Unterschlupfs mit der antithetischen Bezeichnung ‚safe house' präsentiert zur Mitte der ersten Staffel gezielt die Bedrohung der fernsehzentralen Familie. Entsprechend erscheint die Variante des Bunkers, gegenteilig zu seiner Signatur des ‚bomb shelter', als Gefahrenraum mit Closeups ambiger Objekte[50]. Die funktionale Umkehrung eines abschirmenden Orts präzisiert die Serie in Episode 05x10, wo das Schockmoment eines Bombenfunds im haptisch alltagsnahen Aktenordner dadurch vorbereitet wird, dass die potentielle Feindfigur Christopher Henderson in einem klinisch weißen Forschungsgebäude mit kahlen Wänden und dichten Türen explizit die Raumkomponenten der Sicherheitsbegründung („For security reasons") und verabsolutierten Hermetik anführt („Each [protective] bunker is a completely sealed environment. Nothing gets in,

---

[45] Daniela Klimke: Dramaturgie eines Anschlags, in: Christian Schicha, Carsten Brosda (Hgg.): Medien und Terrorismus, Münster 2002, S. 40.
[46] Baudrillard: Der Geist des Terrorismus, S. 16.
[47] Ebd., S. 85.
[48] Schneider: Das Fernsehen – ein Mythenproduzent?, S. 10.
[49] Cavell: Die Tatsache des Fernsehens, S. 161 f.
[50] Episode 02x13, TC: 0:21:51–0:23:07; DEXTER wendet in Episode 04x10 den Raum des ‚bomb shelter' zum Ort von Kindesentführungen – Harry Morgan: „Irony is, places like this were built to keep people safe", TC: 0:46:48–0:46:51; SIX FEET UNDER konzentriert in Episode 04x11 mit dem markanten Titel *The Bomb Shelter* die Paranoia der Figur George Sibley im Raum des Bunkers.

and nothing gets out")[51]. Eine Verquickung der räumlichen Falle mit dem Konzept der Zeitnot spitzt sich in Episode 07x05 zu einem formstarken Gewaltszenario zu[52]. In existenzieller Interdependenz korreliert die Platzierung des afrikanischen Präsidenten und seiner Ehefrau inmitten eines grau zementierten und antithetisch unsicheren ‚safe house' erstens mit einer vom auswärtigen Widersacher angesetzten Erschießungsfrist, die hypermedial über eine rauschende Überwachungsaufnahme im Raum verdoppelt wird und über die Schritte 60-50-30-10 mit televisuellem Countdown-Untertitel akzentuiert wird, sowie zweitens mit dem Szenario einströmenden Gases, das auch über den internen Monitor angekündigt wird und in diffusen Nahaufnahmen des bedrohten Paars kulminiert sowie der letztlichen Öffnung der undurchdringlichen Tür[53].

Die terroristische Infiltration des Sicherheitsraums betrifft umfassend die Set-Strukturen des Wohnraums, des öffentlichen Raums und des Arbeitsplatzes. Im Hinblick auf den Wohnraum pointiert *24* in Episode 06x09 die gegenteilige Gestaltung des Sicherheitsraums synekdochisch in einem hellblauen Haus, das hinter Kartons eine Bombe birgt, die als zerstörerische Klimax einer kriminellen Raumnegation fungiert[54]. Die maximale Umkehrung eines Sicherheitsbereichs erfolgt über die Ausweitung des räumlichen Spannungskonzepts auf den öffentlichen Raum. Im Zuge einer signalzentrierten Serialisierung neuer Bedrohungssets koppelt die Sendung fernsehseriell moderate Raumtypologien kontrastreich an thrillertypische Muster. Das Finale der dritten Staffel erreicht eine derart hohe Spannung, weil ein Thriller-Plot innerhalb der begrenzten Raumordnung des High School-Genres ausgespielt wird. Entsprechend instrumentalisiert Episode 05x11 das Bezugsfeld zur Gattung der Krankenhausserie über eine weiß getarnte terroristische Invasion eines dunklen Abstellraums im Krankenhaus[55].

Die Umkehrung typologisch fixierter Räume betrifft letztlich, in markantem Bezug zum „symbolischen Schock" des 11. September[56], das Machtzentrum des US-Systems mit den Handlungszentralen des Weißen Hauses und der Geheimdienstorganisation. Bereits in den ersten Episoden wird der Arbeitsraum des Counter Terrorist Unit als Kriegsraum gekennzeichnet. Der Agent Jack Bauer und sein Chef Richard Walsh sind ständig mit ausgestreckten Waffen zu sehen und selbst im übersystemischen Computerraum findet eine Schießerei statt. Im weiteren Serienverlauf kippt die Zentrale der Terrorabwehr als relativer Sicherheitsort für

---

[51] Episode 05x10, TC: 0:36:04–0:36:26, 0:38:01–0:40:33.
[52] Episode 07x05, TC: 0:07:11–0:09:09.
[53] Ebd., TC: 0:11:38–0:12:40, 0:14:04–0:15:18.
[54] Episode 06x09, TC: 0:37:59–0:38:34.
[55] Episode 05x11, TC: 0:18:51–0:19:35.
[56] Baudrillard: Der Geist des Terrorismus, S. 14.

den Zuschauer über drei signifikante Angriffe zum antithetischen Ort der Bedrohung. Erstens erfolgt in Episode 02x02 eine spektakuläre Explosion, die durch eine laute Durchsage, drückenden Alarm und fliehende Mitarbeiter antizipiert wird[57]. Zweitens entweicht im letzten Akt von Episode 05x12 tödliches Nervengas, das als Gipfel einer dreiteiligen Alarmklimax markant hervortritt aus einem schwarzen Kanister vor einer grauen Wand mit drei Signallichtern über einem Ventilator bis sich das Kernpersonal der Serie im Kontrollraum isoliert und die Serienfigur Edgar Stiles zum ‚silent clock'-Countdown stirbt[58]. Drittens ereignet sich in Episode 06x21 eine terroristische Invasion des hellen, organisierten Serienraums aus dem dunklen, diffusen Raum[59]: In einer grenzaufweichenden Parallelmontage erfolgt zum einen ein virtueller Angriff auf das kommunikative ‚security system' mit sämtlichen Telefonen, Computern und Überwachungskameras, und zum anderen eine architektonische Unterminierung des CTU-Gebäudes aus der dunklen, nassen Kanalisation mit Taschenlampen, Sprengstoff und Schusswaffen. Die umfassende Attacke führt seitens der Agenten auch hier zum räumlichen Abriegelungsversuch mit lautem, visualisiertem Alarm, kulminiert aber doch in einem klimaktischen Gewalteinbruch mit einem Schusswechsel, zerspringenden Scheiben und der Erschießung der institutionell und seriell etablierten Figur Milo Pressman.

Die Umkehrung der Machtzentrale zum Ohnmachtszentrum zeigt sich, im symbolischen Schlüsselbezug zum 11. September, auf der Handlungsebene des Weißen Hauses. Ein erster Schritt der räumlichen Machtbeschränkung ergibt sich in Episode 02x21 über eine tv-typologische Pointe, als US-Präsident David Palmer nach seiner (vorläufigen) Abwahl von einem Secret Service-Agenten in einen ‚holding room' gebracht wird und dort bis zu seiner seriellen Reaktivierung pausiert[60]. Die Akzentuierung des präsidialen Machtverlusts in einem separierten Raum steigert sich im Szenario der Integration eines unterirdischen Bunkers im Weißen Haus infolge einer terroristischen Bedrohung: Während Präsident Wayne Palmer in Episode 06x05 mit dem Fahrstuhl in einen steinernen, braungrauen Raum mit massiven Sci-Fi-Bauelementen heruntergebracht wird[61], zeigt sich in Episode 04x18 die Konstellation des gekippten Sicherheitsraums in Bezug zur seriellen Zeitlichkeit, als der verschanzte Präsident Charles Logan in der Konferenzschaltung mit der CTU ausruft „I can't run the government from down here indefinitely, but I'm not going upstairs until it's safe"[62]. Die Umkehrung des US-Machtzentrums zum Ge-

---

[57] Episode 02x02, TC: 0:37:16–0:39:23.
[58] Episode 05x12, TC: 0:32:33–0:40:48.
[59] Episode 06x21, TC: 0:25:33–0:26:11, 0:27:41–0:31:40.
[60] Episode 02x21, TC: 0:37:51–0:39:20.
[61] Episode 06x05, TC: 0:04:27–0:04:54.
[62] Episode 04x18, TC: 0:09:53–0:10:41.

fahrenraum erreicht einen Höhepunkt mit dem Ende der fünften Staffel. Im Finale der staffelübergreifenden Schock-Demontage US-symbolischer Fixpunkte verschiebt sich der präsidiale Handlungsort zu einem kaum beleuchteten, schwarzbraunen Randraum der Scheune inmitten einer Erholungsanlage des Präsidenten. Konsequent markiert die First Lady in Episode 05x22 den gesamten Bereich um das Weiße Haus als Gefahrenzone, indem sie den verletzten Agenten Pierce im nah gefilmten Gegenüber zur Flucht auffordert: „Promise me that [...] you will find a way off these grounds, and you will leave"[63]. Die Umkehrung des zentralen US-Sicherheitsraums ist schon im Serienkonzept angelegt. Die Stadt New York, die im Hollywoodfilm und speziell im Action-Genre als ikonischer Handlungsort fungiert, fehlt in *24* nach dem ‚symbolischen Schock' des 11. September in sieben Staffeln. Erst in der abschließenden achten Staffel setzt die Serie mit dem Ortswechsel nach New York das Zeichen einer US-symbolischen Restitution.

Die Überschreitung der obersten Sicherheitsgrenzen korreliert mit einer übergreifenden Durchlässigkeit des Serienraums. In der Zusammenwirkung mit televisuellen und doku-dramatischen Bildirritationen präpariert *24* reversible Spannungsräume, die das ästhetische Potential des Fernsehens als Grenz- und Schwellenbereich („liminal realm"[64]) ausreizen. Die strukturnegierende, invasive Praxis des Terrorismus befördert dessen Präsenz in dunklen Neben- und Zwischenräumen, die in Braun- und Grautönen miteinander korrelieren. In signalhafter ‚Höhepunktfrequenz' konzentriert und serialisiert *24* durchlässige Action-Thriller-Peripherien des Daches, des Hinterhofs oder des Kellers sowie labyrinthischer Strukturen innerhalb großer Räume wie dem Kraftwerk in Episode 01x08, dem Gaswerk in Season Five oder dem Chemiewerk in Season Seven. Die besondere Brisanz der Raumgestaltung erwächst aus der Tatsache, dass auch der Raum der Protagonisten durchlässig ist und sich trotz seiner übermäßigen Strukturierung annähert an die Undurchsichtigkeit und die Praktiken des Feindraums. Der Bürokomplex der CTU als Handlungszentrale der Protagonisten widerspricht einer vertrauten Einrichtung. Stattdessen evoziert das Büro eine nüchterne und konspirative Prägung, die sich über das Zusammenspiel greller Lichter und markanter Schatten ergibt, das in Season Four durch Gitter zu Lichtstreifen verdichtet wird. Gleichzeitig herrscht eine Spannung zwischen auswärtigen Einsatzorten und den klaustrophobisch isolierten Arbeitsplätzen, die durch kalte Steinwände und rigide Apparaturen gekennzeichnet sind. Einen entscheidenden Stellenwert in der Figuration eines konspirativen Zwischenraums nimmt das metonymische Element der Jalousien ein, das Span-

---

[63] Episode 05x22, TC: 0:35:09–0:35:26.
[64] Newcomb/Hirsch: Television as a Cultural Forum; Die Autoren beziehen sich auf: Turner: Process, System, and Symbol.

nungstraditionen des Thrillers und der Soap Opera in der televisuell-seriellen Signalfrequenz und Formbarkeit steigert. Die Option der Verschleierung des Arbeitsplatzes erreicht einen Höhepunkt in Episode 08x21. Nach dem misstrauischen Blick der CTU-Agentin Chloe O'Brian fragt der Verschwörer Jason Piller seine Mitarbeiterin, ob sie das Büro weniger öffentlich gestalten könne. Daraufhin werden die raumumfassenden Fensterwände von unten nach oben durch eine weiße Beschichtung verhüllt[65].

Die Durchlässigkeit des Protagonistenraums setzt sich in der Einlagerung von Randräumen bzw. „Heterotopien"[66] fort. Mit der Möglichkeit zur genreüberschreitenden Plot-Generierung im Sinne extremer ‚Höhepunktfrequenz' integrieren die beiden zentralen Handlungsorte der Serie – die CTU-Zentrale und das Weiße Haus – signifikante Raumstrukturen der Krankenhausserie: Im CTU-Gebäude entfaltet sich das Raumrepertoire des Medical Dramas am Beispiel der Operation des Geschäftsmanns Paul Raines in den Episoden 04x14–15. Im Weißen Haus kommt die Bildsprache der Krankenhausserie zum Ausdruck, als der First Gentleman in Episode 07x10 operiert wird. Die Brisanz der Grenznähe zwischen den Räumen der Protagonisten und Antagonisten zeigt sich besonders über deren Schnittmenge in den bändigenden Räumen des Gefängnisses und des Lagers. Der heterotopische Grenzraum des Gefängnisses[67], der auch Kriminalserien wie PRISON BREAK und THE WIRE kennzeichnet, dient als zentrale Richtstruktur der dritten Staffel von 24: In der Exposition markieren erst Gitterstäbe einen räumlichen und rechtlichen Zwischenbereich, der im schnellen Kameraschwenk televisuell gesteigert wird und die Durchlässigkeit der Jalousien im CTU-Büro bespiegelt[68]. Vier Episoden später folgt dann die räumlich und hypermedial artikulierte Öffnung der Gefängniszellen[69]. Im maximalen Kontrast zum viermal über Lautsprecher verordneten „full lockdown" beginnt ein Aufstand der Insassen gegen das Raum- und Rechtssystem. Der Randraum des Lagers, den Giorgio Agamben als Leitbild des Ausnahmezustands begreift[70], sticht in den Episoden 06x04–05 hervor. Dort fungiert das Gelände der Grundschule Anacostia, das nach einer Anschlagsserie zum Internierungslager für muslimische Verdächtige umfunktioniert wurde, als serialisierte Ausnahmeraumfiguration des im 9/11-Diskurs zentralen Gefangenenlagers Guantanamo.

---

[65] Episode 08x21, TC: 0:14:35–0:14:49.
[66] Vgl. Foucault: Andere Räume, S. 34–46.
[67] Vgl. ebd.
[68] Episode 03x01, TC: 0:03:29–0:03:36.
[69] Episode 03x04, TC: 0:39:39–0:41:14.
[70] Vgl. Giorgio Agamben: Homo Sacer. Die Souveränität der Macht und das nackte Leben, Frankfurt 2002, S. 175–189.

Die zeitgenössisch bedeutsame Raumkonstruktion eines Ausnahmezustands erreicht im Hinblick auf die Ästhetik der TV-Serie ein diskursives und mediales Innovationspotential grenzüberschreitender Offenheit. Der entscheidende Bezug zum Außenraum erscheint sowohl als Konsequenz des Action-Genres, das sich nach Toby Miller aus der Offenheit des Raums konstituiert und die innere Anspannung des Ermittlers extern bespiegelt[71], wie auch als Konsequenz des TV-‚flow', indem, wie Jeremy Butler feststellt, die Handlungsachsen des unsichtbaren Schnitts einer filmklassischen Raumgeometrie im televisuellen Schnitt oftmals überschritten werden[72]. Im Zeichen der diskursiven und medialen Grenzüberschreitung der Fernsehserie *(I.1.2.)* zeigt sich im Genre-Hybrid des Action-Thriller-Dramas eine intermediale Kombination der tv-serienspezifischen Set-Typologie mit einer Vielzahl kinotypischer Außenaufnahmen. Neben der Alternation zwischen den Räumen ergibt sich in *24* die produktionstechnisch und dramaturgisch effiziente Zusammenführung emotionaler Dialog- und spektakulärer Actionsegmente. Dies geschieht zum einen über die räumliche Auslagerung ortsgebundener Tätigkeiten, wie etwa bei der mobilen Rekonstruktion von Chloe O'Brians Büroarbeitsplatz in Bill Buchanans Haus in Episode 05x18, sowie gemäß serieller Steigerung, im Nachtlokal in Episode 05x20. Zum anderen erfolgt die Verquickung der Dialog- und Actionsegmente über die räumliche Einlagerung spektakulärer Tätigkeiten: Den Höhepunkt dieser Tendenz bilden, wie im dritten Kapitel zu sehen sein wird, die gewaltsamen Dialogvarianten des Verhörs und der Folter, die mehrheitlich im zentralen Handlungsort der CTU stattfinden. Die Funktionalität der drastischen Dialoge bildet gemäß fernsehserieller Set-Praktikabilität einen Grund für die Häufigkeit extremer Praktiken.

Der formale und semantische Aufbruch des Innenraums erfolgt über die Grenznähe zu einem Außenraum als Gefahrenort. In gezielter Konterkarierung eines Glamour-Illusionismus der Stadt Los Angeles exponiert *24* über die televisuell-serielle Raumöffnung eine Durchdringung technischer Systematik durch wilde Natur. Über die tv-produktionstechnisch möglich gewordene Beleuchtung durch Natriumdampflampen, die in einem schmutzigen Look das Stadtbild von Los Angeles bestimmen[73], verdichtet die Serie das fernsehspezifische Spannungs-

---

[71] Vgl. Miller: The Action Series, S. 18.
[72] Butler attestiert der Serie *24* eine „rejection of continuity editing", Butler: Television Style, S. 63; Hierzu präsentiert Butler ein markantes Zitat des Chefkameramanns Rodney Charters: „We don't worry about the line [of axis]. We don't believe in it. We cross the line all the time", zitiert nach: Butler: Television Style, S. 63.
[73] Chefkameramann Rodney Charters: „Most of the street light in Los Angeles is sodium vapour lighting [...], it's [...] a dirty orange with a lot of green in it", Video „Unbesungene Helden", TC: 0:09:32–0:09:40.

feld von Fakt und Fiktion und etabliert den Stadtraum vor dem angrenzenden Hintergrund eines Wüstenraums, der als Dahinter eines zivilisatorischen Raums, die Semantik eines feindlichen Unheimlichen trägt. Im Zeichen eines gewaltsamen Einbruchs des Realen, der 9/11 kennzeichnet, entfaltet die Serie die Grenznähe zum Außenraum der Wüste über fiktionale Reflexionen. Die feindliche Ausgrabung des Ausweises des Fotografen Martin Belkin aus dem Wüstenboden initiiert in Episode 01x03 die fiktionale Schöpfung eines antagonistischen Doppelgängers[74]. Spiegelbildlich erfolgt in einem wüstenartigen Bereich der Episode 01x07 auch Jack Bauers fingierte Ermordung seiner Kollegin Nina Meyers, die zu dem Zeitpunkt noch nicht als Feind entlarvt ist.

Die Korrelation der räumlichen Öffnung mit einer Gefahrenmotivik erreicht ihren Höhepunkt in ausdrücklich viralen Terrorangriffen, die in formflexibler Montage zwischen Innen- und Außenraum die terrorspezifische Infiltration zentraler (Zeichen-)Systeme veranschaulichen. Staffelübergreifend entfaltet sich das Szenario einer öffentlichen Virusbedrohung in Season Three bis zur Klimax in Episode 03x15, wo die Verteilung eines weißen Pulvers über den zirkulären Mechanismus einer Hotel-Klimaanlage erfolgt. Diese virale Infiltration eines mehrgliedrigen öffentlichen Gebäudekomplexes steigert sich im Gefüge des Einkaufszentrums, das in Episode 05x08 zum zentralen Bedrohungsort wird: Im Zuge einer dualen Spannung wird das Einkaufszentrum zuerst als betont positiver Raum gekennzeichnet. Das geschieht sowohl durch den dreifachen Ausruf des Namens „Sunrise Hills Mall"[75] als auch durch eine Architektur, die über totale und halbnahe Einstellungsgrößen in ihrer weiträumigen Gestaltung hervortritt und über Kaufhauslichter sowie ein prismatisches Fensterdach vom Nachmittagslicht ausgeleuchtet wird[76]. In dieser positiven Kulisse tritt die virale Ausbreitung des Terrorismus umso deutlicher hervor. Über verwackelte und teils unscharfe Handkamera-Aufnahmen durchqueren Terroristen den öffentlichen Raum. Verkleidet als Wartungsarbeiter passen sich die Verbrecher in weißen Jacken chamäleonartig dem hellen Kaufhaus an. Im Anschluss an diese räumliche Assimilation folgt der Höhepunkt der gewalttätigen Invasion: Die Terroristen dringen in den dahinter liegenden Sicherheitsbereich vor und schneiden in die Lüftungsanlage hinein[77].

Die virale Ausbreitung eines Terroranschlags verschärft sich über die Verteilungszentren des Chemiewerks in Season Seven und des Gaswerks in Season Five. Im Gefüge des Gaswerks reflektiert Episode 05x15 die besondere Wechselwirkung der viralen Terrorverbreitung mit ihrer televisu-

---

[74] Episode 01x03, TC: 0:36:20–0:36:45.
[75] Episode 05x08, TC: 0:16:57–0:17:42.
[76] Ebd., TC: 0:20:12–0:20:44.
[77] Ebd., TC: 0:20:45–0:21:48.

ell-seriellen Ausstrahlung: Im Innenraum des Gaswerks konnotieren zahlreiche Schalter und Regler, die das Ausströmen des Nervengases steuern, die fernsehserielle Aussendung extremer Signale. Konsequent zum Empfänger geführt wird die reflexive Viralität später in der hypermedialen Computeranzeige einer hellgrünen Satellitenkarte mit aufblinkenden Gefahrenortsymbolen: In Bezug zu den faktualen Night Vision-Aufnahmen der Kriegsberichterstattung nach 9/11 symbolisieren die Gasverteilungszentren auf der Karte die Gesamtheit der US-Haushalte. Die Reflexion der Distribution fernsehserieller Extremsignale ins Zuhause der Fernsehzuschauer kulminiert in der Formel des Agenten Bill Buchanan: „From there it goes straight into people's homes"[78].

Ausgespielt wird das Phänomen des Ausnahmezustands über eine ausgeprägte televisuell-serielle Dynamik. Im Kontinuum effektzentrierter Fernsehsignale generiert 24 parallel zur selbstreflexiven Prozessualität des Datenstroms eine transitorische Raumserialität, in der die Wesensart der Durchlässigkeit formreflexiv gesteigert wird. Bestimmend wird ein fortdauernder Übergangscharakter, der bereits in der Set-Gestaltung angelegt ist. Perfektioniert wird die Set-Dynamik zur Mitte des Serienverlaufs, in Season Four, indem das Set ausdrücklich auf Farbschemata von Rennautos basiert und über zwei Gänge verfügt, die ihrerseits eine ständige Bewegung der Figuren zwischen den Handlungsorten befördern[79]. Gesteigert wird die spektakulär dynamische Raumdramaturgie im Schlüsselbezug zur Gewalt: Zum einen entfaltet sich eine, meist telefonisch motivierte, Split-Screen-Montage von Krisenräumen: Über zwei Segmente verzahnt Episode 02x04 aggressive Teilbilder eines Krankenwagens und solche der zerstörten CTU-Zentrale, die immer noch von hell aufleuchtenden Explosionen ereilt wird[80]. Zum anderen wird das Prinzip einer seriellen ‚Höhepunktfrequenz' räumlich verdichtet, indem Krisenräume nebeneinander oder ineinander positioniert werden: Über die Größe des CTU-Büros und eine kameratechnische Reichweite ergibt sich ein Wechsel zwischen intimen Closeups und Ensemble-Totalen. Außerdem ermöglicht ein beliebig ausfüllbares Swing Set[81] die Verschaltung des Büros mit Krankenzimmer und Verhörraum. Die Raumdynamik unterstützt in beträchtlichem Ausmaß die diegetische Dichte extremen Geschehens. In Episode 04x15 koppelt die Serie die Operation von Paul Raines im Krankenzimmer[82] an die Folter von Behrooz Araz im Verhörzimmer[83] sowohl

---

[78] Episode 05x15, TC: 0:31:01–0:31:23.
[79] Vgl. Video „Breaking Ground. Erschaffung der neuen CTU", in: 24. Season Four DVD, Disc 7.
[80] Episode 02x04, TC: 0:06:05–0:07:30, TC: 0:19:20–0:20:34.
[81] Vgl. Video „24 Webcast Diaries. Inside CTU", in: 24. Season Six DVD, Disc 7, TC: 0:02:52–0:03:08.
[82] Episode 04x15, TC: 0:20:09–0:21:36.

über die räumliche Nähe und Korrelation der blauen Beleuchtung wie auch über die direkte Aufeinanderfolge der Segmente im Schnitt.

Die Prägung eines seriell bedrohlichen Transitraums entfaltet sich außerhalb des CTU-Bürokomplexes über Passagenräume des Tunnels, des Flurs und, allen voran, der Straße, die mit dem Formüberschuss digitaler Projektionen eine maximale Verräumlichung der televisuell-seriellen Signalkette generiert. Mustergültig zeigt sich die Formreflexivität des Straßenraums in Episode 05x10 bei einer virtuellen Ermittlung zum Anschlagsplan auf den Konvoi des russischen Präsidentenpaars[84]. In reflexiver Korrelation mit den Codierungs- und Decodierungsprozessen, die Stuart Hall für das Fernsehen feststellt[85], erläutert Agent Edgar Stiles seiner Kollegin Chloe die Entschlüsselung von Zeichenketten mit der Bezeichnung ‚number strings'. Der Decodierungsprozess spiegelt sich nach der Überreichung eines schwarzen Tablets im Gegenschuss wechselnder Code-Zeilen auf einem links gelegenen Desktop-Computer in zwei hellgrünen Fenstern, die durch ein dunkelgrünes Fenster gerahmt werden und von einem hellblauen Fenster unterlegt sind. Während diese hypermediale Komposition bereits mit der Form und Bewegung der Straße korreliert, entschlüsselt Edgar parallel die Zahlen „five, one, ten, ten" auch semantisch als Autobahnen bis zur Gleichsetzung des Codes mit der aktuell gefährdeten Straße: „Those are the route the Suvarovs are taking to the airport".

Das televisuell-serielle Spannungskonzept der offenen Bedrohungsstraße wird bereits zu Episodenbeginn als Leitprogramm initiiert[86]. Im konkreten Anblick der Konvoifahrt etabliert das erste Segment der Fahrt zunächst eine motivische und medienhistorische Kontrastfolie zur Gefahrenstraße. Die pointierte nostalgische Erinnerung an Orangenhaine in den 1950er-Jahren erzielt motivisch den Gegenpol der romantischen Straße und platziert gleichzeitig im symbolischen Verweis auf die Blüte der Filmindustrie den Abgrenzungspunkt vom klassischen Hollywoodfilm. Mit diesem Gegenbild ermöglicht das zweite Fahrtsegment eine Zuspitzung des televisuell-seriellen Konzepts der Gefahrenstraße[87]. Mit der antithetischen Stau-Metapher „I just wanted to make sure, we don't run into any heavy traffic", die die First Lady im schattierten Film-noir-Closeup ausspricht, verdichtet die Serie ihren formbetonten Fluss nach dem Split-Screen-Telefonat im serienspezifischen Countdown. Im Serienverlauf ver-

---

[83] Ebd., TC: 0:21:37–0:22:13.
[84] Episode 05x10, TC: 0:19:53–0:20:33.
[85] Vgl. Stuart Hall: Kodieren/Dekodieren, in: Ralf Adelmann, Jan O. Hesse, Judith Keilbach, Markus Stauff, Matthias Thiele (Hgg.): Grundlagentexte zur Fernsehwissenschaft. Theorie, Geschichte, Analyse, Konstanz 2001, S. 105–124.
[86] Episode 05x10, TC: 0:04:33–0:05:03.
[87] Ebd., TC: 0:11:22–0:12:22.

stärkt sich die spannungsreiche Bedrohungsserialität des Straßentransitraums über maximal suggestive Segmente des Transports verborgener Waffen in massiven Lastfahrzeigen[88]. Die Funktion der Straße als Seriendeterminante kontinuierlicher Reizsignale mit der Tendenz zur Gewalt zeigt sich entsprechend über die Beförderung zentraler Erzählereignisse. Die Flucht von Kim Bauer und ihrer Freundin Janet führt in Episode 01x03 über ihre Entfaltung im Straßenraum zunächst dazu, dass die beiden Frauen von einem Obdachlosen bestohlen werden, und Janet schließlich im Cliffhanger von einem Auto angefahren wird. Neben der Steigerung zu narrativen Höhepunkten fungiert die Straße auch als Initiationsort. Der zweite Antagonist der ersten Staffel („A second hitter") wird in Episode 01x13[89], kurz nach der Zwischenresolution zur Staffelmitte, markant vorgestellt durch die Ausfahrt aus einer Garage auf die Straße. Da die Aufnahme als Cliffhanger in den Schluss-Countdown übergeht, dient die Fahrt mit beachtlicher selbstreflexiver Konsequenz als Einfahrt in die Fernsehserie.

Die besondere Relevanz des Verkehrsraums im Hinblick auf eine terroristische Invasion des offenen bzw. öffentlichen Raums zeigt sich neben dem Straßenverkehr auch im unterirdischen Pendant der U-Bahn und im überirdischen Pendant des Luftverkehrs. Das System der U-Bahn bildet in Episode 07x24 den dramaturgischen Höhepunkt der Staffel, indem unter Höchstspannung die terroristische Durchquerung des alltagsnahen Raums ausgestellt wird. Im diametralen Luftverkehr nimmt der Flughafen die prominente Stellung ein. So dient das Flughafengelände in den Episoden 05x03–04 beim Plot der Geiselnahme als zentraler Spannungsraum. In der siebten Staffel fungiert der Ort sogar als Kern der finalen dramaturgischen Zuspitzung. Im Zuge seiner narrativen Leitfunktion hat der Flughafen eine US-symbolische Schlüsselrolle. In seiner metonymischen Nähe zum Szenario der abgestürzten Flugzeuge am 11. September 2001 liefert der Schauplatz des Flughafens bevorzugt pointierte Postfigurationen des Ausnahmeereignisses. Die Öffnung der fernsehseriellen Topografie in den Luftraum führt letztlich zur topologisch reflexiven Wechselwirkung zwischen einer Grenzüberschreitung der traditionell fixen TV-Set-Typologie und einer Grenzüberschreitung der Figurenhandlungen. Während die Verfolgungsjagd, die in Episode 02x23 durch verschiedene Passagen erfolgte, an der Grenze zum Luftraum Halt macht und die Handlungsgrenze des Hackers Alex Hewitt markiert („Alex, there's nowhere left to run, it's over")[90], ergibt die Hubschrauberflucht von Jack Bauer und Ramon Salazar in Episode 03x06 eine hochauflösende, kinematografi-

---

[88] Das Muster findet sich in den Episoden 02x02, 05x10, 05x15, 06x05, 07x16, 08x07, 08x11.
[89] Episode 01x13, TC: 0:40:55–0:41:36.
[90] Jack Bauer zu Alex Hewitt; Episode 02x23, TC: 0:06:34–0:06:55.

sche und serielle Ausreizung der Raumregister von der Straße in die Luft und zurück, die gleichzeitig eine Überschreitung institutioneller und kommunikativer Grenzen durch die Hauptfigur visualisiert.

In der Herausforderung durch den offenen Handlungsraum ergibt sich eine korrelative Konstellation zur Bewältigung der feindlichen Zeitkontrolle *(II.1.1)*. Die Tendenz entfaltet sich, indem Antagonisten den offenen Bedrohungsraum maximal suggerieren und Protagonisten versuchen, ihn zu fixieren. Begründet wird der Prozess über den traditionellen ‚frontier'-Tropus, den Geoff King im Action-Blockbuster zwischen bürokratischem und wildem Raum feststellt[91]. Jedoch weicht die klare Grenzziehung einer kinomäßig dreiaktigen ‚frontier'-Dramaturgie zugunsten einer serialisierten Grenznähe der Räume. Diese Diffusion lässt eine Überschreitung von Grenzen durch die Serienfiguren umso drastischer erscheinen. Pointiert beginnt das virale Bedrohungsszenario der dritten Staffel im Grenzgebiet einer mexikanischen Pferderanch. In einer brisanten semantischen Spannung zwischen Wohnraum und Tierunterkunft empfängt die Ranch einleitend einen Leichentransport und charakterisiert damit das zentrale Bösewichtduo, mit dem sich Jack Bauer in kräftezehrender Undercover-Mission einlässt. Mit der schockierenden Einleitung instrumentalisiert die Fernsehserie das Land Mexiko in Bezug auf eine Repräsentationsgeschichte, die Marcus Stiglegger in den Genres des Spätwesterns und Horrorfilms als „ewige last frontier" herausstellt, „die man nicht ungestraft überschreitet"[92].

Eine vagere, doch ähnlich fatale Grenzüberschreitung zeigt sich in den Episoden 04x01–02. Obwohl die Küche der Araz-Familie in der ersten Folge der Staffel[93] offen, morgendlich hell und geordnet erscheint und damit die Norm eines US-amerikanischen Wohnraums erfüllt, wie sie das Fernsehen mitgeprägt hat, handelt es sich in maximaler Unterminierung um die Repräsentation einer terroristischen Schläferzelle, in der die Eltern die hiesige Freundin ihres Sohnes in deiktischer TV-Typologie als „this American girl" ausgrenzen. Die Grenzmarkierung wird bereits in der Anschlussfolge gesteigert und schließlich überschritten[94], als das Mädchen Debbie ihrem muslimischen Freund unerlaubt in den angrenzenden Hinterraum der Wüste folgt. In der Verknüpfung der Genre-Muster von Thriller und Teen Drama ereignet sich ein Beziehungsgespräch vor der Schwelle eines dünnen und durchlässigen Maschendrahtzauns. Aus dem Blickwinkel eines terroristischen Wächters hinter dem Zaun mündet die Szene in den Seriencountdown und präfiguriert Debbies Serientod in der sechsten Folge der Staffel.

---

[91] Vgl. King: Spectacular Narratives, S. 109.
[92] Marcus Stiglegger: Terrorkino. Angst/Lust und Körperhorror, Berlin 2010, S. 80.
[93] Episode 04x01, TC: 0:10:23–0:11:05.
[94] Episode 04x02, TC: 0:26:32–0:28:51.

Die Dramaturgie des Bedrohungsraums entfaltet sich vonseiten der Antagonisten über typologische Suggestionen, die eine fernsehtypische Set-Beschränkung überschreiten. Die regelrechte Ausmessung eines televisuellen Ausnahmeraums erfolgt beim Virusverkauf in Episode 03x09[95]: Auf einem weiten, kaum beleuchteten Feld in der mexikanischen Wildnis markiert der Waffenhändler Amador eine absolute Überwachung, die den fernsehspezifischen Signalbegriff ‚monitoring'[96] einsetzt: „We have a wide perimeter, lookouts everywhere and we're monitoring every frequency". Auf dieser fernsehreflexiven Grundlage etabliert der Antagonist einen rechts- und militärfreien Bereich („There's no law or military within twenty-five kilometres"), um im letzten Schritt einen eigenen, räumlich situierten Sicherheitsraum („this area's completely secure") und Rechtsraum („Then I'll explain the ground rules and we'll proceed with the bids") zu besiegeln bis das Grenzraumsegment in den Countdown wechselt und damit in den paratextuellen Grenzbereich des faktualen Programms. Die typologische Markierung des instabilen und flüchtigen Raums erzeugt dramaturgisch eine intensive serielle Drohkulisse. In intermedialer Übereinstimmung präsentiert Episode 05x14 eine spektakuläre ‚Absolutdeixis' *(I.2.1)* der seriell bewegten Nervengaskanister über den Abgleich der doppelt deiktischen Terroristenformulierung „This is the place. We'll release the Sentox here" mit der körperlichen Geste des Fingerzeigs in der televisuell-hypermedialen Vierfach-Zoom-Emphase einer hellgrünen Computer-Satellitenkarte, die einen visuellen Bezug herstellt zu den faktualen Night Vision-TV-Aufnahmen im Irakkrieg. Der erste Akt schließt mit dem hyperbolischen Zusatz „and 200 000 people die" des Terroristenführers Vladimir Bierko im Closeup[97]. Damit erzielt die Serie im Übergang zum schneidenden Countdown eine maximale Drohkulisse.

Die serielle Dynamik antagonistischer Andeutungen spiegelt sich in der signifikanten Kommunikation des Bedrohungsraums durch die Protagonisten. Die unsichtbare Gefahr des Nervengases ergibt in Episode 05x07 eine absolute Drohkulisse[98]. Mit der hypermedialen Projektion einer Landkarte und dem roten ovalen Symbol eines Nervengaskanisters imaginiert CTU-Chef Lynn McGill eine „kill zone of between one to three square miles". Dieser extreme Radius wird zusätzlich auf die Anzahl von zwanzig Kanistern hochgerechnet bis schließlich die eventuelle hyperbolische Opferzahl „in the hundreds of thousands, or over a million" als serieller Bezugspunkt maximaler Spannung dient. Eine hypermedialsuggestive Generierung des Gefahrenorts findet parallel in Episode 05x10

---

[95] Episode 03x09, TC: 0:19:57–0:20:45.
[96] Vgl. Cavell: Die Tatsache des Fernsehens, S. 161 f.
[97] Episode 05x14, TC: 0:11:54–0:12:42.
[98] Episode 05x07, TC: 0:08:17–0:08:34.

statt[99]. Auf einem Flachbildschirm, der das Zentrum zwischen zwei identischen Geräten bildet, vollzieht sich die Gefahrenmarkierung auf der Fahrtroute des russischen Präsidentenpaars über einen visuell signifikanten Akzent. Das Ortssignal drohender Gewalt erscheint als orangener Blitz im Mittelpunkt einer dunkelblauen Landkarte und tritt somit dreifach hervor: Zentral, komplementär und als archaischer Ausdruck. Zusätzlich zur grafischen Pointierung erfolgt eine performative und verbale Deixis. Erstens markiert der Präsidentenberater Mike Novick den Bedrohungsraum mit der Geste des Fingerzeigs. Zweitens stützt er diesen Zeigeakt durch eine doppelt deiktische Formulierung: „The most vulnerable point is here at downtown corridor. This is the most likely point of attack". Die virtuelle Monitorverortung der Gewalt potenziert sich des Weiteren aus Vor-Bildern des Geiseldrama-Plots, den der gleiche Monitor im faktualen Format der FOX NEWS in den Episoden 05x03–04 übertrug.

Die Markierung des Bedrohungsraums erfolgt in Form einer signalhaften Prozessualität zwischen antagonistischer Setzung und protagonistischer Enthüllung. Besondere Intensität erreichen die räumlichen Drohsignale als präfabrizierte Marken im Spannungsfeld von Fakt und Fiktion. Als Kernbeispiel fungiert in Episode 07x22 die graduelle Akzentuierung des Hauptbahnhofs in Washington, D.C., der US- und globalsymbolisch einen zentralen Stellenwert einnimmt. Im Eröffnungssegment markiert die Feindseite den vertrauten Verkehrsraum als Ziel eines Terroranschlags: „We're on target to release the bioweapon at Washington Central Station within the hour", proklamiert die Antagonistin Cara Bowden nach der einleitenden Nahaufnahme einer metallischen Biowaffe und perspektiviert dabei das einstündige Spannungszeitkonzept der Episode[100]. Gleich im Anschlusssegment wird das Signal des bedrohten Raums seriell in Gang gesetzt: „[T]ake the Red Line all the way to Washington Center" befiehlt der abtrünnige Agent Tony Almeida dem Gefangenen Jibraan Al-Zarian im schwarz umhüllten Split-Screen-Gegenüber[101]. Nachdem das Bedrohungsraumsignal in der Exposition von Feindfiguren etabliert wurde, wird es nach zwanzig Minuten von den Protagonisten decodiert. In intermedialer Verquickung benennt Chloe O'Brian das Terrorziel mit dem Satz „The Red Line, ending at Washington Center", während ein Computerfenster-Text neben einem Stadtplan im Rechtsschwenk rot-weiß aufleuchtet: „Metro Red Line – Final Stop: Washington Center Station"[102]. Gleich darauf wiederholt sich die suggestive Markierung mit Renee

---

[99] Episode 05x10, TC: 0:02:38–0:02:54.
[100] Episode 07x22, TC: 0:02:41–0:02:49.
[101] Ebd., TC: 0:04:04–0:04:06.
[102] Ebd., TC: 0:22:21–0:22:24.

Walkers Schlussfolgerung: „Washington Center's the target"[103]. Der bedrohte US-Raum wird zum fernsehseriellen Kehrreim.

Gegenüber den seriell suggestiven Drohkulissen im offenen Raum konzentriert sich die Handlung der Protagonisten auf den Schutz, die Erkundung und die Erschließung des Raums. Bei der Anwendung und Problematisierung der ‚frontier'-Tradition des Action-, Crime- und Thriller-Genres[104] vollzieht 24 eine kontinuierliche und oft extreme Systematisierung des grenzüberschreitenden Bedrohungsraums. Parallel zu den televisuellen Fixierungen des Zeit-Parameters erwirkt die Serie eine bemerkenswerte Wechselwirkung zwischen einer physisch-performativen und hypermedial-selbstreflexiven Raumerfassung. Durch systematische Maßeinheiten wie den Umkreis (‚perimeter') sowie durch intermediale Karten und Baupläne strukturiert und reflektiert die Show diskursive Handlungsabläufe (‚satellites')[105] wie die Verfolgungsjagd oder Gebäudestürmung. Die Tendenz zum Versuch der absoluten Raumerfassung, als Antwort auf eine absolute Bedrohung, zeigt sich markant in Episode 01x12. In der transitorischen Split-Screen-Vermittlung der Autofahrt fordert Jack Bauer über die Erweiterung des Telefons eine mediale Auswertung des Feindraums von seiner Kollegin Nina[106]: Beginnend mit dem selbstreflexiven Signalwort „Look" initiiert die Anweisung über den Transfer von Satellitenfotos des globalen Navigationssystems GPS auf den mobilen Palm Pilot eine hypermediale Präfiguration des Raums („I need satellite photos so that I can see what I'm going into..."), die sowohl das hochauflösende Fernsehdispositiv bespiegelt („Make sure they're hi-res") als auch die televisuelle Diegese in ihrer formalen Konstitution konnotiert („I need to be able to identify structures and personnel").

Die systematische Raumerfassung entfaltet sich kontinuierlich als Problem. Überfordert ist das Einsatzteam besonders bei der Eingrenzung der Virusbedrohung in der dritten Staffel. Zwar kann die Terrorabwehr in Episode 03x15 den Angriff auf ein Hotel registrieren, weil sie einen präzisen Bauplan der Terroristen auf einem Laptop findet. Jedoch überlastet die virale Grenzüberschreitung der Terrorattacke die Protagonisten. Die Nachforschungen des Agenten Gael Ortega am Ventilationssystem führen dazu, dass die Hauptfigur beim Öffnen des Gitters vor dem Lüftungsschacht plötzlich durch ein weißes Pulver infiziert wird. In der Anschlussfolge erreicht das tödliche Virus im öffentlichen Hotelraum hunderte Menschen. Eine ähnliche Problematik der Raumerfassung ergibt sich im 9/11-reflexiven Transitraum des Flughafens. In Episode 02x13 entfaltet

---

[103] Ebd., TC: 0:22:24–0:22:26.
[104] Vgl. King: Spectacular Narratives, S. 109.
[105] Zur Gestaltung von ‚satellite'-Szenen vgl. Porter et al.: Re(de)fining Narrative Events, S. 26f.
[106] Episode 01x12, TC: 0:03:46–0:03:55.

das Flughafengelände eine dunkle und labyrinthische Treppenstruktur. Auch hier reichen Baupläne („schematics") nicht aus, um den feindlichen Raum zu erfassen. Nur mit dem illuminierenden Einsatz von Taschenlampen und dem Gewaltpotential von Schusswaffen kann der Flughafen allmählich erschlossen werden. Zutage gefördert werden dabei mit drastischer Konsequenz die Spuren von Stiefeln und die Leichen einer paramilitärischen Einheit.

Der Versuch der Raumschließung zeigt sich exemplarisch in Episode 04x09[107]. Bei der Verfolgung des Terroristen Navi Araz durch die Gänge eines Krankenhauses bis in die Tiefgarage gibt Jack Bauer den Auftrag, „to lock down all the exits". Zuletzt bleibt den Protagonisten bei einer in den öffentlichen Raum gedrungenen Bedrohung lediglich der Versuch der totalen Verbannung aus dem System: Es erfordert den Verkehrsweg in den naturbelassenen Luft- und Wüstenraum, um eine unentschärfbare Atombombe in Episode 02x15 aus dem zivilisierten Raum zu entfernen.

1.3 Figuren der Grenzüberschreitung

In Wechselwirkung mit der Intensität und Irritation des Raum-Zeit-Gefüges *(II.1.1–2)* tendieren US-Qualitätsdramaserien der Post-9/11-Dekade dazu, das Fernsehschema eines fixierten und moderaten Personals zu überschreiten zu einer Figurenprägung unberechenbarer Drastik. Die Tendenz, die das Antiheldenphänomen einschließt, das im Qualitätsseriendiskurs bevorzugt als literarische Charaktertiefe in Kabelserien akzentuiert wurde[108], zeichnet sich in entscheidendem Maße dadurch aus, dass über die intensive und reflexive Ausreizung von Fernseh- und Fernsehserienformen *(I.2)*, besonders im Action-Thriller- und Network-Rahmen, markante Figuren der Grenzüberschreitung entstehen, die mit einer Konzentration gewaltsamer Vorgänge korrelieren. Besonders *24* verdichtet in seiner Terrorismus-Thematik die Drastik typologischer, serieller und selbstreflexiver Strukturen in einer funktionalen, reversiblen und grenzgängerischen Extremcharakteristik, die eine Schlüsselrolle im 9/11-Diskurs einnimmt.

Im Gegensatz zu einer psychologisch komplexen Charakterisierung basiert die Figurengestaltung in *24* bei aller indexikalischen und dokudramatischen Realitätsnähe auf einer prototypischen Prägung, die Glen

---

[107] Episode 04x09, TC: 0:37:44–0:37:57.
[108] Zu Antihelden in Qualitätsfernsehserien vgl. Holston: Antiheroes like Jack Bauer are TV's New Heroes; Gormász: Die neuen Heldenfiguren in amerikanischen Fernsehserien; Vaage: The Antihero in American Television; Kessler: Der Antiheld als Held.

Creeber für Fernsehfiguren im Konzept des „stereotyping" pointiert[109] *(I.2.1)*. Gemäß der signalhaften ‚Höhepunktfrequenz' der Serie ermöglicht die typenhafte, schnell vermittelbare Figurenformung eine optimale Funktionalität im radikalen Spannungskonzept und begünstigt damit die Anwendbarkeit extremer Gewaltszenarien. Die Begründung der Figuren in der Plot-Funktion serieller Konfliktsegmente[110] führt zur Serialisierung typologischer Charakteristika gemäß einer zeitlich dichten Segmenteffizienz: Zur Hauptfigur Kim Bauer formuliert Autor und Produzent Joel Surnow überspitzt eine ‚Fifteen minute rule on Kim's safety': „She's either gotta be kidnapped, grabbed, at gunpoint, being chased, or in a car accident every fifteen minutes of this show or she's not Kim Bauer"[111]. Gegenüber plot-funktionalen Figurenakzenten werden nuanciertere Charakterisierungen, die keinen eindeutigen Effekt auf die Fortsetzung der Serienhandlung haben, weitgehend eliminiert: „Some of the character moments always get cut on our show because there's no tension in them"[112]. Zusätzliche Charakteristik, wie sie fast ausschließlich in der mitunter komischen Figur Chloe O'Brien vorkommt, wird angesichts des Fortsetzungsprimats der Serie diegetisch als Problem artikuliert. In bemerkenswerter Konsequenz konzentriert sich die plot-orientierte Ablehnung erweiterter Figurenzeichnung im konstitutiven Zeitnotkonzept, als der Geheimdienstchef Bill Buchanan in Episode 04x21 betont: „Chloe, we're in an active code. We don't have time for your personality disorder"[113].

Ein Höchstmaß funktionaler Figurengestaltung erreicht die Serie, indem sie den anti-terroristischen „Rettungskonflikt"[114], der sich aus dem Repertoire der Actionserie speist, in eine „Workplace-Struktur"[115] einlagert und so mittels einer professionellen sowie militärischen Funktionalität der Figuren die narrative (Gewalt-)Funktionalität der Fernsehserie optimiert und plausibilisiert. Auf der Handlungsebene des Weißen Hauses sind es die Figuren David Palmer, Wayne Palmer und John Keeler, die in erster Linie den Typus des US-Präsidenten repräsentieren. Auf der Handlungsebene des Geheimdienstes CTU lassen sich im Serienverlauf die physiognomisch ähnlichen Vorgesetzten zu lediglich zwei Typen zuordnen, dem des Regelkonformen (Ryan Chappelle, Lynn McGill) und dem des Kooperativen (George Mason, Bill Buchanan). Der strenge professio-

---

[109] Creeber: Decoding Television, S. 47.
[110] John Ellis betont den fernsehseriellen Stellenwert des Konfliktsegments, das er im Begriff ‚clinch' erfasst, vgl. Ellis: Visible Fictions, S. 152 f.
[111] Webseite „Season 2 Audio Commentary", online: http://bit.ly/2DmJXZV; Stand: 06.06.2019.
[112] Video „Nicht verwendete Szenen. 14:00–15:00. Kyle sieht besorgt aus", in: 24. Season Three DVD, Disc 7, TC: 0:00:23–0:00:27.
[113] Episode 04x21, TC: 0:06:45–0:07:16.
[114] Eschke/Bohne: Dramaturgie von TV-Serien, S. 109.
[115] Ebd., S. 141.

nelle bis militärische Status der Figuren gilt geschlechterübergreifend. Schon in der Namensgebung lässt sich eine maskuline Prägung der weiblichen Führungsfiguren feststellen: Während US-Präsidentin Allison Taylor einen Nachnamen trägt, der in seinem harten Klang auch ein männlicher Vorname ist, lässt sich Renee Walkers Vorname akustisch nicht vom männlichen Pendant unterscheiden. Ein funktional-maskulines Erscheinungsbild betrifft weibliche Führungsfiguren wie Allison Taylor, Karen Hayes und Erin Driscoll. Vor allem Driscoll fungiert in Season Four als Musterbeispiel für eine funktionalisierte Frauenfigur, deren konsonantisch harter Nachname als Signatur einer Physiognomie dient, die mit übermäßiger Kopfgröße, kantigen Gesichtszügen, minimaler Mimik, tiefer Stimme und sachlicher Sprechweise das Gegenteil einer attraktiven ‚female leading role' darstellt. Die funktionale Figurengestaltung befördert eine übergreifende Serienstrategie der Härte, die bis zur militärischen Figurierung reicht. Bereits die Namensgebung artikuliert eine auffällige Gewaltsemantik. Mit sprechenden Namen werden Figuren wie Aaron Pierce, Chase Edmunds und Milo Pressman wesenhaft zu Figurentypen der Gewalt.

Gesteigert wird die typologische, gewaltförmige Figurenkonstitution in der Gestaltung der Antagonisten. Feinde haben oft den Status austauschbarer Nebenfiguren. Spiegelbildlich zur Fernsehberichterstattung aktualisiert *24* vor dem Hintergrund der mit 9/11 erstarkten US-puritanischen „Polarität von Gott und dem Guten [...] im schweren Kampf mit dem Teufel und dem Bösen"[116] die Prämissen des „Antagonistenkonflikt[s]"[117] im Action-Thriller-Genre sowie der grundlegenden fernsehsemiotischen Dualstruktur, die Bignell und Orlebar als „system of binary oppositions" zusammenfassen[118]. In Bezug zur Tradition des Agententhrillers serialisiert die Show die popkulturell etablierte US-Feindbildhistorie mit betont ausländischen, männlichen Antagonisten wie dem Mexikaner (Season Three) und dem Russen im Kalten Krieg (Season Five, Season Eight). Die besondere Verortung der Fernsehserie im Spannungsfeld von Fakt und Fiktion ermöglicht in der ersten Staffel, die noch vor dem 11. September konzipiert wurde, die zeitnahe Dramatisierung des Kosovo-Konflikts im slawischen Feindbild der Serben mit der Figur Victor Drazen als Figuration des serbischen Präsidenten Slobodan Milošević. In der vorletzten siebten Staffel personifiziert *24* die aktuelle Gewalt des afrikanischen Kontinents in den Rebellenführern General Benjamin Juma

---

[116] Kleinsteuber: Terrorismus und Feindbilder, S. 214.
[117] Eschke/Bohne: Dramaturgie von TV-Serien, S. 46 – „Die Ziele von Hauptfigur und Antagonist müssen sich gegenseitig ausschließen, um den Konflikt so stark wie möglich zu machen".
[118] Bignell/Orlebar: The Television Handbook, S. 101; Vgl. Fiske/Hartley: Reading Television, S. 142.

und Colonel Iké Dubaku. Den Schwerpunkt der faktual begründeten Feindbild-Serialität bildet nachdrücklich der islamistische Terrorismus nach 9/11: Figuren, die dem Typus des „islamic terrorist" entsprechen, der von Creeber explizit als Beispiel für fernsehspezifische Stereotypie benannt wird[119], bestimmen jede zweite Staffel der Serie (Season Two, Season Four, Season Six, Season Eight).

Die Generierung der Feindbilder erfolgt über intermediale und serielle Strategien. Als Basis fungieren markant präfabrizierte Figurennamen wie Syed Ali oder Abu Fayed, die ihren faktualen Bezug auf den islamistischen Terrorismus pointiert zurück projizieren. Klanglich artikuliert wird eine feindliche Kommunikation über spezifische Betonungen wie den slawischen Akzent des Drazen- und Bazhaev-Clans (Season One, Season Eight), oder die arabische Sprachfärbung, die bei der Terroristin Dina Araz in Season Four schlangenhaft säuselnd verdichtet wird, während synästhetisch ihre optische Typisierung über ein großes dunkelhäutiges Gesicht, große Augen und dunkle Augenbrauen erfolgt. Die visuelle Typologie des islamistischen Antagonisten lässt sich im Modus der profilorientierten Ermittlung erkennen. So startet der Agent Jack Bauer in Episode 02x10 einen Fahndungsaufruf nach dem Terroristen Syed Ali, der im ausschließenden Farbbezug absolut negativ konnotiert ist: „We are looking for a Middle Eastern man, wearing all black"[120]. Eine vollständige televisuell-intermediale Artikulation des Feindbilds erfolgt schließlich in Episode 02x14. Zunächst wird das fotografische Profil des abtrünnigen Offiziers Jonathan Wallace im Format einer virtuellen Karteikarte erstellt[121]. Erst zwei Folgen später wird die Feindfigur fiktional aktiviert, indem das Gesicht als Schatten in einer Split-Screen-Konstruktion erscheint und an das archaische Verratsymbol der Schlange anknüpft[122].

Das Repertoire typisierter Feindfiguren ermöglicht eine fernsehserielle Dynamik und Suggestion, die über modellhafte Hierarchien ausgespielt wird. Im Zuge serieller Enthüllungsstrategien erfolgt die Entfaltung der Serienfeinde im Staffelverlauf über drei Schritte. Die Anfangsphase der Serienstaffeln bestimmt eine vordere Antagonistenriege, die aus robusten, funktionalen Soldatenfiguren besteht[123]. Mit der Überwindung der ersten Gegnergruppe enthüllt die Serie spätestens zur Staffelmitte den

---

[119] Creeber: Decoding Television, S. 47.
[120] Episode 02x10, TC: 0:28:16–0:28:25.
[121] Episode 02x14, TC: 0:23:04–0:23:22.
[122] Episode 02x16, TC: 0:33:38–0:33:53.
[123] Neben unbenannten Nebenfiguren wird der Gruppentypus der Seriensoldaten vorwiegend durch folgende Figuren mobilisiert: Kevin Carroll in Season One, Eddie Grant in Season Two, Michael Amador in Season Three, Kalil Hasan und Omar in Season Four, Anton Beresch und Ostroff in Season Five, Darren McCarthy in Season Six, David Emerson in Season Seven und Samir Mehran in Season Eight.

Feindtypus des Terroristenführers, der zum aktiven Gegenspieler der Protagonisten wird[124]. Als dritter Typ der seriellen Figurenklimax fungiert die kryptische Hintergrundfigur des Drahtziehers, der zum Staffelfinale nachträglich als die Figur präsentiert wird, die alle antagonistischen Praktiken steuert[125].

Im Zuge der signalhaften Serialisierung feindlicher Akzente entfaltet sich die Potenzierung antagonistischer Figuren hin zum Duktus des überwältigenden, absoluten Feindes[126]. Über eine minimale, allseitig anwendbare Figurenzeichnung koppelt *24* Antagonisten wie Mandy oder Nina Meyers an zahlreiche Konflikte. Die narrative Überkonstruktion von Nina Meyers mündet in Episode 03x14 in eine reflexive Postfiguration[127]: Bei ihrer Befragung im lichtgebündelten Closeup mit Halsfessel sowie einem ungekämmten, bleichen und müden Gesicht erscheint Nina als schablonenhafter Prototyp, der narrativ verbraucht ist. In parallelistischer Annäherung an die verhörte Figur komprimiert Tony deren Schlüsselfunktion in jeder der drei Staffeln in jeweils einem Satz: „You murdered Jack's wife. You helped terrorists smuggle a nuclear bomb into this country. You're helping to unleash a deadly virus into the general population. Help me understand this. What do you want? What is it you get out of being a mass murderer?". Die Antwort liegt dabei weniger in einer realistischen Charakteristik, als vielmehr in der ‚Höhepunktfrequenz' des dramaseriellen Plots. Die Tötung der Figur durch Jack Bauer ergibt sich zum Episodenende in entscheidendem Maße dadurch, dass die spektakuläre Figur am Punkt der Dialogauswertung nicht mehr steigerbar ist.

---

[124] Die Funktion des Terroristenführers erfüllen André und Alexis Drazen in Season One, Syed Ali und Marie Warner in Season Two, Ramon und Hector Salazar in Season Three, Habib Marwan in Season Four, Vladimir Bierko und Christopher Henderson in Season Five, Abu Fayed in Season Six, Benjamin Juma und Iké Dubaku in Season Seven und Sergei Bazhaev in Season Eight.

[125] Die Figur des Drahtziehers wird ausgefüllt durch Victor Drazen in Season One, Peter Kingsley in Season Two, Stephen Saunders in Season Three, Charles Logan und Graem Bauer in Season Five, Phillip Bauer in Season Six, Jonas Hodges und Alan Wilson in Season Seven sowie Dana Walsh und Charles Logan in Season Eight. Eine besondere Stellung nimmt Habib Marwan in Season Four ein, denn er besetzt über zwei Drittel der Staffel, zwischen Episode 7 und 24, die strukturell konsequente Rolle eines ‚Serienkillers'; Zugespitzt wird eine Serienkiller-Serialität in DEXTER über die Konfrontation des Serienkiller-Protagonisten mit episodischen Widersachern und staffelübergreifenden Serienkillern (Ice Truck Killer in Season One, Skinner in Season Three, Trinity Killer in Season Four, Jordan Chase in Season Five, Doomsday Killer in Season Six, Isaak Sirko in Season Seven, Brain Surgeon in Season Eight; Im Fokus von Season Two steht Dexter selbst unter dem Fahndungsnamen Bay Harbor Butcher).

[126] Zum Phänomen des absoluten Feindes vgl. Carl Schmitt: Theorie des Partisanen. Zwischenbemerkung zum Begriff des Politischen, Berlin 1963/1975, S. 50 f.

[127] Episode 03x14, TC: 0:21:57–0:22:27.

Gemäß den Tendenzen zur seriellen Figurenüberschreitung entwickelt *24* vor dem Hintergrund zweier Fronten eine grenzüberschreitende Diffusion. Mit den spezifischen Möglichkeiten des televisuell-seriellen Formenspektrums artikuliert die Serie die außergewöhnliche Dimension der Konfrontation mit dem Terrorismus nach 9/11. Die Fronten von Gut und Böse, die Jean Baudrillard nach dem 11. September als „unentwirrbar miteinander verbunden" umschreibt[128], nähern sich in der Serie über ihre Funktionalität und grenzgängerischen Methoden. Definitorisch lässt sich die Grenznähe der Fronten mit Fred Hallidays Lexikon zum spezifischen Vokabular nach 9/11 belegen, in dem er den Terrorismus als „any use of violence, on an indiscriminate basis, that is deemed to be illegitimate, or illegal, in terms of normal understandings of the rules and norms of war"[129] bezeichnet, während er die Terrorismusbekämpfung auch als „all-purpose excuse for unconstitutional procedures" wertet[130] und darin eine grenzüberschreitende Anpassung an die Methoden des Feindes markiert. Die diegetische Akzentuierung solch einer Anpassung findet sich als Leitmotto in Episode 03x20[131]: Erst suggeriert der Antagonist Stephen Saunders mit dem Satz „You know how many vials I have and what I'm capable of" ein maximales Aktionsspektrum. Diese absolute Ausrichtung übernimmt der Held Jack Bauer erstens über eine neunsekündige Schweigepause, zweitens über eine achsensymmetrische Naheinstellung, und drittens über die parallelistische Replik „You know what I'm capable of, too". Alle Figuren handeln potentiell extrem.

Die Dramaturgie der Grenznähe der Fronten erfolgt grundlegend über die Gegenüberstellung funktionaler Arbeiter im ‚Workplace'-Drama. In einer brisanten Konstellation sind die Feinde in *24* keine irrationalen Gegner wie im Psycho-Thriller oder Horror-Genre, sondern formen in ihrer seriellen Reihung ein organisiertes Kollektiv, das mit politischen, religiösen und kommerziellen Agenden ein symmetrisches Gegenüber bildet zur Organisation der Protagonisten. In serieller Impulsdichte wird die Nähe der Fronten über eine repetitive Semiotik der Arbeit generiert. So erwirken zwei aufeinanderfolgende Episoden, die Jack Bauer als verdeckten Ermittler in einer Terrorzelle zeigen, eine signalhafte Serialisierung der Arbeit über die Reihung „I'm looking for work"[132] und „What's the job?"[133] in Episode 02x02 und „Good job"[134] in Episode 02x03. Fatal ist

---

[128] Baudrillard: Der Geist des Terrorismus, S. 19.
[129] Halliday: How the War on Terror and Jihad have changed the English Language, S. 55.
[130] Ebd., S. 6.
[131] Episode 03x20, TC: 0:16:30–0:16:50.
[132] Episode 02x02, TC: 0:39:10–0:39:13.
[133] Ebd., TC: 0:39:32–0:39:34.
[134] Episode 02x03, TC: 0:39:34–0:39:38.

nun, dass die Antagonisten gerade im Hinblick auf eine absolute Funktionalität die Regeln des Systems als „ungerechte Feinde"[135] überschreiten und darüber die grenzüberschreitende Reaktion der Protagonisten provozieren. In einem bemerkenswerten juristischen Modell rechtfertigt der Protagonist in Episode 07x01 seine Gesetzesverstöße bei einer Anhörung vor dem Senat[136]. Trotz seines zivilen Erscheinungsbilds betont er explizit die Verpflichtung, sich militärisch an einen absolut funktionalen und dabei regellosen Feind anzupassen: „For a combat soldier the difference between success and failure is your ability to adapt to your enemy. [...] [T]hey don't care about your rules. All they care about is a result". In synonymer Spiegelung markiert Bauers Abschlussstatement, dass Helden und Feinde mit extremen Methoden gegeneinander arbeiten: „My job is to stop them from accomplishing their objectives". Der Satz fungiert gewissermaßen als Antwort auf die militärisch begründete Funktionalität der gleichermaßen zivil scheinenden Feinde: „It's not what I want to do", bekräftigt in Episode 06x04 der terroristische Schläfer Ahmed Amar zur typologischen US-Familienmutter Jillian Wallace, „It's what I have to do. I am a soldier"[137].

Die Grenznähe der Fronten erreicht ihren Höhepunkt in der totalen Umkehrbarkeit von Figuren im Hinblick auf ihre Zugehörigkeit als Protagonist oder Antagonist. Im Zuge seiner televisuell-seriellen Schock- und Schein-Strategie rekurriert *24* auf den originären Bezug der „Phantomhaftigkeit" und „Zerstreutheit" der Fernsehfigur[138]. Speziell im fiktional reflexiven Repertoire des Crime-Genres erreicht die Figurenreversibilität eine besondere Relevanz für den Diskurs des 11. September, denn es ergibt sich eine Aktualisierung des „Doppelgänger"-Status fiktiver Filmfiguren[139] im Hinblick auf die Doppelrolle terroristischer Schläfer als „Maske und Doppelspiel"[140]. Verbal wird der Einsatz eines Doppelgängers bereits in Episode 01x21 artikuliert[141]: Gegenüber dem Kriegsverbrecher Victor Drazen bestätigt Jack Bauer ausdrücklich „You were using a double". Drazens Antwort konnotiert selbstreflexiv die serielle Doppelgän-

---

[135] Immanuel Kant: Zum ewigen Frieden. Ein philosophischer Entwurf, Königsberg 1795, S. 13.
[136] Episode 07x01, TC: 0:05:01–0:05:15.
[137] Episode 06x04, TC: 0:09:33–0:09:37.
[138] Vgl. Günther Anders: Die Antiquiertheit des Menschen, München 1957, S. 137f., zitiert nach: Beil et al.: Die Fernsehserie als Reflexion und Projektion des medialen Wandels, S. 202.
[139] Vgl. Edgar Morin: Le Cinéma ou L'Homme Imaginaire. Essai d'anthropologie sociologique, Paris 1956, zitiert nach: Thomas Elsaesser, Malte Hagener (Hgg.): Filmtheorie zur Einführung, Hamburg 2007, S. 52.
[140] Vgl. Baudrillard: Der Geist des Terrorismus, S. 23f.
[141] Episode 01x21, TC: 0:23:55–0:24:01.

gerstrategie, die mit der Erwartungshaltung des Zuschauers bricht: „A common technique. I am surprised your people were fooled by it".

Die serielle Täuschungsstrategie, die auf Inszenierungsweisen des Film noir rekurriert, wird durch den typologischen Minimalismus der Figurenzeichnung möglich. Einzig die Erkennungsmerkmale der blonden Frisur, des Büroanzugs und der Brille reichen im Eröffnungssegment von Episode 07x19[142], um die Anwältin Patricia Eames innerhalb von dreißig Sekunden im Transitraum der Treppe und vor dem fiktionalen Reflexionsobjekt des Spiegels vorzustellen. Noch bemerkenswerter ist allerdings, dass die typologische Figur aufgrund der eindeutigen Merkmale sofort durch die terroristische Doppelgängerin Cara Bowden ersetzt werden kann, die wiederum ihre eigentlich rothaarige Erscheinung bereits in Episode 07x22 durch eine braune Perücke ändert[143]. Das televisuell reflexive Potential semiotischer Reversibilität kommt in Episode 05x12 besonders zum Ausdruck[144]. Die Invasion des vertrauten Handlungsraums der CTU wird hypermedial präfiguriert mittels der Übernahme der virtuellen Keycard-Identität des CTU-Chefs Lynn McGill durch den Terroristen Ostroff: In präziser Akzentuierung erfolgt die Figurenumkehrung im TV-Äquivalent des Computermonitors über die digitale Markierung der Fotografie von McGill mit roten Lichtpunkten und einen Rechtsschwenk zum kleineren Foto des Terroristen, das an den entsprechenden Stellen markiert ist, bis nach einem Linksschwenk das Porträt von McGill über einen Morphing-Effekt durch Ostroffs Physiognomie ersetzt wird. Kenntlich wird das televisuelle Variationspotential der Figur bis zum einzelnen elektronischen Pixel im intermedialen Fernsehen.

Das Extrem feindlicher Figurenumkehrung zeigt sich in der Reversibilität des Körpers[145]. In der Eröffnungssequenz ihrer erst siebten Episode unternimmt die Serie die Transformation des Terroristen Jonathan Matijevich zum Fotografen Martin Belkin, dessen Wandel selbstreflexiv über die Split-Screen-Öffnung des rechten und linken Auges und den Einsatz andersfarbiger Kontaktlinsen erfolgt, worin ein direkter Blickkontakt der Feindfigur markant unterbrochen wird[146]. Im Vergleich mit dieser expositorischen Setzung der ersten Staffel reicht beim Abschluss der Serie der nachträgliche Verweis auf den Körperwechsel: Episode 08x05[147] präsen-

---

[142] Episode 07x19, TC: 0:02:18–0:03:56.
[143] Episode 07x22, TC: 0:05:40–0:05:50.
[144] Episode 05x12, TC: 0:03:17–0:03:27.
[145] Die Serie LOST zeichnet sich durch ein hervorstechendes Beispiel des Körperwechsels aus. Dabei wird der Körper des verstorbenen Protagonisten John Locke ab Episode 05x07 für anderthalb Staffeln durch die mysteriöse Feindfigur des Man in Black bzw. des Smoke Monster ausgefüllt.
[146] Episode 01x07, TC: 0:01:38–0:03:21.
[147] Episode 08x05, TC: 0:29:36–0:30:18.

tiert das Gesicht des operierten Waffenhändlers Vladimir Laitanan nach einer betonten Hinführung durch die Leibesvisitation und Raumdurchquerung der Agentin Renee Walker und Vladimirs Drehung ins Bild. Walkers Frage „You changed your face?" pointiert das Maximum der Körperumkehrung typologischer Fernsehfiguren.

Parallel zur Nachverfolgbarkeit terroristischer Figurenumkehrung erfolgt die schockierende Reversibilität positiv geglaubter Figuren. Besonders im Agentenfilm-Muster der internen Konspiration nutzt die Serie die Konstitution typologisch minimaler Charakteristik zum narrativ disruptiven Effekt des ‚Mindfuck'. Sowohl die pointierte Closeup- und Jalousien-Enthüllung der CTU-Agentin Nina Meyers als Maulwurf (‚mole') im Finale von Season One als auch die Enthüllungen der CTU-Agentin Dana Walsh in Season Eight, rücken nicht allein die Figur in eine neue Perspektive, sondern den gesamten Staffelverlauf. Außerhalb der Crime-Systematik ist Marie Warner ein Musterbeispiel für die totale Umkehrung einer Figur. Ausgerechnet die prototypisch weiße, blonde US-Amerikanerin, und nicht ihr dunkelhäutiger, mit dem islamischen Ausland assoziierter Verlobter Reza Naiyeer, wird als zentraler Terrorist der zweiten Staffel entlarvt. Nach der Enthüllung, die in Episode 02x10 stereotype Seherwartungen des Fernsehzuschauers gezielt aufdeckt und über den Computer reflexiv im fiktionalen Spiel artikuliert (Reza: „It's just been an act, is that it?")[148], kehrt Marie zum Ende der Anschlussfolge markant über den Akt der Maskerade, mit schwarzer, schulterlanger Perücke, als neue Figur in den fernsehseriellen Prozess der Wandelbarkeit zurück[149].

Gegenüber der spektakulären Steigerung der Antagonisten und ihrer Durchlässigkeit zum Grenzbereich der Protagonisten, erfolgt wechselseitig die Grenzüberschreitung der Protagonisten in den feindlichen Bereich. Im Kontext der Intensität und Irritation grundlegender Erzählparameter lässt sich der extrem und gesetzlos handelnde Geheimdienstagent Jack Bauer als Kernbeispiel einer intensiven und irritierten Figur begreifen. Auf den folgenden Seiten soll akribisch untersucht werden, wie Jack Bauer, der als zentraler Vertreter der qualitätsseriellen Prägung des Antihelden gilt[150], im Zuge drastischer Fernseh- und Fernsehserienstrukturen als Figur der Grenzüberschreitung serialisiert wird. In der Kontinuität des Ausnahmezustands steigert und serialisiert *24* den Typus des institutionellen Grenzüberschreiters, der auf der US-mythologischen Tradition des

---

[148] Episode 02x10, TC: 0:11:45–0:11:53.
[149] Episode 02x11, TC: 0:31:58–0:32:11.
[150] Hierzu gehören u. a. auch Jack Shephard (LOST), Dexter Morgan (DEXTER), Tony Soprano (THE SOPRANOS) oder Walter White (BREAKING BAD).

Westerns basiert[151] und im Action- und Crime-Genre aktualisiert wurde[152], mit besonderer Relevanz der JAMES BOND-Reihe. In Korrelation zum ‚Star Image'[153] des Schauspielers Clint Eastwood, der den Typus des Grenzüberschreiters sowohl im Western als auch im Kriminalfilm entscheidend prägte[154], legitimiert sich die extreme Figur Jack Bauer maßgeblich über das ‚Star Image' des 24-Schauspielers Kiefer Sutherland. Im Zuge des Type-Castings speist sich die Figur des Geheimdienstagenten Jack Bauer aus den metonymischen Ordnungshüter-Varianten des Polizisten, Soldaten, Cowboys und Musketiers, die Kiefer Sutherland allesamt in seiner Karriere verkörperte[155]. Auffällig an der Filmrollenauswahl ist, dass die Tendenz zur juristischen Grenzüberschreitung bereits deutlich hervortritt[156].

Innerhalb der seriellen ‚Workplace'-Bürokratie ergibt sich Jack Bauers strukturelle Qualifikation zur Grenzüberschreitung über drei Stufen einer professionellen Klimax. In Wechselwirkung mit der Öffnung des Serienraums *(I.1.2)* profiliert sich Jack als Grenzüberschreiter, indem er erstens als hochrangiger Geheimagent über Split-Screen-Verschaltungen mit der obersten Ebene der US-Macht kommuniziert, zweitens indem er als ‚field agent' außerhalb des Büroraums aktiv wird und trotz zivilem Erscheinungsbild an die Praxis des Militärs angrenzt, und drittens als ‚rogue agent' in Konflikt gerät mit den fixierten, negativ konnotierten System-

---

[151] Geoff King definiert den Typus als „classic image of the frontiersman in American mythology, commited to direct and stealthy action that involves immediate hands-on skill and remains free from the confines of formal rules of engagement", King: Spectacular Narratives, S. 109.

[152] Speziell in der Polizeiserie der 1970er-Jahre konstatiert Lez Cooke gegenüber den „gentlemanly codes" der Nachkriegsjahre ein „bending of the rules", Cooke: The Police Series, S. 22.

[153] Vgl. Dyer/McDonald: Stars.

[154] Eastwood bestimmte den Typus sowohl als Grenzgänger im Wilden Westen sowie als moderne Projektion im radikalen Polizisten Dirty Harry, vgl. Tevi Troy: The Cathartic Effects of Violent Films, in: James D. Torr: Violence in Film and Television, San Diego 2002, S. 128–132.

[155] Die Rolle des Polizisten spielt Kiefer Sutherland in FLASHBACK (1990, Franco Amurri), TWIN PEAKS. FIRE WALK WITH ME (1992, David Lynch), BREAK UP (1998, Paul Marcus), AFTER ALICE (2000, Paul Marcus) und PICKING UP THE PIECES (2000, Alfonso Arau). Den Typus des Soldaten verkörpert Sutherland in A FEW GOOD MEN (1992, Rob Reiner) und TO END ALL WARS (2001, David L. Cunningham). Einen Cowboy spielt Sutherland in YOUNG GUNS (1988, Christopher Cain), YOUNG GUNS II (1990, Geoff Murphy), THE COWBOY WAY (1994, Gregg Champion) und COWBOY UP (2001, Xavier Koller). Den Musketier Athos spielt Sutherland in THE THREE MUSKETEERS (1993, Stephen Herek).

[156] Einen zentralen Stellenwert im Hinblick auf eine juristische Grenzüberschreitung haben Sutherlands Rollen in THE KILLING TIME (1987, Rick King), RENEGADES (1989, Jack Sholder) und CHICAGO JOE AND THE SHOWGIRL (1990, Bernard Rose).

stukturen des Arbeitgebers und darin dramaturgisch auf eine hocheffiziente Weise emotional-identifikatorisch legitimiert wird, mit der Konsequenz, dass oft auch das System die Grenzüberschreitung unterstützt und nachahmt.

Die Figuration des Protagonisten als Grenzüberschreiter wird bereits über seine allerersten Aktionen initiiert. Als Ausgangspunkt eines leitmotivischen Aufbegehrens gegen die Institutionen dient in der Pilotfolge die Betäubung des Vorgesetzen, die oxymoronisch mit einer Pistole im weißen Aktenordner vonstattengeht[157]. In der fünften Folge befreit Bauer einen Häftling und erreicht sein Ziel im ausdrücklichen Kampf gegen die Autorität eines Polizisten in Uniform[158]. Die grenzüberschreitenden Aktionen begründen sich über die emotionalen US-symbolischen Ziele der Rettung des US-Präsidenten und der Familie und drängen auf Informationen, die das Prinzip serieller Fortsetzung ausmachen, und, wie in Kapitel *II.3* zu sehen sein wird, die Häufigkeit der Folter befördern. Während die Anzahl der grenzüberschreitenden Handlungen der Hauptfigur im Serienverlauf stetig zunimmt und immer schwieriger zu rekapitulieren ist, ermöglicht die sechste Episode noch eine Charakteristik des Grenzüberschreiters durch den Kollegen Tony Almeida. Parallel zu den gesteigerten Feindfiguren wird auch der extreme Protagonist über eine ‚Höhepunktfrequenz' der Erzählereignisse definiert. Im Speziellen sind das die oben genannten Aktionen der Betäubung und Entführung: „So he's breaking protocol again. First he assaults an agent, then he breaks a prisoner out of jail. What the hell's going on here?"[159]. Durch die Akzentuierung des Regelbruchs als Wiederholung („again") und die Einordnung in eine temporaladverbiale Reihung über einen ersten und einen zweiten Schritt wird die Figur des Grenzüberschreiters systematisch im Prozess des Seriellen etabliert.

Als Antwort auf das gesteigerte und diffuse Feindbild dominiert aufseiten der Protagonisten eine Funktionalität des Grenzüberschreiters. In Bezug zur symbolischen US-Kriegsführung im Spannungsfeld von Fakt und Fiktion aktualisiert die Figur Jack Bauer in ihrer fernsehtypologischen Konstitution den archetypischen Projektionscharakter des homerischen Helden[160] als „counterterrorism icon"[161]: „America wants the war

---

[157] Episode 01x01, TC: 0:21:01–0:22:10.
[158] Episode 01x05, TC: 0:20:57–0:23:30.
[159] Episode 01x06, TC: 0:04:24–0:04:30.
[160] Jürgen Wertheimer erklärt die „Verklärung des Einzelkämpfers" am Beispiel Achill: „Er selbst wird zum Fluchtpunkt der kollektiven Empfindung, zur Repräsentanz des Ganzen". Er ist „so gesehen kein Individuum, sondern die Projektion einer Figur", Jürgen Wertheimer (Hg.): Ästhetik der Gewalt. Ihre Darstellung in Literatur und Kunst, Frankfurt 1986, S. 19.
[161] Stillwell: 24. Television for a Post-9/11 World.

on terror fought by Jack Bauer"[162], bestätigt entsprechend Produzent Joel Surnow. Die instrumentelle Rolle, die dem Protagonisten im militärischen Diskurs zugeschrieben wird[163], ergibt sich in der Diegese, gemäß der Hyperbolik feindlicher Figuren in der ‚Höhepunktfrequenz' des Plots, über eine allseitige Anpassung an sämtliche Erzählereignisse. Exemplarisch bestätigt Bauers Chef Bill Buchanan: „Whatever happens: Jack can handle it. He has to"[164]. Die Verpflichtung zu einer absoluten Funktionalität legitimiert zwangsläufig eine extreme Handlungsweise. So stellt Bauers Kollegin Renee Walker fest: „I have seen Jack do some terrible things today, [...] but he has been right every time"[165].

Im Zuge der plot-orientierten und spektakulären Form der dramatischen Fortsetzungsserie entwickelt sich eine absolute Funktionslogik, in der der Grenzüberschreiter als singulärer Bewältiger maximaler Hindernisse serialisiert wird, und die Funktionsweise extremer Gewalt befördert. Die Hauptfigur erscheint in den zentralen Handlungssträngen der Serie als einzige Option, indem ihr Einsatz fortlaufend im Gegenüber zu metonymischen Setzungen des Untergangs positioniert wird, sowohl in konditionaler Struktur (Wayne Palmer: „If Jack Bauer does not intercept the virus, then we are dealing with an international crisis"[166]) wie auch in einer alternativen Konstellation (James Heller: „Either he finds the people responsible for planting the override, or we're looking at a nuclear Holocaust"[167]). Im kontinuierlichen Formbewusstsein der Serie übernimmt die extreme Figur regelmäßig den Status der zentralen Kommunikationsinstanz. Jacks kommunikative Sonderrolle, die in der Tätigkeit als Folterer kulminiert, äußert sich in der telefonischen Erreichbarkeit bei extremen Szenarien. Angesichts der Opferung eines Agenten wird Jack in Episode 03x18 von US-Präsident David Palmer als einzige Kontaktmöglichkeit artikuliert: „I didn't know who else to call"[168]. Drei Folgen später spitzt sich Jacks singuläre Kommunikationsrolle zu, als der Protagonist die Leitung der CTU übernimmt und damit alle Kommunikationsmittel: „I'm taking over command at CTU. That includes field OPs and all communications"[169].

---

[162] Mayer: Whatever it Takes.
[163] Der Kriegsrechtsexperte und Kriegsveteran Gary D. Solis stellt fest: „Jack Bauer is powerful, he's effective and he's saving America. Cadets [...] see a character like Bauer as someone [...] who's instrumental in saving the day", Video „How Hollywood Gets It Wrong on Torture and Interrogation. P1", TC: 0:05:53–0:06:09.
[164] Episode 05x08, TC: 0:12:44–0:13:23.
[165] Episode 07x13, TC: 0:24:30–0:24:36.
[166] Episode 03x11, TC: 0:41:14–0:41:35.
[167] Episode 04x07, TC: 0:06:17–0:06:23.
[168] Episode 03x18, TC: 0:04:41–0:04:52.
[169] Episode 03x21, TC: 0:31:46–0:32:08.

Der Vorrang des Grenzüberschreiters bündelt sich in einer One-Man-Show. Gerade die Negation „This doesn't sound like a one man job", die US-Präsident David Palmer dem Protagonisten vorhält, wird von Jack Bauer explizit abgewehrt und das Ein-Mann-Konzept im Gegenteil zur Pflicht erklärt: „In order to protect you, Mr President, it has to be"[170]. Jacks Funktionalität als ‚Showrunner' kulminiert in einer doppelcodierten Setzung in Episode 08x16: Acht Folgen vor dem Serienfinale stellt die Antagonistin Dana Walsh die deiktisch selbstreflexive Forderung „I need someone with your experience running this show"[171]. Die Allgegenwart des Grenzüberschreiters multipliziert sich, parallel zur Serialität antagonistischer Typen, über ähnliche Serienfiguren, die als Figurationen der Hauptfigur dienen. In der Struktur des ‚Workplace'-Dramas wird die typologische Erscheinung und Handlungsweise des Grenzüberschreiters von mehreren ‚Directors of Field Operations' übernommen. Namentlich sind das Ronnie Lobell in Season Four, Mike Doyle in Season Six und Cole Oritz in Season Eight. Als weibliche Variante des Grenzüberschreiters operiert in den beiden letzten Staffeln die FBI-Agentin Renee Walker. Die rahmende Funktion einer Prä- und Postfiguration der Hauptfigur erfüllen die Agenten Chase Edmunds und Aaron Pierce, die äußerlich über die Merkmale des Kurzhaarschnitts und robusten Körperbaus mit Bauer übereinstimmen. Während Pierce als älterer Agent des Secret Service auf der Ebene des Weißen Hauses über sieben Staffeln als Postfiguration der Hauptfigur operiert, ermöglicht CTU-Agent Edmunds, der explizit als „mini-Jack" angelegt ist[172], in der dritten Staffel eine konzentrierte Präfiguration des Serienhelden. Im Mittelpunkt der Storyline von Edmunds stehen zu Beginn die Spannungen eines Geheimagenten zwischen Berufsleben und Familie, die eine Vorgeschichte zu Jacks Profil beitragen. Ab Episode 03x07 imitiert Chase das zentrale Handlungsmuster des Grenzüberschreiters im Alleingang gegen die Institutionen. Die Gleichartigkeit der Figuren wird schließlich im Finale der Staffel manifestiert. In einer doppelten Gleichsetzung bestätigt Chloe gegenüber Chases Freundin und Jacks Tochter Kim: „He [=Chase] might be a great guy but he's just like your father. They're both the same person"[173].

Die zentrierte und vervielfältigte Figur des Grenzüberschreiters integriert eine ständige Oszillation zwischen den Fronten von Gut und Böse. Vermittelt wird die Grenzbewegung erstens über typologische, zweitens über konflikt-dramaturgische und drittens über selbstreflexive Verfahren. In der ersten Präsentationsvariante personifiziert Jack Bauer die Grenz-

---

[170] Episode 03x04, TC: 0:14:19–0:14:29.
[171] Episode 08x16, TC: 0:03:16–0:03:20.
[172] Vgl. Video „Nicht verwendete Szenen. 14:00–15:00. Razzia im Kokain-Haus (erweitert)", TC: 0:00:53–0:01:32.
[173] Episode 03x22, TC: 0:17:14–0:17:26.

nähe der Fronten typologisch im Gegenüber zu zentralen Antagonisten. In Episode 02x17 wird die frappierende physiognomische Ähnlichkeit von Bauer und dem abtrünnigen Söldner Jonathan Wallace sowohl materiell verdichtet über das Eintauchen in diffundierendes Braunlicht, als auch symbolisch pointiert, indem Wallace den Protagonisten als „born killer" markiert[174]. Eine weitere typologische Zusammenführung der Fronten ergibt sich in Episode 03x01 über die Schuss-Gegenschuss-Akzentuierung am Grenzpunkt einer durchlässigen und spiegelnden Gefängnis-Glaswand. Hier nähert sich Jack dem Antagonisten Ramon Salazar, der die Angrenzung rückwirkend absolut setzt: „[W]e are connected now. I don't know, maybe we always have been"[175].

Die zweite Präsentationsvariante der Gut-Böse-Grenznähe der Hauptfigur, entfaltet sich in einer kontinuierlichen Konfliktdramaturgie, die den Protagonisten sowohl als Angriffs- wie auch als Fahndungsziel hervorhebt. Die Herausstellung der Hauptfigur als Ziel der Feinde erfolgt über deren dichte Kopplung an die zentralen Strukturen der Serie. Gleich das erste Bedrohungsszenario begründet sich aus der Vorgeschichte des Helden. Jacks Feststellung „This is personal, they're comin' after me" in Episode 01x11[176] spiegelt sich im Statement des Antagonisten Victor Drazen in Episode 01x21: „My main concern is Jack Bauer"[177]. Formal gesteigert wird die Akzentuierung der Hauptfigur als Gegner der Feinde über die konstitutive Knüpfung an das Konzept fernsehserieller Fortsetzung. In einer gezielten Instrumentalisierung des ‚What happens next?'-Prinzips der Fernsehserie proklamiert der neu eingeführte Bösewicht Ramon Salazar in Episode 03x01 in einer parallelistischen Setzung „What happens next is on you, Jack, it's on you!"[178]. Der singuläre Status des Helden im Konflikt mit den Antagonisten wird auch über medientechnische Konstellationen der Serie artikuliert. In einer Amplifikation betont Episode 04x21 den televisuellen Stellenwert des Grenzgängers aus dem provokativen Blickwinkel des Feindes[179]. Ausgehend vom Verdacht, dass Bauer einen Einbruch in das chinesische Konsulat geleitet hat, wird das Gesicht eines Teamkollegen, das während des Einbruchs nur einen Augenblick unmaskiert war, in der Videoaufzeichnung einer Überwachungskamera erfasst und entschlüsselt. Als hypermediale Reflexion der Codierungs- und Decodierungsprozesse, die Stuart Hall am Fernsehen festgestellt hat[180], wird das bereits gezeigte Bild am Computer bewusst decodiert über

---

[174] Episode 02x17, TC: 0:29:26–0:29:58.
[175] Episode 03x01, TC: 0:05:32–0:06:24.
[176] Episode 01x11, TC: 0:27:48–0:27:52.
[177] Episode 01x21, TC: 0:20:23–0:20:27.
[178] Episode 03x01, TC: 0:07:11–0:07:41.
[179] Episode 04x21, TC: 0:09:01–0:10:17, 0:23:04–0:23:27.
[180] Vgl. Hall: Kodieren/Dekodieren, S. 105–124.

die intermedialen technischen Mittel der Multiperspektivität, des Rücklaufs, Zooms, Bildfilters und Datenbankabgleichs, bis es als Fotografie dem Geheimdienst vorgelegt wird.

Als diametraler Teil der Grenzfigurierung des Protagonisten durch die Feinde dient die konfliktreiche Zentrierung des Protagonisten durch seine Kollegen innerhalb der ‚Workplace-Struktur'. Bereits in der angespannten Split-Screen-Eröffnung der Midseason-Episode 01x12 fokussiert CTU-Agentin Alberta Green den Fahnder gegenteilig als Verdächtigten im Superlativ: „Our most promising lead continues to be Jack Bauer"[181]. Demgegenüber wird Bauer in Episode 04x03 nach dem formellen Ausschluss einer Zusammenarbeit (Erin Driscoll: „At this point Jack Bauer is no longer co-operating with this investigation"[182]) im maximalen Kontrast, nur wenige Segmente später zum positiven Fokus (Driscoll: „[T]here's some hope. Jack Bauer, who, as you know, used to work here, is currently in the field trailing a suspect"[183]). Das abermalige Ausschlagen der Grenznähe ins Negative erfolgt in Episode 05x02[184]. Hier wird der Protagonist vom Vorgesetzten Bill Buchanan als „prime suspect" markiert. Ausgerechnet die professionelle Polizeiausbildung wird als feindseliges Potential gewertet: „Emphasize that he is a former agent, well trained, and should be considered extremely dangerous". In einer parallelistischen Rekapitulation der Seriengeschichte[185] kollidieren die konstitutiven Pole des Grenzüberschreiters: Gegenüber einer „history of insubordination, irrational behaviour, drug addiction", die Walt Cummings, der Stabschef des Weißen Hauses, beklagt, betont Freundin Audrey Raines eine „history of great service to this country".

Spiegelbildlich zu den vorher aufgeführten Täuschungsmanövern terroristischer Doppelgänger kulminiert der Grenzgang des Protagonisten im dritten Präsentationsverfahren, das ein selbstreflexives Rollenspiel des Bösen entfaltet. Die modellhafte Plausibilisierung von Extremhandlungen des Protagonisten im antagonistischen Register erfolgt in erheblichem Maße über die medial akzentuierte Instrumentalisierung durch den Feind. In doppelt reflexiver Rahmung und US-symbolischer Erschütterung figuriert Episode 01x08 den Protagonisten als Attentäter auf den US-Präsidenten, indem sie, wie schon die Vorfolge, die feindliche Steuerung videografisch herausstellt und technisch im Zoom das symbolisch pointierte Einsetzen der Kugel in die Schusswaffe markiert[186]. Die selbstreflexive Konsequenz der terroristischen Umkehrung des Heldenbilds erfolgt

---

[181] Episode 01x12, TC: 0:02:54–0:02:57.
[182] Episode 04x03, TC: 0:05:36–0:05:40.
[183] Ebd., TC: 0:11:20–0:11:26.
[184] Episode 05x02, TC: 0:06:06–0:06:15.
[185] Ebd., TC: 0:08:04–0:08:12.
[186] Episode 01x08, TC: 0:26:34–0:26:37.

in einer werkstrukturellen Setzung zur Serienmitte[187]: In der fünften Staffel wird Jack Bauer nachträglich als Attentatsverdächtiger markiert, indem sein Konterfei am Computer mit einer grünen, auf- und absteigenden Horizontalen, digital entschlüsselt wird, wobei die Bildschärfe neuer Fernsehmonitore zum Ausdruck kommt (Edgar: „I ran it through a hi-res filter"). Das Prinzip der arrangierten Kriminalität, das die gesamte fünfte Staffel bestimmt bis der verdächtigte Held gegenteilig die US-Machtspitze in ihrer antagonistischen Unterminierung entlarvt, verdichtet sich in einem Dialog, bei dem James Hellers Feststellung „You're acting like a criminal" im Verbund mit Jacks Replik „I don't have a choice, they're setting me up" bewusst das performative Spiel im fiktionalen Als-Ob impliziert[188]. Gegenüber der Instrumentalisierung durch den Feind vollzieht sich das antagonistische Rollenspiel des Protagonisten grundlegend über Zweitidentitäten in Undercover-Aktionen. In Doppelgänger-Auftritten wie dem Einsatz der Heldentochter Kim Bauer, die in Episode 03x19 als „look-a-like"[189] der Terroristentochter Jane Saunders erscheint, konzentriert sich auch aufseiten der Protagonisten das Prinzip der typologischen Umkehrbarkeit: „You're the same age, similar body types. Your facial features are different but not so different that we couldn't disguise it from a distance", bemerkt der Kollege Tony zu Kim[190]. Das Vertauschen der Terroristin durch die Agententochter in einer hypermedial überwachten Bücherei veranschaulicht die Austauschbarkeit zwischen den Fronten[191].

In der Funktion des verdeckten Ermittlers adaptiert die Hauptfigur Jack Bauer wesentliche Akzente der feindlichen Gegenseite. Als Komplize des Terroristen Eddie Grant in Episode 02x02 vollzieht Jack eine dreifache Anpassung. Erstens kopiert er das typologische Erscheinungsbild über die Kostümierung mit Jeans, Armeejacke und Sonnenbrille. Zweitens übernimmt er die sprachliche Spezifik des rüpelhaften White Trash-Soziolekts („Your guy's a moron"[192], „See ya, man" mit gruppenspezifischem Handschlag[193]). Der dritte und entscheidende Faktor erfolgt über die Annäherung an die antagonistische Handlungsweise. Erst durch die Erschießung des Zeugen Marshall Goren in Episode 02x01[194] und die symbolische Vorführung seines Skalps in Episode 02x02[195] erhält Jack den

---

[187] Episode 05x02, TC: 0:02:10–0:03:03.
[188] Episode 05x18, TC: 0:07:50–0:07:54.
[189] Episode 03x19, TC: 0:06:42–0:06:57.
[190] Ebd., TC: 0:10:30–0:11:04.
[191] Ebd., TC: 0:30:56–0:33:34.
[192] Episode 02x02, TC: 0:21:42–0:21:44.
[193] Ebd., TC: 0:21:57–0:22:02.
[194] Episode 02x01, TC: 0:44:55–0:45:23.
[195] Episode 02x02, TC: 0:10:15–0:11:30.

Zugang zur Terrorzelle. Die typologisch beförderte Umkehrbarkeit der Figur verdichtet sich über markante Genre-Muster in modellhaften Segmenten. Aus dem semiotischen Repertoire des Film noir speist sich in Episode 08x06 Jacks Rolle als deutscher Waffenhändler Ernst über die signifikanten Merkmale der runden, dick umrandeten Brille, des blauen Hemds und Anzugs sowie des stereotypen Anzündens einer Zigarette. Entsprechend kippt Episode 04x03 den Protagonisten ins kriminelle Gegenstück über das Erzählmuster des Tankstellenüberfalls und die präfabrizierten Formen von Maske, Schusshaltung und Drohung („Everybody put your hands up now, you don't move!")[196]. In bemerkenswerter Weise reflektiert der feindliche Habitus, der den Verlauf der Anschlussfolge bestimmt, die polizeiliche Methodik, als Jack von Polizisten zu Boden gezwungen wird und deren Ansage bei gleicher Anordnung und Drastik als direktionale Antithese fungiert („Put your hands down, all the way down"[197]). Das Spektakel der Extremhandlung, das oft erst nachträglich begründet wird, erstreckt sich in Season Three über ein Drittel der Staffel. Über acht Folgen, von Episode 03x04 bis Episode 03x12, agiert der Protagonist als prominenter Antagonist (Ramon Salazar: „Congratulations, now you are an even bigger enemy to your country than I am"[198]) und provoziert eine Grenzschwebe, die selbst Stammzuschauer irritiert.

Die selbstreflexive Akzentuierung der Grenzgängerfiguren umfasst die Gesamtstruktur von *24*. Grundlegend werden die extremen Figuren in der Grenznähe zum faktualen TV-Programm positioniert. Im Sinne einer televisuellen ‚Dramatis Personae'-Rahmung platziert die Serie ihre Figuren in der einleitenden, seriell wiederkehrenden Credits-Sequenz. Noch vor den Darstellernamen, die nur beiläufig eingeblendet werden, erscheinen die Figurennamen im Verbund mit Split-Screen-Standbildern, die eine Porträtfunktion einnehmen. Die reflexive Verortung der Grenzgängerfiguren im fiktionalen Zwischenbereich übersteigt letztlich die Grenzen einer geschlossenen Diegese. Im typologischen Prinzip des ‚Type-Casting', d. h. der Besetzung von Schauspielern für ähnliche Rollen, erreicht die Serie die Konsequenz einer fernsehmäßig durchlässigen Diegese, die Sarah Kozloff im Begriff der „permeable diegesis" feststellt[199]. Besonders typisierte Nebenfiguren, die im Rahmen von Gastauftritten besetzt werden, forcieren einen Bezug zu vorangegangenen Grenzgängerrollen in anderen Dramaserien. Es entsteht das Phänomen eines intertextuellen Personals im fernsehseriellen Ausnahmezustand.

---

[196] Episode 04x03, TC: 0:40:57–0:41:21.
[197] Episode 04x04, TC: 0:41:28–0:41:30.
[198] Episode 03x05, TC: 0:41:05–0:41:32.
[199] Kozloff: Narrative Theory and Television, S. 93.

Mehrere *24*-Figuren erhöhen ihre Extremprägung über den Bezug zu benachbarten Dramaserienfiguren. In der fünften *24*-Staffel wird die Nebenfigur des deutschen Agenten Theo Stoller effektiv in ihrem Ausnahmestatus gesteigert, indem sie durch die Besetzung des Schauspielers Henry Ian Cusick einen markanten Bezug herstellt zu dessen Hauptrolle als Grenzgängerfigur Desmond Hume in LOST. Ähnlich verhält es sich in der sechsten Staffel mit der Charakterisierung des US-Präsidenten Noah Daniels, dessen Kriegstreiberei eine besondere Intensität annimmt vor dem Hintergrund, dass der Darsteller Powers Boothe in DEADWOOD den tyrannischen Saloon-Besitzers Cy Tolliver spielt. Die intertextuelle Potenzierung des Grenzgänger-Status vieler Figuren befördert auch die zuvor ausgeführte Tendenz zur Reversibilität. So lässt sich die Entlarvung der CTU-Agentin Dana Walsh als Terroristin in der achten Staffel durchaus auch über das Casting von Katee Sackhoff antizipieren, die in BATTLESTAR GALACTICA die draufgängerische und unangepasste Pilotin Kara ‚Starbuck' Thrace spielt. Noch deutlicher ist die intertextuelle Vorausdeutung der Figurenumkehrung im Fall von Phillip Bauer, der sich in Season Six vom Unternehmer zum Gangsterboss wandelt, und über die Besetzung von James Cromwell ein Pendant herstellt zum psychischen Niedergang von George Sibley in SIX FEET UNDER.

Neben den Wechselwirkungen bei der TV-Ausstrahlung ergibt sich eine intertextuelle Potenzierung von Grenzfiguren auch bei nachträglichen *24*-Sichtungen auf digitalen Speichermedien. So korreliert die Figur des machthungrigen, konspirativen Präsidenten(anwärters) John Keeler mit dem karrieristischen Captain Thomas Matthews in DEXTER. Ein besonderer Bezug der *24*-Figuren lässt sich zur Mystery-Serie LOST feststellen. Der Status der action-orientierten Figur des CTU-Agenten Tom Baker, der in Episode 02x12 auch an einem Foltereinsatz beteiligt ist, tendiert umso mehr ins Extreme, wenn der Serienfan bereits Daniel Dae Kims spätere LOST-Hauptrolle als Jin Soo Kwon einrechnet, der als Gestrandeter auch eine Vergangenheit als Auftragskiller hat. Auch die grenzwertige Vorgehensweise des US-Vizepräsidenten James Prescott, der in der zweiten Staffel den Präsidenten stürzen will, verdichtet sich in Bezug zu Alan Dales Hauptrolle als feindlicher Drahtzieher in LOST. Die bemerkenswerte Tendenz zu einem intertextuellen Personal des Ausnahmezustands lässt sich auch in anderen Dramaserien feststellen[200].

---

[200] Dexters Status als Serienkiller in DEXTER korreliert mit Michael C. Halls mehrjährigem Serienauftritt als Bestatter David Fisher in SIX FEET UNDER. Jonathan Banks' grenznahe Cops-and-Criminals-Karriere spiegelt sich in seinen Rollen als Handlanger Mike Ehrmantraut in BREAKING BAD und als Geheimdienstagent in DEXTER (Max Adams) und ALIAS (Frederick Brandon). Edward James Olmos' spannungsreiche Anführerrollen prägen seine Serienauftritte als Commander bzw. Admiral William Adama in BATTLESTAR GALACTICA und als Theologieprofessor

Schließlich erreicht die extreme Prägung fernsehserieller Protagonisten gerade über ihre typologische Konstitution die Ebene des Tragischen: „[Die tragische Grundidee] formt das Menschlich-Individuelle um in das Menschlich-Typische"[201]. Besonders der Protagonist Jack Bauer fungiert, wie in Kapitel *II.2.3.3* fernsehserienästhetisch untersucht wird, als tragischer Held[202]. Die für das tragische Wesen charakteristische kathartische Fehlerhaftigkeit, die Jürgen Wertheimer anführt[203], lässt sich in der seriellen Beanspruchung des *24*-Protagonisten feststellen. Bereits in Episode 02x07 artikuliert der Vorgesetzte George Mason die tragische Figurenspannung zwischen einem Mangel und der seriellen Verpflichtung zur Funktionalität: „The guy's a little crazy. [...] But he gets results and we need some pretty big results here"[204]. Die Spannung zwischen Funktionalität und Leid vollzieht sich im serienkonstitutiven Bereich der Gewalt, wie sich in den beiden folgenden Hauptkapiteln zeigen wird.

James Gellar in DEXTER. Lance Reddick verkörpert in LOST einen mysteriösen Handlanger und in THE WIRE und FRINGE Polizisten, die an außergewöhnlichen Fällen arbeiten.

[201] Dietrich Mack: Ansichten zum Tragischen und zur Tragödie, München 1970, S. 63.
[202] Vgl. u. a. Video „Jack Bauer will never die in 24 says producer"; Snyder: Truth and Illusion in 24; Wijze: Between Hero and Villain.
[203] Wertheimer: Ästhetik der Gewalt, S. 36.
[204] Episode 02x07, TC: 0:08:37–0:08:48.

2. Serialität der Gewalt: Ausnahmezustand in Serie

Im Zuge der televisuell-seriellen Intensität und Irritation grundlegender Parameter von Zeit, Raum und Figur *(II.1)* kippt in *24* und anderen US-Qualitätsdramaserien der Post-9/11-Dekade die fernsehseriell etablierte soziale Kommunikation[1] über die Vorstufe der Konspiration zu einer seriellen Gewalt, die einen Höhepunkt dramaturgischer Intenstät und selbstreflexiver Irritation bildet und einen wichtigen Stellenwert im Gewaltdiskurs nach dem 11. September einnimmt. Vor dem Hintergrund der gewaltsamen Offenlegung von Fernsehstrukturen in der Übertragung des „symbolischen Schock[s]"[2] erreicht insbesondere das terror-thematische Action-Thriller-‚Serial' *24* im Zuge seiner weitreichenden Repräsentation von Gewalt[3], die „immer auf mögliche reale Verletzungen und Versehrungen an[spielt]"[4], auch eine symbolische, formal exponierte und reflexive Qualität.

Der fernsehspezifische Vorrang formaler Funktionsgesetze *(I.2)* befördert die Häufigkeit extremer Gewaltszenarien und plausibilisiert eine semantische Grenzüberschreitung. Überspitzt lässt sich die formale Priorität im Fernsehen gegenüber moralischen Bedenken an einem Zitat des CBS-Vizepräsidenten Arnold Becker ablesen: „I'm not interested in culture. I'm not interested in pro-social values. I have only one interest. That's whether people watch the program. That's my definition of good, that's my definition of bad"[5]. Die konstitutive aber noch kaum untersuchte Rolle der Gewaltdarstellung in neuen Dramaserien übersteigt den

---

[1] Sarah Kozloff konstatiert fürs TV-Programm: „[I]t is characters and their interrelationships that dominate television stories", Kozloff: Narrative Theory and Television, S. 93; Kozloff bezieht sich auf: Feuer: Narrative Form in American Network Television, S. 75; Später spezifiziert Lothar Mikos für die TV-Serie: „[D]as persönliche Schicksal der Protagonisten als Mitglieder einer Gemeinschaft steht im Mittelpunkt der Serien", Mikos: Fernsehserien, S. 14; Gleichermaßen ist für Knut Hickethier „die Darstellung der Beziehungen zwischen den Menschen" zentral für die Fernsehseriengattung, Hickethier: Die Fernsehserie und das Serielle des Fernsehens, S. 13.

[2] Baudrillard: Der Geist des Terrorismus, S. 14.

[3] George Gerbner definiert Gewalt im Rahmen des fernsehbezogenen Cultural Indicators Project als „overt expression of physical force (with or without a weapon) against self or other, compelling action against one's will on pain of being hurt or killed or actually hurting or killing", George Gerbner: Violence in Television Drama. Trends and Symbolic Functions, in: George A. Comstock, Eli A. Rubinstein (Hgg.): Television and Social Behaviour. Reports and Papers Volume 1. Media Content and Control, Washington D.C. 1972, S. 31.

[4] Keppler: Mediale Gegenwart, S. 157 – Angela Keppler nutzt den Begriff der „fingierte[n] reale[n] Gewalt".

[5] Zitiert nach: Peter J. S. Dunnett: The World Television Industry. An Economic Analysis, London 1990, S. 219.

Rahmen einer über Jahrzehnte dominanten soziologischen Inhaltsanalyse[6], und muss vielmehr über eine formbewusste Gewaltanalyse begriffen werden, wie sie Daniel Tyradellis und Burkhardt Wolf in Bezug auf Jacques Lacan anhand des „triadische[n] Spannungsfeld[s] von ‚bloßer' Gewalt, symbolischer Überformung und der Materialität der Darstellungsmittel" erkennen[7].

Die fiktionale und mediale Schlüsselrolle der Gewalt für die Fernsehserie gründet darauf, dass die Gewaltdarstellung in den darstellenden Künsten grundsätzlich eine Leitstruktur einnimmt. Als Ursprungsform dramatischer Formen begründet sich die Tragödie explizit aus dem Opferritual[8]. Die ästhetische und kulturelle Selbstvergewisserung durch die Gewalt erweitert sich in den technisch-apparativen Medien des Films und des Fernsehens. Während sich die filmhistorische Relevanz der Gewaltdarstellung[9] wesensgemäß aus einer „ultimative motion"[10] ableitet, lässt sich entsprechend für das Fernsehen mit Keppler betonen, dass „die Darstellung von Gewalt [...] nicht irgendein Beispiel [ist], sondern eines, an dem die Variationsbreite der Fernsehkommunikation in hohem Maß deutlich wird"[11]. Gemäß dieser Korrelation erreicht die Gattung der Fernsehserie mit der Gewaltdarstellung einen ästhetischen Höhepunkt.

Symbolische Figurationen im 9/11-Diskurs

24 übernimmt in seiner konzentrierten Gewaltdarstellung eine Schlüsselrolle in der Bespiegelung des faktualen Diskurses um den 11. September und den ‚War on Terror'. In der televisuell-seriellen Veranschaulichung angegriffener Protagonisten in absoluten und diffusen Konflikten mit

---

[6] Die Inhaltsanalyse von Sydney W. Head spielte in den 1950er-Jahren eine Pionierrolle, vgl. Sydney W. Head: Analysis of Television Drama Programs, in: The Quarterly of Film Radio and Television 2, 1954, S. 175–194; Das anknüpfende Cultural Indicators Project von George Gerbner von Ende der 1960er bis Mitte der 1980er legte zunehmend Wert auf die mediale Codierung von Fernsehgewalt, vgl. Gerbner: Violence in Television Drama, S. 28–187.

[7] Daniel Tyradellis, Burkhardt Wolf: Hinter den Kulissen der Gewalt. Vom Bild zu Codes und Materialitäten, in: Dies. (Hgg.): Die Szene der Gewalt, Frankfurt 2007, S. 27.

[8] Vgl. Nan Mellinger: Fleisch. Ursprung und Wandel einer Lust. Eine kulturanthropologische Studie, Frankfurt/New York 2000.

[9] Stephen Prince: A Brief History of Film Violence, in: James D. Torr: Violence in Film and Television, San Diego 2002, S. 21 f. – „Screen violence is deeply embedded in the history and functioning of cinema. It is as old as the medium and has arguably been of central importance for the popular appeal of film".

[10] Jörg Metelmann, Webseite „Zur Kritik der Kino-Gewalt. Die Filme von Michael Haneke", 23.08.2016, online: http://bit.ly/2xGRHjz; Stand: 06.06.2019.

[11] Angela Keppler: Mediale Gegenwart, S. 293.

dem Terrorismus nutzt die Serie Gewalt als „complex system of signs of behaviour"[12] und setzt Akzente einer symbolischen Kriegsführung, die vom Kino das Leitmotto ‚Hollywood goes to War'[13] übernimmt. In der symbolischen Inszenierung der Gewalt rekurriert *24* auf die fernsehsyntagmatischen Blickregime der Raumhierarchie und des Schuss-Gegenschuss-Schnitts[14] und erweitert sie um die televisuelle Technik des Split-Screen. Eine pointierte Raumhierarchie der Gewalt entfaltet sich in Episode 02x04 zwischen dem Protagonisten Jack Bauer, der im oberen Bildfeld positioniert ist, und dem unten platzierten Antagonisten Joseph Wald, bevor die Konfrontation in den Split-Screen mündet[15].

Der diskurs-symbolische Realitätsstatus der Fernsehserie wird gesteigert, indem eine „heldenhafte Gewalt"[16] über doku-dramatische Verfahren so vermittelt wird, dass sie in bemerkenswerter Detailliertheit der Perspektive eines homerischen Heldenepos nahe kommt, wie sie im folgenden Zitat zusammengefasst wird. Die „Perspektive ist die der Innenschau: mit den Augen des Helden, dem Arm des Helden nimmt der Lesende oder Hörende unmittelbar am Kampfgeschehen teil"[17]. Im Zuge einer verstärkt organischen Action-TV-Ästhetik, die sich von CGI-Effekten des Hollywood-Kinos abgrenzt[18], erreicht die Gewaltdarstellung

---

[12] Fiske/Hartley: Reading Television, S. 20.

[13] Vgl. Clayton R. Koppes, Gregory D. Black: Hollywood goes to War, Los Angeles 1987; Die Post-9/11-Relevanz des Mottos stellt Kleinsteuber fest, vgl. Kleinsteuber: Terrorismus und Feindbilder, S. 217; Zur Kommission ‚Hollywood 9/11' vgl. Arnold: Facts und Fiction der US-Serie 24, S. 4; Zur Kriegsführung im Kriegsfilm vgl. Daniel Binns: The Hollywood War Film. Critical Observations from World War I to Iraq, Bristol 2017; Zur spezifischen Ästhetik von Kriegsserien vgl. Ivo Ritzer: Wie das Fernsehen den Krieg gewann. Zur Medienästhetik des Krieges in der TV-Serie, Wiesbaden 2015.

[14] Fiske und Hartley fassen die TV-Semiotik der Gewalt als „one technically suited to the television medium with visual, active face-to-face (or fist-to-face) contact that fills the optimum mid-shot/close-up range of the television camera frame", Fiske/Hartley: Reading Television, S. 144.

[15] Episode 02x04, TC: 0:22:15–0:23:17.

[16] Keppler: Mediale Gegenwart, S. 281; Die Kamera „geht mit der gerechten Gewalt des Helden mit, wodurch es zu einer ästhetisch-formalen Apologie des gewaltförmigen Handelns kommt", Ebd., S. 282.

[17] Wertheimer: Ästhetik der Gewalt, S. 22.

[18] *24*-Regisseur Jon Cassar bekräftigt: „Our action's definitely organic [...]. [We] design the action in a way that feels very real and not so ‚Hollywood'", Video „24 in 24. Teil 1", in: 24. Season Seven DVD, Disc 4, TC: 0:10:03–0:10:14. Entsprechend betont *24*-Autor und Produzent Howard Gordon in Bezug auf die Kampfszene zwischen dem CTU-Agenten Edmund Chase und dem Virus-Kurier Arthur Rabens: „I always see this kind of action as best done [...] less literally, the closer, the [...] less articulated it is, the more real it feels, the rawer it feels", Video „Nicht verwendete Szenen. 12:00–13:00. Verfolgung von Rabens", in: 24. Season Three DVD, Disc 7, TC: 0:01:32–0:01:44.

in *24* einen wesenhaften Bezug zum faktualen Fernsehprogramm der Kriegsberichterstattung. Über die formal nachvollzogene Prozessualität des Krieges refiguriert die Serie diskursiv relevante militärische Repräsentationsmuster und Symbole. Spiegelbildlich zu extremen Handlungen von Figuren, die zivil gekleidet sind, konzentriert sich eine qualitative Grenzüberschreitung der Seriengewalt über den Einsatz markant militärischer Figuren. Korrelativ zum Militär-Look der feindlichen Drazen-Truppe in Episode 01x20, übernimmt der Geheimdienstagent Edmund Chase in Episode 03x11 mit getarntem Gesicht und Soldatenuniform die ausdrücklich kriegsgemäße Funktion als ‚forward observer'[19]. Im Zeichen einer ‚embedded fiction' zeigt *24* sogar einen spektakulären Hubschraubereinsatz, der von Personen ausgeführt wird, die tatsächlich als professionelle Marine-Soldaten arbeiten und über Kampferfahrung im Irak- und Afghanistankrieg verfügen[20]. Die fiktional-faktuale Grenznähe der Kriegsdarstellung im Fernsehmedium wird selbstreflexiv akzentuiert. Dies geschieht maßgeblich über die hypermediale Vermittlung von Soldatenbildern. Ein wichtiges Beispiel findet sich in Episode 05x14 in der Ausrufung des Kriegsrechts in Los Angeles. Hier wird der diskursiv relevante Ausnahmezustand in einer fiktionalen Variante der TV-News ausgespielt[21] und anschließend szenisch realisiert[22].

~

Dieses Kapitel untersucht das Phänomen fernsehserieller Gewalt am Beispiel von *24* in drei Teilkapiteln. Als Grundlage fungiert das erste Teilkapitel zum Signalcharakter der Gewaltvermittlung. Darauf aufbauend analysiert das zweite Teilkapitel die Gewaltdarstellung über die Spezifizierung des Szenenmodells der Forschungsgruppe um Michael J. Porter[23] im Sinne einer spektakulären und plot-funktionalen Extrem-Narration. Schließlich erörtert das dritte Teilkapitel die Reflexion einer fernsehseriellen Gewalt über die Schlüsselfaktoren der Tragik und Selbstreflexivität.

---

[19] Episode 03x11, TC: 0:34:25–0:34:58.
[20] Episode 04x06, TC: 0:10:07–0:12:22; Vgl. Video „Schießen und Laden", in: 24. Season Four DVD, Disc 7.
[21] Episode 05x14, TC: 0:07:57–0:08:12, 0:09:44–0:09:59.
[22] Ebd., TC: 0:27:41–0:28:23.
[23] Porter et al.: Re(de)fining Narrative Events, S. 23–30.

2.1 Signalform fernsehserieller Gewalt

Im Zuge der Überlagerung militärischer und alltäglicher Konflikte entfaltet *24* seinen Diskurs-Charakter entscheidend über die Serialisierung eines Ausnahmezustands im Format der Fortsetzungsserie (,serial'). Die Veranschaulichung der spezifisch grenzüberschreitenden und prozessualen Gewalt des Ausnahmezustands[24] ergibt sich in beachtlicher Weise über eine klimaktische Konsequenz der spektakulären *(I.2.1)*, realitätsaffinen *(I.2.2)*, seriellen *(I.2.3)* und selbstreflexiven *(I.2.4)* Dramaserienform. Grundlegend basiert die absolute, formgewaltige Ausrichtung des Ausnahmezustands, der über Signaturen wie ,martial law'[25] oder ,posse comitatus'[26] artikuliert wird, auf der dramaturgischen Zuspitzung einer spektakulären Reizsignalverpflichtung, die Robin Nelson in neueren TV-Serien als „new affective order" registriert[27]. Über den Nachdruck des Signifikanten vor einer Botschaft, der sich in der televisuellen Verarbeitung popkultureller Action-, Thriller- und Soap-Muster verstärkt, erreicht *24* im affektiven Konzept des „visceral entertainment"[28] die signalhafte Verdichtung von Gewalt[29].

Mit mindestens ebenbürtiger Relevanz gegenüber expliziten Gewaltszenen kommuniziert die Fernsehserie im konstitutiven Dialog eine absolute Ausrichtung des Ausnahmezustands über markante Signale, die extreme Szenarien maximal suggestiv in Aussicht stellen und damit eine ima-

---

[24] Giorgio Agamben beschreibt den Ausnahmezustand als „komplexe topologische Figur, in der nicht nur Ausnahme und Regel, sondern auch Naturzustand und Recht, das Draußen und das Drinnen ineinander übergehen", Agamben: Homo Sacer, S. 48.

[25] Die Setzung findet sich in den Episoden 04x14, 04x23, 05x12, 05x14, 05x17–18; Bemerkenswert ist in Episode 05x12, TC: 0:09:30–0:10:46, der Ansatz, den Begriff des Ausnahmezustands zu umgehen: Auf Mike Novicks Hinweis, dass für den Ausruf des Ausnahmezustands ein Kongressbeschluss benötigt werde, betont Vizepräsident Hal Gardner: „Which is why we won't call it martial law. No one is going to play semantics here, when we're putting troops on the street to try to keep people from killing each other". Die Nennung des ,martial law' kehrt in der gesamten zweiten Hälfte der fünften Staffel dennoch wieder. Den Ausnahmefall des ,martial law' formulieren auch die Korpusserien BATTLESTAR GALACTICA (Episoden 02x03–04, 03x14) und FLASHFORWARD (Episode 01x01).

[26] Die Setzung findet sich in den Episoden 02x18, 07x16. THE EVENT verwendet die Formulierung in Episode 01x14.

[27] Vgl. Nelson: TV Drama, S. 111–118.

[28] Video „How Hollywood Gets It Wrong on Torture and Interrogation. P1", TC: 0:06:42–0:06:44.

[29] In Bezug auf die Kampfszene zwischen Edmund Chase und Arthur Rabens erläutert *24*-Autor und Produzent Howard Gordon: „I do think [...] less is more. You really do get a more visceral sense. It becomes more violent in some ways by trimming it", Video „Nicht verwendete Szenen. 12:00–13:00. Verfolgung von Rabens", TC: 0:00:40–0:00:47.

ginäre Gewaltdimension erzielen, die das episodenübergreifende Prinzip der „doppelte[n] Formstruktur"[30] dramatisch zuspitzt. In der Neigung zu einer systematischen Militarisierung der „Workplace-Struktur"[31] codiert *24* eine extreme Gefahrenlage über skandalisierende Superlative hochrangiger Figuren: Als Skandalsignale fungieren Formulierungen wie ‚top priority'[32], ‚number one priority'[33] oder ‚highest priority'[34]. In der narrativen ‚Höhepunktfrequenz', in der ein dramaturgischer Höhepunkt keinen singulären Ausnahmemoment darstellt, sondern innerhalb einer Signalkette von Höhepunkten serialisiert wird *(1.2.3)*[35], entfaltet sich eine signalhafte Akkumulation von Prioritätssetzungen[36]. Das Virus-Szenario der dritten Staffel wird in der ersten Folge numerisch als „level one setting protocol" codiert[37]. In der siebzehnten Episode folgt eine intermedial signifikante Farbcodierung der Bedrohung. Dabei steigert sich der Signalcharakter der Homeland Security-Anweisung „The threat level should be raised to red" vor einer korrelativ orangenen Tür[38].

Mit beachtlicher Konsequenz kulminieren alle grundlegenden Erzählparameter, die in Kapitel *II.1* besprochen wurden, in hyperbolischen Ausnahmesetzungen. Eine drastische Superlativierung der Zeit in Bezug zum ‚symbolischen Schock' des 11. September findet sich im Satz „This is one of the most traumatic days of this country" in Episode 04x16[39]. Der US-symbolische Stellenwert des Satzes wird darüber pointiert, dass ihn der US-Präsident John Keeler beim expliziten Versuch der Sprachfindung („What I want is a speech that is more equal to the occasion") in einer Komposition des Flugzeugraums ausspricht. Entsprechend suggeriert die

---

[30] Hickethier: Die Fernsehserie und das Serielle des Fernsehens, S. 10.
[31] Eschke/Bohne: Dramaturgie von TV-Serien, S. 141.
[32] Mitarbeiterin des Verteidigungsministeriums Audrey Raines: „He wants me to make sure that your top priority is still security for the summit" – Episode 05x01, TC: 0:20:42–0:20:46.
[33] Geheimdienstagent Jack Bauer: „Bierko's our number one priority" – Episode 05x22, TC: 0:21:17–0:21:18.
[34] Geheimdienstchef George Mason: „Send two tactical teams, highest priority" – Episode 01x24, TC: 0:06:37–0:06:39.
[35] Der Begriff basiert auf theoretischen Grundlagen von John Ellis, Jeremy G. Butler und Knut Hickethier; Vgl. Ellis: Visible Fictions, S. 149; Butler: Television, S. 26; Hickethier: Die Fernsehserie und das Serielle des Fernsehens, S. 32.
[36] Auch DEXTER verschärft seine polizeiliche ‚Workplace-Struktur' über starke Prioritätsakzente. Markante Beispiele finden sich in den Episoden 02x03 (Thomas Matthews: „I need all my people operating at their very highest levels", TC: 0:35:53–0:35:55), 04x02 (Angel Battista: „This is high priority" – Dexter: „One stop first, higher priority", TC: 0:13:19–0:13:24) und 04x03 (Maria LaGuerta: „Finding Johnny Rose is our number one priority", TC: 0:14:15–0:14:17).
[37] Episode 03x01, TC: 0:10:12–0:10:21.
[38] Episode 03x17, TC: 0:11:41–0:11:50.
[39] Episode 04x16, TC: 0:19:22–0:19:44.

Serie in Episode 02x17 im Zuge ihrer Tendenz zur Raumöffnung einen globalen Gefahrenraum mit einer zeitlichen Perspektivierung in nächster Zukunft: „In the next few hours we're going to be involved in a full scale war, which will affect every country on this planet"[40], betont Geheimdienstagent Jack Bauer gegenüber Kate Warner. Die Empfängerin der Botschaft hatte drei Folgen zuvor bereits die Superlativierung des Figurenparameters an ihrer Schwester Marie vollzogen: „You're about to become the biggest murderer in the history of this country!"[41].

Im Zuge einer maximal suggestiven Verzögerungstechnik *(I.2.3)* etabliert die Serie über Superlativsignale im spezifischen US-Bezug eine Drohkulisse, die in einer paradoxen Effizienz zwar eventuell ist aber absolute Ausmaße andeutet. Als alarmierende Superlativsetzung fungiert Jack Bauers zeitlich singulärer Hinweis an den US-Präsidenten in Episode 03x08[42]: „Mr. President, it is without a doubt the most lethal threat we have ever faced". Eindringlich integriert der Satz das Publikum mit dem identifikatorischen Personalpronomen der ersten Person Plural. Der zeitliche Superlativ erreicht in Episode 04x19 eine historisch orientierte Zuspitzung mit der deiktischen Warnung des Präsidentenberaters Mike Novick[43]: „This country is very possibly about to face the worst terrorist act in its history". Im seriellen Kontinuum ergibt sich der ständige Ausblick auf eine typologisch verabsolutierte und semantisch offene Ausnahmegewalt, die im faktualen Bezug eines neuen Weltkriegs kulminiert: In Episode 02x15 suggeriert US-Präsident David Palmer „Lynne, we may be talking about World War III"[44]. Vier Staffeln später, in Episode 06x14 erwägt Sicherheitsberaterin Karen Hayes „We could start another World War"[45], bevor US-Präsident Wayne Palmer die Vereinigten Staaten in Episode 06x17 „on the brink of World War III" sieht[46] und schließlich endgültig „in a world war"[47].

Die seriell generierte Drohkulisse einer maximalen antagonistischen Gewalt befördert maßgeblich die serielle Legitimation einer maximalen Gewalt vonseiten der Protagonisten. Prominent serialisiert werden dabei die faktual relevanten Leitsätze ‚Whatever it takes' und ‚What's necessary', die in ihrer Formstärke zum einen eine dringliche Notwendigkeit suggerieren und sich zum anderen in ihrer semantischen Offenheit dadurch auszeichnen, dass sie absolut anwendbar sind, und somit Gewalt-

---

[40] Episode 02x17, TC: 0:03:05–0:03:10.
[41] Episode 02x14, TC: 0:17:23–0:17:27.
[42] Episode 03x08, TC: 0:03:58–0:04:02.
[43] Episode 04x19, TC: 0:30:14–0:30:22.
[44] Episode 02x15, TC: 0:37:11–0:37:21.
[45] Episode 06x14, TC: 0:18:10–0:18:11.
[46] Episode 06x17, TC: 0:05:50–0:05:56.
[47] Ebd., TC: 0:12:14–0:12:15.

aktionen mit größtmöglichem Spektrum plausibilisieren und vielfach auf die Ausnahmegewalt der Folter zielen[48]. Das Leitmotto ‚Whatever it takes' nimmt einen besonderen faktualen Bezug zum symbolischen TV-News-Vokabular ein, denn die Formulierung stammt aus dem rhetorischen Repertoire des US-Präsidenten George W. Bush und fand ihren ersten maßgebenden Einsatz in Bushs erster New Yorker Rede nach dem 11. September[49]. Die fernsehserielle Dynamik des grenzüberschreitenden Mottos entfaltet sich über signalhafte Akzente. In der Diskussion um die Folter des Söldners Joe Prado in Episode 04x18[50] erscheint Stabschef Mike Novick in einer resoluten Nahaufnahme vor beigem Hintergrund und spricht mit gedehnter Intonation und drahtiger Brille den Leitsatz „I think we need to do whatever it takes to find Marwan". Die Signalstärke der absoluten Formel kulminiert im Gegenschuss, der die Reaktion des US-Präsidenten Charles Logan vor einer dunkelorangenen und lichtspiegelnden Wand zeigt. Eine äquivalente Zuspitzung des absoluten Mottos ereignet sich in Episode 06x07[51]: Nachdem Phillip Bauer die Frage gestellt hat, was Jack Bauer bei der Befragung seines Bruders Graem tun werde, wechselt die Kamera im Rechtsschwenk blitzartig zu einer Nahaufnahme von Jack, der vor einer hellen Landschaft antwortet „Whatever it takes to find out what he knows". Die kompakte Zuspitzung des Segments endet mit Jacks Abgang und dem Anschwellen der Musik.

Die Signalform der Absolutformeln steigert sich über das Muster der Kontrastierung. Im wesenhaften Bezug zur fernsehsemiotischen Dualgestaltung[52] und einer spannungsreichen Attraktionsstruktur[53] besteht das Funktionsprinzip der Absolutformeln darin, dass die suggestiven Signale einer maximalen Gewalt umso mehr hervorstechen, wenn sie vor einem gegensätzlich beruhigten Bildbereich stattfinden. Ein anschauliches Beispiel für die duale Antriebsstruktur einer absoluten Gewaltlegitimation findet sich in einem Split-Screen-Telefonat in Episode 04x20[54]. Als vorbereitende Ruheeinstellung dient das obere Teilbild, in dem Jack Bauer, bei der Frage nach dem Vorschriftsrahmen einer Abholungsaktion, vor einem hellblauen Fenster-Sichtschutz halb verdeckt und farblich abgekühlt er-

---

[48] Variationen der Leitsätze prägen den Post-9/11-Serienkorpus. In FLASHFORWARD nutzt der Techniker Aaron Stark die Absolutformel gegenüber dem FBI-Agenten Mark Benford als Anleitung zum Schutz der Familie: „If it were up to me, I'd do whatever I had to do", Episode 01x03, TC: 0:04:24–0:04:28.
[49] Vgl. Halliday: How the War on Terror and Jihad have changed the English Language, S. 34.
[50] Episode 04x18, TC: 0:33:47–0:33:55.
[51] Episode 06x07, TC: 0:12:39–0:12:41.
[52] Vgl. Fiske/Hartley: Reading Television, S. 142; Bignell/Orlebar: The Television Handbook, S. 101.
[53] Vgl. Eisenstein: Beyond the Shot, S. 87.
[54] Episode 04x20, TC: 0:11:02–0:11:11.

scheint. Im maximalen Kontrast bündelt nun das untere Teilbild die Notwendigkeitsmaxime des US-Präsidenten David Palmer „I'll leave it to you to make the necessary preparations" in einer signalstarken Aufnahme, die den Sprecher vor einem grell orangenfarbenen Hintergrund bei einer dynamischen Drehung zur rechten Bildschirmseite zeigt. In einem zweiten Schritt verstärkt sich die Signalintensität der absoluten Gewaltsuggestion über die Kopplung der Formel ‚What's necessary' an den prominenten Leitsatz ‚Whatever it takes'. Eine spektakuläre Pointierung erreicht Palmers Forderung „Whatever it takes, we need this man, Lee, in custody" durch die Vergrößerung des unteren Teilbilds zum Vollbild und eine performative Hebung des Kopfes vor hell aufscheinendem Zimmerlicht. Das suggestive Segment der Grenzüberschreitung verdichtet zuletzt seine US-symbolische Reichweite, als der US-Präsident, der die Erlaubnis zum absoluten Aktionsradius erteilt hat, in die Nähe einer Glastür tritt, die das Dienstsiegel der Vereinigten Staaten zeigt.

Ein zweites Beispiel für die Signaldynamik der Kontrastierung lässt sich an Episode 04x06 aufzeigen[55]. Die Legitimation maximaler Gewalt, die Verteidigungsminister James Heller dem Agenten Curtis Manning im Hinblick auf seinen Sohn erteilt, basiert auf einem vorbereitenden Ruhekontrast in der blaugrau typisierten Gestaltung des Verhör- und Folterraums der CTU und der Sitzposition des Sprechers. Diametral ereignet sich die Signalform der suggestiven Gewaltermächtigung über die Zusammenwirkung einer körperlichen und fernsehtechnischen Emphase: Als der Agent die symbolische Türschwelle überschreitet, erhebt sich James Heller und erteilt seine Erlaubnis mit betont gedehnter Intonation und einer rhythmisch äquivalenten Handbewegung. Die Zuspitzung auf die emotionalisierte Absolutformel ‚Whatever you feel is necessary' erreicht eine selbstreflexive Implikation, da die Serie genau im Moment der Nennung zum Blick des Agenten schneidet, der von der Seite ins Bildzentrum wechselt. Die Signalkomposition schließt mit einem doku-dramatischen Linksschwenk auf den betroffenen Sohn Richard inmitten des typisierten Verhörraums.

2.2 Extrem-Narration: Schlagfrequenz der ‚Serial'-Segmente

Die Serialisierung der Gewalt im Action-Thriller-,Serial' *24* überschreitet, wie auch in den anderen Dramaserien des Korpus, eine dreiaktig resolutionsorientierte Konfliktdramaturgie, wie sie im Actionfilm[56] oder in der episodischen ‚Procedural'-Serie üblich ist und überschreitet auf diesem

---

[55] Episode 04x06, TC: 0:30:05–0:30:15.
[56] Zu den Strukturen des Actionfilms vgl. Miller: The Action Series, S. 18.

Wege auch deren Tendenz zur Rechtswiederherstellung. Stattdessen perfektioniert die episodenübergreifende Fortsetzungsserie die Form eines seriellen Ausnahmezustands, indem sie die ‚Höhepunktfrequenz'[57] des ‚beat'-Segments[58] über Gewaltdarstellungen zu einer Schlagfrequenz vervollständigt, und dadurch die inhärente Konfliktstruktur der Fernsehserie steigert, die John Ellis als „form of the dilemma" definiert[59]. Die Untersuchung dieser Extrem-Narration soll nun dergestalt erfolgen, dass das Szenenmodell ‚Scene Function Model' von Michael J. Porter, das eine fernsehserienanalytische Erneuerung des Erzählereignis-Modells von Seymour Chatman bietet, im Hinblick auf die Segmentstruktur fernsehserieller Gewaltvermittlung perspektiviert wird. Dabei soll deutlich werden, inwiefern die Vermittlung eines fernsehseriellen Ausnahmezustands grundlegend über spektakulär ausgerichtete ‚Satellit'-Segmente (‚satellites'[60]) sowie über plot-funktionale ‚Kern'-Segmente (‚kernels'[61]) erfolgt.

2.2.1 Spektakuläre Segmente

Im ersten Schritt erörtert die Arbeit die Darstellung eines fernsehseriellen Ausnahmezustands anhand von ‚Satellit'-Segmenten, die primär attraktionsästhetisch fungieren und keine direkte Auswirkung auf den Handlungsverlauf haben[62]. Die Segmente verstärken dabei die fernsehserielle Signalform, die im vorherigen Kapitel am Beispiel von Superlativen und Absolutformeln vorgestellt wurde.

---

[57] Vgl. Ellis: Visible Fictions, S. 149; Butler: Television, S. 26; Hickethier: Die Fernsehserie und das Serielle des Fernsehens, S. 32.
[58] Vgl. Newman: From Beats to Arcs, S. 17.
[59] „The TV series proposes a problematic that is not resolved", Ellis: Visible Fictions, S. 154.
[60] Zur Gestaltung von ‚satellite'-Szenen vgl. Porter et al.: Re(de)fining Narrative Events, S. 26 f.
[61] Zur Gestaltung von ‚kernel'-Szenen vgl. ebd., S. 25 f.
[62] Vgl. ebd., S. 27. – Zu den Funktionen der ‚satellite'-Szenen zählen Porter et al. Exposition (‚exposition'), dramatische Frage (‚dramatic question'), Einführung einer neuen Figur (‚introduction of new character'), Handlung bzw. Action (‚action'), Enthüllung eines Plans (‚plan revealed'), Bestätigung einer Beziehung (‚relationship affirmation'), Aufklärung (‚clarification'), Konfliktfortsetzung (‚conflict continues'), Entspannung (‚relief'), Thema (‚theme'), Vorausdeutung (‚foreshadowing') und Stimmung (‚ambience').

Spektakuläre Expositionen

Eine Schlüsselfunktion bei der spektakulären Vermittlung serieller Gewalt erfüllen iterative Expositionen, die eine episodenübergreifende Permanenz der Gewalt suggerieren. In der Verquickung spektakulärer Signalform mit doku-dramatischen Unschärfen und Schwenks beginnen viele Episoden der Serie in medias res über pointierte Notstandsbilder, etwa mit gelben Absperrbändern[63] oder mit Polizeiautos, deren Sirenen und Blinklichtern[64]. Die Expositionen des seriellen Ausnahmezustands erreichen eine umfassende bis überschüssige narrative Spannung, die drei Faktoren betrifft. Erstens überschreitet eine Notstand-Exposition der jeweiligen Folge den Episodenrahmen und knüpft rückwirkend an den Cliffhanger der Vorfolge an. Zweitens streut die extreme Anspannung auf die umliegenden Segmente und Storylines. Drittens schließlich ergibt sich eine Grenznähe der Notstand-Expositionen zum faktualen Fernsehprogramm und seiner spektakulär-seriellen Katastrophenberichterstattung im TV-‚flow'. Die Umsetzung der drei Faktoren lässt sich am Beispiel des Polizeieinsatzes in Episode 02x13 belegen[65]. Die Notstand-Exposition der anrückenden Polizeikolonne knüpft erstens an den Cliffhanger-Atombombenalarm der Vorfolge an, überträgt zweitens die Spannung durch die televisuelle Technik der Split-Screen-Montage auf die Storyline der verlorenen Tochter Kim Bauer und erwirkt drittens über den Schlüsseleinsatz der fernsehkonstitutiven Tonspur[66] mit der Polizeisirene noch im Schwarzbild einen paratextuellen Bezug zum umliegenden Fernsehprogramm.

Das Muster der spektakulären, doku-dramatischen Notstand-Exposition prägt auch andere Dramaserien nach 9/11. Speziell der einleitende Polizeieinsatz lässt sich in der gattungsnahen Kriminalserie THE WIRE feststellen. Gleich die allererste Nahaufnahme einer blitzformigen Blutspur sowie der erste Seriendialog werden frequentiell markiert durch ein signalstarkes Blinklicht von Polizeiautos, deren Sirenen zu hören sind[67]. Mit der synekdochischen Aufblende, die den Mord an einem Bandenmitglied anzeigt, initiiert die Serie in medias res ihre Dauerspannung und öffnet einen Raum zur Gewalt vor dem Seriengeschehen sowie im umliegenden Fernsehprogramm. Gesteigert wird das einleitende Ausnahmeszenario des nächtlichen Polizeieinsatzes in der elften Episode der

---

[63] Episode 02x05, TC: 0:01:38–0:04:20.
[64] Episode 02x13, TC: 0:01:43–0:02:40, 0:07:21–0:07:35; Episode 02x15, TC: 0:01:37–0:05:03.
[65] Episode 02x13, TC: 0:01:43–0:02:40.
[66] Vgl. Altman: Fernsehton, S. 388–412.
[67] THE WIRE, Episode 01x01, TC: 0:00:00–0:02:52.

Serie[68]. Nach der drastischen Schussverletzung der Protagonistin Kima Greggs in der Vorfolge beginnt die Serie direkt mit schnell umherirrenden Handkamera-Aufnahmen zahlreicher blinkender Polizeiautos und des Großteils des Serienpersonals. Das Prinzip der einleitenden Markierung der Serienspannung findet sich auch in der zehnten Folge der dritten Staffel. Hier pointiert der nächtliche Polizeieinsatz anhand eines exemplarischen Mordfalls den graduell eskalierenden Drogenkrieg.

Die Exposition des seriellen Ausnahmezustands fungiert in entscheidendem Maße als selbstreflexive Akzentuierung extremer Gewalt im Spannungsfeld von Fakt und Fiktion und hat darüber einen besonderen Stellenwert im Hinblick auf die Postfiguration des 11. September und dessen Irritation der Fernsehübertragung. Diese Konstellation soll nachfolgend über die Analyse der Einleitung von Episode 06x07 deutlich werden.

Analyse 8: ‚At the edge of the safe zone' – Selbstreflexives Grenzbewusstsein

Die Fernsehserie *24* nähert sich in Episode 06x07[69] dem Extrem einer Atomkatastrophe über die Herausstellung der drei konstitutiven Schritte der TV-Darstellung: Produktion, Vermittlung und Rezeption. Im ersten Schritt erörtert die Serie den Prozess der Fernsehproduktion angesichts der Ausnahmegewalt über eine selbstreflexive Grenzbewegung zwischen Sicherheit und Bedrohung. Nach einem ersten schnellen Linksschwenk über eine synekdochische Ansammlung von Polizisten, Soldaten und Verletzten sowie das markante blau-rote Licht eines Polizeiautos und ein dynamisch mit Sirene heranfahrendes rotes Fahrzeug für Gefahrgut sowie einem zweiten noch schnelleren Linksschwenk vom roten Fahrzeug, beginnt die Episode mit der Aufnahme eines prototypisch gekleideten TV-Reporters mit einem Mikrophon. Über die Vorschaltung einer Schulterkamera im Bildaufbau exponiert die Serie den Aufnahmeprozess in eben dem Moment, in dem der Journalist mit dem gedehnt intonierten Satz „I am at the edge of the safe zone" explizit einen Grenzpunkt markiert vor einer weiß-orangenen Schranke. Mit dem ausdrücklichen Akt der Moderation setzt sich das reflexive Grenzbewusstsein der Fernsehproduktion angesichts der Katastrophe darin fort, dass die Serie trotz der Deixis „And behind me" nach dem Schnitt keine Grenze überschreitet, sondern im langsamen Zoom eine entfernt gefilmte Totale der erschütterten Vorortszenerie herstellt, deren ikonisch zentrierte atomare Rauchwolke vor einer roten und gelben Markierungslinie positioniert ist.

---

[68] Ebd., Episode 01x11, TC: 0:00:00–0:03:17.
[69] Episode 06x07, TC: 0:02:04–0:02:45.

Nach der Akzentuierung des Fernsehproduktionsprozesses enthüllt die selbstreflexive Exposition der Ausnahmegewalt im zweiten Schritt den Akt der fernsehseriellen Vermittlung im Spannungsfeld von Fakt und Fiktion. Um die Bedingtheit der Vermittlung herauszustellen, wird nach einem Schnitt die eben aufgenommene Szenerie innerhalb eines Fernsehmonitors hypermedial gerahmt. Umgeben von einem raumgreifenden schwarzen und weißen Rand werden die eben gesehenen Orte mit den paratextuellen Signaturen faktualer TV-Programme versehen. Hierzu gehört die ‚Live'-Signatur, das Logo des Fernsehsenders („CNB") und die spektakuläre Schlagzeile („Nuclear Bomb Blast in Los Angeles").

Im dritten und letzten Schritt verdoppelt die reflexive Exposition schließlich den Rezeptionsakt des Fernsehzuschauers im spezifischen US-Bezug. Stellvertretend für die vermittelnden Oberflächen der Fernsehtechnologie nähert sich die Kamera dem Staatsoberhaupt Wayne Palmer zunächst über einen Zoom durch eine Glastür mit dem US-symbolisch prominenten Wappen des Präsidenten. Pointiert folgt eine Totale, die Palmer aus der Entfernung als Fernsehzuschauer vor zwei Monitoren zeigt. Im Zeichen einer televisuellen Verdichtung des TV-Dispositivs positioniert die Serie die stellvertretende Zuschauerfigur Palmer nunmehr über eine Split-Screen-Konstruktion im Gegenüber zur rezipierten News-Übertragung, die ihrerseits, im Split-Screen von Moderator und Katastrophe, das fiktionale Programm faktual akzentuiert. Mit einer Drehbewegung vor den nunmehr unfokussierten Fernsehmonitoren wendet sich der Rezipient Palmer schließlich aktiv dem eintretenden Stabschef Tom Lennox zu. So beginnt nach der reflexiven Initiation des Ausnahmezustands der extreme Plot.

Spektakuläre Zwischensegmente

Die spektakuläre Vermittlung des fernsehseriellen Ausnahmezustands durchdringt den Episodenverlauf. Als Hauptbausteine fungieren ‚Satellit'-Zwischensegmente, die sowohl einen kontinuierlichen Spannungserhalt bestärken als auch den zentralen Handlungsverlauf figurieren und reflektieren. Im Serienkonzept der Kommunikation und deren Problematisierung *(I.2.4)* haben Diskurssegmente eine besondere Relevanz. In symbolischer Akzentuierung und hypermedialer Rahmung erreicht das Zwischensegment der Krisensitzung einen großen Stellenwert. Beispielsweise komprimiert Episode 02x15 die Kommunikation, die über den gesamten Staffelverlauf geführt wurde, in einer politischen Beratung im Hinblick auf die Entledigung einer Bombe[70].

---

[70] Episode 02x15, TC: 0:07:20–0:10:38.

Neben diskursiven Modellen entfaltet sich die fortdauernde ‚Satellit'-Anspannung der Serie über die grundlegenden Erzählparameter. Erstens ermöglicht die umfassende Prägung durch den Echtzeitmodus *(II.1.1)* eine schwelende Gewalt zwischen narrativen Höhepunkten. Eine treffende Akzentuierung der schwelenden Gewalt findet sich in der Ankündigung „A crisis is looming"[71]. Der Satz, den der Berater Mike Novick zum Ende der vierten Staffel nutzt, um die prominente Präsidentenfigur David Palmer zu reaktivieren, verdichtet den ‚Live'-Effekt der dauerhaften Gewalt über die Zeitform des Present Progressive. Als visuell signalstarke Indikatoren einer existenten Gewalt und Präfigurationen ihrer Steigerung fungieren beispielsweise die spitzen Akupunkturnadeln, die in Episode 02x23 dem Endgegner Peter Kingsley in die Stirn gestochen werden[72] oder auch das Löten zur Aktivierung eines Nervengaskanisters in Episode 05x11, das sowohl in Naheinstellungen wie auch in der Totalen mit zwölf Kanistern im Bildvordergrund gezeigt wird[73].

Analog zum Faktor der Zeitnot vollzieht sich die Generierung einer andauernden Krise grundlegend über deren Verdichtung in Krisenräumen *(II.1.2)* und Krisenfiguren *(II.1.3)*. Die Serie erwirkt eine fortdauernde existenzielle Anspannung, indem sie Protagonisten in stark beeinträchtigtem Zustand zeigt. Eine markante Plattform für die beeinträchtigten Figuren ergibt sich in der tv-typologischen Signifikanz der Krankenliege, die sich im Genre der Krankenhausserie, speziell in der Show *ER* (1994–2009, Michael Crichton), entfaltet hat. Durch die Krankenliege, die in mehreren Post-9/11-Dramaserien einen Symbolstatus einnimmt und etwa in der Titelsequenz von SIX FEET UNDER die Lebensgefahr als Leitmotto jeder Episode etabliert, intensiviert *24* die existenzielle Schwebe des Episodenverlaufs. Speziell in der sechsten Staffel sind die beiden wichtigsten Aktanten, Jack Bauer und Präsident Wayne Palmer, in serieller Wiederkehr auf Krankenliegen zu sehen. Die spektakuläre Gestaltung der Krankenliegensegmente korreliert mit handlungsentscheidenden Segmenten (‚kernels'[74]). In mehreren Dramaserien pointiert die Krankenliege die Lebensgefahr einer Hauptfigur am fortsetzungsseriell schlüsselhaften Grenzübergang zur nächsten Episode: Sowohl der Mafiaboss Tony Soprano in Episode 06x02 von THE SOPRANOS, die Polizistin Kima Greggs in Episode 01x11 von THE WIRE, als auch der Polizist Hank Schrader in Episode 03x08 von BREAKING BAD liegen zum Episodenende auf Krankenhausbetten. Dabei entstehen episodenübergreifende Cliffhanger zwi-

---

[71] Episode 04x19, TC: 0:29:51–0:30:24.
[72] Episode 02x23, TC: 0:05:09–0:05:58.
[73] Episode 05x11, TC: 0:05:28–0:06:08.
[74] Porter et al.: Re(de)fining Narrative Events, S. 26.

schen Leben und Tod, die nach Türschmann das Höchstmaß der Serienspannung darstellen[75].

Eine Verquickung zweier Krisenfiguren in Krisenräumen zeigt sich in Episode 02x04[76]. Die im Raumkapitel *(II.1.2)* angeführte Montage der Krisenräume des Krankenwagens und der zerstörten Geheimdienstzentrale im Split-Screen-Telefonat verbindet zusätzlich über zwei Segmente den verwundeten Agenten Tony Almeida und seinen radioaktiv verseuchten Vorgesetzten George Mason. Die signalhafte Verdichtung spektakulärer Segmente ergibt sich des Weiteren über Objekte, die synekdochisch die zentrale Gefahr der Staffel suggerieren. Über die fernsehtypologischen Suspense-Techniken des schnellen Schwenks, Zooms und Störgeräuschs spektakularisiert die Serie visuell markante Behälterobjekte wie den Kanister, der in Season Five Nervengas enthält oder den massiven Container, der in Season Three einen maximalen Kontrast zur Unsichtbarkeit des Virus darstellt. Einen besonderen Stellenwert im Diskurs des 11. September nimmt das Element des Koffers ein, das in seiner suggestiven Serialität das Motiv der herrenlosen Kofferbombe postfiguriert. Im Cliffhanger von Episode 02x12 wird der Koffer zum Träger einer Atombombe[77]. Das Prinzip der maximalen Gewaltandeutung im signalstarken Objekt des Koffers erreicht in der sechsten Staffel eine konsequente Steigerung. Als ‚suitcase nuke' wird der gefährliche Koffer formeffizient serialisiert, indem er vervielfacht und auf mehrere Segmente und Episoden verteilt wird.

Gesteigert wird die Akkumulation spektakulärer Segmente über ausgeprägte Actionszenen, deren konfliktstrukturelle Schlüsselrolle für die Fernsehserie von John Ellis im Begriff ‚clinch' definiert wurde[78] und in Porters ‚Scene Function'-Tabelle der Kategorie ‚action' entspricht[79]. Im Konzept des Gewaltspektakels ohne direkten Einfluss auf den Handlungsverlauf dramatisiert die Serie das attraktionsorientierte Formenrepertoire der televisuellen Clip-Ästhetik[80], indem sie über den exzessiven Stil, in Hochauflösung, extreme Szenarien vermittelt: Mit dem Reizsignalpotential televisueller Bilder als Eyecatcher oder, wie im Musikvideo, als „visual hook"[81] pointiert und serialisiert die Fernsehserie typologische Gewaltaktionen wie das Kämpfen, Schießen, Verletzen, Zielen und Drohen über Closeups, schnelle Schnitte oder Split-Screen-Konstruktionen,

---

[75] Vgl. Türschmann: Spannung und serielles Erzählen, S. 201.
[76] Episode 02x04, TC: 0:06:05–0:07:30, TC: 0:19:20–0:20:34.
[77] Episode 02x12, TC: 0:38:59–0:40:11.
[78] Vgl. Ellis: Visible Fictions, S. 152 f.
[79] Vgl. Porter et al.: Re(de)fining Narrative Events, S. 27.
[80] Vgl. Caldwell: Televisuality, S. 105–245.
[81] Das Musikvideo-Konzept des ‚visual hook' leitet Andrew Goodwin von der Kehrreimstruktur des Popsongs ab, vgl. Goodwin: Music Television and Popular Culture, S. 93.

so dass sie als ‚violence hooks' in Erscheinung treten und den Rhythmus der Serie bestimmen. In der televisuellen Serialisierung des ‚Clinch'-Konfliktsegments potenziert *24* Erzählmuster des Action-, Thriller- und Crime-Genres. Der spektakuläre Baustein der Verfolgungsjagd, der in der Gattung der Fernsehserie eine Schlüsselrolle einnimmt[82], steigert sich in der televisuell-fortsetzungsseriellen Dynamik von *24* und ereignet sich in jeder Staffel mindestens zweimal[83]. Das Erzählmuster des Schusswechsels dient vielfach als Showdown[84]. Das Element der Explosion fungiert als hyperreale Attraktion, die seriell multipliziert wird[85]. Das maximale Gewaltpotential der Atombombe, das in der zweiten Staffel ausgespielt wird, erfährt, wie eben beschrieben, in der sechsten Staffel die serielle Zuspitzung zur Kofferbombe.

Die Serie etabliert eine Abfolge spektakulärer Gewaltsegmente, die weniger einer linear wachsenden Handlungslogik folgen, sondern vielmehr als expressive Teileinheiten funktionieren, die Serienzeit spektakulär ausfüllen und eine Resolution verzögern. Pointierte Vehikel für die spektakuläre Präsentation von Gewalt zeigen sich eindrucksvoll in der vierten Staffel. Der Fluchtversuch des US-Verteidigungsministers James Heller und seiner Tochter Audrey Raines, der in Episode 04x04 nach der Erschießung zweier Wächter abgebrochen und für den Plot redundant wird[86], entfaltet seinen fernsehseriellen Stellenwert über die spektakuläre Veranschaulichung. Gesteigert wird das Prinzip der zugespitzten Gewaltpräsentation in der episodenübergreifenden Segmentreihung der Verfolgungsjagd der feindlichen Nebenfigur Kalil Hasan. Das Muster, das in Episode 04x03 beginnt und in Episode 04x05 ohne Informationsgewinn durch einen abrupten Selbstmord abgebrochen wird, ermöglicht einen spektakulären räumlichen Wechsel zwischen dem Innenraum der Geheimdienstzentrale und dem bedrohlichen Außenraum der Wüste. Die spektakuläre Segmentreihung konzentriert sich, indem sie neben den nar-

---

[82] Vgl. Ellis: Visible Fictions, S. 151.
[83] Das Erzählmuster der Verfolgungsjagd findet sich in den Episoden 01x04, 01x10, 01x12–13, 02x02, 02x04, 02x13, 02x19, 02x23, 03x06, 03x10, 03x16, 03x22–24, 04x03–05, 04x14, 04x17, 04x24, 05x01, 05x09, 05x14, 06x03, 06x08, 06x19, 07x02, 07x09, 07x23, 08x12, 08x15.
[84] Das Erzählmuster des Schusswechsels findet sich in den Episoden 01x24, 02x04, 02x18, 02x23–24, 03x05, 03x12, 03x22, 04x01, 04x07, 04x13, 04x16, 04x20, 04x24, 05x01, 05x09–10, 05x17, 05x19, 05x22, 06x04, 06x13, 06x16–17, 06x19, 06x21, 07x01, 07x07, 07x12, 07x23, 08x13–14, 08x16, 08x20–22, 08x24. Der TV-Film *24: REDEMPTION* integriert das Schusswechsel-Muster in seine Exposition.
[85] Das Erzählmuster der Explosion findet sich in den Episoden 01x14, 01x16, 01x21, 01x23, 02x03, 02x08, 02x15, 03x01, 03x12, 03x16, 04x01, 04x05, 04x08, 04x16, 04x19, 04x23, 05x01, 05x03, 05x10, 05x15–16, 06x01, 06x04, 06x11, 06x23–24, 07x06, 07x08, 07x13, 07x19, 08x03, 08x11–13.
[86] Episode 04x04, TC: 0:12:05–0:14:40.

rativen ‚beats' der Verfolgungsjagd das strukturell äquivalente Rollenspielsegment des Tankstellenüberfalls integriert.

Spektakuläre Gewaltsegmente erfolgen oft im Rahmen von Nebenhandlungen, die die Haupthandlung im Hinblick auf ihre Spannung und Attraktionsstärke potenzieren und zum fernsehseriellen Ausnahmezustand hochschaukeln. Als Musterbeispiel lässt sich die Storyline von Kim Bauer in der zweiten Staffel anführen, die zwar für sich genommen keine stringente Handlungslogik erzielt, jedoch in ihren spektakulären Segmenten die Haupthandlung dramaturgisch befeuert. Explizit zieht Episode 02x10 einen Bezug zwischen der Nebenhandlung des Autobrands und der Haupthandlung der Atombombenbedrohung. Dabei kontert Miguel den Einwand seiner Freundin Kim, dass sein Plan verrückt sei, mit der Frage: „Crazier than going to Los Angeles where a nuclear bomb might go off any minute?"[87]. Entsprechend wird das spektakuläre Subplot-Segment der Plünderungen in Episode 02x16 selbstreflexiv in Relation zur Haupthandlung positioniert, als Kim die diegetisch bereits gezeigte Atombombenexplosion nach der Aufforderung „Turn on the TV!" im intradiegetischen Format der Berichterstattung sieht[88].

2.2.2 Plot-funktionale Segmente

Neben attraktionsorientierten ‚Satellit'-Segmenten etabliert 24 die Form eines fernsehseriellen Ausnahmezustands in hohem Maße über ‚Kern'-Segmente (‚kernels'), die auch spektakulär sind, zusätzlich aber den Plot der Fernsehserie entscheidend beeinflussen[89]. In bemerkenswerter Formlogik perfektioniert die Serie über die ‚Workplace'-Strukturierung der actionorientierten Ermittlungsdramaturgie das konstitutive Funktionsprinzip fernsehserieller Fortsetzung, indem sie ihre zahlreichen Handlungsumschwünge in eine Interdependenz zur Gewaltdarstellung bringt. Mit der Relation zum faktual gewaltbezogenen Informationsprimat der ‚Breaking News' entfaltet sich die ‚Höhepunktfrequenz' fernsehserieller Gewalt über drei Varianten plot-funktionaler Segmente. Die erste Segmentvariante enthält eine für den Handlungsverlauf entscheidende Wendung, die das Ergebnis einer Gewaltaktion ist. In der zweiten Segmentvariante kündigt die narrative Wendung eine Gewaltaktion an. Die dritte und zentrale Konstellation ist die Kombination aus beiden Varianten, also ein

---

[87] Episode 02x10, TC: 0:17:00–0:17:30.
[88] Episode 02x16, TC: 0:37:42–0:38:11.
[89] Zu den plot-funktionalen ‚kernel'-Szenen vgl. Porter et al.: Re(de)fining Narrative Events, S. 26. – Zu den Funktionen zählen Porter et al. die Störung (‚disturbance'), das Hindernis (‚obstacle'), die Komplikation (‚complication'), die Konfrontation (‚confrontation'), die Krise (‚crisis') und die Auflösung (‚resolution').

Segment mit einer narrativen Wendung, die aus einer Gewaltaktion entsteht und zu einer weiteren Gewaltaktion führt. Das serielle Funktionsprinzip, das eine Instrumentalisierung und Plausibilisierung von Gewalt impliziert, erreicht gleichzeitig über die disruptive Konstitution ihrer televisuellen Formen und der Suspense-Erzähltechniken des Cliffhangers, Twists und ‚Mindfucks' eine gewaltthematische und gewaltförmige Zuspitzung des narrationsbewussten „narrative special effect"[90] und damit fortdauernd auch eine Reflexivität der Gewaltdarstellung.

Die erste Variante eines plot-funktionalen Gewaltsegments, d. h. ein Segment mit einem narrativen Wendepunkt, der das Ergebnis einer Gewaltaktion ist, konzentriert sich, wie in Kapitel *II.3.1* zu sehen sein wird, im Fall der Folter. Die zweite Variante eines plot-funktionalen Gewaltsegments, d. h. ein Segment mit einem Wendepunkt, der eine Gewaltaktion ankündigt, lässt sich mustergültig am Fernsehfilm *24: REDEMPTION* aufzeigen[91]. Hier erfolgt die Bekanntgabe einer Guerilla-Invasion im Split-Screen-Telefonat zwischen dem Botschaftsoffizier Frank Tramell und dem humanitären Helfer Carl Benton durch einen Überraschungseffekt, dessen schockierende Technik die Ankündigung selbst kennzeichnet. Im Ausblick des Protagonisten Tramell wird sowohl das Wissen um das einschneidende Erzählereignis negiert („We don't know how he managed to pull it off") wie auch das im Fernsehmedium zentrale Sehen („No one saw it coming") bis das Gewaltszenario militärisch potenziert („but he's got soldiers"), dynamisch aktiviert („and they're moving") und räumlich maximal im US-Bezug perspektiviert wird („in on the capital").

Die dritte und serienstrukturell wesenhafte Variante eines plot-funktionalen Gewaltsegments, d. h. ein Segment mit einem Wendepunkt, der aus einer Gewaltaktion entsteht und zu einer weiteren Gewaltaktion führt, soll an mehreren Beispielen verdeutlicht werden. Anknüpfend an einen formgewaltigen Cliffhanger der Vorfolge, der einen Terroranschlag auf das russische Präsidentenpaar zeigte, präsentiert Episode 05x11 vom Ort des Anschlags den Fund eines schwarz-roten Belüftungssystemschemas, das im Split-Screen-Scanprozess medial erfasst wird und sowohl auf den Ort des nächsten Terroranschlags verweist und damit den nächsten Einsatzort der Agenten, als auch auf die Uhrzeit des Anschlags, die mit der unten links postierten Bleistiftsignatur „18:00" auf den Showdown der Episode zielt[92]. Die plot-konstitutive Funktion der Gewalt zeigt sich in Episode 07x10 auf der Makroebene der Staffelaktstruktur[93]. Selbst nach einem finalen Showdown bietet die ikonisch totale, von Streichern begleitete Abendrotanordnung des ruhenden Protagonisten Jack Bauer am US-

---

[90] Mittel: Narrative Complexity in Contemporary American Television, S. 35.
[91] *24: REDEMPTION*, TC: 0:39:39–0:39:51.
[92] Episode 05x11, TC: 0:09:21–0:10:10.
[93] Episode 07x10, TC: 0:37:27–0:39:01.

symbolischen Ort des Kapitols in Washington nur eine kurze Ruhepause. Stattdessen erfolgt ausgerechnet im Moment einer akzentuierten Finalität durch den Protagonisten („It's over") ein absolut gegenteiliger Fortsetzungsimpuls durch den in Fokus geratenden Tony Almeida („This ain't over yet") im Verbund mit der spezifisch seriellen, deiktischen Voraussicht auf ein typologisch markiertes Gewaltereignis im symbolischen Kern der USA („There's gonna be another attack, here in DC")[94]. Die seriendramaturgische Komplikation[95] geschieht im Transitraum marmorner Treppenstufen explizit über die Potenzierung des besiegten Antagonisten Iké Dubaku durch den höher gestellten Antagonisten Benjamin Juma („It's not Dubaku, it's his boss Yuma"), und initiiert damit in maximal suggestiver Verzögerungstechnik eine neue Abfolge gewalttätiger Aktionen („He doesn't know the exact target, but it's definitely gonna be of high value and high impact"). Vorausblickend auf das Kapitel zur Folterdarstellung lässt sich feststellen, dass die fernsehserielle Formvariante, die von Gewaltsegment zu Gewaltsegment führt, mit der Serialität der Folter einen Höhepunkt erreicht.

Als formale Konsequenz der plot-funktionalen Verweiskette von Gewaltsegmenten entwickelt insbesondere die vierte Staffel eine nachdrückliche Serialität der Bedrohung und erzielt damit eine fiktionale Variante des faktualen Phänomens der Terrorserie. Im Gegensatz zur staffelumfassenden Bedrohung der ersten drei Staffeln (Season One: Attentat, Season Two: Atombombe, Season Three: Virus) ist das Bedrohungsszenario der vierten Staffel die Seralität selbst. Die bewusste Einordnung der Serie in eine Serialität der Gewalt beginnt mit der einleitenden Ankündigung eines zweiten Terrorakts. Man antizipiert einen „secondary strike"[96] bzw. „secondary hit"[97]. Das Kidnapping, das als erstes Gewaltsegment die Serie eröffnet, wird ausdrücklich nicht nur für sich selbst bewertet, sondern als Auslöser einer Gewaltserialität. US-Präsident John Keeler hegt in der dritten Folge den programmatischen Verdacht einer seriellen Aggressionssteigerung: „[T]he kidnapping may be some kind of trigger, a first step in a series of larger attacks"[98]. Auch die Storyline des Schauprozesses, die selbst bereits mehrere Segmente umfasst, impliziert den Ausblick auf eine Fortsetzung der seriellen Gewalt. „This trial is only the beginning"

---

[94] Eine ähnliche Konstellation findet sich in DEXTER. Gleich im Anschluss an die Rettung von Lumen Pierce durch Dexter, setzt Lumen einen gewaltseriellen Fortsetzungsimpuls als Cliffhanger von Episode 05x04: „Boyd wasn't the only one who did this to me. There were others. It's not over", TC: 0:49:07–0:49:26.
[95] Zur Komplikationsfunktion der ‚kernel'-Szene vgl. Porter et al.: Re(de)fining Narrative Events, S. 26.
[96] Episode 04x01, TC: 0:32:26–0:32:50.
[97] Ebd., TC: 0:34:18–0:34:40.
[98] Episode 04x03, TC: 0:02:34–0:02:48.

betont Terrorist Navi Araz in der fünften Staffelfolge[99]. Demgemäß kennzeichnet die Serie die bereits gezeigte Gewalt des Schauprozesses in der sechsten Folge als Verhüllung der intensiveren, pluralen Gewalt von Kraftwerkanschlägen: Mit der antiken Symbolik des Trojanischen Pferds fragt Jack Bauer „Is it possible that this trial was just some kind of a Trojan horse to disguise a massive attack on nuclear power plants' firewalls?"[100]. Die Serialität der Gewalt verdichtet sich ab der siebten Folge mit dem Einsatz des Antagonisten Habib Marwan, der fortan als Verwalter immer neuer Attacken fungiert und damit in drastischer Konsequenz als ‚Serienkiller' operiert.

Gespiegelt wird die Reihung plot-funktionaler Komplikationen in einer kontinuierlichen Rekapitulation. Zentral für die Serienorientierung schockierender Gewaltsegmente ist das Statement „As you all know, America has been hit today by a series of terrorist strikes" in Episode 05x14[101]. Die Schlüsselfunktion dieser Aussage gilt auf sieben Ebenen. Erstens belegt der Ausspruch eine werkstrukturelle Kernposition im Mittelpunkt der fünften Staffel. Zweitens integriert der einleitende Nebensatz „As you all know" im Zuge der fernsehspezifischen ‚direct address' die Zuschauerschaft[102]. Drittens akzentuiert die Aussage mit dem „Today"-Motto die fernsehkonstitutive ‚Live'-Dramaturgie der Serie. Viertens entfaltet das Statement, das von US-Präsident Charles Logan gesprochen wird, eine US-symbolische Qualität. Fünftens erreicht der Satz eine selbstreflexive Dimension: Inmitten des Blitzlichtgewitters einer Pressekonferenz wird das Statement intermedial im Aufnahmeprozess reflektiert. Dies geschieht sowohl fotografisch durch eine vorangestellte Fotokamera als auch textuell durch einen Teleprompter. Sechstens pointiert der Ausspruch, der sich auf den bisherigen Staffelverlauf bezieht, die besondere Wechselwirkung zwischen dem Phänomen des Terrorismus und seiner massenmedialen Vermittlung[103] und perspektiviert sie auf den Bezug einer Serialität des Terrors zu den Beschaffenheiten der Fernsehseriengattung und des TV-‚flow': In der konsonantischen Bezugnahme der Schlüsselbegriffe ‚series' und ‚terrorist strikes' koppelt *24* das serielle Fortsetzungsprinzip narrativer Schocks an die terroristische Gewalt. Siebtens – und zusammenfassend – veranschaulicht der Satz in seiner werkstrukturellen, direkt adressierten, ‚live'-orientierten, US-symbolischen, selbstreflexiven und seriellen Qualität die fortdauernde fernsehserielle

---

[99] Episode 04x05, TC: 0:30:32–0:30:43.
[100] Episode 04x06, TC: 0:39:46–0:40:07.
[101] Episode 05x14, TC: 0:04:47–0:05:57.
[102] Vgl. Hilmes: Direct Address, S. 27–36.
[103] Vgl. Gerrits: Terrorists' Perspectives, S. 46f; Murray: Television as Spectacle, S. 107.

Vergegenwärtigung des „symbolischen Schock[s]" des 11. September[104]. Gemäß der schockförmigen Serialität der Gewalt wird selbst der Präsident als US-symbolisch erstrangiger Sprecher des Satzes, bereits in der übernächsten Folge als konspirativer Terrorist entlarvt.

Durch den Verzicht der Fortsetzungsserie (,serial') auf eine episodische Resolution und durch den fortwährenden Ausblick auf eine Enthüllungsreihe bevorstehender Gewalt gerät der Fortgang der seriellen Handlung zur potentiell unendlichen Konfliktreihung. Dabei ergibt sich eine bemerkenswert konsequente Zuspitzung der „form of the dilemma", die John Ellis der Fernsehseriengattung zuschreibt[105]. Die serielle Konfliktreihung ad infinitum wird in Episode 07x18 selbstreflexiv artikuliert[106]: Nur sechs Folgen vor dem Finale der siebten Staffel stellt der Antagonist Jonas Hodges die rhetorische Frage „You think this ends with me?" und richtet sich im Zuge einer Doppelcodierung auch an das Fernsehpublikum. Seine eigene Antwort „I'm just a small cog in very big machine" verweist in der antithetischen Zahnradmetaphorik auf die narrative und mediale Prozessualität der Seriengewalt. Schließlich installiert Hodges ein maximal suggestives Bedrohungsszenario, das ein Ende des Konflikts nicht vorsieht, sondern selbst einen Beginn allererst ansetzt: „You can't even begin to imagine what you're up against". Tatsächlich wird der angekündigte Großkonflikt, der sich eine Episode später in der Drahtzieherfigur Alan Wilson verfestigt, selbst zum Staffelende nicht aufgelöst. Die hohe Relevanz des Serienprogramms einer unaufhörlichen Gewalt kulminiert auf US-symbolischer Ebene: Die Ankündigung neuer schockierender Ereignisse durch eine Feindfigur richtet sich kontraststark an die US-Präsidentin im Amtssitz des Weißen Hauses. Imaginiert wird eine Serialität des ‚symbolischen Schocks' des 11. September.

Besonders in der vierten Staffel, die die Serialität mustergültig als Bedrohung anlegt, wird das Fortsetzungsprinzip des Action-Thrillers-‚Serials' als serieller Kampf reflektiert. Als Antwort auf Audrey Raines' Frage nach dem Sinn der extremen Gewaltserie der Agenten, kontert Jack Bauer in Episode 04x21 die signalhafte Reihung der terroristisch bedingten, oben aufgeführten Gewaltsegmente des Kidnappings, des Schauprozesses und einer eingeleiteten Kernschmelze mit der parallelistischen Aufzählung „You're still alive, your father's still alive, and we managed to stop all but one of the power plants from melting down"[107]. Sein Fazit „Yeah, it's working. We have to fight to keep it working" rechtfertigt die seriell eingesetzte Gewalt über eine systematische Verknüpfung von Kampf und Arbeit in der ‚Workplace-Struktur'. Gleichzeitig erreicht der

---

[104] Baudrillard: Der Geist des Terrorismus, S. 14.
[105] Ellis: Visible Fictions, S. 154.
[106] Episode 07x18, TC: 0:21:18–0:21:30.
[107] Episode 04x21, TC: 0:29:45–0:30:07.

Satz aber angesichts des veranschaulichten Leids eine disruptive Konstitution, die die serielle Gewaltdarstellung in einer tragischen Dimension markiert, die hier anschließend in Kapitel *II.2.3* erörtert wird.

Eine besondere Härte der serialisierten Gewaltdarstellung ergibt sich aus der Zeitnot im Echtzeitkonzept. Korrelativ zur spektakulär-seriellen ‚Live-TV'-Berichterstattung von Katastrophen steigert *24* das Erzählprinzip der Echtzeit ab der zweiten Staffel zu Ticking-Time-Bomb-Szenarien, in denen der Zeitfaktor eines graduell heranrückenden Bedrohungsszenarios als dramaturgischer Kernantrieb serieller ‚Höhepunktfrequenz' fungiert. Maßgeblich sind zwei Faktoren. Erstens befördert das Echtzeitkonzept in beträchtlichem Ausmaß die Häufigkeit intensiver Gewaltdarstellung, da die reizsignalorientierte Serie den Wegfall stilistischer Raffung, Rückschau und Vorausdeutung dadurch kompensiert, dass sie Ereignisse dramatisiert, die ansonsten gekürzt oder ausgelassen worden wären. Über einen Produktionsbericht des Regisseurs Jon Cassar lässt sich der Mexiko-Flug des Protagonisten Jack Bauer und des Antagonisten Ramon Salazar in Episode 03x07 als konfliktzentrierte Spektakularisierung (‚clinch') einer charakteristischen Transitszene feststellen, die bei einer Raffung fehlen würde: „We had to get Jack and Ramon and everyone down to Mexico, and of course that took an episode, which is an hour, so we built in this tension of Ramon wanting to kill Jack"[108]. Zweitens ermöglicht das Echtzeitkonzept im Ticking-Time-Bomb-Szenario eine dramatische und intermedial reflexive Anpassung der Bedrohungsszenarien an die Serienform. In der dritten Staffel wird der fiktive Cordilla-Virus als Waffe punktgenau an die vierundzwanzigstündige Dauer der Serie angepasst. Die Produktionsassistentin Anne Cofell gibt an: „The writers loved the idea that it would be weaponized because that way we could control it and so we weaponized it to fit our exact specifications"[109]. Entsprechend perspektiviert Dr. Macer das variierte Ticking-Time-Bomb-Szenario bereits in der Startepisode der dritten Staffel über eine hypermediale Videokonferenz in einem tödlichen Ausblick auf das Staffelende: „By twenty-four the host is dead"[110].

Eine hervorstechende Intensität erreicht das Ticking-Time-Bomb-Szenario über den Abgleich eines Bomben-Timers mit dem televisuellen Countdown der Serie. Zehn Minuten vor dem Ende von Episode 05x11 startet die Uhr auf einem Nervengaskanister einen Zehn-Minuten-Countdown, der eine maximale Anspannung erzeugt, die dadurch verstärkt wird, dass die Uhr vom Antagonisten entfernt wird, und erst wieder auftaucht mit dem Anbruch der letzten Episodenminute, die auf diese

---

[108] Video „Nicht verwendete Szenen. 19:00–20:00. Ramon versucht Jack zu verprügeln", in: 24. Season Three DVD, Disc 7, TC: 0:00:06–0:00:17.
[109] Video „Biologische Bedrohung. Jenseits der Serie", TC: 0:08:26–0:08:36.
[110] Episode 03x01, TC: 0:24:45–0:25:09.

Weise drastisch exponiert wird, bis zur knappen Abwendung des Anschlags[111]. Noch spannungsreicher gerät die formal passgenaue Bedrohungsschwebe des Echtzeit-,Serials' in Episode 02x14, als ein Sprengstoffexperte Jack Bauers Frage nach der Explosionszeit einer Atombombe mit der Einschätzung „Could be any second" beantwortet, und damit eine Gefahr suggeriert, die mit dem Start des Seriencountdowns bis in die Episode der nächsten Woche weitergetragen wird[112]. Akzentuiert wird die Spannung auch über die gesamte Anschlussfolge hinweg. Der Timer der Bombe startet gleich zu Beginn mit der exponiert technischen Anzeige „55 Minutes" in grünen Ziffern, und generiert über kontinuierliche Einblendungen, parallel zum Seriencountdown, ein televisuell-intermediales Ticking-Time-Bomb-Szenario.

2.3 Reflexion serieller Gewalt: Tragik und Selbstreflexivität

Zwar tendiert die Gewaltserialität in *24* über die dramaturgische Effizienzmaxime ihrer Segmente bzw. ‚beats' teilweise dazu, Auswirkungen der Gewalt zu übergehen. Sie integriert damit rudimentär das Serienkonzept des Vergessens in abgeschlossenen Episoden („series')[113]. In erster Linie jedoch befördert die episodenübergreifende Fortsetzungsstruktur (‚serial'), die sich erst bei umfassender Seriensichtung erschließt, zu einer kontinuierlichen Akzentuierung der Gewalt gemäß den Aspekten der Tragik und Selbstreflexivität. Speziell die fortgesetzte Echtzeitdramaturgie ermöglicht eine Betrachtung leidvoller Konstellationen und Verläufe. In bemerkenswerter Übereinstimmung lässt sich das Echtzeitkonzept als televisuell-serielle Aktualisierung der „Signatur der Zeit" begreifen, die Dietrich Mack als grundlegendes Merkmal des Tragischen ansieht[114].

Im Gegensatz zu postmodernen „Gewaltsimulationen"[115] erfüllen Gewaltdarstellungen in *24* das Tragödienmerkmal einer „ernsten [...] Handlung"[116]. Die Serie nutzt ihre Clip-Ästhetik oft dazu, gerade das Gegenteil eines coolen Gewalt-Looks zu zeigen, der die Actionserien der 1980er-Jahre prägt, bzw. dazu, diesen Look zu brechen. So entwickelt sich zwar in Episode 03x03 die ikonische Laufstegzelebrierung des Ac-

---

[111] Episode 05x11, TC: 0:31:16–0:39:56.
[112] Episode 02x14, TC: 0:41:22–0:41:42.
[113] Vgl. Ellis: Visible Fictions, S. 156; Lorenz Engell: Erinnern/Vergessen, S. 115–133.
[114] Mack: Ansichten zum Tragischen und zur Tragödie, S. 30.
[115] Marcus Stiglegger: Zwischen Konstruktion und Transzendenz. Versuch zur filmischen Anthropologie des Körpers, in: Margrit Frölich, Reinhard Middel, Karsten Visarius (Hgg.): No Body is Perfect. Körperbilder im Kino, Marburg 2002, S. 9–28.
[116] Eschke/Bohne: Dramaturgie von TV-Serien, S. 95.

tion-Stars[117] über die zentrierte, in den Vordergrund des Bildes zielende Bewegung des Agenten Tony Almeida zum Hubschrauber und über sein Aufsetzen der Sonnenbrille, doch kollabiert die Inszenierung schon fünfeinhalb Minuten später. Als drastisches Schockmoment fungiert ein abruptes Closeup des blutenden Gesichts nach einer Schusswunde. Der feierlich ausgeschmückte Aufbruch wird schlagartig abgebrochen[118].

Wie die folgenden vier Teilkapitel zeigen sollen, erfolgt die fernsehserielle Akzentuierung der Gewalt in *24* maßgeblich über die Kriterien der ‚tragic choices', der Serialität des Leids, der seriellen Leidensgeschichte des Protagonisten sowie der Selbstreflexivität serieller Gewalt.

2.3.1 Tragic choices

In den Ticking-Time-Bomb-Szenarien von *24* wird die Verpflichtung zur schnellen, extremen Reaktion auf eine direkt bevorstehende, absolute Bedrohung formstark an die Setzung einer tragischen Entscheidung (‚tragic choice'[119]) gekoppelt. Auffällig dabei ist, dass die tragische Entscheidung tendenziell nicht allererst getroffen werden muss, sondern bereits als absoluter Einsatz feststeht. In einer beachtlichen Passform rekurriert die Drastik des Echtzeitkonzepts mit der fernsehtypologischen Figur des Grenzüberschreiters auf Dietrich Macks Variante einer „schuldlose[n] Tragik"[120]: „Der Held wählt nicht in der Konfliktsituation, sondern ist bereits substantiell, was er will"[121]. In einer spektakulären Ideologie, die sich in den resoluten aber semantisch offenen Leitmottos ‚What's necessary' und ‚Whatever it takes' konzentriert *(II.2.1)*, legitimiert *24* eine serielle Reihung extremer Ausnahmehandlungen wie der Folter als Singularoptionen über tragische Entscheidungen, indem es die Setzung, dass „der Held aus einer höheren Notwendigkeit heraus schuldig wird, oder wenn er eine kleinere Schuld auf sich lädt, um einer größeren zu entgehen"[122] in

---

[117] Episode 03x03, TC: 0:34:12–0:34:20.
[118] Ebd., TC: 0:39:33–0:40:06.
[119] Prominent diskutiert Niklas Luhmann das Szenario der ‚tragic choice' im Hinblick auf die Frage nach einem Foltereinsatz angesichts einer terroristischen Bedrohung – Luhmann: Gibt es in unserer Gesellschaft noch unverzichtbare Normen?; Er pointiert: „Man kann es nur falsch machen. Es handelt sich um einen Fall von ‚tragic choice'", ebd., S. 2; Eine umfangreiche Post-9/11-Auseinandersetzung mit dem Thema erfolgt in einer Aufsatzsammlung: Rasch: Tragic Choices.
[120] Mack: Ansichten zum Tragischen und zur Tragödie, S. 65.
[121] Ebd., S. 30; Mack bezieht sich auf das existenziell-metaphysische Verständnis der tragischen Schuld nach Max Scheler.
[122] Ebd., S. 65.

der Nützlichkeitsmaxime des Utilitarismus verdichtet[123] und dramaturgisch über den signalhaft fernsehseriellen Resolutionsdrang sowie eine emotionale Identifikation mit dem Protagonisten befördert.

Die strukturelle Verpflichtung zur ‚tragic choice' zeigt sich formelhaft in Episode 07x08. Hier stellt Jack Bauer die FBI-Agentin Renée Walker vor eine Wahl („You've got one of two choices"), die er bereits im Voraus nivelliert, indem er die Ausnahmegewalt der Folter grundsätzlich als notwendig definiert, sowohl im Fall der Ablehnung („You can either [...] explain [...] that your conscience won't allow you to do what is necessary to save him") wie auch im Fall der Befürwortung („or you can simply do what is necessary")[124]. Eine frühe Variante der absolut legitimierten tragischen Entscheidung findet sich in Episode 02x17[125]. Hier wird Jacks Aufforderung zur Entscheidungsbildung im Gespräch mit Kate Warner an das ‚Live'-Moment gekoppelt („You have to make a decision now") und nach der repetitiven Pointierung der Gefahrenlage („This is very, very dangerous") als bereits getroffene Entscheidung bzw. einzige Option herausgestellt („Sorry, I don't know what else to do"), die auf dem Leitmotto der Zeitnot basiert („I'm running out of time").

Analyse 9: ‚Do it. You have to' –
Spektakuläre Dringlichkeit der ‚tragic choice'

Das Funktionsprinzip der tragischen Impulsentscheidung bildet im vorletzten Akt der finalen Staffelfolge 03x24 einen dramatischen Höhepunkt[126]. Über eine Virusvorrichtung, die das Bedrohungsszenario der gesamten dritten Staffel synekdochisch bündelt und in viszeraler Spannung am Handgelenk des Agenten Chase Edmunds angebracht ist, konzipiert *24* die existenzielle Konstellation einer personifizierten Ticking-Time-Bomb. Den extremen Akt der Entschärfung vollzieht die Fernsehserie im formalen Grenzgang zwischen einer spektakulären und selbstreflexiven Action-Thriller-Vermittlung. Dabei erweitert sich die Schuss-Gegenschuss-Montage des Protagonisten Jack Bauer mit dem Fast-Schwiegersohn und jüngeren Ebenbild Edmunds sowohl über ein televi-

---

[123] Zur utilitaristischen Ausrichtung von *24*, speziell bei der Folter, vgl. u. a. Pinedo: Tortured Logic; Semel: 24 and the Efficacy of Torture; Thomas Weitin: Folter. Mit Gewalt auf Wahrheitssuche, in: Science.orf.at, 02.10.2009, online: http://bit.ly/2M W3aRG; Stand: 06.06.2019.
[124] Episode 07x08, TC: 0:19:46–0:19:56; Die Problematisierung der Absolut-Ideologie erfolgt bereits in der Anschlussfolge, als Larry feststellt: „Yeah, right. Whatever's necessary. Jack Bauer's rationalization for every unethical action he takes".
[125] Episode 02x17, TC: 0:03:28–0:04:06.
[126] Episode 03x24, TC: 0:26:20–0:30:34.

suelles Split-Screen-Telefonat mit einem Bombenexperten als auch über die hypermediale Dopplung des serienspezifischen Countdowns im Virus-Timer. In intermedialer Intensität ergibt sich die zeitliche Tragik über die szenische Positionierung und Enthüllung des Timers zwischen den Hauptfiguren. Parallel zum Piepen der Uhr und seiner klangelektronischen Amplifikation erstellt *24* im Timer mit dem Wechsel der blauen Ziffern von 03:54 zu 03:53 eine hypermediale Signatur der Zeitnot. Intermedial knüpft daran Jacks verbale Zeitangabe „Three minutes, 51 seconds, counting down", die im Off ab der Sekundenzahl explizit den leidenden Protagonisten Chase markiert, indem sein Blick im affektiven Teil-Closeup gezeigt wird. Die Dringlichkeit der tragischen Entscheidung verdichtet sich nur anderthalb Minuten später in einer televisuellen Split-Screen-Komposition der Zeitnot, bei der im oberen Teilbild das Expertenteam am Entschärfungsplan arbeitet, und im unteren Teilbild der Entschärfer Jack im Closeup das Leitmotto „Hurry, we're running out of time" ausruft.

Das Extrem der tragischen Entscheidung erreicht eine besonders signifikante und reflexive Qualität. Eingeleitet durch die Naheinstellung des hypermedialen Timers, dessen Ziffern von 02:28 bis 02:26 herunterzählen, führt der Blick des Protagonisten Jack Bauer reflexiv aus dem Bild heraus und wird im Gegenschuss von Chase nachvollzogen und damit auch vom Fernsehzuschauer. Der Blick über Chases Schulter konstituiert ein signifikant spektakuläres Sichtfeld: Während zwei Fünftel der Aufnahme auf der rechten Seite durch den nicht fokussierten Chase belegt sind und zwei Fünftel auf der linken Seite durch eine schwarze Schrankwand negiert werden, konzentriert sich die mit Schreckgeräusch unterlegte Aufnahme im übrigen zentrierten Fünftel als extremes Signal im rot gerahmten Kasten einer Axt mit rotem Kopf neben einem roten Feuerlöscher. Die korrelative Plötzlichkeit der tragischen Entscheidung zeigt sich nach nur zehn stechend hörbaren Sekunden im Übergang vom reflektierten Blick und extremen TV-Signal zu Chases signalhafter Handlungsanweisung „Do it" und dem Nachdruck „You have to". Die gemeinsame Besiegelung der tragischen Impulsentscheidung über das Abhacken von Chases Hand erfolgt nach der markanten Zuspitzung der Timer-Anzeige von 01:45 zu 01:44 und einem nah aufgenommenen Blickwechsel, der die Extrembelastung mit pointierten Klavierklängen emotional auffängt. Die spektakuläre Dringlichkeit der tragischen Entscheidung zeigt sich abschließend in der schnell geschnittenen, monumental vertonten Extremhandlung sowie in Jacks eiligem Lauf, bei dem die blauen Ziffern in einer verwackelten Aufnahme klimaktisch von 00:19 bis 00:17 wechseln. Ihren Gipfel erreicht die Zeitdramaturgie mit der Abwendung der Virusbedrohung, als der Timer im Closeup von 00:02 zu 00:00 herunterzählt und das Virus im Kühlschrank entweicht. Die Rettung in allerletzter Sekunde bespiegelt das gesamte Serienkonzept: Das Segment mündet nach der Timer-Intensität in den serienspezifischen Countdown, der von 12:47:09 auf 12:47:11 herunterzählt. Die staffelübergreifende Bedrohung wird nur neun Serienminuten vor dem letzten Abspann der Staffel abgewendet.

~

Der Drang zur schnellen drastischen Entscheidung durchdringt die ‚tragic choice' selbst in ihren prozessual-diskursiven Abwägungen. Eine Variante zeigt sich in Episode 05x08 über die Verschaltung der wichtigsten institutionellen Positionen zur Frage, ob der Nervengaskanister in einem Einkaufszentrum entschärft werden sollte, oder ob es einen utilitaristischen Vorrang geben sollte für das ungefährdete Aufspüren von neunzehn weiteren Kanistern[127]. Die Diskussion erfolgt in einer spannungsreichen Parallelmontage mit dem terroristischen Einschneiden in die Lüftungsanlage und dem Einströmen des Nervengases im formal durchlässigen Split-Screen. Während die Mitarbeiterin des Verteidigungsministeriums Audrey Raines den sofortigen Einsatz fordert, widerspricht Geheimdienstchef Lynn McGill gemäß einem utilitaristischen Argumentationsmodell („I'm talking about accepting the damage that one canister can do versus what the other nineteen can do") und erhält die oberste Zustimmung des US-Präsidenten Charles Logan anhand einer tv-typologischen Signatur der tragischen Entscheidung („The terrorists are forcing us to make a tragic choice"). Doch der endgültige Entschluss fällt bezeichnenderweise erst im Anschluss an die Diskussion. Programmatisch bevorzugt die Serie gegenüber dem diskursiven Abwarten eine emotional-identifikatorische Impulsentscheidung. Angesichts der Zeitnot wertet Audrey den präsidialen Beschluss im ‚Live'-Moment als Theorie ab („That's theoretical right now"). Alternativ legitimiert die Fernsehserie den Einsatz des Grenzüberschreiters Jack Bauer über eine form- und medienspezifische Zuspitzung. Mit Blick auf einen zentrierten Überwachungsbildschirm formuliert Audrey ihre Forderung über die Basis einer emotional-identifikatorischen Deixis drohender Kindertode („Those children will die") und knüpft diese erstens an die Zeitnot-Maxime („within minutes") und zweitens an eine parallelistische Aktivierung des Blicks hin zum Extrem und hin zum bespiegelten Fernsehbildschirm: „Look at them. Look at the monitor!".

---

[127] Episode 05x08, TC: 0:21:48–0:31:04.

2.3.2 Serialität des Leids

Hinausgehend über die dramatisch zugespitzten Momente der ‚tragic choices' entsteht eine Prägung des Tragischen durch die Dauer und Prozessualität des episodenübergreifenden Echtzeit-‚Serials'. Während sich die Mehrzahl der meist antagonistischen Nebenfiguren funktional in die Dramaturgie der ‚Höhepunktfrequenz' einfügt, verhandeln und verkörpern die Hauptfiguren einen seriellen Überlebenskampf. Es entfaltet sich eine diskursive Verarbeitung des seriellen Ausnahmezustands in transitorischen ‚Satellit'-Segmenten[128]. Über eingängige Formeln bzw. ‚Hooks'[129] wird die Figurenexistenz an den seriellen Fortgang gekoppelt. Im Zuge einer markanten Parallelmontage in Episode 01x13 pointiert Teri Bauer die lebensgefährliche Flucht mit ihrer Tochter Kim über den Leitsatz „We have to keep moving", während ihr Ehemann den reuigen Entführer Rick, der verletzt am Baum lehnt und die Fortbewegung verweigert, in wörtlicher Übereinstimmung antreibt: „We can move"[130]. Als Antwort auf die Vielzahl der Bedrohungsszenarien im seriellen Ausnahmezustand, fungieren explizite Durchhalteparolen als wiederkehrende Leitmottos. Mit einem selbstreflexiven Verweis auf die Tagesstruktur der Serie initiiert der formelhafte, musikalisch gesteigerte Überlebensimpuls „Hey, we're gonna survive this day" in Episode 02x08 die Liebesbeziehung der Hauptfiguren Tony und Michelle[131]. Das Phänomen einer fast popsonghaften ‚Hook'-Stilistik der Überlebensmaxime verbündet an anderer Stelle die Mutter Teri Bauer mit ihrer Tochter Kim, indem Teris dreifache Feststellung der einzig zählenden Lebendigkeit („We're alive. We're alive. As long as we're alive, I'm not giving up") in Episode 01x11 als Kehrreim innerhalb einer Serialität des Überlebenswillens fungiert und auf Nachfrage („Neither are you, right?") von der Tochter bestätigt wird („Right")[132].

Die kontinuierliche Extrembelastung der Protagonisten befördert eine Serialität des Leids, die die typologischen Fernsehfiguren entscheidend formiert. Im Zuge einer Steigerung der Fernsehserie als Verhandlungsort von Leid und Menschlichkeit[133] konzentriert sich die Grenzästhetik von „Schmerz-Szenen" als „augenfälligste Art physischer Beeinträchtigung von Figuren in der Tragödie"[134] innerhalb verbaler und intermedialer TV-

---

[128] Zu ‚satellite'-Szenen vgl. Porter et al.: Re(de)fining Narrative Events, S. 26 f.
[129] Vgl. Andrew Goodwin: Music Television and Popular Culture, S. 93.
[130] Episode 01x13, TC: 0:03:38–0:05:11.
[131] Episode 02x08, TC: 0:36:11–0:36:21.
[132] Episode 01x11, TC: 0:31:34–0:31:55.
[133] Cavell: Die Tatsache des Fernsehens, S. 142 – „Das Thema lautet: Wie werden Held oder Heldin dies überstehen, den Abgrund der sich plötzlich auftut".
[134] Felix Budelmann: Körper und Geist in tragischen Schmerz-Szenen, in: Bernd Seidensticker, Martin Vöhler (Hgg.): Gewalt und Ästhetik. Zur Gewalt und ihrer Darstellung in der griechischen Klassik, Berlin 2006, S. 123.

Segmente der Leidenserfahrung. Die serielle Leidakzentuierung konzentriert sich in der Folterdarstellung, wie im folgenden Hauptkapitel zu sehen wird. Ein Grundbestandteil der seriellen Verarbeitung der Ausnahmeerfahrungen ist die ständige Überprüfung des Figurenstatus im Seriendialog. Charakteristisch für diese serielle Dialogempathie ist im Echtzeitkonzept die Verlaufsform der Gegenwart. Auf Jack Bauers Frage nach dem Befinden erwidert Audrey, die zu Beginn der vierten Staffel als neue Figur eingeführt wurde und bereits an mehreren Gewaltsegmenten beteiligt war, in Episode 04x08 „I'm almost getting used to this"[135], wobei der Zustand einer extremen Gewöhnung durch die gebrochene Aussprache und die Tränen im Gesicht in Frage gestellt wird. Die diskursive Akzentuierung des extremen Figurenzustands setzt sich in Episode 04x20 fort[136]. Hier dient die Telefonverbindung zur Hauptfigur Chloe O'Brian erstens dazu, ein anstehendes plot-entscheidendes Erzählereignis zu besprechen, und zweitens, mit einem zweiten Telefon, Chloes Zustand nach ihrer ersten Tötungsaktion im Gefecht zu prüfen. Jacks Nachfrage „How are you holding up?" erfolgt ebenfalls über die Verlaufsform des Present Progressive.

Neben den Dialogakzenten serieller Extrembelastung vermittelt die Fernsehserie intermediale Echtzeitpräsentationen des Leidens, die in ihrer Wiederkehr und Ähnlichkeit den Status von ‚violence hooks'[137] annehmen. In zwei korrelativen Expositionssegmenten der sechsten Staffel symbolisiert der Einsatz der Spritze die Extrembelastung zentraler Grenzüberschreiterfiguren im Zuge serieller Fortsetzungspflicht. Sowohl der kranke US-Präsident Wayne Palmer in Episode 06x16[138] wie auch der verletzte Agent Jack Bauer in Episode 06x18[139] werden zu Beginn der jeweiligen Episode gemäß der seriellen Anforderung künstlich aufgeputscht. Eine umfassende Leidensschau über die Dauer einer Staffelhälfte zeigt sich in der radioaktiven Verseuchung des Geheimdienstchefs George Mason. Beginnend mit der existenziellen Knüpfung des Figurenlebens an die Zeitstruktur der Serie im Cliffhanger von Episode 02x03 („Could be as much as a week or as little as a day"), die intermedial in den Schluss-Countdown mündet[140], inszeniert *24* einen Figurenverfall in Echtzeit. Der leidvolle Verfallsprozess wird über mehrere Episoden in synekdochischen Closeup-Signalen serialisiert. Episode 02x13 pointiert den nahenden Figu-

---

[135] Episode 04x08, TC: 0:04:57–0:05:02.
[136] Episode 04x20, TC: 0:06:41–0:07:33.
[137] Zum Basiskonzept des ‚visual hook' vgl. Goodwin: Music Television and Popular Culture, S. 93.
[138] Episode 06x16, TC: 0:03:04–0:03:36.
[139] Episode 06x18, TC: 0:02:10–0:02:21.
[140] Episode 02x03, TC: 0:40:52–0:41:19.

rentod über die Kostümvariation einer Binde am Arm[141] sowie über Flecken am Anzug[142]. Die Anschlussfolge exponiert den Haarausfall des Agenten über eine televisuelle Split-Screen-Eröffnungssequenz[143]. Die tragische Segmentreihe kulminiert in Episode 02x15, als Mason vor dem Extrem der Selbstmordopfers das Ende seiner Existenz zeitlich auf den Punkt bringt („It's time")[144].

2.3.3 Serielle Leidensgeschichte des Protagonisten

Die Hauptbeteiligung des Protagonisten Jack Bauer am Gesamtverlauf der extremen Serienhandlung entspricht einer ‚character arc', die sich als serielle Leidensgeschichte qualifiziert. Bauers Charakteristik als tragische Figur, die von Produktions- und Forschungsseite benannt wurde[145], soll hier in ihrer fernsehserienästhetischen Prozessualität über acht Staffeln untersucht werden, im Sinne einer Konsequenz der ‚Höhepunktfrequenz' des fernsehseriellen Ausnahmezustands. Grundlegend für die tragische Entwicklung des prototypischen Grenzüberschreiters ist ein staffelweise wiederkehrender dreigliedriger Zyklus. Erstens erfährt die Hauptfigur über den Verlauf der Staffel eine Phase der Extrembelastung. Zweitens erreicht der Protagonist zum Ende der Staffel einen Tiefpunkt bzw. einen Punkt des Ausstiegs. Drittens erfährt der tragische Held zu Beginn der nachfolgenden Staffel den Impuls der seriellen Reaktivierung. In einer tragisch paradoxen Serialität löst die Hauptfigur jedes Mal den Staffelkonflikt und erleidet dabei selbst einen Tiefpunkt. Die Schwere des Konflikts und des Leids nimmt im Serienverlauf graduell zu. Die Manifestation der seriellen Figurentragik soll nachfolgend über die Zyklen der acht Serienstaffeln bestimmt werden.

Die erste Staffel bildet die erste Phase der Extrembelastung. Der fatale erste Tiefpunkt, der die serienumfassende Leidensgeschichte des Protagonisten initiiert, ereignet sich im Finale der ersten Staffel: Trotz der Lösung des Bedrohungskonflikts schockiert die Schlussepisode mit einem Anti-Happy-End, das den Helden in action-mythologischer Bildsymbolik mit der toten Ehefrau in den Armen zeigt[146]. Der drastische Cliffhanger-Tod der Ehefrau provoziert eine fernsehserienhistorische Ausnahme und führt zum ersten Ausstieg des Protagonisten sowie zur ersten Reaktivie-

---

[141] Episode 02x13, TC: 0:07:35–0:08:30.
[142] Ebd., TC: 0:20:56–0:21:06.
[143] Episode 02x14, TC: 0:02:17–0:02:41.
[144] Episode 02x15, TC: 0:38:04–0:38:24.
[145] Vgl. u. a. Video „Jack Bauer will never die in 24 says producer"; Snyder: Truth and Illusion in 24; Wijze: Between Hero and Villain.
[146] Episode 01x24, TC: 0:41:21–0:41:39.

rung: Der Held, der zu Beginn der zweiten Staffel als verwahrloste Figur auftritt und damit eine düstere Charakteristik im anderthalbjährigen Zeitraum zwischen den Staffeln suggeriert, unternimmt zum Episodenende eine symbolische Rasur des Vollbarts. Der Akt der Reaktivierung des Protagonisten wird fernsehseriell gekennzeichnet durch eine selbstreflexive Kamerabewegung vor dem Spiegel[147]. Die zweite Staffel fordert von der Hauptfigur die zweite Phase der Extrembelastung. Zum Staffelende folgt, wie schon in der ersten Staffel, das tragische Muster des Tiefpunkts als Existenzschwebe. Jack Bauers Vereinigung mit der verlorenen Tochter Kim ereignet sich oxymoronisch im existenziellen Grenzbereich der Krankenliege. Diese tragische Konstellation wird im Finale der siebten Staffel variiert.

Zu Beginn der dritten Staffel ist der Protagonist bereits reaktiviert. Die Härte der seriellen Rückkehr des getriebenen Helden zeigt sich eingangs in der Metaphorik der Heroinsucht, die die Fortsetzungspflicht des extremen ‚serials' bespiegelt. Die übertragene Bedeutung der Undercover-Maßnahme als Schmerztilgung wird in Episode 03x06 vom Antagonisten Ramon Salazar während des Transitzustands einer Autofahrt anhand einer Doppelfrage pointiert: „What's your pain, Jack? What does the needle make go away, huh?"[148]. Die Tatsache, dass die Szene keine Antwort bietet, sondern eine seltene, zehnsekündige Schweigepause des Protagonisten im Closeup nach sich zieht, und eine Antwort auch im gesamten Serienverlauf kaum wörtlich spezifiziert wird, sondern an die Dramaturgie der ‚Höhepunktfrequenz' gekoppelt bleibt, befördert die tragische Brechung der Figur. In einer zugespitzten Setzung zeigt die dritte Staffel, die den Zeitraum von 24 Stunden umfasst, erst in ihrer abschließenden Szene[149] ausnahmsweise keine funktional ausgerichtete Aktion des Protagonisten, sondern einen Tiefpunkt mit mehreren emotionalen, körperlichen Reaktionen auf das extreme Geschehen. Bei einem Zwischenstopp im Auto wischt sich Jack Bauer die Tränen ab, zittert und schlägt gegen die Fensterscheibe. Das instrumentelle Eingeflochtensein der Figur in die Signalkette des fernsehseriellen Ausnahmezustands wird durch den Umstand gesteigert, dass die Existenz des prototypischen Grenzüberschreiters ausgerechnet im Moment der kurzen Ruhepause überprüft wird. Mit der Polizeifunk-Frage „Jack, you're there? Jack?" erfolgt noch in den letzten Sekunden der Staffel der intermediale Rückruf in den seriellen Zyklus der Fortsetzungsserie und die Bestätigung der Dauerdynamik durch den Protagonisten mit der Transitformel „I'm on my way". Die Reaktivierung erfolgt hier bereits zum Staffelende.

---

[147] Episode 02x01, TC: 0:48:49–0:49:07.
[148] Episode 03x06, TC: 0:05:46–0:08:51.
[149] Episode 03x24, TC: 0:37:32–0:39:21.

Die tragische Gewaltserialität der Hauptfigur erhöht sich in den Steigerungsakzenten der vierten bis sechsten Staffel. Bereits die scheinbar glückliche Exposition der vierten Staffel akzentuiert eine tragische Brechung[150]. Zwar beginnt die Handlungsebene des Protagonisten mit einer hell ausgeleuchteten Kussszene von Jack und seiner neuen Freundin Audrey Raines, doch antizipiert die Exposition die bevorstehende Entführung der Freundin und ihres Vaters zum Episodenende über drei Faktoren. Erstens wankt die Harmonie der Szenerie durch das vorangegangene Segment einer Zugexplosion, die als Störung den Handlungsverlauf initiiert. Zweitens impliziert die Präsentation des Protagonisten eine selbstreflexive Verzögerung und Fragmentation der tragischen Figur: Jack wird zunächst nicht frontal gezeigt, sondern seine Krawatte, die das pflichtgemäße Anlegen eines Korsetts konnotiert. Zudem erscheint die Aufnahme nicht direkt, sondern als Reflexion im Spiegel, worin der Status der gebrochenen Figur in seiner fiktionalen Bedingtheit markiert wird. Der dritte Faktor, der die tragische Rückkehr des Protagonisten in die serielle Marterung antizipiert, ist die Fehldeutung der Zeit: Jacks Wunsch nach einer Aufschiebung der Beziehungsfestigung im soap-gemäßen Plädoyer „Let's just give it a little more time" steht im größtmöglichen Kontrast zum konstitutiven Zeitnot-Motto „running out of time". Auf eine fatale Weise verwendet der Held die gewaltserielle Verlaufsform der Gegenwart ausgerechnet in seiner Liebeserklärung „I'm falling in love with you". Selbst in der vierten Staffel erkennt Jack Bauer nicht die Tragik seiner immens vom Zeitfaktor abhängigen Existenz.

Zur Serienmitte erreicht der Protagonist den schwerwiegendsten Tiefpunkt seit dem Tod der Ehefrau. Zusätzlich zum zerbrochenen Liebesglück kippt zum Ende der vierten Staffel der Schwellenstatus des Grenzüberschreiters ins Extrem der Kriminalität durch einen Einsatz im chinesischen Konsulat und die Verfolgung durch die Chinesen. Der fatale Tiefpunkt führt zur nahezu absoluten Steigerung des zyklischen Ausstiegsmusters in der existenziellen Variante des Scheintods. In Relation zum Härtegrad des Ausstiegs erfolgt in der Eröffnungsepisode der fünften Staffel die Reaktivierung des Protagonisten aus dem Scheintod durch das absolute und multiplizierte Pendant des Todes aller Bezugsfiguren. Mit dem traditionserschütternden Serientod der Hauptfiguren David Palmer, Tony Almeida, Michelle Dessler und dem Mordversuch an Chloe O'Brian fungiert die tragische Rückforderung des Protagonisten als serielle Wiederbelebung und Erneuerung des Formats. „This has to be about you. It's the only thing the four of us have in common"[151] – Chloes telefonische Mutmaßung über die Ursache der Morde konnotiert die Schlüs-

---

[150] Episode 04x01, TC: 0:41:21–0:41:39.
[151] Episode 05x01, TC: 0:18:19–0:18:22.

selrolle des Protagonisten für die Serie. Jack Bauer verlässt die pseudonormale Scheinexistenz der Huxley-Familie und kehrt ins serielle Kampfkontinuum zurück.

Die Härte der zyklischen Phasen nimmt zu. Zum Ende der fünften Staffel erfährt die Tiefpunktvariante des zerrütteten Liebesglücks eine weitere Verschärfung, indem eine chinesische Racheaktion, die in der Vorstaffel als Drohkulisse diente, tatsächlich ausgeführt wird. Im Zuge einer Kontrastierung, die den Schockeffekt von Episode 04x01 verstärkt, kippt die angesetzte Vereinigung der Liebenden angesichts der Entführung des Agenten. In einem selbstreflexiven Fokusverlust schwindet die Sicht des bewusstlos werdenden Protagonisten über einen Point-of-View-Shot aus dem dunklen Randraum auf die draußen im Sonnenlicht hell erleuchtete, weiß gekleidete Erlöserfigur Audrey[152]. Zugespitzt wird die duale Komposition, als zum Episodenende der besorgte Profilblick von Audrey, die sich immer noch im hellen Außenraum aufhält, abrupt in eine totale Schwarzblende übergeht[153]. Erst allmählich bilden sich daraufhin die Konturen des gefesselten, herabhängenden Protagonisten heraus. Innerhalb eines dunklen Kerkerraums mit schweren Ketten kehrt die Storyline der chinesischen Rache nach 24 Episoden schockartig wieder. Das extreme Ereignis, das mit dem Scheintod zum Ende der vierten Staffel umgangen wurde, führt nunmehr zum realen Todeswunsch des Protagonisten.

Der extreme fünfte Tiefpunkt überschreitet das Staffelformat und reicht an den Anfang der sechsten Staffel. Nachträglich wird das serielle Leid des Protagonisten als anderthalbjährige Folterresistenz zwischen den Staffeln suggeriert. Dementsprechend steigert sich abermals der Preis der Reaktivierung: Der Held, der bereits einen Scheintod erlebte (Season Four) und fast alle Bezugsfiguren verlor (Season Five), soll zu Beginn der sechsten Staffel tatsächlich sein Leben opfern, um die USA vor einem betont seriellen Terrorszenario zu retten. In einer Steigerung des Musters der zweiten Staffel erfolgt die Verwandlung vom verwahrlosten Bartträger zum seriell etablierten Konterfei und ‚Star Image'[154]. Doch trotz der äußeren Glättung bleibt der erlebte Grenzgang in bislang ungekannter Weise ein prägnantes Merkmal der Figur. Neben den Narben und irritierten Handlungsweisen wird der tragische Held zunehmend mit der Semantik des Todes assoziiert. In Episode 06x20 erfährt Jack Bauer durch Audreys Vater Richard Heller die klimaktische Markierung als Todes-Midas: „You're cursed, Jack. Everything you touch, one way or another, ends up dead"[155].

---

[152] Episode 05x24, TC: 0:33:13–0:34:46.
[153] Ebd., TC: 0:38:03–0:41:04.
[154] Zum ‚Star Image'-Begriff vgl. Dyer/McDonald: Stars.
[155] Episode 06x20, TC: 0:40:57–0:41:06.

Die typologische Einordnung des fatalen Grenzüberschreiters prägt mehrere Dramaserien der Post-9/11-Dekade. Besonders im Kriminal-Genre finden sich Variationen der Figurentragikformel. In Episode 03x04 von THE WIRE wird der eigensinnige Polizeibeamte James McNulty von seinem Kollegen Lester Freamon vernichtend charakterisiert[156]: „You put fire to everything you touch, McNulty then you walk away while it burns". Wie das obere 24-Zitat nutzt auch diese Definition, die in einer Nahaufnahme des Grenzgängers mündet, die archaische Metapher der Berührung, die sich allseitig zur Gewalt steigert. Als die tragische BREAKING BAD-Hauptfigur Walter White im Credits-Opening von Episode 05x02 dem Handlanger Mike Ehrmantraut eine Partnerschaft vorschlägt, personifiziert ihn dieser als Ticking-Time-Bomb-Szenario mit prophetischem Ausblick auf das tragische Ende: „You are a time bomb tick, tick, ticking, and I have no intention of being around for the boom"[157]. In DEXTER reflektiert der Protagonist in Episode 05x12 seine Rolle mittels der Metaphorik des absoluten Fluchs, die auch das obere 24-Zitat aufweist: „Is this what I do? Curse everyone around me?"[158]. Später, in Episode 07x04, betont die nun eingeweihte Schwester Debra das verhängnisvolle Wesen Dexters als Serienkiller: „You said it yourself, Dexter, that you can't stop, that you don't wanna stop. And if you keep doing this, you're like a fucking magnet: Bad shit is gonna find you"[159].

In 24 wird Jack Bauer mit dem tragischen Tiefpunkt des sechsten Staffelfinales zum dritten Mal die Möglichkeit zur Liebesbeziehung mit Audrey verwehrt[160]. Angesichts des Komazustands seiner Tochter konfrontiert Richard Heller den Helden mit der tödlichen Tragik seiner seriellen Reaktivierung und verweist zurück zum initiierenden Tod der Ehefrau: „Sooner or later you're gonna get back in the game and my daughter's gonna pay the price, like your wife did". In einem werkstrukturell hervorstechenden Epilog suggeriert das Staffelfinale die Möglichkeit der Erlösung des Protagonisten in einem Raum außerhalb der systematischen, seriellen und medialen Grenzen der Fernsehserie. Mit heruntergelassener Schusswaffe verlässt Jack das zivilisierte Zuhause der Hellers, passiert die gezähmte Natur des Villengartens und blickt auf die offene ursprüngliche Natur des Ozeans. Dieser Blick ist im Gegenschuss gleichzeitig ein Blick in den Zuschauerraum. In einer deutlichen Zäsur wechselt das selbstreflexive Bild in einer absoluten Ausnahme nicht mit einem Schnitt zum schneidenden Countdown, sondern löst sich auf über eine Schwarzblende

---

[156] THE WIRE, Episode 03x04, TC: 0:11:45–0:11:51.
[157] BREAKING BAD, Episode 05x02, TC: 0:14:05–0:14:17.
[158] DEXTER, Episode 05x12, TC: 0:11:40–0:11:43.
[159] Ebd., Episode 07x04, TC: 0:17:34–0:17:48.
[160] Episode 06x24, TC: 0:33:00–0:41:33.

zum Geräusch von zwitschernden Vögeln und beschließt die Konstellation einer fiktionalen ‚Genesung'.

Konsequent fungiert der Fernsehfilm *24: REDEMPTION* als markante Zwischenstufe, die den Protagonisten über drei Akzente ansatzweise aus der Serialität der Gewalt zurückzieht. Erstens mindert der Wechsel zum dreiaktigen Format des Fernsehfilms die spannungsreiche Konfrontation des Helden im Vergleich zur segmentierten und signalhaften Fortsetzungsform der Fernsehserie. Zweitens entfernt *24* seine Hauptfigur aus dem urbanen und seriell verbrauchten Handlungsort Los Angeles und positioniert sie im exotischen Naturraum des fiktiven afrikanischen Ortes Sangala. Drittens befriedet der Film den Protagonisten in der Exposition über eine sanftmütige Erscheinung mit Stoffweste und lässigem Dreitagebart inmitten einer erdigen Unterkunft, die durch helles Sonnenlicht ausgeleuchtet wird[161]. Trotz der ausladenden Rückzugsbewegung antizipiert der Film stufenweise die serielle Reaktivierung des Protagonisten. Durch einen Gewalteinbruch in die scheinbare Friedensoase und eine gerichtliche Vorladung, die den faktualen Diskurs um die Praktiken des Grenzüberschreiters reflektiert, entfaltet sich die obligatorische Rückholung des Protagonisten durch das ‚Gesetz der Serie': „I don't have a choice, you son of a bitch"[162], sagt Jack zum US-Botschaftsoffizier Frank Tramell, bevor dieser ihn zurück in die USA und damit in das Gefüge der Serie führt.

Die Möglichkeit einer nahtlosen Rückkehr in die CTU-Agentenrolle unterbleibt jedoch in der siebten und achten Schlussstaffel. Nachdrücklich zeigt sich die Option eines finalen Rückzugs durch die Senatsanhörung zu Beginn der siebten Staffel und das späte Familienglück mit Enkelin zu Beginn der achten Staffel. Die seriellen Einsätze gestalten sich alternativ im Rahmen einer Mithilfe beim FBI in der siebten Staffel und bei der reformierten CTU in der achten Staffel. Die Einsätze werden stärker problematisiert und verdichten die vormals staffelweise Zyklik von Extrembelastung, Tiefpunkt (bzw. Ausstieg) und Reaktivierung auf kürzere Akzente. In der werkstrukturellen Hinwendung zu einer tragischen Katastrophe zeigt die Serie den Helden sowohl auf dem Totenbett im Finale der siebten Staffel wie auch als Verletzten auf dem offenen Feld der achten Staffel in einer existenziellen Schwebe. Während in der siebten Staffel der Tod seriell zurückgehalten wird („[...] I'm not ready to let you go"[163]), impliziert die letzte Aufnahme der Serie über die selbstreflexive Abschaltung der Satellitenübertragung und Fernsehserie („Shut it down!"[164]) die entscheidende Möglichkeit für ein Ende der tragischen Existenz in der medialen Loslösung.

---

[161] *24: REDEMPTION*, TC: 0:05:42–0:07:08.
[162] Ebd., TC: 01:17:25–01:18:19.
[163] Kim Bauer zu Jack Bauer; Episode 07x24, TC: 0:43:28–0:43:36.
[164] Episode 08x24, TC: 0:42:57–0:43:06.

2.3.4 Selbstreflexivität serieller Gewalt

Die Serialität extremer Gewalt in *24* erfolgt über eine kontinuierliche selbstreflexive Akzentuierung. Obwohl die explizite verbale Selbstkritik an der Extremdarstellung erst in der siebten und achten Staffel angesichts der öffentlichen Debatte erfolgt, artikuliert die Serie das Zuviel des Dargestellten fortdauernd im Grenzgang der televisuell-seriellen Form. Dabei fungieren Gewaltreflexionen auch als Verhandlung der Darstellungsirritation des 11. September. Im radikalen Spannungskonzept kulminiert die Ästhetik der Grenzüberschreitung in einer repräsentationsüberschreitenden Konzentration auf den Körper und das Darstellungsmaterial, indem sie den Überschuss-Charakter der Gewalt und der Kunst[165] nutzt. In Bezug auf den Körper überreizt die schockästhetische Dramaserie im Sinne des „visceral entertainment"[166] das fernsehspezifische ‚Live'-Merkmal der ‚intimacy'[167] und markiert im Anklang an exzessive „Body Genres" wie Horror und Melodrama[168] den Übergang vom ‚flüchtigen Blick'[169] zur extremen körperlichen Beanspruchung. Wechselseitig entfaltet sich eine Akzentuierung des formalen, fiktionalen und medialen Darstellungsmaterials in der televisuell-seriellen Formreflexivität. Dieses Formbewusstsein lässt sich in Bezug zu Laura Marks' körperbetontem und anti-illusionistischem Konzept einer „haptic visuality"[170] als *haptic televisuality* kennzeichnen, die die Irritationen des Fernsehprogramms nach 9/11 verarbeiten kann. Nachfolgend sollen drei Hauptbereiche der selbstreflexiven Akzentuierung anhand von Beispielen vorgestellt werden. Dabei handelt es sich um Reflexionsprozesse der *Montage*, *Narration* und *Medialität*.

Das kontinuierliche Formbewusstsein zur grenzüberschreitenden Repräsentation extremer Gewalt konstituiert sich im normgeprägten Gattungskontext der TV-Serie grundlegend über das *Gestaltungsmittel des Filmschnitts*. Mit der Unterbrechung extremer Aufnahmen kurz vor dem Höhepunkt entfaltet die Montagetechnik eine Suspense- und Teaser-

---

[165] Jean-Luc Nancy stellt fest: „Stets ist die Gewalt ein Überschuss über die Zeichen […]. Auch das Bild ist ein solcher Überschuss". Nancy definiert „Kunst als das Überfließen und das Übertragen über die Zeichen hinaus", Nancy: Bild und Gewalt, S. 44; Nancys ästhetische Einordnung der Kunst als „dynamische und energetische Metamorphose" (Ebd., S. 40) lässt sich gerade in der Prozessualität der Fortsetzungsserie im Spannungsfeld von Fakt und Fiktion feststellen.
[166] Video „How Hollywood Gets It Wrong on Torture and Interrogation. P1", TC: 0:06:42–0:06:44.
[167] Vgl. Ellis: Defining the Medium, S. 13.
[168] Linda Williams: Film Bodies. Gender, Genre and Excess, in: Film Quarterly 4, 1991, S. 2–13.
[169] Vgl. Ellis: Visible Fictions, S. 160–171.
[170] Laura U. Marks: The Skin of the Film. Intercultural Cinema, Embodiment, and the Senses, Durham/London 2000, S. 162.

Technik. Eines der ersten Beispiele für die Grenzreflexivität des Schnitts in *24* ist die Abtrennung eines Daumens in Episode 01x02, die nur hörbar, nicht aber sichtbar ist[171]. Entsprechend verzögert die Serie in Episode 03x05 das todernste Spektakel des Russischen Roulettes, indem sie im Augenblick des Kopfschusses eines Offiziers zu einem Reaction Shot des Protagonisten Jack Bauer schneidet[172].

Die zweite Ebene der selbstreflexiven Extrem-Akzentuierung vollzieht sich über die *Erzählstrategie plot-funktionaler Gewaltsegmente*[173]. Der fernsehserielle Drang nach der nächsten Information kulminiert in einer selbstreflexiven Grenzbewegung. So befördert die Serie eine viszerale Spannungstendenz[174], in der entscheidende Informationen dadurch erlangt werden, dass sie gewaltsam aus dem Körper des Feindes geholt werden. Gleichzeitig beweist die Serie in diesen extremen Invasionsvorgängen eine televisuelle, narrative und mediale Reflexivität: Televisuell knüpft *24* an die skopophile Ermittlungsdramaturgie, die Deborah Jermyn in *CSI* an toten Körpern feststellt[175], und dynamisiert diese an lebendigen Körpern. Narrativ koppelt die Serie Ereignisse extremer Gewalt vielfach an einen „narrative special effect", der laut Jason Mittel die ästhetische Gestaltung der Serie hervorkehrt[176]. In ihrer medialen Konstitution erscheinen die plot-entscheidenden Gewaltsegmente schließlich, indem die Informationsgewinnung durch den Körper an technische Informationsträger geknüpft wird. Die Herausforderung der fernsehseriellen Gewaltdarstellung tritt hervor.

Die Selbstreflexivität plot-funktionaler Gewaltsegmente soll an drei Beispielen deutlich werden. Bereits Episode 01x06 präsentiert eine Segmentreihe, die über den Informationsträger des chirurgisch angefertigten Nagels in der Kniescheibe einer Leiche eine narrative Cliffhanger-Komplikation erwirkt, die die materielle und fiktionale Fabrikation der Vorrichtung impliziert und damit auch die serielle Konstruktion der Figu-

---

[171] Episode 01x02, TC: 0:26:46–0:26:54.
[172] Episode 03x05, TC: 0:19:08–0:19:15.
[173] Zur Funktionalität von ‚kernel'-Szenen vgl. Porter et al.: Re(de)fining Narrative Events, S. 25 f.
[174] Vgl. Weber/Junklewitz: Funktion und Gestaltungsmittel des Cliffhangers in aktuellen Fernsehserien, S. 114.
[175] „[T]he body is quickly established as a key channel through which evidence, and thus the truth, can be reached", Deborah Jermyn: Body Matters. Realism, Spectacle and the Corpse in CSI, in: Michael Allen (Hg.): Reading CSI. Crime TV under the Microscope, London 2007, S. 81.
[176] „These moments push the operational aesthetic to the foreground, calling attention to the constructed nature of the narration and asking us to marvel at how the writers pulled it off", Mittel: Narrative Complexity in Contemporary American Television, S. 35.

ren-Reversibilität *(II.1.3)*[177]. Die Variante eines körperlich-medialen ‚Kern'-Segments am lebendigen Leib kulminiert in der viertletzten Serienfolge[178]. Im abschließenden Segment zeigt die Episode wie Jack Bauer in den Bauch des folterresistenten Auftragskillers Pavel Tokarev schneidet, um an eine SIM-Karte zu gelangen. Das Segment gipfelt darin, dass durch das Einsetzen des Chips in das Mobiltelefon und durch das Tippen der archivierten Telefonnummer ein extremer narrativer Wendepunkt erfolgt: Charles Logan, der ehemalige US-Präsident und Drahtzieher der fünften Staffel, wird abermals als Beteiligter entlarvt, und löst so das Serienfinale aus. Die extreme plot-funktionale Verquickung von Körper und Medium zeigt sich in Episode 07x10 selbstreflexiv in ihrer seriellen Konstitution[179]: Im markanten Krisenraum der offenen Straße *(II.1.2)*, die nach einem Autounfall von Polizei, Feuerwehr und zuschauenden Passanten umgeben ist, initiiert das Eingeständnis des blutenden Rebellenführers Iké Dubaku im Closeup durch ihren elliptischen Abbruch („I have a lis.. list") eine drastische Invasionsdramaturgie. Beim Wiederbelebungsversuch Dubakus durch zwei Sanitäter wird hinter dem Brustkorb des Antagonisten über die medizinische Technik der Elektroden eines Defibrillators ein Chip registriert und dahingehend gekennzeichnet, dass er seriell auftaucht (Sanitäter: „There's a glitch, once more" und „There it is again") und elektronisch beschaffen ist („Electronic interference"). Das Extrem der gleichermaßen seriell geforderten Öffnung des Körpers (Jack: „Open him up" und mit Echtzeit-Signatur „Open him up, now") kulminiert im nahen Herauslösen und halbnahen Sichten des blutigen Chips. In saturierter Farbe und mit betont technischer Tongestaltung erscheint die Aktion als televisuell-synästhetische Konsequenz des ‚narrative special effect'[180], die den Wendepunkt einer FBI-Konspiration markiert.

Hinausgehend über die Reflexionsvorgänge bei der Montage und Narration konstituiert sich die selbstreflexive Prägung der Gewaltdarstellung maßgeblich über *intermediale, hypermediale und sensorische Techniken*. In einer intermedialen Konstellation in Episode 03x21 wird die Drohgebärde, die Stephen Saunders mit einem Messer an Michelle Desslers Hals zeigt, in einer metaphorischen Ästhetisierung der Gewalt antizipiert („Let me paint you a picture"), die sich in der doppelcodierten Verwendung des Verbs „draw" zuspitzt („I have a sharp knife, a tip of which is drawing blood of your wife's face") bis die Gewalt nach einem Schnitt im fernsehseriellen ‚Live'-Motto gegenwärtig wird („right now")[181]. Eine hypermediale Reflexivität der Gewaltdarstellung zeigt sich exemplarisch

---

[177] Episode 01x06, TC: 0:25:24–0:25:44, 0:38:54–0:39:30, 0:40:22–0:41:05.
[178] Episode 08x21, TC: 0:40:33–0:41:31.
[179] Episode 07x10, TC: 0:14:53–0:17:19.
[180] Mittel: Narrative Complexity in Contemporary American Television, S. 35.
[181] Episode 03x21, TC: 0:30:11–0:30:23.

in Episode 03x05[182]. Mit der Anweisung „Try and pan the camera over" operiert der Agent Chase Edmunds gewissermaßen als Regisseur einer Gewaltüberwachung, die der Gefängnisdirektor und einige Polizisten als Kamerateam mit einem Linksschwenk umsetzen bis Jack Bauer und die anderen Geiseln im blauen Monitorbild zu sehen sind und Chase die hypermediale Deixis mit dem Ausruf „There they are!" artikuliert. Den Höhepunkt der Gewaltreflexivität erreicht die Sequenz, als die Rahmung der Gewalt vor der Kamera zu einer Gewalt gegen die Kamera wechselt: Nachdem der Schuss eines Häftlings die Überwachungskamera trifft, exponiert die Negation des Monitorbilds das Dispositiv des Fernsehens. Eine ähnliche Übertragungsstörung dient als programmatische Konstante in der staffelweise variierten Vorspann-Montage der Serie THE WIRE: Im Gegenschuss zur langsamen Bewegung einer Überwachungskamera, zerbricht die Kameralinse und das Aufnahmegerät kippt nach unten, während in den Credits eine zentrale Signatur der Produktion erscheint. Die Produktionssignatur markiert in der ersten Staffel den Serienschöpfer David Simon, in der zweiten Staffel die Kamerafrau Uta Briesewitz, in der dritten den Produzenten Ed Burns, in der vierten den Produktionsberater Eric Overmyer und in Season Five den Stammschauspieler Andre Royo. Das gewaltsame Hervortreten fernsehspezifischer Medialität entfaltet sich in *24* drittens über extreme sensorische Schocks. Der Angriff auf den Protagonisten Jack Bauer in Episode 01x20 gestaltet sich in einem isolierten Schacht regelrecht als Angriff auf den Zuschauer[183]. Grelle Lichtblitze und rote Taser-Schüsse umfassen dabei im intermedialen Verbund mit einem schmerzhaft disruptiven Sirenensignal das gesamte Fernsehbild.

Wie das kommende Kapitel zeigen wird, entfaltet sich die selbstreflexive Akzentuierung der Gewalt entscheidend in den seriellen Extremdarstellungen der Folter.

---

[182] Episode 03x05, TC: 0:15:13–0:15:32.
[183] Episode 01x20, TC: 0:12:51–0:13:14.

3. Schlüsselform der Folter

Die Serialität der Gewalt in US-Dramaserien der Post-9/11-Dekade kulminiert vielfach im Extrem der Folter. Insbesondere *24* markiert mit der häufigen Darstellung der normüberschreitenden Gewalt ein fernsehhistorisches Novum[1] nach dem „symbolischen Schock" des 11. September[2]. Nachfolgend soll gezeigt werden, dass die Serialisierung der Extremgewalt, die sich aus dem faktualen Diskurs speiste und ihn entscheidend prägte, nicht allein darauf zurückzuführen ist, dass ein hochbrisantes Thema verarbeitet wurde, sondern sich maßgeblich daraus begründet, dass die Folter als extreme Kommunikationsvariante eine formale Schlüsselrolle in der fernsehseriellen Ästhetik der Grenzüberschreitung einnimmt. Mit dem televisuellen Primat der Form vor einer semantischen Bestimmtheit[3] konstituieren und legitimieren sich die moralisch hochprekären Szenarien, in denen die Ausnahmegewalt der Folter in Ausnahmesituationen funktioniert[4], grundlegend über ihre formale Funktionalität gemäß den Tendenzen des Spektakels *(I.2.1)*, des Spannungsfelds von Fakt und Fiktion *(I.2.2)*, der Serialität *(I.2.3)* und der Selbstreflexivität *(I.2.4)*. In ihrer produktionstechnischen Passform erreicht die Folter in *24* gemäß David Bordwells Kategorie der „standardized craft practices"[5] den Status eines „stylistic schema"[6], das, hinausgehend über eine thematische Verhandlung, als konstitutives Erzähl- und Reflexionsmittel der Fernsehserie fungiert.

Dieses Kapitel untersucht die Folter in zwei dreiteiligen Teilkapiteln. Das erste Teilkapitel erforscht die spektakuläre und plot-bezügliche Form und Funktionalität der Folter bis zur Schlüsselrolle als fernsehserieller Extremdialog. Das zweite Teilkapitel analysiert die Selbstreflexivität der TV-Serie angesichts des Folterextrems über die Stufen der Initiation, Serialität und Problematisierung.

---

[1] Laut Parents' Television Council zeigt *24* allein in den ersten fünf Staffeln 67 Folterszenen und damit mehr als jede andere Fernsehserie, Webseite „Neue Folter-Vorwürfe gegen Jack Bauer", in: Die Welt, 18.02.2007, online: http://bit.ly/2OM1mwH; Stand: 06.06.2019.
[2] Baudrillard: Der Geist des Terrorismus, S. 14.
[3] Vgl. Caldwell: Televisuality, S. 4–11.
[4] Zur inhaltsorientierten Einordnung, dass Folter in *24* als Informationsgewinnung funktioniert vgl. u. a. Arnold: Facts und Fiction der US-Serie 24; Semel: 24 and the Efficacy of Torture; Akzente zur formbezogenen Folterfunktionalität bietet: Pinedo: Tortured Logic.
[5] Butler: Television Style, S. 28.
[6] Ebd., S. 29 – „Stylistic schema [...] signifies the patterning of techniques, the syntagmatic and paradigmatic relationships of one element to other elements within a textual system".

3.1 Form und Funktionalität der Folter

Die Folterdarstellung entfaltet sich über eine Intensivierung und Irritation des fernsehseriellen Fortsetzungsprinzips sowohl auf der spektakulären[7] wie auch auf der plot-funktionalen[8] Ebene. In der signalhaften Zuspitzung von Foltersegmenten erreicht das Action-Thriller-‚Serial' 24 die Klimax einer fernsehseriellen ‚Höhepunktfrequenz', in der ein dramaturgischer Höhepunkt keinen singulären Ausnahmemoment darstellt, sondern innerhalb einer Signalkette von Höhepunkten serialisiert wird[9]. In bemerkenswerter Konsequenz ergibt die Folter eine affektive Steigerung der aufmerksamkeitsorientierten Reizkontinuität neuer Fernsehserien. Wortwörtlich lässt sich Robin Nelsons Definition der ‚flexi-narrative'-Form mit „sound-vision bytes corresponding to the 30 - 90 seconds of TV advertisements"[10] in der Begründung nachweisen, die LOST-Produzent Jeff Pinkner für die Verwendung der Folter im fernsehseriellen Konzept des ‚visceral entertainment' gibt:

> „[It's w]hat we created out of our [...] fevered brains in an effort to create the most immediate visceral entertainment. We came up with these crazy torture scenes. We literally sat in the room and said: ‚Okay, what would be really scary if it were being done to you? What would be really effective in a 35 second, 45 second scene?'"[11].

Mit der Zielsetzung einer maximalen Effektivität des ‚beat'-Segments[12] perfektioniert die Dramaserie das fernsehserielle Fortsetzungsprinzip: Die formstarke und semantisch reduzierte Gewaltarchetypik der Folter ermöglicht eine Schlagfrequenz typologischer und schockender Reizsignalmuster. In der seriellen Fortsetzung des Extrems verdichtet die Fernsehserie filmisch erprobte Inszenierungsweisen des Crime-, Horror- und Exploitation-Genres[13] im Sinne einer hochaufgelöst affektiven Segmentreihung. Die Steigerung der Fortsetzung durch die Folter kulminiert im konstitutiven Seriendialog.

---

[7] Zu diskursiven Serienszenen vgl. Porter et al.: Re(de)fining Narrative Events, S. 27.
[8] Zu plot-funktionalen Serienszenen vgl. ebd., S. 26.
[9] Der Begriff ‚Höhepunktfrequenz' basiert auf theoretischen Grundlagen von John Ellis, Jeremy G. Butler und Knut Hickethier; Vgl. Ellis: Visible Fictions, S. 149; Butler: Television, S. 26; Hickethier: Die Fernsehserie und das Serielle des Fernsehens, S. 32.
[10] Nelson: TV Drama, S. 113.
[11] Video „How Hollywood Gets It Wrong on Torture and Interrogation. P1", TC: 0:06:33–0:06:56.
[12] Vgl. Newman: From Beats to Arcs, S. 17.
[13] Für eine Übersicht zur Folterdarstellung im Film vgl. Marcus Stiglegger: Terrorkino; Reinhold Görling: Szenen der Gewalt. Folter und Film von Rossellini bis Bigelow, Bielefeld 2014.

3.1.1 Folter-‚flow' – Spektakuläre Signalkette der Folter

Besonders über die diskursiven Erzähleinheiten des ‚Satellit'[14]- bzw. ‚Clinch'[15]-Segments entfaltet die Fernsehserie *24* eine spektakuläre Signalkette der Folter, die umfassende Bezüge herstellt zwischen Segmenten, Episoden und dem fiktionalen und faktualen Programm – sie kann entsprechend in Bezug zur Fernsehprogrammstruktur des „flow"[16] als *Folter-‚flow'* definiert werden.

Die Form des Folter-‚flow' entfaltet sich grundlegend darüber, dass intensive Folterelemente als tv-typologische ‚violence hooks'[17] aufeinander folgen. Es entsteht eine serielle Reihung intermedialer Reizsignalmuster. Die Tonspur konzentriert sich auf hohle und erschreckende Störgeräusche. Die Bildspur zeigt in intermedialer Korrelation drastische Bild-, Licht- und Farbkontraste und inszeniert mit der Implikation einer US-symbolischen Kriegsführung eine Gewalthierarchie von Täter und Opfer[18]. Über formal signifikante, seriell wiederkehrende Elemente vermittelt die Serie den Kernpunkt der geistigen Tortur der Territion, also das Zeigen der Folterinstrumente: Die synekdochischen Signale des Koffers, der Spritze oder des Skalpells implizieren in der „Workplace-Struktur"[19] der ‚medical interrogation' eine professionell-medizinische Bildlichkeit, und steigern das fernsehserielle Konzept der maximalen Suggestion *(I.2.3)* zur geistigen Schmerzerfahrung. Als Leitformel einer suggestiven Geistestortur fungiert in Episode 01x11 der Ratschlag der Agentin Nina Meyers an ihren Kollegen Jack Bauer vor der ersten Folterszene der Serie: „Threat of pain can be more effective than pain itself"[20]. Zur Anwendung

---

[14] In Porters Tabelle lässt sich die Folter der Szenenfunktion der ‚action' zuordnen, vgl. Porter et al.: Re(de)fining Narrative Events, S. 27.
[15] Ellis definiert das Segment des Verhörs ausdrücklich als ‚clinch', vgl. Ellis: Visible Fictions, S. 151.
[16] Williams: Television, S. 86–97.
[17] Zum Basiskonzept des ‚visual hook' vgl. Goodwin: Music Television and Popular Culture, S. 93.
[18] Im Rahmen der symbolischen Kriegsführung verschärft sich das Modell einer „heldenhafte[n] Gewalt", Keppler: Mediale Gegenwart, S. 281; Die Folterhierarchie rekurriert auf Inszenierungsmuster im Kino: Marcus Stiglegger spricht, in Bezug auf Laura Mulveys Konzept des männlichen und weiblichen Blicks, „von einem ‚sadistischen' und einem ‚masochistischen' Vergnügen an der Rezeption filmischer Exzesse", Stiglegger: Terrorkino, S. 49; „Das besondere dieses Verhältnisses zwischen Film und Zuschauer ist ein ständiges Changieren zwischen Täter- und Opferperspektive, an dem das Publikum willentlich (also konsensuell) teilnimmt", Ebd., S. 55 f; Zur Folterdarstellung in US-Kriegsfilmen vgl. Maja Bächler: Inszenierte Bedrohung. Folter im US-amerikanischen Kriegsfilm, Frankfurt/New York 2013.
[19] Eschke/Bohne: Dramaturgie von TV-Serien, S. 141.
[20] Episode 01x11, TC: 0:11:45–0:11:48.

kommt die Schmerzandrohung etwa in Episode 04x03. „Makes every nerve within your body feel like it's on fire"[21], droht der Agent Curtis Manning dem Verdächtigen Richard Heller mit einem Feuervergleich, parallel zur visuellen Territion der Öffnung des Kanülenkoffers.

Am gleichen Beispiel zeigt sich die bestimmende Reihung affektiver Reizsignalmuster zur Klimax physischer Gewalt[22]. Die Signalkette beginnt im Anschluss an die Schmerzdrohung mit dem stillen Nicken der Folterer, führt zur Closeup-Territion der Kofferkanülen und kulminiert im tv-typologischen Ansetzen der Spritze. Eine solche Signaldichte, die in ihrem formalen Überschuss immer eine reflexive und realistische Grenzauslotung bedeutet, kulminiert in *24* in den Extremvarianten elektrischer Schmerzzufuhr, die den Erzählstil der ‚Höhepunktfrequenz' technisch potenzieren. Über die hypermediale Monitorrahmung der Szene, die sowohl den Zustand des vernommenen Graem Bauer als auch ihre eigene Technizität registriert, vollzieht die Serie in Episode 06x07 eine graduelle Steigerung der Stromstärken, die der Agent Jack Bauer im Moment der ersten Erhöhung ankündigt: „I can take this to 7 CCs"[23]. Das Ausmaß der fernsehseriellen Akkumulation extremer Gewaltsignale steigert sich in Episode 07x11[24]. Nach dem stakkatoartigen Sound einer Elektroschockpistole und dem Zoom-Gegenschuss auf den Stabschef Ryan Burnett bestätigt Jack in einer gleichermaßen deiktischen wie hyperbolischen Setzung: „I can pull the trigger 128 more times before this battery dies". Frequenz und Intensität wirken zusammen: Nur dreizehn Sekunden nach dem Stromstoß wiederholt Bauer die Attacke und registriert die elektrische Spannung („That was 1200 volts of current"). Im Anschluss antizipiert der Protagonist durch die Entnahme der Taser-Kartusche die vierzigfache Steigerung der Intensität direkt zugefügter Stromstöße („upping the voltage 40 times when directly administered") und demonstriert sie nur sechzehn Sekunden später am Knie des Verhörten. Über die Dichte hyperbolischer Signale multipliziert *24* das Konzept serieller Folter potentiell ad infinitum und erreicht die extreme Gewaltklimax einer fernsehseriellen Maximalsuggestion.

Die spektakuläre Konzentration der Folterreihung steigert sich über die grenzüberschreitenden Tendenzen der grundlegenden Erzählparameter. Dies soll zunächst an der Kategorie der Figur deutlich werden, dann an den Faktoren des Raums und der Zeit. An der Spitze der typologisch und reversibel konstituierten Extremfiguren *(II.1.3)* stehen serielle Folterer. Neben der serienumfassenden Kopplung der Folter an den Grenzüberschreiter Jack Bauer, wird die typologische Figurierung von Folterern

---

[21] Episode 04x03, TC: 0:19:22–0:19:24.
[22] Ebd., TC: 0:19:42–0:19:56.
[23] Episode 06x07, TC: 0:22:52–0:22:54.
[24] Episode 07x11, TC: 0:22:57–0:23:50.

zunehmend über die „Workplace-Struktur"[25] der ‚medical interrogation' mobilisiert. Die Extremgewalt konzentriert sich in semantisch unbestimmten, funktionalen Nebenfiguren, die dem Prototyp des kurzhaarigen, mimisch reglosen Agenten entsprechen, und sich so effektiv in die televisuelle Gewaltinszenierung der Montage-, Licht- und Farbkontraste fügen. Die Folter-Identifikation einer ansonsten nicht charakterisierten Figur erfolgt in Episode 03x07 über eine parallelistische Konstruktion, die den Figurennamen dem semantisch offenen Handeln gegenüberstellt: „You know Johnson. You know, what Johnson does", sagt Geheimdienstchef Ryan Chappelle zum verdächtigten Mitarbeiter Gael Ortega[26]. Der Vorrang einer pointierten Personifikation der Folter gegenüber einer naturalistischen Figurencharakteristik erreicht einen Höhepunkt in der Foltererfigur Richards: „All Richards does is inflict pain"[27], betont Chappelle. Richards' Gleichsetzung mit der Folter geht so weit, dass selbst der Vorname redundant wird und ohne Erklärungen wechselt, von Darren in der dritten Staffel zu Eric in der Folgestaffel. Die prototypische ‚Workplace'-Setzform des Folterers ermöglicht schließlich in der fünften und sechsten Staffel die nahtlose Integration des Agenten Rick Burke als Folterer.

Die signalhaft zugespitzten Foltererfiguren operieren in korrelativ typologischen Räumen, die sich durch die televisuelle Einlagerung des Folterspektakels *(II.1.2)* grenzgängerisch öffnen. Im Hinblick auf eine signalhafte Konzentration konstituiert Episode 03x07 eine für die Staffel mustergültige Mise-en-scène der Folter[28]. Die Szenerie entfaltet sich in einem sterilen Raum mit graugrünen Wänden, gestaffelten Blaulichtbalken, einem grauen, metallischen Tisch und ebensolchen Stühlen. Entsprechend etabliert Episode 04x03 das Set der ‚medical interrogation' über die intermediale Synästhesie des kühlen, blau geprägten Raums mit hohlen Synthesizer-Hochtönen und der harten Physiognomie und Sprechweise der CTU-Chefin Erin Driscoll[29].

Als Basis der spektakulären Performativität der Folterfiguren in Folterräumen fungiert der Parameter der Zeit *(II.1.1)*. Im Zuge der ‚Live'-Dramaturgie, die über Ticking-Time-Bomb-Szenarien das sekündliche Phänomen der Echtzeit mit einer spektakulären ‚Höhepunktfrequenz' verquickt, ergibt sich eine radikale Prozessualität des Folterextrems. In Wechselbeziehung zum televisuellen Countdown diskursiviert *24* die Reizkontinuität der Tortursegmente über verbale Akzente im Seriendialog. Nach einem klimaktischen Schuss durch die Hand des Agenten Cha-

---

[25] Eschke/Bohne: Dramaturgie von TV-Serien, S. 141.
[26] Episode 03x07, TC: 0:16:56–0:17:03.
[27] Episode 03x14, TC: 0:33:19–0:33:21.
[28] Ebd., TC: 0:16:43–0:17:26, 0:27:11–0:27:55, 0:36:30–0:37:07, 0:39:45–0:40:04.
[29] Episode 04x03, TC: 0:18:38–0:20:48.

se Edmunds befiehlt der Antagonist Hector Salazar in Episode 03x10 seinen Untergebenen, die bereits in der Vorfolge gefoltert haben: „Keep at it"[30]. Die problematische existenzielle Grenzbewegung des fortdauernden Extrems findet sich zuvor in Episode 02x19. Hier betont der antagonistische Folterer Raymond O'Hara gegenüber dem vorgesetzten Folterer Ronnie Stark „You're gonna kill him. You can't keep doing this"[31]. Charakteristisch ist die Verlaufsform der Gegenwart, die den ‚Live'-Effekt kontinuierlich kommuniziert. Dabei ist besonders bemerkenswert, dass die Prozessualität der Tortur aufseiten der Protagonisten maßgeblich über die arbeitsorientierte ‚Workplace-Struktur' der Serie systematisiert wird. Markant initiiert die Fernsehserie in Episode 01x11 angesichts der Dauer, die Jack Bauers gewalttätige Informationsbeschaffung von Ted Cofell über drei Segmente erfordert, ihre allererste Folterszene über die ‚present progressive'-Arbeitsperiphrase „I'm working on it"[32]. Während hier noch ein neutraler Bezug stattfindet, der sich primär auf die erwartete Information bezieht, unternimmt Jack in Episode 05x13 angesichts der gewaltsamen Vernehmung von Christopher Henderson, die bereits seit der Vorfolge andauert, eine explizite und fatale Projektion der seriellen Arbeitsprämisse auf die Person, als er den Agenten Rick Burke anweist: „Okay, keep working on him"[33].

Die Dauerspannung der ‚Workplace'-Folter radikalisiert die im neuen Fernsehen herrschende Rezeptionsanforderung des „working through"[34]. Über ihre Dauerpräsenz erreicht die spektakuläre Tortur den Stellenwert einer televisuellen Signatur, die *24* im Fernsehprogramm profiliert[35].

Die Dauerspannung eines Folter-‚flow' zwischen Segmenten, Episoden und dem fiktionalen und faktualen Programm soll an zwei Beispielen deutlich werden. Das erste, ausführlich analysierte Beispiel betrifft die polizeiliche Befragung der Feindfigur Christopher Henderson von Episode 05x12 bis 05x13. Das zweite, kürzer besprochene Beispiel betrifft das feindliche Ausfragen des Protagonisten Chase Edmunds von Episode 03x08 bis 03x10.

---

[30] Episode 03x10, TC: 0:12:21–0:12:22.
[31] Episode 02x19, TC: 0:30:49–0:30:55.
[32] Episode 01x11, TC: 0:06:45–0:06:47.
[33] Episode 05x13, TC: 0:30:39–0:31:00.
[34] Ellis: Seeing Things, S. 99.
[35] John Caldwell betont den Wert der televisuellen Signatur gemäß den Profilierungsregeln von Sendungen im TV-‚flow', Caldwell: Televisuality, S. 14f; Sarah Kozloff bestätigt den Status der fernsehspezifischen Erzählformel: „Some formulas are unique to particular shows: one can practically guarantee that each week on the original Star Trek the USS Enterprise will encounter some alien life form", Kozloff: Narrative Theory and Television, S. 72.

Analyse 10 – ‚Take a short break and then start again' –
Folter-‚flow' zwischen Segmenten, Episoden und Fakt und Fiktion

Im ersten Beispiel entfaltet sich die Folter des Antagonisten Christopher Henderson über eine Reihung zugespitzter Segmente, die parallel zur Hauptstoryline eines Nervengas-Angriffs auf die CTU verlaufen. Die Initiation der Extremgewalt beginnt in Episode 05x12, nach einer kurzen fehlgeschlagenen Befragung, mit der Initiationsformel „Start it", den tv-typologischen Signalen des Kanülentests, der Closeup-Injektion und dem nahen Gegenschuss auf das Opfer und mündet direkt in den Countdown und damit ins faktuale Programm[36]. Erst zehn Minuten später wird die Storyline fortgesetzt, jedoch lediglich um die existenzielle Instabilität der Figur festzustellen[37]. Es ergibt sich eine weitere Verzögerung, die über den Episodenrahmen hinaus bis zur nächsten Folge reicht. Nach der narrativen Komplikation der versuchten Ermordung des Folteropfers durch den Agenten Tony Almeida rückt das Fortsetzungsprinzip der TV-Serie in Episode 05x13 besonders in den Vordergrund[38]: „Agent Burke, please continue", befiehlt Jack Bauer. Im Zuge einer seriell-rhythmischen Wiederholung und Steigerung eröffnet das Muster der Injektion das Segment und knüpft nunmehr an die existenzielle Verortung des Gefolterten auf einer Krankenliege sowie an zwei Fragen, die von Henderson erstens negiert werden und zweitens selbst in dieser Negation kaum verständlich sind, so dass eine weitere Verzögerung eintritt, deren Fortsetzung in Aussicht gestellt wird: „Take a short break and then start again", sagt Jack zum Folterer Rick Burke.

Take a short break and then start again. Der wörtlich akzentuierte Wechsel zwischen einer kurzen Pause und einem Wiederbeginn lässt sich als Leitstruktur bzw. Leidstruktur der fernsehseriellen Fortsetzung der Folter-Signalkette feststellen. Im weiteren Episodenverlauf verdichtet sich die ‚Höhepunktfrequenz' der Tortur in drei Split-Screens nach den Werbepausen. Die Teilbild-Konstellationen pointieren den Signalcharakter der Folter und authentifizieren die Aufnahmen über die Angrenzung ans faktuale TV-Programm. An der entscheidenden Schwellensituation des Wiedereintritts aus der Werbepause orientiert die Fernsehserie die Signalform der Folter im konstitutiven Spannungsfeld des Fernsehprogramms zwischen Fakt und Fiktion und akzentuiert so die Grenzform des Folter-‚flow'. In Episode 05x13 schichtet ein vierteiliger Split-Screen nach der ersten Werbepause zwei typologische Aufnahmen auf der linken Seite übereinander: Oben erscheint für vier Sekunden das Gesicht des Opfers, unten für zwei Sekunden das erneute Extremsignal der Injektion,

---

[36] Episode 05x12, TC: 0:21:44–0:22:32.
[37] Ebd., TC: 0:32:44–0:33:30.
[38] Episode 05x13, TC: 0:09:20–0:10:07.

das sich zunehmend als ‚violence hook' einspielt[39]. Der Split-Screen nach der zweiten Werbepause, der drei Teilbilder enthält, zeigt links unten für zwei Sekunden einen Kameraschwenk von Hendersons ruhendem Kopf zum Zuschauer Almeida, der weiterhin die Spannung der Rache ausstrahlt[40]. Vor dem dritten Split-Screen läuft eine kurze Szene, die mit nur einundzwanzig Sekunden an die Pointierung der Split-Screen-Signale anknüpft und nach der klimaktischen Verweigerung der Namensangabe durch Henderson erneut den ‚Hook' der Injektion einsetzt sowie mittels Jack Bauer den Kehrreim zur seriellen Fortsetzung der ‚Workplace'-Folter platziert: „Okay, keep working on him"[41].

Der dritte, abermals dreiteilige Split-Screen zeigt für vier Sekunden gemäß einer dualen Hierarchie in der linken oberen Ecke einen Kameraschwenk vom Folterer Burke nach rechts unten zum gefolterten Henderson, der selbstreflexiv über den Augen gedrückt wird, und dann nach oben zum Zuschauer Tony[42]. Erst zum Ende der Episode kulminiert die ‚Höhepunktfrequenz' der Folter in einem Finale, das als Konsequenz der existenziellen Grenzbewegung den Komazustand des seriell Gefolterten feststellt. Der klimaktische Versuch der tödlichen Injektion durch Almeida erfährt allerdings eine Schock-Umkehrung, die zum existenziellen Cliffhanger der zentralen Serienfigur führt und den Antagonisten weiterhin im seriellen Spannungsgefüge erhält[43].

~

Das Prinzip der Foltersignalkette entfaltet im zweiten Beispiel eine noch stärkere Verdichtung. Die harte Befragung des Agenten Chase Edmunds erreicht mit nur wenigen Akzenten bzw. ‚beats' eine segment-, episoden- und formatübergreifende Drohkulisse. So wird die Tortur in Episode 03x08 allererst angedeutet, doch dient der imaginär eindringliche Verweis als Teil-Cliffhanger, der einen Spannungsbogen bis zur nächsten Folge hält[44]. Ähnlich effektiv ist die tatsächliche Darstellung der Extremgewalt in Episode 03x09. Mit nur drei prägnanten Schlägen zu Beginn der Folge wird der gesamte Episodenverlauf spannungsreich aufgeladen[45]. Erst der Anfang der Anschlussfolge präsentiert die signifikante Fortsetzung der Tortur. An der konstitutiven Stelle der Exposition setzt der violett flirrende Elektroschock ein starkes Signal und bespiegelt die technische Be-

---

[39] Ebd., TC: 0:12:26–0:12:30.
[40] Ebd., TC: 0:19:08–0:19:13.
[41] Ebd., TC: 0:30:39–0:31:00.
[42] Ebd., TC: 0:32:44–0:32:50.
[43] Ebd., TC: 0:38:38–0:40:34.
[44] Episode 03x08, TC: 0:39:49–0:39:57.
[45] Episode 03x09, TC: 0:09:48–0:10:25.

schaffenheit des fernsehspezifischen Reizsignals[46]. Schließlich erreicht die Signalfolge neun Minuten später über die Frequenz von zwei Schlägen ihren Höhepunkt in einem Schuss durch die Hand[47]. Die Grenzbewegung der Foltersignalkette weist potentiell ins Unendliche. Die erste Forderung der Feindfigur Hector Salazar impliziert eine serielle Fortsetzung: „Keep at it". Die zweite Forderung pointiert das Prinzip maximaler Suggestion: „If he doesn't crack soon, use gasoline". Schließlich mündet die Signalkette, die direkt nach dem Echtzeit-Paratext angesetzt hatte, in den Seriencountdown und damit in die erste Werbepause. Die direkte Angrenzung der Extremgewalt an das faktuale TV-Programm vervollständigt auch hier die ausgeprägte Tendenz zu einem Folter-‚flow'.

3.1.2 Plot-funktionale Abfolge und Abwägung der Folter

Die Schlüsselrolle der Folter im Fortsetzungskonzept der Fernsehserie *24* ergibt sich neben der Reihung spektakulärer Signale *(II.3.1.1)* maßgeblich aus der Abfolge plot-funktionaler Elemente. In der Ermittlungsdramaturgie handlungsentscheidender Segmente, die in Kapitel *II.2.2.2* vorgestellt wurde, fungiert die Folter vielfach als Klimax der ersten Variante eines plot-funktionalen Gewaltsegments, d. h. als ‚Kern'-Segment (‚kernel'[48]), in dem der Foltereinsatz für den Fortgang der Serienhandlung entscheidend ist oder einen nachdrücklichen Ausblick auf den zukünftigen Handlungsverlauf bietet. Die Folter erreicht in ihrer beispiellosen Fokussierung auf die nächste Information eine extreme Zuspitzung des dramaturgischen Grundprinzips der Informationsvermittlung. Die beachtliche strukturelle Konsequenz mit der die Folter eine Ermittlungs- und Vermittlungsdramaturgie spektakulär steigert, lässt sich anhand einer ganz allgemein gehaltenen Übung zum Schreiben von Filmdrehbüchern aufzeigen:

> „Give the audience information in a unique manner. [...] Write a scene [...] in which a character works hard to uncover some information. [...] Give him/her obstacles: other characters unwilling to come forward with information, clues or information hidden from plain view, dead ends"[49].

Die Fernsehserienfolter verschärft und serialisiert das Dramaprinzip der Informationsvermittlung, indem sie die oben zitierten Faktoren der auffälligen Präsentation und des hohen Konfliktpotentials steigert in einer

---

[46] Episode 03x10, TC: 0:01:46–0:02:31.
[47] Ebd., TC: 0:11:29–0:12:38.
[48] Zu ‚kernel'-Szenen vgl. Porter et al.: Re(de)fining Narrative Events, S. 25 f.
[49] Michael Schilf: Scene Exercises, in: The Script Lab, 21.01.2010, online: http://bit.ly/2Q2X4RR; Stand: 06.06.2019.

ständigen Ticking-Time-Bomb-Konfrontation mit extremen Antagonisten und Hindernissen. Zusätzliche Effektivität erreicht das extreme Erzählkonzept über die Wechselwirkung mit der faktualen ‚Live'-Narration der ‚Breaking News'. Insgesamt erwirkt die fernsehserielle Folter in ihrer Plot-Funktionalität eine narrative Legitimationsbasis des Ausnahmeakts. In einer hochrelevanten und prekären Konstellation befördert die spannungsreiche Erwartungsbildung hinsichtlich des seriellen Handlungsfortgangs bzw. einer Resolution sowie deren häufige Erfüllung, dass Abwägungs- und Legitimationsmuster der Folter narrativ mobilisiert werden. Es ergibt sich eine dramaturgische Passform für das Prinzip, das Thomas Weitin in Bezug auf Immanuel Kant als „ökonomischen Diskurs der Folter" benennt[50]. Die Tendenz, dass die Folter in *24* funktioniert[51], erwächst in besonderem Maße daraus, dass die ökonomische Systematik, die Weitin über „utilitaristische, konsequentialistische Abwägungskalküle" feststellt[52], in diskursiven und plot-funktionalen Erzählmustern vermittelt und potenziert wird. Die narrative Foltereffizienz entfaltet sich entscheidend über die ergebnisorientierten Leitstrukturen der singulär zugespitzten ‚tragic choice' *(II.2.3.1)* und der Ideologie des maximalen Handlungsbedarfs mit den Formeln ‚Whatever it takes' und ‚What's necessary' *(II.2.1)*.

Analyse 11 – Abwägung der Folter zwischen plot-funktionaler Befürwortung und verzögernder Folterkritik

Eine Abwägung der Folter hinsichtlich der Handlungsfunktion soll exemplarisch an einer Sequenz in Episode 04x18 deutlich werden. Das dortige Abwägungsmodell verhandelt eine ‚tragic choice' auf der Basis der narrativen Erfolgsaussicht. In einer dramaturgischen Variation der Luhmannschen „Form des Problems"[53] etabliert die Sequenz folgende narrative Gewichtung: Auf der einen Seite befürwortet die Passage die gewaltsame Vernehmung im Sinne einer fernsehseriell fortsetzungsorientierten Plot-Funktionalität. Auf der anderen Seite wird das radikale Vorgehen

---

[50] „[Kant] hat geschrieben: „Im Reich der Zwecke hat alles entweder eine Würde oder einen Preis". [...] Es gibt das Argument, dass die Gemeinschaft doch auch eine Würde hat und wenn die höher ist als die des Einzelnen, sei sie wichtiger. Das nennen wir den ökonomischen Diskurs der Folter, weil hier ökonomisch gerechnet und diskutiert wird", Weitin: Folter.
[51] Zur Folterfunktionalität in *24* vgl. u. a. Arnold: Facts und Fiction der US-Serie 24; Semel: 24 and the Efficacy of Torture; Pinedo: Tortured Logic.
[52] Weitin: Folter.
[53] „Man kann es nur falsch machen. Es handelt sich um einen Fall von ‚tragic choice'", Luhmann: Gibt es in unserer Gesellschaft noch unverzichtbare Normen?, S. 2.

von ausgeprägter Kritik begleitet, die allerdings narrativ als Störung und Verzögerung artikuliert ist. Das Zusammenwirken von Folter und Folterkritik ergibt einen starken Spannungsaufbau.

Der erzählerische Drang zur Informationsgewinnung steht am Anfang der Modellsequenz[54]. Die treibende Frage nach dem Aufenthaltsort des Staffelbösewichts Habib Marwan führt im Verhörzimmer des Geheimdienstes zur Injektionsdrohung gegenüber dem Söldner Joe Prado. Die Maßnahme der ‚medical interrogation' spektakularisiert über die ‚Workplace-Struktur' den Fortsetzungsdrang der Fernsehserie speziell im Zuge des Kriminalgenres. In betonter Signalform wird die Extremgewalt aktiviert: Ausgehend von der nahen Territion des geöffneten Kanülenkoffers fokussiert die Kamera im Linksschwenk den Söldner als potentiellen Informationsträger. Die dramatische Dringlichkeit der Informationsvermittlung wird über eine programmatische Absolut-Formel pointiert: „I'm willing to go as far as it takes", droht Verhörleiter Curtis Manning.

Doch die narrativ aussichtsreiche ‚Workplace'-Maßnahme der ‚medical interrogation' wird durch das plötzliche Absetzen der Spritze in einer Zoom-out-Bewegung unterbrochen. Stattdessen etabliert die Serie die Abwägung der Ausnahmegewalt[55]. In einem zehnminütigen Vorgespräch der obersten Instanzen des polizeilichen, politischen und werkinternen Systems alternieren Pro-Argumente, die fortsetzungsorientiert sind mit Contra-Argumenten, die als Verzögerungen des Handlungsflusses erscheinen. Ausgerechnet die Intervention der faktual verweisstarken Menschenrechtsorganisation Amnesty Global wird als Störung der narrativen Foltereffizienz im ‚Workplace'-Rahmen artikuliert: „We have some PC lawyer holding us up from doing our job", beklagt Computerexperte Edgar Stiles, der seinem Anliegen aufgrund des Verlusts seiner Mutter einen emotional-identifikatorischen Nachdruck verleiht. Der Standpunkt gegen eine Verzögerung verstärkt sich durch die negative Charakteristik des Rechtsvertreters, der mit Kahlkopf glatt und schmierig erscheint. Die ablehnende Figurenzeichnung kulminiert in der Assoziierung des Juristen mit den terroristischen Antagonisten.

Die narrativ orientierte Abwägung der Folter verdichtet sich in einer Diskussion der oberen politischen Ebene und hat einen besonderen US-symbolischen Wert. Im alarmierenden „urgent"-Modus steigert sich die charakteristische Konfrontation zwischen plot-funktionalen Pro-Argumenten und verzögernder Kritik in drei Schritten. Der erste Teil der Diskussion ist ein Telefonat zwischen dem Agentenduo Jack Bauer und Bill Buchanan mit der Politikerrunde von Präsident Charles Logan, Stabschef Walt Cummings und Berater Mike Novik. Gegenüber den Agenten,

---

[54] Episode 04x18, TC: 0:24:02–0:25:46.
[55] Episode 04x18, TC: 0:25:46–0:35:46.

die informations-, und fortsetzungsfixiert agieren, tendiert die Präsidentenrunde aufgrund ihrer Uninformiertheit zur narrativen Verlangsamung. Der Präsident stellt zahlreiche Nachfragen, deren Antworten dem Zuschauer bereits hinlänglich bekannt sind („What have you learned?", „Interceded on what grounds?", „Why is he a suspect?") und tendiert so zu einer Behinderung des Erzählflusses. Infolge der umständlichen Rekapitulation erscheint damit auch die gewichtige und explizite Nachfrage zur Folter („You're talking about torturing this man?") als Verzögerung. Demgegenüber forciert Jack Bauer in einer televisuellen Split-Screen-Konfrontation die Fortsetzung der Extremgewalt und damit die Fortsetzung des fernsehseriellen Plots. Dies geschieht über die programmatische Leitstruktur der Absolutformel „doing what is necessary" im Anschluss an die zuvor formulierte Formel der Singularoption („key witness").

Der narrative Abgleich der Folter zwischen Funktionalität und Verzögerung verlagert sich beim zweiten Schritt in die präsidiale Runde. Dabei kennzeichnet die isolierte Diskussion selbst ausdrücklich ein erzählerisches Aufschieben. Mit dem Imperativ „Give us a moment, Bill", den der US-Präsident gegenüber dem Geheimdienstleiter formuliert, und mit der exponierten Unterbrechung der Telefonverbindung im rechtsdiagonalen Abwärtsschwenk, akzentuiert die Diskussion einen medialen und narrativen Haltepunkt. Demgemäß erhält die Forderung nach der Folterfortsetzung nur einen kleinen Anteil: Mit der Formel „Whatever it takes" knüpft Berater Mike Novick an das absolute Formelpaar von Jack Bauer an. Während jedoch der plot-funktionale Drang einen positiven Impuls setzt, da er von einer vertrauten Serienfigur gesprochen wird, verstärkt sich die negative Figurenzeichnung der Folterkritiker. Der Einwand des Stabschefs Walt Cummings, der erst in der Vorfolge eingeführt wurde und als glatter Karrierist erscheint, zielt ausgerechnet auf die Imageschäden, die entstehen könnten, falls die harte Vernehmung genehmigt würde durch den Präsidenten, der erst vor zwei Episoden eingeführt wurde. Insgesamt führt die Abwägung der Folter auch im zweiten Diskussionsteil zu keiner Lösung. Das charakteristische Beieinander plot-funktionaler und verzögernder Erzählimpulse bestimmt auch den dritten Diskussionsteil, bei dem das Agentenduo wieder zugeschaltet ist. Die politische Diskussion, die sich als narrative Verlangsamung manifestiert hat, veranlasst eine Erweiterung im juristischen Sonderrahmen: „I'll call a special session with members of the Justice Department and we'll discuss this". Eine Fortsetzung wird ausdrücklich um zwanzig Minuten hinausgezögert. Auf der Seite der Agenten herrscht dagegen die Zeitnot und der plotorientierte Fortsetzungsdrang wird abermals im ‚Workplace'-Modus zugespitzt. Jack Bauer fordert: „Please let us do our jobs".

Ohne eine Entscheidung mündet die Abwägung zwischen der plot-funktionalen Folter und der verzögernden Diskussion in eine bemerkenswerte Realisierung beider Tendenzen. Die Fernsehserie veranschaulicht die unauflösbar tragische „Form des Problems"[56], indem sie den Foltereinsatz ermöglicht und gleichzeitig die Diskussion darüber weiterführt. Innerhalb dieses Paradoxons rückt die Show von der geplanten ‚Workplace'-Systematik ab und wählt die Alternative eines außerinstitutionellen Einsatzes, den der Grenzüberschreiter Jack Bauer als Normalbürger ausführt[57]. Mit der emotional-identifikatorischen Extremaktion bestätigt sich die lange hinausgezögerte Plot-Funktionalität der Folter im Zeitnotprinzip. Gegensätzlich zur zeitlich ausladenden Diskussion der Präsidentenrunde, erzielt der Protagonist beim Angriff auf den Söldner Joe Prado innerhalb weniger Sekunden eine plot-entscheidende Information. Vor der televisuellen Kontrastfolie, die im Split-Screen die diskutierende Präsidentenrunde und das wartende CTU-Personal zeigt, unternimmt Bauer eine Attacke, die über die Schlagmuster von Fingerbrüchen und einer typologischen Messerdrohung, zu einem Informationsgewinn über den Aufenthaltsort des Staffelbösewichts Habib Marwan führt. Das fortsetzungsgerichtete ‚Kern'-Segment antizipiert über einen Cliffhanger in präzisester Zeit- und Raumangabe die Handlung der nächsten Episode: „Marwan's gonna be at a place called ‚The Hub' tonight", enthüllt Prado und liefert sogar eine Wegbeschreibung. Geheimdienstchef Buchanans Statement in Episode 04x19 konnotiert die Funktionalität der Folter für die fernsehserielle Fortsetzungsstruktur: „The answer is: It worked. We got Marwan's location"[58]. Im Hinblick auf die narrative Funktion wird die Rede der Diskutanten deutlich überboten durch die Gewaltrede des Aktionisten. Als Extremsteigerung des Dialogs erreicht die Folter eine fernsehserielle Schlüsselrolle, wie das nächste Kapitel zeigen wird.

3.1.3 Folter als fernsehserieller Extremdialog

In fortsetzungsorientierter und selbstreflexiver Informationsvermittlung fungiert die Folter in *24* als Extremvariante des Dialogs, der für die Gattung der Fernsehserie konstitutiv ist. Diese Steigerung des Gattungskerns befördert in entscheidendem Maße die Serialisierung extremer Gewalt. Die Schlüsselrolle des Dialogs für die Fernsehserie stellt John Ellis fest: „It is massively composed of talk, conversation, speculation, confrontation, chat"[59]. Als Klimax intermedialer Kommunikationsprozesse *(I.2.4)* vollzieht die Folterdarstellung über die formgewaltige Kopplung körperli-

---

[56] Luhmann: Gibt es in unserer Gesellschaft noch unverzichtbare Normen?, S. 2.
[57] Episode 04x18, TC: 0:38:58–0:40:50.
[58] Episode 04x19, TC: 0:10:09–0:10:12.
[59] Ellis: Visible Fictions, S. 157; Ellis bezieht sich stellvertretend auf das Genre der Soap Opera.

cher und verbaler Gewalt im Schuss-Gegenschuss-Verfahren den konsequenten Schritt zur performativen Verdichtung des kommunikativen Stellenwerts der Gewalt[60]. Als fernsehserienhistorisches Novum greift die extreme Kommunikationsform der Folter in den strukturellen Kern der Gattung: Besonders in der „Workplace-Struktur"[61] der ‚medical interrogation'-Maßnahme unternimmt die Folterdarstellung eine produktionstechnische Grenzüberschreitung der Fernsehseriengattung, indem sie den traditionell soap-nahen, set-gebundenen Seriendialog über die Verschärfung der Verhörszene hochaufgelöst und kinonah spektakularisiert und die ansonsten auseinanderliegenden Bereiche von Dialog und Action effektiv verbindet[62]. Die Spektakularisierung interpersonaler Konflikte über den Extremdialog der Folter verdichtet die serienhistorisch hervorstechende Verschiebung von einer vertrauensbildenden parasozialen Kommunikation[63] zu deren Erschütterung, und markiert darin einen reflexiven Bezug zu den irritierenden Fernsehübertragungen des 11. September und der nachfolgenden US-Kriege. Auf der kriegssymbolischen Ebene des Extremdialogs äußert sich Erfolg im Fall der Folter über erzwungene Worte und im Fall des Gefoltertwerdens über das explizite Schweigen.

‚I didn't talk' – Folterresistenz als Sprachverweigerung

Als Kontrastfolie zum Extremdialog verdichtet sich auch die Kommunikationsnegation der Protagonisten zur televisuellen Signatur. Mit der Litotes-Formel „He doesn't talk much", die pointiert in den Countdown zur Werbepause mündet[64], charakterisiert der Agent Tony Almeida gegenüber der Antagonistin Nina Meyers die typologisch schweigsame Fi-

---

[60] Die Potenzierung der gewaltförmigen Kommunikation lässt sich über den semiotischen Status fernsehspezifischer Gewaltakte als Kommunikationsakte erfassen: „On television, violence is only, after all, the continuation of language by other means", Fiske/Hartley: Reading Television, S. 145; Der kommunikative Status der Folter im Fernsehen wird auch von Douglas Howard festgestellt, der sie mit der verbalen Gewalt des Moderators Simon Cowell in der Casting Show AMERICAN IDOL (FOX/ABC, 2002–2016/2018–, Simon Fuller) vergleicht; Douglas L Howard: Torture and Morality in Fox's 24, S. 133f.
[61] Eschke/Bohne: Dramaturgie von TV-Serien, S. 141.
[62] In der hybriden Verquickung spektakulärer Action-Thriller- und dialogzentrierter ‚Workplace'- und Soap-Muster verbindet die Folterdarstellung die wesentlichen Performanzbereiche von Dialog und Action, die Butler in der Soap Opera noch unterscheidet: „Our attention is with the dialogue, not with the ‚action'", Butler: Television Style, S. 40; Auch die einhergehende Unterscheidung von „how craft practice facilitates the genre's emphasis on emotion over action" (Ebd., S. 41) verschiebt sich zugunsten einer Verschmelzung von Action und Emotion.
[63] Vgl. Hickethier: Die Fernsehserie und das Serielle des Fernsehens, S. 50.
[64] Episode 03x14, TC: 0:23:49–0:24:20.

gur des Folterers in Episode 03x14 am Beispiel von Darren Richards. Korrelativ konstituiert sich insbesondere der Status des folternden und folterresistenten Helden Jack Bauer als „ultimate [...] resistor"[65] über die wiederkehrende Akzentuierung der Nicht-Kommunikation angesichts einer Folterung durch Feinde. Der symbolische Stellenwert der typologisch pointierten Sprachverweigerung konzentriert sich in den paratextuellen Mobisodes *Debrief*[66], die die Rezeption auf kleinen Mobiltelefon-Monitoren antizipieren. „I didn't talk" betont dort Jack Bauer gleich zweimal gegenüber einem Agenten, und diese Dopplung, die obendrein hypermedial gerahmt ist, wird in der Anschlussfolge abermals hypermedial wiederholt. Dabei entsteht eine formreflexive ‚Hook'-Serialität der Folterresistenz.

Als Gegenpol im Extremdialog hat auch die Folterresistenz eine wichtige narrative Funktion. Der plot-entscheidende Informationsgewinn durch die überstandene Tortur lässt sich als Extremvariante des Erzählmusters der Heldenprüfung feststellen, das Sarah Kozloff bei ihrer Fernseherzähltheorie in Bezug auf Vladimir Propps Märchen-Klassifizierung anführt: „#12: The hero is tested, interrogated, attacked, etc., which prepares the way for his receiving either a magical agent or helper"[67]. Die hervorstechenden Parallelen des Zitats zu *24* sind das Verhör und die erlangte Hilfe. Beide Elemente befördern zum Ende der zweiten Staffel deutlich den Informationsgewinn des gemarterten Jack Bauer über den feindlichen Drahtzieher Peter Kingsley und ermöglichen damit die finale Resolution der Staffel.

‚Now we're gonna talk' - Periphrasen des Extremdialogs

Die Akzentuierung der Folter als Extremdialog durchdringt die Serienstruktur. Gegenüber dem expliziten Begriff ‚torture', der eher auf feindliche Praktiken angewendet wird[68], erfolgt die Benennung der Folter auf

---

[65] Video „02:00. Originalszene von O'Hara im Gespräch mit Kingsley und den Foltervorbereitungen", in: 24. Season Two DVD, Disc 7, TC: 0:01:09–0:01:12; Die Bezeichnung verwendet Produzent und Autor Howard Gordon im Audiokommentar zu Episode 02x19.
[66] Video „24 Mobisodes. Day Six Debrief", in: 24. Season Six DVD, Disc 7, TC: 0:05:08–0:05.13, 0:06:22–0:06:27.
[67] Kozloff: Narrative Theory and Television, S. 71.
[68] Interessanterweise erfolgt die Folter auf Feindesebene weitaus seltener, fungiert aber als Legitimationsaspekt extremer Handlungen auf Protagonistenseite im Hinblick auf eine Anpassung an einen regellosen Feind. Die Folter durch Feinde findet sich in den Episoden 02x09, 02x19–20, 03x09–10, 04x13, 04x23, 06x01, 06x08, 07x16, 07x23 und dem Fernsehfilm *24: REDEMPTION*. Während die Methoden der

Protagonistenseite maßgeblich über euphemistische Synonyme und Periphrasen des verbalen Kommunikationsakts, die formstark und semantisch offen sind. Als Bezeichnungsgrundlage dient das Prinzip des ‚Talks', das im Fernsehen die meisten Formate und besonders die Serie bestimmt. Die fortsetzungsgerichtete Vernehmung des Söldners Joe Prado, die im vorherigen Kapitel besprochen wurde *(II.3.1.2)*, macht den Talk-Begriff explizit zum Programm. Konstitutiv knüpft die Gewaltrede in Episode 04x18 an das Signalwort des ‚Live'-Prinzips. „Now we're gonna talk" lautet Jack Bauers Ankündigung des plot-funktionalen Extremdialogs, der bereits nach dem Austausch von zehn Sätzen mit der Schlüsselinformation über den Ort des Staffelbösewichts in den Schlusscountdown mündet[69].

Die Kennzeichnung der Foltertechnik als Gewaltkommunikation entfaltet sich über die ‚Workplace-Struktur' der Serie. Neben den Vorstufen ‚debrief', ‚interrogation' und ‚Q&A' ermöglicht besonders das Konzept der ‚medical interrogation' eine set-praktische Passform für den Extrem-Talk. Durch die Evokation einer geregelten und gezügelten Aggression und die metonymische Nähe zur medizinischen Behandlung[70] plausibilisiert das Verfahren der ‚medical interrogation' eine Serialität der Gewalt. Im Zeichen der Gewaltkommunikation, die auf die Erlangung plot-funktionaler Informationen abzielt, wird die Tortur durch eine körperlich invasive Semantik präfiguriert. Als Basisstufe fungiert in Episode 04x03 die Mitarbeiteranleitung „I want you to see if you can get the name out of him another way"[71]. Verschärft wird die Invasionstendenz in der expliziten Informationsextraktion, die eine werkstrukturelle und US-symbolische Leitfunktion einnimmt. Zu Serienbeginn hat der Präsidentenbefehl „Extract information from Roger Stanton" eine Schlüsselrolle bei der institutionellen und fernsehseriellen Einführung der Folter *(II.3.2.1)*[72]. Spiegelbildlich akzentuiert die Serie im fortgeschrittenen Ver-

---

Protagonisten meist in eine professionelle Systematik eingeordnet sind, nutzen Feinde oft rohe, primitive Gewalt.

[69] Episode 04x18, TC: 0:39:20–0:40:50.

[70] In bemerkenswerter Korrelation erfolgt in LOST-Episode 06x03, TC: 0:10:59–0:13:18, eine metonymische Umdeutung der Folter zur Gesundheitsprüfung ausgerechnet im gewalttätigen Umgang mit dem prototypischen Folterer Sayid Jarrah. Trotz der fehlenden Fragen, die ansonsten die Folter konstituieren, wird der deutliche Bezug der Bildsprache gerade in der Negation explizit, die ein Vertreter der ‚Others' vornimmt: „We weren't torturing him. We were diagnosing him", TC: 0:18:19–0:18:24; Die metonymische Reichweite der Folter bis zur positiven, heilenden Konnotation betont, welchen Vorrang eine effiziente fernsehserielle Struktur gegenüber der Semantik einnimmt.

[71] Geheimdienstchefin Erin Driscoll bei der Besprechung mit Mitarbeiter Curtis Manning; Episode 04x03, TC: 0:16:05–0:16:08.

[72] Episode 02x11, TC: 0:29:20–0:29:25.

lauf die Serialisierung und US-symbolische Implosion des Extraktionsmusters. Das nah gefilmte Präsidentenstatement „I know you're good at extracting information", das Charles Logan in Episode 05x24 vor der erwarteten Tortur durch Jack Bauer abgibt[73], liefert erstens rückblickend eine typologische Definition ihres Protagonisten und artikuliert zweitens die zirkuläre Rückkehr der Extrempraxis zur Instanz des US-Präsidenten.

Die Markierung der Folter als dringliche Gewaltrede kulminiert in den Aktionsverben ,push', ,press' und ,break', die als ,violence hooks' fungieren. Die fortsetzungsorientierte Qualität des ,push'-Signals zeigt sich mustergültig in Episode 02x08 im Hinblick auf die Befragung des Verdächtigen Reza Naiyeer. Der Spannungsaufbau erfolgt über drei gezielte Druckimpulse. Zu Beginn gibt die Episode den Ausblick auf ein hartes Verhör, als der Geheimdienstagent Tony Almeida vom Vorgesetzten George Mason fordert: „Just tell me how hard I can push him"[74]. Nach einer halben Stunde[75] schließt sich die Spannungsklammer vorläufig mit der Rekapitulation „I pushed him really hard". Doch im direkten Anschluss folgt der dritte Druckimpuls der Gewaltrede mit Masons Ausnahme-Anweisung „You need to push him a little harder than usual today". Die serielle Eignung des suggestiven und steigernden ,push'-Signals zeigt sich parallel in Episode 04x01[76], als Agent Ronnie Lobell bei einer aussichtslosen Befragung den Verhörraum verlässt und die Vorgesetzte Erin Driscoll fragt „How far can I push this guy?". Der verbal antizipierte Druck der Tortur konzentriert sich auch in der ,press'-Variante: „We should be pressing this guy with everything we've got" fordert Jack Bauer in Episode 04x18 mit einem Appell, der über die Dopplung des Personalpronomens die Zuschauerschaft einschließt[77]. Eine Klimax der gewaltkommunikativen Folterakzentuierung liefert das Verb ,break', das eine Zerstörung impliziert. Die Zuspitzung der Dringlichkeit zeigt sich in derselben Episode an der spezifischen Proklamation des Ticking-Time-Bomb-Szenarios: „I want this man broken in minutes, not hours"[78].

,Aktivierende Folterfragen': Was passiert als nächstes?

Das zentrale Kriterium, weshalb sich die Folter dafür qualifiziert, eine Extremvariante des Fernsehseriendialogs zu sein, besteht darin, dass sie

---

[73] Episode 05x24, TC: 0:14:16–0:14:17.
[74] Episode 02x08, TC: 0:03:27–0:03:28.
[75] Ebd., TC: 0:29:01–0:29:09.
[76] Episode 04x01, TC: 0:36:28–0:37:20.
[77] Episode 04x18, TC: 0:28:33–0:28:40.
[78] Ebd., TC: 0:20:49–0:20:54; Den Befehl gibt Geheimdienstagentin Michelle Dessler.

die maßgebliche Dialogfunktion der Informationsvermittlung[79] spektakulär verschärft und als Extremvehikel einer fernsehseriellen Fortsetzungs- und Verzögerungstechnik fungiert. So lässt sich die Erzählstrategie, die Jeremy Butler dem Seriendialog attestiert, in bemerkenswerter Kongruenz auf die Vermittlungsweise der Folter beziehen:

> „Dialogue continually acts as the catalyst for new enigmas in the never-ending narrative chain [...]. Small questions are answered while larger ones are held in abeyance. [...] [I]ncomplete pieces of closure [...] always construct the foundations of new enigmas"[80].

Speziell das Erzählprinzip des Fragens, das den Fernsehseriendialog im Allgemeinen ausrichtet, jedoch in traditionellen Serien meist unscheinbar in die Konversation eingewoben ist, gerät durch die Folter zum spektakulären Leitprogramm. „I'm going to ask you again" lautet das Motto des seriellen Fragekonzepts, das in Episode 08x03 vom Verhörleiter Brian Hastings formuliert wird und den Bezug herstellt vom Sprechakt des Fragens zur fernsehseriell konstitutiven Wiederholung[81]. Die spektakuläre Verschärfung der seriengemäßen Fragestruktur durch die Folter ergibt sich erstens über die Reihung der Fragen im Sinne der ‚Höhepunktfrequenz' des Fortsetzungsformats, zweitens über die Genre-Zuspitzung im kriminalistischen Konzept der Ermittlungsfragen und drittens über die performative Steigerung mittels der intermedialen Verknüpfung von Dialog und Gewalt.

Durch die Folter spektakularisiert und perfektioniert *24* das Fernsehserienprinzip einer kontinuierlichen Generierung des Fortsetzungsinteresses – radikal spannt die Serie den Zuschauer auf die Folter. In einer hochrelevanten Konstellation fungieren die wiederkehrenden Folterfragen ‚Where is the target?', ‚Where is the bomb?' und ‚Where is the virus?' als radikale Varianten der „aktivierenden Fragen", die Gunter Eschke und Rudolf Bohne als zentrale Fortsetzungsmittel der Fernsehserie ausführen: „Jeder Wendepunkt in der Handlung sollte beim Zuschauer die Frage aufwerfen: Was passiert als nächstes? [...] Wenn sich der Zuschauer aktiviert fühlt, ist er emotional beteiligt und ergo neugierig. Er bleibt dran!"[82]. Durch die Folter erreichen die ‚aktivierenden Fragen', die von Eschke und Bohne lediglich als indirekter Effekt narrativer Wendepunkte artikuliert werden, einen expliziten und durchgängigen Status, der gekoppelt wird an eine „Körperaktivierung, bei der dann manchen Hören und Sehen vergehen mag"[83], wie sie Ludwig Pfeiffer in Bezug auf körperliche Spektakel

---

[79] Vgl. Webseite „Scene Exercises. Investigation".
[80] Butler: Television Style, S. 54 f.
[81] Episode 08x03, TC: 0:16:45–0:16:48.
[82] Eschke/Bohne: Dramaturgie von TV-Serien, S. 156.
[83] Pfeiffer: Das Mediale und das Imaginäre, S. 270.

benennt. Die extreme Serie verlässt sich nicht darauf, dass der Zuschauer durch den Handlungsverlauf hinreichend aktiviert wird und sich die Frage nach der Fortsetzung still in Gedanken stellt. Stattdessen werden die Fortsetzungsfragen in der Diegese maximal nach außen gekehrt: Stellvertretend für den Zuschauer formuliert die Hauptfigur Jack Bauer ‚*aktivierende Folterfragen*'. In der fernsehtypologischen Engführung von Dialog und Gewalt verfügen die ‚aktivierenden Folterfragen' über eine formelhafte, laute, aggressive und repetitive Form. Der Fernsehzuschauer ‚bleibt dran' in einer ungekannt extremen Weise, indem der Protagonist mit körperlicher und viszeraler Intensität an den Informationen des Antagonisten ‚dran bleibt'. Die Folter wird fortgesetzt, weil sie entscheidend zur Fortsetzung der Fernsehserie beiträgt. Fortsetzung folgt nicht nur, sie wird erfoltert.

24 serialisiert die ‚aktivierenden Folterfragen' gemäß der fortsetzungsgerichteten und verzögernden Reizkontinuität als formelhaft wiederkehrende ‚violence hooks'. Die schematische Gestaltung der Folterfragen betrifft in intermedialer Wechselwirkung sowohl die Bildebene als auch die Tonebene. Auf der Bildebene dominiert, basierend auf der fernsehsemiotischen Typologie und Dualstruktur[84], das Schuss-Gegenschuss-Verfahren. Die halbnahe 180°-Alternierung zwischen Figuren fungiert als ultimative Manifestation des fernsehseriellen Extremdialogs, da sie die Inszenierungstraditionen des Dialogs und der Gewalt vereint. Im dualen Aufbau befördert das Schuss-Gegenschuss-Verfahren eine Folterhierarchie[85] zwischen dem folternden Protagonisten, der meistens steht, und dem Befragten, der meistens sitzt, und generiert zusammen mit der Tonebene eine kommunikative Signalverdichtung von der Sprache hin zur physischen Gewalt. Dies geschieht über drei Stufen: Frage, Widerstand, Gewalt. Auf der Tonebene verfügen die formelhaften Folterfragen über eine klare, parataktische Ordnung, die einen Schlagrhythmus ermöglicht und intermedial mit der signalstarken Gewaltanwendung korreliert. Am Anfang einer ‚aktivierenden Folterfrage' steht immer das ortsbezogene Frageadverb ‚where'. Darauf folgt das Prädikat ‚is', das oft apostrophiert verkürzt ist. Die ‚aktivierende Folterfrage' gipfelt schließlich in einem Objekt, das gemäß dem jeweiligen Bedrohungsszenario seriell ausgetauscht wird. Prominent sind die Signalworte ‚target' (Seasons Five, Seven), ‚bomb' (Season Two) und ‚virus' (Season Three). Durch den maximal suggestiven Impuls der Fragen generiert die Fernsehserie eine potentiell unendliche Fortsetzung.

Mit dem Fokus auf jede der drei ‚aktivierenden Folterfragen' – ‚Where is the target?', ‚Where is the bomb?' und ‚Where is the virus?' – soll

---

[84] Vgl. Fiske/Hartley: Reading Television, S. 142; Bignell/Orlebar: The Television Handbook, S. 101.
[85] Zur filmischen Folterhierarchie vgl. Stiglegger: Terrorkino, S. 49.

nun an vier Beispielen deutlich werden, wie ein Extremdialog im Detail die eben angeführten Muster nutzt, um als effektive Technik der fernsehseriellen Fortsetzung zu fungieren. Gegenüber den drei folgenden Beispielen, die eine narrative Auflösung verzögern, spielt die ‚aktivierende Folterfrage' im ersten Beispiel eine Sonderrolle, da sie im Sinne der ‚Kern'-Segmentfunktion (‚kernel'[86]) einen plot-entscheidenden Effekt hat: Jack Bauers Frage „Where is the target?" verdichtet in Episode 05x15 einen Extremdialog in einem bild- und tonhierarchischen Aufbau[87]. Über einen präzisen Filmschnitt in der letzten Silbe des Signalworts ‚target' (‚-get') erfolgt die Folterfrage bei einer Konfrontation zwischen dem stehenden, schreienden Protagonisten Jack Bauer mit Schusswaffe und der sitzenden, zitternden Informationshändlerin Collette Stenger. Dabei erzielt die Frage eine eindeutige Information zum Fortgang der Handlung („A natural gas distribution center"), die als narrative Komplikation zum Showdown zwischen Jack und dem Staffelbösewicht Vladimir Bierko führt.

Im Gegensatz zu diesem handlungsentscheidenden Wendepunkt verzögert der Großteil der ‚aktivierenden Folterfragen' eine narrative Auflösung oder liefert lediglich Teilantworten, ganz im Sinne von Jeremy Butlers Definition des Dialogs der Fernsehserie: „Small questions are answered while larger ones are held in abeyance"[88]. Dies soll an drei diskursiven ‚Satellit'-Segmenten deutlich werden (‚satellites'[89]). Obwohl es sich um die gleiche Frage wie im ersten Beispiel handelt, führt die ‚aktivierende Folterfrage' ‚Where is the target?' in Episode 07x11[90] nicht zu einer plot-entscheidenden Information. Stattdessen steigert die Frage die Erwartungshaltung durch spektakuläre Wiederholungen bis zum Finale der Anschlussfolge, wo die terroristische Invasion des Weißen Hauses in einem Cliffhanger enthüllt wird. Als Präfiguration jenes US-symbolisch erschütternden Erzählschocks etabliert die Folterfrage im kunstvoll ausgeschmückten Saal einen spannungsreichen Extremdialog, indem sie auch hier, nach einem Schnitt, in einer hierarchischen Relation stattfindet zwischen dem stehend schreienden Protagonisten Jack Bauer mit Schusswaffe und dem sitzend weinenden Stabschef Ryan Burnett. Die Gewalt, die sich über eine extreme Signalfrequenz von Stromstößen entwickelt hatte *(II.3.1.1)*, kulminiert parallel zur mehrmals gestellten Frage in einem nah gefilmten Gewaltgriff und einer ikonischen Setzung des Gewaltgesprächs, das die Figuren und die Waffe in derselben Aufnahme vereint. Einerseits führt die Folterfrage im Sinne von Butlers Seriendialogdefinition zu „pie-

---

[86] Vgl. Porter et al.: Re(de)fining Narrative Events, S. 25f.
[87] Episode 05x15, TC: 0:28:14–0:28:42.
[88] Butler: Television Style, S. 54f.
[89] Vgl. Porter et al.: Re(de)fining Narrative Events, S. 26f.
[90] Episode 07x11, TC: 0:22:57–0:25:36.

ces of closure"[91], denn der Gefolterte wird als Konspirator bestätigt. Gleichzeitig dienen Burnetts Hinweise auf eine nahende Bedrohung per definitionem als „foundations of new enigmas""[92]. Der Status des Segments als spektakuläre Handlungsverzögerung bestätigt sich in der gezielten Unterbrechung der seriellen Folterfrage. Mitten in der dritten Wiederholung mündet die Frage elliptisch in den Special Effect der Zimmerstürmung („Where's the target? Where's the target? Where's...").

Auch die ‚aktivierende Folterfrage' ‚Where is the bomb?' befördert einen spektakulär verzögernden Extremdialog. Die erste explizite Polizeifolter der Serie beginnt in Episode 02x12[93] offen und leise und steigert sich zur konzentrierten performativen Wechselwirkung von Frage und Gewalt. Passend zur Vogelperspektive eines offenen braun-grauen Raums mit Torbogen, in dem der Protagonist Jack Bauer und der Antagonist Syed Ali nur klein in der rechten unteren Ecke zu sehen sind, reiht der Agent fast im Flüstern zwei parallelistische Aussagesätze aneinander, die umfassend die Existenz und sämtliche Taten des Terroristen konstatieren („I know who you are. I know everything that you've done"). Genau im Moment des konsonantisch schlagenden Partizips „done" wechselt die Signalfrequenz der Sätze über einen Schnitt zum halbnahen seitlichen Anpacken des Antagonisten am Hals und die Auslegung des Fragegerüsts („Where is the"). Die Signalstärke kulminiert im suggestiven Schlagwort „bomb" und, mit Schnitt und Effektsound, in einer nah gefilmten, vom Lampenlicht überstrahlten Konfrontation der Gesichter. An diesem Punkt des Extremdialogs, an dem keine verbale Antwort mehr folgt und stattdessen die Frage mit einem animalischen Grunzen abgewehrt wird, steht formkonsequent die Anwendung der Gewalt. Im Schuss-Gegenschuss-Verfahren erreicht das Segment seinen Höhepunkt über drei Hiebe und die Wiederholung der Frage. Mit der zirkulären Rückkehr zur Torbogen-Perspektive konnotiert Jacks Statement den fehlenden plot-funktionalen Effekt der Echtzeit-Dramaturgie: „You are wasting my time". Die Frage nach der Schlüsselinformation wird innerhalb der seriellen Verzögerungstechnik auf die nächsten (Folter-)Segmente verschoben.

Eine signalstarke Zuspitzung des Extremdialogs vom Gespräch zur Gewalt findet sich zuletzt auch in der ‚aktivierenden Folterfrage' ‚Where is the virus?'. Das Segment in Episode 03x15[94] beginnt mit dem visuell aufgeladenen Eintritt des Waffenhändlers Michael Amador durch einen dunkelroten, von hinten beleuchteten Perlenvorhang, der die Farbe Rot

---

[91] Butler: Television Style, S. 54 f.
[92] Ebd.
[93] Episode 02x12, TC: 0:13:20–0:13:42.
[94] Episode 03x15, TC: 0:26:41–0:28:30.

als „colour of agitation"[95] nutzt. Nun steigt die Spannungskurve bei einem Tischgespräch, in dem zu einem graduell ansteigenden hohlen Geräusch die spezifische duale Hierarchie zwischen dem stehenden Jack Bauer und dem sitzenden Befragten ausgespielt wird. Nach dem schnellen Scheitern des persönlichen Gesprächs um eine zentrierte Lampe erhöht sich die Performativität mit dem halbnahen Herantreten des Protagonisten an den Feind und dem rhythmisch raschelnden Umschmeißen eines Gegenstands. In dieser optischen und akustischen Intensität initiiert die Folterfrage „Where is the virus?" gleich nach dem Fragewort das extremdialogische Closeup der gegenüberliegenden Gesichter. Wieder erfolgt am Punkt der Kommunikationsnegation durch den Befragten der Übergang zur Gewalt, der hier mit schlagzeugbetontem Sound unterlegt ist. Auf einen Würgegriff folgt die sekundenschnelle Signalfrequenz typologischer Gewaltclips im Closeup. Aufeinander folgen Nahaufnahmen der Hand, die an den Tisch gepresst wird, des dynamisch gezückten Messers, des angesetzten Messerschnitts, des Reaction Shots des Schreis und des fortgesetzten Messerschnitts bis der Spannungshöhepunkt erreicht wird mit der Wiederholung der Folterfrage durch Jacks ‚Doppelgänger' Chase Edmunds und einem längeren Closeup des Messerschnitts. Ohne eine Antwort des bewusstlosen Amador auf den Fortgang der Handlung suggeriert Jack, bevor er rahmend durch den eingangs genutzten Perlenvorhang tritt, die Wiederholung der Gewaltanwendung und damit die informationelle Verzögerung, die in der Anschlussfolge zum Alternativszenario einer nachverfolgten Flucht führt.

Die serielle Informationsreihung durch den Extremdialog der Folter erfolgt vor dem maximal suggestiven Hintergrund einer unendlichen Fortsetzung. Im Closeup-Gegenüber mit Jack Bauer verdichtet der gefolterte Christopher Henderson in Episode 05x12 das Prinzip der informationellen Fortsetzungskette der Serie über die metafiktionale Metapher der Büchse der Pandora[96]: „You don't wanna know what I know. You get me to talk, I promise you, you'll be just opening Pandora's box". In der Verweiskette der Gewaltsegmente wird die ‚aktivierende Folterfrage' konsequent serialisiert.

---

[95] Produzent und Autor Joel Surnow über die spannungsreiche Farbgestaltung von Produktionsdesigner Joseph Hodges – Video „Audiokommentar für Folge 02x20 von Kiefer Sutherland und Joel Surnow", TC: 0:07:58–0:08:30.
[96] Episode 05x12, TC: 0:10:59–0:11:44.

‚Tell me!' – Folter als Forderung nach der Fortsetzung der Erzählung

Die Klimax einseitiger, gewaltsamer Folterfragen kulminiert in Aufforderungssätzen, die entweder diskursiv verzögernd[97] oder plot-funktional[98] fungieren. Vor der syntaktischen Hauptgruppe von Fragewort, Artikel, jeweilig angepasstem Objekt und Prädikat („where the [bomb/chip/target] is") beginnen die parataktischen Sätze mit der Formel „Tell me!". Die intermediale Spektakularisierung und serielle Wiederholung der Sätze exponiert im Extremdialog den Kommunikationsakt. Mehr noch: In einer bemerkenswerten Zuspitzung fungiert der Ausspruch „Tell me!" im Hinblick auf den homonymen Bezug zur Narration letztlich als intensive und irritierende Forderung nach einer Fortsetzung der Erzählung. Die Härte der Informationsforderung, die die Effektivität und Problematik der fernsehseriellen Erzählbarkeit der Gewalt nach dem 11. September bündelt, manifestiert sich in der absoluten Dualstruktur konditionaler und konjunktionaler Konstruktionen in Bezug zur fernsehtypischen Dualität[99]. Im Sinne der seriellen Gewaltdramaturgie lässt sich zwischen spektakulären und plot-funktionalen Aufforderungssätzen unterscheiden. Die Variante des Konditionalsatzes, die ein Gewaltende in Aussicht stellt, tendiert zur narrativen Verzögerung. Die Variante der Entweder-Oder-Konjunktion mit Morddrohung dient verstärkt dem Fortgang der Handlung. Beide Varianten sollen nun anhand von Beispielen veranschaulicht werden.

In der narrativ verzögernden Variante des Konditionalsatzes, die an zwei diskursiven Segmenten (,satellites'[100]) gezeigt werden soll, stehen sich die Aufforderung zur Informationspreisgabe und das Versprechen der Folterbeendigung oder Schmerzstillung gegenüber. Beginnend mit der Betonung der Einfachheit („Mr. Burnett, it's really simple") präsentiert Jack Bauer in Episode 07x11 die Formel „Just tell me where the target is" als kommunikative Perspektive auf das absolut gefasste Ende der Tortur („and this will all be over")[101]. Eine entsprechende Konstellation ergibt sich in Episode 02x14, als Jack die formelhafte Forderung „Tell me where the bomb is" zweigliedrig an das Versprechen der Schmerzstillung knüpft („and I'll get you something for the pain and then we'll treat your arm") und darauf dreifach den Dialog einfordert mit der zirkulären Rückkehr zum signalhaften Imperativ („Please, Marie, just talk to me. Just talk to me. Tell me where the bomb is!")[102].

---

[97] Vgl. Porter et al.: Re(de)fining Narrative Events, S. 26f.
[98] Vgl. ebd., S. 25f.
[99] Vgl. Fiske/Hartley: Reading Television, S. 142; Bignell/Orlebar: The Television Handbook, S. 101.
[100] Vgl. Porter et al.: Re(de)fining Narrative Events, S. 26f.
[101] Episode 07x11, TC: 0:23:32–0:23:35.
[102] Episode 02x14, TC: 0:20:28–0:20:39.

In der plot-funktionalen Dualstruktur der Entweder-Oder-Konjunktion, die sich an drei ‚Kern'-Segmenten („kernels"[103]) aufzeigen lässt, stehen sich die Aufforderung zur Informationspreisgabe und die Androhung des Todes gegenüber, und antizipieren im einen wie im anderen Fall eine fernsehspezifische Reizsignalverpflichtung[104]. Einen plot-entscheidenden Abschluss der episodenübergreifenden Foltersegmentfolge um den Terroristen Syed Ali erreicht Episode 02x12 über die Informationsforderung „Tell me where the bomb is", die im Schlagreim und mit Schlaggeräusch als Alternative zum Tod etabliert wird („or I will kill Assad")[105]. Die verwandte Zuspitzung der Todesalternative in Bezug auf den Gefolterten („or I will kill you") entfaltet sich in Episode 05x15 über die nah gefilmte Schuss-Gegenschuss-Hierarchie zwischen dem stehend schussbereiten Jack Bauer und der sitzenden Informationshändlerin Collette Stenger. Dabei wird die Forderungsformel „tell me where the target is" eingeleitet durch die Setzung einer minimalen Frist im Konzept der Zeitnot („You have three seconds to") und erwirkt so den Wendepunkt des Showdowns[106]. Die Intensität der Erzählforderung im Ticking-Time-Bomb-Szenario „You are gonna tell me: What is happening at eight o'clock?" korreliert in Episode 04x01 mit einem repräsentierten und formstarken Gewaltausbruch[107], bei dem Jacks Schuss ins Knie des Terroristen Tomas Sherek gleichzeitig den televisuellen Formexzess mehrerer Reaction Shots der CTU-Mitarbeiter in Split-Screen-Closeups auslöst, bis Sherek nach dem Zielen auf das zweite Knie die Information preisgibt, die den Cliffhanger der Entführung von Audrey und Richard Heller initiiert. Die Forderung führt plot-funktional zur Fortsetzung.

Folter als Spektakularisierung interpersonaler Serienmuster

Im Zuge der radikalen Fortsetzungsorientierung integriert der Extremdialog der Folter letztlich auch eine Spektakularisierung der diskursiven Ebene interpersonaler Konflikte. Dabei entstehen Extremvarianten serientradierter Family- und Romance-Kommunikationsmuster des häuslich geprägten Fernsehmediums[108]. Mit der Ausreizung der „Konfrontationsästhetik" der Folter[109] bis ins tragische „schwere Leid innerhalb von

---

[103] Vgl. Porter et al.: Re(de)fining Narrative Events, S. 25 f.
[104] Zum ‚new affective order' vgl. Nelson: TV Drama, S. 111–118.
[105] Episode 02x12, TC: 0:31:51–0:32:01.
[106] Episode 05x15, TC: 0:28:09–0:28:14.
[107] Episode 04x01, TC: 0:37:37–0:38:22.
[108] Zur „ideology of domesticity" vgl. Hartley: Uses of Television, S. 99.
[109] Stiglegger: Terrorkino, S. 60.

Naheverhältnissen"[110] potenziert die Serie eine kommunikative Erschütterung und Konspiration zwischen typologischen, reversiblen Figuren *(II.1.3)* zu einer affektkoppelnden Doppelcodierung von Beziehungsproblemen. Der Extremdialog der Folter spektakularisiert nahe Figurenbeziehungen zwischen entfremdeten Familienmitgliedern oder eifersüchtigen Liebenden. Beide Konstellationen sollen nun an Beispielen deutlich werden.

Die Zuspitzung eines familiären Konflikts im Kontext der Folter erfolgt in Episode 04x06[111]. In einer markant tragischen Konfrontation zwischen Vater und Sohn[112] rügt der konservative Verteidigungsminister James Heller seinen politisch links orientierten Sohn Richard in einem Verhörraum des Geheimdiensts CTU. Als der Sohn sich weigert, Informationen preiszugeben, befiehlt der Vater die Durchführung einer ‚medical interrogation': „Agent Manning, I am authorizing you to do whatever you feel is necessary to get this information out of my son". Die Folter fungiert als Spektakularisierung des Musters der Bestrafung des unfolgsamen Sohnes durch den strengen Vater.

Die direkte Durchführung der Folter eines Familienmitglieds an einem anderen Familienmitglied erfolgt im Verlauf der Episoden 06x05 bis 06x07 bei der Vorstellung der Bruderbeziehung von Jack und Graem Bauer[113]. Letzterer wurde dem Zuschauer bereits zum Ende der Vorstaffel als maximaler Antagonist präsentiert. Anstelle einer nuancierten, rein diskursiven Vorgeschichte präsentiert die effektzentrierte Serie die Beziehung zwischen den Brüdern beim ersten Wiedersehen nach vielen Jahren als möglichst spektakulären Konflikt[114]. Beginnend mit der Invasion des familiären Zuhauses, die Jack gegenüber der Ehefrau mit dem Schlagwort „intrusion" markiert, konstituiert sich der Extremdialog der Folter in Episode 06x05 über die Gewaltpotenzierung des Kommunikationsmusters eines Bruderzwists. Die irritierende Prägung der Fesselung des Bruders an einen Stuhl rekurriert letztlich auf die Ebene eines kindlichen Gerangels. Dabei dient die geforderte Information als Streitobjekt: „Are you gonna give it to me or do I need to start hurting you?", fragt der starke Bruder Jack. Der schwächelnde Bruder Graem jammert: „Actually, you're hurting me now".

---

[110] Aristoteles: Poetik, S. 43.
[111] Episode 04x06, TC: 0:27:55–0:30:36.
[112] Als Beispiel für eine ‚bejammernswerte' Handlung nennt Aristoteles die Variante „ein Sohn [steht] gegen den Vater", Aristoteles: Poetik, S. 43.
[113] Die Variante „ein Bruder steht gegen den Bruder" nennt Aristoteles als grundlegendes Beispiel einer ‚bejammernswerten' Handlung, Ebd.
[114] Episode 06x05, TC: 0:35:16–0:38:47, 0:40:31–0:41:07.

Die extreme Präsentation des Familienkonflikts durch die Folter steigert sich in Episode 06x06[115]. Hier führt das Geständnis des Bruders Graem zum Vater Phillip („It was my fault. I made a mess. Dad's trying to clean it up") und eröffnet eine Konstellation, die Jack und Graem als traumatisierte Söhne eines herrschsüchtigen Vaters pointiert. Als dreiteilige Klimax des extremen Familienkonflikts fungiert die Folter in Episode 06x07. Im ersten Segment[116] verstärkt sich die Konnotation des kindlichen Gerangels, indem explizit auf das gemeinsame Aufwachsen verwiesen wird. Graem betont: „We grew up together, Jack. In all those years I could never make you do anything you didn't wanna do". Im zweiten Segment[117] eröffnet sich eine archaische Ebene. Als der Bruderstreit, nach Graems Geständnis, vom Informationsziel abweicht und zum Mordversuch führt, suggeriert Graems Ausruf „We're the same!" im intensiven Schuss-Gegenschuss-Verfahren eine Gleichheit der typologischen Figuren, die an die biblische Erzählung von Kain und Abel anknüpft. Im dritten Segment[118], vor dem Schlusscountdown, markiert die Tortur mit dem gleichermaßen archaischen Kindsmord eine maximal spektakuläre Erschütterung der Vater-Sohn-Beziehung zwischen dem ungenügsamen Vater Phillip und dem anerkennungshungrigen Sohn Graem. Der Vater, der Graems Qualen am Monitor verfolgte, beendet sie nun tödlich mit der doppelcodierten Abschiedsformulierung „You've been a good boy. You've done everything I asked. Only this time, I asked too much". Zirkulär bindet der Vater den anderen Sohn in die tragische Familienbeziehung ein und macht ihn verantwortlich für den Mord.

Die Spektakularisierung der Figurenbeziehungen durch den Extremdialog der Folter erfolgt bei Liebesbeziehungen primär über den Grundkonflikt der Eifersucht. Mit Jack Bauers harter Befragung von Paul Raines, dem Noch-Ehemann seiner Freundin Audrey, die auch anwesend ist, überführt *24* in Episode 04x11 das Muster der Dreiecksbeziehung (‚Ménage à trois'), das durch die set-gebundene Soap Opera geprägt ist, in eine spektakuläre Action-Dramaturgie[119]. Mit dem Ziel der affektkoppelnden Informationsgewinnung unternimmt die Sequenz eine gewaltakzentuierte Doppelcodierung melodramatischer Dialogmuster. Die programmatische Verbindung der Semantiken des Fremdgehens und der Gewalt erfolgt gleich in der ersten Einstellung. Ein Hotelzimmer, das den Seitensprung symbolisiert, wird von einem Soldaten bewacht. Die Folter-Spektakularisierung der Dreiecksbeziehung entfaltet sich über drei Kommunikationsmuster in Nah- und Halbnahaufnahmen. Erstens folgt Bauer

---

[115] Episode 06x06, TC: 0:06:36–0:09:38.
[116] Episode 06x07, TC: 0:16:37–0:18:30.
[117] Ebd., TC: 0:21:35–0:26:30.
[118] Ebd., TC: 0:37:57–0:41:36.
[119] Episode 04x11, TC: 0:01:48–0:05:54.

als ermittelnder Agent dem dominanten Aktionsmuster des eifersüchtigen Liebhabers, der die Information einfordert in einer Weise, die dem melodramatischen Sich-aussprechen im Soap-Genre entspricht: „Paul, you need to start talking to me now". Demgegenüber gleicht der Widerstand des Befragten dem trotzigen Reaktionsmuster des Ehemanns, der die Aussprache verweigert: „I've got nothing to say to you". An dritter Stelle steht das Reaktionsmuster der fürsorglichen Ehefrau zwischen den Fronten: „What are you going to do to him?". Die gewaltbezogene Spektakularisierung häuslich konnotierter Soap- und Serienmuster kulminiert in einer intermedialen Zuspitzung: Das Hotelzimmer-Inventar der Lampe wird zur funkensprühenden Vorrichtung, die den Beziehungskonflikt zum signifikanten Gewaltsignal steigert. Diese Konstellation spektakularisiert den Status der Folter als Extremdialog: Jack Bauer initiiert eine Antwort, indem er Paul die Kabel der Lampe an den Mund führt. Damit erfolgt der Kommunikationsakt über eine ultimative Verquickung von Dialog und Gewalt.

Die extremdialogische Emphase des Eifersuchtskonflikts erfolgt neben der Folterung des Liebesrivalen auch in der Folter am Liebespartner selbst. Im harten Verhör, das Jack Bauer in Episode 05x15 bis zum Ansatz der Tortur an seiner Freundin Audrey ausführt, verknüpft 24 die beweisführenden Kommunikationsmuster von Ermittlungseifer und Eifersucht und damit die Inszenierungsweisen des Crime- und Romance-Genres[120]. Neben dem plot-funktionalen Resolutionsdrang verhandelt das spektakuläre Beziehungsgespräch, das auch im Verweis auf das liminale Hotelzimmer beginnt, das Liebesverhältnis der Hauptfiguren Jack und Audrey über die Kopplung soap-typischer Dialogmuster der Eifersucht an die televisuellen Verhörmuster der intermedialen Fotografienpräsentation und der rhythmisch schlagenden Fragereihen im Schuss-Gegenschuss-Verfahren. Die doppelcodierte Befragung konstatiert erstens im dreifachen Parallelismus Audreys Seitensprung mit Stabschef Walt Cummings („You weren't having drinks with him, you shared a room with him. You slept with him") und nähert dann die Fronten über den melodramatischen Wortwechsel „Why did you break it off?" - „Because he wasn't you". Die Ambivalenz der Folter als extremes Beziehungsgespräch kulminiert in Jacks heftigem Herandrücken seiner Freundin an die Zimmerwand, worin gleichzeitig Gewalt als auch die Wiedervereinigung der Liebenden evoziert wird. Letztere Variante bestätigt sich mit Jacks wiederholter, reflexiv im TV-Monitor gerahmter Abschlussforderung („This is over! You understand? This is over!"), wodurch die angesetzte Folter als Überzeugungsversuch gegenüber den zuschauenden Geheimdienstchefs betont wird, um eine medizinische Informationserzwingung durch Rick Burke

---

[120] Episode 05x15, TC: 0:10:51–0:15:07.

zu verhindern. Dieses Abwehrverhalten steigert sich zum Kampf mit dem Verhörleiter und der abermaligen Wiederholung des Folterabbruchs („It's over, I promise you, it's over for good"), die mit der Umarmung der Liebenden besiegelt wird. Während das zuerst beschriebene Foltersegment in Episode 04x11 zur Trennung der Liebenden führt, erwirkt hier die gemeinsame Foltererfahrung zirkulär die Wiederversöhnung („Jack, the only thing that got me through this, was that I knew you would come"). In ihrer episodenfüllenden und staffelübergreifenden Funktion bestätigt die Folter ihren Status als televisuelle Signatur.

3.2 Selbstreflexivität der Folter –
Fernsehserielle Reflexionen der Grenzüberschreitung

Die Verschärfung fernsehserieller Strukturen in der Extremdarstellung der Folter geht einher mit einer selbstreflexiven Grenzauslotung fernsehmedialer Darstellbarkeit. Im Extrem wird die Fernsehserie in ihrer ästhetischen und medialen Bedingtheit herausgestellt. Das Fernsehen wird im Bewusstsein über seine Strukturen als *Fern*-Sehen evident. Die Selbstreflexivität der Folter wird in diesem Teilkapitel über die maßgeblichen Stufen der Initiation, Serialität und Problematisierung untersucht. Zuvor soll nun eine grundlegende Einordnung des Phänomens erfolgen über die Grundfaktoren der reflexiven Prozessualität und Tragik fernsehserieller Folter.

Das ästhetisch formreflexive Potential der Folterdarstellung lässt sich kunsthistorisch auf die durchgängig prägende Gattung der Tragödie beziehen *(II.2.3)*, die Christoph Menke über David Hume als „Zugleich von metaphysischer Unlust am Tragischen und ästhetischer Lust an der Kunst seiner Darstellung"[121] markiert. Besondere Relevanz erhalten dabei tragische „Schmerz-Szenen", die Felix Budelmann in Bezug auf David Gravers Konzept der ‚violent theatricality' als Szenen kennzeichnet, die „die Erzählung aufhalten und alle Aufmerksamkeit auf den Moment lenken"[122]. In bemerkenswerter Übereinstimmung zeigt sich die Gültigkeit des Prinzips für die filmische Folterdarstellung in Arno Metelings Einordnung von ‚Folterszenen' als „Stellen [...], die den Erzählfluss des Films

---

[121] Christoph Menke: Die Gegenwart der Tragödie. Versuch über Urteil und Spiel, Frankfurt 2005, S. 108; Menke bezieht sich auf: David Hume: Of Tragedy, in: Eugene F. Miller (Hg.): Hume. Essays. Moral, Political, and Literary, Indianapolis 1985, S. 219.

[122] Budelmann: Körper und Geist in tragischen Schmerz-Szenen, S. 146; Budelmann bezieht sich auf: David Graver: Violent Theatricality. Displayed Enactments of Aggression and Pain, in: Theatre Journal 47, 1995, S. 44.

stören und schließlich transzendieren"[123]. Der besondere Status der fernsehseriellen Folterdarstellung in *24* zeigt sich gegenüber der dramaturgischen Geschlossenheit des Kinofilms in der segmentierten Serialisierung des Irritationsmoments der ‚Folterszene' über die televisuell-serielle Signal- und Schockfrequenz im intermedial reflexiven Techno-Thriller-Genre. Im Konzept des „visceral entertainment"[124] wird die Extremdarstellung letztlich in einer ästhetisch modernen Spannung situiert zwischen einer repräsentierten Körperlichkeit und der medialen Materialität im TV-‚flow' zwischen Fakt und Fiktion. In der selbstreflexiven Gewaltdarstellung *(II.2.3.4)* erreicht die Extremkommunikation der Serie mit der Folter, im Zuge spektakulärer und plot-orientierter Informationsgewinnung, den Höhepunkt einer reflexiven Grenzbewegung, die den Körper als letztes Medium figuriert und den Fernsehzuschauer extrem beansprucht.

‚Medical interrogation':
Reflexive Grenznähe zwischen medialen und körperlichen Prozessen

Speziell die fernsehserielle „Workplace-Struktur"[125] der ‚medical interrogation' bildet eine reflexive Prozessualität. Die systematische Ausfragung typologischer Fernsehfiguren als Informationsträger impliziert eine Radikalisierung von Stuart Halls Decodierungskonzept[126] sowie von Deborah Jermyns Ermittlungsdramaturgie[127] und erwirkt eine fortdauernde Grenznähe zwischen medialen und körperlichen Prozessen. Dies geschieht über *drei Grundtendenzen*: Erstens werden Fernsehserienfiguren bei der Folter in einer informationell-medialen Weise akzentuiert. Zweitens werden gefolterte Figuren mit technischen Geräten in ihren physischen Aktivitäten televisuell erfasst. Drittens erleben Figuren bei der Sinnesfolter eine intermediale Irritation der Wahrnehmung. Diese drei Prozesse verweisen im Extrem auf die technisch-ästhetische Gemachtheit der Fernsehserie und die Körperlichkeit des Zuschauers.

Im ersten Schritt lässt sich die *Tendenz der informationell-medialen Akzentuierung* gefolterter Figuren an zwei Beispielen aufzeigen. Bei der Befragung des Terroristensohns Behrooz Araz in Episode 04x15 wird die funktional orientierte Figurenrede ausdrücklich als Produktionsakt ausgewertet[128]. Dabei verlangt der Agent Almeida: „If he produces something

---

[123] Meteling: Folterszenen, S. 202.
[124] Video „How Hollywood Gets It Wrong on Torture and Interrogation. P1", TC: 0:06:42–0:06:44.
[125] Eschke/Bohne: Dramaturgie von TV-Serien, S. 141.
[126] Vgl. Hall: Kodieren/Dekodieren, S. 105–124.
[127] Vgl. Jermyn: Realism, Spectacle and the Corpse in CSI, S. 81.
[128] Episode 04x15, TC: 0:22:06–0:22:13.

relevant, let me know". Kohärent zeigt sich gleich im Anschluss der technisch-apparative Produktionsakt über einen Linksschwenk zum überwachenden Computer-Assistenten und einen Rechtsschwenk zum Monitorbild der Verhör-Konfrontation. Die Kennzeichnung der TV-Serienfigur als Informationsträger zeigt sich auch in Episode 05x13[129]. Über den Leitbegriff der ‚Workplace'-Systematik, den Protagonist Jack Bauer zweimal verwendet, entsteht eine markante Parallelität zwischen der angeordneten Folter am Verräter Christopher Henderson („Okay, keep working on him") und dem Befehl zur Auswertung seiner Computerdaten („I need you to keep working on those files").

Die zweite Figurationsvariante der Grenznähe zwischen medialen und körperlichen Prozessen steigert sich in der *televisuellen Erfassung physischer Aktivitäten durch technische Messgeräte*, die den Gesundheitszustand prüfen und den Wahrheitsgehalt von Aussagen. Die hypermediale Monitoranzeige des Pulsanstiegs der Antagonistin Nina Meyers signalisiert in Episode 03x14 eine Anspannung[130], die zum Ende der Folge dramaturgisch über einen Fluchtversuch potenziert wird, der mit lauten, kurzen Alarmsignalen einhergeht[131]. Eine umfassende televisuelle Erfassung der Physis unternimmt Episode 08x02 beim Verhör der Journalistin Meredith Reed[132]. Während Split-Screen-Konstellationen nach Werbepausen in *24* meist mehrere unterschiedliche Storylines komprimieren, vollzieht sich der Beginn von Reeds Verhör vor dem dritten Akt über eine dreigliedrige Split-Screen-Ausgestaltung desselben Verhörsegments. Die mediale Messung der körperlichen Aktivität an den Händen der Verhörten wird zunächst in der oberen Horizontalen über einen nahen Linksschwenk fernsehtechnisch registriert, woraufhin im rechten unteren Teilbild auf einem Laptopmonitor die intermediale Transkription der Körpersignale in drei hellgrün flimmernde Wellen erfolgt, bis im dritten Schritt der technische Assistent als stellvertretende Zuschauerfigur im linken unteren Teilbild den Prozess der selbstreflexiven Erfassung beschließt. Mit dem Schnitt zu einer hypermedialen Anordnung vor dem gesehenen Laptopbildschirm und zu einem oberhalb angebrachten Flachbildfernseher, der die Verhörte in zwei Teilbildern zeigt, proklamiert der Assistent gegenüber dem Verhörleiter Brian Hastings das Vorhaben der ganzheitlichen technischen Registrierung des Körpers über Atmung, Herz und Haut: „I need to get a baseline on her respiratory, cardio and dermal response".

Die dritte und eindringlichste Variante der Engführung von Medialität und Körperlichkeit vollzieht sich in der intermedialen *Irritation der*

---

[129] Episode 05x13, TC: 0:30:39–0:31:10.
[130] Episode 03x14, TC: 0:15:48–0:16:12.
[131] Ebd., TC: 0:38:08–0:39:16.
[132] Episode 08x02, TC: 0:28:18–0:28:30.

Wahrnehmung. Im Modus der ‚sensory disorientation' zeigt Episode 04x03 eine Sinnesfolter, die explizit die essentiellen Sinnesorgane der audiovisuellen Fernsehrezeption irritiert, als sie den Gefolterten Richard Heller mit abgedichteten Kopfhörern und metallisch undurchsichtiger Riesenbrille zeigt[133]. Mit einem Störgeräusch, das in seiner Lautstärke und Frequenz graduell befremdlicher wird, und der Lichtflut, die abrupt den dunkelblauen Raum überlagert, macht die Serie das sensorische Extrem für den Fernsehzuschauer körperlich erfahrbar, indem sie eine sichere illusionäre Darstellung überreizt und das Gegenteil eines konventionell beiläufigen Fernsehgenusses herbeiführt.

Analyse 12 – LOST:
Sinnesfolter als Reflexion der fernsehseriellen Konstitution

Die selbstreflexive Relevanz der sensorischen Folter lässt sich auch an einer zentralen Stelle der Fernsehserie LOST zeigen. Im Kontrast zum Natur-Setting der Serie präsentiert Episode 03x07[134] ein ‚Mind Control'-Experiment im gesonderten Zimmer ‚Room 23'. Hier wird durch eine Leinwand-Projektion sowie durch Lautsprecher eine helle, schnelle und laute Reizüberflutung und Sinnesstörung erwirkt. Die formbetonte Drastik der Sinnesfolter führt dazu, dass der Plot in den Hintergrund rückt und einen narrativen Haltepunkt darstellt, wie ihn Meteling im Konzept der ‚Folterszenen' feststellt[135]. Die etablierten Serienfiguren Sawyer, Kate Austen und Alexandra Rousseau erscheinen bei der Wahrnehmung des extremen Spektakels sprachlos und handlungsunfähig und bespiegeln damit die aufreibende Rezeption des Fernsehzuschauers. Die Verschärfung des optischen Wahrnehmungsakts integriert den Zuschauer über die Blickperspektive des gefesselten Folteropfers Karl Martin und die Adressierung der eingeblendeten Texte „Think about your life" und „We are the causes of our own suffering". Gleichzeitig reflektieren Reaction Shots das extreme Sehen über Metonymien der Sicht-Irritation wie über die blaue Brille des gefolterten Karl, oder das Augenzucken Sawyers, als ihn Kate aus der Gebanntheit reißt.

Die Installation selbst überlagert selbstreflexiv den Handlungsraum und exponiert die mediale und ästhetische Bedingtheit der Fernsehserie: In der Kombination von Licht und fotografischen Einzelbildern, die Spuren der Abnutzung tragen, verweist die betont kinematografische Sequenz auf den filmischen Ursprung der 35mm-Aufnahmen und deren Remediatisierung im fragmenthaften ‚flow' des Fernsehens. Die damit

---

[133] Episode 04x03, TC: 0:35:34–0:36:18.
[134] LOST, Episode 03x07, TC: 0:23:34–0:25:10.
[135] Vgl. Meteling: Folterszenen, S. 202.

evidente Zeitlichkeit und Verwandlungsfähigkeit der fernsehseriellen Vermittlung wird im Leitsatz „Everything changes" konnotiert. Letztlich figuriert LOST im Folterraum ein platonisches Höhlengleichnis, das die medienästhetische Bedingtheit der Figuren aufzeigt[136]: Die Serie knüpft einen Bezug zwischen der fotografischen Abbildung toter Wesen oder Puppen, die allererst durch die Projektion bewegt und lebendig werden, und den Protagonisten der Serie, die, vom Projektionslicht überstrahlt, als Schattenbilder erscheinen, die fiktional und medial begründet sind. Die Folter fungiert als ästhetische Positionierung der Fernsehserie im TV-‚flow' zwischen Fakt und Fiktion.

Tragik fernsehserieller Folter

Hinausgehend über die Systematik der ‚medical interrogation' erreicht die selbstreflexive Grenznähe zwischen Körperlichkeit und medialer Vermittlung eine tragische Ebene über das Irritationsmoment des Schmerzes. Mit der wiederkehrenden Folter an Protagonisten, allen voran am Agenten Jack Bauer, verstärkt sich der Grad der serialisierten „Schmerz-Szenen" als „augenfälligste Art physischer Beeinträchtigung von Figuren in der Tragödie"[137] im Hinblick auf ein serielles Leid *(II.2.3.2)*. Dieses serielle Leid wird sowohl im Echtzeitmoment als auch im Serienverlauf akzentuiert. Die nachträgliche Manifestation des Schmerzes lässt sich in Episode 08x04 am Beispiel der Protagonistin Renee Walker feststellen[138], deren seelisches Leid von Jack Bauer im zeitlichen Superlativ pointiert wird („It takes longer than you think"), und körperlich als symbolische Spur eines Selbstmordversuchs sichtbar wird, als Jack hinter Walkers Ärmel eine Wunde offenlegt.

Die Variante der formreflexiven Akzentuierung des Folterschmerzes im Echtzeitmoment zeigt sich zugespitzt beim ersten Gefoltertwerden des Protagonisten Jack Bauer in den Episoden 02x19[139] und 02x20[140]. Der narrative Haltepunkt, den Arno Meteling grundsätzlich für die Folterszene feststellt[141], erreicht hier eine hervorstechende serienstrukturelle Qualität über den Umschlag von einer absoluten Verknüpfung geistiger und physischer Folter[142] zu einem Cliffhanger, der die Existenz des Helden in

---

[136] Vgl. Platon: Der Staat (Politeia), S. 327 ff.
[137] Budelmann: Körper und Geist in tragischen Schmerz-Szenen, S. 123.
[138] Episode 08x04, TC: 0:25:39–0:25:57.
[139] Episode 02x19, TC: 0:40:10–0:41:34.
[140] Episode 02x20, TC: 0:00:00–0:04:22.
[141] Vgl. Meteling: Folterszenen, S. 202.
[142] Regisseur Jon Cassar bestätigt im Audiokommentar zu Episode 02x19 das dramaturgische Konzept: „We wanted to go with a two-pronged intellectual attack and

der Schwebe lässt, und damit Jörg Türschmanns spannungsorientiertes ‚binäres Lösungsschema' Leben oder Tod formvollendet realisiert[143]. Umfassend veranschaulicht die Fernsehserie den existenziellen Extrempunkt des möglichen Heldentodes. Dies geschieht erstens über die televisuelle Situierung des möglichen Todes zwischen den Storylines im abschließenden Split-Screen, zweitens über dessen ‚Serial'-Verankerung zwischen zwei Episoden, drittens über eine fiktionale Wiederbelebung, die, viertens, den serienkonstitutiven Zeitfaktor, über einen Wochenzeitraum hinaus, soweit dehnt, dass die Hauptfigur in der Anschlussfolge erst nach vier Minuten und zweiundzwanzig Sekunden reanimiert wird. Entgegen der Voraussage des Folterers Ronnie Stark („Everybody has a breaking point. Even you") profiliert die Fernsehserie ihren Protagonisten als folterresistente Figur ohne Bruchgrenze[144], indem sie die Bruchgrenze, wie eben geschildert, durch die Ausreizung ihrer Form erprobt. Hinausgehend über diese Schwebe zwischen Storylines und Episoden erreicht *24* später die werkstrukturelle Klimax eines staffelübergreifenden Haltepunkts der Folter zwischen Season Five und Season Six: Die formreflexive Vermittlung des tragischen Leids, das abermals an die Folterresistenz geknüpft wird, erfolgt am Beispiel der chinesischen Haft Jack Bauers über die enorme Leerstelle einer erzählten Zeit von zwei Jahren, die präfiguriert wird durch die Schwarzblende zum Ende der fünften Staffel, und postfiguriert wird durch die Typisierung des Protagonisten mit Bart, langen Haaren, Stoffkleid und Narben als ursymbolische Leidensfigur Jesus Christus zu Beginn der sechsten Staffel.

Reflexion der Folter als fernsehserielles Extrem:
Initiation, Serialität und Problematisierung

Entgegen einer illusionären Normalität des Dargestellten reflektiert *24* die Ausnahmegewalt der Folter als fernsehserienhistorisches Extrem über symbolische und medienreflexive Konstellationen. Damit erreicht die Fernsehserie einen Kernpunkt ihrer Funktion als Reflexionsort bzw.

---

then a physical attack [...] from two different characters", Video „02:00. Originalszene von O'Hara im Gespräch mit Kingsley und den Foltervorbereitungen", TC: 0:00:49–0:00:59.

[143] Vgl. Türschmann: Spannung und serielles Erzählen, S. 201.

[144] Produzent und Autor Howard Gordon bestätigt: „Really, the [...] point that excited us in the writing room was: This guy goes: ‚Everyone's got a breaking point [...], even you', and in fact Jack doesn't have a breaking point", Video „02:00. Originalszene von O'Hara im Gespräch mit Kingsley und den Foltervorbereitungen", TC: 0:01:27–0:01:39.

Agent[145] im Hinblick auf die Verarbeitung des 11. September und der US-amerikanischen Kriegsführung. In drei Kapiteln soll nun deutlich werden, wie der Einsatz der Folter in der Free-TV-Serie nachdrücklich als Akt der Grenzüberschreitung akzentuiert wird über die maßgeblichen Schritte der Initiation, Serialität und Problematisierung.

3.2.1 Selbstreflexive Initiation der Folter

Die Initiation der Folter als Ausnahmegewalt nach dem 11. September erfolgt in der zweiten Staffel mittels einer markant symbolischen und medialen Reflexion[146]. Dies soll nachfolgend an fünf Analysen deutlich werden. Über die symbolischen Abstände von zehn Episoden akzentuieren Schlüsselsequenzen der Episoden 02x01, 02x11 und 02x21 die Darstellung politischer Folter als grenzüberschreitende Integration einer Ausnahme aus dem Außerhalb. Als Basis dient in Episode 02x01 die expositorische Informationserzwingung eines anonymen Feindes im Ausland. Zehn Episoden später erfolgt zum einen die US-politische Legitimation der Folter am NSA-Chef Roger Stanton und zum anderen deren Ausführung in einem isolierten Raum. Nach einem weiteren Abstand von zehn Episoden ereignet sich die politisch-juristische Verhandlung der Folter in einer Videokonferenz. Abschließend soll die reflexive Akzentuierung der ersten polizeilichen Folter in Episode 02x12 aufgezeigt werden.

Analyse 13: Einzug der Folter aus dem Außerhalb

Gleich im allerersten Segment der zweiten Staffel wird das exzeptionelle Phänomen der Folter eingeführt, das den nachfolgenden Serienverlauf maßgeblich bestimmt[147]. Die Einführung des Extrems ereignet sich über eine betont externe Initiation. Grundlegend basiert die Integration der Ausnahme auf einer Raum- und Zeitdifferenz zur Haupthandlung. Entgegengesetzt zur paratextuellen Seriensignatur, die den etablierten Handlungsort Los Angeles antizipiert, und deren Uhrzeit-Titel, der den Mor-

---

[145] Zur ästhetischen Agentenfunktion vgl. Gell: Art and Agency; Zur Agentenfunktion der Fernsehserie beim Medienwandel vgl. Beil et al.: Die Fernsehserie als Reflexion und Projektion des medialen Wandels, S. 197–223.
[146] Zwar erprobt die Serie bereits in ihrer elften Folge die Darstellung der Folter mit den Mustern von Territion, Plot-Fokus und Zeitnot, doch entspricht die Tortur des verbrecherischen Geschäftsmanns Ted Cofell, gemessen an den drastischen Inszenierungsweisen des folgenden Serienverlaufs, eher einem postmodernen Action-Style mit konventionellem Antagonistenkonflikt.
[147] Episode 02x01, TC: 0:00:21–0:01:58.

gen ankündigt, präsentiert die erste Aufnahme einen auswärtigen Raum, indem sie mit Untertitel und synekdochischer Skyline die südkoreanische Hauptstadt Seoul markiert und im nächtlichen Erscheinungsbild mit Untertitel eine alternative Uhrzeit vorstellt. Anknüpfend an die Markierung des nächtlichen Auslands steigert die zweite Einstellung die typologische Semiotik eines auswärtigen, dunklen Antagonistenraums *(II.1.2)* durch die vogelperspektivische Totale eines spärlich beleuchteten, leeren Hinterhofs. Mit dem Vorbau der externen Positionierung nähert sich die Serie in ihrer dritten Einstellung der Folter. Parallel zum suggestiven Kameraschwenk von blauen, medizinisch konnotierten Handschuhen zum teils weggedrehten Gesicht eines anonymen Koreaners konzentriert 24 die Extremgewalt der Folter zunächst über die fernsehkonstitutive Tonspur mit einem Schreckgeräusch und einem Schrei. Über die folgende einminütige Folterszene inmitten einer dunklen Halle tastet sich die Fernsehserie weiter an die Foltervermittlung heran, indem sie filmtechnische Verzögerungen vornimmt durch Aufnahmewinkel und Schnitte sowie die metonymische Vorschaltung von Gittern. In ihrer Annäherungsbewegung zeigt 24 die Einspannung eines anonymen Folteropfers in eine monströse Vorrichtung und instrumentalisiert darin das Repertoire des Horror- und Exploitation-Films[148] im Hinblick auf eine Fernsehserienexposition, die maximal effektiv dem „new affective order" der Reizsignalverpflichtung folgt[149].

Der Prozess der fernsehseriellen Aneignung der extern artikulierten Folter vollzieht sich grundlegend über die Kopplung an den Seriendialog und dessen narrativen Informationsprimat *(II.3.1.3)*. Dabei wird die Form des Talk-Imperativs, der später durch den Protagonisten Jack Bauer serialisiert wird, markant im semiotischen Übergangscharakter situiert: Der Satz „Talk and the pain will stop" wird von einer Koreanerin gesprochen und schreibt sich durch einen englischen Untertitel gezielt in die US-Symbolik ein. Die entscheidende Markierung der Folter im Übergang aus einem Außerhalb erfolgt über die exponierte Kamerafahrt mit dem koreanischen Verhörleiter durch eine Passage, die von mehreren Deckenlampen ausgeleuchtet wird, und sowohl eingeleitet wie auch beendet wird durch die Schwellensituation der Türöffnung. Der Gang vom asiatischen Lager, der dazu dient, die erzwungene Information zu überbringen, endet mit einem Over-the-shoulder-shot auf eine offizielle Tischrunde US-amerikanischer Staatsmänner und kennzeichnet so die symbolische Infiltrierung der US-Politik durch einen regellosen Außenraum. Die US-symbolische Drastik der externen Infiltrierung steigert sich im zweiten Segment, als die erlangte Information telefonisch an den US-Präsidenten

---

[148] Für eine Übersicht zur Folterdarstellung im Kinofilm, vgl. Marcus Stiglegger: Terrorkino; Görling: Szenen der Gewalt.
[149] Vgl. Nelson: TV Drama, S. 111–118.

David Palmer weitergegeben wird: Die helle, malerisch idyllische Landschaft im US-Staat Oregon mit Bergen, Wald und See wird mit größter Intensität durch eine Atombombenwarnung erschüttert. Gleichzeitig konnotiert der Übergang vom Folterraum zum Besprechungsraum zusammen mit der serienstrukturellen Nennung des Staffelmottos „Today" einen medialen und gattungsgemäßen Wechsel der Folter vom marginalen Horror- und Exploitation-Filmgenre, das auch im asiatischen Raum geprägt wurde, hin zur Gattung der TV-Serie im US-amerikanischen Mainstream-Fernsehen.

Analyse 14: Legitimation der Folter im Außerhalb

Nach der symbolischen Grenzüberschreitung der Folter aus dem ausländischen und gattungsfremden Außerhalb zu Beginn der Staffel erfolgt zehn Episoden später, in einem gesonderten Segment[150], der zweite grundlegende Schritt der externen Annäherung mit der Ernennung des Agenten Ted Simmons zum Folterer des NSA-Chefs Roger Stanton. Bevor die Serie zum Ende von Episode 02x11 den symbolisch einschneidenden Ersteinsatz politischer Folter auf US-amerikanischem Boden zeigt *(Analyse 15)*, verortet sie deren symbolisch erschütternde Legitimation durch den US-Präsidenten gezielt im auswärtigen, herbstlichen Waldgebiet in Oregon und vollzieht so eine fernsehserielle Situierung der Ausnahme im Naturraum, die der Serie LOST als umfassendes Programm dient. Mit Spannungsstrategien des Thriller-Genres bildet die Verortung der Folterinitiation im räumlichen Außerhalb den Kern eines intermedialen Herantastens der Fernsehserie über die Bild- und Tonspur. Entsprechend erfolgt der erste Akt der Grenzüberschreitung durch einen doppelten Übergang. So beginnt das Segment mit einer Autofahrt, die den seriellen und US-symbolischen Schlüsselprotagonisten David Palmer durch die wäldliche Natur vom Handlungszentrum entfernt. Diese Transitbewegung wird formal zugespitzt, indem sie direkt nach der Werbepause über einen Split-Screen vermittelt wird und so eine televisuell-paratextuelle Grenznähe zum faktualen TV-Programm markiert. Der Übergangscharakter bestimmt das Segment auch nach dem Wechsel vom Teil- ins Vollbild: Im Gegensatz zu einer fixen, zentrierten und ausgeleuchteten Inszenierung des symbolisch etablierten US-Präsidenten zeigt *24* David Palmer auf dem Rücksitz nach einem ruckartigen Schwenk und Zoom und mit einem Schatten auf dem Gesicht. Die Akzentuierung der Grenzüberschreitung durch die doku-dramatische Handkamera setzt sich mit der Aufnahme des Präsidentenautos und seiner beiden identischen Begleiter

---

[150] Episode 02x11, TC: 0:27:16–0:29:45.

fort: Durch deutliche Kameraschwenks werden die markant schwarzen Fahrzeuge, aus dem wäldlichen Dickicht heraus, vogelperspektivisch in ihrer Bewegung registriert. Im Anschluss an die Erfassung des Innen- und Außenraums folgt die entscheidende Schwellensituation des Ausstiegs des US-Präsidenten aus dem Auto mit der sich öffnenden Tür in die Natur.

Der symbolisch grenzüberschreitende Schritt, den die Fernsehserie mit dem Betreten des auswärtigen, verbotenen Raums durch den US-Präsidenten vornimmt, ereignet sich selbstreflexiv über eine beeinträchtigte, zögernde Sichtbarmachung. Gleich die erste Annäherungsbewegung der präsidialen Reisegruppe auf dem Boden des auswärtigen Waldraums lässt sich durch das vorangestellte Gestrüpp in der Vogelperspektive kaum erkennen. Entsprechend fehlt vor dem zentralen Dialog zwischen David Palmer und dem Secret Service-Agenten Ted Simmons die fernsehseriell übliche Etablierung der Gesprächspartner. Selbst als der Dialog beginnt und explizit das Sehen der besonderen Figur artikuliert (Simmons: „You wanted to see me, sir?" – Palmer: „Yes, I did"), präsentiert die Fernsehserie das Nicht-Bild eines beliebigen Waldausschnitts durch eine getrübte Autofensterscheibe, während der verbale Austausch verzögernd im Off vermittelt wird. In den Fokus rückt in der Ausnahmesituation der historische Primat des Fernsehseriendialogs[151] und des Fernsehtons[152].

Im medial und symbolisch akzentuierten Sonderraum entfaltet sich die fernsehserielle Initiation der Folter über eine Signalkette des Gesonderten in der gattungsgemäßen Basiseinheit des Dialogs. So markiert der US-Präsident, der in halbnaher Einstellung, ohne näheren Blickkontakt, neben dem dunkel gekleideten Agenten Simmons in Kamerarichtung schreitet, gleich nach dem phatischen Begrüßungsakt den Sonderstatus des Treffens mit der deiktischen Kennzeichnung „Thanks for keeping this discrete". Im anschließenden Hauptteil des Dialogs determiniert 24 den Akt der Grenzüberschreitung. Einleitend werden die Gesprächspartner im schwachen Licht einer Totalen schablonenhaft als fiktionale Figuren akzentuiert. Zudem werden die fiktional exponierten Figuren für die Dauer des Dialogs symbolisch im Schwellenraum einer Holzbrücke positioniert, deren Grenzbereich im vanitas-motivischen Herbstlaub am Boden verstärkt wird. Zweitens antizipiert die dringliche und dominante Frage-Frequenz des Präsidenten im Schuss-Gegenschuss-Verfahren den Aufbau der Folter als Extremdialog. Drittens vollzieht der Dialog, wie nachfolgend gezeigt wird, den Akt der Grenzüberschreitung über die erste Stufe der Sonderrahmung des Handlungsbereichs des Agenten und die zweite Stufe der Integration der extremen Aktion in die aktuelle Ausnahmesituation.

---

[151] Vgl. Ellis: Visible Fictions, S. 157.
[152] Vgl. Altman: Fernsehton, S. 388–412.

Die erste Stufe der Sonderrahmung der zurückliegenden Handlungen von Ted Simmons erfolgt signifikant im Grenzbereich US-amerikanischer Institutionen. Am Anfang nennt Palmer den Übergangspunkt des Secret Service, der als Schutzeinheit des US-Präsidenten symbolisch etabliert und tendenziell positiv konnotiert ist, gleichzeitig aber die Semantik des Geheimen aufweist und diese im alliterativen Gleichklang des stimmlosen S-Lauts hervorhebt. Im zweiten Schritt erreicht die institutionelle Sondersituierung der Figur die Ebene der Gewalt, als Palmer auf die militärische Einheit der Special Forces verweist. Im Anschluss an die gezielten Akzente einer speziellen Behörden- und Truppenzugehörigkeit nähert sich das Segment im dritten Schritt über gesonderte und verzögernde Techniken an die Ausnahmegewalt der Folter an. Eine sprachlich eindeutige Erfassung des Extrems bleibt aus. Stattdessen nutzt Palmer in seiner Frage nach der Ausübung der Folter den unspezifischen, auf das Werden bezogenen Begriff ‚Training', der eine Anwendung der Ausnahmegewalt noch in der Schwebe lässt („Ever had a chance to put your training to use?"). Das intermediale Herantasten ans Extrem aus der Distanz setzt sich in Bezug auf den Raumfaktor darin fort, dass die Folter abermals auswärtig positioniert wird. Mit der Synekdoche „The Gulf" vollzieht die Serie eine doppelte Auswärts-Bestimmung der Folter, erstens im ausländischen Raum der Golfregion und zweitens im historischen Militärkonflikt des Golfkriegs. Die reflexive Annäherung an die Folter in der Sonderrahmung der Figur Ted Simmons erreicht ihren irritierenden Höhepunkt mit der Andeutung der Folterausübung in der US-Grenzsymbolik des CIA-Geheimdienstes. Formbewusst vermittelt *24* einen Akzent der Grenzüberschreitung, indem Simmons auf Palmers raumöffnende Frage „Anywhere else?" seine Tätigkeit im Rahmen verdeckter CIA-Operationen gesteht („covert ops"), wobei das unspezifische Geständnis bei mehrmaligem Fragen formal verzögert wird durch einen Zoom auf das Gesicht, eine zweisekündige Pause vor der Antwort, eine einsekündige Pause in der Antwort sowie durch fünfsekündiges Schweigen.

Im Anschluss an die Sonderrahmung zurückliegender Figurenhandlungen vollzieht die Serie den zweiten grundlegenden Schritt der dialogischen Folterinitiation und integriert die Ausnahmetat in die aktuelle Ausnahmesituation. Im Zuge des charakteristischen Zögerns steigert sich in diesem zweiten Schritt die reflexive Pointierung des fernsehseriell spezifischen Sehens. Der Fokus verschiebt sich von der wörtlichen Erzählung zurückliegender Handlungen zur Visualisierung eines anstehenden Einsatzes der Ausnahmegewalt. Während der visuelle Sonderstatus des Dialogs bereits zu Beginn der Sequenz akzentuiert wurde, als Palmer seinen Gesprächspartner nicht ansah, erfolgt Palmers staffelzentrierte Ausnahmemarkierung „You understand the gravity of today's situation?" mit einer deutlicheren Abwendung nach hinten. Gerade die horizontale Erfassung beider Diskutanten in einer halbnahen Einstellung exponiert den fehlenden Blickkontakt zwischen den Serienfiguren und negiert darüber hinaus das Gesehenwerden durch den Zuschauer. Erst nach diesem Haltepunkt initiiert die Fernsehserie die Anwendung der Ausnahmehandlung: Im maximalen Kontrast zur eben vermittelten Sichtnegation wird nun in Closeups die Blick-Intensität der Gesprächspartner ausgestellt.

Auf der Basis angespannter Sicht markiert *24* eine Grenzüberschreitung von historischem Ausmaß. Artikuliert wird der Übergang von der Ächtung der Folter, die im metonymischen Bezug zur mittelalterlichen Hexenverfolgung steht („I'm not on a witch-hunt here"), zu einer größtmöglichen Legitimation durch den obersten US-Befehlshaber, die den einleitenden Sonderrahmen des Secret Service explizit überschreitet: „What I'm about to ask you to do falls outside the parameters of your charge at Secret Service". Die entsprechende Reichweite intermedialer Vermittlungsproblematik zeigt sich in der Korrelation der visuellen und verbalen Irritation: Im Gegenschuss wird der Agent nicht als Sprecher gezeigt, sondern als Rezipient mit intensivem Blick. Zusätzlich verhängt der Präsident auf der Tonspur ein US-symbolisches Kommunikations- und Erzählverbot über die Extremkommunikation: „You won't be able to tell anyone". Über die Akzentuierung des Vermittlungsproblems, das im Schuss-Gegenschuss-Dialog zu einer zweisekündigen Pause führt sowie zur phatischen Rückversicherung über den Zuhörer („Are you still with me, Ted?") und Fernsehzuschauer wie auch zu einer weiteren einsekündigen Pause, präsentiert die Szene schließlich die konkrete Frage nach der geforderten Tat („What do you want me to do, sir?") sowie die erste Benennung der Folter, wenngleich es sich um eine verzögernde Periphrase handelt („Extract information from Roger Stanton"). Die Initiation der Ausnahmegewalt der Folter, die in der horizontalen Gegenüberstellung der Diskutanten durch einen kurzen Zoom verstärkt wird, erreicht ihren Höhepunkt in der US-symbolisch obersten Legitimation eines absoluten Handlungsspektrums über die Formel „Whatever you need to do".

Analyse 15: Erster Einsatz politischer Folter

Nach der symbolischen und formbewussten Initiationsszene der politischen Folter erfolgt die fernsehserielle Anwendung des Extrems in *24* markant über selbstreflexive Konstellationen des Fernsehmediums. Noch in derselben Episode, nur drei Segmente und eine Werbepause nach ihrer Legitimation, beginnt der auserwählte Agent Ted Simmons mit der politischen Folter des ehemaligen NSA-Chefs Roger Stanton[153] – im Zuge ei-

---

[153] Episode 02x11, TC: 0:34:10–0:35:06.

ner maximalen US-symbolischen Erschütterung wendet sich das System gegen sich selbst. In einem unspezifischen, fensterlosen Sonderraum bietet das Segment eine angedeutete Repräsentation der Folter, die formal und medial verzögert wird. In einer prominenten Position, die sich parallel zur expositorischen Initiationsszene verhält, beginnt die Folter als erstes Segment des letzten Episodenakts mit einer selbstreflexiven Orientierung. Die Ankündigung des Agenten Simmons antizipiert das fernsehserielle Programm der ansteigenden Signalfrequenz wiederholter Folterfragen: „Intensity and duration of the electrical current will increase substantially each time I repeat a question". Im visualisierenden Moment des Stromstoßes durch einen Defibrillator ereignet sich angesichts des Schmerzes eine formale Irritation, die im Sinne von Felix Budelmann sowie Arno Meteling das narrationsüberschreitende Potential der Schmerz- bzw. Folterszene anspielt[154]: Nachdem sich die Vermittlung zunächst vom Folteropfer entfernt mit einem diagonalen Kameraschwenk nach links oben zum Agenten und einem lauter werdenden Piepen der Folter- und Fernsehapparaturen, erfolgt mit dem Schnitt ein Schockmoment, das die drastische Schmerzerfahrung des Gefolterten materiell nach außen kehrt, indem Stantons zuckende Arme und sein Aufschrei technisch rückgekoppelt werden durch ein abruptes Bildwackeln und Schreckgeräusch.

Die akzentuierte und US-symbolische Verzögerung der Folter gegenüber dem nicht gewöhnten Fernsehzuschauer mündet schließlich in eine selbstreflexive Rahmung der technisch-apparativen Darstellung und legt damit den Grundstein für eine medienästhetische Reflexivität wie sie Burkhardt Lindner einfordert[155]. In Bezug zur fernsehspezifischen Wahrnehmungsform der Überwachung, die Stanley Cavell als ‚monitoring' benennt[156], ergibt sich eine herausfordernde Verdopplung der Fernsehrezeption. Nach einem Schnitt, der den dritten Stromstoß formal abmildert, erscheint die Folterszene remediativ[157] auf einem Laptopmonitor mit blauschwarzer Prägung und doppelter Rahmung mit Steuerelementen. Kongruent vervollständigt wird die Akzentuierung des Fernsehdispositivs in einer Drehbewegung der Kamera bis zur Aufnahme von David Palmer über die Laptop-Rückseite hinweg, so dass eine achsensymmetrische Bespiegelung des Fernsehmediums im Gegenüber zum stellvertretenden Zuschauer entsteht. In der US-symbolisch bedeutsamen Konstellation steigert sich die Positionierung des Präsidenten als Initiator der Folter im externen Raum zu einer angespannten Beobachterposition mit aufgestütz-

---

[154] Vgl. Budelmann: Körper und Geist in tragischen Schmerz-Szenen, S. 146; Meteling: Folterszenen, S. 202.
[155] Vgl. Lindner: Reflexionen zu einer kritischen Medienästhetik, S. 195–214.
[156] Vgl. Cavell: Die Tatsache des Fernsehens, S. 161 f.
[157] Vgl. Bolter/Grusin: Remediation, S. 47 ff.

ten Armen, die das Vermittlungssystem der Fernsehserie kritisch hervorhebt und ein reflexives *Fern*-Sehen des Extrems konstituiert.

Analyse 16: Videokonferenz als fernsehserielle Verhandlung der Folter

Der Höhepunkt der selbstreflexiven und US-symbolischen Einordnung der Folter in *24* ist das Präsentationsmodell der Videokonferenz. In einem bemerkenswerten Bezug zur räumlich verzögerten Laptop-Rezeption des ersten Foltereinsatzes durch den US-Präsidenten David Palmer *(Analyse 15)*, wird Palmer in Episode 02x21 zugeschaltet, während das *Kabinett in sechs Segmenten über seine Amtsenthebung entscheidet*. Die episodenfüllende Storyline der Videokonferenz reflektiert vor dem Staffelfinale den ersten Serieneinsatz politischer Folter durch die fernsehseriell formausreizende Variante eines politisch-juristischen Diskurses. Über das Wechselspiel televisueller Split-Screens und hypermedialer Projektionsflächen im ‚Live'-Modus sowie vor allem über den episodenübergreifenden Rückgriff auf die bereits gezeigte Folterszene situiert die Videokonferenz das US-Regierungssystem als aktive Zuschauerschaft in einem Courtroom Drama und ermöglicht die selbstreflexive Nacherzählung, Diskussion und mediale Verarbeitung der ersten maßgeblichen Folterszene der Fernsehserie. Grundlegend für die mediale Verarbeitung sind die Verfahren der Hypermedialität[158], Remediation[159] und Re-Visualisierung[160].

Im betonten Übergang auf eine medienreflexive Ebene unternehmen die Figuren David Palmer und Stabschef Mike Novick zu Beginn des ersten Segments der Videokonferenz[161] *einen Raumwechsel*, der im dynamischen Montagekonzept der Serie potentiell getilgt worden wäre, hier aber bewusst als Passage ausgestellt wird. Überdies erfährt das Besprechungszimmer mit dem Schwellenübertritt des Führungsduos durch eine metonymisch vermittelnde Glastür eine automatische Transformation zum Medienraum: Eine hochfahrende graue Abdeckhülle, die ein Teil der Zimmerwand zu sein schien, fungiert als Variante der ästhetischen Rahmung des Theatervorhangs, indem sie den Blick freimacht auf eine internetbasierte Projektion der Kabinettssitzung.

Die Übertragung der Kabinettssitzung auf der Seite von Palmer und Novick besteht aus fünf ‚Live'-Feeds, die jeweils hellblau gerahmt und im unteren Bereich durch Schaltflächen ausgestattet sind. Die Tischrunde, die synekdochisch den seriellen Diskurs pointiert, befindet sich im Fall der Grundanordnung der Projektion auf der linken Seite, und belegt prio-

---

[158] Vgl. Bolter/Grusin: Remediation, S. 34.
[159] Vgl. ebd., S. 47 ff.
[160] Vgl. Adelmann/Stauff: Ästhetiken der Re-Visualisierung, S. 55–76.
[161] Episode 02x21, TC: 0:04:39–0:10:48.

ritär drei Fünftel der Fläche. Demgegenüber umfasst die rechte Seite der Projektion vier Kanäle: Übertragen werden Vizepräsident James Prescott aus der Mitte der Tischrunde sowie die zugeschalteten Minister für das Auswärtige Amt und die Landwirtschaft. Hinzu kommt rechts unten ein Teilbild, das zunächst den Platzhalter des US-Wappens zeigt und dergestalt einen symbolischen Stellenwert etabliert für die spätere Zuschaltung des gefolterten Roger Stanton und die Wiedergabe seiner Folter. Indem die hypermediale Internetschaltung televisuell remediatisiert wird in der Fernsehaufnahme, im Schnitt und im werkspezifischen Split-Screen, entsteht eine fernsehserielle Bildfolge von Bildfolgen und damit ein formbewusstes Mosaik des TV-‚flow' im extremen Diskurs. Die selbstreflexive Kommunikation und Auswertung erreicht eine dialogische Struktur, denn spiegelbildlich zur Projektion, die Palmer und Novick sehen, erfolgen aufseiten der Kabinettsrunde gezielte Reaction Shots über drei Bildschirme: In der Grundanordnung zeigt der linke Bildschirm eine Split-Screen-Komposition der auch hier zugeschalteten Minister für das Auswärtige Amt und die Landwirtschaft. Der rechte Monitor zeigt eine Landkarte und der mittlere zentriert David Palmer gemäß seinem Status als US-Präsident, Gesprächspartner und Beschuldigter. Beginnend mit der US-symbolischen Irritationsmarke „The Trial of David Palmer", die Palmer selbst im Closeup analog zu einem Störgeräusch kurz vor dem Countdown zur Werbepause ausspricht, hält die Fernsehserie im Zeichen eines ‚symbolischen Schocks' gleichermaßen Gericht über die Instanz des US-Präsidenten, eine ihrer Hauptfiguren, und letztlich über sich selbst.

Im Hinblick auf die Zuspitzung der Folter als Ausnahmedarstellung etabliert die Serie im zweiten Segment der Videokonferenz[162] den Rahmen einer symbolischen und medialen Irritation, die auf die Ausnahmedarstellung des 11. September verweist. Mit der Anhörung des Journalisten Ron Wieland, der im ersten Drittel der Staffel nicht über die drohende Gefahr eines atomaren Angriffs berichten durfte *(I.2.4)*, liefert *24* eine räumlich und medial exponierte Nacherzählung des Ausnahmefalls eines politischen Verbots massenmedialer Berichterstattung. Konsequent unternimmt die Serie die intermediale Nachbildung einer beeinträchtigten Vermittlung, indem sie Wielands signalhaften Erzählentwurf „a bigger story" an die Kabinettsrunde weitergibt und zwar in einer bildschirmfüllenden Aufnahme, die in ihrer unscharfen Auflösung die remediatisierte Materialität der digitalen Internetübertragung herauskehrt. Der Höhepunkt intermedialer Irritation erfolgt schließlich in der Split-Screen-Gegenüberstellung von David Palmer auf der rechten Seite und der links viergeteilten Feed-Anordnung, an deren US-symbolischer Wappen-Übergangseinheit rechts unten der Journalist Wieland positioniert ist und

---

[162] Ebd., TC: 0:13:13–0:15:32.

den pointierten Vorwurf des Kontrollverlusts bestätigt: „I did have the sense that President Palmer was not in control".

Mit dem Ausnahmerahmen massenmedialer Irritation beginnt die serielle Nacherzählung und Auswertung der Ausnahmegewalt der Folter über die Zuschaltung des Folteropfers Roger Stanton im dritten Segment der Kabinettssitzung[163]*,* das wie die beiden Initiationssegmente in Episode 02x11 prominent zu Beginn eines Akts positioniert ist. Im korrelativen Bezug zur Laptop-Übertragung der Folter in Episode 02x11, die in der Schlussaufnahme die dominante Blickachse aufbrach und einen reflexiv hinterfragenden Blick zurück auf David Palmer als legitimierenden Rezipienten warf, ermöglicht die Videokonferenz nunmehr die Aussprache des Gefolterten im dialogisch angelegten, vervielfachten Kamera- und Monitorsystem vor einer US-symbolisch hochrangigen urteilenden Zuschauerschaft. Beginnend mit dem konstitutiven Gegenschuss aus der Perspektive des US-Präsidenten erscheint Roger Stanton halbnah auf einer betont technischen Projektionsfläche mit der oben angebrachten Internetmarke „Data Stream" und der Anzeige des Tonpegels. Markant erscheint Stanton als gebrochene Figur, die in schwarzer Kleidung und dunklem Setting mit roter Wand, bei gebücktem Hinsetzen mit demonstrativ gesenktem Blick und brüchiger Stimme die einleitenden Worte „You see, I was tortured" spricht und damit im Zoom das selbstreflexive Leitmotto der remediativen Nacherzählung und Re-Visualisierung der Folter platziert. Die Pointierung des Extrems setzt sich in einer klaren syntaktischen Ordnung fort und erfasst eine graduelle US-symbolische Erschütterung über die Parameter der Zeit („for several hours") und des Raums („at the Operations Complex"). Ihren Höhepunkt erreicht die Reihung, über einen halbnahen Reaction Shot von drei Kabinettsmitgliedern, in der Figur des US-Präsidenten („by order of the President of the United States"), der zuletzt im Vollbild anvisiert wird.

In der Nacherzählung und Diskursivierung rückt die Serie die Folter aus ihrer Isoliertheit und kippt ihre Hierarchie. Besonders deutlich wird dieser Übergang durch die Refiguration der Folterkommunikation: Gleich die erste Reaktion auf Stantons Statement geht vom vormaligen Folterbefehlserteiler David Palmer aus und verwendet sowohl den foltertypischen Gegenschuss als auch den Fragegestus im Hinblick auf die zurückliegende Folter: „And why were you tortured, Roger?". Doch die Blickdominanz und Gesprächsführung verschieben sich zugunsten des medial amplifizierten Folteropfers erstens über den symbolischen Reaction Shot der siebenköpfigen Kabinettsrunde mit zentrierten US-Wappen, zweitens über die Großaufnahme von Stantons Gesicht und drittens über eine Split-Screen-Anordnung, in der Stanton den daneben

---

[163] Ebd., TC: 0:19:47–0:22:13.

platzierten Palmer im Hinblick auf Einstellungsgröße und Raumanteil übertrifft und die aufkommende Überlegenheit mit erhobenem Blick nach vorne besiegelt.

Das Aufbrechen der Dualität im Bildaufbau setzt sich fort, als gegenüber Palmers nachgeordnetem Bildausausschnitt ein reflexives Kommunikationsgefüge etabliert wird. Während die rechte Seite den Präsidenten und, nach einem Schwenk, seinen Nebensitzer Mike Novick in einer einfachen Nahaufnahme als bloße Zuhörer zeigt, akzentuiert die linke Gegenseite einen medial exponierten Diskurs, der die Split-Screen-Struktur multipliziert und die televisuell-serielle Prozessualität betont: Mit der Schlüsselanweisung zur Nacherzählung, die Vizepräsident Prescott pointiert („As briefly as possible, Mr. Stanton, tell us what happened to you today"), erfolgt ein transitorisch formbetonter Rechtsschwenk von Stantons zu Prescotts Teilbild innerhalb des hypermedialen Politiker-Tetraptychons, bis nach einem kurzen Zoom auf Prescott ein ebenfalls materieller Schwenk nach rechts unten stattfindet, der den berichtenden Stanton, genau wie zuvor zeigt, und so eine Spiegelung entwirft, die, nach einem Linksschwenk, in der diskursiv maßgeblichen Kollektiv-Projektion der Kabinettsrunde mündet. Die formbetonte Aufwertung des Gefolterten im hypermedialen Diskurs, die sowohl die tragische Versehrtheit der Figur[164], die Kommunikation der Diskussion, als auch die Materialität des Mediums[165] exponiert, überträgt sich auf den Schlussteil des Segments, in dem Stanton bei mehreren Schuss-Gegenschuss-Konstellationen über fast anderthalb Minuten als Sprecher fungiert und die präsidiale Folterhierarchie endgültig umkehrt, indem er die Rolle des Anklägers übernimmt und das letzte Wort des Segments hat, während Palmer als passiver Zuhörer gezeigt wird.

Im Anschluss an die Nacherzählung kulminiert die fernsehserielle Reflexion der Folter in einer remediativen Re-Visualisierung, die den eigenen Serienverlauf analysiert. Im starken Kontrast zur hochaufgelösten Aufnahme der Agenten Tony Almeida und Michelle Dessler in der vorausgegangenen CTU-Szene, *beginnt das vierte Segment der Videokonferenz*[166] abrupt und bildschirmfüllend mit der grobpixeligen Variante der zuvor über den Laptop übertragenen Folter aus Episode 02x11 bzw. 02x12. Die Serie steigert die dort bereits erfolgte Dopplung der Folterrezeption durch die Zuschauerfigur Palmer zu einer umfassenden Re-Visualisierung der Folter vor einer US-symbolischen Zuschauerschaft. Entscheidend ist dabei die Irritation der Darstellbarkeit im grobpixelig remediatisierten Computer-Bild sowie die Irritation der Wahrnehmung in den Reaktionen der Zuschauer. In Entsprechung zur Signalfrequenz der Stromstöße, die Agent

---

[164] Vgl. Budelmann: Körper und Geist in tragischen Schmerz-Szenen, S. 123.
[165] Vgl. Tyradellis/Wolf: Vom Bild zu Codes und Materialitäten, S. 27.
[166] Episode 02x21, TC: 0:22:58–0:27:00.

Ted Simmons dem sitzenden Roger Stanton mit einem Defibrillator zufügte, platziert *24* eine Reihung von Reaktionsmustern rezeptiver Beeinträchtigung. Nur drei Sekunden nach dem ersten Stromstoß, der durch drei Pieptöne akustisch eingeleitet wird, spiegelt sich der Blick des Serienzuschauers im Reaction Shot eines Ministers, der nach rechts blickt und die Augen zukneift. Gekoppelt wird die Extremreaktion an das ebenfalls nach links gerichtete Seherlebnis von Mike Novick, der die Augen schließt und den Kopf senkt, während die Kamera zum angespannten Nebensitzer David Palmer schwenkt. Nach einer zweisekündigen Fortsetzung der re-visualisierten Folter setzt der zweite Schub von Signalen einer beeinträchtigten Rezeption ein. Dabei wechselt die Richtung der Blicke, und im irritierenden Jump Cut erscheinen zwei nahe Reaction Shots von Ministern, die angestrengt nach links schauen.

Mit der beidseitig etablierten Basis irritierter Blicke steigert sich die selbstreflexive Akzentuierung der Folterrezeption auf der Ebene der hypermedialen Rahmung. Im Kontrast zur transparenten Erscheinung der vorangegangenen Aufnahme einer Ministerin mit Brille, tritt das Material in den Vordergrund, als ein Minister im rahmenden Projektionsfenster kurz blinzelt und dann die Hand vor den Mund nimmt, so dass neben dem irritierten Sehen auch die Beeinträchtigung verbaler Kommunikation symbolisiert wird. Die Kopplung der irritierten Blicke setzt sich auf der hypermedialen Ebene fort: Die Kamera schwenkt über den dazwischen liegenden Rahmen nach links, und zeigt Vizepräsident Prescott mit gesenktem Blick und besorgtem Griff an die Stirn. Vervollständigt wird die hypermediale Verspiegelung des Rezeptionsakts durch eine Zoom-out-Bewegung an den beiden unteren Teilen des Tetraptychons, wobei sich links der reglos schauende Außenminister in die Reihe der irritierten Zuschauer fügt, und rechts die Re-Visualisierung der Folter gezielt an der Stelle fortgesetzt wird, die zuvor Stanton als Sprecher zeigte, und so die metonymische Nähe des Zeugnis ablegenden Folteropfers zur erfahrenen Folter pointiert.

Die fernsehseriell reflexive Sichtbarmachung des Folterextrems erwirkt abschließend ein narrations- und medienreflexives Geständnis des Präsidenten. Der Satz „Yes, I had Roger Stanton tortured" reflektiert im Rückblick die extreme Seriennarration und impliziert zugleich vor der hypermedialen Projektionswand der US-Zuschauerschaft das diskursive Dispositiv des Fernsehens. Medienreflexiv fortgesetzt wird das Geständnis nach einem Gegenschuss und dem Wechsel der Tonqualität, vor der dreiteiligen Monitor-Anordnung des gegenüberliegenden Übertragungssystems im Kabinett. Als Höhepunkt der selbstreflexiven Folterverhandlung dient schließlich die serienkonstitutive Problematisierung des plotfunktionalen Foltereinsatzes. Mit der Tatsache, dass das Geständnis des Gefolterten nicht mehr verfügbar ist, exponiert *24* die mediale Konstitution und Manipulierbarkeit der fernsehseriellen Aufnahme: Situiert in der hypermedialen Rahmung verkündet Vizepräsident Prescott im Gegenschuss zu Palmer, der im Zoom vergrößert wird: „There is no rest of the tape". Die Medialität der Folter wird zum dramaturgischen Schlüsselereignis. *Besiegelt wird der narrative Stellenwert der Folterreflexion in zwei abschließenden Segmenten der Videokonferenz*[167]. Darin trifft die Serie über den hypermedialen Diskurs der Übertragungsflächen und das digitale Eingabeprogramm der binären Codes „Yes" und „No" eine knappe Entscheidung für die Abwahl des Präsidenten, und damit, zumindest vorläufig, auch gegen den Einsatz der Folter.

Analyse 17: Erster Einsatz polizeilicher Folter

Im Zuge der Folterinitiation erfolgt in Episode 02x12, parallel zur ersten politischen Folter *(Analyse 15)*, auch die erste polizeiliche Folter über die Herausstellung des Fernsehdispositivs. Mit einer narrativen ‚beat'-Frequenz über vier Segmente erreicht die Folter des islamistischen Terroristenführers Syed Ali durch den Agenten Jack Bauer ihren Höhepunkt als hypermediale Extremvariante einer Fernsehsichtung. Durch die Vorführung einer Hinrichtung über zwei Fernsehmonitore vor der gefesselten Zuschauerfigur Syed Ali zeigt die Sequenz erstens, auf der Grundebene der Rezeption durch den Fernsehzuschauer eine Folter *im* Fernsehen und zweitens, in der diegetischen Figuration der Rezeption durch Ali als stellvertretendem Zuschauer eine Folter *durch* das Fernsehen. Vollzogen wird die Grenzüberschreitung der Darstellung gezielt über das Bild der Familie, das als etablierter Reflexionspunkt einer vertrauten Fernsehrezeption[168] antithetisch ins Zentrum der Bedrohung gerät, als die gefesselte Familie Ali über verblasste TV-Bilder vermittelt wird. Mit dem Signalbegriff ‚Live Feed', der die Echtzeit-Dramaturgie der Serie pointiert, *präsentiert das erste Segment der Storyline*[169] *eine medial exponierte Vorrichtung* mit aktivem Laptop und zwei älteren, robusten, mit vielen Knöpfen bestückten Fernsehmonitoren. Der rechte Monitor zeigt eine monochrom verwaschene, orientalisch akzentuierte Übertragung von Syeds Familie in einer Halbtotalen. Der linke Monitor bietet zunächst nur ein Testbild und verweist damit auf die mediale Beschaffenheit der nebenstehenden Übertragung. Später zeigt der linke Bildschirm Nahaufnahmen einzelner Familienmitglieder, womit auch die fernsehformale Spannweite der Einstellungsgrößen abgesteckt wird. Die selbstreflexive Grundausrichtung der extrem angespannten Szene konstituiert sich über die Monitorrahmung

---

[167] Ebd., TC: 0:31:21–0:35:00, TC: 0:35:50–0:39:20.
[168] Vgl. u.a. Spigel: Fernsehen im Kreis der Familie, S. 214–254.
[169] Episode 02x12, TC: 0:23:28–0:25:10.

des Action-Moments der Kinderfesselung im Vollbild und die kongruente Verdopplung des Rezeptionsakts im Gegenschuss und Zoom-in auf Syed Ali.

Die reflexive Gestaltung der Folter setzt sich im zweiten Storyline-Segment über vier Akzente fort[170]. Erstens fügt sich in das Schuss-Gegenschuss-Verfahren zwischen der Zuschauerfigur und den Monitoren zusätzlich die intermediale Kommunikation zwischen den Monitoren, die mit materialbetonten Nahaufnahmen durch Kameraschwenks miteinander in Beziehung treten. Zweitens präsentiert die Serie ein Split-Screen-Telefonat zwischen Jack Bauer und Präsident David Palmer, das einen televisuellen Folterdiskurs zwischen den Ebenen der US-Regierung und Polizei herstellt. Drittens unternimmt die Serie einen medialen Trick, indem Jack die bereits beendete Kommunikation mit dem Präsidenten simulativ fortführt und so die Folter legitimiert. Viertens verdichtet sich die selbstreflexive Konstellation zum Ende des Segments in der Kopplung apparativer und rezeptiver Akzente: Mit dem Rechtsschwenk von der gerahmten Aufnahme des nah gefilmten, nach rechts blickenden Sohnes zum links blickenden Vater Syed Ali erzeugt die Serie über Fernsehmonitore eine familiäre Blickachse existenziell bedrohter Figuren.

Mit der Grundlage einer reflexiven Anordnung erprobt und verzögert die Fernsehserie im dritten Segment[171] *die Extremdarstellung der Erschießung* im ‚Live'-Modus, und bespiegelt darin spektakuläre Formen der Berichterstattung. Die Annäherung an das Extrem erfolgt explizit über die Verdopplung der Rezeptionsebene mit einem Zoom über die Schulter der Zuschauerfigur Syed Ali auf den rechten Familienmonitor, wo ein vermummter Mann den Stuhl des Sohnes umstößt und einen Schuss abgibt. Am Gipfelpunkt des Schusses ergibt sich allerdings eine mediale Verzögerung und die Serie zeigt, anstelle einer Schussaufnahme, den Schrei von Syed Ali in übermäßiger Großaufnahme als affektiven Reaction Shot[172]. Die Irritation der primären Darstellungsebene korreliert mit dem stellvertretenden Darstellungssystem der Monitore über eine medial und körperlich exponierte, überbeleuchtete Großaufnahme der Mutter, und den Schnitt auf ein identisch strukturiertes Bild des jüngsten Sohnes. Diese Monitor-Irritation wirkt wiederum rückwärts in das zentrale Vermittlungssystem der Serie ein und mündet nach der Musterabfolge von Frage und Resistenz über die Signatur des Countdowns in die Werbepause.

Im final zugespitzten vierten Segment[173] *ereignet sich vor einer zweiten Gewaltanwendung eine formexzessiv schockierende ‚Höhepunktfrequenz'*[174]

---

[170] Ebd., TC: 0:26:52–0:29:15.
[171] Ebd., TC: 0:31:38–0:32:46.
[172] Zur Ausdrucksstärke der Großaufnahme vgl. Deleuze: Das Bewegungs-Bild, S. 134; Zur fernsehspezifischen ‚intimacy' vgl. Ellis: Defining the Medium, S. 13.
[173] Episode 02x12, TC: 0:35:27–0:38:30.

typologischer TV-Clips. Zuerst erscheint für einen Sekundenbruchteil eine Halbtotale von Jack Bauer, der mit Walkie-Talkie den Befehl zur Erschießung gibt. Zweitens erscheint die affektive Großaufnahme von Syeds Schrei, drittens das Monitorbild der Familie, viertens eine augenzentrierte Detailaufnahme des Gesichts der Mutter, fünftens das Monitorbild des Sohnes mit neuer Blickrichtung und sechstens und letztens das synekdochische Signal eines Gewehrlaufs. Mit der Clipfolge generiert die Serie einen Folter-‚flow' als Extremvariante des TV-‚flow' *(II.3.1.1)*, der die Schlüsselinformation zum Fortgang der Handlung erbringt, so dass im Split-Screen auf die Ebene der CTU gewechselt wird.

Wie zentral die Spezifik der Vermittlung für die Sequenz war, zeigt sich besonders im Abschluss. Beide Monitore, die in exponierter Weise von einem Helfer durch das Bild geschoben werden, zeigen nunmehr Testbilder, und betonen darin die Medialität der Fernsehdarstellung. Es kommt zu einer Kontrolle der Übertragung, als Jack in halbnaher Position am Telefon vor dem Laptop nach dem normalen Feed fragt und den Zugang zum „live picture now" bekommt, das in der Foltersequenz als Tatsache angenommen wurde. Ohne zusätzliche Erklärungen füllt Jacks prüfender Blick nach unten das Fernsehbild und die Kategorie der Rezeption rückt ins Zentrum. Aufgelöst wird die Konstellation erst mit der Zuschauerfigur Kate Warner. Nach einer Zoom-Annäherung und Fokussierung der rechten Monitorseite, die markant blau flackert, wird sichtbar, wie sich der zuvor gesehene vermummte Mann über den umgeworfenen Stuhl des erschossenen Sohnes beugt, bis er plötzlich verschwindet. Kurz darauf sitzt der Sohn wieder auf dem Stuhl und der Vermummte löst ihm die Fesseln. Warners Worte „He's alive" demonstrieren die mediale Reichweite und Konstruierbarkeit der Fernsehdarstellung zwischen den existenziellen Extremen von Leben und Tod. Der Reaction Shot auf Warner, die seufzend die Augen schließt, bespiegelt die Situation des Zuschauers, der das Segment nachträglich anders sieht. Mit Warners Feststellung „It was all an act", die im Off über den entlarvten Bildern geradezu als Autorkommentar fungiert, pointiert die Serie den zweiten medialen Trick des Segments und die ästhetische Illusionsbildung des Fernsehens. Die Extrembeanspruchung durch die hypermedial potenzierte Folter betrifft letztlich den Wahrnehmungs- und Erkenntnisprozess des Fernsehzuschauers. Die Folter fungiert als schmerzhafte Sehschule.

---

[174] Vgl. Ellis: Visible Fictions, S. 149; Butler: Television, S. 26; Hickethier: Die Fernsehserie und das Serielle des Fernsehens, S. 32.

3.2.2 Selbstreflexive Serialität der Folter

Nach der selbstreflexiven Initiation der Folter koppelt *24* den wiederholten Einsatz der Ausnahmegewalt gattungskonstitutiv an ein kontinuierliches Bewusstsein über die eigene Darstellung. Im Serienhauptteil zwischen der dritten und sechsten Staffel serialisiert die Show mit selbstreflexiven Sets der ‚medical interrogation' eine fernsehserienästhetische Rahmung der Extremdarstellung und lotet die Reichweite fernsehserieller Kommunikation aus.

Selbstreflexive Raumordnung der Folter

Die geheimdienstlichen Verhör- bzw. Folterräume teilen sich in ein Hauptzimmer und einen Vorraum. Über diese Anordnung etabliert die Serie einen raumästhetischen Vor- und Zwischenbereich, der die Folterszenen nicht direkt zeigt, sondern deren *Vermittlung als Übergang bzw. Grenzüberschreitung in symbolischer, fiktionaler und medialer Hinsicht* exponiert. Dies geschieht *auf vier Ebenen*. Erstens symbolisiert der Ein- und Austritt der Figuren durch die gläsernen Türen des Vor- und Verhörraums eine *Schwellenüberschreitung*. Zweitens fungiert die Glaswand, die zwischen den gefilmten Räumen liegt und Spiegelungen erzeugt, als metonymische *Kennzeichnung der fiktionalen Gestaltung und Monitorvermittlung*. Drittens bewirkt die Vorraum-Position von Agenten und Technikern, die das Gezeigte beobachten und regulieren, eine *Verdopplung der Ebenen der Produktion und Rezeption*. Viertens münden die meisten Konstellationen in ein hypermediales System aus TV- und Computermonitoren[175] und vervollständigen die *mediale Reflexion des Fernsehdispositivs*. Die selbstreflexive Aufteilung der Verhör- und Folterräume ermöglicht eine Herausstellung der Ebenen der Produktion, Vermittlung und Rezeption im Hinblick auf die ästhetische Prämisse, „dass die Bedingung der Möglichkeit von Wahrnehmung im Kunstwerk selbst thematisch wird"[176]. Das Hauptzimmer der Verhör- und Folterräume tendiert zu einer selbstreflexiven Prägung als Fernsehstudio bzw. als Showbühne. Demgegenüber reflektiert der Vorraum zum einen die Ebene der Zuschauerschaft vor den Fernsehgeräten. Zum anderen bespiegelt der Vorraum den Regieraum und pointiert dies in einer blauen Beleuchtung, die das Produktionsverfahren des Bluescreen abruft[177].

---

[175] Zum Konzept der Hypermedialität vgl. Bolter/Grusin: Remediation, S. 34.
[176] Lindner: Reflexionen zu einer kritischen Medienästhetik, S. 197.
[177] Eine sendereigene Definition der Fernsehregie findet sich in: Webseite „Die Fernsehregie, Schaltstelle für das TV Studio", 19.10.2003, online: http://bit.ly/2xHJf Rd; Stand: 06.06.2019.

Die Bedingungen der Fernsehkommunikation werden im Extrem der Folterdarstellung in die Diegese integriert. Die selbstreflexive Raumordnung, die sowohl voyeuristische und machtpolitische Implikationen hat, operiert als Verdichtung des Überwachungskonzepts des ‚monitoring' bei Stanley Cavell[178] sowie als Fernsehserienversion des ‚ästhetischen Regimes' bei Jacques Rancière in der Verknüpfung repräsentativer und ästhetisch selbstbezüglicher Momente, das Arno Meteling bei Folterszenen festgestellt hat[179]. Die Qualität des narrativen Haltepunkts, wie sie Meteling hervorhebt[180], lässt sich besonders auf die Expositionen der Foltersegmente beziehen, die die Plot-Dynamik der Serie unterbrechen im Sinne einer diskursiv-spektakulären und formal überschüssigen Ausrichtung. Diese Einleitungen, die zunehmend als Muster serialisiert werden, nehmen eine Schlüsselrolle ein bei der fernsehästhetischen Reflexivität der Grenzüberschreitung. Bevor die Fernsehserie das Extrem zeigt, zeigt sie, wie sie zeigt. Die Reflexivität der Grenzüberschreitung soll anhand von drei detaillierten Analysen deutlich werden. In der ersten Untersuchung soll die Selbstreflexivität der Folterraumordnung ohne hypermediale Elemente aufgezeigt werden. In der zweiten und dritten Analyse soll der Fokus darauf liegen, wie die selbstreflexive Raumordnung im Monitor-Überwachungssystem hypermedial potenziert wird.

Analyse 18: Folterexposition als fernsehästhetischer Übergang

Die Grundstufe serieller Selbstreflexivität durch die Raumordnung ohne hypermediale Elemente manifestiert sich in Episode 03x07[181]. Vor der Folter des Agenten Gael Ortega zeigt das Segment, wie der Verhörleiter Ryan Chappelle und der Folterer Johnson den Vorraum verlassen und den Verhörraum betreten. In dieser Bewegung akzentuiert die Sequenz einen fernsehästhetischen Übergang im symbolischen, fiktionalen und medialen Sinn. *Die Grenzüberschreitung vollzieht sich über drei Schritte.* Zuerst erfolgt der Austritt der Figuren aus dem Vorraum. Zweitens ereignet sich ein expliziter Übergang der Figuren aus dem Vorraum in den Verhörraum. Drittens erfolgt der Eintritt der Figuren in den Verhörraum.

Die reflexiven Kernaspekte der Symbolik, Fiktionalität und Medialität werden gleich im ersten Schritt etabliert. Symbolisch fungiert der Austritt der Figuren aus der gläsernen Vorraumtür als Schwellenübertritt. Fiktional verdichtet sich der Akt der Grenzüberschreitung, indem schwaches

---

[178] Vgl. Cavell: Die Tatsache des Fernsehens, S. 161f.
[179] Vgl. Meteling: Folterszenen, S. 191; Meteling bezieht sich auf: Rancière: Die Politik der Kunst und ihre Paradoxien.
[180] Ebd.
[181] Episode 03x07, TC: 0:16:31–0:16:48.

Tischlampenlicht die weggedrehten Protagonisten zu Schattenfiguren typisiert, die der Konstellation in Platos Höhlengleichnis nahekommen[182]. Medial wird der Schwellenübertritt, der *vor der Kamera stattfindet, von der Kamera nachvollzogen:* Über Linksschwenk und Zoom-out-Bewegung exponiert die Kamera vor der Extremdarstellung ihren technischen Aufnahmeprozess. *Der zweite und umfangreichste Schritt des fernsehästhetischen Übergangs ist die Passage aus dem Vorraum in den Verhörraum.* Die auswärtige Bewegung der Agenten, die selbst nicht sichtbar ist, fungiert als Kernsymbol des Übergangs. Erweitert wird die Konstellation durch eine fiktionale und mediale Gestaltung, die den Durchgang so präsentiert, dass er als Übergang zu einer Extremdarstellung erfahrbar wird. Während die Figuren allererst den Flur durchqueren müssen, um in den Verhörraum zu gelangen, begreift der Zuschauer den Übergang über einen kameratechnischen Rechtsschwenk und sieht und erkennt den Verhörraum zunächst durch eine Glaswand. Als metonymische Vermittlungsfläche betont die Glasscheibe den fiktionalen Status der Schwellenüberschreitung, indem sie, noch vor dem Eintritt der Protagonisten in den Verhörraum, in einer Spiegelung aufdeckt, wie die Vorraumtür von einem Mitarbeiter geschlossen wird. Der Verweis der Glaswand auf die Vermittlung konzentriert sich im Hinblick auf die Spezifik der Fernsehaufnahme über eine unterhalb platzierte Blaulichtreihe, die den Bluescreen-Effekt impliziert. Mit der Vermittlungsebene rückt auch der Rezeptionsakt in den Vordergrund. Wechselseitig integriert wird die Produktionsebene: Durch den technisch exponierten Rechtsschwenk entlang der ausgestellten Vermittlungsfläche reflektiert die Kamera ihre eigene Aufnahme. *Auf der Basis der selbstreflexiven Konstellation ereignet sich im dritten und abschließenden Schritt der verzögerte Figureneintritt in den Verhörraum.* Mit dem letzten symbolischen Schwellenübertritt endet die reflexive Übergangsbewegung. Medial realisiert wird sie über die Postproduktion des Filmschnitts, der auch für den Zuschauer den endgültigen Wechsel in den Verhörraum vollzieht. Die fiktionale Bestätigung des Seitenwechsels entfaltet sich über eine Spiegelung des Verhörleiters in der Glaswand. Erst nach der umfassenden Akzentuierung der Grenzüberschreitung mündet die Sequenz in die Erzählmuster des Extremdialogs.

TV-Regie und TV-Studio:
Herausstellung fernsehserieller Kommunikationsbedingungen

Der selbstreflexive Status einer expositorischen Folterraumordnung steigert sich über eine hypermediale Ausgestaltung, die den Kommunikati-

---

[182] Vgl. Platon: Der Staat (Politeia), S. 327 ff.

onsprozess des Fernsehens herauskehrt. Die charakteristische Zweiteilung zwischen Vor- und Hauptraum wird durch Überwachungsanlagen mit Monitoren und Technikern dahingehend perspektiviert, dass ein Gegenüber von Fernsehstudio und Regieraum hervortritt. Durch die parallele Position der hypermedial-apparativen Installation zu der vermittelnden Glaswand verdichtet sich die räumliche Übergangsreflexivität bzw. Grenzüberschreitung der Schwellenelemente im Hinblick auf die mediale und fiktionale Brisanz fernsehserieller Vermittlung des Folterextrems. Nun sollen zwei hypermedial hervorstechende Folterexpositionen im Detail analysiert werden.

Analyse 19: Symbolische und mediale Übergangsreflexivität in Vorraum- und Folterszene

Als markantes Beispiel für die hypermediale Gestaltung der selbstreflexiven Folterraumordnung fungiert die Einleitungssequenz des Verhörs des terrorverdächtigen Teenagers Behrooz Araz in Episode 04x15. Bevor die Fernsehserie das Extrem der Kinderfolter zeigt, vollzieht sie einen reflexiven Übergang in den Verhörraum. Über einen bildschirmbestückten Vorraum akzentuiert die Sequenz eine symbolische und mediale Grenzüberschreitung, die zu einer Figuration des Fernsehdispositivs führt und den Blick schärft für die Beschaffenheit der fernsehseriell brisanten Vermittlung.
  Die Folterexposition der Episode hat drei Teile. Der erste und wichtigste Teil ist die Vorraum-Überschreitung als symbolischer und medialer Schwellenübertritt. Dieser Teil bildet den Schwerpunkt der Analyse. Der zweite Teil ist die selbstreflexive Gestaltung des Verhörbeginns. Der dritte Teil umfasst drei reflexive Rückschaltungen in den Vorraum, eine zu Beginn des harten Verhörs und zwei zu Beginn der Folter.
  Der erste Teil der Folterexposition ist die reflexive Überschreitung des Vorraums als symbolische und mediale Schwelle[183]. In der zweiundzwanzigsekündigen Abfolge von drei Einstellungen akzentuieren zwei Ereignisse – der Eintritt in den Vorraum durch den Agenten Tony Almeida und der Eintritt in den Verhörraum durch den Verhörleiter Curtis Manning – jeweils einen Schwellenübertritt, der symbolisch markant ist und medial durch einen abschließenden Schnitt hervorsticht. Darüber hinaus verläuft vor beiden Schwellenübertritten eine Übergangsreflexion. Die erste Übergangsreflexion ist die Vorstellung des Überwachungssystems. Die zweite ist die Durchquerung des Vorraums. In beachtlicher Weise basieren beide Übergangsreflexionen auf einer Musterfolge von drei Stufen.

---

[183] Episode 04x15, TC: 0:15:33–0:15:55.

Die erste (bzw. in der zweiten Einstellung zweite) Stufe der Übergangsreflexion ist die Territion, die das Folterextrem andeutet. Die zweite (bzw. in der zweiten Einstellung erste) Stufe ist die Akzentuierung der Foltervermittlung. Die dritte Stufe ist die Platzierung einer Produktionsebene im Sinne eines Regieraums vor einem Fernsehstudio. Erst nach diesen drei Stufen der jeweiligen Übergangsreflexion folgt der Schwellenübertritt.

Die Grenzüberschreitung zum Folterextrem beginnt mit der ersten Übergangsreflexion der Vorstellung des Überwachungssystems. Die erste Stufe der Musterfolge ist die Territion: Intensive Signale der Kofferöffnung und Spritzenentnahme veranschaulichen das suggestive Prinzip der Territion als raumsymbolischen Schwellenübertritt, der die Türöffnung metonymisch präfiguriert. Die Übergangsbewegung mündet in eine selbstreflexive Ausgestaltung der zweiten und dritten Stufe der Musterfolge. Die zweite Stufe führt zur Bestimmung fernsehserieller Vermitteltheit: In einer Bewegung nach oben streift die Kamera ein blau-rotes Monitorbild und betont so die Materialität der Aufnahme, bis sie den Verhörten, anstelle einer direkten Präsentation, inmitten eines bläulichen Bildschirms zeigt, der den eigentlichen Monitor zu zwei Dritteln ausfüllt. Die materielle Selbstbestimmung der Aufnahme weitet sich aus zu einer apparativen Systembestätigung: Die Abbildung des Monitors wechselt über die Kameratechniken des Rechtsschwenks und Zoom-outs, die den Aufnahmeprozess exponieren, zu einer Anordnung mit vier bläulich sendenden Monitoren, die im wesenhaften Bezug zur Bluescreen-Technik den Ausgabeprozess vervielfachen. Die hypermediale Komposition liefert ein Reflexionsmodell der wesensgemäß reflexiven Fernsehserienform: Grundlegend bespiegelt die Anordnung den eigenen televisuellen Split-Screen-Stil. Darüber hinaus reproduziert die Komposition die fernsehspezifische Form an sich: Diverse Einstellungsgrößen, Kamerawinkel und Datengrafiken konstituieren eine serielle Multiplikation der Fernsehbilder im Sinne des TV-,flow'. Gleichzeitig ermessen sie den intermedialen Grenzbereich zur digitalen Computer-und Internetform.

Aufbauend auf der Herausstellung der fernsehseriellen Vermitteltheit steigert sich die selbstbezügliche Vorraumpräsentation auf der dritten Stufe der Übergangsreflexion hin zur Sichtbarmachung der Produktionsebene. Gleich nachdem Behrooz Araz über Monitore im Vermittlungsprozess eingeordnet wurde, erscheinen der Verhörleiter Curtis Manning und ein technischer Assistent gezielt hinter und zwischen diesen Monitoren. In der linken Bildhälfte bedient der anonyme Techniker eine Tastatur mit Blick auf Monitore, die an der Rückseite der sichtbaren Bildschirme befestigt sind. Da die Figur des Technikers im Serienverlauf nicht näher bestimmt wurde, zieht sie ihre Charakteristik aus der momentanen selbstreflexiven Anordnung. Der Techniker erscheint damit weniger als handelnder Protagonist, denn als metafiktionale Produktionsfigur. In einer beachtlichen Wechselwirkung verdichtet sich auch die Rolle der Hauptfigur Curtis Manning im Hinblick auf eine fernsehästhetische Funktion. Hinter und zwischen den vier Monitoren und deren Kabeln auf der rechten Bildhälfte ist der Protagonist kaum zu erkennen. Seine technische Anweisung „Alright, keep it at that level" manifestiert den Agenten als zentrale Produktionsfigur auf der Ebene der Fernsehregie. Mit der gezielten televisuellen Signatur des eingeblendeten Countdowns erreicht die Serie ein synchrones Nebeneinander vermittelnder Monitore und regulierender Produzenten, die einen Einblick gibt in die Funktionsweise des Fernsehens. Die Komposition erfüllt damit die ästhetische Prämisse, „dass die Bedingung der Möglichkeit von Wahrnehmung im Kunstwerk selbst thematisch wird"[184]. Mit der Basis der fernsehästhetischen Verortung erfolgt schließlich der symbolische Schwellenübertritt der Hauptfigur Tony Almeida von draußen in den Vorraum. Wie eng Foltervermittlung und symbolische Grenzüberschreitung aneinander geknüpft sind, zeigt sich hier daran, dass Türöffnung und Eintritt des Agenten, ohne Schnitt und im Rechtsschwenk, in genau dem Moment stattfinden, in dem der Arbeitskollege Curtis hinter den Monitoren hervortritt, und einen kurzen Blick zurück auf Tony wirft. Der medial situierte Blickaustausch aktiviert Tony Almeida bereits hier als Schlüsselfigur innerhalb der Produktionsebene.

Die zweite Übergangsreflexion, die über die Durchquerung des Vorraums erfolgt, wird über Tonys Schwellenübertritt ausgerichtet. Der Eintritt des Agenten durch die gläserne Tür initiiert in der zweiten Einstellung eine umfassende Präsentation des Foltervorraums und fungiert damit als reflexive Bewusstwerdung über die Darstellung und Wahrnehmung des Extrems. Der Agent selbst operiert dabei als Mittlerfigur – er ist stellvertretender Zuschauer und Regisseur. In diesem Sinne erfolgt die Ausstellung des Vorraums, der in seiner dunklen, bläulichen und medialen Gestaltung als gesonderter Vermittlungsraum erscheint, über eine akzentuierte Blickführung d. h. über die Lenkung des entscheidenden Sinnesorgans der Fernsehrezeption. Der Blick, den Tony bei seinem Eintritt zum Ende der ersten Einstellung wirft, dient als Initiationsimpuls der reflexiven Raumübersicht: Ausgehend von einer pointierten Position am Rande der Monitoranordnung führt der aktive Agentenblick, der die okulare Operationalität neuer Polizeiserien abruft[185], in die Peripherie des originären Kameraobjektivs und ergibt damit eine Zuspitzung der fernsehreflexiven ‚direct address'[186]. Der aktive Akt des Sehens führt erstens zum Blickkontakt mit dem Zuschauer, aktiviert zweitens den fernsehtechni-

---

[184] Lindner: Reflexionen zu einer kritischen Medienästhetik, S. 197.
[185] Zur Operationalität des Blicks in Polizeiserien vgl. Bignell: Seeing And Knowing, S. 166.
[186] Vgl. Hilmes: Direct Address, S. 27–36.

schen Übergang in die zweite Einstellung und führt drittens zum montierten Blickkontakt zwischen dem Techniker hinter den Monitoren und der etablierten Serienfigur, die damit endgültig innerhalb der Produktionsebene verortet wird. Mit drei Blickkontakten wird die Grundbeziehung von Produktionsebene, Vermittlung und Zuschauer bestätigt.

Das vom Auge ausgehende Bewusstwerden über die Folterdarstellung steigert sich zur ganzkörperlich-technischen Durchquerung des Vorraums. Die zweite Einstellung verdichtet das Prinzip des symbolischen und medialen Übergangs zur Folter über die Synchronisierung der physisch-performativen Bewegung der Mittlerfigur Tony mit dem fernsehtechnischen 90°-Linksschwenk der Kamera. Die zweite Übergangsreflexion variiert und konzentriert die drei spezifischen Stufen der etablierten Musterfolge. Einleitend wird die vormals zweite Stufe der Bestimmung fernsehserieller Vermitteltheit identifikatorisch nachvollzogen, indem Tony, der in seiner weggedrehten Ansicht als Mittler hervortritt, die Monitorwand streift. Während in der ersten Übergangsreflexion das Moment der Territion vorangig, knüpft es hier als zweite Stufe an. Trotz des Platztausches wiederholt sich damit der enge Bezug zwischen der medialen und symbolischen Übergangsreflexivität, denn auch hier koppelt das suggestive Prinzip der Territion in einem übergangsreflexiven Kameraschwenk an die Monitorvermittlung des Verhörten. Der selbstreflexive Stellenwert der Territion steigert sich diesmal, weil die mediale Rahmung vorangeht und weil das vormals kurze Signal der Kofferöffnung und Spritzenentnahme potenziert wird zu einer fiktionalen Typisierung des verantwortlichen Folterers im Schatten. Überdies belegt die angedeutete Folter durch die Zweitpräsentation eine konsequente Zwischenposition zwischen der Monitorrahmung und der nachfolgenden Produktionsrahmung: Die Folter erscheint als vermitteltes Extrem.

Mit der Produktionsrahmung erreicht die zweite Übergangsreflexion der Vorraum-Durchquerung ihre dritte und abschließende Stufe. In konsequenter Zoom-out-Bewegung der Kamera bleibt Tony vor einer Glaswand stehen, die den Blick in den Verhörraum ermöglicht. Die von Blaulicht unterlegte Glaswand, die bereits in *Analyse 18* als metonymische Vermittlungsfläche der Folter erkannt wurde, steigert ihren selbstreflexiven Status durch eine parallele Position zur hypermedialen Produktionsanordnung der Monitore und Techniker. Tony, der sich zum Verhörleiter Curtis dreht und damit nach seiner vermittelnden Bewegung wieder von vorne zu sehen ist, bestätigt nun seine Zuschauerrolle. Auf der impliziten Ebene eines Regieraums vor einem Fernsehstudio wird die Mittlerfigur als Produktionsfigur und Regisseur aktiviert. Erst die Platzierung einer beobachtenden und regulierenden Vor-Figur im fernsehreflexiven System ermöglicht den zweiten und abschließenden Schwellenübertritt. Nach der umfassenden symbolischen und medialen Akzentuierung des

Vorraums im Übergang zur Folter, zeigt die dritte Einstellung den Austritt des Verhörleiters aus dem Vorraum in den Verhörraum. Erst die Figuration des Fernsehdispositivs ermöglicht den Übergang in die Verhör- und Foltersequenz.

Der zweite Teil der Folterexposition ist die selbstreflexive Gestaltung des Verhörbeginns[187]. In beachtlicher Weise überträgt sich die vorherige Übergangsreflexivität des Vorraums auf die Bildsprache der Verhörszene: Gleich die erste Aufnahme, die aus dem Inneren des Verhörraums sichtbar wird, übernimmt das etablierte Gefüge der symbolischen und medialen Grenzüberschreitung. Dies geschieht, indem der Schwellenübertritt der Türöffnung nach dem Schnitt im Linksschwenk über die Schulter des Verhörten fortgesetzt wird und in einer geometrischen Parallele an eine silberne Tischkamera vor dem gefilmten Verhörten anknüpft, so dass sich die Figuration des Fernsehdispositivs schließt. Die Übergangsreflexivität entfaltet sich in derselben Einstellung über die Spiegelung des eintretenden Agenten auf der Rückseite der eben hervorgehobenen Zwischenfläche der Glaswand. Die fiktionale Spiegelung verdichtet sich schließlich zur hypermedialen Reflexion, bei der der verhörte Behrooz in einer Nahaufnahme gezeigt wird, die nicht illusionistisch durchsichtig ist, sondern erstens aus der Blickperspektive der Regiefigur durch die Glasscheibe verzögert wird und zweitens durch die Spiegelung einer bläulichen Monitoranzeige aus dem Vorraum überlagert wird. Die Aufnahme bietet eine materielle Schichtung der Ebenen von aufgenommener Realität, Produktion und Vermittlung.

Gesteigert wird die materielle Schichtung, die die reflexive Struktur des Vorraums integriert, durch einen Zoom und Kameraschwenk auf der Bildebene sowie ein Rauschen, das die Tonebene beeinträchtigt und so die technische Beschaffenheit des fernsehseriell konstitutiven Figurendialogs als irritierten Extremdialog herausstellt. Konsequent erweitert wird das Prinzip der Spiegelung in der Anschlusseinstellung, als die Halbnahaufnahme der Figuren überlagert wird durch eine Nahaufnahme der Zuschauer- und Regiefigur Tony, dessen Kopf an eine bläuliche Monitorspiegelung angrenzt. Erst mit dieser Klimax der medialen Herauskehrung beginnt nach achtunddreißig Sekunden selbstreflexiver Vorbereitung die physische Konfrontation, als der Agent den Befragten an die Wand drückt.

Die Sensibilität des Fernsehdispositivs gegenüber dem fernsehhistorischen Einschnitt des Folterextrems zeigt sich zuletzt im dritten Teil der Folterexposition über drei Rückschaltungen in den Vorraum. Dabei handelt es sich um eine Rückschaltung zu Beginn des harten Verhörs und zwei zu

---

[187] Episode 04x15, TC: 0:15:55–0:16:11.

Beginn der Folter. Die erste, zweisekündige, Rückschaltung[188] ist ein Reaction Shot auf den nah aufgenommenen Blick des gewürgten Behrooz und exponiert die Blickachse des Vorraums: Indem die rechte Bildhälfte nur eine braune Wand zeigt und Tonys Profil auf der linken Seite bis zum Gesicht im Schatten liegt, konzentriert sich das Bild auf den Sehapparat der Zuschauer- und Regiefigur und den Akt des Sehens.

Mit der zweiten, sechssekündigen, Rückschaltung vollzieht das Segment den letzten Initiationsschritt der Folter[189]. Der Blick zurück in den Vorraum, den der Agent Curtis vornimmt, als er sich über den potentiellen Informationsträger Behrooz beugt, ereignet sich konsequent am Grenzpunkt einer informationellen Sackgasse, die sich selbstreflexiv niederschlägt in der bislang größten Häufung von Spiegelungen auf der Glasscheibe: Neben drei bläulichen Monitorübertragungen auf der rechten Seite und einer links oben, spiegelt die Glaswand auf der rechten Seite die Zuschauerfigur Tony und auf der linken Seite zum ersten Mal eine weitere Figur, die als Folterer kenntlich werden wird. Im Zuge des reflexiven Herantastens zeichnet sich schließlich auch die Legitimation der Folter durch eine performative Distanz aus. Der charakteristisch unspezifische Folterbefehl „Go ahead" und der suggestive Test der Spritze durch den Folterer erfolgen nicht im Gegenüber, obwohl Tony und der Folterer nebeneinander stehen, sondern Rücken an Rücken, nach einer achsensymmetrischen Rechtsdrehung beider Figuren.

Im Anschluss an die vorbereitenden Rückschaltungen in den Vorraum ereignet sich eine dritte, viersekündige, Rückschaltung zu Beginn des Foltereinsatzes, der gleichzeitig das Ende des Foltersegments markiert[190]: Anstelle einer unvermittelten Abbildung des klimaktischen Einstichs der Spritze wird die Extremdarstellung hypermedial verzögert. Auf der rechten Seite des Bildes tritt die Gewaltaktion als kleine, unfokussierte, bläuliche Monitoraufnahme in ihrer apparativen Vermitteltheit hervor. Im Zentrum und Fokus des Bildes ist jedoch die Frontalaufnahme des Blicks von Tony aus dem Bild heraus, im kameratechnischen Closeup und Zoom. Das Segment legt auch im Schlussakzent den Schwerpunkt nicht auf das Extrem, sondern auf das Sehen und Vermitteln des Extrems. Der Zuschauer wird mit seiner Situation konfrontiert.

---

[188] Ebd., TC: 0:16:31–0:16:33.
[189] Ebd., TC: 0:16:45–0:16:51.
[190] Ebd., TC: 0:17:00–0:17:04.

Analyse 20: Einrichtung, Ausstellung und Anwendung des hypermedialen Systems

Die hypermediale Ausgestaltung der expositorischen Folterraumordnung steigert sich in Episode 03x14[191]. Durch die angrenzende parallele Voranstellung der Monitoranordnung vor die Glaswand in den Verhörraum verdichtet sich die Implikation einer selbstreflexiven Achse zwischen Regieraum und Aufnahmestudio und damit eine Figuration der Rezeption, Vermittlung und Produktion des Fernsehens. Bevor die Handlung in den Fokus rückt und die terroristische Ex-Agentin Nina Meyers vom Agenten Tony Almeida und dem Folterer Darren Richards vernommen wird, konzentriert sich die reflexive Einleitung auf die Präsentation des Überwachungssystems. *Über drei Schritte entfaltet die Exposition eine selbstreflexive Annäherung des Fernsehmediums an die Vermittlung des Folterextrems.* Der erste und umfangreichste Schritt, der den Hauptteil der Analyse bildet, ist die Einrichtung und Aktivitätsbestimmung des hypermedialen Systems. Der zweite und dritte Schritt bilden den Schlussteil: Der zweite Schritt ist die Ausstellung des aktivierten Systems. Der dritte Schritt ist die Anwendung.

Über den ersten Schritt der Einrichtung und Aktivitätsbestimmung des hypermedialen Systems konstituiert sich die selbstbezügliche Prägung des Folter-Vorraums als Rezeptions- und Produktionsebene. Parallel zur metonymischen Vermittlungsinstanz der Glaswand platziert die Serie mehrere Monitore und positioniert davor gleich zwei Figuren – die Mitarbeiter Michelle Dessler und Dalton Furrelle – als aktive Zuschauer und Regiefiguren. Das Segment etabliert so die selbstreflexive Raumteilung zwischen Regieraum und Fernsehstudio. Während es in den beiden angeführten Beispielen eine kurze Hinführung gibt von einer illusionären Durchsichtigkeit zu einer exponierten Vermitteltheit der Folter, beginnt hier das Foltersegment mit einer sofort integrierten Rahmung: Die selbstbezügliche Gestaltung des einleitenden Bildfelds, das die Informationsträgerin Nina Meyers in statisch lehnender Position zentriert, erwirkt ein pointiertes Anhalten der Figur und des Plots im Sinne einer „diegetische[n] Ausnahmestelle[.]", wie sie Meteling feststellt[192]. Der Primat der Vermittlung zeigt sich in einer schrägen Totalen der Glasscheibe, die set-spezifisch gerahmt wird durch eine Blaulichtreihe mit Bluescreen-Verweis und die außerdem einen Reflexionsradius aufweist, der auf der rechten Seite eine Zuschauerfigur spiegelt, und auf der linken Seite einen Monitor vermittelt, der die Aufnahme der Befragten schwarz-weiß dupliziert. Die Monitor-Serialisierung des schwarz-weißen Fast-Standbilds integriert erstens

---

[191] Episode 03x14, TC: 0:13:04–0:14:20.
[192] Vgl. Meteling: Folterszenen, S. 203.

das fernsehserielle Formprinzip der Wiederholung, zweitens die Zusammensetzung der Fernsehdarstellung aus einzelnen Fragmenten und drittens den massenmedialen Ursprung des Fernsehens in der Schwarz-Weiß-Übertragung.

Die Herausstellung fernsehserieller Beschaffenheit konzentriert sich, wie im vorigen Beispiel *(Analyse 19)*, im Vorraum. Die Kamera schwenkt nicht in den potentiellen Aktionsraum der gefangenen Figur, sondern nach links in den Vorraum, wo das Überwachungssystem seine intermediale Konstruktion entfaltet. Sichtbar werden eine Tastatur sowie zwei Flatscreen-Computermonitore, die Text- und Bildmaterial zeigen. Die Linksschwenk-Präsentation des intermedialen Formenrepertoires führt wechselseitig zur akzentuierten Figuration der Rezeptions- und Produktionsebene: In der Nebenfigur des Systemanalytikers Dalton Furrelle, der nur in der Vorfolge kurz zu sehen war und hier bereits seinen letzten Auftritt hat, konstruiert die Fernsehserie eine Zuschauer- und Produzentenfigur, deren reflexiver Status zuerst durch die Spiegelung in der Glasscheibe deutlich wurde, und sich nun darüber fortsetzt, dass Dalton sofort selbstreflexive Handlungen ausführt, d.h. im ersten Moment seines Erscheinens vor dem Eingabegerät der Computer-Tastatur aufsteht, um die Regler an zwei oben angebrachten Monitoren zu bedienen. Indem sich der Techniker auf Augenhöhe zu einem Bildschirm begibt, der das Bild der Befragten bläulich dupliziert, dann mit der linken Hand den Regler dieses Bildschirms an der Unterseite betätigt und gleichzeitig seine rechte Hand zu einem Monitor außerhalb des Bildfelds ausstreckt, ereignet sich eine stellvertretende Justierung des Fernsehgeräts, die im Hinblick auf die bevorstehende Übertragung des Folterextrems, die Reichweite körperlicher und televisuell-serieller Darstellung bis zum Bluescreen-Bezug ausspielt. Die Schlüsselrolle der Bildsteuerung, die sowohl die Postproduktion wie auch die Bedienung des Fernsehers durch den Zuschauer reflektiert, bestätigt sich über die analoge Einblendung der showspezifischen Echtzeit-Signatur des Countdowns und steigert sich vom selbstreflexiven Einblick in den sekundären Monitor zu einem konstitutiven Einblick in den primären Monitor: Die Serienkamera vollzieht den gezeigten Regelungsprozess technisch nach, indem sie gleichzeitig einen zweiten Linksschwenk sowie eine Zoom-out-Bewegung unternimmt. Die Erwartung des Extrems durch die medienreflexive Bewegung vor und in der Kamera führt schließlich in pointierter Konsequenz zum symbolischen Schwellenübertritt des Eintritts der Agentin Michelle Dessler in den signifikant markierten Vorraum. Wie im vorherigen Beispiel wird die Herausstellung der fernsehseriellen Funktionsweise an eine symbolische Schwellenüberschreitung gekoppelt.

Der Status des Segments als narrative und mediale Präparationsphase manifestiert sich mit dem Hinzukommen der zweiten vorgeschalteten Figur im fernsehseriell maßgeblichen Dialog. Wie zuvor beim Kollegen Dalton Furrelle zeigt sich die selbstreflexive Figurenausrichtung bereits beim ersten Erscheinen von Michelle Dessler: Trotz ihrer Stellung als etablierte Serienfigur erscheint Michelle nur als Silhouette im Türrahmen und formuliert in dieser fiktionalen Schattenschablonierung den Fragesatz, der den Vorbereitungscharakter der Exposition betont, und mit dem pluralen Personalpronomen die Zuschauerschaft einschließt: „Are we up yet?". Die Antwort gibt die Show in einer exponiert hypermedialen und intermedialen Anordnung, die angesichts der Erfassungskomplexität des Informationsträgers das spezifische Wesen der Fernsehserie und deren Aufnahmeverfahren herauskehrt: Im sofortigen Gegenschuss, der eine 360°-Erfassung des Vorraums vollzieht, wird der halbnah stehende Dalton auf der linken Seite von drei Monitorübertragungen gerahmt, von denen die mittlere das Bild der potentiellen Informationsträgerin weiter serialisiert, während Dalton eine asyndetische Reihung beginnt, die die Funktionalität der Basiselemente der Bild- und Tonebene bis zur Grenznähe der Medialität und Körperlichkeit bestätigt: „Video's piped in, voice analysis, vitals transcription". Der verbale Befund der intermedialen Aktivität mündet konsequent in die Herausstellung der fernsehspezifisch audiovisuellen Vermittlung: Mit dem Fazit „We're all set" tritt zunächst die Bildebene hervor, indem Dalton beim Hinsetzen die Sicht frei macht auf eine Monitoraufnahme des serialisierten Übertragungsbilds, die einen dreifachen medialen Überschuss darstellt, da sie erstens schräg positioniert ist, zweitens zwei Drittel des Bildfelds ausfüllt, und drittens Ninas Körperkonturen an den braunen Haaren und der schwarzen Kleidung im blauen Farbfilter auflöst und damit den Bluescreen-Effekt abruft. Parallel folgt die Hervorhebung der Tonebene: Aus dem Off zugeschaltet wird eine dritte Überwachungsfigur, deren Äußerung durch die telefonisch gefilterte Klangqualität und verringerte Lautstärke in ihrer medialen Konstitution hervorsticht.

Das reflexive Hervorrücken der Bild- und Tonebene steigert sich über die wechselseitige Hervorhebung der optischen und auditiven Rezeption. Markant manifestiert Michelle Dessler einen Status als umfassende Rezipientin im Sehen und Hören. Ausgehend von ihrer schattierten, fiktional betonten Figurenprägung unternimmt die Figur gleich im ersten Moment, in dem sie in den Bildvordergrund tritt, einen Blick aus dem Bild heraus auf den Monitor und erscheint als Zuschauerin, während sie vom bläulichen Licht der Übertragung illuminiert und gefärbt wird. Ihr korrelativer Status als Zuhörerin zeigt sich physisch signifikant im Headset, das sie mit der ganzen Hand festhält, worin das Medium im Sinne Marshall McLuhans als Erweiterung des Menschen exponiert wird[193].

---

[193] Vgl. McLuhan: Understanding Media.

Zum Ende der umfassenden Akzentuierung des fernsehseriell spezifischen Vermittlungssystems, wird die bevorstehende Extremerfahrung der Folterrezeption für den Serienzuschauer präfiguriert: Im Gegenschuss zu Michelles Blick erscheint die bildschirmfüllende Aufnahme des Gesichts der zu vernehmenden Terroristin Nina Meyers hell ausgeleuchtet als materielle Extremstufe des dargestellten Körpers und des darstellenden Mediums. Die anti-illusionistische Grenzbewegung erreicht den Höhepunkt, als die sonst bewegungslose Figur Nina im Moment der maximalen, überschüssigen Überwachung die Blickhierarchie umkehrt und nach einem kurzen Blinzeln plötzlich in die Peripherie der aufnehmenden Kamera schaut, so dass sich eine Schockvariante der fernsehspezifischen ‚direct address' ergibt[194]. Am selbstreflexiven Gipfelpunkt betont die Serie nach den akzentuierten Aufnahmeverfahren auch den Speicherungsprozess ihrer Darstellungen im intermedialen Gefüge: „Recording to hard drive now" bestätigt der Techniker aus dem Off. Hiermit endet der erste und grundlegende Schritt der Systemeinrichtung und Aktivitätsbestimmung.

Im zweiten Schritt der Folterexposition wird das aktivierte Mediensystem in einer raumästhetischen Komposition ausgestellt und nachdrücklich in Bezug zum Fernsehdispositiv perspektiviert. Beim Zwischengespräch über die frühere Liebesbeziehung des Verhörleiters Tony Almeida zur Befragten Nina Meyers sitzen die Kollegen Dalton und Michelle erstmals gemeinsam vor der Glasscheibe und blicken auf Nina. Dieser Aufbau exponiert die selbstreflexive Raumordnung, in der der Vorraum als Regieraum fungiert und der Folterraum als Studio. Das Sehen des serialisierten Fernsehbilds der Befragten wird doppelt reflektiert: Erstens artikulieren eine vorangestellte kleine Kamera und ein Monitor korrelativ die grundlegenden Prozesse der Aufnahme und der Ausgabe des Fernsehbilds. Gleichzeitig integriert das Bild durch die Glasscheibe zwischen Vorraum und Folterraum in ihrer Spiegelung die davorsitzenden Protagonisten, die als Zuschauer- und Regiefiguren der fernsehseriellen Extremdarstellung kenntlich werden. Diese medienästhetische Konstellation fungiert, wie die Produktionsausstellung im vorherigen Beispiel, als televisuelle Variante der selbstreflexiven Tradition des Kunstwerks, das seinen Produktionsprozess wahrnehmbar macht[195]. Die Spiegelungskomposition bewegt sich in einem kunsthistorischen Bezugshorizont, der etwa das Konzept der ‚progressiven Universalpoesie' von Friedrich Schlegel einschließt, der dem Künstler die Möglichkeit zuspricht, „zwischen dem Dargestellten und dem Darstellenden [...] auf den Flügeln der poetischen Reflexion in der Mitte [zu] schweben, diese Reflexion immer wieder [zu] potenzieren und wie in einer endlosen Reihe von Spiegeln [zu] vervielfachen"[196]. Die Seria-

---

[194] Vgl. Hilmes: Direct Address, S. 27–36.
[195] Vgl. Lindner: Reflexionen zu einer kritischen Medienästhetik, S. 197.
[196] Schlegel, S. 182 f.

lisierung der Spiegelung erweist sich als Leitlinie selbstreflexiver Folterexpositionen.

Der dritte und letzte Schritt der selbstreflexiven Folterexposition ist die intensive Anwendung des Überwachungssystems. Die wesenhafte Kopplung eines symbolischen und medienreflexiven Übergangs wird entsprechend gesteigert. Während die Installation des Vermittlungssystems an Michelles Schwellenübertritt gekoppelt wurde, erfolgt eine Ausreizung der Darstellungskapazität im Zuge einer dreifachen Schwellenüberschreitung durch Tony. Die drei Stufen des Übergangs sind der Eintritt in den Vorraum, der Austritt aus dem Vorraum und der Eintritt in den Verhörraum. Als Start der symbolisch-medialen Übergangsreflexion dient Tonys Eintritt in den Vorraum. Intermedial knüpft die hörbare Öffnung der Glastür an ein schräges Zerrbild einer bläulichen Monitoraufnahme. Der fiktionale und mediale Status des Übergangs und der Vorbereitung wird nach dem Filmschnitt zur Türöffnung seriell manifestiert: Tony erscheint, wie zuvor Michelle, als Silhouette im Türrahmen, und stellt dabei die Frage „Are we set?", die Michelles Erkundigung „Are we up yet?" formelhaft variiert und abermals die Zuschauerschaft einbezieht. Tony fügt sich derart als dritte und maßgebende Figur in das Vermittlungssystem: Mit der sofortigen Hinwendung des Blicks zur Glaswand nach rechts, erst halbnah, dann im Closeup des Profils vor zwei Dritteln schwarzer Fläche, beginnt Tony damit, den beiden Mitarbeitern Anweisungen für die mediale Erfassung der potentiellen Informationsträgerin zu geben. Er übernimmt wie im vorherigen Beispiel die Rolle des leitenden Regisseurs.

Mit Tonys Regieanweisung, eine hochauflösende Aufnahme von Ninas Auge herzustellen („I want you to do a hi-res on her eyes"), ergibt sich vor dem Beginn der Verhörszene eine elaborierte Konstruktion des zweiten und dritten Schwellenübertritts. Als zweiter Schwellenübertritt bzw. öffnende Klammer fungiert Tonys symbolischer Austritt durch die gläserne Vorraumtür, der fernsehreflexiv gefügt ist in eine hypermediale Dispositiv-Anordnung der beiden Regie- und Zuschauerfiguren vor Flatscreen-Computern sowie einem oben angebrachten Monitor. Als zweiter Schwellenübertritt bzw. schließende Klammer fungiert Tonys Eintritt in den Verhörraum, der über eine fiktional markante Spiegelung auf der Glaswand erscheint, so dass erst nach einem technisch exponierten Rechtsschwenk die eigentliche direkte Ansicht erfolgt. Zwischen beiden Schwellen konstituiert sich der entscheidende Kern der Schwellenüberschreitung über die Realisierung der gesprochenen Regieanweisung: Kongruent mit Tonys symbolischer Durchquerung des Flurs, die nicht sichtbar ist, befördern zwei hochaufgelöste Monitor-Closeups von Ninas Auge („hi-res on her eyes") eine fernsehreflexive Passage, die das „triadische Spannungsfeld von ‚bloßer' Gewalt, symbolischer Überformung und der Materialität der Darstellungsmittel"[197] ausspielt, indem sie ein Spannungsfeld zeigt zwischen der Symbolik und Körperlichkeit rosafarbener, kurz schließender Augenlider einerseits und der technischen Medialität kreisförmig angeordneter Striche, Rechtecke und Zahlen andererseits. Der Übergang zur Extremdarstellung markiert eine Ausreizung des hochauflösenden TV-Dispositivs im Auge als Schlüsselsymbol fernsehserieller Rezeption.

3.2.3 Selbstreflexive Problematisierung der Folter

Die Folterdarstellung, deren Ausnahmestatus in der Initiation der zweiten Staffel *(II.3.2.1)* sowie im Serienverlauf *(II.3.2.2)* akzentuiert wurde, erfährt besonders in der siebten, vorletzten Staffel eine selbstreflexive Problematisierung. Der Grund für die Zäsur lässt sich auf die Verzahnung dreier Tendenzen zurückführen. In erster Linie führt die massenmediale Debatte um US-amerikanische Foltermethoden und speziell die Darstellung der Folter in *24* und anderen Fernsehserien dazu, dass die Show den Diskurs rückwirkend in das eigene Kommunikationssystem integriert. Zweitens wird die Reflexion der extremen Schlüsselsignatur der Serie dadurch begünstigt, dass die Produktion der siebten Staffel wegen eines Streiks der Writers Guild of America um ein Jahr verzögert wird. Drittens nutzt *24* sowohl die erstgenannte Kontroverse als auch die zweitgenannte Produktionspause für einen kreativen Neustart des Formats angesichts der Verschleißerscheinungen des serialisierten Musters, das der Autor Evan Katz ausdrücklich als abgenutzte Erzähltechnik benennt: „[W]e're sort of sick of torturing people [...] as a narrative device. I think we're trying to do it less often"[198]. Die selbstreflexive Problematisierung der Folter soll an vier Beispielen untersucht werden. Das erste Beispiel zeigt eine programmatisch einschneidende Verhandlung der Folter auf einer fiktional selbstreflexiven Gerichtsbühne. Drei Beispiele zeigen eine formorientierte Abwägung der Foltertechnik.

Analyse 21: ‚Did you torture, Mr. Haddad?' –
Die Fernsehserie hält Gericht über sich selbst

Die Priorität der selbstreflexiven Problematisierung der Folter in der siebten Staffel lässt sich gleich in der Staffelexposition feststellen. Nach nur einem einzigen Segment, das die Entführung eines Computerfachmanns

---

[197] Tyradellis/Wolf: Vom Bild zu Codes und Materialitäten, S. 27.
[198] Video „Inside the Writers' Room", TC: 0:08:12–0:08:21.

zeigt und als Störungsmoment den Plot initiiert[199], entfaltet die Serie im paratextuellen Vorspann der Episode und Staffel über den serienspezifischen Split-Screen eine fast vierminütige Reflexion der Folter[200]: Der zentrale Protagonist Jack Bauer wird im US-Senat zur zentralen Handlung der Folter befragt. Stellvertretend pointiert wird die serialisierte Extremgewalt am neu eingeführten Beispiel des Terroristen Ibrahim Haddad, das sich mit der Datierung 2002 an den Beginn der Serie und den 11. September annähert. Die Fragen zur Folter stellt Senator Blaine Mayer, dessen Name sich an der Autorin Jane Mayer orientiert, die mit ihrem Artikel in der US-Zeitschrift *The New Yorker* die Folterdebatte maßgeblich angestoßen hat[201]. Als Steigerung der ersten institutionellen Folterbeurteilung in Episode 02x21 *(Analyse 16)* reagiert die Fernsehserie auf die Vorwürfe und hält Gericht über sich selbst.

Der strukturelle Sonderstatus der Exposition im Umgang mit der Folter zeigt sich in der *Verschiebung auf sechs konstitutiven Ebenen der Serie*. Auf der Stufe der *Narration* (I) fungiert die Folter entgegen der etablierten Dynamik der Serie nicht als primär funktionales Instrument, sondern als Gegenstand einer Betrachtung. Die Folter wird explizit benannt und als Teil einer seriellen Diskussion situiert: In einer Nahaufnahme vor dem akustisch verstärkenden Mikrofon konstatiert Senator Mayer: „Yesterday [...] we were discussing [...] torture by CTU agents in the course of their operations". In Bezug auf die *Gattung* (II) verschiebt sich die Dramaturgie des Action-Genres hin zum Ansatz der benachbarten Gerichtsserie, die einen juristischen Maßstab an die Grenzüberschreitungen anlegt. Im Rahmen der *Serienstruktur des Personals* (III) ereignen sich die markanten Einschnitte der Abschaffung der zentralen Einheit der CTU sowie die Vorladung der hyperaktiven Hauptfigur Jack Bauer, die exponiert wird über die Sitzposition, das förmliche Kostüm und die Kameratechnik eines langen Schwenks. Auf der Stufe der *Kommunikationsausrichtung* (IV) wendet das Segment die seriell manifestierte Gesprächsordnung und macht den Serienfolterer zum Befragten, wobei der Senator im Split-Screen-Gegenüber mit Jack den Kehrreim des seriell repetitiven Fragens in fast identischem Wortlaut anwendet: „Now I'm going to ask you one more time". Der *symbolische Stellenwert* (V) für die Serie und den Diskurs um die Folterdebatte zeigt sich über den massenmedial prominenten Symbolraum des US-Senats und die doppelte Positionierung zweier US-Fahnen, die einmal die Einfahrt eines Autos vor dem Kapitol und

---

[199] Es handelt sich nach Porter um das Kern-Segment der ‚disturbance', vgl. Porter et al.: Re(de)fining Narrative Events, S. 26.

[200] Episode 07x01, TC: 0:02:00–0:05:55.

[201] Vgl. Mayer: Whatever it Takes; Jeffrey Goldberg: Jane Mayer on Being Immortalized by the Pro-Torture 24, in: The Atlantic, 15.01.2009, online: http://bit.ly/2MVv00r; Stand: 06.06.2019.

dem Monument in Washington rahmen und daraufhin den leitenden Senator im Saal. In diesem Rahmen konzentriert sich die Verarbeitung des „symbolischen Schock[s]" des 11. September[202]. Auf der Ebene der allgemeinen *Raumgestaltung* (VI) holt die Exposition den Gegenstand der Folter aus dem serialisierten Terrain dunkler, rechtsüberschreitender Gewalträume in einen morgendlich ausgeleuchteten Staatssaal mit hohen Fenstern.

In dieser sechsfachen Sonderprägung der Exposition erfolgt die selbstreflexive Problematisierung der Folter. Televisuell signiert durch den Produktionsparatext der Credits erscheint der Senatssaal in der einleitenden Totalen über vier Raumteile als fiktionale Gerichtsbühne. Erstens ist die zentrierte Riege der Staatsvertreter im hintersten Teil des Saals gerahmt durch ein exponiertes Podium sowie durch zwei US-Fahnen und beige Vorhänge vor drei Fenstern. Vor dem Podium formiert sich zweitens eine Ebene aus Fotojournalisten, deren Kameraobjektive ins Bildfeld gerichtet sind und so die Aufnahme der Serienkamera technisch und massenmedial bespiegeln. Die davorliegende Reihe der Senatsbesucher impliziert drittens die Ebene der Fernsehzuschauer. Vervollständigt wird die Rahmung der Gerichtsbühne im Bildvordergrund viertens durch die Positionierung einer Kamerafrau in der Mitte und eines Kameramanns auf der rechten Seite, die im Gegenschuss-Standpunkt zur zweiten Ebene der Fotoapparate die Prozessualität der aktuellen Aufnahme einbeziehen. Ausgereizt wird der selbstbezügliche Aufbau des Senatsaals kurz darauf im Gegenschuss von Senator Blaine Mayer zu Jack Bauer: Über Mayers Schulter zeigt sich hinter Bauer auf der linken und rechten Seite die Besucherreihe, die die TV-Zuschauerschaft konnotiert. Der hintere Bereich der Gerichtsbühne bezeichnet korrelativ den Rahmen der Produktion: Während zuvor nur ein Kameramann und eine Kamerafrau zu sehen waren, erscheint nun auf einem Podest, vor einem weiträumigen Vorhang, eine Presseriege aus neun Reportern, die jeweils markant durch den Sucher einer erhöhten Stativ-Kamera blicken. Die resultierende Reflexion der aufnehmenden Serienkamera verdichtet sich über die eingeblendete televisuelle Signatur des *24*-Chefkameramanns Rodney Charters. In der raumreflexiven Verhandlung des Folterextrems überschreitet *24* eine illusionistische Produktionsverschleierung und trotzt der Konstitution, die Burkhardt Lindner in Bezug auf Walter Benjamin feststellt: „Das Filmen kann sich nicht filmen; aus dem Gefilmten bleibt etwas ausgeschlossen: der Apparat"[203]. Die Serie umgrenzt in der Tat das originäre Aufnahmegerät, indem sie eine Reihe filmender Apparate filmt.

---

[202] Baudrillard: Der Geist des Terrorismus, S. 14.
[203] Lindner: Reflexionen zu einer kritischen Medienästhetik, S. 206.

Auf der selbstreflexiven Gerichtsbühne begibt sich die Serie in eine Position zwischen partiellem Schuldeingeständnis und der Neigung zur Rechtfertigung. Bemerkenswerterweise begründet sich die Legitimationstendenz gleich in der Aufnahme, die den Protagonisten in der oben genannten selbstreflexiven Gegenschuss-Anordnung verortet. Dabei entsteht eine Konstellation, in der die markante Ablehnung eines Rechtsbeistands durch die Hauptfigur, die das Seriengeschehen von sechs Staffeln bezeugt, in eine reflexive Wechselbeziehung tritt zu den Ebenen der Zuschauerschaft und der Fernsehmacher, die ihn ins Visier nehmen, die ihm aber gleichzeitig, zumindest in ihrer räumlichen Positionierung, den Rücken stärken: Systematisch erscheint die Fernsehserie in dieser Komposition als Vermittler und Beobachter aber auch als Beistand der Hauptfigur. Es entspinnt sich eine Ambivalenz bei der Bewertung der Folter in *24*: Bei der serienspezifischen Split-Screen-Konfrontation des rechts positionierten Protagonisten mit der selbstreflexiven Gerichtsbühne und dem Closeup des Senators auf der linken Seite, kommt es infolge der ausnehmend expliziten Frage („Did you torture, Mr. Haddad?") tatsächlich zum Geständnis eines Foltereinsatzes gemäß der faktual maßgeblichen Genfer Konvention. Diese juristische Einsicht stellt jedoch nicht den primären Bewertungsmaßstab der Serie dar, sondern bereitet die Grundlage für eine Rechtfertigung, ja einen Gegenangriff gemäß den Gesetzen der Serie.

Die Spannung der fernsehseriellen Verhandlung der Folter verdichtet sich konsequent im Gattungsbegriff: Jack Bauers Vorwurf, dass der Senator eine Reihe diskreditierender Anklagen gegen die CTU auf den Weg bringe („generate a series of indictments"), impliziert durch die homonyme Qualität des Substantivs „series" selbstreflexiv die Möglichkeit, dass dem bisherigen Seriengeschehen eine Gegenserie von Anklagen gegenübergestellt werden könnte. Diese Kritik im Kern dient der Serie dazu, sich ihrer selbst zu versichern und die Folter als wesenhaftes Formelement zu rechtfertigen. Das geschieht durch eine Grundsatzrede des Protagonisten, die die zentralen Funktions- und Argumentationsmuster der Serienfolter zusammenfasst. In Nahaufnahmen vor unfokussiertem Hintergrund, unterlegt von tief anschwellenden Keyboardklängen, begründet Jack Bauer sein Legitimationsmodell der Folter auf einer ökonomischen und emotionalen Argumentation: „Ibrahim Haddad had targeted a bus carrying forty-five people, ten of which were children". Es folgt die parallelistische Redefinition des expliziten Foltervorwurfs des Senators „By torturing Mr. Haddad" zum semantisch offenen Euphemismus „By doing what I deemed necessary", der die Gewaltsegmente des Serienverlaufs maßgeblich legitimiert. Schließlich verortet der Protagonist die Folter innerhalb einer funktionalen Militärlogik der Anpassung an den Feind, deren Kernworte „ability to adapt to your enemy" er mit einem Kugelschreiber auf dem Tisch rhythmisch verstärkt. Damit bestätigt sich die seriell konstitutive Reversibilität von Freund und Feind *(II.1.3)* sowie die zentrale Plot-Funktionalität der Gewalt *(II.2–3)*.

Die musikalisch gestützte Zusammenfassung der dramaturgisch effizienten Folterfaktoren zielt aufs Publikum. Zusammenführend präsentiert die Serie einen Rechtsbegriff, der sich nicht primär nach Gesetzestexten ausrichtet, sondern nach dem Urteil einer Gemeinschaft, das letztlich das Urteil der TV-Zuschauer ist: Das Fernsehpublikum wird zur Jury. Inmitten der selbstreflexiven Anordnung der Gerichtsbühne richtet der Protagonist einen doppelcodierten Appell an die treue Zuschauerschaft der Serie: „Am I above the law? No, Sir. I am more than willing to be judged by the people you claim to represent". Die Serie leitet eine endgültige Bewertung der Folter weiter an den Zuschauer, indem sie die Anhörung in einer geschickten Setzung auf den Folgetag verlegt und damit auf einen Zeitraum außerhalb der Staffel. Die Wertungstendenz, die die Serie allerdings begünstigt, ist die der Rechtfertigung. Der Protagonist bleibt funktional an die Folter gekoppelt. Reue lehnt er ab, indem er den Wahrheitsbegriff, den der Senator angeführt hatte („My only agenda is to get to the truth") instrumentalisiert („The truth is, I don't [regret the decisions that I have made]"). Die Anhörung und damit die reflexive Verhandlung der Folter wird nach Jack Bauers Aussprache abrupt beendet. Stattdessen wird Jack über einen Boten, ein Schriftstück und die FBI-Agentin Renée Walker umgehend innerhalb der plot-funktionalen ‚Live'-Action-Dramaturgie der Serie reaktiviert. Walker bekräftigt: „We need Mr. Bauer immediately". Der dringliche Einsatz des Protagonisten integriert zum Ende der Episode sogar die Folter, die allerdings nur angesetzt wird und in der schnellen Einschüchterung vorführt, wie sehr sich das Folterer-Image der Hauptfigur in die Funktionsweise der Serie eingeschrieben hat.

‚Form des Problems' – Problem der Form:
Problematisierung der Folter als fernsehserielle Formreflexion

Wie der erste Teil dieses Kapitels gezeigt hat, dient die Folter im Hauptteil der Serie als zentrales Formelement. Es zeugt daher von einer bemerkenswerten Konsequenz, dass später, in der siebten Staffel, auch die Problematisierung der Folter über eine akzentuierte Abwägung der Form erfolgt: Die Serie problematisiert die Folter und signalisiert zugleich, dass es nicht unproblematisch ist, sie wegzulassen. Die Folter verdichtet sich zur spannungsreichen und selbstreflexiven Reibungsfläche.

Bereits die ersten Folgen der siebten Staffel zeigen, wie sehr sich die Extrempraxis der Folter im Gedächtnis und Funktionsgefüge der Fernsehserie *24* festgesetzt hat und wie sehr sie als narrative Option fehlt. Episode 07x04 versucht, die serialisierte Extremdramaturgie mit einer juristischen Ordnung zu vereinbaren und pendelt zwischen alternativer Spannungserzeugung und ironischem Kommentar: Ein gestraffter Foltereinsatz, der in der üblichen Seriendynamik ohne juristische Konsequenzen bliebe, führt gleich in der Anschlussfolge dazu, dass über mehrere Segmente hinweg Rechtsanwälte im Büro des FBI warten[204]. Was juristisch richtig wäre, funktioniert hier dramaturgisch höchstens als einmalige Gegenfolie. Es besteht keine dramaturgische Kompatibilität zwischen staatlichen Gesetzen und den formalen Gesetzen der Action-Thriller-Serie.

Die selbstreflexive Problematisierung der Folter konzentriert sich im Staffelverlauf. An drei Beispielen soll diese Auseinandersetzung untersucht werden. Während im Detail verschiedene Akzente gesetzt werden, lässt sich eine grundlegende Tendenz feststellen. Erkennbar ist ein Reflexionsmodell der Serienkommunikation, das sich durch eine markante Gegenüberstellung auszeichnet: Die Problematisierung der Folter erfolgt zuerst im Rahmen einer Diskussion und danach in Form eines Actionteils. In dieser kommunikativen Dualität fällt auf, dass die Diskussionen inhaltsbetont sind und eine ambivalente bis kritische Haltung zur Folter einnehmen. Die Actionszenen dagegen setzen einen Impuls, der praxisorientiert dazu neigt, die Folter zu befürworten. Dieser Impuls zur Folter, der die Diskussion überlagert, lässt sich nicht allein als inhaltlicher Standpunkt verstehen. Es kommt ebenso darauf an, diese Gewichtung als formästhetische und formhistorische Positionierung zu sehen, in der das Hinterfragen der Gewalt gemäß der Fernsehserientradition einer moderaten, verbal orientierten Dialogform tendenziell überschritten wird zugunsten des Zeigens der Gewalt im Sinne einer intermedialen Action-Dramaturgie, die dem Narrationsprinzip der Fortsetzung und dem Primat der Form verpflichtet ist. Deutlich wird eine Ausrichtung, in der die dramaturgische Abwägung der Folter, die auf dem „ökonomischen Diskurs der Folter"[205] aufbaut *(II.3.1.2)*, zu einer selbstreflexiven Verhandlung der Serienform ausgeweitet wird. Entsprechend erörtern die drei Beispiele nicht nur die „Form des Problems", die Niklas Luhmann zu der Entscheidung über die Folter anführt[206], sondern auch das *Problem der Form*.

Das erste Beispiel bildet den Schwerpunkt der Analyse. Das leitstrukturelle Gegenüber von Diskussion und Actionszene zeigt sich hier in der Konfrontation einer Folterdiskussion und der Folter selbst. Formreflexiv entsteht eine fernsehseriell wesenhafte Gegenüberstellung der Varianten des Dialogs und Extremdialogs. Das zweite Beispiel kontrastiert entsprechend eine Diskussion über die Folter mit einer Ermittlungs- und Actionsequenz. Selbstreflexiv perspektiviert wird die Unterscheidung zwischen einem theoretisch orientierten Sprechen und einem praxisbe-

---

[204] Episode 07x04, TC: 0:13:10–0:13:48, 0:33:58–0:36:37.
[205] Thomas Weitin: Folter.
[206] Luhmann: Gibt es in unserer Gesellschaft noch unverzichtbare Normen?, S. 2.

tonten, gewaltbereiten Sehen. Das dritte Beispiel ist eine Abschlussdiskussion und letzte größere Andeutung einer Folter durch Protagonisten. Bemerkbar wird in der Diskussion eine Skepsis gegenüber dem Sprechen, während in der Actionszene Handeln und Zeigen in Frage gestellt werden.

Analyse 22: ‚Off-book interrogation as we speak' – Dialog vs. Extremdialog

Mitten in der siebten Serienstaffel kommt es zur Gegenüberstellung der Diskussion über die Folter und der Folter selbst[207]. Damit erfolgt sowohl eine thematische Verhandlung der Folter wie auch die formal tiefgreifende Abwägung zweier Varianten des fernsehseriellen Dialogs. Am Anfang steht der stilistisch moderate, theoriebasierte Dialog über die Folter, dann folgt die formstarke Praktizierung der Folter als Extremdialog. Wie zentral die Passage ist, zeigt sich in ihrer werkstrukturellen Klimax-Position und neunminütigen Dauer sowie darin, dass hier eine Kommunikation zwischen Protagonisten US-symbolischer Prägung kontinuierlich an Gewalt grenzt und so den ‚symbolischen Schock' des 11. September postfiguriert. *Die selbstreflexive Problematisierung der Folter erfolgt über sechs Schritte unterschiedlicher Gesprächsführung*, wobei der Dialog den ersten Schritt darstellt, die Folter den dritten und die restlichen vier Schritte als Zwischenstufen fungieren. Der genaue Ablauf setzt sich wie folgt zusammen: Der erste Schritt der selbstreflexiven Problematisierung der Folter ist die US-politische Diskussion über die Folter als Dialog mit These und Antithese. Der zweite Schritt ist die Störung dieses Dialogs durch die Meldung eines Foltereinsatzes und damit auch der einhergehende Übergang vom Dialog zum Extremdialog der Folter. Der dritte Schritt ist die Anwendung der Folter als Extremdialog mit einer spektakulären und plot-orientierten Ausrichtung. Der vierte Schritt ist die praktische Gegenüberstellung der vorgestellten Positionen und Dialogvarianten bis zum Abbruch der Folter. Der fünfte Schritt ist die Besprechung der Folter mit Akzenten der Befürwortung und Ablehnung. Der sechste Schritt ist der alternative Versuch einer gewaltlosen Befragung.

Der erste Schritt der selbstreflexiven Folterproblematisierung ist die Diskussion[208]. In genau anderthalb Minuten vermittelt die Fernsehserie über den gattungsgemäßen Dialog eine präzise Dialektik im US-symbolischen Rahmen. Im Interieur des Weißen Hauses, das rechts und links eine US-amerikanische Fahne und dazwischen auf dem Boden ein US-Wappen aufweist, personifizieren zwei hochrangige US-Politiker in

---

[207] Episode 07x11, TC: 0:20:50–0:31:11.
[208] Ebd., TC: 0:20:50–0:22:20.

fernsehspezifischer Typologie und Dualstruktur[209] die Kernpositionen der faktualen Folterdebatte, während der präsidiale Berater Ethan Kanin daneben sitzt. Im Schuss-Gegenschuss-Wechsel halbnaher bis naher Aufnahmen entfaltet sich ein Dialog zwischen den sitzenden Diskutanten, bei dem Senator Blaine Mayer ein absolutes Folterverbot repräsentiert und Präsidentin Allison Taylor eine Abwägung der Folter. These trifft auf Antithese. Taylor verweist auf die Ausnahmezeit „past ten hours". Mayer dagegen drängt darauf, die richtige Botschaft zu senden. ‚Send the right message': Mit dem doppelcodierten Satz positioniert sich die Fernsehsendung gezielt im Diskurs der Folter. Die Nähe der fiktionalen Diskussion zur faktualen Folterdebatte verstärkt sich im Verweis auf eine zurückliegende „national tragedy", die deutlich den Folterskandal von Abu Ghuraib in den Jahren 2003–04 impliziert. Mehr noch: Der Begriff „national tragedy", den der Senator mit einem deiktischen Fingerzeig als Zitat der Präsidentin anführt und so eine US-symbolische Kommunikation kennzeichnet, exponiert in präziser Zuspitzung die fiktionale Ausformung der Fakten durch die TV-Serie: „National", der US-symbolische Faktor mündet in „tragedy", die fernsehseriell zentral gewordene Gattung der Tragödie. Auf diesem Wege tendiert die Diskussion als erster Teil der Problematisierung zu einer Ablehnung der Folter.

Der zweite Schritt der selbstreflexiven Folterproblematisierung ist die Störung des Dialogs über die Folter durch die Meldung eines Foltereinsatzes[210]. Mit dem Telefonanruf des FBI-Agenten Larry Moss ergibt sich eine Verschärfung der Kommunikation, die einen Übergang vom Dialog zum Extremdialog der Folter vollzieht. Moss' Meldung, dass Jack Bauer nebenan den Stabschef Ryan Burnett foltert, kündigt die Extremkommunikation nicht nur inhaltlich an, sondern präpariert sie als markante intermediale Störung des Dialogs. Die US-symbolische Diskussion, die auf direktem Wege geführt wurde und förmlich organisiert war, erfährt eine Irritation durch die Gegenvariante eines medial verzögerten Alarm-Anrufs, der die Kommunikation formal intensiviert und medial verkompliziert. Die Telefonwarnung infiltriert die etablierte Diskussionsordnung über die drei Manifestationsstufen des Signaltons, der Vermittlungsrahmung und der Botschaft. Als erste Alarmstufe dringt der Signalton gezielt und zweifach in den dialogtypischen Gegenschuss auf die Präsidentin, die sich schnell zur Seite dreht. Als zweite Alarmstufe dient die Vermittlungsrahmung: Eine Frauenstimme akzentuiert den Telefonanruf explizit als Störung („Sorry, to interrupt") und Dringlichkeit („urgent call"). Folgerichtig bewirkt die Bestätigung der extremen Vermittlung auf der Empfängerseite, dass die Gesprächsordnung in ihrem dreiteiligen Gefüge zersetzt

---

[209] Vgl. Fiske/Hartley: Reading Television, S. 142; Bignell/Orlebar: The Television Handbook, S. 101.
[210] Episode 07x11, TC: 0:22:20–0:22:57.

wird über eine formbetonte Bewegung: Im halbnahen Hochschwenk erhebt sich der Beisitzer Ethan Kanin von seinem Platz, dreht sich und durchschreitet den Diskussionsraum in der Totalen. Die Annahme des Alarmanrufs erfolgt nach einem Linksschwenk durch das Drücken eines Knopfs am Telefonapparat. Kanins Vermittlungsanweisung zur Sekretärin lautet „Put him through" und zum Agenten Moss „You're on speaker with the President". Die US-symbolisch prekäre Schaltung zur Präsidentin und ihrer Gesprächsrunde ist hergestellt.

Als dritte Stufe der telefonischen Alarmierung dient schließlich die Botschaft über die Folter. Die formal intensive und medial verzögerte Schreckensmeldung überlagert die Bilder der vormaligen Diskutanten und macht sie zu irritierten Zuhörern. Auch im Hinblick auf ihr Sehvermögen zeigen die Gesprächspartner in halbnahen Aufnahmen deutliche Anzeichen einer kommunikativen Irritation: Präsidentin Taylor hält sich die Stirn und blinzelt, Senator Mayer kneift die Augen zusammen. Darüber hinaus wird auch die mediale Kommunikation erschüttert: Mayer schaut aufgeschreckt von seinem Buchtext auf und schließt kurz darauf das Buch. Die Botschaft über die Folter erreicht ihren Höhepunkt mit dem Schlüsselsatz „I have reason to believe that Jack Bauer is carrying out an off-book interrogation on Mr. Burnett as we speak". In diesem Satz, den Moss vor grauschwarzem Hintergrund spricht und der bei ansteigendem Geräuschpegel dazu führt, dass der Senator aufspringt und die Präsidentin geschockt hochschaut, manifestiert sich in entscheidendem Maße der Übergang vom Gespräch zur Folter. Der Extremdialog überlagert den Dialog als ‚*off-book* interrogation', d. h. außerhalb eines textuell und gesetzmäßig moderaten Rahmens, in dem Moment, in dem der Dialog geführt wird: ‚*As we speak*'.

Der dritte Schritt der selbstreflexiven Folterproblematisierung ist die Präsentation der Folter als Extremdialog mit spektakulärer und narrativer Funktionalität[211]. Gegenüber dem theoretisch orientierten Dialog, der zu keinem Ergebnis über die Folter führte, und im Plot untergeordnet war, erscheint nun ausgerechnet die Folter selbst als praktisch funktionales Gegenmodell, das mit Nachdruck auf ein Ergebnis drängt, das im formalen und narrativen Zeitnot-Gefüge der Serie oberste Priorität hat: Wo ist der Ort der nächsten Attacke? *Where is the target?* Die Folter beginnt auf dem kommunikativen Spannungsgipfel des Telefonats. Die Gewalt, die vor kurzem als Gespräch konnotiert wurde („You and I, we're gonna have a talk"[212]), konfrontiert den Dialog über ein Gegenmodell, das ihm in der Dauer gleicht, jedoch die Muster des Schuss-Gegenschuss-Verfahrens hin zu einer Gewaltdramaturgie verschärft. Die zuvor etablierte paritätische

---

[211] Ebd., TC: 0:22:57–0:24:56.
[212] Ebd., TC: 0:19:04–0:19:11; Jack Bauer zu Ryan Burnett.

Gesprächsordnung sitzender Diskutanten wird, gerade in der US-symbolischen Qualität, massiv erschüttert. Über ein abruptes Zoom-in und das viszerale Geräusch eines Tasers entsteht eine Folterhierarchie zwischen dem sitzenden, zitternden Stabschef Ryan Burnett und dem hin und her gehenden, fragenden Folterer Jack Bauer mit Elektroschockpistole. Das radikale Kommunikationsprinzip, das bereits in vorangegangenen Kapiteln dieser Arbeit speziell an diesem Episodenbeispiel pointiert wurde, besticht durch eine bemerkenswerte Funktionalität im Hinblick auf die Fernsehserienform. Mobilisiert durch eine programmatische Trotzstrategie, die ausgerechnet den Folteranklager Burnett nach einer antagonistischen Assoziierung zum Folteropfer macht, konzentriert der Extremdialog die dramaseriellen Grundformen des Spektakels und der Fortsetzung. Erstens gilt die Tendenz zum Spektakel *(II.3.1.1)*: Mit dem Verweis auf eine extreme Frequenz („I can pull the trigger 128 more times before this battery dies") entfaltet die Serie eine Signalkette im Sinne eines Folter-‚flow'. Zweitens und vor allen Dingen gilt das Gesetz zur Fortsetzung der Fernsehserie *(II.3.1.2–3)*: Durch die Wiederholung der ‚aktivierenden Folterfrage'[213] „Where is the target?" pocht der Extremdialog der Folter nachdrücklich auf den narrativen Primat der Fortsetzung und findet ‚pieces of closure'[214] über Informationen zur Bedrohung und deren Zeitpunkt. Trotz dieser strukturellen Qualitäten bleibt letztlich offen, ob der Extremdialog zur plot-entscheidenden Information über den Bedrohungsort geführt hätte. Denn wie der Dialog wird auch die Folter unterbrochen und zwar auf entsprechende Weise: Wieder ereignet sich die Störung der Kommunikation durch einen zweifachen Signalton des Telefons und wieder erfolgt sie mitten im Grundgerüst des Dialogprinzips, hier in der gewaltsamen Konfrontation der ‚aktivierenden Frage', die einen repetitiven Fortsetzungsimpuls setzt: „Where? Where? Where is the target? Where?". Wie die Diskussion bleibt damit auch die Folter ohne Lösung. Die Tendenz geht in diesem Teil der Problematisierung aber umgekehrt zur Befürwortung der Folter.

Der vierte Schritt der selbstreflexiven Folterproblematisierung ist die praktische Gegenüberstellung der vorgestellten Positionen und Dialogformen bis zum Abbruch der Folter[215]. Über die Kommunikationsform des Telefonats, die schon im zweiten Schritt als Zwischenstufe von Dialog und Extremdialog diente, kommt es nun zur Konfrontation des Folterers Jack Bauer mit der Diskutantin Allison Taylor und damit zur praktischen Gegenüberstellung der Pro- und Contra-Position zur Folter. Der showspezifische Split-Screen, der innerhalb der langen Sequenz zum allerersten Mal

---

[213] Zum Konzept der ‚aktivierenden Fragen' vgl. Eschke/Bohne: Dramaturgie von TV-Serien, S. 156.
[214] Butler: Television Style, S. 54 f.
[215] Episode 07x11, TC: 0:24:57–0:25:32.

vorkommt, ermöglicht neben der räumlichen Zusammenführung einen Vergleich der Standpunkte im Sinne einer fernsehseriell-televisuellen Variante der „Form des Problems", die Niklas Luhmann zur Folterentscheidung feststellt[216]. Im Split-Screen verteilen sich die konträren Positionen und Dialogvarianten gemäß der fernsehsemiotischen Dualstruktur auf die linke und rechte Seite. Gegenüber der nun stehenden Diskutantenrunde im rechten Teilbild fordert Bauer auf der linken Seite indirekt die Fortsetzung der Folter angesichts der Fortsetzung der Bedrohung. In einer folterspezifischen Von-oben-herab-Nahaufnahme orientiert seine Warnung („[T]his thing is not over. There is another terrorist attack going to take place within minutes") die Folter als plot-funktionalen Extremdialog im radikalen Fortsetzungskonzept (,not over', ,another'), der in Zeitnot (,within minutes') das nächste Terrorereignis antizipiert. Auf diesen plotbewussten Pro-Folter-Appell folgt sofort die dialogisch orientierte Entgegnung. Taylor, die Diskutantin, übernimmt das linke Teilbild des Folterers, der nach rechts wechselt. Ihre Erklärung, dass man bei geschlossener Tür nicht diskutieren könne („There will be no discussion until you unlock this door") demonstriert bis in den Wortlaut hinein, dass die Contra-Folter-Seite die Dialogform der Diskussion einfordert und das eine thematische Verhandlung der Problematik im Rahmen der angespannten Kommunikationssituation nicht möglich ist.

Nach der grundlegenden Gegenüberstellung der Pro- und Contra-Positionen, steigert sich der Schlagabtausch. Die Pro-Folter-Front verstärkt ihren Fortsetzungsdrang durch eine formstarke Alarmkonstellation: Bauers Appell belegt jetzt das größere und blickfreundlichere Teilbild auf der rechten Seite und obendrein einen größeren Bildausschnitt in der halbnahen Einstellung. Die kompositorische Hervorhebung der Folterforderung setzt sich im Teilbild fort: In dualer Signalverstärkung *(II.2.1)* wird der Sprecher, der dunkel gekleidet ist, von beiden Seiten durch grell leuchtende Tischlampen gerahmt und somit in den Vordergrund gerückt. Im spektakulären Alarmduktus der Mise-en-scène steigt korrelativ der narrative Fortsetzungsdruck. Die plot-orientierte, symbiotische Drohkulisse aus Terror und Zeitnot, die soeben in einem Satz etabliert wurde („terrorist attack [...] within minutes"), wird gattungsgemäß zu zwei neuen Sätzen serialisiert. Dabei erreicht jeder der beiden Terror-Zeitnot-,Hooks' eine wesenhafte Intensität, indem er intermedial an einen Schlüsselfaktor der Fernsehserie knüpft – im ersten Satz ist es das Phänomen der Offenheit, im zweiten Satz ist es die Bewegung: Der erste Satz „The attack window is open" steigert die Offenheit der Bedrohungsszenarios, indem er die Terror-Zeitnot-Paarung in der Metapher des Zeitfensters verbindet und televisuell in den Fernsehfenstern des Split-Screen bespie-

---

[216] Luhmann: Gibt es in unserer Gesellschaft noch unverzichtbare Normen?, S. 2.

gelt. Klanglich verstärkt sich die Drohkulisse durch eine ‚o'-Assonanz (‚window' - ‚open') und die metrische Hervorhebung (‚attáck' – ‚ópen'). Der zweite Satz „Juma's men are moving" forciert die Dynamik der Bedrohung, indem er den Zeitdruck durch die Terroristen in der Verlaufsform des Present Progressive als Bewegung zuspitzt, wobei diese zeitliche Bewegung visuell nachvollzogen wird über einen Linksschwenk der Kamera vom Senator zum Berater im linken Teilbild. Die Intensität des Fortsetzungsimpulses wird auch hier mobilisiert durch den Zusammenklang der symbiotischen Signalbegriffe: Dies geschieht erstens über den dreifachen ‚m'-Konsonant (‚Juma's' - ‚men' - ‚moving'), zweitens über die metrischen Hebungen (‚Júma's' - ‚móving') und drittens über den zischenden Soundeffekt, der das Signalwort ‚moving' unterstreicht.

Gegenüber der gesteigerten Befürwortung der Folter steigert sich wechselseitig deren Ablehnung. Die Diskutantin kontert den formbetonten Fortsetzungsimpuls mit thematischer Gravitas. Während die Präsidentin im einleitenden Diskussionsteil noch die Möglichkeit eines Foltereinsatzes erwägte, positioniert sie sich hier explizit dagegen. In einer Nahaufnahme im linken Teilbild markiert ihre Feststellung „against the law" über eine klangliche Hebung des Gesetzbegriffs eine juristische und US-symbolische Stellungnahme zur Gesetzwidrigkeit der Folter. Die Gewichtigkeit des Anti-Folter-Statements verstärkt sich im Zusammenwirken mit dem rechten Teilbild, wo, entgegen dem Alternierungsmuster, nicht der Folterer erscheint, sondern der Gefolterte. Hierbei ergibt sich eine morphologische Korrelation zwischen der Präsidentin, die nach rechts gebeugt ist und ihre Forderung durch eine vokalisch exponierte Mimik vorbringt und dem Gefolterten, der nach rechts gekippt daliegt und mit zugekniffenen Augen schmerzverzerrt den Mund öffnet. Zusammen konstituieren die beiden Teilbilder die tragische Ikonizität eines doppelten Aufschreis im Sinne einer erschütterten Kommunikation. An diesem Punkt, an dem erstmals beide Teilbilder die Negativität der Folter zeigen, scheitert sowohl der Dialog als auch der Extremdialog: Die Konfrontation der Kommunikationsformen kippt allmählich zur Gewaltbereitschaft beider Seiten. Gegen die grenzüberschreitende Gewalt der Folter rüstet sich die Staatsgewalt. Parallel zum linken Teilbild zweier uniformierter Soldaten, die von hinten, im linksseitigen Hoch- und Abwärtsschwenk, Sprengsätze an der Tür anbringen, betont die Präsidentin im Off gegenüber dem rebellischen Agenten auf der rechten Seite die militärische Rangordnung mit Befehlsformel („I am your commander-in-chief and I am ordering you") bis sie das Militär im linken Teilbild ersetzt und den Befehl gibt, die Folter abzubrechen: „to stand down". Damit unternimmt die Präsidentin mit diegetischer und US-symbolischer Prominenz die bislang stärkste Positionierung gegen die Folter, sowohl innerhalb der Sequenz als auch im Gesamtverlauf der Fernsehserie.

Der Wechsel zwischen den Positionen und deren charakteristischer Form setzt sich bis zum Gesprächsabbruch fort. Nachdem die Präsidentin in ihrer spezifisch verbalen Weise eine weitere Verhandlung der Folter ablehnt, vollzieht der Folterer den Kommunikationsabbruch in Form einer spektakulären Gewalthandlung. Jack Bauers Schuss auf das Telefon, das die Verbindung zur Präsidentin herstellte, mit dem Taser, der für die Folter genutzt wurde, fungiert als formlogische Zuspitzung des Gesprächsabbruchs und der Rückkehrambition zum Extremdialog. Dass die Folterfrage im Diskurs unaufgelöst bleibt, zeigt sich auf selbstreflexiver Ebene. Erstens endet die Split-Screen-Gegenüberstellung der Positionen. Zweitens markiert der Schuss auf das Telefon einen Angriff auf das vermittelnde Medium und konnotiert darin das Hadern der Fernsehserie, die Folter zu vermitteln. Die gewaltsame Loslösung der Pro-Folter-Position, die den letzten Adressierungsversuch „Mr. Bauer" übergeht, erreicht ihre Intensität durch die Präsenz im Vollbild und die Steigerung der formstarken Bildkomposition. Die Lichtrahmung des dunkel gekleideten Folterers durch zwei Tischlampen steigert sich mit dem Taserschuss, indem grelle Funken vom mittigen schwarzen Telefon auf Bauers diagonal nach links unten gestreckte Hand überspringen und seine gesamte Vorderseite elektrisieren. Auf diese Weise kippt die duale Signalverstärkung zu einer elektrischen Gewaltbildfolge. Der formexzessive Gesprächsabbruch bildet den Höhepunkt einer folterbedingten Irritation der Kommunikation, die ihren Ausgangspunkt darin hatte, dass die Folterbotschaft des FBI-Agenten, die ebenfalls telefonisch erfolgte, den Dialog zwischen Präsidentin und Senator abbrach.

Wie bei der Störung des einleitenden Dialogs kommt es auf der Gegenseite zu einer Sinnesverwirrung der Augen und Ohren. Nachdem die mediale Kommunikation gescheitert ist, erscheinen die vormaligen Diskutanten erstens als irritierte Zuhörer einer rauschenden, knisternden Geräuschkulisse und suchen zweitens durch umherirrende Blicke einen Halt. Es entfaltet sich eine Bildfolge vom zerstörten Medium zu den verstörten Kommunikanten: Die Großaufnahme eines Telefons führt über eine schroffe Hochschwenk- und Zoom-out-Bewegung, die das darstellende Material bespiegelt, zur aufgeschreckten Präsidentin, die schnell zur linken Bildseite blickt. Die Kommunikationsstörung spiegelt sich in der Reaktion des ehemaligen Dialogpartners Mayer, der im Closeup den Kopf stillhält und lediglich seine Pupillen zur entgegengesetzten rechten Bildseite bewegt. Die Irritationsbildfolge zwischen dem Medium und den Kommunikanten, die der höchsten US-politischen Riege angehören, führt schließlich zu einem beidseitigen Gewaltkonflikt, der sich postfigurativ zum ‚symbolischen Schock' des 11. September verhält. Der betont nach links oben gerichtete Blick der noch näher gezeigten Präsidentin und ihre erste Ansprache nach der Verbindungsstörung gelten dezidiert dem

Truppenführer, der vor der massiven Holztür halb zur Seite gedreht mit leicht gesenktem Kopf die Einsatzbereitschaft bestätigt, worauf die Präsidentin den Einsatzbefehl im intensiven Zoom-in Richtung Kamera als absolute Formel formuliert: „Do it!". In maximalem Kontrast wird auf der Gegenseite die Folter fortgesetzt. Zurück in der etablierten Hierarchie zwischen oben befindlichem Folterer und darunter liegendem Gefolterten intensiviert die Wiederholung der ‚aktivierenden Folterfrage' „Where is the target?" den narrativen Fortsetzungsdruck. Doch spiegelbildlich zum erschütterten Dialog gerät auch die Ordnung des Extremdialogs, mit selbstreflexivem Nachdruck, aus den Fugen: Die erste Wiederholung der Folterfrage erfolgt unter heftigem Wackeln der aufnehmenden Kamera. Die zweite Wiederholung der Folterfrage, bei der Jack rechts in Blickrichtung positioniert ist, endet mitten im Satz mit der linksseitigen Türsprengung, die mit Holzteilen und einer Staubwolke den Bildraum erfüllt sowie dem Fall des Folterers, der im Rechtsschwenk von der Kamera nachvollzogen wird. Mit dem Folterabbruch unternimmt die Sequenz ihre stärkste Positionierung gegen die Folter. Gleichzeitig erfolgt die Bewertung gemäß jenen Gesetzen der Gewalt, die der Serie ihr starkes Formkonzept geben. Nicht eine formal moderate Diskussion beendet die Folter. Stattdessen ist es Gewalt, die den spektakulären Duktus der Folter übernimmt. Im Sinne einer ‚Absolutdeixis' *(I.2.1)* verdichtet das Finale die eindeutige Metaphorik der Konfliktlösung in dem Bild des Folterers, der seinen Fall erlebt und im Bild der Tür, die nicht einvernehmlich geöffnet werden konnte und daher gewaltsam zerstört werden musste.

Der fünfte Schritt der selbstreflexiven Folterproblematisierung ist die Besprechung der Folter mit Akzenten der Befürwortung und Ablehnung angesichts der anstehenden Bedrohung[217]. Die Besprechung umfasst vier Zwischengespräche, in denen vor allem die US-Präsidentin die Vor- und Nachteile auslotet. Das erste Zwischengespräch ist ein Nachgespräch über die angewendete Folter. Das zweite Zwischengespräch ist ein Beratungsgespräch. Das dritte Zwischengespräch ist die Festnahme des Folterers. Das vierte Zwischengespräch ist die Justierung der weiteren Vorgehensweise.

Im ersten Zwischengespräch, das als Nachgespräch über die angewendete Folter dient, trifft der bezwungene Folterer Jack Bauer direkt auf die Diskutanten Blaine Mayer und Allison Taylor[218]. Zuerst kollidieren die gänzlich entgegengesetzten Standpunkte des Agenten und des Senators. In einer Umkehrung der Folterhierarchie schwenkt die nah filmende Kamera vom oben stehenden Senator nach unten zum gefesselt sitzenden Agenten und zurück. Mit beidseitiger Instrumentalisierung des Gewis-

---

[217] Episode 07x11, TC: 0:25:32–0:29:40.
[218] Ebd., TC: 0:25:32–0:26:54.

sensbegriffs konkurrieren Bauers Verweis auf ein anstehendes negatives Ereignis, das im Umkehrschluss die narrative Funktionalität der Folter impliziert („Whatever was gonna happen, is happening now and it's on your conscience") mit Mayers Abwehrhaltung, die die bereits angewendete Folter als das wesentliche negative Ereignis wertet („My conscience has a lot less to answer for than yours"). Mit dem Hinzukommen der Präsidentin erneuert sich die US-symbolische Gegenüberstellung der Folterstandpunkte aus der einleitenden Diskussion in Form einer nahen und ikonischen Schuss-Gegenschuss-Dualität. Während links das unfokussierte Profil der Präsidentin zu sehen ist, pointiert Senator Mayer seine absolute Ablehnung der Folter, indem er das Geschehene raumdeiktisch als illegitim isoliert: „Nothing justifies what went on in this room". Bemerkenswerterweise aktualisiert die Präsidentin, die soeben den Befehl zum Folterabbruch gab, im Gegenschuss ihre Tendenz zur Abwägung. Gemäß der Vagheit ihrer anfänglichen Äußerungen macht Taylor auch hier keine Ansagen, sondern stellt mit mimischem Nachdruck zwei schlagende, emotional suggestive Fragen mit einer konditionalen Anapher: „Even if he's right, Blaine? Even if it means, we could save lives?".

Mayers Replik erscheint als selbstreflexives Präsentationsmodell. Eingeleitet durch die deiktische Blickformel „Look at that and tell me it's not barbarism" reicht der Senator die Entscheidung über die Folter an die Gesprächspartnerin und den Zuschauer weiter im Verbund mit einer tragischen Halbnahaufnahme des Stabschefs Burnett, dessen Augen geschlossen sind und der gezeichnet ist von einer Blutspur vom Mund bis zum hellblauen Hemd. Die im Off hinzugefügte Frage erzielt eine existenzielle Reichweite bis zum Leben des Entscheiders: „Is that something you can live with?". Doch die elementare selbstreflexive Dimension erfolgt sogleich auch im Gegenmodell. Während Taylor und Mayer im nahen Gegenüber aufeinander schauen und dann mit Berater Kanin nach links blicken, rekapituliert Bauer das einschneidende Staffelereignis der Flugzeugkollision, die das Bild des 11. September postfigurierte, und wiederholt in naher Aufsicht die Frage „Is that something you can live with?". Mayers Tadel der Verwerflichkeit kontert Bauer schreiend mit dem Vorwurf der Schwäche, indem er das Prinzip einer Betrachtung, das Mayer soeben einforderte (‚Look at that'), umlenkt zugunsten einer konfrontativen Sichtweise, in der das Böse mit archaischer Schwere über das Sehorgan personifiziert wird: „You, Sir, are weak, unwilling and unable to look evil in the eye and deal with it". Es entsteht eine Variante der biblischen Formel ‚Auge um Auge', die fernsehreflexiv weitergereicht wird an die Augen des Zuschauers. Der Vorrang eines praktischen, gewaltbereiten Blicks vor einer betrachtenden Herangehensweise wird in Episode 07x14 weiter vertieft, wie *Analyse 23* zeigen wird.

In den folgenden drei Zwischengesprächen entfaltet sich die Problematik zwischen dem antagonistisch provozierten Informationsdrang und der Pflicht zur Gesetzmäßigkeit. Im zweiten Zwischengespräch der Beratung[219], das als Einschub formgemäß in der Passage des Flurs stattfindet (Taylor: „Ethan, step out for a second"), bespricht sich die Präsidentin mit ihrem Berater Ethan Kanin im vertrauten Gegenüber naher Over-the-shoulder-Frontalaufnahmen und Halbprofile. Angesichts des drohenden aber unbestimmten Terroranschlags, dessen Anbahnung televisuell durch eine Timecode-Signatur aktualisiert wird, bleibt die Folter trotz ihres Abbruchs zunächst die naheliegendste Option, die weder klar abgelehnt noch klar befürwortet wird. Die Präsidentin, die das Ende der Folter befahl, tendiert zur Ablehnung: Nach einem unterbrechenden Durchatmen pointiert Taylor über einen intensiven dreifachen Einsatz des ‚f'-Konsonanten die paradoxe Situation, dass man ein historisches Zwangsmittel falscher Geständnisse (‚force false confessions') für die Wahrheitssuche nutze. Demgegenüber befürwortet der Berater die Folter, ohne sie allerdings überhaupt zu benennen durch ein deiktisches Gewaltszenario absoluter Antagonisten („These people"), die die Familie der mächtigsten Frau der Welt tödlich erschüttert haben und – so die Implikation – im Gegensatz zum Folterabbruch der Präsidentin, kein Ende kennen: „They will stop at nothing". Mit schweigendem Blickwechsel im Halbprofil endet die erschütterte Kommunikationsform des Dialogs ohne ein Ergebnis.

Die Folterfrage setzt sich im dritten Zwischengespräch der Festnahme des Folterers fort, als die Präsidentin und ihr Berater wieder zurück im Zimmer sind[220]. An erster Stelle steht ein deutlicher Akzent gegen die Tortur. Trotz indirekter Folterbefürwortung durch den Berater, manifestiert der prioritäre Sprechakt der US-Präsidentin die Positionierung gegen die Folter auf politischer und juristischer Ebene. Der präsidiale Befehl zur Gefangennahme von Jack Bauer erfolgt in einer markanten halbtotalen Bildanordnung mit der intermedialen Schlüsselrolle eines Gemäldes: Gegenüber dem links sitzenden, von hinten gefilmten Protagonisten und neben dem mittig situierten Berater spricht die Präsidentin den Haftbefehl mit einer gespannten Körperhaltung vor dem doppelt von unten beleuchteten Ölgemälde *The Declaration of Independence of the United States of America, July 4, 1776* von Charles Édouard Armand-Dumaresq, das zum Inventar des Weißen Hauses gehört. Im intermedialen Verweis auf das historische Bildmotiv der Unabhängigkeitserklärung, das für den Zuschauer als Teil des Kulturgedächtnisses schnell abrufbar ist, erzielt die Sequenz eine substanzielle US-symbolische Orientierung der Folter, indem sie die Leitstruktur der konkurrierenden Dialogformen zuspitzt zum

---

[219] Ebd., TC: 0:26:54–0:27:39.
[220] Ebd., TC: 0:27:39–0:28:37.

Gegenüber von Rechts- und Unrechtsform: Die rege Debatte der Kongressabgeordneten auf dem Gemälde repräsentiert den idealistischen Gründungsmythos des US-Rechtsstaats und bildet darin den Gegenpol zum staatsgefährdenden Rechtsbruch der Folter. Die reflexive Krux dieser Kontrastierung besteht nun in der Gegenüberstellung der Dialogformen: Während die Folter als außerdemokratische Gewaltrede erschienen ist, symbolisiert die politische Debatte eine aktive Redekultur, die nicht lediglich Teil des ersten demokratischen Rechtsstaats der Moderne ist, sondern sein Ursprung, sowohl historisch als auch jeden Tag aufs Neue.

Die Stabilisierung der erschütterten (Gesprächs-)Ordnung durch die selbstreflexive Rückversicherung und den Verlauf der Zwischengespräche führt konsequent dazu, dass Senator Mayer als idealistischer Diskutant und Foltergegner seinen Zuspruch bekundet für die Entscheidung der Präsidentin gegen die Folter. Trotzdem bleibt die deutliche Positionierung gegen die Folter gemäß der „Form des Problems"[221] nicht ohne Hinterfragung. Als Reaktion auf Taylors Haftverkündung entfaltet sich eine dreiteilige Abfolge naher Blicke, die den Schritt anzweifeln: Der sitzende Gesetzesbrecher Jack Bauer schaut wütend nach oben zur stehenden Präsidentin, die entsprechend nach unten schaut und dann den Blick nach links oben richtet zu Berater Ethan Kanin, der enttäuscht den Blick nach unten senkt und dann den ganzen Kopf. Als Reaktion auf Mayers Zuspruch hinterfragt schließlich die Initiatorin selbst ihr Vorgehen: „271 dead already, I wish to God it felt more like the right thing" – die nah gefilmte Aussage bildet mit heftiger Mimik ein emotionales Dreigespann aus utilitaristischer Berechnung, Religiosität und dem Fühlen selbst. Die identifikatorische Wirkungsstärke der Folter wird im vierten und letzten Zwischengespräch der Justierung weiteren Vorgehens[222] an die informationelle und narrative Funktionalität gekoppelt: Da der Homeland-Mitarbeiter Tim Woods trotz des intermedialen Überwachungsspektrums („chatter coming from websites and telephone traffic") keine spezifischen Informationen zur drohenden Attacke bieten kann, verlässt er den erneut genutzten Passageraum des Flurs, woraufhin Taylor im halbnahen Gegenüber zum weggedrehten Berater Kanin den Status des Gefolterten als personifizierte Information betont: „[O]ur best source of intelligence is still right here under our noses". Die unumgängliche Schlüsselrolle der Information führt zur Option des Immunitätsversprechens und erwirkt eine selbstreflexive Infragestellung in Form einer deiktischen ‚direct address'[223], als Taylor sich in Richtung der aufnehmenden Kamera und an der Kamera vorbei bewegt: „Bauer's going to prison and a traitor walks. What's wrong with this picture?". Der piktorial artikulierte Zweifel an der

---

[221] Luhmann: Gibt es in unserer Gesellschaft noch unverzichtbare Normen?, S. 2.
[222] Episode 07x11, TC: 0:28:49–0:29:40.
[223] Vgl. Hilmes: Direct Address, S. 27–36.

juristischen Gerechtigkeit setzt einen Gegenimpuls zum vorangegangenen Haftbefehl vor dem Ölgemälde der Rechtsstaatsgründung.

Der sechste und abschließende Schritt der selbstreflexiven Folterproblematisierung ist der alternative Versuch einer gewaltlosen Befragung[224]. In einer dritten Zwischenstufe von Dialog und Extremdialog (nach dem zweiten Schritt der telefonischen Foltermeldung und dem vierten Schritt der Konfrontation des Folterers mit der Diskutantin) übernimmt ein gewaltfreier Dialog die Hierarchie der Folterkommunikation. Gleich zu Beginn entsteht auf der Bild- und der Tonspur eine Rollenverteilung zwischen dem untergeordneten Befragten Ryan Burnett und der übergeordneten Fragenden Allison Taylor. Die Bildspur zeigt den verletzten Stabschef Ryan Burnett in horizontaler Liegeposition auf einer Krankenliege. Diese passive und kraftlose Lage gerät zur Position der Unterlegenheit, als die Präsidentin den Bildaufbau aktiv als vertikal gehende und stehende Silhouette überlagert und im Gegenschuss in mächtiger Untersicht erscheint, die wiederum eine Aufsicht auf den Befragten kontrastiert. Die Tonspur erwirkt eine äquivalente Gegenüberstellung gemäß den Syntagmen der Folter: Die Präsidentin übernimmt die dominante Sprechrolle und konfrontiert Burnett mit einer numerisch präzisen Anklage des Hochverrats gemäß dem United States Code, während der Angeklagte mit schwerem Atem die Rolle des widerstandsfähigen Schweigenden fortsetzt und auf die Frage, ob er die Anschuldigungen verstehe, das Kernmuster der Enthaltung erfüllt. Die Projektion der Folterstruktur in eine rechtskonforme Konversation kulminiert in der Nahaufnahme der heruntergebeugten Präsidentin, die einen Rechtsbeistand gewährt, jedoch die zentrale ‚Erzähl-mir-alles'-Formel der Folter als Bedingung stellt: „You'll have your counsel, Mr. Burnett, but first, you're going to tell me everything you know". In bemerkenswerter Konsequenz entfaltet sich nun eine foltertypische Schuss-Gegenschuss-Bildfolge zwischen störrischer Absage, strenger Nachfrage und wiederholter Absage, die auch ohne die Absicht zur Gewaltanwendung eine gewaltsame Intensität erzeugt. Doch ab diesem Punkt, an dem das Gespräch fast zur Folter kippt, muss sich die Gesprächsstrategie angesichts der Pflicht zur Rechtmäßigkeit ändern. Es folgen die Überzeugungsversuche des versöhnlich vorgebrachten Immunitätsangebots durch den Berater Kanin sowie die Auslotung der juristisch gewährten Extremgewalt der Todesstrafe durch die Präsidentin. Beide Versuche stoßen allerdings auf eine Widerstandshaltung, die, anders als im gesetzlosen Raum der Folter nicht überwunden werden kann, da sie sich auf das Gesetz beruft: So entweicht der Befragte einer Radikalität der Folterfragen und stellt selbst die letzte Frage bevor er seine Atemmaske wieder anlegt und im Zoom-in eine Fortsetzung der Konversation ver-

---

[224] Episode 07x11, TC: 0:29:40–0:31:11.

weigert: „Where's my lawyer?". In Entsprechung zur fast erfolgreichen Folter im dritten Schritt der Folterproblematisierung, impliziert das jetzt gescheiterte Gespräch, dass die Gewalt fehlte, um eine Antwort vom offensichtlich Wissenden zu erhalten.

Die Verhandlung der Folter ergibt keine eindeutige Lösung, es bleibt die „Form des Problems"[225]. Auf der einen Seite steht die inhaltlich akzentuierte Positionierung gegen die Folter, auf der anderen Seite steht die verstärkt formbetonte Tendenz zur Folterbefürwortung. Letztere verstärkt sich in der Anschlussfolge 07x12. Hier erweist sich der Abbruch der Folter als narratives ,Kern'-Segment (,kernel'[226]), das den Handlungsverlauf negativ beeinflusste und zur US-symbolisch zugespitzten Klimax der Invasion des Weißen Hauses führte. Damit beweist die Narration eine konsequentialistische Struktur und fungiert als Hauptargument für die Folter. Während die moderaten Diskussionen der Sequenz keine Lösung ergaben, suggeriert die Episode, dass eine Fortsetzung der Folter zu einem positiven Handlungsfortgang geführt hätte. Denn erstens entlarvte Bauer Burnett und bekam Antworten auf die W-Fragen ,Wer?' und ,Wann?', konnte aber die entscheidende Antwort auf das ,Wo?' aufgrund der Einmischung durch die Präsidentin nicht abwarten, bis die Antwort in einem maximalen Schockeffekt gegeben wurde als Ort des Aufenthalts der Figuren und zentrales Symbol der USA. Zweitens wird die fatale Wendung der terroristischen Invasion nachträglich gezielt auf die Folter zurückgeführt[227]: In Geiselhaft fragt der zuvor anklagende US-Senator Mayer seinen gefesselten Beisitzer Bill Buchanan, ob die Katastrophe durch die Folter hätte verhindert werden können. Bills Enthaltung erscheint eher als Zustimmung. Doch im Schweigen sind beide Optionen möglich und die Spannung der Folterfrage hält an.

Analyse 23: ,Look at this!' – Gewaltblickpraxis vs. Theoriegespräch

Ein zweites Beispiel der formreflexiven Folterproblematisierung ist ein Segment in Episode 07x14[228]. Als Jack Bauer am Computer des Senators Blaine Mayer recherchiert, sprechen die beiden über das Thema der Folter. Danach entschlüsselt der Agent am Computer die Spur des Feindes und der Senator wird von diesem Feind an der Haustür erschossen. Wie im vorangegangenen Beispiel lässt sich an diesem Aufbau eine Gewaltreflexion feststellen, die eine Gewichtung der Form einschließt: Gegenüber stehen sich eine verbal inhaltsbetonte Diskussion über die Gewalt, die ei-

---

[225] Luhmann: Gibt es in unserer Gesellschaft noch unverzichtbare Normen?, S. 2.
[226] Vgl. Porter et al.: Re(de)fining Narrative Events, S. 25 f.
[227] Episode 07x12, TC: 0:31:26–0:31:43.
[228] Episode 07x14, 0:28:33–0:34:18.

ne kritische Haltung befördert aber formal nicht ins Gewicht fällt, und eine intermedial formbetonte Präsentation der Gewalt in einer Ermittlungs- und Actionsequenz, die auf formreflexive bzw. spektakuläre sowie auf plot-orientierte Weise eine Befürwortung der Gewalt impliziert. So erwirkt das 9/11-spezifische Diskursmodell von Gewalt und Gewaltkritik, perspektiviert über die Sichtweisen gewaltbereiter Blickpraxis und theoretisch erörternder Betrachtung, einen strukturellen Vergleich zwischen den dramaseriell konstitutiven Polen von Action und Dialog.

Im Diskussionsteil[229] erörtert der Senator die Folter mit dem Agenten, den er in Episode 07x01 im Senat dazu befragte *(Analyse 21)* und in Episode 07x11 dabei überführte *(Analyse 22)*. In fernsehtypischer Dualstruktur repräsentiert Mayer eine theoriebasierte Ablehnung der Extremgewalt, wohingegen Bauer eine praxisfixierte Abwägung vertritt. Der Konflikt der Staatsdiener von Polizei und Politik pointiert eine symbolische Irritation der Vereinigten Staaten nach dem 11. September. Auf der Polizeiseite distanziert der Geheimdienstagent seinen Einsatzbereich von der politischen Ebene, indem er ihn, nah und frontal, in einer mengenmäßigen Steigerung, als dreckige Arbeit kennzeichnet („a lot messier") und dann den US-symbolisch zentralen Ort des Capitol Hill verkürzt als Metapher für Weltfremdheit nutzt. Auf der Gegenseite plädiert der politische Foltergegner Mayer im rechts postierten Halbprofil für die unbedingte Orientierung an Idealen, die er als historische Grundlage der USA markiert und damit einen intermedialen Bogen spannt zum Ölgemälde, das vor drei Folgen, beim zentralen Folterkonflikt der Staffel, den Gründungsmythos der USA bebilderte *(Analyse 22)*. Die Spannung zwischen den Fronten verdichtet sich im Phänomen der Tragik. Der Protagonist, der noch in der Anfangsfolge der Staffel reuelos war, zeichnet das serienübergreifende Selbstbild eines Büßers: Im nahen Schuss-Gegenschuss-Wechsel nennt der Agent fünfmal das Schlagwort „regret" und erzielt so einen tragischen Bezug zwischen der Drastik des Familienleids, das zurückbindet an den initiatorischen Tod der Ehefrau in der Pilotfolge, und der kontinuierlichen Härte utilitaristischer Abwägungen. Konsequent markiert daraufhin der Senator im halbtotalen und halbnahen Gegenüber beide Tendenzen als tragisch. Insgesamt dient der Dialog als besonderes Forum der Folterkritik. Die Spannung allerdings bleibt. Zu einer Einigung in Form des Dialogs kommt es nicht.

Wie im vorigen Beispiel überschreitet die Bewertung der Folter einen inhaltlichen Rahmen und entfaltet eine formal akzentuierte Reflexion. Die Diskussion endet mit einem Zweifel des Senators am Urteilsvermögen des Agenten, der als selbstreflexiv einschneidende Hypothese fungiert: In einer absoluten, parallelistischen Reihung, die sämtliche Seher-

---

[229] Episode 07x14, 0:28:33–0:30:20.

lebnisse und Taten des Protagonisten betrifft („Maybe all the things that you've seen and all the things that you've done"), erfolgt die Infragestellung einer serialisierten Gewalt des Protagonisten *(II.2.3.3)*, die, beim nahen Blickwechsel, in der Schlüsselwahrnehmung des Sehens selbstreflexiv pointiert wird („have clouded your vision") und damit das Selbstverständnis der Fernsehserie hinterfragt im Hinblick auf das viele Jahre genutzte Dramaturgiekonzept und seine Rezeption. Die implizierte Kritik an der Ermittlungs- und Action-Dramaturgie wird konsequent überprüft im anknüpfenden Ermittlungs- und Actionsegment: Über die Annahme des gestörten Sehvermögens, die wechselseitig Zweifel an der Sehschärfe des treuen Serienzuschauers sät, erfolgt eine okularzentrische Problematisierung der Gewalt, die eine praktische Auswertung vornimmt zwischen den in Episode 07x11 vorgestellten Sichtweisen des theoretisch betrachtenden Diskutanten und des Kämpfers mit gewaltbereitem Blick *(Analyse 22)*. Dabei entfaltet sich eine formale Gewichtung zwischen der Struktur des verbal gewaltkritischen Dialogs, der soeben zu sehen war, und dem gewaltbezogenen Arrangement visuell orientierter Action, die danach zu sehen ist. Auf diese Weise orientiert die Problematisierung der extremen Gewalt nicht nur das, was inhaltlich richtig wäre, sondern in entscheidendem Maße auch das, was formal besser funktioniert. Die „Form des Problems"[230] koexistiert mit dem ‚Problem der Form'.

Zum einen erzielt die Hypothese des Senators eine inhaltsschwere Folterkritik, die am Gesprächsende steht und verbal nicht bestritten wird. Zum anderen lässt sich das darauf folgende Ermittlungs- und Actionsegment als eine Reaktion auf die Hypothese verstehen, die ein formorientiertes Plädoyer impliziert für das intermedial betonte und plotfunktionale Dramaturgiekonzept der Fernsehserie. Die Verschiebung vom moderaten Gespräch, das ohne Ergebnis blieb, hin zu einer markanten, fortsetzungsgerichteten Visualität wird gleich zu Beginn der Ermittlungsszene initiiert[231]. Der Protagonist nimmt explizit nicht wörtlich Stellung, sondern schweigt und lässt damit der Folterkritik Raum zur Entfaltung. Angesichts der Infragestellung des Sehvermögens ereignet sich die Stellungnahme programmatisch auf dem Terrain des Visuellen bzw. Televisuellen. Nachdem bereits der Dialog durchdrungen war von der blickzentrierten Computerrecherche des Agenten, erfolgt nun in der Sprechpause ein markantes Closeup von Jacks Blickwechsel von der rechten zur linken Bildseite und von oben nach unten und zurück, wodurch sich die Perspektive verschiebt vom Senator als einem Gegenüber der verbalen Kommunikation hin zum Computer als Medium der okularen Ermittlung. Konsequent blickt in der Anschlusseinstellung der links postierte

---

[230] Luhmann: Gibt es in unserer Gesellschaft noch unverzichtbare Normen?, S. 2.
[231] Episode 07x14, 0:30:20–0:32:26.

Agent, am mittigen Diskutanten vorbei, auf die bläuliche Benutzeroberfläche des Computers und erteilt in seiner ersten Äußerung nach der Sprechpause dem im Gespräch überlegenen Politiker eine explizite, deiktische Anweisung zum Sehen: „Look at this!". Bei der Untersuchung eines Informantenunfalls erscheint auf dem Computermonitor eine hyper- und intermediale Fenster-Konstellation, die links oben Icons und Bedienelemente zeigt, links unten das kleine schwarz-weiße Porträtfoto des Auftragskillers John Quinn und auf dem Großteil der rechten Seite eine Digitalfotografie des Unfallorts mit mehreren Polizisten. Es entsteht ein televisuell formreflexiver Einblick. Die Intensität des Einblicks erhöht sich über einen Kameraschwenk nach rechts unten, als der Agent das Gesicht eines Polizisten im quadratischen Teilbild mit rotem Rand digital ausschneidet, vergrößert und, in Korrelation zu Knister- und Schrecklauten entpixelt, so dass er den Polizisten als daneben abgebildeten Killer Quinn entlarvt und damit die programmspezifische Reversibilität der Figuren *(II.1.3)* vor Augen führt. Im nahen Gegenschuss konstatiert Bauer „Senator, this was no accident! Your informant was murdered by the same man who took out Ryan Burnett this evening". Bauer beweist eine Sehfähigkeit, die ins Formgefüge der Fernsehserie eingreift: Der Agent erlangt auf formreflexive Weise eine narrativ entscheidende Erkenntnis und erfüllt damit die seriendramaturgischen Kriterien des Formprimats und der Fortsetzung.

Die okular intermediale Ermittlung spitzt sich zu. Nach der erfolgreichen Auswertung der Bilddatei richtet sich der Fokus auf die Ebene der Schrift anhand eines Interview-Transkripts im Textverarbeitungsprogramm. In televisueller Formreflexivität erscheinen über einen Hochschwenk und blitzschnelle Klicks fünf Schreibmaschinenseiten, von denen die ersten drei links Text zeigen und rechts Ziffern, bis die vierte einen dicht gefügten Fließtext aufweist und die fünfte schließlich das Transkript präsentiert mit linksseitiger Nummerierung und fünf geschwärzten Stellen neben einer linksseitigen Voransicht in kleinen Fenstern. Die Sichtung und Exegese der hypermedialen und remediatisierten Texte und Texturen erfolgt gezielt neben dem links unten positionierten Porträtfoto des eben entlarvten Killers und führt zur zweiten Erkenntnis des Ermittlers. Im nahen, symbolischen Halbprofil des konzentrierten Blicks entdeckt der Agent mit der Exclamatio „Ok, I got it, oh my God, that's it!" die narrative Schlüsselinformation eines Biowaffenkomplotts zwischen der Terrorgruppe um Benjamin Juma und dem Rüstungsunternehmen Starkwood und erzielt damit, zusammen mit der vorangegangenen Bildauswertung, den formstarken und plot-funktionalen Effekt einer Handlungskomplikation[232].

Mit formalem Nachdruck beweist die Ermittlungsszene sowohl in der Bildauswertung als auch in der Textauslegung die Sehfähigkeit des Agenten und entkräftet damit gezielt die Hypothese des Senators, der das Sehvermögen angezweifelt hatte. In einer formbetonten und fortsetzungsorientierten Ausrichtung perfektioniert die Szene eine reflexive Operationalität des Blicks, wie sie Jonathan Bignell in neuen Polizeiserien feststellt[233]. Die Enthüllung eines Antagonistenplans erfolgt über eine okularzentrisch intermediale Erkenntnisabfolge, die die digital remediatisierte Technik und Materialität von Fotografie und Text exponiert und eine Selbstvergewisserung der TV-Serie im Medienwandel veranlasst[234]. Die Auseinandersetzung des Protagonisten mit der drohenden Gewalt der Feinde entpuppt sich als aktive und kompetente Mediennutzung, deren hypermediale Erscheinung erstens die televisuelle Split-Screen-Ästhetik nachahmt, zweitens die Rahmung des Fernsehmonitors verdoppelt und drittens die Erfahrung des Serienzuschauers bespiegelt als Sehschule für eine mediale Auswertung der Gewalt.

Die formale, okularzentrische Tendenz zur Gewalt kulminiert in der Actionszene[235]. Initiiert wird sie durch die nah gefilmte, suggestive Voraussicht des Agenten auf eine nahende plurale Gewalt („If they have a weapon like this, you better believe they intend to use it"). Kaum ist der Satz gesprochen, folgt mit signalhafter Automatik, die eine Formargumentation beweist, ein dreifaches Türklopfen, der Ausruf eines Polizisten und eine schnelle Bildfolge der aufgebrachten Figuren. Die anschließende Differenz der Reaktionen auf eine mögliche Bedrohung aktualisiert die zuvor entfaltete Konfrontation zwischen der praktisch kämpferischen Sichtweise des Agenten und der theoretisch diskussionsorientierten Sichtweise des Senators, und damit auch das fernsehserielle Gegenüber der Formen von Dialog und Action. Im langen halbnahen Rechtsschwenk bewegt sich Jack Bauer gemäß Inszenierungsmustern des Actiongenres mit sofort gezückter Schusswaffe und einem ausgeprägten, suchenden Blick zur Fenstertür und lässt so erkennen, dass seine eben demonstrierte Sehfähigkeit auch in der direkten Bedrohungssituation praktikabel ist. Eine Parallelbewegung im Rechtsschwenk unternimmt der Senator, praktiziert dabei aber seine gegenteilige, diskussionsorientierte Einstellung: Mit exponiert ausgestrecktem linkem Arm und dem doppelten Ruf „Hold on"

---

[232] Zur Komplikationsfunktion der ‚kernel'-Szene vgl. Porter et al.: Re(de)fining Narrative Events, S. 26.
[233] Vgl. Bignell: Seeing And Knowing, S. 166.
[234] Zur Verhandlung des Medienwandels in der Fernsehserie vgl. Beil et al.: Die Fernsehserie als Reflexion und Projektion des medialen Wandels, S. 197–223.
[235] Episode 07x14, 0:32:26–0:34:18.

stoppt der Politiker im weißen Hemd die Gewaltbereitschaft des Agenten im schwarzen Anzug und überzeugt ihn im Schuss-Gegenschuss-Gespräch der groß aufgenommenen Gesichter, dass er selbst an die Haustür gehen müsse, um die Polizei ebenfalls im Gespräch von der Unschuld Jacks zu überzeugen („It's time for you to start trusting the institutions that you've sacrificed so much to protect"). Somit geht nicht der kampfbereite Agent zur Haustür, sondern der diskussionsbereite Politiker. Nur eine Sekunde nachdem der Senator die Tür öffnet, wird er erschossen durch drei Schüsse, die das dreimalige Türklopfen postfigurieren. Über die Schuss-Gegenschuss-Technik, die zuvor den Dialog prägte, entsteht eine intensive schwarz-weiß-rote Schock-Signalität zwischen John Quinn, der eben als Auftragskiller entlarvt wurde und nun frontal rechts vor dunklem Nachthintergrund einen Schuss abfeuert, und dem halbnah im weißen Hemd zurückfallenden Senator, der nach der blitzschnellen Totale des Sturzes und der Großaufnahme des Agentenschreis bei hohem Schreckgeräusch halbnah mit zwei roten Blutflecken die weiße Wand herabrutscht und im Kameraschwenk nach unten eine Blutspur an der Wand hinterlässt. Als dann der Agent in der Halbtotalen aus dem Fenster springt und der Killer hinterhereilt, entwickelt sich eine Schießerei und Verfolgungsjagd, die den häuslich kammerspielartigen Handlungsort nach außen ins abendliche Dunkel eines begrünten Wohngebiets aufbricht und eine audiovisuell spektakuläre Dynamik entfaltet, indem sie über Drum Sounds, schnelle Schwenks und Schnitte die Alarmakzente setzt vom Hinterherrennen über Polizeiautos mit Sirenen bis zum frontal ins Bild laufenden Killer bevor das Segment mit einem Countdown endet.

Es zeigt sich: Wie die Ermittlungsszene fungiert auch die Actionszene als formal akzentuiertes Gegenargument zur selbstreflexiven Hypothese des Senators, der zufolge das Sehvermögen des gewalttätigen Protagonisten gestört sein könnte. Erneut wird dabei die Annahme des Diskutanten auf eine formbetonte und plot-funktionale Weise entkräftet, so dass das formale Potential der Gewalt den moderaten Duktus des Dialogs überbietet. Während in der Ermittlungsszene die Sehfähigkeit des Agenten formreflexiv vorgeführt wurde und einen positiven Effekt auf die Handlung hatte, demonstriert die Actionszene auf spektakuläre Weise und mit negativem Handlungseffekt die tödliche Sehschwäche des Senators. Die Actionszene pointiert in fernsehspezifischer Typologie die selbstreflexive Bevorzugung des gewaltbereiten Blicks vor der theoretisch betrachtenden Diskussion. Angesichts einer grenzüberschreitenden Terrorgefahr, die die Post-9/11-Phänomene der Invasion des Zuhauses *(II.1.2)* und der Reversibilität der Figuren *(II.1.3)* verbindet, und bei der sich ein Polizist an der Haustür in maximalem Kontrast als Todesbote erweist, erscheint der Politiker, der bei der Folterkritik an Idealen festhielt, in stärkster Konsequenz als unein*sicht*ig. Es ergibt sich eine Konstellation, in der der Senator, der bereits in der Ermittlungsszene trotz sechsmonatiger Nachforschungen keine Verbindung zwischen den Terroristen und dem Rüstungsunternehmen erkennen konnte, seine idealistisch vertrauensvolle Sichtweise mit dem Tod bezahlt. Während der Senator den Umgang mit Gefahren theoretisiert, erkennt er die tödliche Bedrohung vor der eigenen Haustür nicht. Besonders fatal erscheint dabei, dass ihm der Agent zuvor in seiner Computerpräsentation die angemessene Sichtweise aufgezeigt hatte: Das Entlarven des scheinbar Guten bzw. ganz speziell das Entlarven des falschen Polizisten John Quinn. Mit einer existenziell zugespitzten narrativen Konsequenz erweist sich Mayers Erschießung als tragischer Tod einer zentralen Staffelfigur, der eine Plot-Komplikation herbeiführt. Impliziert wird der Eindruck, dass das Ereignis hätte verhindert werden können mit Hilfe jener „heldenhafte[n] Gewalt"[236], die zuvor kritisiert worden war.

In der formal akzentuierten Beweisführung manifestiert sich die Konstellation, dass die gewaltkritische Hypothese eines gestörten Sehvermögens entkräftet, ja ins Gegenteil verkehrt wird durch die gewaltbezogene Ermittlungs- und Actionsequenz mithilfe einer exponierten und plot-funktionalen Struktur. Wie gezeigt erbringt zuerst die Ermittlungsszene den pointierten Beweis für die Sehstärke des gewaltgeschulten Agenten bei der Entschlüsselung feindlicher Gewalt in formreflexiver Gestaltung und mit positivem Einfluss auf den Handlungsverlauf. Danach beweist die Actionszene eine tödliche Sehschwäche des friedlichen Politikers bei der Fehleinschätzung feindlicher Gewalt in einer spektakulären Form mit negativem Einfluss auf die Handlung. Im Zuge der Post-9/11-spezifischen Auseinandersetzung zwischen Diskussion und grenzüberschreitender Verteidigung ergibt sich fernsehserienformal eine Überbietung des Dialogs, dessen verbaler Austausch in moderater Schuss-Gegenschuss-Struktur ohne Ergebnis und Plot-Effekt blieb, durch die Actionsequenz, die mit intermedial betonter und plot-funktionaler Form an das bewährte Fortsetzungsprinzip der langjährigen Actionserie anknüpft. Insgesamt ergibt sich eine Konstellation, in der die Diskussion ein wichtiges Forum schafft für die Integration der externen Kontroverse um die Folter. Gleichzeitig tendiert die TV-Serie zu einer Wertung gemäß den eigenen, systemkonstitutiven Funktionsprinzipien: Sie bevorzugt ein Urteil weniger im retrospektiven, theoretisierenden Sprechen über Gewalt, sondern eher im vorwärtsgerichteten, praxisorientierten Zeigen und Sehen der Gewalt im Sinne einer ‚Absolutdeixis' *(I.2.1)*. Die Bezugnahme von Sprache und Gewalt, die in der Sequenz dem Formkonzept der radikalen Actionserie am nächsten kommt, ist der informationshungrige Wortwechsel der Ermittlungsszene. Dabei handelt es sich um eine bemer-

---

[236] Keppler: Mediale Gegenwart, S. 281.

kenswert brisante Fügung, dass die Bezugnahme von Sprache und Gewalt, die dem Serienprinzip voll entsprechen würde, nicht die Diskussion ist, sondern der Grund dafür: Die Folter. So bleibt mit der Krux des Actionszenarios die dramaturgische Funktionalität der Folterworte eine seriell verfestigte Kontrastfolie gegenüber den Worten gegen die Folter. Indirekt wird damit der Dialog, wie im vorangegangenen Beispiel, vom Extremdialog überlagert. Die Fernsehserie beendet die Anklage-Konstellation, die sie zu Beginn der Staffel initiiert hatte (*Analyse 21*) in beachtlicher Ambivalenz: Auf der primären, inhaltsbetonten Bedeutungsebene hat der Kritiker der Folter das letzte Wort. Doch auf der sekundären, formal akzentuierten Bedeutungsebene wird dieses Wort überboten durch ein Action-Ereignis, das den Ankläger eliminiert. Zwar kommt dabei die Folter nicht zum Einsatz, doch ihr Wegfall impliziert auf der dramaturgischen Ebene: Verschwindet die effizient systematisierte Verbindung von Dialog und Action, ergibt sich im Sinne einer Kompensation des bewährten Formkonzepts eine Bevorzugung, die nicht zugunsten des Dialogs ausfällt, sondern zugunsten der Action.

Analyse 24: ‚I can't tell you what to do' – Abschlussdiskussion der Folter

Die selbstreflexive Folterproblematisierung der siebten Staffel findet eine abschließende Konstellation im Season Finale von Episode 07x24[237] und soll nun als letztes Beispiel in Grundzügen angeführt werden. Im Sinne eines Schlusstableaus, das den staffelübergreifenden Rahmen der Problematisierung schließt, den die Season Premiere der Senatsanhörung geöffnet hatte, umfasst die strukturelle Gegenüberstellung von Dialog und Action, die sich hier zum dritten Mal feststellen lässt, zum einen eine Diskussion der Folter zur Episodenmitte und zum anderen die Andeutung einer möglichen Folter in der vorletzten Szene. Die zentral positionierte Folterdiskussion zwischen Jack Bauer und der FBI-Agentin Renée Walker, die dreieinhalb Minuten dauert, markiert eine besondere Grenzsituation: Am narrativen Haltepunkt des Schweigens durch den feindlichen Drahtzieher Alan Wilson zeigt das kontemplative ‚Satellit'-Segment (,satellite'[238]) den Protagonisten Jack Bauer nach einer Giftgasinfektion als tragischen Helden im existenziellen Grenzbereich einer Krankenliege inmitten einer labyrinthisch-durchlässigen Industriehalle und vermittelt über intensive Schuss-Gegenschuss-Nahaufnahmen und elegische Keyboardklänge eine emotionale und ambivalente Abschlussdiskussion der Folter als ‚tragic choice'. Die fernsehserielle Erörterung der „Form des

---

[237] Episode 07x24, 0:21:33–0:25:10.
[238] Vgl. Porter et al.: Re(de)fining Narrative Events, S. 26f.

Problems", die Niklas Luhmann zur Folterentscheidung herausstellt[239], beginnt mit der Gegenüberstellung naher Halbprofile, die einen serienumfassenden Bogen der Extrem-Kommunikation spannt: Das Spektrum enthält auf der einen Seite eine mögliche zukünftige Folter durch die neu eingeführte Figur Renée Walker, die mit dem euphemistischen Motto „I can make him talk" als Präfiguration des Protagonisten fungiert. Auf der anderen Seite steht die serialisierte und verbrauchte Folter durch den tragisch gezeichneten, spärlich beleuchteten Protagonisten, der nach sieben Staffeln der extremen Sprechforderung mit leiser, zerbrechlicher Stimme sein Sprechen anzweifelt und damit auch ein Handeln: „I can't tell you what to do". Die allgemeine Formulierung impliziert, dass der Protagonist auch dem Zuschauer, selbst nach all der Serienzeit, nicht als Ratgeber dienen kann.

Die Tatsache, dass Jack trotz der Sprachskepsis nahezu den gesamten Redeanteil hat, und dabei nicht schreit sondern flüstert, eröffnet eine hervorstechende Reflexion der Folter in der sonst drastischen Kommunikationspraxis von *24*. Im intimen Schuss-Gegenschuss-Wechsel fasst Bauer eine Geheimdienstfolter erstmals als rechtliche Grenzüberschreitung und konnotiert darin die dynamische und oft fatale Segment-Serialität der Folter, die zur Leitform von *24* geworden ist: „When you cross that line, it always starts off with a small step. Before you know it, you're running as fast as you can in the wrong direction just to justify why you started in the first place". Dieser Status der serialisierten Grenzüberschreitung verweist auf das Formprinzip der ‚Höhepunktfrequenz'[240] und konzentriert sich über die vorgeschaltete Selbstbetrachtung des Serienhelden, der die serielle Grenzüberschreitung als tragische Unauflösbarkeit erörtert: Im Zuge einer kampfmetaphorischen Verdichtung der gesamten Existenz („I've been wrestling with this one my whole life") etabliert Bauer in einer Totalen der Gesprächspartner das Reflexionsmodell eines Busses mit fünfzehn Geiseln. In einem elementaren Dualismus bekennt er im Halbprofil auf der einen Seite den theoretischen Vorrang des Gesetzes, den er mit der Satzwiederholung „I know that's right" an den Verstand knüpft („in my mind") und kontrastiert ihn nach schnellem Schnitt und Gegenschuss über eine personifizierte Herzensmetapher mit der praxisorientierten Verpflichtung zum Gefühl („my heart"). Mit der umfassenden Aussage impliziert die Sequenz nach dem Verweis auf die ‚Höhepunktfrequenz' auch die formale Richtlinie der emotionalen Identifikation. Anstelle einer expliziten Benennung wird die Folter nach der doppelten Absolutformel „Whatever it takes" zur Rettungsmaxime stilisiert, die der Held klimaktisch zugunsten seines Seelenheils auslegt. Antithetisch endet die Diskus-

---

[239] Luhmann: Gibt es in unserer Gesellschaft noch unverzichtbare Normen?, S. 2.
[240] Vgl. Ellis: Visible Fictions, S. 149; Butler: Television, S. 26; Hickethier: Die Fernsehserie und das Serielle des Fernsehens, S. 32.

sion der erzwungenen Rede, wie der Dialog zwischen Bauer und Mayer in Episode 07x14 (*Analyse 23*), mit dem seltenen Moment des Schweigens, bei dem die Sprachlosigkeit auch die stellvertretende Zuhörerin erreicht, die im nahen Gegenschuss im Profil und frontal mit Tränen im Gesicht gezeigt wird: Parallel zu Bauers Sprachskepsis beklagt Renée Walker „I don't know what to say", woraufhin Bauer vorschlägt „Don't say anything at all". Angesichts der serientypischen Kommunikationsdrastik erscheint das Schweigen über die Folter als außerordentliche Leerstelle.

Die Ambivalenz der Folterdiskussion setzt sich im Actionsegment bemerkenswert fort und nur ansatzweise feststellbar ist die Tendenz zur formalen Befürwortung der vorherigen Beispiele[241]. Spiegelsymmetrisch reflektiert die zweitletzte Szene der Staffel das zweite Staffelsegment der Folteranhörung in Episode 07x01. Im plot-orientierten, suggestiven Cliffhanger zum Episodenende beweist die Serie den bewährten Drang zur Fortsetzung, lässt aber offen, ob sich die Agentin im selbstreflexiv verspiegelten Verhörzimmer mit dem Staffelbösewicht für die Folter entscheidet oder dagegen. Zwar dominiert die Tendenz zur Grenzüberschreitung, als Walker ihren FBI-Ausweis mit dem US-symbolischen Siegel in doppelter Großaufnahme ablegt und ihre Kollegin in einer hektisch gefilmten Konfrontation fesselt. Trotzdem bleibt in einer ambivalenten Konstellation der Zweifel, ob Walker, nach der abrupten Schwarzblende vor dem Gesicht des Bösewichts und dem hörbaren Zufallen der Tür, nun im Verhörzimmer steht oder nicht und vor allem, ob sie Gewalt anwendet. Handeln und Zeigen bleiben in der Schwebe.

Zwar enthüllt die achte Staffel, dass Walker gefoltert hat, doch wird die Agentin im weiteren Verlauf gezielt als gezeichnete, tragische Figur präsentiert. Darüber hinaus beweist die letzte reguläre Staffel der Fernsehserie eine deutliche Abwendung von der Folter und eine Rückkehr zur lediglichen Andeutung, wie sie das Finale der siebten Staffel akzentuiert hat. Präsent bleibt die seriell etablierte Tortur als suggestive Drohkulisse: Erstens wirkt sie fort in der Figuration des CTU-Verhörs, das nunmehr in einem weißen, runden Hochglanzraum mit gespiegelten Lichtern stattfindet und die HD-Auflösung des neuen Fernsehens ausspielt. Zweitens findet sich die Folter in den Aktionen der Antagonisten, speziell auf der hadernden islamischen Seite, die in beachtlicher Konstellation als präfigurative Ebene der US-Ebene fungiert.

Nachdem dieses Kapitel aufgezeigt hat, wie zentral die Form der Folter für die Konstitution der erfolgreichen Fernsehserie *24* war, lässt sich rückbindend die Hypothese festhalten, dass das Verschwinden der Folter dazu beigetragen hat, dass die Serie nach der achten Staffel eingestellt wurde.

---

[241] Episode 07x24, TC: 0:39:25–0:41:43.

Zusammenfassung

TV-Serienästhetik der Grenzüberschreitung. Intensität und Reflexivität in 24 und anderen US-Qualitätsdramaserien der Post-9/11-Dekade.

Die Arbeit untersucht die TV-Serie *24* (FOX, 2001–2010, Joel Surnow/ Robert Cochran) und weitere US-Qualitätsdramaserien der Post-9/11-Dekade im Hinblick auf eine seriell intensive und reflexive Ästhetik der Grenzüberschreitung, die im Diskurs des 11. September 2001 und des Kriegs gegen den Terror durch drastische Themen und Formen hervorsticht, dabei normgeprägte Strukturen des Fernsehmediums und der Fernsehseriengattung überschreitet und diese Grenzüberschreitung reflexiv akzentuiert.

Der Text analysiert die Intensität und Reflexivität in Dramaserien der Post-9/11-Dekade in Bezug zur drastischen Gewaltdarstellung und konzentriert sich dabei auf die Action-Thriller-Serie *24* und die Schlüsselform der Folter. Hauptteil I liefert eine umfangreiche Merkmalsstudie zu Dramaserien der Post-9/11-Dekade. Hauptteil II bietet eine detaillierte Analyse der Gewaltästhetik der Fernsehserie *24*. Beide sollen nun vorgestellt werden.

Hauptteil I: Ästhetik der Grenzüberschreitung in US-Qualitätsdramaserien der Post-9/11-Dekade

Hauptteil I unternimmt eine Merkmalsstudie in zwei Schritten. Das erste Kapitel vollzieht eine systematische und historische „Einordnung der US-Qualitätsdramaserien der Post-9/11-Dekade". Das zweite Kapitel erforscht „Formen der Grenzüberschreitung in US-Qualitätsdramaserien der Post-9/11-Dekade".

I.1 Einordnung der US-Qualitätsdramaserien der Post-9/11-Dekade

Die Einordnung dramatischer US-Qualitätsfernsehserien der Post-9/11-Dekade erfolgt in vier Schritten. Die Gruppe der Dramaserien wird erstens in Bezug zur Ausnahmedarstellung des 11. September gesetzt, zweitens im Zuge einer fernsehhistorischen Grenzüberschreitung perspektiviert, drittens als Korpus mit intensiven und reflexiven Merkmalen vorgestellt und viertens exemplarisch an drei Fernsehserien pointiert. Einleitend wird im ersten Teilkapitel *der 11. September 2001 als ‚symbolischer Schock'* und die Rolle der Fernsehserie *(I.1.1)* erörtert. Ausgehend von einem Forschungsüberblick zum Ausnahmestatus der Fernsehübertragung der Terroranschläge vom 11. September 2001 wird die These aufgestellt, dass die Gattung der Fernsehserie bei der ästhetischen Verarbeitung des „symbolischen Schock[s]"[1] eine Schlüsselrolle einnimmt. Die exzeptionelle semiotische Qualität des 11. September, der als reales Ereignis durch „symbolische Gewalt"[2] die massenmediale Symbolkultur der US-amerikanischen Lebenswelt erschütterte, provoziert eine symbolische Antwort, die im massenmedialen, politischen sowie im literatur- und kinoästhetischen Kontext unzulänglich bleibt, und eine Äquivalenz erst erreicht in der spektakulären, zwischen Fakt und Fiktion angesiedelten, seriellen und selbstreflexiven Schlüsselgattung des Fernsehmediums, das den 11. September übertragen hat.

Das zweite Teilkapitel zur *Geschichte der Fernseh(serien)ästhetik als Grenzüberschreitung (I.1.2)* verortet Dramaserien der Post-9/11-Dekade auf dem historischen Höhepunkt einer medialen und diskursiven Grenzüberschreitung der normgeprägten Strukturen des Fernsehmediums und der Fernsehserie. Medial befördert wird die Darstellungserweiterung über die technische Aufwertung des traditionell limitierten Fernsehdispositivs zum farbigen, digital hochauflösenden, groß-, weit- und flachformatigen kinonahen ‚Home Entertainment System' sowie über die Verschiebung von bloßer Übertragung zur transmedialen Herausstellung einzelner Fernsehsendungen auf digitalen Speichermedien und Internetstreams. Die fernsehästhetische Grenzöffnung steigert die Spannung des Fernsehens zwischen Innen und Außen, d. h. zwischen der „ideology of domesticity"[3] als ‚Haushaltsgerät' und der Gewaltsemantik im „Heeresgerät"[4]. Diskursiv verorten lässt sich die Drastik der Dramaserien in der Überschreitung vom Bildungs- zum Unterhaltungsauftrag[5], vom rigiden Drei-Network-System zum kreativen Kabel- und Satellit-Wettbewerb, vom Massenfernsehen zum Qualitätsfernsehen[6] sowie vom Inhaltsprimat zur formreflexi-

---

[1] Jean Baudrillard: Der Geist des Terrorismus, Wien 2002, S. 14.
[2] Ebd., S. 32.
[3] John Hartley: Uses of Television, London/New York 1999, S. 99.
[4] Friedrich Kittler: Rock Musik. Ein Mißbrauch von Heeresgerät, in: Theo Elm, Hans H. Hiebel (Hgg.): Medien und Maschinen. Literatur im technischen Zeitalter, Freiburg 1991, S. 245–257.
[5] Vgl. Francesco Casetti, Roger Odin: Vom Paläo- zum Neo-Fernsehen. Ein semiopragmatischer Ansatz, in: Ralf Adelmann, Jan O. Hesse, Judith Keilbach, Markus Stauff, Matthias Thiele (Hgg.): Grundlagentexte zur Fernsehwissenschaft. Theorie, Geschichte, Analyse, Konstanz 2001, S. 311–334.
[6] Basistexte zum Quality TV: Jane Feuer, Paul Kerr, Tise Vahimagi (Hgg.): MTM. Quality Television, London 1984, S. 32–60; Robert J. Thompson: Television's Second Golden Age. From Hill Street Blues to ER, New York 1996; Mark Jancovich, James Lyons (Hgg.): Quality Popular Television. Cult TV, the Industry and Fans, London 2003; Janet McCabe, Kim Akass (Hgg.): Quality TV. Contemporary American Television and Beyond, London/New York 2007.

ven Ästhetik der „Televisuality"[7]. Die historische Grenzüberschreitung und ästhetische Ausbildung der Schlüsselgattung der Fernsehserie verläuft demgemäß vom häuslichen Genre der Soap Opera über die Literaturadaptionen des ‚Golden Age of American Television' der späten 40er- bis frühen 60er-Jahre zu auktorialen Qualitätsfernsehserien der 70er, formreflexiv gewalterprobenden Actionserien der 80er und komplexen Serienmythologien der 90er. Die qualitätsserielle[8] Überschreitung des ‚Series'-Konzepts geschlossener Episoden zum ‚Serial'-Prinzip der Fortsetzung sowie die Öffnung zu Extremthemen bilden das Potential einer maximalen Darstellung im Sinne eines offenen Kunstwerks.

Als *Korpus zur Ästhetik der Grenzüberschreitung in US-Qualitätsdramaserien der Post-9/11-Dekade (I.1.3)* werden im dritten Teilkapitel vierzehn Shows registriert, die auf dem Gipfel fernsehästhetischer Grenzüberschreitung in Bezug zur Ausnahmedarstellung des 11. September und dem Diskurs um den Terrorkrieg durch eine intensive Thematisierung, Gestaltung und Reflexivität der Krise und Gewalt hervorstechen: 24, ALIAS, BATTLESTAR GALACTICA, BREAKING BAD, DEADWOOD, DEXTER, FLASHFORWARD, FRINGE, LOST, PRISON BREAK, SIX FEET UNDER, THE EVENT, THE SOPRANOS und THE WIRE. Eine Grundtendenz ist dabei die Instrumentalisierung und Irritation fernsehserieller Orientierungsparameter. Im Zuge der Erschütterung einer strukturellen Ordnung, die den Bezug zum 11. September herstellt, kippen traditionelle Bezugssysteme der gattungsspezifischen Formkonvention und der seriellen Vertrauenspflege parasozialer Figuren[9] mit klarer Verhaltensbewertung[10] zu einer formexzessiven Intensität und Irritation der Zeit-, Raum- und Figurenorientierung auf den Ebenen des Politischen und Tragischen, in der das Identifi-

---

[7] John Thornton Caldwell: Televisuality. Style, Crisis, and Authority in American Television, New Jersey 1995.

[8] Grundlegende Publikationen zu Qualitätsfernsehserien um die Jahrtausendwende: Michael Hammond, Lucy Mazdon (Hgg.): The Contemporary Television Series, Edinburgh 2005; Sascha Seiler (Hg.): Was Bisher Geschah. Serielles Erzählen im zeitgenössischen amerikanischen Fernsehen, Köln 2008; Arno Meteling, Isabell Otto, Gabrielle Schabacher (Hgg.): Previously On... Zur Ästhetik der Zeitlichkeit neuerer TV-Serien, München 2010; Jason Mittell: Complex TV. The Poetics of Contemporary Television Storytelling, New York 2015.

[9] Vgl. Lothar Mikos: Fernsehserien. Ihre Geschichte, Erzählweise und Themen, in: medien und erziehung 1, 1987, S. 14; Donald Horton, Richard Wohl: Massenkommunikation und parasoziale Interaktion. Beobachtungen zur Intimität über Distanz, in: Ralf Adelmann, Jan O. Hesse, Judith Keilbach, Markus Stauff, Matthias Thiele (Hgg.): Grundlagentexte zur Fernsehwissenschaft. Theorie, Geschichte, Analyse, Konstanz 2001, S. 74–104.

[10] Vgl. Knut Hickethier: Die Fernsehserie und das Serielle des Fernsehens, Lüneburg 1991, S. 50.

kationszentrum der Familie[11] zum Problematisierungsort gerät und eine Vertrauenshaltung kontinuierlich erschüttert wird. Die Formtendenz neuer Qualitätsfernsehserien zu einer Grenzüberschreitung[12] erfährt in US-Drama-‚Serials' nach 9/11 eine extreme diskursive Konsequenz, in der eine fernsehtraditionelle, figurenpsychologische „Linie des Ereignislosen"[13] und das Wiederherstellungsprinzip der (Rechts-)Ordnung in der Kriminalserie[14] überschritten werden zugunsten einer episodenübergreifend dauernden, physisch intensiven Konfliktdramaturgie. In permanent angespannter Alarmsituation zeigt sich der Hang zum fernsehseriell vermittelten Ausnahmezustand mit Extremdarstellungen der Gewalt, Folter und des Todes, wobei sich sowohl symbolische Figurationen des Krieges gegen den Terror abzeichnen als auch die Reflexivität des Fernsehmediums im Diskurs von Fakt und Fiktion.

Das vierte und abschließende Teilkapitel fokussiert die Merkmale einer Ästhetik der Grenzüberschreitung in *24, LOST und THE SOPRANOS als Schlüsselserien der Ästhetik der Grenzüberschreitung (I.1.4)*, die im Korpus eine besondere ästhetische und kulturelle Relevanz einnehmen. Im Zuge der 9/11-reflexiven Überschreitung einer traditionellen, illusionistischen Zeichenordnung zu einem desorientierenden und bedrohlichen Zeit-Raum-Figur-Konzept unternimmt *24* eine schockgeprägte Terrornarration zwischen Politik und Privatsphäre, entfaltet LOST eine labyrinthische und intertextuelle Verlorenheitserzählung mit räumlich und zeitlich Gestrandeten und vollzieht THE SOPRANOS im zensurfreien Kabel die gewaltreiche, tragische Zusammenführung der Genre-Pole der Familien- und Kriminalserie. Eine markante Auslotung der TV-Diskursebenen von Fakt und Fiktion bis ins Spannungsfeld zwischen Natur und Medium zeigt sich im Wechsel naturalistischer und fantastischer Elemente in THE SOPRANOS, in der transmedialen Rätselauthentifizierung in LOST und in der ‚Live'-Dramaturgie in *24*. Formal ausreizende Gewalt entfaltet sich über duale Konfliktstrukturen und offene, konspirative Extremkommunikation. Die Kategorie der Selbstreflexivität, die eine (Re-)Definition des

---

[11] Vgl. u.a. Lynn Spigel: Fernsehen im Kreis der Familie. Der populäre Empfang eines neuen Mediums, in: Ralf Adelmann, Jan O. Hesse, Judith Keilbach, Markus Stauff, Matthias Thiele (Hgg.): Grundlagentexte zur Fernsehwissenschaft. Theorie, Geschichte, Analyse, Konstanz 2001, S. 220.

[12] Vgl. u.a. Angela Ndalianis: Television and the Neo-Baroque, in: Michael Hammond, Lucy Mazdon (Hgg.): The Contemporary Television Series, Edinburgh 2005, S. 98.

[13] Stanley Cavell: Die Tatsache des Fernsehens, in: Ralf Adelmann, Jan O. Hesse, Judith Keilbach, Markus Stauff, Matthias Thiele (Hgg.): Grundlagentexte zur Fernsehwissenschaft. Theorie, Geschichte, Analyse, Konstanz 2001, S. 151.

[14] Vgl. Toby Miller: The Action Series, in: Glen Creeber (Hg.): The Television Genre Book, London 2001, S. 18; Hickethier: Die Fernsehserie und das Serielle des Fernsehens, S. 34.

TV-Dispositivs nach 9/11 impliziert, zeigt sich in THE SOPRANOS im filmischen Beobachten, während LOST fiktionale Irritationen nutzt und *24* intermediale Informationsreihen im Spannungsverhältnis zu körperlicher Gewalt abbildet. Die drastische und selbstreflexive Serialität des Todes entwickeln alle drei Serien über eine hohe Frequenz und werkstrukturelle Konzeption bis zu den Hauptfiguren.

I.2 Formen der Grenzüberschreitung in US-Qualitätsdramaserien der Post-9/11-Dekade

Die formalen Grundtendenzen in US-Qualitätsdramaserien der Post-9/11-Dekade werden mit dem Fokus auf die Network-Fortsetzungsserien *24* und LOST in vier Kategorien unterteilt. Eine Ästhetik der Grenzüberschreitung, die bei der Vermittlung extremer Inhalte eine moderate TV-Darstellung übersteigt und intensiv wie reflexiv eine fernsehspezifische Darstellbarkeit auslotet, konzentriert sich in den Formen des Spektakels, des Spannungsfelds von Fakt und Fiktion, der Serialität und der Selbstreflexivität.

Das Teilkapitel *Spektakel (I.2.1)* zeigt: Die Extremgestaltung der Dramaserien erfolgt über eine dramaturgische Intensivierung der signalhaft segmentierten[15] und typologischen[16] Erzählweise des Fernsehens und prägt in dieser Formelhaftigkeit semiotisch[17] und ästhetisch[18] den 9/11-Diskurs. Im Zuge einer Dramatisierung des televisuellen Formprimats auf dem Höhepunkt der TV-Bildauflösung sowie der Überschreitung von Produktionsgrenzen entsteht die Tendenz zum maximalen Zeigekonzept einer ‚Absolutdeixis', das eine tv-traditionell verbalfixierte Botschaft oder Nacherzählung überbietet und eine explizite und dauernde Sichtbarmachung der Katastrophe vollzieht. In der wesenhaften Verschiebung von einer beiläufigen TV-Darstellung zu einer extremen Beanspruchung kulminiert das Spektakuläre in der körperlichen und normüberschreitenden Reizserialität des „visceral entertainment"[19] mit der physischen Spektaku-

---

[15] Vgl. John Ellis: Visible Fictions. Cinema, Television, Video, London/New York 1982/1992, S. 112.
[16] Vgl. Sarah Kozloff: Narrative Theory and Television, in: Robert C. Allen (Hg.): Channels of Discourse, Reassambled. Television and Contemporary Criticism, London 1992, S. 81; Glen Creeber: Decoding Television. Issues of Ideology and Discourse, in: Ders. (Hg.): Tele-Visions. An Introduction to Studying Television, London 2006, S. 47.
[17] Vgl. John Fiske, John Hartley: Reading Television, New York 1978/2003, S. 85.
[18] Vgl. Horace Newcomb: TV. The Most Popular Art, New York 1974, S. 244.
[19] Video „How Hollywood Gets It Wrong on Torture and Interrogation. P1", 29.08.2007, online: http://bit.ly/2OETMDQ; Stand: 06.06.2019, TC: 0:06:42–0:06:44.

larisierung des akustisch geprägten TV-Serien-Kerns des Dialogs[20], speziell über die Folter. Hervorstechend aus der popkulturellen Norm verfolgen die Dramaserien eine ernste und gewalttätige Prägung, die tendenziell auf ein ‚comic relief' verzichtet und den Bezug zur Tragödie herstellt.

Das zweite Teilkapitel zeigt dramaserielle Erscheinungsformen einer Instrumentalisierung und Reflexivität des fernsehspezifischen Spannungsfelds von *Fakt und Fiktion (I.2.2)* im Verhältnis zu einer gewaltsamen US-Realität. Die Dramaserien unternehmen in ihrer indexikalischen[21] und programmstrukturellen[22] Nähe zum faktualen TV-Programm eine Dramatisierung faktualer Inszenierungsweisen, die sich als ‚Faktualisierung' fiktionaler Gestaltung kennzeichnen lässt, im Gegenüber zu einer Fiktionalisierung faktualer Formate nach 9/11[23]. Die Verquickung des Realitätseffekts mit einer dramatischen Stilisierung erreicht besonders in der Terrorvermittlung eine hyperreale Grenznähe, in der konstruierte bis fantastische Extremszenarien durch Amplifikations- und Ähnlichkeitsfiguren des faktualen Programms plausibilisiert werden und den fernsehgemäßen Alltag durch einen Ausnahmezustand überlagern. Neben der dramatischen Funktionalität bietet die grenzüberschreitende Ästhetik insbesondere in der Gewaltdarstellung eine Reflexivität, die das konstitutive Spannungsfeld des Fernsehens zwischen Fakt und Fiktion auslotet und irritiert und darüber die Strukturen des faktualen Fernsehdiskurses fiktional reartikuliert. *Analyse 1* (LOST)[24] untersucht eine Orientierung und Problematisierung der Realität über die Funktionsmechanismen des Fernsehmediums im Hinblick auf die Erschütterung und Restitution der US-symbolischen Lebenswelt nach dem 11. September.

Im dritten Teilkapitel der ‚Formen der Grenzüberschreitung' zeigt sich, wie die gattungs- und programmgemäße Form der *Serialität (I.2.3)* in Dramaserien nach 9/11 eine dramaturgische, reflexive und werkästhetische Zuspitzung in Bezug zur Gewalt erfährt. Im offenen und dynamischen Produktionsprozess entwickelt sich eine fordernde Extremserialität, die im Gewaltbezug zur Überschreitung von Bild-, Episoden-, Staffel- und Werkgrenzen neigt. Im Zuge einer dramatischen und selbstreflexiven Zuspitzung der fortsetzungsseriellen „doppelte[n] Formstruktur" von Episode und Gesamtzusammenhang[25] tendiert die Verzögerung der narra-

---

[20] Zum Seriendialog vgl. Ellis: Visible Fictions, S. 157; Zum Fernsehton vgl. Altman: Fernsehton, S. 400 f.
[21] Vgl. Ellen Seiter: Semiotics, Structuralism and Television, in: Robert C. Allen (Hg.): Channels of Discourse, Reassambled. Television and Contemporary Criticism, London 1992, S. 36.
[22] Vgl. Hickethier: Die Fernsehserie und das Serielle des Fernsehens, S. 31.
[23] Vgl. Andrew Hoskins, Ben O' Loughlin: Television and Terror. Conflicting Times and the Crisis of News Discourse, New York 2007, S. 13.
[24] LOST, Episode 03x02, TC: 0:39:10–0:40:55.
[25] Hickethier: Die Fernsehserie und das Serielle des Fernsehens, S. 10.

tiven Resolution zu einer kontinuierlichen Konfliktreihung mit maximal suggestiver Variabilität bis Reversibilität. In der semantisch unbestimmten und semiotisch überformten Dramatisierung der Reizfolge des TV-‚flow'[26] entsteht besonders im Network-Rahmen, in Abgrenzung zur dreiaktigen Spannungskurve im Kinofilm, eine ‚Höhepunktfrequenz'[27] klimaktisch konzentrierter Segmente bzw. ‚beats'[28], die sich gemäß Michael J. Porters ‚Scene Function Model' unterteilen lassen in plotorientierte ‚Kern'- (‚kernels') und diskursive ‚Satellit'-Segmente (‚satellites')[29]. Über die spannungsorientierten Gattungen des Crime- und Mystery-Genres mit Action- und Thriller-Elementen entfaltet sich, bevorzugt in der ermittlungsfokussierten „Workplace-Struktur"[30], eine formbetonte Signalkette, die Entspannungs- und Auslassungsstrategien minimiert und dramaturgische Höhepunkte ablöst von einer singulären Ausnahmestellung hin zu einer drastischen Serialität von Höhepunkten. Die typologisch und segmentiert verdichtete Gewaltdarstellung gipfelt in viszeralen, disruptiven Schocktechniken und existenziellen, kathartischen Akzenten. Gleichzeitig zeigt sich die Tendenz zu einer werkstrukturellen und tragischen Komposition der Gewalterzählungen.

Das vierte und letzte Teilkapitel der ‚Formen der Grenzüberschreitung' in Dramaserien nach 9/11 erörtert das Phänomen der *Selbstreflexivität (I.2.4)* als fernsehästhetische Schlüsselkategorie, die eine Repräsentationsfunktion überschreitet und im Bezug der Zeichen auf sich selbst[31] die fiktionale und mediale Konstitution herausstellt. Rekurrierend auf das fernsehspezifische Prinzip direkter Zuschaueradressierung („direct

---

[26] Zur Reizfolge im neuen Fernsehen vgl. Robin Nelson: TV Drama. Flexi-Narrative Form and a New Affective Order, in: Eckart Voigts-Virchow (Hg.): Mediated Drama, Dramatized Media. Papers given on the occasion of the Eighth Annual Conference of the German Society for Contemporary Theatre and Drama in English, Trier 2000, S. 111–118.

[27] Der Begriff basiert auf theoretischen Grundlagen von John Ellis, Jeremy G. Butler und Knut Hickethier; Vgl. Ellis: Visible Fictions, S. 149; Butler: Television, S. 26; Hickethier: Die Fernsehserie und das Serielle des Fernsehens, S. 32.

[28] Vgl. Michael Z. Newman: From Beats to Arcs. Towards a Poetics of Television Narrative, in: The Velvet Light Trap 58, 2006, S. 18.

[29] Vgl. Michael J. Porter, Deborah L. Larson, Allison Harthcock, Kelly Berg Nellis: Re(de)fining Narrative Events. Examining Television Narrative Structure, in: Journal of Popular Film and Television 1, 2002, S. 23–30.

[30] Eschke/Bohne: Dramaturgie von TV-Serien, S. 141.

[31] Vgl. Niklas Luhmann: Soziale Systeme. Grundriß einer allgemeinen Theorie, Frankfurt 1984, S. 191ff; Winfried Nöth: Selbstreferenz in systemtheoretischer und semiotischer Sicht, in: Empirische Text- und Kulturforschung 2, 2002, S. 1–7, online: http://bit.ly/2N6Qp8P; Stand: 06.06.2019.

address")[32] entfaltet sich eine reflexive Seriensteuerung, die die materielle Prozessualität der Televisualität auf medial erhöhtem Niveau dramatisiert über Bezüge, Konflikte, Codes und besonders über eine narrative Diskursivität im fernsehseriell konstitutiven Dialog[33]. Im Zuge intermedialer[34], hypermedialer[35] und remediativer[36] Reflexivität erfolgt eine Bespiegelung des Fernsehdispositivs. Die darauf aufbauende Situierung im massenmedialen und politischen System[37] zeigt sich in *Analyse 2 (24)*[38] und *Analyse 3 (THE WIRE)*[39], die am Beispiel des Fernsehduell-Formats die fiktionale und mediale Bedingtheit der Fernsehübertragung vorführen. Mit der Klimax selbstreflexiver 9/11-Figurationen gemäß der ästhetischen Agentenfunktion der Fernsehserie[40] entfaltet sich eine Kommunikations- und Vermittlungsdramaturgie, die in *Analyse 4 (LOST)*[41] und *Analyse 5 (THE SOPRANOS)*[42] in Gewalt umkippt. In fordernder Sichtbarkeit, die eine Rezeption des ‚flüchtigen Blicks'[43] überschreitet, entsteht eine Akzentuierung des Sehens, die erstens wie *Analyse 6 (24)*[44] zeigt, die TV-Serie in Bezug zur Kinoästhetik positioniert, und zweitens, wie *Analyse 7 (24)*[45] vorführt, in irritierenden Überwachungskonflikten mündet[46]. Die Bewusstwerdung über die Beschaffenheit des technisch-apparativen Kunstwerks[47] konzentriert sich in der Situierung des ästhetischen Scheins sowie einer Schockästhetik, die jeweils im Gewaltbezug kulminieren.

---

[32] Vgl. Michele Hilmes: The Television Apparatus: Direct Address, in: Journal of Film and Video 4, 1985, S. 27–36; Vgl. Andrew Goodwin: Dancing in the Distraction Factory. Music Television and Popular Culture, London 1993, S. 17.
[33] Zum Seriendialog vgl. Ellis: Visible Fictions, S. 150 f., S. 157.
[34] Vgl. Jürgen E. Müller: Intermedialität. Formen moderner kultureller Kommunikation, Münster 1996, S. 83.
[35] Vgl. Jay David Bolter, Richard Grusin: Remediation. Understanding New Media, Cambridge Massachusetts 1999, S. 34.
[36] Vgl. ebd., S. 47 ff.
[37] Vgl. Niklas Luhmann: Die Realität der Massenmedien, Opladen 1996, S. 16.
[38] 24, Episode 03x05, TC: 0:01:54–0:02:14.
[39] THE WIRE, Episode 04x02, TC: 0:51:36–0:58:21.
[40] Zur ästhetischen Agentenfunktion vgl. Alfred Gell: Art and Agency. An Anthropological Theory, Oxford 1998.
[41] LOST, Episode 01x02, TC: 0:33:55–0:38:02.
[42] THE SOPRANOS, Episode 03x11, TC: 0:08:01–0:10:34.
[43] Vgl. Ellis: Visible Fictions, S. 160–171.
[44] 24, Episode 04x01, TC: 0:00:00–0:01:39.
[45] Ebd., Episode 04x06, TC: 0:16:00–0:16:16.
[46] Zur Fernsehüberwachung vgl. Cavell: Die Tatsache des Fernsehens, S. 161 f.
[47] Vgl. Burkhardt Lindner: Das Verschwinden des Kurblers. Reflexionen zu einer kritischen Medienästhetik, in: Simone Dietz, Timo Skrandies (Hgg.): Mediale Markierungen. Studien zur Anatomie medienkultureller Praktiken, Bielefeld 2007, S. 195–214.

Hauptteil II: Diegese der Grenzüberschreitung in 24

Hauptteil II analysiert in drei Kapiteln die Action-Thriller-Serie *24* als Kernbeispiel einer US-dramaseriellen Diegese der Grenzüberschreitung im Sinne einer Extremgestaltung und Reflexivität im 9/11-Bezug. An erster Stelle steht die Studie zur „Intensität und Irritation grundlegender Erzählparameter". Im zweiten Schritt richtet sich der Fokus auf die „Serialität der Gewalt". Das dritte und letzte Kapitel erforscht die „Schlüsselform der Folter".

II.1 Intensität und Irritation grundlegender Erzählparameter

Gegenüber einer moderaten und illusionistischen Vertrautheit intensiviert und irritiert die Action-Thriller-Serie *24* die Erzählparameter von Zeit, Raum und Figur in Wechselwirkung mit extremen Vorgängen und verhandelt darin die Orientierungsproblematik nach 9/11. Das erste Teilkapitel zur *Zeit der Grenzüberschreitung (II.1.1)* registriert die Intensität und Irritation der Zeit im Echtzeitkonzept von *24*. Die stilisierte ‚Live'-Struktur überschreitet eine naturalistische Chronologie und tendiert zu einer reflexiven Dramatisierung, die den Zeitverlauf televisuell-seriell veranschaulicht, ihn im Seriendialog über die Suggestion von Vorschau und Rückblick intensiviert und in der Signalfrequenz auf Höhepunkte hin verdichtet. In der Zeitnot-Dramaturgie des Ticking-Time Bomb-Szenarios, das über die Leitformel ‚running out of time' Zeitangaben an Bedrohungsszenarien knüpft, entsteht eine Konfrontationsstruktur, in der Antagonisten die Zeit maximal suggestiv kontrollieren und Protagonisten mit extremen Aktionen reagieren, vor allem mit der informationsgerichteten Gewalt der Folter.

Im Gegensatz zur fernsehseriellen Tradition gewöhnlicher und vertrauter Räumlichkeit zeigt das zweite Teilkapitel zum *Raum der Grenzüberschreitung (II.1.2)* vielfältige Bedrohungsräume der Intensität und Irritation. Die Konfrontation eines strukturierten Protagonistenraums mit einem negierenden Antagonistenraum kippt zur Reihung von Irritationen. In der Korrelation einer televisuell-seriellen Überschreitung fixer Set-Strukturen mit der terroristisch viralen Überschreitung der Raumordnung entfaltet sich erstens die Invasion zentraler Sicherheitsräume, zweitens eine Durchlässigkeit und Grenznähe in Bezug zum Außenraum und drittens eine Raumserialität des Ausnahmezustands über die Kopplung von Krisenräumen sowie über die Transitform der Straße und deren Figurationen. Im Verbund mit Zeitnot entsteht über maximal suggestive, faktuale Marken die serielle Drohkulisse eines offenen Bedrohungsraums, den Protagonisten im erschütterten ‚frontier'-Tropus des Action-Genres[48] unter extremen Bedingungen zu fixieren versuchen.

Das dritte Teilkapitel präsentiert in Abgrenzung vom TV-Schema eines fixierten, moderaten Personals die Tendenz zu *Figuren der Grenzüberschreitung (II.1.3)* mit einer funktionalen, reversiblen und grenzgängerischen Extremprägung. In einer Dualität, die den 9/11-Diskurs figuriert und plot-funktional extreme Szenarien begünstigt, kollidieren prototypische, gewaltförmige Protagonisten mit suggestiv serialisierten Feindfiguren. Darüber hinaus wirkt eine Diffusion, in der sich die Fronten über ihre funktionalen und extremen Methoden annähern, hin zu einer totalen Umkehrbarkeit. Gegenüber drastischen und diffusen Feinden operiert Geheimdienstagent Jack Bauer als zentrierte und über Figurationen vervielfältigte Figur des Grenzüberschreiters, der über Western- und Crime-Genre und Kiefer Sutherlands ‚Star Image'[49] institutionelle Grenzen überschreitet hin zur Spannung zwischen dem Archetyp des Bewältigers maximaler Hindernisse und dem kriminellen Bereich der Feinde. Die überschreitenden Tendenzen der Figuren erstrecken sich über selbstreflexive und tragische Akzente zum Phänomen eines intertextuellen Personals im fernsehseriell vermittelten Ausnahmezustand.

II.2 Serialität der Gewalt: Ausnahmezustand in Serie

Gegenüber der Tradition sozialer Kommunikation in Fernsehserien spielt das Gewaltphänomen eine Schlüsselrolle in der dramaseriellen Gestaltung und Reflexivität mit Bezug auf den 9/11-Diskurs. Das Kapitel erörtert die Gewalt-Serialität von *24* in drei Teilkapiteln über die Schritte der Signalform, der Extrem-Narration sowie der Reflexionsformen der Selbstreflexivität und Tragik. Das einleitende Teilkapitel registriert eine *Signalform fernsehserieller Gewalt (II.2.1)*, die in der dramaturgischen Zuspitzung fernsehserieller Reizreihung („new affective order')[50] die Fortsetzungsserialität eines Ausnahmezustands etabliert. Im konstitutiven Seriendialog suggerieren signifikante Signale mit US-symbolischem Wert extreme Szenarien. Die absolute, aber unbestimmte Drohkulisse der Antagonisten beantworten Protagonisten mit absoluten Ankündigungen. Die formgewaltigen Leitsätze ‚Whatever it takes' und ‚What's necessary' suggerieren ein maximales Aktionsspektrum, besonders im Kontrastmuster vor beruhigtem Bildbereich.

---

[48] Vgl. Geoff King: Spectacular Narratives. Hollywood in the Age of the Blockbuster, London/New York 2009, S. 109.
[49] Zum ‚Star Image' vgl. Richard Dyer/Paul McDonald: Stars, London 1979.
[50] Vgl. Nelson: TV Drama, S. 111–118.

Das zweite Teilkapitel zur *Extrem-Narration: Schlagfrequenz der ‚Serial'-Segmente (II.2.2)* zeigt die Konstituierung episodenübergreifender Gewaltserialität im Action-Thriller-‚Serial' als formal orientierte Klimax fernsehserieller Segment- bzw. ‚beat'-Struktur, die eine semantische Grenzüberschreitung plausibilisiert. Mit der Spezifizierung von Michael J. Porters ‚Scene Function Model', das diskursive ‚Satellit'-Szenen (‚satellites'[51]) und ereignisreiche ‚Kern'-Szenen (‚kernels'[52]) unterscheidet, kann ein fernsehseriell vermittelter Ausnahmezustand analytisch erfasst werden über das Zusammenwirken spektakulärer und plot-funktionaler Segmente. *Spektakuläre Segmente (II.2.2.1)* fungieren primär attraktionsästhetisch und haben keine direkte Auswirkung auf den Handlungsverlauf, so dass sie als dramatisierte Variante der diskursiven ‚Satellit'-Szene gelten können. Das Muster der Notstandexposition suggeriert überschreitende Gewaltpermanenz zwischen Segmenten, Episoden und Programmbereichen – *Analyse 8*[53] zur Fernsehberichterstattung von einem Atomanschlag zeigt das selbstreflexive Grenzbewusstsein der Fernsehserie vor extremer Gewalt. Das Muster des spektakulären Zwischensegments figuriert und reflektiert den zentralen Handlungsverlauf und erzielt eine fortdauernde Anspannung über die Parameter-Intensität schwelender Echtzeitgewalt und beeinträchtigter Figuren in Krisenräumen. Die Akkumulation spektakulärer Segmente kulminiert in der televisuell rhythmischen Serialität des ‚Clinch'-Konfliktsegments[54] mit typologischen Gewaltaktionen als ‚violence hooks'[55], wobei eine linear wachsende Handlungslogik überschritten und der Handlungsverlauf verzögert wird.

Plot-funktionale Segmente (II.2.2.2), die im Sinne der ‚Kern'-Szene für den Handlungsverlauf entscheidend sind, perfektionieren das Prinzip fernsehserieller Fortsetzung über eine Interdependenz mit Gewaltdarstellungen. In faktualer Relation zum gewaltbezogenen Informationsprimat der ‚Breaking News' entfaltet sich fernsehserielle Gewalt über drei Varianten plot-funktionaler Segmente. In der ersten Variante ist die narrative Wendung das Ergebnis einer Gewaltaktion. In der zweiten Variante kündigt die narrative Wendung eine Gewaltaktion an. Die dritte und zentrale Variante ist die Kombinationsform einer narrativen Wendung, die aus einer Gewaltaktion entsteht und zu einer weiteren führt. Die Serialität der Gewalt, die in der vierten *24*-Staffel zum expliziten Bedrohungsszenario wird, nutzt und plausibilisiert Gewalt, beweist aber auch wiederkehrend eine televisuelle und schockästhetische Reflexivität. Die Komplikations-

---

[51] Vgl. Porter et al.: Re(de)fining Narrative Events, S. 26f.
[52] Vgl. ebd., S. 25f.
[53] *24*, Episode 06x07, TC: 0:02:04–0:02:45.
[54] Vgl. Ellis: Visible Fictions, S. 152f.
[55] Zum Basiskonzept des ‚visual hook' vgl. Goodwin: Music Television and Popular Culture, S. 93.

folge, die ständig rekapituliert wird und den Bezug der Fernsehstrukturen zur Terrorserialität nach 9/11 reflektiert, mündet in eine potentiell unendliche Konfliktreihung im Sinne einer konsequenten Zuspitzung der fernsehseriellen „form of the dilemma"[56]. Die Härte serieller Gewaltdarstellung bündelt sich in der reflexiven ‚Workplace'[57]-Kopplung von Kampf und Arbeit und dem Echtzeitkonzept, das die Häufigkeit von Gewaltdarstellungen aus dramatischer Verpflichtung begünstigt und eine formal passgenaue Bedrohungsschwebe ermöglicht.

Ein kontinuierliches Bewusstsein über Extremdarstellungen zeigt sich im Teilkapitel *Reflexion serieller Gewalt: Tragik und Selbstreflexivität (II.2.3)*. Die Ticking-Time-Bomb-Reaktionspflicht wird an tragische Entscheidungen (*Tragic choices (II.2.3.1)*)[58] gekoppelt, die in utilitaristischer und resolutionsgerichteter Zuspitzung einer „schuldlosen Tragik"[59] über die Leitmottos ‚What's necessary' und ‚Whatever it takes' eine singuläre Tendenz zur Ausnahmegewalt erwirken – die spektakuläre Dringlichkeit der ‚tragic choice' zeigt sich in *Analyse 9*[60]. Die tragische Prägung einer episodenübergreifenden *Serialität des Leids (II.2.3.2)* entfaltet sich erstens im Dialog über Akzente eines seriellen Überlebenskampfs mit empathischen Durchhalteparolen und Zustandsüberprüfungen sowie zweitens über intermediale Leidenserfahrungen, die im Status von ‚violence hooks' die (Echt-)Zeitlichkeit des Leids veranschaulichen, den extremen Fortsetzungsdruck symbolisieren und die typologischen Figuren nachdrücklich formieren. Die wegweisende Verkörperung des Leids ist die *serielle Leidensgeschichte des Protagonisten (II.2.3.3)*. Jack Bauers tragische ‚character arc' verläuft über den dreigliedrigen Zyklus aus staffelbestimmender Extrembelastung, Tiefpunkt bzw. Punkt des Ausstiegs zum Staffelende und Reaktivierung zu Beginn der folgenden Staffel. Die Abschlussstaffeln überschreiten die Zyklik mit werkstruktureller Hinwendung zur Katastrophe. Das Kernphänomen der *Selbstreflexivität serieller Gewalt (II.2.3.4)* umfasst die Akzentuierung extremer Vorgänge mit Konzentration auf Körper und Darstellungsmaterial über die drei Reflexionsprozesse der Montage, die Höhepunkte extremer Gewalt verzögert, der Narration, die bei fortsetzungsgerichteten Invasionsvorgängen televisuelle, erzählerische und mediale Reflexivität vorweist und der Medialität, die sich auf intermedialer, hypermedialer und sensorischer Ebene entfaltet.

---

[56] Ellis: Visible Fictions, S. 154.
[57] Vgl. Eschke/Bohne: Dramaturgie von TV-Serien, S. 141.
[58] Zur ‚tragic choice' vgl. Niklas Luhmann: Gibt es in unserer Gesellschaft noch unverzichtbare Normen?, Heidelberg 1993; William Rasch (Hg.): Tragic Choices. Luhmann on Law and States of Exception, Stuttgart 2008.
[59] Dietrich Mack: Ansichten zum Tragischen und zur Tragödie, München 1970, S. 65.
[60] *24*, Episode 03x24, TC: 0:26:20–0:30:34.

II.3 Schlüsselform der Folter

Die Serialität der Gewalt in *24* kulminiert im Extrem der Folter. Das Kapitel untersucht erstens die formale und zweitens die selbstreflexive Ausrichtung der Folter, die über eine bloße Thematisierung hinausgeht hin zum Status eines konstitutiven Erzähl- und Reflexionsmittels der Fernsehserie. Das Teilkapitel zur *Form und Funktionalität der Folter (II.3.1)* präsentiert die spektakuläre und plot-funktionale Form der Folter bis zur Schlüsselrolle als Extremdialog im Sinne einer Intensivierung und Irritation des fernsehseriellen Fortsetzungsprinzips.

Im Zuge eines *Folter-‚flow'*[61] entfaltet sich eine *spektakuläre Signalkette der Folter (II.3.1.1.1)*. Die Extremreihung erfolgt über intermediale Reizsignalmuster als ‚violence hooks', die mit Schrecktönen und Bild-, Licht- und Farbkontrasten symbolische Gewalthierarchien serialisieren und über die ‚Workplace-Struktur' in der Territion das Konzept maximaler Suggestion schmerzhaft steigern sowie performativ in physischer Gewalt kulminieren. Gemäß den Extremtendenzen der Erzählparameter ergibt sich eine zeitliche Reizkontinuität der Folter in spektakulär eingelagerten Räumen durch signalhaft funktionale Folterer. Die Signalkette des Folter-‚flow' reicht zu umfassenden Bezügen zwischen Segmenten und Episoden sowie zwischen fiktionalem und faktualem Programm, wie in *Analyse 10* deutlich wird[62].

Die zweite Kernform ist die *plot-funktionale Abfolge und Abwägung der Folter (II.3.1.2)*. Im Zuge einer Verschärfung und Serialisierung des Dramaprinzips der Informationsvermittlung bildet die Folter die Klimax einer plot-funktionalen Formlogik der Gewalt über Segmente, in denen die Folter für den Fortgang der Serienhandlung entscheidend ist oder einen Ausblick darauf bietet. Demgemäß korreliert die Abwägung über einen Foltereinsatz mit fortsetzungsgerichteter Erwartungsbildung: In dramaturgischer Passform für den „ökonomischen Diskurs der Folter"[63] werden „utilitaristische, konsequentialistische Abwägungskalküle"[64] in diskursiven und plot-funktionalen Erzählmustern vermittelt und potenziert. *Analyse 11*[65] zeigt ein Abwägungsmodell zwischen der Folterbefürwortung, die zur Fortsetzung drängt, und der Folterkritik, die narrativ

---

[61] Zum Konzept des TV-‚flow' vgl. Raymond Williams: Television. Technology and Cultural Form, London 1974/New York 2003, S. 86–97.

[62] *24*, Episode 05x12, TC: 0:21:57–0:22:32, 0:32:44–0:33:30; Episode 05x13, TC: 0:09:20–0:10:07, 0:12:26–0:12:30, 0:19:08–0:19:13, 0:30:39–0:31:00, 0:32:44–0:32:50, 0:38:38–0:40:34.

[63] Thomas Weitin: Folter. Mit Gewalt auf Wahrheitssuche, in: Science.orf.at, 02.10.2009, online: http://bit.ly/2MW3aRG; Stand: 06.06.2019.

[64] Ebd.

[65] *24*, Episode 04x18, TC: 0:24:02–0:25:46, 0:25:46–0:35:46, 0:38:58–0:40:50; Episode 04x19, TC: 0:10:09–0:10:12.

verzögernd wirkt – durch die Realisierung beider Tendenzen entsteht die Veranschaulichung der tragischen „Form des Problems"[66].

In fortsetzungsorientierter und selbstreflexiver Informationsvermittlung fungiert die Folter als Extremvariante des fernsehseriell konstitutiven Dialogs und befördert darüber eine Serialisierung extremer Gewalt. Die *Folter als fernsehserieller Extremdialog (II.3.1.3)* verbindet die serientraditionell auseinanderliegenden Bereiche von Dialog und Action und erwirkt eine US-kriegssymbolische Prägung in Wechselwirkung zur Kommunikationsnegation der Folterresistenz. Die Akzentuierung der Folter als Extremdialog erfolgt über Periphrasen des fernsehspezifischen ‚Talk'-Prinzips, der ‚Workplace'-Gespräche und der Aktions- und Invasionsverben. Die Folter qualifiziert sich als Extremvariante des Seriendialogs vor allem über die Verschärfung der fernsehseriellen Fortsetzungs- und Verzögerungstechnik[67]. Das Serienprinzip der „aktivierenden Fragen"[68], das indirekt das Fortsetzungsinteresse des Fernsehzuschauers anregt (‚Was passiert als nächstes?'), tritt durch die vom Protagonisten gestellten Fragen ‚Where is the target?', ‚Where is the bomb?' oder ‚Where is the virus?' explizit und durchgängig in den Vordergrund. Als ‚violence hooks', die fortgesetzt werden, weil sie der Fortsetzung der Fernsehserie dienen, vollziehen die ‚aktivierenden Folterfragen' über eine schematische Gestaltung eine Verdichtung von Sprache zu physischer Gewalt. Das drastische Dialogkonzept kulminiert in Aufforderungssätzen mit der Dualstruktur des Konditionalsatzes und der Entweder-Oder-Konjunktion, die mit der Formel ‚Tell me' einen homonymen Bezug zur Narration herstellen und so eine intensive und irritierende Forderung nach einer Fortsetzung der Erzählung bilden und das Erzählproblem nach 9/11 pointieren. Der Extremdialog der Folter reicht bis zur Spektakularisierung der interpersonalen Kommunikationsmuster der häuslich verankerten Fernsehseriengattung, indem Beziehungskonflikte des Family- und Romance-Genres durch die Tortur eine affektkoppelnde Doppelcodierung erfahren.

Das abschließende Teilkapitel fokussiert die *Selbstreflexivität der Folter – Fernsehserielle Reflexionen der Grenzüberschreitung (II.3.2)*. In der Segment-Serialisierung der narrativen Störung der filmischen „Folterszene"[69] entfaltet sich eine Reflexivität, die auf die technisch-ästhetische Gemachtheit der Fernsehserie und die Körperlichkeit des Zuschauers

---

[66] Luhmann: Gibt es in unserer Gesellschaft noch unverzichtbare Normen?, S. 2. – „Man kann es nur falsch machen. Es handelt sich um einen Fall von ‚tragic choice'".
[67] Zur Vermittlungsweise des Seriendialogs vgl. Butler: Television Style, S. 54 f.
[68] Eschke/Bohne: Dramaturgie von TV-Serien, S. 156.
[69] Arno Meteling: Folterszenen. Zum ästhetischen Regime der Gewalt in Marathon Man, A Clockwork Orange und Hostel, in: Thomas Weitin (Hg.): Wahrheit und Gewalt. Der Diskurs der Folter in Europa und den USA, Bielefeld 2010, S. 202.

verweist – Reflexionen erfolgen über die informationell-mediale Akzentuierung gefolterter Figuren, über deren televisuelle Erfassung mit technischen Geräten (*Analyse 12*, LOST[70]) und über die intermediale Wahrnehmungsirritation der Sinnesfolter, hin zu einer tragischen Kennzeichnung im Echtzeitmoment und Serienverlauf.

Den Kern der Selbstreflexivität der Folter bildet, im einschneidenden 9/11-Bezug, die Akzentuierung des fernsehseriellen Novums als symbolische, fiktionale und mediale Grenzüberschreitung über die Schritte der Initiation, Serialität und Problematisierung. Die *selbstreflexive Initiation der Folter (II.3.2.1)* entfaltet sich in der zweiten Staffel über Abstände von zehn Folgen. *Analyse 13*[71] demonstriert den Einzug des Folterextrems aus dem Außerhalb in die Gattungssemiotik und US-Symbolik der TV-Serie. Entsprechend erfolgt die externe Annäherung bei der politischen Folterlegitimation über einen Außenraum und ein intermediales Herantasten der Bild- und Tonspur (*Analyse 14*[72]). Noch in derselben Episode wird der legitimierte Foltereinsatz über selbstreflexive Konstellationen akzentuiert (*Analyse 15*[73]) bis im Staffelfinale eine fernsehseriell bespiegelnde Videokonferenz der Regierung das Extrem nachträglich verhandelt über die Schritte der Nacherzählung, Diskussion, Hypermedialität, Remediation und Re-Visualisierung (*Analyse 16*[74]). Entsprechend erwirkt der Ersteinsatz eines polizeilichen Extremverhörs als Folter durch das Fernsehen eine Herausstellung des Fernsehdispositivs (*Analyse 17*[75]).

Gemäß der formbewussten Initiation erfolgt das Zeigen des Folterextrems im Serienverlauf über eine *selbstreflexive Serialität der Folter (II.3.2.2)*. Speziell in Expositionen der ‚medical interrogation' der dritten bis sechsten Staffel erzielt die Raumteilung in Haupt- und Vorraum, dass die Vermittlung der Ausnahmegewalt auf vier Ebenen als Übergang exponiert wird. Dies geschieht erstens durch den Ein- und Austritt der Figuren als symbolische Schwellenüberschreitung, zweitens durch die Glaswand als metonymische Kennzeichnung fiktionaler Gestaltung und apparativer Vermittlung, drittens durch die Vorraumposition der Agenten als Verdopplung der Produktion und Rezeption und viertens durch das Einmünden der Konstellationen in ein hypermediales Monitorsystem als mediale Reflexion des Fernsehdispositivs mit TV-Studio und Regie- bzw.

---

[70] LOST, Episode 03x07, TC: 0:23:34–0:25:10.
[71] 24, Episode 02x01, TC: 0:00:21–0:01:58.
[72] Ebd., Episode 02x11, TC: 0:27:16–0:29:46.
[73] Ebd., TC: 0:34:11–0:35:07.
[74] Ebd., Episode 02x21, TC: 0:04:40–0:10:45, 0:13:13–0:15:33, 0:19:48–0:22:13, 0:22:58–0:27:00, 0:31:22–0:34:56, 0:35:50–0:39:20.
[75] Ebd., Episode 02x12, TC: 0:23:28–0:25:05, 0:26:52–0:29:15, 0:31:38–0:32:42, 0:35:27–0:38:31.

Zuschauerraum. *Analyse 18*[76] präsentiert die Grundstufe der selbstreflexiven Raumordnung als Übergang vom Vor- in den Verhörraum in symbolischer, fiktionaler und medialer Hinsicht. Die hypermediale Potenzierung der selbstreflexiven Raumordnung als Gegenüber von TV-Studio und Regieraum zeigt sich in *Analyse 19*[77] und *Analyse 20*[78].

Besonders in der vorletzten 24-Staffel entfaltet sich eine *selbstreflexive Problematisierung der Folter (II.3.2.3)*, die befördert wird durch die Faktoren der faktualen Folterdebatte, des Drehbuchautorenstreiks und des kreativen Neustarts angesichts des Verschleißes des seriellen Erzählmusters. Als programmatischer Auftakt der selbstreflexiven Problematisierung der eigenen Vermittlungsweise eröffnet die Fernsehserie ihre siebte Staffel mit der Anhörung des zentralen Protagonisten auf einer fiktional selbstreflexiven Gerichtsbühne mit der Position zwischen Teilschuld und Rechtfertigung (*Analyse 21*[79]). Im weiteren Verlauf erfolgt die Problematisierung der Folter über eine akzentuierte Abwägung der Form: Die Serie problematisiert die Folter, signalisiert aber zugleich, dass es nicht unproblematisch ist, das serialisierte Kernmuster wegzulassen – die „Form des Problems", die Niklas Luhmann zu der Entscheidung über die Folter anführt[80], koexistiert mit dem ‚Problem der Form'.

Die drei einschneidenden Sequenzen der Problematisierung basieren auf dem Kontrast einer inhaltsbetont ambivalenten bis kritischen Diskussion und einer gewaltpraktisch- und plot-orientierten Actionszene und erwirken eine fernsehserielle Kommunikationsreflexion zwischen den Polen von Dialog und Action sowie der Mischform des Extremdialogs. *Analyse 22*[81] untersucht das Gegenüber von Folterdiskussion und Folter im Vergleich von Dialog und Extremdialog. *Analyse 23*[82] erforscht die Aufeinanderfolge von Folterdiskussion und Actionermittlung als Reflexion zwischen theoretisch erörternder Betrachtung und formbetonter und plot-funktionaler Gewaltblickpraxis. *Analyse 24*[83] zeigt eine ambivalente Abschlussdiskussion und letzte größere Andeutung der Folter durch Protagonisten. In der letzten Staffel wendet sich 24 deutlich von der Darstellung der Folter ab und nutzt sie nur vereinzelt als suggestive Drohkulisse. Gleichzeitig erscheint der Wegfall der zentralen Form als ein Grund für das Ende der Serie.

---

[76] Ebd., Episode 03x07, TC: 0:16:31–0:16:48.
[77] Ebd., Episode 04x15, TC: 0:15:33–0:15:55, 0:15:55–0:16:11, 0:16:31–0:16:33, 0:16:45–0:16:51, 0:17:00–0:17:04.
[78] Ebd. 03x14, TC: 0:13:04–0:14:20.
[79] Ebd. 07x01, TC: 0:02:00–0:05:55.
[80] Luhmann: Gibt es in unserer Gesellschaft noch unverzichtbare Normen?, S. 2.
[81] 24, Episode 07x11, TC: 0:19:04–0:19:11, 0:20:50–0:31:11.
[82] Ebd., Episode 07x14, 0:28:33–0:34:18.
[83] Ebd., Episode 07x24, TC: 0:21:33–0:25:10, 0:39:25–0:41:43.

Danksagung

Dieses Buch ist eine überarbeitete Fassung der Dissertation, mit der ich am 06.02.2018 am Fachbereich Gesellschafts- und Geschichtswissenschaften der Technischen Universität Darmstadt promoviert wurde.

Bedanken möchte ich mich bei Thomas Weitin für die Betreuung meiner Arbeit am Institut für Sprach- und Literaturwissenschaft der TU Darmstadt sowie zuvor am Fachbereich Literatur-, Kunst- und Medienwissenschaften der Universität Konstanz im Rahmen des interdisziplinären Forschungsprojekts „Wahrheit und Gewalt – Der Diskurs der Folter". Danke auch an Bernd-Alexander Stiegler von der Uni Konstanz für das Zweitgutachten sowie an alle Mitglieder der Prüfungskommission.

Im Rahmen meiner Tätigkeit als wissenschaftlicher Mitarbeiter im Projekt „Wahrheit und Gewalt" möchte ich mich außerdem bedanken bei den weiteren Kollegen in der Konstanzer Arbeitsgruppe (Michael Neumann, Gesine Brede, Martin Morth, Nora Binder, Carolin Piotrowski) und den Mitforschern der Universität Münster (Thomas Gutmann, Peter Oestmann, Bernhard Jakl, Bijan Fateh-Moghadam, Marco Bunge-Wiechers). Danke auch für die organisatorische Unterstützung in Darmstadt (Dorothee Harres, Renate Soltysiak) und Konstanz (Daniel Hütter, Gabriela Kruse-Niermann).

Danke an Gail Coles von der School of Media, Arts and Design der University of Westminster in London und Heinz Drügh vom Institut für deutsche Literatur und ihre Didaktik an der Goethe-Universität Frankfurt am Main für ihre Empfehlungsschreiben. Danke an Isabell Otto von der Universität Konstanz für hilfreiche Hinweise und an Arno Meteling von der Universität Köln für die Bereitstellung von Texten. Für inspirierenden E-Mail-Austausch bedanken möchte ich mich bei John Thornton Caldwell von der UCLA School of Theater, Film and Television in Los Angeles, Lorenz Engell vom IKKM Weimar, James Poniewozik vom TIME Magazine und Rory O'Connor von Globalvision in New York sowie bei den zahlreichen Verlagen, die an der Veröffentlichung dieser Arbeit interessiert waren.

Danke an den Verlag Königshausen und Neumann und dabei besonders an Daniel Seger und Heike Hanenberg für die Betreuung der Veröffentlichung sowie an Markus Heinlein für die Gestaltung des Covers. Danke auch an die Herausgeber Oliver Jahraus und Stefan Neuhaus für die Aufnahme meiner Arbeit in die Reihe „Film - Medium – Diskurs".

Vielen Dank an meine Familie und Freunde.

Quellenverzeichnis

I. Primärquellen

Fernsehsendungen

24 (FOX, 2001–2010, Joel Surnow/Robert Cochran).
24: Redemption (FOX, 2008, Jon Cassar).
Alias (ABC, 2001–2006, J.J. Abrams).
All In The Family (CBS, 1971–1979, Norman Lear).
Ally McBeal (FOX, 1997–2002, David E. Kelley).
American Horror Story (FX, 2011–, Ryan Murphy/Brad Falchuk).
American Idol (FOX/ABC, 2002–2016/2018–, Simon Fuller).
Battlestar Galactica (FX, 2004–2009, Ronald D. Moore).
Bonanza (NBC, 1959–1973, David Dortort).
Breaking Bad (AMC, 2008–2013, Vince Gilligan).
Brothers & Sisters (ABC, 2006–2011, Jon Robin Baitz).
CSI: Crime Scene Investigation (CBS, 2000–2015, Anthony E. Zuiker).
Dallas (CBS, 1978–1991, David Jacobs).
Deadwood (HBO, 2004–2006, David Milch).
Designated Survivor (ABC/Netflix, 2016–2018/2018–, David Guggenheim).
Desperate Housewives (ABC, 2004–2012, Marc Cherry).
Dexter (Showtime, 2006–2013, James Manos Jr.).
ER (NBC, 1994–2009, Michael Crichton).
FlashForward (ABC, 2009–2010, Brannon Braga/David S. Goyer).
Fringe (FOX, 2008–2013, J.J. Abrams/Alex Kurtzman/Roberto Orci).
Game of Thrones (HBO, 2011–2019, David Benioff/D. B. Weiss).
Gilligan's Island (CBS, 1964–1967, Sherwood Schwartz).
Gilmore Girls (The WB/The CW, 2000–2007, Amy Sherman-Palladino).
Hill Street Blues (NBC, 1981–1987, Steven Bochco).
Homeland (Showtime, 2011–2019, Howard Gordon/Alex Gansa).
House, M.D. (FOX, 2004–2012, David Shore).
House of Cards (Netflix, 2013–2018, Beau Willimon).
Judging Amy (CBS, 1999–2005, Amy Brenneman/Bill Delia/John Tinker).
Knight Rider (NBC, 1982–1986, Glen A. Larson).
Lost (ABC, 2004–2010, J.J. Abrams/Damon Lindelof/Jeffrey Lieber).
M*A*S*H* (CBS, 1972–1983, Richard Hooker).
MacGyver (ABC, 1985–1992, Lee David Zlotoff).
Magnum PI (CBS, 1980–1988, Donald P. Bellisario/Glen A. Larson).
Miami Vice (NBC, 1984–1989, Anthony Yerkovich).
Orange is the New Black (Netflix, 2013–2019, Jenji Kohan).
Ozark (Netflix, 2017–, Bill Dubuque/Mark Williams).
Prison Break (FOX, 2005–2009, Paul Scheuring).

Six Feet Under (HBO, 2001–2005, Alan Ball).
Survivor (CBS, 2000–, Charlie Parsons).
T.J. Hooker (ABC/CBS, 1982–1986, Rick Husky).
The Americans (FX, 2013–2018, Joe Weisberg).
The A-Team (NBC, 1983–1987, Frank Lupo/Stephen J. Cannell).
The Event (NBC, 2010–2011, Nick Wauters).
The Fall Guy (ABC, 1981–1986, Glen A. Larson).
The Mary Tyler Moore Show (CBS, 1970–1977, James L. Brooks/Allan Burns).
The Strain (FX, 2014–2017, Guillermo del Toro/Chuck Hogan).
The Sopranos (HBO, 1999–2007, David Chase).
The Umbrella Academy (Netflix, 2019–, Steve Blackman/Jeremy Slater).
The Walking Dead (AMC, 2010–, Frank Darabont).
The Wire (HBO, 2002–2008, David Simon).
Thunderbirds (ATV, 1965–1966, Gerry Anderson/Sylvia Anderson).
True Detective (HBO, 2014–, Nic Pizzolatto).
Z-Cars (BBC, 1962–1978, Troy Kennedy/Martin Allan Prior).

Filme

2012 (2009, Roland Emmerich).
25th Hour (2002, Spike Lee).
A Few Good Men (1992, Rob Reiner).
After Alice (2000, Paul Marcus).
Armageddon (1998, Michael Bay).
Break Up (1998, Paul Marcus).
Cast Away (2000, Robert Zemeckis).
Chicago Joe And The Showgirl (1990, Bernard Rose).
Cowboy Up (2001, Xavier Koller).
Deep Impact (1998, Mimi Leder).
Dirty Harry (1971, Don Siegel).
Flashback (1990, Franco Amurri).
Godzilla (1998, Roland Emmerich).
Hostel - Hostel: Part III (2005–2011, Eli Roth, Scott Spiegel).
Independence Day (1996, Roland Emmerich).
Knowing (2009, Alex Proyas).
L'arrivée d'un train en gare de la Ciotat (1896, Louis & Auguste Lumière).
Men In Black II (2002, Barry Sonnenfeld).
No Country For Old Men (2007, Ethan & Joel Coen).
Picking Up The Pieces (2000, Alfonso Arau).
Primary (1960, Robert Drew).
Reign Over Me (2007, Mike Binder).

Renegades (1989, Jack Sholder).
Saw I – Jigsaw (2004–2017, James Wan u. a.).
Spider-Man (2002, Sam Raimi).
The Cowboy Way (1994, Gregg Champion).
The Killing Time (1987, Rick King).
The Matrix (1998, Andy Wachowski/Larry Wachowski).
The Terminator (1984, James Cameron).
The Three Musketeers (1993, Stephen Herek).
The Walk (2015, Robert Zemeckis).
There Will Be Blood (2007, Paul Thomas Anderson).
To End All Wars (2001, David L. Cunningham).
Twin Peaks. Fire Walk With Me (1992, David Lynch).
United 93 (2006, Paul Greengrass).
Vice (2018, Adam McKay).
World Trade Center (2006, Oliver Stone).
Young Guns (1988, Christopher Cain).
Young Guns II (1990, Geoff Murphy).
Zero Dark Thirty (2012, Kathryn Bigelow).

Videos

VIDEO „02:00. Originalszene von O'Hara im Gespräch mit Kingsley und den Foltervorbereitungen", in: 24. Season Two DVD, Disc 7.
— „09:00. Erweiterte Kampfszene zwischen Gary und Kim", in: 24. Season Two DVD, Disc 7.
— „24. Verschwörung", in: 24. Season Four DVD, Disc 7.
— „24 Mobisodes. Day Six Debrief", in: 24. Season Six DVD, Disc 7.
— „24 in 24. Teil 1", in: 24. Season Seven DVD, Disc 4.
— „24 Webcast Diaries. Inside CTU", in: 24. Season Six DVD, Disc 7.
— „24 Webcast Diaries. The Editor's Cut", in: 24. Season Six DVD, Disc 7.
— „Audiokommentar für Folge 02x04 von Carlos Bernard, Sarah Wynter und Michelle Forbes", in: 24. Season Two DVD, Disc 1.
— „Audiokommentar für Folge 02x20 von Kiefer Sutherland und Joel Surnow", in: 24. Season Two DVD, Disc 5.
— „Biologische Bedrohung. Jenseits der Serie", in: 24. Season Three DVD, Disc 7.
— „Blut auf den Schienen", in: 24. Season Four DVD, Disc 7.
— „Breaking Ground. Erschaffung der neuen CTU", in: 24. Season Four DVD, Disc 7.
— „Der Schwur der Oceanic Sechs. Ein Netz aus Lügen", in: Lost. Die Komplette Vierte Staffel DVD, Disc 6.

— „Entfallene und erweiterte Szenen. 1900–2000. Jack versorgt Alams Wunde", in: 24. Season Four DVD, Disc 7.
— „Fox Movie Channel präsentiert. Making a Scene", in: 24. Season Four DVD, Disc 7.
— „Geheimnisse des Universums", in: Lost. Die Komplette Fünfte Staffel DVD, Disc 5.
— „How Hollywood Gets It Wrong on Torture and Interrogation. P1", 29.08.2007, online: http://bit.ly/2OETMDQ; Stand: 06.06.2019.
— „How Hollywood Gets It Wrong on Torture and Interrogation. P2", 29.08.2007, online: http://bit.ly/2PWEA58; Stand: 06.06.2019.
— „Inside the Writers' Room", in: 24. Season Six DVD, Disc 7.
— „Jack Bauer will never die in 24 says producer", 26.01.2009, online: http://bit.ly/2PZJezB; Stand: 06.06.2019.
— „Logan's Rückzug", in: 24. Season Five DVD, Disc 7.
— „Musik von Sean Callery", in: 24. Season Five DVD, Disc 7.
— „Nebenrollen", in: 24. Season Five DVD, Disc 7.
— „Nicht verwendete Szenen. 04:00–05:00. Verseuchungsgrad des Virus", in: 24. Season Three DVD, Disc 7.
— „Nicht verwendete Szenen. 12:00–13:00. Verfolgung von Rabens", in: 24. Season Three DVD, Disc 7.
— „Nicht verwendete Szenen. 14:00–15:00. Kyle sieht besorgt aus", in: 24. Season Three DVD, Disc 7.
— „Nicht verwendete Szenen. 14:00–15:00. Razzia im Kokain-Haus (erweitert)", in: 24. Season Three DVD, Disc 7.
— „Nicht verwendete Szenen. 19:00–20:00. Ramon versucht Jack zu verprügeln", in: 24. Season Three DVD, Disc 7.
— „Schießen und Laden", in: 24. Season Four DVD, Disc 7.
— „Unbesungene Helden", in: 24. Season Five DVD, Disc 7.

II. Sekundärquellen

ABBOTT, Stacey: Undead Apocalypse. Vampires and Zombies in the 21st Century, Edinburgh 2016.

ADAMS, Alex: Political Torture in Popular Culture. The Role of Representations in the Post-9/11 Torture Debate, London 2016.

ADELMANN, Ralf, Markus Stauff: Ästhetiken der Re-Visualisierung. Zur Selbststilisierung des Fernsehens, in: Oliver Fahle, Lorenz Engell (Hgg.): Philosophie des Fernsehens, München 2006, S. 55–76.

ADORNO, Theodor W.: Prolog zum Fernsehen, in: Ders.: Eingriffe. Neun kritische Modelle, Frankfurt 1963, S. 69–80.

AGAMBEN, Giorgio: Homo Sacer. Die Souveränität der Macht und das nackte Leben, Frankfurt 2002.

AITKENHEAD, Decca: One Hour with Kiefer Sutherland, in: The Guardian, 02.02.2009, online: http://bit.ly/2I5hiay; Stand: 06.06.2019.

ALLEN, Rob: Serialization in Popular Culture, New York 2014.

ALLRATH, Gaby, Marion Gymnich, Carola Surkamp: Introduction. Towards a Narratology of TV Series, in: Gaby Allrath, Marion Gymnich (Hgg.): Narrative Strategies in Television Series, Basingstoke/New York 2005, S. 1–43.

ALTENHAIN, Karsten, Reinhold Görling, Johannes Kruse (Hgg.): Die Wiederkehr der Folter? Interdisziplinäre Studien über eine extreme Form der Gewalt, ihre mediale Darstellung und ihre Ächtung, Göttingen 2013.

ALTMAN, Rick: Fernsehton, in: Ralf Adelmann, Jan O. Hesse, Judith Keilbach, Markus Stauff, Matthias Thiele (Hgg.): Grundlagentexte zur Fernsehwissenschaft. Theorie, Geschichte, Analyse, Konstanz 2001, S. 388–412.

ANG, Ien: Watching Dallas. Soap Opera and the Melodramatic Imagination, London 1985.

APPELBAUM, Robert: The Aesthetics of Violence. Art, Fiction, Drama and Film, London 2017.

ARISTOTELES: Poetik, Stuttgart 2001.

ARNHEIM, Rudolf: Film als Kunst, Frankfurt 2002.

ARNOLD, Judith: Auf die Folter gespannt. Facts und Fiction der US-Serie 24, in: Medienheft 31, 2007, S. 1–11, online: http://bit.ly/2SLZg22; Stand: 06.06.2019.

ARAÚJO, Susana: Transatlantic Fictions of 9/11 and the War on Terror. Images of Insecurity, Narratives of Captivity, London/New York 2015.

BÄCHLER, Maja: Inszenierte Bedrohung. Folter im US-amerikanischen Kriegsfilm, Frankfurt/New York 2013.

BALDWIN, Sandy: This is the Longest Day of my Life, Politics and Culture 3, 2003, online: http://bit.ly/2I5VNGP; Stand: 06.06.2019.

BATH, Claudia, Marlene Sophie Deines, Uwe Durst, Vincent Fröhlich, Sabrina Maag, Tom Reiss, Kristin Rheinwald (Hgg.): Wie die Sopranos gemacht sind. Zur Poetik einer Fernsehserie, Wiesbaden 2016.

BARTHES, Roland: S/Z, New York 1974.

BAUDRILLARD, Jean: Agonie des Realen, Berlin 1978.

— Der Geist des Terrorismus, Wien 2002.

— Der symbolische Tausch und der Tod, München 1982.

BECKER, Anne: 9/11 als Bildereignis. Zur visuellen Bewältigung des Anschlags, Bielefeld 2013.

BEE, Julia, Reinhold Görling, Johannes Kruse, Elke Mühlleitner (Hgg.): Folterbilder und -narrationen. Verhältnisse zwischen Fiktion und Wirklichkeit, Göttingen 2013.

BEIL, Benjamin, Lorenz Engell, Jens Schröter, Herbert Schwaab, Daniela Wentz: Die Fernsehserie als Reflexion und Projektion des medialen Wandels, in: Andreas Hepp, Friedrich Krotz (Hgg.): Mediatisierte Welten. Beschreibungsansätze und Forschungsfelder, Wiesbaden 2012, S. 197–223.

— Mit Lorenz Engell, Dominik Maeder, Jens Schröter, Herbert Schwaab, Daniela Wentz: Die Fernsehserie als Agent des Wandels, Münster 2017.

BELAU, Linda, Kimberly Jackson (Hgg.): Horror Television in the Age of Consumption: Binging on Fear, New York/London 2018.

BENDER, Jesko: 9/11 Erzählen. Terror als Diskurs- und Textphänomen, Bielefeld 2017.

BENDER, Stuart, Lorrie Palm (Hgg.): The Digital Aesthetic of Violence. Journal of Popular Film and Television 1, 2017.

BENJAMIN, Walter: Das Kunstwerk im Zeitalter seiner technischen Reproduzierbarkeit, in: Ders.: Gesammelte Schriften Band I 2, Frankfurt 1974, S. 471–508.

BESAND, Anja (Hg.): Von Game of Thrones bis House of Cards. Politische Perspektiven in Fernsehserien, Wiesbaden 2018.

BEUTHNER, Michael, Joachim Buttler, Sandra Fröhlich, Irene Neverla, Stephan A. Weichert (Hgg.): Bilder des Terrors – Terror der Bilder? Krisenberichterstattung am und nach dem 11. September, Köln 2003.

BIGNELL, Jonathan: Seeing And Knowing. Reflexivity and Quality, in: Janet McCabe, Kim Akass (Hgg.): Quality TV. Contemporary American Television and Beyond, London/New York 2007, S. 158–170.

— Mit Jeremy Orlebar: The Television Handbook, New York/Abingdon 2005.

BINNS, Daniel: The Hollywood War Film. Critical Observations from World War I to Iraq, Bristol 2017.

BIRK, Elisabeth, Hanne Birk: Today is going to be the Longest Day of my Life. A Narratological Analysis of 24, in: Gaby Allrath, Marion Gymnich (Hgg.): Narrative Strategies in Television Series, Basingstoke/ New York 2005, S. 47–61.

BIRKENSTEIN, Jeff, Anna Froula, Karen Randell (Hgg.): Reframing 9/11. Film, Popular Culture and the War on Terror, New York 2010.

BLANCHET, Robert, Kristina Köhler, Tereza Smid, Julia Zutavern (Hgg.): Serielle Formen. Von den frühen Film-Serials zu aktuellen Quality-TV- und Online-Serien, Marburg 2011.

BOCK, Annekatrin: Family Values. The Sopranos und die neue Ära der Krimi- und Familienserie, in: Sascha Seiler (Hg.): Was Bisher Geschah. Serielles Erzählen im zeitgenössischen amerikanischen Fernsehen, Köln 2008, S. 160–171.

— Fernsehserienrezeption. Produktion, Vermarktung und Rezeption US-amerikanischer Prime-Time-Serien, Wiesbaden 2013.

BOLTER, Jay David, Richard Grusin: Remediation. Understanding New Media, Cambridge Massachusetts 1999.

BOSSERT, Ray: Macbeth on Ice, in: David R. Koepsell, Robert Arp (Hgg.): Breaking Bad and Philosophy. Badder Living Through Chemistry, Chicago 2012, S. 65–78.

BRAGARD, Veronique, Christophe Dony, Warren Rosenberg (Hgg.): Portraying 9/11. Essays on Representations in Comics, Literature, Film and Theatre, Jefferson 2011.

BRITTINGHAM, John Thomas: The Birth of Tragedy from the Spirit of Baltimore, in: David Bzdak, Joanna Crosby, Seth Vannatta (Hgg.): The Wire and Philosophy. This America, Man, Chicago 2013, S. 205–216.

BUDELMANN, Felix: Körper und Geist in tragischen Schmerz-Szenen, in: Bernd Seidensticker, Martin Vöhler (Hgg.): Gewalt und Ästhetik. Zur Gewalt und ihrer Darstellung in der griechischen Klassik, Berlin 2006, S. 123–148.

BURSTEIN, Dan: Secrets of 24. The Unauthorized Guide to the Political and Moral Issues Behind TV's Most Riveting Drama, New York 2007.

BUTLER, Jeremy G.: Television. Critical Methods and Applications, Belmont 1994/Mahwah 2002.

— Television Style, New York 2010.

BUTTER, Michael, Birte Christ, Patrick Keller (Hgg.): 9/11. Kein Tag, der die Welt veränderte, Paderborn 2011.

BUTTLER, Joachim: Ästhetik des Terrors. Die Bilder des 11. September 2001, in: Michael Beuthner, Joachim Buttler, Sandra Fröhlich, Irene Neverla, Stephan A. Weichert (Hgg.): Bilder des Terrors – Terror der Bilder? Krisenberichterstattung am und nach dem 11. September, Köln 2003.

CALDWELL, Anne, Samuel A. Chambers: 24 after 9/11. The American State of Exception, in: Steven Peacock (Hg.): Reading 24. TV Against the Clock, London/New York 2007, S. 97–108.

CALDWELL, John Thornton: Production Culture. Industrial Reflexivity and Critical Practice in Film and Television, Durham/London 2008.

— Televisuality. Style, Crisis, and Authority in American Television, New Jersey 1995.

— Zehn Thesen zur Produktionsforschung, in: montage AV 22/01/2013, S. 33–47, online: http://bit.ly/2P5j1CR; Stand: 06.06.2019.

CARR, Coeli: The Enemies on 24. Terrorists and Inconsistency, in: The New York Times, 27.10.2002, online: http://nyti.ms/2O08l7Y; Stand: 06.06.2019.

CASETTI, Francesco, Roger Odin: Vom Paläo- zum Neo-Fernsehen. Ein semio-pragmatischer Ansatz, in: Ralf Adelmann, Jan O. Hesse, Judith Keilbach, Markus Stauff, Matthias Thiele (Hgg.): Grundlagentexte zur Fernsehwissenschaft. Theorie, Geschichte, Analyse, Konstanz 2001, S. 311–334.

CAVELL, Stanley: Die Tatsache des Fernsehens, in: Ralf Adelmann, Jan O. Hesse, Judith Keilbach, Markus Stauff, Matthias Thiele (Hgg.): Grundlagentexte zur Fernsehwissenschaft. Theorie, Geschichte, Analyse, Konstanz 2001, S. 125–164.

CESARE, Donatella Di: 24. The Gentleman Torturer, in: Dies.: Torture, Cambridge 2018, S. 41 f.

CHAMBERLAIN, Daniel, Scott Ruston: 24 and Twenty-First Century Quality Television, in: Steven Peacock (Hg.): Reading 24. TV Against the Clock, London/New York 2007, S. 13–24.

CHRISTIAN, Aymar Jean: Open TV. Innovation beyond Hollywood and the Rise of Web Television, New York 2018.

CLUCAS, Bev: 24 and Torture, in: Bev Clucas, Gerry Johnstone, Tony Ward (Hgg.): Torture. Moral Absolutes and Ambiguities, Baden-Baden 2009, S. 176–202.

COLLINS, Jim: Postmodernism and Television, in: Robert C. Allen (Hg.): Channels of Discourse, Reassambled. Television and Contemporary Criticism, London 1992, S. 327–353.

COOKE, Lez: The Police Series, in: Glen Creeber (Hg.): The Television Genre Book, London 2001, S. 19–23.

CORNER, John: Critical Ideas in Television Studies, New York 1999.

CREEBER, Glen: Decoding Television. Issues of Ideology and Discourse, in: Ders. (Hg.): Tele-Visions. An Introduction to Studying Television, London 2006, S. 44–55.

DÄWES, Birgit: Ground Zero Fiction. History, Memory and Representation in the American 9/11 Novel, Heidelberg 2011.
— Mit Alexandra Ganser, Nicole Poppenhagen (Hgg.): Transgressive Television. Politics and Crime in 21-Century American TV Series, Heidelberg 2015.
DAYAN, Daniel, Elihu Katz: Media Events. The Live Broadcasting of History, Cambridge Massachusetts 1992.
DEBATIN, Bernhard: Semiotik des Terrors. Luftschiffbruch mit Zuschauern, in: Christian Schicha, Carsten Brosda (Hgg.): Medien und Terrorismus, Münster 2002, S. 25–38.
DEFINO, Dean J.: The HBO Effect, New York 2014.
DELEUZE, Gilles: Das Bewegungs-Bild. Kino 1, Frankfurt 1989.
— Das Zeit-Bild. Kino 2, Frankfurt 1991.
DIXON, Wheeler Winston (Hg.): Film and Television after 9/11, Carbondale 2004.
DREHER, Christoph (Hg.): Autorenserien. Die Neuerfindung des Fernsehens, Stuttgart 2010.
— Autorenserien II. Quality TV in den USA und Europa, Paderborn 2014.
DUNLEAVY, Trisha: Complex Serial Drama and Multiplatform Television, New York 2018.
DUNNETT, Peter J. S.: The World Television Industry. An Economic Analysis, London 1990.
DYER, Richard, Paul McDonald: Stars, London 1979.
EDELSTEIN, David: Now playing at your local Multiplex. Torture Porn. Why has America gone nuts for Blood, Guts, and Sadism?, in: New York Magazine, 28.01.2006, online: http://nym.ag/2Q1Snrt; Stand: 06.06.2019.
EDGERTON, Gary R.: The Sopranos, Detroit 2013.
EICHNER, Susanne, Lothar Mikos, Rainer Winter (Hgg.): Transnationale Serienkultur. Theorie, Ästhetik, Narration und Rezeption neuer Fernsehserien, Wiesbaden 2013.
EISENSTEIN, Sergei: Beyond the Shot, in: Richard Taylor (Hg.): The Eisenstein Reader, London 1998, S. 82–92.
— The Montage of Attractions, in: Richard Taylor (Hg.): The Eisenstein Reader, London 1998, S. 29–34.
ELLIS, John: Defining the Medium. TV Form and Aesthetics, in: Glen Creeber (Hg.): Tele-Visions. An Introduction to Studying Television, London 2006, S. 12–19.
— Fernsehen als kulturelle Form, in: Ralf Adelmann, Jan O. Hesse, Judith Keilbach, Markus Stauff, Matthias Thiele (Hgg.): Grundlagentexte zur Fernsehwissenschaft. Theorie, Geschichte, Analyse, Konstanz 2001, S. 44–74.

— Seeing Things. Television in the Age of Uncertainty, London 2000.
— Visible Fictions. Cinema, Television, Video, London 1982/1992.
ELSAESSER, Thomas, Malte Hagener (Hgg.): Filmtheorie zur Einführung, Hamburg 2007.
EMCKE, Carolin: Weil es sagbar ist. Über Zeugenschaft und Gerechtigkeit. Essays, Frankfurt 2013.
ENGELL, Lorenz: Erinnern/Vergessen. Serien als operatives Gedächtnis des Fernsehens, in: Robert Blanchet, Kristina Köhler, Tereza Smid, Julia Zutavern (Hgg.): Serielle Formen. Von den frühen Film-Serials zu aktuellen Quality-TV- und Online-Serien, Marburg 2011, S. 115–133.
— Mit Dominik Maeder, Jens Schröter, Daniela Wentz (Hgg.): Bis auf Weiteres. Pinnwand und Serie. Augenblick 68, Marburg 2017.
ERNST, Christoph, Heike Paul (Hgg.): Amerikanische Fernsehserien der Gegenwart. Perspektiven der American Studies und der Media Studies, Bielefeld 2015.
ESCHKE, Gunter, Rudolf Bohne: Bleiben Sie dran! Dramaturgie von TV-Serien, Konstanz 2010.
FAULSTICH, Werner: Ästhetik des Fernsehens. Eine Fallstudie zum Dokumentarspiel Die Nacht als die Marsmenschen Amerika angriffen 1976 von Joseph Sargent, Tübingen 1982.
FEUER, Jane: Quality Drama in the US. The New Golden Age?, in: Michele Hilmes (Hg.): The Television History Book, London 2003, S. 98–102.
— The Concept of Live Television. Ontology as Ideology, in: E. Ann Kaplan (Hg.): Regarding Television. Critical Approaches. An Anthology, Los Angeles 1983, S. 12–22.
— Mit Paul Kerr, Tise Vahimagi (Hgg.): MTM. Quality Television, London 1984.
FISHER, Joseph P., Brian Flota (Hg.): The Politics of Post-9/11 Music. Sound, Trauma, and the Music Industry in the Time of Terror, Farnham 2011.
FISKE, John: Television Culture, London 1987.
— Mit John Hartley: Reading Television, New York 1978/2003.
FOSSALUZZA, Christina, Anne Kraume (Hgg.): Ausnahmezustände in der Gegenwartsliteratur. Nach 9/11, Würzburg 2017.
FOUCAULT, Michel: Andere Räume, in: Karlheinz Barck (Hg.): Aisthesis. Wahrnehmung heute oder Perspektiven einer anderen Ästhetik, Leipzig 1993, S. 34–46.
FRAHM, Laura: Jenseits des Raums. Zur filmischen Topologie des Urbanen, Bielefeld 2010.

FURBY, Jacqueline: Interesting Times. The Demands 24's Real-Time Format Makes on its Audience, in: Steven Peacock (Hg.): Reading 24. TV Against the Clock, London/New York 2007, S. 59–70.

GABBARD, Glen O.: The Psychology of The Sopranos. Love, Death, Desire and Betrayal in America's Favorite Gangster Family, New York 2002.

GAUTHIER, Tim: 9/11 Fiction, Empathy, and Otherness, Lanham 2015.

GELL, Alfred: Art and Agency. An Anthropological Theory, Oxford 1998.

GERAGHTY, Christine: Aesthetics and Quality in Popular Television Drama, in: International Journal of Cultural Studies 1, 2003, S. 23–45.

GERBNER, George: Violence in Television Drama. Trends and Symbolic Functions, in: George A. Comstock, Eli A. Rubinstein (Hgg.): Television and Social Behaviour. Reports and Papers Volume 1. Media Content and Control, Washington D.C. 1972, S. 28–187.

GERRITS, Robin P. J. M.: Terrorists' Perspectives. Memoirs, in: David L. Paletz, Alex P. Schmid (Hgg.): Terrorism and the Media, Newbury Park 1992, S. 29–61.

GIURIATO, Davide, Eckhard Schumacher (Hgg.): Drastik. Ästhetik, Genealogien, Gegenwartskultur, Paderborn 2016.

GOLDBERG, Jeffrey: Jane Mayer on Being Immortalized by the Pro-Torture 24, in: The Atlantic, 15.01.2009, online: http://bit.ly/2MVv00r; Stand: 06.06.2019.

GOODWIN, Andrew: Dancing in the Distraction Factory. Music Television and Popular Culture, London 1993.

GORDON, Rebecca: Mainstreaming Torture. Ethical Approaches in the Post-9/11 United States, Oxford 2014.

GÖRLING, Reinhold: Szenen der Gewalt. Folter und Film von Rossellini bis Bigelow, Bielefeld 2014.

GORMÁSZ, Kathi: Walter White & Co. Die neuen Heldenfiguren in amerikanischen Fernsehserien, Konstanz/München 2015.

GRAY, Richard: After The Fall. American Literature since 9/11, Malden 2011.

GREENE, Richard, Peter Vernezze (Hgg.): The Sopranos and Philosophy. I Kill Therefore I Am, Chicago 2004.

GRIERSON, John: The Documentary Producer, in: Cinema Quarterly 1, 1933, S. 7–9.

GRUSIN, Richard: Premediation, in: Criticism 1, 2004, S. 17–39.

GUNNING, Tom: The Cinema of Attractions. Early Film, Its Spectator and the Avant-Garde, in: Wide Angle 3–4, 1986, S. 63–70.

GUNTER, Barrie, Jackie Harrison: Measuring the Amount of Violence on Television, in: James D. Torr: Violence in Film and Television, San Diego 2002, S. 75–82.

GURLAND-BLAKER, Avram: The Wire as American Tragedy, in: David Bzdak, Joanna Crosby, Seth Vannatta (Hgg.): The Wire and Philosophy. This America, Man, Chicago 2013, S. 193–204.

HAAS, Daniel: Neue 24-Staffel. Das Gehetz der Serie, in: Spiegel Online, 14.01.2009, http://bit.ly/2Dlhvrl; Stand: 06.06.2019.

HALL, Stuart: Kodieren/Dekodieren, in: Ralf Adelmann, Jan O. Hesse, Judith Keilbach, Markus Stauff, Matthias Thiele (Hgg.): Grundlagentexte zur Fernsehwissenschaft. Theorie, Geschichte, Analyse, Konstanz 2001, S. 105–124.

HALLIDAY, Fred: Shocked and Awed. How the War on Terror and Jihad have changed the English Language, London/New York 2011.

HAMMOND, Michael: Introduction. The Series/Serial Form, in: Michael Hammond, Lucy Mazdon (Hgg.): The Contemporary Television Series, Edinburgh 2005, S. 75–82.

HARTLEY, John: Die Behausung des Fernsehens. Ein Film, ein Kühlschrank und Sozialdemokratie, in: Ralf Adelmann, Jan O. Hesse, Judith Keilbach, Markus Stauff, Matthias Thiele (Hgg.): Grundlagentexte zur Fernsehwissenschaft. Theorie, Geschichte, Analyse, Konstanz 2001, S. 253–280.

— Reading Television after 25 Years. A New Foreword by John Hartley, in: John Fiske, John Hartley: Reading Television, New York 1978/2003, S. ix–xxii.

— Uses of Television, London/New York 1999.

HAYWARD, Jennifer: Consuming Pleasures. Active Audiences and Serial Fictions from Dickens to Soap Opera, Lexington 1997.

HEAD, Sydney W.: Analysis of Television Drama Programs, in: The Quarterly of Film Radio and Television 2, 1954, S. 175–194.

HEGEL, Georg Wilhelm Friedrich: Ästhetik. Band I, Frankfurt 1965.

HENNIGFELD, Ursula: Poetiken des Terrors. Narrative des 11. September 2001 im interkulturellen Vergleich, Heidelberg 2014.

— Mit Stephan Packard (Hgg.): Abschied von 9/11? Distanznahmen zur Katastrophe, Berlin 2013.

HICKETHIER, Knut: Die Fernsehserie und das Serielle des Fernsehens, Lüneburg 1991.

— Die Fernsehserie und das Serielle des Programms, in: Günter Giesenfeld (Hg.): Endlose Geschichten. Serialität in den Medien, Hildesheim 1994, S. 55–71.

HILBRAND, Carola: Saubere Folter. Auf den Spuren unsichtbarer Gewalt, Bielefeld 2015.

HILMES, Michele: The Television Apparatus: Direct Address, in: Journal of Film and Video 4, 1985, S. 27–36.

HIRSCH-WEBER, Andreas, Stefan Scherer (Hgg.): Technikreflexionen in Fernsehserien, Karlsruhe 2015.

HOLSTON, Noel: Antiheroes like Jack Bauer are TV's New Heroes, 06.05.2009, online: http://bit.ly/2pu2vhb; Stand: 01.07.2017.

HORTON, Donald, R. Richard Wohl: Massenkommunikation und Parasoziale Interaktion. Beobachtungen zur Intimität über Distanz, in: Ralf Adelmann, Jan O. Hesse, Judith Keilbach, Markus Stauff, Matthias Thiele (Hgg.): Grundlagentexte zur Fernsehwissenschaft. Theorie, Geschichte, Analyse, Konstanz 2001, S. 74–104.

HOSKINS, Andrew, Ben O' Loughlin: Television and Terror. Conflicting Times and the Crisis of News Discourse, New York 2007.

HOTH, Stephanie: Medium und Ereignis. 9/11 im amerikanischen Film, Fernsehen und Roman, Heidelberg 2011.

IRSIGLER, Ingo, Christoph Jürgensen (Hgg.): Nine Eleven. Ästhetische Verarbeitungen des 11. September 2001, Heidelberg 2008.

JACOBS, Jason, Steven Peacock (Hgg.): Television Aesthetics and Style, New York 2013.

— Violence and Therapy in The Sopranos, in: Michael Hammond, Lucy Mazdon (Hgg.): The Contemporary Television Series, Edinburgh 2005, S. 139–158.

JANCOVICH, Mark, James Lyons (Hgg.): Quality Popular Television. Cult TV, the Industry and Fans, London 2003.

JERMYN, Deborah: Body Matters. Realism, Spectacle and the Corpse in CSI, in: Michael Allen (Hg.): Reading CSI. Crime TV under the Microscope, London 2007, S. 79–89.

— Reasons to Split up. Interactivity, Realism and the Multiple-Image Screens in 24, in: Steven Peacock (Hg.): Reading 24. TV Against the Clock, London/New York 2007, S. 49–57.

JOHNSON, Catherine: Online TV, New York/Abingdon 2019.

— Quality/Cult Television. The X-Files and Television History, in: Michael Hammond, Lucy Mazdon (Hgg.): The Contemporary Television Series, Edinburgh 2005, S. 57–71.

JOWETT, Lorna, David Simmons, Kevin Lee Robinson (Hgg.): Time on TV. Narrative Time, Time Travel and Time Travellers in Popular TV Culture, London 2016.

KANT, Immanuel: Zum ewigen Frieden. Ein philosophischer Entwurf, Königsberg 1795.

KARMANN, Till, Simon Wendt, Tobias Endler, Martin Thunert (Hgg.): Zeitenwende 9/11? Eine transatlantische Bilanz, Opladen 2016.

KAYE, Sharon M. (Hg.): Lost and Philosophy. The Island has its Reasons, Malden 2008.

KELLETER, Frank (Hg.): Populäre Serialität. Narration, Evolution, Distinktion. Zum seriellen Erzählen seit dem 19. Jahrhundert, Bielefeld 2012.

KEPPLER, Angela: Mediale Gegenwart. Eine Theorie des Fernsehens am Beispiel der Darstellung von Gewalt, Frankfurt 2006.

— Mit Frederike Popp, Martin Seel (Hgg.): Gesetz und Gewalt im Kino. Normative Orders 14, Frankfurt 2015.

KERNER, Aaron Michael: Torture Porn in the Wake of 9/11. Horror, Exploitation and the Cinema of Sensation, New Brunswick 2015.

KESSLER, Nora Hannah: Der Antiheld als Held. Komplizenschaft als Möglichkeit der TV-Rezeption, in: Jonas Nesselhauf, Markus Schleich (Hgg.): Das andere Fernsehen?! Eine Bestandsaufnahme des Quality Television, Bielefeld 2016, S. 91–103.

KING, Geoff: Spectacular Narratives. Hollywood in the Age of the Blockbuster, London/New York 2009.

KIRCHHOFF, Susanne: Krieg mit Metaphern. Mediendiskurse über 9/11 und den War on Terror, Bielefeld 2010.

KITTLER, Friedrich: Rock Musik. Ein Mißbrauch von Heeresgerät, in: Theo Elm, Hans H. Hiebel (Hgg.): Medien und Maschinen. Literatur im technischen Zeitalter, Freiburg 1991, S. 245–257.

KLEINSTEUBER, Hans J.: Terrorismus und Feindbilder. Zur visuellen Konstruktion von Feinden am Beispiel Osama Bin Laden und Saddam Hussein, in: Michael Beuthner, Joachim Buttler, Sandra Fröhlich, Irene Neverla, Stephan A. Weichert (Hgg.): Bilder des Terrors – Terror der Bilder? Krisenberichterstattung am und nach dem 11. September, Köln 2003, S. 206–237.

KLIMKE, Daniela: Dramaturgie eines Anschlags, in: Christian Schicha, Carsten Brosda (Hgg.): Medien und Terrorismus, Münster 2002, S. 39–45.

KOCH, Lars: It Will Get Even Worse. Zur Ökologie der Angst in der US-amerikanischen Fernsehserie 24, in: Sascha Seiler (Hg.): Was Bisher Geschah. Serielles Erzählen im zeitgenössischen amerikanischen Fernsehen, Köln 2008, S. 98–115.

— Terror 3.0. Homeland und die Entgrenzung des Verdachts, in: Pop. Kultur und Kritik 2, 2013, S. 17–21.

— Mit Tobias Nanz, Johannes Pause (Hgg.): Imaginationen der Störung. Behemoth. A Journal on Civilisation 9, 2016.

KOPPES, Clayton R., Gregory D. Black: Hollywood goes to War, Los Angeles 1987.

KOZLOFF, Sarah: Narrative Theory and Television, in: Robert C. Allen (Hg.): Channels of Discourse, Reassambled. Television and Contemporary Criticism, London 1992, S. 67–100.

KROLL, Alexander: Form und Selbstreflexivität in neueren künstlerischen Musikvideos. Unveröffentlichte Magisterarbeit, Frankfurt 2008.

LA PASTINA, Antonio C.: Bonanza. U.S. Western, in: Horace Newcomb (Hg.): Encyclopedia of Television. Volume 1 A–C, New York 2004, S. 286.

LAURETIS, Teresa de: A Semiotic Approach to Television as Ideological Apparatus, in: Horace Newcomb (Hg.): Television. The Critical View, New York/Oxford 1979, S. 107–117.

LAVERY, David, Douglas L. Howard, Paul Levinson (Hgg.): The Essential Sopranos Reader, Lexington 2011.

LESSER, Wendy: The Thrills, and the Chill, of 24, in: The New York Times, 31.03.2002, online: http://nyti.ms/2znW2tV; Stand: 06.06.2019.

LETHEN, Helmut: Bildarchiv und Traumaphilie. Schrecksekunden der Kulturwissenschaften nach dem 11.09.2001, in: Klaus R. Scherpe, Thomas Weitin (Hg.): Eskalationen. Die Gewalt von Kultur, Recht und Politik, Tübingen/Basel 2003, S. 3–14.

LINDNER, Burkhardt: Das Verschwinden des Kurblers. Reflexionen zu einer kritischen Medienästhetik, in: Simone Dietz, Timo Skrandies (Hgg.): Mediale Markierungen. Studien zur Anatomie medienkultureller Praktiken, Bielefeld 2007, S. 195–214.

LORENZ, Matthias N.: Narrative des Entsetzens. Künstlerische, mediale und intellektuelle Deutungen des 11. September 2001, Würzburg 2004.

LUHMANN, Niklas: Die Realität der Massenmedien, Opladen 1996.

— Gibt es in unserer Gesellschaft noch unverzichtbare Normen?, Heidelberg 1993.

— Soziale Systeme. Grundriß einer allgemeinen Theorie, Frankfurt 1984.

MACK, Dietrich: Ansichten zum Tragischen und zur Tragödie, München 1970.

MANLY, Lorne: The Men who made ABC's Lost Last, in: The New York Times, 13.05.2010, online: http://nyti.ms/2xLi0VY; Stand: 06.06.2019.

MARKS, Laura U.: The Skin of Film. Intercultural Cinema, Embodiment and the Senses, Durham/London 2000.

MAYER, Jane: Whatever it Takes. The Politics of the Man behind 24, in: The New Yorker, 19.02.2007, online: http://bit.ly/1wdSZMZ; Stand: 06.06.2019.

MAZDON, Lucy: Introduction. Histories, in: Michael Hammond, Lucy Mazdon (Hgg.): The Contemporary Television Series, Edinburgh 2005, S. 3–10.

McCabe, Janet, Kim Akass (Hgg.): Quality TV. Contemporary American Television and Beyond, London/New York 2007.

McCullough, John: 24, Detroit 2014.

McGee, Ryan: Should Continuity be King in Serialized Television?, online: http://aol.it/2xvUZa8; Stand: 20.05.2015.

McLuhan, Marshall: Understanding Media. The Extensions of Man, New York 1964.

— Die magischen Kanäle. Understanding Media, Düsseldorf/Wien 1968.

McPherson, Tara: Techno-Soap: 24, Masculinity and Hybrid Forms, in: Steven Peacock (Hg.): Reading 24. TV Against the Clock, London/New York 2007, S. 173–190.

McSweeney, Terence (Hg.): American Cinema in the Shadow of 9/11, Edinburgh 2016.

— The War on Terror and American Film. 9/11 Frames per Second, Edinburgh 2014.

Mellinger, Nan: Fleisch. Ursprung und Wandel einer Lust. Eine kulturanthropologische Studie, Frankfurt/New York 2000.

Menke, Christoph: Die Gegenwart der Tragödie. Versuch über Urteil und Spiel, Frankfurt 2005.

Meteling, Arno: Folterszenen. Zum ästhetischen Regime der Gewalt in Marathon Man, A Clockwork Orange und Hostel, in: Thomas Weitin (Hg.): Wahrheit und Gewalt. Der Diskurs der Folter in Europa und den USA, Bielefeld 2010, S. 187–206.

— Mit Isabell Otto, Gabriele Schabacher (Hgg.): Previously On... Zur Ästhetik der Zeitlichkeit neuerer TV-Serien, München 2010.

Mikos, Lothar: Fernsehserien. Ihre Geschichte, Erzählweise und Themen, in: medien und erziehung 1, 1987, S. 2–16.

Miller, Martin: 24 and Lost get Symposium on Torture, in: The Seattle Times, 14. Februar 2007, online: http://bit.ly/2CEx6QB; Stand: 06.06.2019.

Miller, Toby: The Action Series, in: Glen Creeber (Hg.): The Television Genre Book, London 2001, S. 17 ff.

Mills, Brett: What does it mean to call Television Cinematic?, in: Jason Jacobs, Steven Peacock (Hgg.): Television Aesthetics And Style, New York 2013, S. 57–66.

Mittel, Jason: Complex TV. The Poetics of Contemporary Television Storytelling, New York 2015.

— Narrative Complexity in Contemporary American Television, in: The Velvet Light Trap 58, 2006, S. 29–40.

— The Value of Lost, Part Two, in: Flow 2.10, 2005, online: http://bit.ly/2znjXJW; Stand: 06.06.2019.

MOLDENHAUER, Benjamin: Ästhetik des Drastischen. Welterfahrung und Gewalt im Horrorfilm, Berlin 2016.

MOORSTEDT, Tobias: Der Soundtrack des Lebens, in: Süddeutsche Zeitung, 24.01.2009.

MÜLLER, Jürgen E.: Intermedialität. Formen moderner kultureller Kommunikation, Münster 1996.

MURRAY, Susan: Television as Spectacle, in: Douglas Gomery, Luke Hockley: Television Industries, London 2006, S. 106–108.

NANCY, Jean-Luc: Bild und Gewalt, in: Daniel Tyradellis, Burkhardt Wolf (Hgg.): Die Szene der Gewalt, Frankfurt 2007, S. 33–44.

NDALIANIS, Angela: Television and the Neo-Baroque, in: Michael Hammond, Lucy Mazdon (Hgg.): The Contemporary Television Series, Edinburgh 2005, S. 75–82.

NELSON, Robin: Modernism and Postmodernism in Television Drama, in: Glen Creeber (Hg.): Tele-Visions. An Introduction to Studying Television, London 2006, S. 86–92.

— Quality Television. The Sopranos is the best Television Drama ever... in my humble opinion..., in: Critical Studies in Television. Scholarly Studies in Small Screen Fictions 1, 2006, S. 58–71.

— TV Drama. Flexi-Narrative Form and a New Affective Order, in: Eckart Voigts-Virchow (Hg.): Mediated Drama, Dramatized Media. Papers given on the occasion of the Eighth Annual Conference of the German Society for Contemporary Theatre and Drama in English, Trier 2000, S. 111–118.

NESSELHAUF, Jonas, Markus Schleich (Hgg.): Das andere Fernsehen?! Eine Bestandsaufnahme des Quality Television, Bielefeld 2016.

— Quality Television. Die narrative Spielwiese des 21. Jahrhunderts?!, Münster 2014.

NEWCOMB, Horace: TV. The Most Popular Art, New York 1974.

— Mit Paul M. Hirsch: Television as a Cultural Forum, in: Quarterly Review of Film Studies 8, 1983, S. 561–573.

NEWMAN, Michael Z.: From Beats to Arcs. Towards a Poetics of Television Narrative, in: The Velvet Light Trap 58, 2006, S. 16–28.

NIEMAYER, Katharina: Die Mediasphären des Terrorismus. Eine mediologische Betrachtung des 11. September, Berlin 2006.

NISSIM, Mayer: Abrams. Writing Lost is like Dickens, 07.05.2009, online: http://bit.ly/2I7wjJb; Stand: 06.06.2019.

NOCHIMSON, Martha P.: Tony's Options. The Sopranos and the Televisuality of the Gangster Genre, in: Senses of Cinema 29, 2003, online: http://bit.ly/2NueyJU; Stand: 06.06.2019.

NÖTH, Winfried: Selbstreferenz in systemtheoretischer und semiotischer Sicht, in: Empirische Text- und Kulturforschung 2, 2002, S. 1–7, online: http://bit.ly/2N6Qp8P; Stand: 06.06.2019.

— Self-Reference In The Media, 31.07.2004, S. 1–10, online: http://bit.ly/2xIFM4P; Stand: 06.06.2019.

O'GORMAN, Daniel: Fictions of the War on Terror. Difference and the Transnational 9/11 Novel, London/New York 2015.

O'MATHÚNA, Dónal P.: The Ethics of Torture in 24. Shockingly Banal, in: Jennifer Hart Weed, Richard Davis, Ronald Weed (Hgg.): 24 and Philosophy. The World According to Jack, Malden 2008, S. 91–104.

PATTERSON, John, Gareth McLean: Move Over Hollywood, in: The Guardian, 20.05.2006, online: http://bit.ly/2HZudwn; Stand: 06.06.2019.

PEACOCK, Steven (Hg.): Reading 24. TV Against the Clock, London/New York 2007.

PEARSON, Roberta: Lost in Transition. From Post-Network to Post-Television, in: Janet McCabe, Kim Akass (Hgg.): Quality TV. Contemporary American Television and Beyond, London/New York 2007, S. 239–257.

— The Writer/Producer in American Television, in: Michael Hammond, Lucy Mazdon (Hgg.): The Contemporary Television Series, Edinburgh 2005, S. 11–26.

PETROVIC, Paul (Hg.): Representing 9/11. Trauma, Ideology and Nationalism in Literature, Film and Television, Lanham 2015.

PINEDO, Isabel: Tortured Logic. Entertainment and the Spectacle of Deliberately Inflicted Pain in 24 and Battlestar Galactica, in: Jump Cut – A Review of Contemporary Media 52, 2010, online: http://bit.ly/2RBdpOf; Stand: 06.06.2019.

PFEIFFER, K. Ludwig: Das Mediale und das Imaginäre. Dimensionen kulturanthropologischer Medientheorie, Frankfurt 1999.

PLATON: Der Staat (Politeia), Stuttgart 1958/1982/2000.

POLAN, Dana: The Sopranos, Durham 2009.

POLLARD, Tom: Hollywood 9/11. Superheroes, Supervillains and Super Disasters, Boulder 2011.

POPPE, Sandra, Thorsten Schüller, Sascha Seiler (Hgg.): 9/11 als kulturelle Zäsur. Repräsentationen des 11. September 2001 in kulturellen Diskursen, Literatur und visuellen Medien, Bielefeld 2009.

PORTER, Michael J., Deborah L. Larson, Allison Harthcock, Kelly Berg Nellis: Re(de)fining Narrative Events. Examining Television Narrative Structure, in: Journal of Popular Film and Television 1, 2002, S. 23–30.

POSTMAN, Neil: Amusing Ourselves to Death. Public Discourse in the Age of Show Business, New York 1985.

PRINCE, Stephen: A Brief History of Film Violence, in: James D. Torr: Violence in Film and Television, San Diego 2002, S. 21–32.

PRÖBSTL, Tanja: Zerstörte Sprache, gebrochenes Schweigen. Über die (Un-)Möglichkeit von Folter zu erzählen, Bielefeld 2015.

RANDALL, Martin: 9/11 and the Literature of Terror, Edinburgh 2011.

RASCH, William (Hg.): Tragic Choices. Luhmann on Law and States of Exception, Stuttgart 2008.

RICHTER-HANSEN, Tullio: Friktionen des Terrors. Ästhetik und Politik des US-Kinos nach 9/11, Marburg 2017.

RITZER, Ivo: Fernsehen wider die Tabus. Sex, Gewalt, Zensur und die neuen US-Serien, Berlin 2011.

— Wie das Fernsehen den Krieg gewann. Zur Medienästhetik des Krieges in der TV-Serie, Wiesbaden 2015.

ROBERTS, Graham: Television and DVD, in: Douglas Gomery, Luke Hockley: Television Industries, London 2006, S. 31–35.

RÖLL, Franz Josef: Krieg der Zeichen. Zur Symbolik des Attentats am 11. September, in: Christian Schicha, Carsten Brosda (Hgg.): Medien und Terrorismus, Münster 2002, S. 114–128.

ROSSO, Jared del: Talking About Torture. How Political Discourse Shapes the Debate, New York 2015.

ROTHEMUND, Kathrin: Komplexe Welten. Narrative Strategien in US-amerikanischen Fernsehserien, Berlin 2013.

RYAN, Maureen: The long Lost Interview with Lindelof and Cuse Part 2. The Squeakquel, 24.10.2010, online: http://trib.in/2znXRXK; Stand: 06.06.2019.

RYAN, Mike: Lost's Nestor Carbonell on Last Week's Big Episode and That Richard Alpert YouTube Song, 30.03.2010, online: http://bit.ly/2I7FCZs; Stand: 06.06.2019.

SCHABACHER, Gabriele: Time Running. 24 und das Regime der Echtzeit, in: Tobias Haupts, Isabell Otto (Hgg.): Bilder in Echtzeit. Medialität und Ästhetik des digitalen Bewegtbildes. Augenblick 51, Marburg 2012, S. 37–49.

— Serienzeit. Zu Ökonomie und Ästhetik der Zeitlichkeit neuerer amerikanischer TV-Serien, in: Arno Meteling, Isabell Otto, Gabriele Schabacher (Hgg.): Previously On... Zur Ästhetik der Zeitlichkeit neuerer TV-Serien, München 2010, S. 19–40.

— When Am I. Zeitlichkeit in der US-Serie Lost Teil 1 u. Teil 2, in: Arno Meteling, Isabell Otto, Gabriele Schabacher (Hgg.): Previously On... Zur Ästhetik der Zeitlichkeit neuerer TV-Serien, München 2010, S. 207–229, 259–276.

SCHICHA, Christian: Terrorismus und symbolische Politik. Zur Relevanz politischer und theatralischer Inszenierungen nach dem 11. September 2001, in: Christian Schicha, Carsten Brosda (Hgg.): Medien und Terrorismus, Münster 2002, S. 94–113.

— Mit Carsten Brosda: Medien, Terrorismus und der 11. September 2001. Eine Einleitung, in: Dies. (Hgg.): Medien und Terrorismus, Münster 2002, S. 7–24.

SCHILF, Michael: Scene Exercises, in: The Script Lab, 21.01.2010, online: http://bit.ly/2Q2X4RR; Stand: 06.06.2019.

SCHLEGEL, Friedrich: Charakteristiken und Kritiken I 1796–1801, in: Jean-Jacques Anstett, Hans Eichner (Hgg.): Kritische Friedrich-Schlegel-Ausgabe Zweiter Band, München u. a. 1967.

SCHLÜTZ, Daniela: Quality-TV als Unterhaltungsphänomen. Entwicklung, Charakteristika, Nutzung und Rezeption von Fernsehserien wie The Sopranos, The Wire oder Breaking Bad, Wiesbaden 2016.

SCHMITT, Carl: Theorie des Partisanen. Zwischenbemerkung zum Begriff des Politischen, Berlin 1963/1975.

SCHMITZ, Heike: Rettungsfolter zwischen Fiktion und Wirklichkeit. Die Diskussion über ihre Zulässigkeit unter Rückgriff auf Ticking-Bomb-Szenarien, in: Karsten Altenhain, Reinhold Görling, Johannes Kruse (Hgg.): Die Wiederkehr der Folter? Interdisziplinäre Studien über eine extreme Form der Gewalt, ihre mediale Darstellung und ihre Ächtung, Göttingen 2013, S. 269–285.

SCHNEIDER, Irmela: Medien der Serienforschung, in: Arno Meteling, Isabell Otto, Gabriele Schabacher (Hgg.): Previously On... Zur Ästhetik der Zeitlichkeit neuerer TV-Serien, München 2010, S. 41–60.

SCHNEIDER, Norbert: Brot/Steine gegen den Absturz. Das Fernsehen – ein Mythenproduzent?, in: epd/Kirche und Rundfunk 38/39, 1991, S. 3–11.

SCHUFF, Jochen, Martin Seel (Hgg.): Erzählungen und Gegenerzählungen. Terror und Krieg im Kino des 21. Jahrhunderts. Normative Orders 16, Frankfurt 2016.

SCHULZ, Winfried: Die Konstruktion von Realität in den Nachrichtenmedien, Freiburg/München 1976.

SCHWARZ-FRIESEL, Monika, Jan-Henning Kromminga (Hgg.): Metaphern der Gewalt. Konzeptualisierungen von Terrorismus in den Medien vor und nach 9/11, Tübingen 2013.

SCHWEITZER, Dahlia: Going Viral. Zombies, Viruses, and the End of the World, New Brunswick 2018.

SEEßLEN, Georg, Markus Metz: Krieg der Bilder. Bilder des Kriegs. Abhandlung über die Katastrophe und die mediale Wirklichkeit, Berlin 2002.

SEILER, Sascha: Battlestar 9/11. Der 11. September 2001 als Zäsur in amerikanischen Fernsehserien, in: Sandra Poppe, Thorsten Schüller, Sascha Seiler (Hgg.): 9/11 als kulturelle Zäsur. Repräsentationen des 11. September 2001 in kulturellen Diskursen, Literatur und visuellen Medien, Bielefeld 2009, S. 239–258.

— Previously on Lost. Die Erfindung des Paratextes in der Fernsehserie Lost, in: Ders. (Hg.): Was Bisher Geschah. Serielles Erzählen im zeitgenössischen amerikanischen Fernsehen, Köln 2008, S. 40–53.

— (Hg.): Was Bisher Geschah. Serielles Erzählen im zeitgenössischen amerikanischen Fernsehen, Köln 2008.

SEITER, Ellen: Semiotics, Structuralism and Television, in: Robert C. Allen (Hg.): Channels of Discourse, Reassambled. Television and Contemporary Criticism, London 1992, S. 31–66.

SEMEL, Matt D.: 24 and the Efficacy of Torture, in: Journal of Criminal Justice and Popular Culture 15.3, 2008, S. 312–328, online: http://bit.ly/2qzcMcl; Stand: 06.06.2019.

SIEGEL, Lee: Das Abstoßende kann sehr anziehend sein. Über Gewalt, Amerika und Die Sopranos, in: Merkur 6, 2005, S. 477–490.

SLOTERDIJK, Peter: Sendboten der Gewalt. Der Mensch als Werfer und Schütze – zur Metaphysik des Action-Kinos, in: Die Zeit, 30.04.1993, online: http://bit.ly/2DpQKlM; Stand: 06.06.2019.

SNYDER, Stephen: Truth and Illusion in 24. Jack Bauer, Dionysus in the World of Apollo, in: Jennifer Hart Weed, Richard Davis, Ronald Weed (Hgg.): 24 and Philosophy. The World According to Jack, Malden 2008, S. 43–54.

SPERRY, Sharon Lynn: Television News as Narrative, in: Richard Adler, Douglass Cater: Television as a Cultural Force, New York 1976.

SPIGEL, Lynn: Fernsehen im Kreis der Familie. Der populäre Empfang eines neuen Mediums, in: Ralf Adelmann, Jan O. Hesse, Judith Keilbach, Markus Stauff, Matthias Thiele (Hgg.): Grundlagentexte zur Fernsehwissenschaft. Theorie, Geschichte, Analyse, Konstanz 2001, S. 214–252.

STAFFORD, Nikki: Finding Lost. The Unofficial Guide, Toronto 2006

STANLEY, Alessandra: Official Favors. Oil that makes Italy go round, in: The New York Times, 20. April 2001, online: http://nyti.ms/2O5YpK7; Stand: 06.06.2019.

STIGLEGGER, Marcus: Terrorkino. Angst/Lust und Körperhorror, Berlin 2010.

— Zwischen Konstruktion und Transzendenz. Versuch zur filmischen Anthropologie des Körpers, in: Margrit Frölich, Reinhard Middel, Karsten Visarius (Hg.): No Body is Perfect. Körperbilder im Kino, Marburg 2002, S. 9–28.

STILLWELL, Cinnamon: 24. Television for a Post-9/11 World, in: San Francisco Chronicle, 31.01.2007, online: http://bit.ly/2QTgSs4; Stand: 06.06.2019.

STURCKEN, Frank: Live Television. The Golden Age of 1946–1958 in New York, Jefferson North Carolina 1990.

SUDMANN, Andreas: 9/11 im fiktionalen Film, 11 '09" 01 und September, in: Matthias N. Lorenz: Narrative des Entsetzens. Künstlerische, mediale und intellektuelle Deutungen des 11. September 2001, Würzburg 2004, S. 117–136.

— Serielle Überbietung. Zur televisuellen Ästhetik und Philosophie exponierter Steigerungen, Stuttgart 2017.
— Mit Alexander Starre: The Quest for Quality. Innovation and Metamediality in American Serial Drama. Abstract zur Tagung Contemporary Serial Culture. Quality TV Series in a New Media Environment an der HFF Potsdam 14.–16.01.2010, online: http://bit.ly/2OLCbKw; Stand: 14.01.2010.
SWITEK, Niko (Hg.): Politik in Fernsehserien. Analysen und Fallstudien zu House of Cards, Borgen & Co, Bielefeld 2018.
THOMPSON, Robert J.: Television's Second Golden Age. From Hill Street Blues to ER, New York 1996.
TRUFFAUT, Francois: Une certaine tendance du cinema français, in: Cahiers du Cinéma 31, 1954, S. 15–28.
TROY, Tevi: The Cathartic Effects of Violent Films, in: James D. Torr: Violence in Film and Television, San Diego 2002, S. 128–132.
TURNER, Graeme: Genre, Format and Live Television, in: Glen Creeber (Hg.): The Television Genre Book, London 2001, S. 6 f.
— Television Studies After TV. Understanding Television in the Post-Broadcast Era, London/New York 2009.
TÜRSCHMANN, Jörg: Spannung und serielles Erzählen. Vom Feuilletonroman zur Fernsehserie, in: Kathrin Ackermann, Judith Moser-Kroiss (Hgg.): Gespannte Erwartungen. Beiträge zur Geschichte der literarischen Spannung, Wien/Berlin 2007, S. 201–221.
TYRADELLIS, Daniel, Burkhardt Wolf: Hinter den Kulissen der Gewalt. Vom Bild zu Codes und Materialitäten, in: Dies. (Hgg.): Die Szene der Gewalt, Frankfurt 2007, S. 13–30.
VAAGE, Margarete Bruun: The Antihero in American Television, New York/Abingdon 2016.
VAZ, Mark Cotta: The Lost Chronicles. The Official Companion Book, London/New York 2005.
VIRILIO, Paul: The Museum of Accidents, in: International Journal of Baudrillard Studies 2, 2006, online: http://bit.ly/2QXY3nA; Stand: 12.12.2018.
WAITZ, Thomas: Die Frage der Bilder. 9/11 als filmisch Abwesendes, in: Sandra Poppe, Thorsten Schüller, Sascha Seiler (Hgg.): 9/11 als kulturelle Zäsur. Repräsentationen des 11. September 2001 in kulturellen Diskursen, Literatur und visuellen Medien, Bielefeld 2009, S. 223–237.
WEBER, Tanja, Christian Junklewitz: To Be Continued... Funktion und Gestaltungsmittel des Cliffhangers in aktuellen Fernsehserien, in: Arno Meteling, Isabell Otto, Gabriele Schabacher (Hgg.): Previously On... Zur Ästhetik der Zeitlichkeit neuerer TV-Serien, München 2010, S. 111–131.

WEED, Jennifer Hart, Richard Davis, Ronald Weed (Hgg.): 24 and Philosophy. The World According to Jack, Malden 2008.
WEICHERT, Stephan Alexander: Die Krise als Medienereignis. Über den 11. September im deutschen Fernsehen, Köln 2006.
WEITIN, Thomas: Folter. Mit Gewalt auf Wahrheitssuche, in: Science.orf.at, 02.10.2009, online: http://bit.ly/2MW3aRG; Stand: 06.06.2019.
— (Hg.): Wahrheit und Gewalt. Der Diskurs der Folter in Europa und den USA, Bielefeld 2010.
— Mit Thomas Gutmann, Detlef Kremer, Peter Oestmann (Hgg.): Wahrheit und Gewalt. Der Diskurs der Folter. Antrag für ein Forschungsprojekt im Rahmen der Schlüsselthemen der Geisteswissenschaften, Konstanz 2007.
WENTZ, Daniela: Bilderfolgen. Diagrammatologie der Fernsehserie, Paderborn 2017.
WERBER, Niels: Das ewige Bedürfnis nach ästhetischer Faszination, 17.04.2000, online: http://bit.ly/2QTxdN7; Stand: 06.06.2019.
— Premediation des Terrors, in: Pop. Kultur und Kritik 1, 2016, S. 26–30.
WERTHEIMER, Jürgen (Hg.): Ästhetik der Gewalt. Ihre Darstellung in Literatur und Kunst, Frankfurt 1986.
WESTWELL, Guy: Parallel Lines. Post 9/11 American Cinema, New York 2014.
WIJZE, Stephen de: Between Hero and Villain. Jack Bauer and the Problem of Dirty Hands, in: Jennifer Hart Weed, Richard Davis, Ronald Weed (Hgg.): 24 and Philosophy. The World According to Jack, Malden 2008, S. 17–30.
WILLIAMS, Linda: Film Bodies. Gender, Genre and Excess, in: Film Quarterly 4, 1991, S. 2–13.
WILLIAMS, Raymond: Television. Technology and Cultural Form, London 1974/New York 2003.
— Drama in a Dramatized Society, in: Ders.: Writing in Society, London/New York 1983, S. 11–22.
YACOWAR, Maurice: The Sopranos on the Couch. The Ultimate Guide, New York/London 2007.
ZURAWIK, David: Fall Lineup full of Drama. Technological Advancements spur Proliferation of Intricate Plots, in: The Baltimore Sun, 20.08.2006, online: http://bit.ly/2zo8ERL; Stand: 12.12.2018.

Internetquellen ohne Angabe des Verfassers

WEBSEITE „24 (TV Series)", in: Wikipedia. The Free Encyclopedia, 31. Mai 2019, 08:09 UTC, online: http://bit.ly/2WyqL4B; Stand: 06.06.2019.

— „Die Fernsehregie, Schaltstelle für das TV-Studio", 19.10.2003, online: http://bit.ly/2xHJfRd; Stand: 06.06.2019.

— „Is Torture On Hit Fox TV show 24 encouraging US soldiers to abuse detainees?", in: Democracy Now. The War and Peace Report, 22.02.2007, online: http://bit.ly/2OILmeE; Stand: 06.06.2019.

— „Lost (TV Series)", in: Wikipedia. The Free Encyclopedia, 6. Juni 2019, 03:01 UTC, online: http://bit.ly/2MQX8aD; Stand: 06.06.2019.

— „Neue Folter-Vorwürfe gegen Jack Bauer", in: Die Welt, 18.02.2007, online: http://bit.ly/2OM1mwH; Stand: 06.06.2019.

— „On-screen kills by Jack Bauer", in: http://bit.ly/2NCCefm; Stand: 06.06.2019.

— „Pilot (Lost)", in: Wikipedia. The Free Encyclopedia, 6. Mai 2019, 11:20 UTC, online: http://bit.ly/2Wu8VzQ; Stand: 06.06.2019.

— „Primetime Emmy Award for Outstanding Drama Series", in: Wikipedia. The Free Encyclopedia, 26. April 2019, 01:24 UTC, online: http://bit.ly/2ZfknfE; Stand: 06.06.2019.

— „Season 2 Audio Commentary", online: http://bit.ly/2DmJXZV; Stand: 06.06.2019.

— „Silent clock", online: http://bit.ly/2ViIYir; Stand: 06.06.2019.

— „The Sopranos", in: Wikipedia. The Free Encyclopedia, 2. Juni 2019, 02:16 UTC, online: http://bit.ly/2F1a6Mh; Stand: 06.06.2019.

— „Transcript. Darlton and Bender Talk Lost Season 6 at Curzon Cinema 7/03/2009", online: http://archive.is/llmNF; Stand: 06.06.2019.

— „Wahrheit und Gewalt. Der Diskurs der Folter", online: http://bit.ly/2O0xU93; Stand: 06.06.2019.

— „Zur Kritik der Kino-Gewalt. Die Filme von Michael Haneke", 23.08.2016, online: http://bit.ly/2xGRHjz; Stand: 06.06.2019.

Transkripte der TV-Serie 24

WEBSEITE „24 Episode Scripts", online: http://bit.ly/2xzrEeJ; Stand: 06.06.2019.

Transkripte anderer TV-Serien

WEBSEITE „TV Show Episode Scripts", online: http://bit.ly/1LzE5Hp; Stand: 06.06.2019.

Online-Lexikon zu 24

WEBSEITE „Wiki 24", online: http://bit.ly/2QT3R1m; Stand: 06.06.2019.